Roswitha Lauber
Walter Leimeier
Heike E. Krüger-Brand

Tim Goller HHOYF.

Handlungsraum Sprache

Deutsch für weiterführende berufliche Schulen

2. Auflage

D1731162

Stam 5910

Stam

An die Leserinnen und Leser dieses Buches

Dieses Deutschbuch ist gedacht als Informationen vermittelndes Lehr- und Arbeitsbuch, Lesebuch und Nachschlagewerk. Schon aus räumlichen Gründen kann es sich nur darauf beschränken, notwendiges Grundwissen zur Verfügung zu stellen. Diese Beschränkung beinhaltet jedoch auch die **Chance** und die an Sie gerichtete Aufforderung, das Buch durch eigene Gedanken, Vorstellungen, Aktionen, Materialien, ... gewissermaßen zu vervollständigen.

In diesem Sinne sind die **Arbeitsaufträge** in erster Linie als Anregungen zu verstehen, die Ihrer Eigenaktivität und Kreativität viel Spielraum geben und daher von Ihnen erweitert oder verändert werden können. Auch gibt dieses Buch an vielen Stellen keine fertigen Lösungen vor, sondern fordert Sie dazu auf, selbst Fragen zu stellen und eigene Antworten und Lösungen zu formulieren – das ist nicht nur vom Lernerfolg her wirkungsvoller, sondern auch viel spannender ...

Hinweise auf weitere Kapitel oder Texte sind mit einem Pfeilsymbol gekennzeichnet: ▷. Sie weisen auf zusätzliche inhaltliche Gesichtspunkte an anderen Stellen des Buches hin und geben Ihnen die Chance, über das jeweilige Kapitel oder den jeweiligen Text hinauszublicken und größere Zusammenhänge zu entdecken oder andere Blickwinkel mit einzubeziehen.

Die **Textsammlung** kann zur vertiefenden Bearbeitung unterschiedlicher Themenbereiche des Buches herangezogen werden; sie lässt sich aber auch ganz schlicht als Lesebuch betrachten, das zum Weiterlesen anregen will.

Die Texte sind den neuen Rechtschreibregelungen angepasst worden. Lediglich bei literarischen Texten haben wir die Zeichensetzung so belassen, wie die Autoren sie notierten.

Auf den weiteren Seiten dieses Buches haben wir meist auf eine Unterscheidung in der **Anrede** verzichtet, da dies recht umständlich wirkt. Hier daher noch einmal ganz ausdrücklich: Wir wünschen unseren Leserinnen und Lesern viel Erfolg und vor allem viel Vergnügen bei der Arbeit mit diesem Buch!

Die Verfasser

Inhaltsverzeichnis

10   Anhang   353

Bildungsverlag EINS GmbH
Stam · Sieglarer Straße 2 · 53842 Troisdorf

ISBN 3-8237-**5910**-8

1

Sich auf Texte einlassen

1.1 Personen in Texten und über Texte kennen lernen und beschreiben

Schauen Sie sich die Texte 1 bis 19 auf dieser und den folgenden fünf Seiten an. Suchen Sie mindestens drei Texte Ihrer Wahl heraus und lesen Sie diese genau durch.

1.1.1 Personendarstellungen: Textbeispiele

⌐⌐1 *Lalaine Evangelista*
Campingplatz in der Medizinischen Klinik

1 Mein Campingplatz ist groß genug. Es ist ein ganz besonderer Campingplatz. In meinem Zelt gibt's sogar Telefonanschluss, damit ich euch anrufen kann. Es gibt noch eine Lampe, ein Bett zum her-
5 auf- und herunterlassen, einen Tisch, Stuhl, Regal, Abfalltopf und Schieberegal. Ich habe sogar ein eigenes Badezimmer und eine Toilette. Nach zwei Tagen kommt die Putztruppe, und das Zelt blitzt und glänzt wieder. Ich wohne in meinem Zelt für
10 ungefähr achtundzwanzig Tage. Auf meinem Campingplatz gibt es ein Restaurant, wo ich bestellen kann, was ich möchte. Manchmal bekomme ich mein Frühstück ins Bett. Ich habe hier ein Hobby entwickelt. Sie werden es nicht erraten,
15 was es ist? Oder?? Mein Hobby ist: alle sechs Stunden eine ganze Menge Tabletten nehmen. Nachtruhestörung ist immer zur gleichen Zeit auf meinem Campingplatz. Ich kann Video und Fernsehen schauen,
20 wann ich will. Ich bekomme immer viel Besuch hier auf meinem schönen Campingplatz.

Michael Klemm (Hrsg.): Tränen im Regenbogen. Wirkliches aufgeschrieben von Jungen und Mädchen der Kinderklinik Tübingen. München 1992, S. 147

⌐⌐2 **Lalaine Evangelista**

1 Lalaine kam am 12. September 1969 auf den Philippinen zur Welt. Mit vierzehn Jahren kam sie nach Deutschland und lebte zusammen mit ihrer Mutter, ihrer Schwester und ihrem Bruder in Hamburg. Als sie ihre Erzählung schrieb, war sie 5 fünfzehn Jahre alt und bekam zu dieser Zeit ihre erste Knochenmarktransplantation. Ihre Schwester spendete ihr das Knochenmark. Zwei Jahre später musste die Transplantation wegen eines Rückfalls wiederholt werden. Lalaine gelang es 10 nicht, ihre Krankheit zu besiegen. Sie starb im Frühjahr 1991.

Michael Klemm (Hrsg.): a.a.O., S. 222

⌐⌐4 *Eugen Roth*
Ein Mensch

Ein Mensch erblickt das Licht der Welt –
Doch oft hat sich herausgestellt
Nach manchem trüb verbrachten Jahr
Dass dies der einzige Lichtblick war.

Ein Mensch. München 1960, S. 5

⌐⌐3

Jimin, 2 Jahre,

chancenlos?

Jimins Leben hat gerade erst begonnen. Niemand weiß,

welche Talente in ihm schlummern. Und niemand weiß, was

einmal aus ihm werden wird. Aber Sie können es erfahren.

Wenn Sie ihn als Pate in eine bessere Zukunft begleiten.

Kinder in Not können sich nicht selbst helfen. Darum fördert PLAN INTERNATIONAL durch Patenschaften sinnvolle Kleinprojekte in der Dritten Welt – wie Schulen, Brunnen und Krankenstationen – Sie sorgen immer

JA, ich will helfen!
Bitte schicken Sie mir Informationsmaterial.

⌐⌐5   **Claudia**
weibliche Form zu Claudius;
lat./röm. Sippenname; aus dem Geschlecht der
Claudier; lat.: claudus: lahm

Melchior Schedler
Claudia

1 Sie, telefonisch: „Ich bins die Claudia (lacht) also
was soll ich denn da sagen ich bin einfach baff da
komm ich grad nach Hause full gestresst glaubst
gar nicht was einen die Antiquitätenbranche
5 schafft die Kundschaft dieses neureiche Gesocks
das verblödet im Quadrat von Tag zu Tag und was
soll ich sagen da liegt dein Brief so ein lieber Brief
ich weiß gar nicht mehr wann mir wer einen Brief
geschrieben hat geschweige denn dass ich selber
10 einen ... (lacht) das kommt ja heut ganz aus der
Mode ist doch alles bloß noch Geschäftspost und
Stromabrechnung du bist über sowas erhaben
natürlich bist halt (lacht) eine andere Generation
und dazu noch ein Schriftsteller ach ich fühl mich
15 ja so geschmeichelt ... (holt zum ersten Mal Luft)
Aaaah da klingelts grad wo ich noch nicht einmal
fertig bin mit dem Haare föhnen ich werd nämlich
abgeholt ich ruf dich wieder an weil das mit dem
Schwan das glaub ich nicht ...“.

Hanne Kulessa (Hrsg.): Nenne deinen lieben Namen, den du
mir so lang verborgen. München 1989, S. 73 f.

⌐⌐8   **24-Jähriger gab kräftig**
Fersengeld

1 **Lippstadt. Fersengeld gab ein 24-**
jähriger Motorradfahrer vor der Po-
lizei, als er auf der Westernkötter
Straße nach mehreren Verkehrsver-
5 **stößen angehalten werden sollte.**
Auch das angeschaltete Blaulicht
und Martinshorn konnten den Krad-
fahrer nicht zum Anhalten bewegen.
Statt dessen erhöhte er noch seine Ge-
10 schwindigkeit und flüchtete in das
Naherholungsgebiet Pöppelsche.
Erst nachdem mehrere Streifenwagen
das Gebiet umstellt hatten und ein Po-
lizeihubschrauber im Anflug war,
15 konnte der Motorradfahrer ausfindig
gemacht und überprüft werden.
Grund für seine Flucht vor der Polizei
dürften technische Mängel und Veränderungen am Krad gewesen sein.
20 Ihn erwartet nun eine Anzeige.

Der Patriot 9./10.5.91

⌐⌐6   **WEST 3** ᵂᴱˢᵀ⬥

19.00 Aktuelle Stunde
20.00 Ich, Antwerpes
Porträt des Regierungspräsiden-
ten von Köln. Rolf Scheller hat den
glänzenden Selbstdarsteller Antwerpes mehrere Tage begleitet,
ihn in unangenehme Situationen
gebracht und viele Zeitgenossen
zum „Kurfürsten des Rheinlandes"
befragt.

⌐⌐7

Ich find' mein Leben super.
Ich hab' das Glück, dass ich in einer
guten Familie lebe.
Aber Sinn im Leben, das ist für mich
nicht nur Friede, Freude, Eierkuchen
zu Hause.
Ich möchte gebraucht und gemocht
werden und anderen helfen.

Amrei Donner, Schülerin

⌐⌐9   **Durchsage im Radio**
am 12.12.19.., 13.05 Uhr

1 *„Gestern Nachmittag gegen 15.00 Uhr wurde auf*
die Filiale der Bank in der Hermannstraße, Bo-
chum-Mitte, ein bewaffneter Raubüberfall verübt.
Ein maskierter Mann bedrohte den Kassierer mit
5 *einer Pistole und erbeutete 8000 Mark. Der Täter*
ist ca. 1,80 m groß, schlank, trägt einen Oberlip-
penbart und spricht Hochdeutsch mit leichtem
norddeutschen Akzent. Er trug zur Tatzeit eine
schwarze Jeansjacke, eine mittelblaue Jeanshose,
10 *dunkelbraune Halbschuhe und schwarze Leder-*
handschuhe. Maskiert war der Täter mit einem
braunen Damenstrumpf. Personen, die etwas zum
Tathergang aussagen können, ...“

⌐⌐ *Max Frisch*
⌐10 **Stiller** (Auszug)

1 Ihre Haare sind rot, der gegenwärtigen Mode entsprechend sogar sehr rot, jedoch nicht wie Hagebutten-
Konfitüre, eher wie trockenes Mennig-Pulver. Sehr eigenartig. Und dazu ein sehr feiner Teint; Alabaster
mit Sommersprossen. Ebenfalls sehr eigenartig, aber schön. Und die Augen? Ich würde sagen: glänzend,
sozusagen wässerig, auch wenn sie nicht weint, und bläulich-grün wie die Ränder von farblosem Fen-
5 sterglas, dabei natürlich beseelt und also undurchsichtig. Leider hat sie die Augenbrauen zu einem dünnen Strich zusammenrasiert, was ihrem Gesicht eine graziöse Härte gibt, aber auch etwas Maskenartiges,
eine fixierte Mimik von Erstauntheit. Sehr edel wirkt die Nase zumal von der Seite, viel unwillkürlicher
Ausdruck in den Nüstern. Ihre Lippen sind für meinen Geschmack etwas schmal, nicht ohne Sinnlichkeit,
doch muss sie zuerst erweckt werden, und die Figur (in einem schwarzen Tailleur) hat etwas Knappes, et-
10 was Knabenhaftes auch, man glaubt ihr die Tänzerin, vielleicht besser gesagt: etwas Ephebenhaftes, was
bei einer Frau in ihren Jahren einen unerwarteten Reiz hat. Sie raucht sehr viel. Ihre sehr schmale Hand,
wenn sie die noch lange nicht ausgerauchte Zigarette zerquetscht, ist keineswegs ohne Kraft, keineswegs
ohne eine beträchtliche Dosis unbewusster Gewalttätigkeit, wobei sie sich selbst, scheint es, ganz und gar
zerbrechlich vorkommt. Sie spricht sehr leise, damit der Partner nicht brüllt. Sie spekuliert auf Schonung.
15 Auch dieser Kniff, glaube ich, ist unbewusst. (…)

Frankfurt/M. 1975, S. 55 f.

⌐11

Der Zwanziger bleibt weiblich
Annette von Droste-Hülshoff – Heimatliebe prägte ihr Schaffen

1 **Frankfurt**. Der neue 20-er bleibt weiblich. Die
Dichterin Annette von Droste-Hülshoff ziert den
neuen 20-Mark-Schein, mit dem die Bundesbank
(…) ihre Serie neuer Geldnoten fortsetzt. Im Hin-
5 tergrund des Porträts sind historische Gebäude
der Stadt Meersburg am Bodensee zu sehen, wo
die Dichterin zuletzt lebte; dort starb sie am 24.
Mai 1848. Auf der Rückseite der bläulich-grünen
Banknote ist eine Schreibfeder vor einer Buche
10 abgebildet. Annette von Droste-Hülshoff, geboren am 10. Januar 1797 in Haus Hülshoff bei
Münster, ist unter den deutschen Dichterinnen
der ersten Hälfte des 19. Jahrhunderts die interes-
santeste und eigenständigste Persönlichkeit. Die
Quellen ihres Schaffens lagen in der Liebe zur 15
Heimat und zur Natur sowie in ihrer Religiosität.
Bekannt wurde sie durch ihre Balladen und Gedichte, von denen viele später vertont worden
sind. Als ihr erfolgreichstes Werk gilt „Die Ju-
denbuche". Halb Dorf-, halb Kriminalgeschichte 20
mit feinen Charakterschilderungen und Beobachtungen sprach die 1842 veröffentlichte Erzählung
einen breiten Leserkreis an. Von gänzlich anderer
Art sind ihre „Bilder aus Westfalen", die – 1845
erschienen – eine unübertroffene Schilderung ih- 25
rer Heimat darstellen.

Ruhr-Nachrichten vom 28./29.03.1992

⅃ 12 *Wilhelm Busch*
Die Selbstkritik

1 Die Selbstkritik hat viel für sich.
Gesetzt den Fall, ich tadle mich:
So hab ich erstens den Gewinn,
Dass ich so hübsch bescheiden bin;
5 Zum Zweiten denken sich die Leut,
Der Mann ist lauter Redlichkeit;
Auch schnapp ich drittens diesen Bissen
Vorweg den andern Kritiküssen;
Und viertens hoff ich außerdem
10 Auf Widerspruch, der mir genehm.
So kommt es denn zuletzt heraus,
Dass ich ein ganz famoses Haus.

Rolf Hochhuth (Hrsg.): Wilhelm Busch: Sämtliche
Werke in zwei Bänden. Bd. 1. München o. J., S. 802

⅃ 13 *Arno Schlick*
ich,
einzel-
kind

mama liebte MICH   1
papa liebte MICH
alle liebten
MICH
  MICH   5
MICH
  MICH
MICH, mICH, miCH
  micH, mich
– jetzt nennen sie   10
mich einen EGOISTEN!

Bundesverband Jugendpresse e. V. (Hrsg.): Literaturdienst
Nr. 6, Bonn o. J., S. 10

⅃ 14

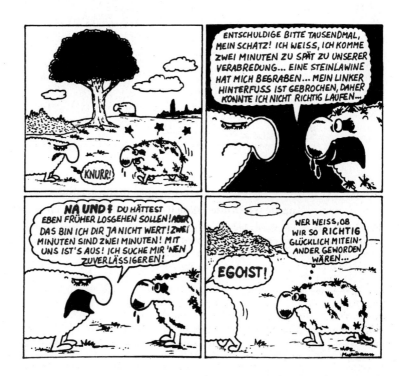

⌐15

Matthias Claudius (1740-1815)

Matthias Claudius
Der Mensch

1 Empfangen und genähret
Vom Weibe wunderbar,
Kömmt er und sieht und höret
Und nimmt des Trugs nicht wahr;
5 Gelüstet und begehret,
Und bringt sein Tränlein dar;
Verachtet und verehret,
Hat Freude und Gefahr;
Glaubt, zweifelt, wähnt und lehret,
10 Hält nichts und alles wahr:
Erbauet und zerstöret
Und quält sich immerdar;
Schläft, wachet, wächst und zehret,
Trägt braun und graues Haar.
15 Und alles dieses währet,
Wenn's hoch kömmt, achtzig Jahr.
Dann legt er sich zu seinen Vätern nieder,
Und er kömmt nimmer wieder.

Ludwig Reiners (Hrsg.):
Der ewige Brunnen. München 1956, S. 5

⌐16

Die Kurzgeschichte „Ein Tisch ist ein Tisch" von 1
Peter Bichsel handelt von einem Mann, der eines
Tages eine eigene Sprache entwickelt und diese
Sprache immer weiter ausbaut, bis er schließlich
erkennt, dass er sich dadurch völlig von den ande- 5
ren Menschen isoliert hat.
Ein in der Stadt lebender, alleinstehender Mann
leidet unter der Monotonie seiner Umgebung und
der Abgeschiedenheit seines Lebens und sucht
nach Abwechslung. Dabei kommt er auf den Ge- 10
danken, den üblichen Sprachgebrauch zu verän-
dern. Er gibt die allgemein übliche Zuordnung
von Ausdruck und Inhalt der Wörter auf und be-
zieht die Ausdrücke willkürlich auf andere Inhalte.
So verwendet er zwar die gleichen Ausdrücke wie 15
seine Mitmenschen, versteht aber etwas anderes
darunter. Die Wirkung dieser Neuerung ist
zunächst verblüffend und lustig, daher vertieft der
Mann diese Veränderung immer mehr. Groß ist
jedoch seine Enttäuschung, als er feststellen muss, 20
dass er durch seinen Alleingang nun endgültig von
den Menschen verlassen ist, weil ihn niemand
mehr verstehen kann.
Mancher wird das Verhalten des Mannes für sehr
unwahrscheinlich oder bloß unterhaltsam halten, 25
aber gerade in solchen fiktionalen Texten werden
Auswirkungen und Hintergründe sonst nicht be-
achteter Verhaltensweisen aufgedeckt.

(Autorentext)

⌐17

Stefan Baldauf

⌐18   Unbequem und klassisch
Nachruf auf einen Schweizer Intellektuellen

Max Frisch (1911–1991)

1 „Jetzt nur nicht die Wut verlieren", hatte Peter Bichsel der Trauergemeinde zugerufen, die von Max Frisch Abschied nahm. Etwas anderes hätte er uns nicht wünschen wollen. Die Wut behalten?
5 Das heißt: die Fragen immer wieder stellen, die uns umtreiben, die voreiligen Antworten ablehnen. Also die Unruhe zulassen, um nicht einzuschlafen.
Max Frisch war Schweizer. Zuletzt verband ihn
10 mit diesem Land nur noch ein Reisepass, „den ich jetzt nicht mehr benötige", wie Frisch drei Wochen vor seinem Tod schrieb. Zwischen „Blätter aus dem Brotsack", 1939 im Kriegsdienst entstanden, als Frisch dem Soldatenleben die Erfah-
15 rung des Schreibens gegenüberstellte, und dem Palaver „Schweiz ohne Armee?" lagen 50 Jahre. Jahre der Einmischung, der Stellungnahmen, der Anfeindungen. (...)
Er selbst bewahrte seine heftigsten Kritiker
20 davor, ihn mit dem Attribut „Klassiker der Moderne" zu versehen: wenn er gegen die Versklavung der Menschen anschrieb. Und für sich und andere hatte Frisch
25 schon früh einen Satz geschrieben, der Programm und zugleich der denkbar un-
30 schweizerischste war: „Wo Unrecht zu Recht wird, wird Widerstand zu Pflicht." Frisch hat allem zum Trotz seine Haltung bewahrt: die Hoffnung, die
35 Utopie auch. Aber auch damit ist er selbstkritisch umgegangen, ohne sich erschüttern zu lassen. (...) Frischs Wunsch, über seinen Text hinaus, hat Bichsel formuliert – und damit Hoffnung geweckt: „Wir wollen versuchen, es denen schwer zu
40 machen, die dich als Klassiker ablagern möchten."

Buchjournal 2/1991, S. 18 f.

⌐19   *Max Frisch*
Andorra (Auszug)

1 PATER   Andri – du bist kein Jud.
Schweigen
PATER   Du glaubst nicht, was ich dir sage?
ANDRI   Nein.
5 PATER   Also glaubst du, ich lüge?
ANDRI   Hochwürden, das fühlt man.
PATER   Was fühlt man?
ANDRI   Ob man Jud ist oder nicht.
Der Pater erhebt sich und nähert sich Andri.
10 ANDRI   Rühren Sie mich nicht an. Eure Hände! Ich will das nicht mehr.
PATER   Hörst du nicht, was ich dir sage?
Andri schweigt.
PATER   Du bist sein Sohn.
15 *Andri lacht.*
PATER   Andri, das ist die Wahrheit.
ANDRI   Wie viele Wahrheiten habt ihr?
Andri nimmt eine Zigarette, die er dann vergisst.
    Das könnt ihr nicht machen mit mir ...
20 PATER   Warum glaubst du uns nicht?
ANDRI   Euch glaubt ich ausgeglaubt.
PATER   Ich sage und schwöre beim Heil meiner Seele, Andri: Du bist sein Sohn, unser Sohn, und von Jud kann keine Rede sein.
25 ANDRI   's war aber viel die Rede davon ...
Großer Lärm in der Gasse.
PATER   Was ist denn los?

Stille
ANDRI   Seit ich höre, hat man mir gesagt, ich
30 sei anders, und so habe ich geachtet darauf, ob es so ist, wie sie sagen. Und es ist so, Hochwürden: Ich bin anders. Man hat mir gesagt, wie meinesgleichen sich bewege, nämlich so und so, und ich bin vor den Spiegel getreten
35 fast jeden Abend. Sie haben recht: Ich bewege mich so und so. Ich kann nicht anders. Und ich habe geachtet auch darauf, ob's wahr ist, dass ich alleweil denke ans Geld, und die Andorraner mich beobachten und denken, jetzt den-
40 ke ich ans Geld, und sie haben abermals Recht: Ich denke alleweil ans Geld. Es ist so. Und ich habe kein Gemüt, ich hab's versucht, aber vergeblich. Ich habe kein Gemüt, sondern Angst. Und man hat mir gesagt, meinesglei-
45 chen ist feig. Auch darauf habe ich geachtet. Viele sind feig, aber ich weiß es, wenn ich feig bin. Ich wollte es nicht wahrhaben, was sie mir sagten, aber es ist so. Sie haben mich mit Stiefeln getreten, und es ist so, wie sie sagen:
50 Ich fühle nicht wie sie. Und ich habe keine Heimat. Hochwürden haben gesagt, man muss das annehmen, und ich hab's angenommen. Jetzt ist es an Euch, Hochwürden, Euren Jud anzunehmen.

Stücke 2. Frankfurt/M. 1976, S. 250 ff.

1 a) *Welche Texte haben Sie genau durchgelesen? Warum haben Sie diese ausgewählt?*

b) *Mit welchen Texten konnten Sie nichts anfangen? Woran lag dies Ihrer Meinung nach?*

2 *Welche Texte und welche Autoren kannten Sie bereits?*

3 *Welche formalen und sprachlichen Merkmale der jeweiligen Texte sind Ihnen aufgefallen? Mögliche Gesichtspunkte: Sachtext? Gedicht, Erzähltext oder Theaterstück? Wortwahl, Satzbau, Erzählperspektive, ...?*

4 *Was erfahren Sie in den Texten über die beschriebenen Personen?*

5 *Tragen Sie Texte über Personen zusammen (Suchmeldungen, Starporträts, Biografien, Lebensläufe, Zeitungsberichte, Lieder, ...).*

6 *Beschreiben Sie anhand dreier ausgewählter Texte, wie Sie sich die Personen jeweils vorstellen, um die es dort geht.*

Der „erste Eindruck":
Die Summe vieler Informationen

‒☕20

1 Für den „ersten Eindruck" gibt es keine zweite Chance. Eine Aussage, die durchaus von der psychologischen Forschung bestätigt wird. Auch neuere Untersuchungen belegen, dass wir uns
5 spontan von anderen Menschen einen Eindruck verschaffen. So wurde in einer Studie nachgewiesen, dass wir einem Menschen bereits beim ersten Kennenlernen bestimmte Eigenschaften zuweisen. Ein Prozess, der uns allerdings kaum bewusst ist.
10 Uns erschien die Frage „Wann bilden wir uns ein Urteil über einen anderen Menschen", nicht so eindeutig beantwortbar. Deshalb haben wir in einer Serie von Laborexperimenten an der Universität Jena die Bedingungen des „ersten Eindrucks" mit
15 139 Versuchspersonen überprüft. (...)
Wie die wesentlichsten Ergebnisse unserer Untersuchungsreihe zeigen, bilden wir uns nicht immer automatisch einen Eindruck über unsere Mitmenschen, sondern dies ist abhängig von einer Reihe von Bindungen. Ein spontaner Eindruck kommt 20 dann zustande,

● wenn wir viele Informationen über eine Person haben, die alle auf dieselbe Eigenschaft verweisen (z. B. Hilfsbereitschaft, Ehrlichkeit). Liegen sehr heterogene Informationen vor, dann fällt es 25 schwerer, spontan zu beurteilen;

● wenn wir Informationen bereits mit dem Ziel sammeln, die betreffende Person beurteilen zu wollen;

● wenn wir zu den Menschen gehören, die sich 30 stärker an übergreifenden Merkmalen einer Person orientieren (konzeptgelenkte Strategie) und weniger auf Details achten (datengelenkte Strategie).

Das Urteil, das wir uns über andere Menschen bilden, ist also nicht nur vom undurchsichtigen „er- 35 sten Eindruck" abhängig, sondern wird deutlich beeinflusst von dem, was wir bereits über den Anderen wissen. *Brigitte Edeler/Dieter Edeler*

aus: Psychologie heute 12/1991, S. 5

1 *Fassen Sie die wichtigsten Aussagen des Textes zusammen.*

2 *Überprüfen Sie nochmals Ihre Antworten auf die Frage 6 im vorherigen Aufgabenblock.*

3 *Überlegen Sie, welchen Eindruck Sie von Personen hatten, die Sie in der letzten Zeit kennen gelernt haben, etwa Klassenkameraden. Welchen Eindruck könnten Sie umgekehrt bei anderen hinterlassen haben?*

4 *Formulieren Sie die Gefahren, die Sie mit dem Phänomen „Für den ersten Eindruck gibt es keine zweite Chance" verbinden. Beziehen Sie auch den Begriff „Vorurteil" in Ihre Überlegungen mit ein. Wie können Sie diese Gefahren umgehen? Gibt es eine zweite Chance?* ▷ S. 322

5 Lesen Sie in der Textsammlung, S. 290, den Text von Bertolt Brecht „Über das Anfertigen von Bildnissen". Diskutieren Sie darüber in der Klasse.

Jeder Mensch nimmt jeden Tag in seinem Leben eine Vielzahl an Texten auf. Dies geschieht zum Teil bewusst – etwa, wenn in der Schule oder im Beruf Texte gelesen, analysiert, gedeutet und selbst formuliert werden –, zum weitaus größeren Teil aber auch beiläufig und unbewusst, denn mit Hilfe von Texten erfolgt jede Verständigung und jeder Informationsaustausch. Für das Zusammenleben in der Familie, in der Klassengemeinschaft und in anderen Gruppen der Gesellschaft ist es wichtig, etwas über andere zu erfahren – ebenso jedoch, selbst etwas mitzuteilen.

Die Textbeispiele auf den Seiten 8 bis 13 geben nur einen sehr begrenzten Ausschnitt aus der **Vielzahl und Vielfalt schriftlicher und mündlicher „Textmöglichkeiten" und Ausdrucksformen** wieder, die den Bereich der Personendarstellung oder der Personenbeschreibung im weiteren Sinne betreffen. Dies ist notwendigerweise so, denn der Bereich der Personendarstellung reicht vom Roman oder Gedicht, über Hörfunk- oder Fernsehproduktionen bis hin zu Gesprächen, Formularen, Ausweisen, Anzeigen, Visitenkarten, Kontaktanzeigen – und vielen anderen Texten mehr. Einige erste Ansatzmöglichkeiten, diese Vielfalt zu erfassen, bieten die folgenden Aufgabenstellungen, die sich nochmals auf die genannten Textbeispiele beziehen:

T_1, T_2 und T_3

1 Tragen Sie die Informationen zusammen, die Sie aus den Texten über Lalaine Evangelista und über Jimin entnehmen können.
2 Wodurch unterscheiden sich die drei Texte? Mögliche Gesichtspunkte: Art der Darstellung, Absicht des Autors, Textsorte, sprachliche Merkmale usw.
3 Entwerfen Sie eine Zeitungsanzeige zum Thema: Spendenaufruf zur Unterstützung von Kinderkliniken. ($\triangleright$ Vgl. dazu auch das Kapitel 6.1.3, S. 201 ff.)

T_6

1 Erläutern Sie, was Sie sich unter einem Porträt im Fernsehen vorstellen.
2 Welche Informationen sind in diesem kurzen Text über den Politiker bereits enthalten?
3 Lesen Sie im Kapitel 5.5, S. 167 f., das Interview mit dem Politiker. Welche zusätzlichen Aspekte zur Charakterisierung der Person können Sie dem Interview entnehmen?
4 Sehen Sie sich ein oder mehrere Fernsehporträts an und erarbeiten Sie Besonderheiten dieser Form der Personenbeschreibung.

T_{12} und T_{13}

1 Erläutern Sie, worum es in den beiden Texten geht.
2 Arbeiten Sie die Besonderheiten dieser Texte im Hinblick auf die übrigen Beispieltexte heraus.
3 Was haben die beiden Texte gemeinsam, worin unterscheiden sie sich?

T_5, T_9 und T_{10}

1 Erläutern Sie, wie die Mädchen aus Text 5 und 10 beschrieben und welche Merkmale im Hinblick auf die äußere Erscheinung und den Charakter erwähnt werden.
2 Vergleichen Sie die Personenbeschreibung von Text 9 mit der Beschreibung, die Text 10 enthält. Welche Art von Beschreibung liefert Ihrer Ansicht nach ein „genaueres Bild" der Person? Diskutieren Sie darüber in der Klasse.

3 a) *Lesen Sie in der Textsammlung, S. 306, den Textauszug aus „Elsie's Lebens-*
    lust" von Patricia Highsmith und vergleichen Sie ihn mit Text 10. Hinweis: Be-
    achten Sie dabei insbesondere die unterschiedlichen Erzählperspektiven.
  b) *Beide Texte sind Ausschnitte aus einem Roman. Können Sie sich anhand die-*
    ser kurzen Beschreibungen vorstellen, welche Rolle diese Frauen in dem je-
    weiligen Roman spielen? Tauschen Sie Ihre Vorstellungen darüber aus.
  c) *Lesen Sie auch die Texte S. 70 f. und S. 303 und vergleichen Sie die Art der Dar-*
    stellung sowie die Ansichten der beiden Frauen.
4 *Tragen Sie Ausschnitte aus Romanen oder anderen Erzähltexten zusammen, in*
  denen junge Männer beschrieben werden.

T14 und T17

1 *Beschreiben Sie die jeweilige Aussage dieser Bildergeschichten.*
2 *Was kennzeichnet diese Texte im Unterschied zu den übrigen Beispieltexten?*

T10, T18 und T19

1 *Diese drei Texte sind von bzw. über Max Frisch. Wodurch unterscheidet sich ihre*
  Art der Darstellung im Hinblick auf Inhalt und Form?
2 *In Text 18 kommt das Wort „Klassiker" vor. Was verstehen Sie darunter? In wel-*
  chen Zusammenhängen wird das Wort verwendet?
3 *Vergleichen Sie Text 19 mit dem, was in Text 18 über den Autor gesagt wird. Stel-*
  len Sie Bezüge her.
4 *Fertigen Sie aus den in Text 18 enthaltenen Angaben eine Biografie über Max*
  Frisch an. Ziehen Sie zur Vervollständigung der Angaben Informationen aus Fach-
  lexika hinzu.
5 *Kennen Sie andere Texte von Max Frisch oder von anderen Schweizer Autoren*
  (zum Beispiel Friedrich Dürrenmatt, Peter Bichsel)? Berichten Sie über Ihre Lek-
  türe.

T4 und T15

1 *Erläutern Sie, wie das Leben des Menschen in den beiden Texten beschrieben*
  wird.
2 *Suchen Sie Textbeispiele, in denen positive Lebenseindrücke oder Lebensper-*
  spektiven geschildert werden, oder fertigen Sie selbst einen solchen Text an.

Eike Christian Hirsch
⌐21 Claudia wird heißgeliebt

1 Beide wollten miteinander bekannt werden, aber sie wussten, es durfte keinesfalls bekanntwerden. Nun
   endlich konnten sie sich kennenlernen und – vielleicht lieben lernen. (Der „Duden" sagt uns immer genau,
   was man getrennt und was man zusammenschreibt) „Sie kommen aber recht zeitig!" rief sie, und er entgegnete: „Nein, rechtzeitig! Und außerdem hat Ihr Fenster, offengestanden, so einladend offen gestanden."
5 Drinnen sagte Claudia etwas verlegen: „Wir könnten uns zusammen setzen, was nicht heißt, dass wir uns
   zusammensetzen müssten. Nein, Sie sollten ruhig da bleiben, wenn sie dableiben möchten. Denn wenn
   Sie sich gehenlassen, muss ich Sie leider gehen lassen." Der junge Mann fühlte sich abgewiesen und
   musste sich noch mehr anhören. „Sie halten mich sicher für leichtfertig, aber mit kleinen Versuchungen
   werde ich leicht fertig. Wissen Sie, auch ein Torwart kann seinen Kasten nur sauberhalten, wenn er die
10 Bälle sauber hält. Ein Mädchen wie ich wird leicht fallen, wenn ihm alle Gunstbeweise leichtfallen."
   Da sagte er: „Aber Sie habe ich schon lange heiß geliebt." (...) „Sie haben wohl schon manche Dame sit-
   zengelassen?" fragte sie leise. „Ja", sagte er, „in der Straßenbahn habe ich die Damen immer sitzen
   lassen."

Er verabschiedete sich. „Sehen wir uns nicht, so werden wir aneinander denken; sehen wir uns aber, so
15   werden wir leicht aneinandergeraten. Deswegen weiß ich nicht, ob ich so bald wieder komme. Aber sobald ich wiederkomme, wird es sein wie heute, heißgeliebte Claudia."

Mehr Deutsch für Besserwisser. München 1988, S. 85 f.

1 *Geben Sie den Inhalt dieses Textes wieder und vergleichen Sie ihn mit Text 5.*

2 *Lesen Sie den Text mit richtiger Betonung. Was fällt an der Überschrift auf?*

3 *In diesem Text wurde die Zusammen- und Getrenntschreibung noch nicht gemäß
der Rechtschreibreform geändert. Korrigieren Sie den Text, indem Sie die betreffenden Wörter nachschlagen (▷ S. 97 ff.). Diskutieren Sie die Änderungen unter
inhaltlichen und sprachlichen Gesichtspunkten.*

Zusammen- und Getrenntschreibung

Die Regeln der Zusammen- und Getrenntschreibung unterliegen – wie andere
Sprachnormen auch – einem ständigen Wandel, wie zuletzt die Rechtschreibreform
von 1996 gezeigt hat. Die Vielzahl von bis dahin geltenden Sonderregelungen wurde dadurch überschaubarer gemacht, dass seither von der Getrenntschreibung als
Normalfall ausgegangen wird. In Zweifelsfällen, die nicht eindeutig zu klären sind,
ist Getrennt- oder Zusammenschreibung zulässig.

> **Grundregel:** Normalfall ist die Getrenntschreibung. In Zweifelsfällen helfen
> grammatische Proben (Erweiterbarkeit, Steigerbarkeit usw.) weiter.

Die folgende Tabelle enthält die wichtigsten Änderungen der Rechtschreibreform:

Regel	Beispiel
Untrennbare Zusammensetzungen mit einem Verb, bei denen die Reihenfolge der Bestandteile in allen gebeugten Formen unverändert bleibt, werden **zusammengeschrieben.**	schlussfolgern, ich schlussfolgere, ich habe geschlussfolgert widersprechen, ich widerspreche, ich habe widersprochen
Trennbare Zusammensetzungen mit einem Verb, bei denen die Reihenfolge der Bestandteile von der Stellung im Satz abhängig ist, werden nur im Infinitiv, in den Partizipformen sowie bei Endstellung im Nebensatz zusammengeschrieben.	teilnehmen, er hat daran teilgenommen, er ging, ohne daran teilzunehmen. *Aber:* Er nahm daran teil. stattfinden, der Kurs hat stattgefunden. *Aber:* Der Kurs findet heute statt.
Getrennt geschrieben werden folgende Verbindungen mit einem Verb: ❑ Verbindungen aus den Adverbien „dahinter", „darin", „darüber", „darunter", „davor" + Verb.	dahinter stehen, darin sitzen, darüber stehen, darunter finden, davor stehen
Aber: Bei den umgangssprachlichen Kurzformen „drin", „drüber", „drauf", „drunter" gilt Zusammenschreibung.	drinbleiben, drüberstehen, draufsetzen, drunterliegen
❑ Verbindungen mit dem Verb „sein".	da sein, vorbei sein, vorüber sein
❑ Verbindungen von mit „-einander" oder „-wärts" gebildeten Abverbien + Verben.	zueinander finden, aufeinander stoßen, abwärts gehen, vorwärts kommen, aneinander fügen

❑ Ableitungen auf „ig", „isch" oder „-lich" + Verben ❑ Partizip + Verb ❑ Substantiv + Verb ❑ Verb + Verb ❑ steigerbares oder erweiterbares Adjektiv + Verb	ruhig bleiben, richtig stellen, heilig sprechen, müßig gehen, heimlich tun getrennt schreiben, gefangen nehmen Rad fahren, Teppich klopfen, Halt machen spazieren gehen, kennen lernen, stehen lassen leicht fallen (leichter gefallen), rot streichen (leuchtend rot streichen)
Die Schreibung der Partizipformen in Wortgruppen richtet sich immer nach der Schreibung der Infinitivformen.	der Aufsehen erregende Artikel (Aufsehen erregen); die nahe stehende Verwandte (nahe stehen), das verloren gegangene Geld (verloren gehen)
Getrennt geschrieben werden folgende Verbindungen mit Adjektiven oder Partizipien: ❑ Verbindungen mit Partizip + Adjektiv ❑ Verbindungen mit steigerbarem oder erweiterbarem ersten Bestandteil ❑ Verbindungen mit einer Ableitung auf „ig", „-isch" oder „-lich" im ersten Bestandteil	kochend heißes Wasser, das flammend rote Haar schwer verständlich, leicht verdaulich, sehr ernst gemeint riesig groß, schrecklich nervös, rötlich braun

---

Wörter zum Einprägen

Stets zusammen schreibt man:
irgendetwas, irgendjemand, irgendeinmal, umso, anstatt, inmitten, beizeiten, zuallererst

Stets getrennt schreibt man:
darüber hinaus, so viel, wie viel, zu Ende, zu Fuß, unter der Hand, ebenso oft, genauso gut

Getrennt oder zusammen schreibt man:
anstelle/an Stelle, infrage/ in Frage, zugrunde/zu Grunde, aufseiten/auf Seiten, sodass/ so dass

1.1.2 Die Inhaltsangabe

Bei Text 16 handelt es sich um eine Inhaltsangabe zu der Kurzgeschichte „Ein Tisch ist ein Tisch" von Peter Bichsel (▷ S. 12). In einer Inhaltsangabe wird das Wesentliche eines Textes knapp und sachlich wiedergegeben, sie dient zur kurzen Information über einen Inhalt. Inhaltsangaben kann man von schriftlich oder mündlich dargebotenen Texten, etwa Büchern, Filmen oder Theaterstücken, anfertigen. Sie werden zum Beispiel in Vorankündigungen, Rezensionen, Klappentexten oder Programmheften aller Art verwendet. (Beispiel für eine Inhaltsangabe zu einem Roman ▷ S. 291)

Merkmale der Inhaltsangabe

Elemente der Inhaltsangabe
❑ Einleitung: Sie enthält Angaben zum Autor, Titel und Art des Werkes, eventuell zum Erscheinungsjahr und -ort, zur Quelle und zur Kernaussage.
❑ Hauptteil: Er bildet die verkürzte Wiedergabe des Inhaltes in zeitlich richtiger Reihenfolge und untergliedert den Text in Sinnabschnitte, verzichtet dabei auf Spannungselemente.
❑ Schlussteil: In ihm erfolgt eine Stellungnahme zum Text und eine kritische Würdigung.

Sprachliche Merkmale
❑ sachliche Sprache, ohne persönliche Wertung (Ausnahme: der Schlussteil)
❑ Zeitform: Präsens
❑ keine direkte Rede (Ausnahmen sind allerdings zulässig)
❑ Formulierung mit eigenen Worten
❑ knapper und übersichtlicher Satzbau

Hinweise zum Erstellen einer Inhaltsangabe (bei einem schriftlich vorliegenden Text)
❑ Lesen Sie den Text mehrmals.
❑ Arbeiten Sie Kernaussagen und Sinnabschnitte heraus. (Dazu eignet sich ein Stichwortzettel, ▷ Kapitel 2.3.1, S. 37 f.)
❑ Gliedern Sie den Hauptteil.
❑ Formulieren Sie die Inhaltsangabe.
❑ Überarbeiten Sie abschließend den Text nochmals kritisch.

Wird der Inhalt eines argumentativen Textes – etwa einer Rede – wiedergegeben, sollte zusätzlich auch der Gedankengang (Argumentation, Aufbau des Textes, Beispiele) dargestellt werden.

Der Umfang einer Inhaltsangabe ist abhängig von der Vorlage und vom Zweck. So kann der Schlussteil, beispielsweise bei der Vorankündigung eines Films oder beim Klappentext eines Buches, auch entfallen.

1 *Lesen Sie auf S. 295 f. den Erzähltext „Geschichte einer Stunde" von Kate Chopin. Zeigen Sie inhaltliche Gemeinsamkeiten zum Text von Peter Bichsel auf. Fertigen Sie zur „Geschichte einer Stunde" eine Inhaltsangabe an.*

2 *Lesen Sie auf S. 305 den Text „Und wofür das alles?"*
a) Wie wird das Leben einiger älterer Menschen dort beschrieben?
b) Wodurch unterscheidet sich dieser Text in der Art der Darstellung von den beiden Kurzgeschichten (Kate Chopin und Peter Bichsel)? Berücksichtigen Sie insbesondere Gesichtspunkte wie den Bezug zur Wirklichkeit und die Absicht des Autors.
c) Erstellen Sie eine Inhaltsangabe.

3 *Tragen Sie Berichte über das Leben älterer Menschen zusammen, etwa Zeitungsberichte, Lebenserinnerungen, Erzählungen, Fernsehreportagen u.a. Vergleichen Sie diese Schilderungen mit den bereits erwähnten Texten.*

4 *Sammeln Sie Dokumente aus dem Leben Ihrer Vorfahren, oder befragen Sie gegebenenfalls Ihre Großeltern zu deren Leben. ▷ S. 308.*

> „Das Alter ist nicht der Rest der Jugendkraft, sondern ein ganz Neues, für sich Bestehendes, Großes."
> (Käthe Kollwitz)

5 *Tragen Sie Inhaltsangaben zusammen, die Sie in Zeitschriften finden, beispielsweise die Vorankündigung eines Fernsehfilms oder die Vorbesprechung eines Buches. Vergleichen Sie diese Texte mit den oben aufgeführten Merkmalen einer Inhaltsangabe. Stellen Sie mögliche Unterschiede fest und begründen Sie diese.*

6 *Geben Sie den Inhalt eines interessanten Films, den Sie vor kurzem gesehen haben, wieder:*
a) in Form einer vollständigen Inhaltsangabe, das heißt mit Einleitung und Schlussteil,
b) als Inhaltsangabe in Kurzform (zum Beispiel als Vorankündigung in einem Programmheft).

7 *Fertigen Sie zu dem Text auf S. 297 eine Inhaltsangabe an.*

1.1.3 Personenbeschreibung und Charakteristik

Ziel einer Personenbeschreibung ist es, eine Person möglichst genau und wertungsfrei darzustellen. Dazu ist ein **genaues Beobachten** der zu beschreibenden Person notwendig. Personenbeschreibungen im weiteren Sinn gibt es – wie bereits gezeigt wurde – in den unterschiedlichsten Formen: als Lebenslauf, Biografie, Autobiografie, Suchmeldung, Porträt (Bild, Text oder Film über eine Person), literarische Beschreibung usw. Ausgangspunkt der Personenbeschreibung ist zunächst das **Gesamtbild der Person**, bevor **Einzelheiten** vorgestellt werden. Auch hier bestimmt der Zweck der Beschreibung in hohem Maße Inhalt, Aufbau und Umfang.

Merkmale von Personenbeschreibung und Charakteristik

Aufbau
Wichtig ist es, die an einer Person beobachteten Einzelheiten in eine sinnvolle Reihenfolge zu bringen:
❑ Zunächst sollten allgemeine und auffällige Merkmale dargestellt werden wie Geschlecht, Alter, Größe, Körperbau, Haarfarbe.
❑ Anschließend folgen Details wie Augenfarbe, Nasenform usw.
❑ Besondere Kennzeichen und die Bekleidung der Person werden zum Schluss erwähnt.

Sprachliche Merkmale
❑ sachliche Sprache, möglichst objektive Darstellung
❑ Zeitform: Präsens
❑ klarer Satzbau
❑ Einsatz von treffenden Adjektiven
   ▷ Kapitel 6.1.1, Exkurs: Wortarten am Beispiel des Adjektivs, S. 192 ff.

Beinhaltet eine Beschreibung auch Aussagen zu Wesenszügen, Verhalten, Benehmen und Einstellungen der Person, so spricht man von einer **Charakteristik**. Insbesondere bei der Beschreibung literarischer Figuren handelt es sich daher meist im strengen Sinne um Charakteristiken, aber auch in anderen Fällen gehen Charakteristik und Personenbeschreibung ineinander über, nämlich immer dann, wenn mehr als nur die reinen Äußerlichkeiten eines Menschen beschrieben werden sollen.

Charakteristiken wie auch Personenbeschreibungen sind daher selten frei von **subjektiven Einschätzungen und Vorurteilen,** etwa wenn es darum geht, das Alter zu bestimmen oder Wesenszüge zu beschreiben. Das Bild, das man sich von einer Person macht, wird darüber hinaus immer auch geprägt von dem „Rahmen", in den sie sich stellt, und davon, wie sie sich gibt.

Als Sonderformen der Personenbeschreibung lassen sich die **Biografie** und die **Autobiografie** sowie der **Lebenslauf** bezeichnen (▷ S. 205 f.).

Biografie und Autobiografie

⌐J22 Biografie,

1 die (gr. -Leben + Schreiben) a) Nachzeichnung des Lebenslaufs
eines Menschen, Lebensbeschreibung, als Kunstform Verbindung von Elementen der Geschichtsschreibung und der Dichtung (→ Autobiografie); b) Sammelwerk, das kurze Lebensbe-
5 schreibungen mit bibliograf. Angaben unterbaut.

Otto F. Best: Handbuch literarischer Fachbegriffe. Frankfurt/M. 1987, S. 68 und S. 50

⌐J23 Autobiografie,

die (gr. selbst + Leben + Schrei- 1
ben) Selbstdarstellung, literar.
Beschreibung des eigenen Lebenslaufs, d. h. der inneren und
äußeren Entwicklung. 5

1 *Vergleichen Sie die Texte 11 und 18 mit dem Le-*
xikonausschnitt über „Konrad Duden", S. 97. Wo
liegen die Gemeinsamkeiten, wo die Unterschie-
de? ▷ *Text 1, S. 223?*

2 *a) Handelt es sich bei dem nebenstehenden Text*
um eine Autobiografie? Begründen Sie Ihre
Ansicht.
b) Erläutern Sie den Aufbau des Gedichts.
c) Was sagt der Dichter über sich (oder über an-
dere Schriftsteller) aus?
d) Fertigen Sie nach diesem Muster Ihre
Autobiografie an.
e) Lesen Sie den Text „Selbstzeugnis", S. 245 f.,
und S. 307. Um welche Art der Personen-
beschreibung handelt es sich?

Zusätzliche Arbeitsanregung

Sie haben nun viele Möglichkeiten kennen gelernt,
Personen zu beschreiben und damit sich selbst und
andere vorzustellen. Wählen Sie eine der Möglich-
keiten aus:
a) Stellen Sie sich selbst vor (den Anlass können
Sie frei wählen).
b) Stellen Sie eine Mitschülerin/einen Mitschüler
vor.

György Dalos

⌐J24 Autobiografie

1.
Die Liebe
die Literatur
die Politik

2.
Dann die Literatur
die Liebe
und die Politik

3.
Dann die Politik
die Literatur
und die Liebe

4.
Dann die Politik
und die Literatur

5.
Dann die Politik?

6.
Die Literatur

Meine Lage in der Lage. Gedichte und
Geschichten. Berlin 1979

1.2 Was ist ein Text?

1.2.1 Begriffliche Annäherung

In dem vorangegangenen Kapitel wurden verschiedene Texte über Personen abgedruckt. Aus diesen Textbeispielen lässt sich bereits ein erster Überblick darüber gewinnen, was unter einem Text zu verstehen ist.

1 *Was ist ein Text? Definieren Sie diesen Begriff mit eigenen Worten.* ▷ *Kapitel*
2.3.3, S. 43 f.

2 *Lesen Sie die folgende Definition. Vergleichen Sie sie mit Ihrer Begriffsbestim-*
mung.

⌐1   Begriffsklärung „Text"

1   **Text** (lat. *textus*: Gewebe, Geflecht: *<texere*; griech. τέκτων) text/discourse, texte/discours, tekst). Wenn man spricht oder schreibt, um jemandem etwas mitzuteilen, produziert man Tex-
5 te. Alles, was man (sinnvoll) sagt oder schreibt, ist ein T. oder ein Teil eines T. Ein T. ist eine funktionale und finale, aber auch eine traditionsbedingte Einheit. (...)
Es gibt dialogische und monologische, gespro-
10 chene und geschriebene T. Intuitiv kann man un-
ter einem T. als alltäglich erfahrbarer Gegebenheit eine Folge von Sätzen/Äußerungen verstehen, die thematisch und in ihren Bedeutungen sinnvoll zusammenhängen und einen erkennbaren Anfang und ein Ende haben. Man möchte 15
an einem solchen T. eine kommunikative Funktion erkennen, und man will ihn einer bestimmten Sorte bzw. einem Typ von T. zuordnen können.

Theodor Lewandowski: Linguistisches Wörterbuch 3. Heidelberg/Wiesbaden 1990, S. 1153

Unter Text wird nach dieser Definition **alles Gesprochene und Geschriebene verstanden, das einen Sinnzusammenhang ergibt.** Kommunikation vollzieht sich darüber hinaus nicht nur **verbal**, das heißt vermittelt über Sprache, sondern auch **nonverbal**. In Gesprächen unterstützen beispielsweise Mimik und Gestik das Wort, bei Werbeanzeigen spielen Text und Bild eine Rolle, ebenso in Spielfilmen und Fernsehreportagen, in Comics und Karikaturen überwiegt die zeichnerische die sprachliche Darstellung, bei Fotos entfällt das Wort in der Regel nahezu ganz. Nonverbale Kommunikation kann viele Situationen ganz entscheidend beeinflussen, etwa beim Vorstellungsgespräch, wo auf das gesamte Auftreten, das äußere Erscheinungsbild, Mimik und Gestik geachtet wird.

Wörter und Bilder werden durch eine Vielzahl von Medien übermittelt: Während über Jahrhunderte das gesprochene und geschriebene oder gedruckte Wort an erster Stelle standen, gewinnen heute zunehmend die audiovisuellen Medien, allen voran das Fernsehen, an Bedeutung. Die medienspezifischen Besonderheiten sind bei jeder Textbetrachtung und bei der Textproduktion besonders zu berücksichtigen. (▷ Vgl. Kapitel 7.7.3, S. 255 ff., sowie S. 49 f.)

Der amerikanische Kommunikationswissenschaftler **Harold Dwight Lasswell** (1902–1978) hat die Grundlagen für die Textanalyse, das Sicheinlassen auf Mitteilungen und Texte anderer, und die **Textproduktion**, die Eigenproduktion von Texten, in einer kurzen Formel zusammengefasst:

Wer sagt was zu wem mit welchen Mitteln und in welcher Absicht?
WER? — Sprecher/Schreiber/Hörer/Darsteller
sagt — mündlich, schriftlich, nonverbal
WAS? — Text/Aussage
zu WEM? — Hörer/Leser/Zuschauer
mit welchen MITTELN? — Form/Textsorte/Gedankenführung/ Medium/sprachliche Mittel
in welcher ABSICHT? — Information/Unterhaltung/Appell

Hinweis: Eine differenziertere, über dieses Grundschema hinausgehende Vorgehensweise bei der Textanalyse und der Textproduktion wird in anderen Kapiteln, insbesondere in Kapitel 2 sowie in Kapitel 7, wieder aufgegriffen und thematisiert.

1.2.2 Texte unterscheiden

Wie aus den Textbeispielen auf den Seiten 8 ff. zu erkennen ist, weisen Texte unterschiedliche Merkmale auf. Um mit Texten umgehen und sie beurteilen zu können, muss man bestimmte Merkmale erkennen und zuordnen können. Hierbei spielt der **Zusammenhang, in dem ein Text steht**, eine entscheidende Rolle. Zu diesem Zusammenhang gehören beispielsweise die Entstehungsbedingungen eines Textes, die Absicht des Textautors, das Medium, über das ein Text vermittelt wird, die Wirkungsgeschichte eines Textes beim Publikum und anderes mehr.

❑ Schaltet man das Radiogerät ein und hört „... die beiden geflüchteten Männer sind bewaffnet und machen rücksichtslos von den Schusswaffen Gebrauch ...", so muss man beispielsweise wissen, ob es sich bei dieser Meldung um einen Teil der Nachrichten, um einen Ausschnitt aus einem Hörspiel oder um einen Teil eines Werbespots handelt.

❑ Es ist auch wichtig zu wissen, dass der Kommentar - eingefügt in eine Nachrichtensendung im Fernsehen – die Meinung einer bestimmten namentlich genannten Person wiedergibt und damit subjektiv ist, während die Berichterstattung in der Sendung weitgehend objektiv ist.

❑ Liest man Plenzdorfs „Die neuen Leiden des jungen W.", so wird man dem Text nur gerecht, wenn man weiß, dass es sich dabei um die Adaption (= Umformung einer literarischen Vorlage) eines Werkes von Goethe handelt.

Texte lassen sich nach unterschiedlichen Gesichtspunkten in Gruppen einteilen. Nach dem **Wirklichkeitsbezug** kann man zwischen literarischen (= dichterischen) Texten und Sachtexten (= sachbezogen) unterscheiden.

❑ **Sachtexte (expositorische Texte)** beschäftigen sich mit Personen, Handlungen und Sachverhalten, die wirklich vorhanden sind. Beispiele sind Nachrichten in der Zeitung oder ein Brief an das Finanzamt. Die betroffenen Personen und der Sachverhalt sind nicht frei erfunden. Sachtexte (auch pragmatische Texte genannt) sind häufig an einen bestimmten Zweck gebunden, wie etwa die Gebrauchsanweisung, und gelten zeitlich und räumlich begrenzt. Die Sprache ist in der Regel fach- und sachbezogen, und der Inhalt ist zumeist eindeutig und nicht auslegungsbedürftig.

❑ In **literarischen (fiktionalen) Texten** fehlt der sachliche Bezug zur Wirklichkeit; Personen, Ort, Zeit und Handlung sind meist frei erfunden. Viele Autoren nehmen darüber hinaus Bezug auf die literarische Tradition und orientieren sich beispielsweise an einer bestimmten Textsorte, zum Beispiel der Kurzgeschichte oder der Novelle. Die verwendete Sprache zeichnet sich häufig durch bewusst ästhetisch gestaltete Merkmale aus und der Inhalt ist auslegungsbedürftig und mehrdeutig.

Viele Texte lassen sich jedoch nicht eindeutig zuordnen, die Grenzen sind fließend und die Zuordnungskriterien können immer nur Hilfestellung bei der Aufnahme eines Textes geben! Beispiel: ▷ S. 23 f.

1   *Welche Texte von S. 8 ff. sind sachbezogen, bei welchen handelt es sich um literarische Texte? Belegen Sie Ihre Zuordnung.*

2   *Welche Texte können Sie nicht eindeutig zuordnen? Woran liegt dies Ihrer Meinung nach?*

Die Unterteilung literarischer Texte

Die literarischen Texte lassen sich darüber hinaus nach ihrer Zugehörigkeit zu einer der drei traditionellen literarischen Gattungen unterteilen:

⅃2   Begriffsklärung „Gattung"

1 **Gattung:** Seit dem 18. Jahrhundert unterscheidet man drei Grundformen oder Gattungen der → *Dichtung:* → *Lyrik,* → *Epik,* → *Dramatik.* Der Literaturwissenschaftler W. KAYSER hat die drei
5 Gattungen folgendermaßen beschrieben: „Wo uns etwas erzählt wird, da handelt es sich um Epik, wo verkleidete Menschen auf einem Schauplatz etwas agieren (handelnd darstellen), um Dramatik, und wo ein Zustand empfunden und von einem ‚Ich' ausgesprochen wird, um Lyrik".
10 Allerdings ist diese Unterscheidung in Gattungen nicht trennscharf: es gibt erzählende Texte, die → *Dialoge* (Merkmale des Dramas) enthalten, Dramen, die eine erzählende Struktur (→ *episches Theater*) haben und Gedichte, die epische und dra-
15 matische Elemente vereinigen (→ *Ballade*).

Judith Heiko: Lexikon der literarischen Grundbegriffe. Braunschweig 1983, S. 26

Die verschiedenen Textsorten, die den drei Gattungen zuzuordnen sind, etwa Kurzgeschichte, Fabel, Lied, Anekdote, Komödie, ..., unterscheiden sich durch bestimmte Merkmale, die für die jeweilige Textsorte als typisch angesehen werden.

Die typischen Merkmale der Kurzgeschichte beispielsweise sind der unmittelbare Einstieg, der offene Schluss, die Ausschnitthaftigkeit und die Vieldeutigkeit des Geschehens.

Gerade Texte jüngeren Datums lassen sich jedoch nicht oder nicht länger eindeutig einer bestimmten Textsorte zuordnen, so dass der Begriff der Gattung für die Textanalyse zumindest fragwürdig geworden ist oder sogar als überholt gilt. So wird bei epischen Texten häufig der Begriff „Erzählung" als Sammelbegriff für nicht näher bestimmte Texte verwendet, beispielsweise, wenn ein Text für einen Roman „zu kurz", für eine Anekdote „zu lang" ist und andere Merkmale ebenfalls nicht eindeutig zuzuordnen sind.

1 Suchen Sie in diesem Buch Beispiele für epische, lyrische oder dramatische Texte, deren Zuordnung Sie für eindeutig halten. Begründen Sie Ihre Ansicht jeweils.

2 Suchen Sie Textbeispiele, die Ihrer Meinung nach nicht eindeutig einer literarischen Gattung zugeordnet werden können.

Die Unterteilung der Sachtexte

Für eine genaue Unterteilung der Sachtexte gibt es viele Ansätze. Ausgehend von dem Ansatz des Psychologen und Sprachtheoretikers **Karl Bühler** (1879–1963) lassen sich drei Funktionen der Sprache unterscheiden: **Darstellung, Ausdruck, Appell.**

Textarten	Merkmale
Darstellungstexte (= informierende Texte)	Die sachliche Information über einen Gegenstand, einen Sachverhalt oder eine Person überwiegt. Die Sprache ist sach- und fachbezogen.
Ausdruckstexte (= expressive Texte)	Meinungen und Gefühle des Schreibers/Sprechers/Darstellers stehen im Vordergrund. Die Texte sind zumeist namentlich gekennzeichnet, sie enthalten Formulierungen wie „Ich bin der Meinung, dass ...".
Aufforderungstexte (= appellative Texte)	Die Absicht bei diesen Texten liegt darin, beim Hörer/Leser/Zuschauer etwas zu erreichen, ihn von etwas zu überzeugen, ihn zu etwas bewegen oder ihm zu befehlen. Daher wird oft der Imperativ verwendet: „Lassen Sie sich ...".

In fast jeder Mitteilung sind alle drei Sprachfunktionen vorhanden, viele Texte lassen sich daher nicht eindeutig zuordnen. Beispielsweise kann ein Leserbrief informative, expressive und appellative Elemente enthalten. Bei der Zuordnung zu einer Textart ist daher entscheidend, welche Merkmale vorherrschen und welche Absicht der Sender (Autor) verfolgt.

1 *Ordnen Sie die Texte auf S. 8 ff. den jeweiligen Textsorten zu. Geben Sie dabei an,*
   welche Sprachfunktion jeweils überwiegt.
2 *Suchen Sie sich einen Text aus, in dem eine der.drei Sprachfunktionen überwiegt.*
   Bestimmen Sie die Sprachfunktion und formulieren Sie zwei weitere Texte zum gleichen Thema, in denen jeweils eine der beiden anderen Sprachfunktionen überwiegt.
   Beispiel
   – Ausgangstext: Zeitungsbericht v. 20.12. 19.. „Gestern erneut Kind Opfer eines Verkehrsunfalls in der Holzstraße" (= darstellender Text)
   – Weitere Texte: Flugblatt der Bürgerinitiative „Anwohner Holzstraße": „Sperrt die Holzstraße für den Durchgangsverkehr!" (= appellativer Text)
   Tagebucheintragung der Schwester des Unfallopfers am 19.12. und am 20.12. (= expressiver Text)
3 *Überprüfen Sie die folgende Übersicht: Welche Zuordnungen sind Ihrer Ansicht*
   nach problematisch? Wo berühren sich Grenzbereiche einzelner Künste? (Hinweis: Vgl. beispielsweise Karikatur, Satire.)

Texte		
Sachtexte (pragmatische, expositorische Texte)		
Darstellungstexte (= überwiegend informativ)	**Aufforderungstexte** (= überwiegend appellativ)	**Ausdruckstexte** (= überwiegend expressiv)
Bericht Nachricht Beschreibung Lexikontext wissenschaftlicher Text Gebrauchsanweisung Gesetzestext Inhaltsangabe Reportage Referat ...	Befehl Werbetext politische Rede Arbeitsanweisung Spendenaufruf Flugblatt Verordnung ...	Gespräch Kommentar Glosse Rezension Interview Karikatur Mimik und Gestik privater Brief Tagebucheintrag ...
Literarische (fiktionale, dichterische Texte)		
Epik (= erzählende Texte)	**Lyrik** (= formgebundene Texte)	**Dramatik** (= szenisch-dialogische Texte)
Roman Kurzgeschichte Novelle Anekdote Fabel Märchen Epos Kriminalgeschichte Satire Fernseh-/Kinofilm ...	Gedicht Ballade Lied Hymne Ode ...	Schauspiel Komödie Tragödie Schwank Posse Hörspiel Oper/Operette/Musical Pantomime ...

Kurt Tucholsky
3 Absichtserklärung

1 Ich will den Gänsekiel in die schwarze Flut tauchen. Ich will einen Roman
schreiben. Schöne, wahre Menschen sollen auf den Höhen des Lebens wandeln, auf ihrem offenen Antlitz soll sich die Freiheit widerspiegeln …
Nein. Ich will ein lyrisches Gedicht schreiben. Meine Seele werde ich auf
5 sammetgrünem Flanell betten, und meine Sorgen werden kreischend von
dannen ziehen …
Nein. Ich will eine Ballade schreiben. Der Held soll auf blumiger Au mit
den Riesen kämpfen, und wenn die Strahlen des Mondes auf seine schöne
Prinzessin fallen, dann …
10 Ich will den Gänsekiel in die schwarze Flut tauchen. Ich werde meinem Onkel schreiben, dass ich Geld brauche.

Nicola Rivas (Hrsg.): Nonsens-Festival. München 1986, S. 18

Carl Spitzweg, Der arme Poet (Ausschnitt) 1839, München, Neue Pinakothek

Informieren und Erklären

Spielbeschreibung

ANZAHL DER SPIELER

Es können 2 bis 36 Spieler an T...
Zunächst wird der Spi...
folgen di...

richtig, ist sein Mitspieler zur Linken mit Würfeln an der

...ge- und Antwortkarten werden jeweils abwechselnd aus
...en Kartenboxen von vorn der Reihe nach gezogen und
...brauch wieder hinten eingeordnet. Mischen ist nicht
...ich.
...eler muß nun versuchen, durch geschicktes Setzen auf
...ld zu gelangen. Die Eckfelder sind jeweils die durch
...issensecken markierten Schnittpunkte von den 6
...mit dem äußeren Rad.
...n Spieler auf ein Eckfeld und kann die Frage
...einen Wissensspeicher mit der

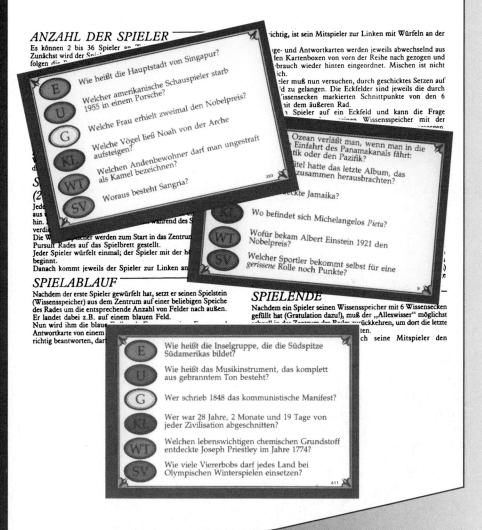

Karte 1:
E — Wie heißt die Hauptstadt von Singapur?
U — Welcher amerikanische Schauspieler starb 1955 in einem Porsche?
G — Welche Frau erhielt zweimal den Nobelpreis?
KL — Welche Vögel ließ Noah von der Arche aufsteigen?
WT — Welchen Andenbewohner darf man ungestraft als Kamel bezeichnen?
SV — Woraus besteht Sangria?
393

Karte 2:
...Ozean verläßt man, wenn man in die ...Einfahrt des Panamakanals fährt: ...tik oder den Pazifik?
...itel hatte das letzte Album, das ...zusammen herausbrachten?
...ckte Jamaika?
KL — Wo befindet sich Michelangelos *Pieta*?
WT — Wofür bekam Albert Einstein 1921 den Nobelpreis?
SV — Welcher Sportler bekommt selbst für eine gerissene Rolle noch Punkte?
9

Karte 3:
E — Wie heißt die Inselgruppe, die die Südspitze Südamerikas bildet?
U — Wie heißt das Musikinstrument, das komplett aus gebranntem Ton besteht?
G — Wer schrieb 1848 das kommunistische Manifest?
KL — Wer war 28 Jahre, 2 Monate und 19 Tage von jeder Zivilisation abgeschnitten?
WT — Welchen lebenswichtigen chemischen Grundstoff entdeckte Joseph Priestley im Jahre 1774?
SV — Wie viele Viererbobs darf jedes Land bei Olympischen Winterspielen einsetzen?
411

S...
(2...
Jede...
aus u...
hin. ... wahrend des S...
verdi...
Die W... werden zum Start in das Zentrum
Pursuit Rades auf das Spielbrett gestellt.
Jeder Spieler würfelt einmal; der Spieler mit der h...
beginnt.
Danach kommt jeweils der Spieler zur Linken an...

SPIELABLAUF

Nachdem der erste Spieler gewürfelt hat, setzt er seinen Spielstein
(Wissensspeicher) aus dem Zentrum auf einer beliebigen Speiche
des Rades um die entsprechende Anzahl von Felder nach außen.
Er landet dabei z.B. auf einem blauen Feld.
Nun wird ihm die blaue F...
Antwortkarte von einem ...
richtig beantworten, dar...

SPIELENDE

Nachdem ein Spieler seinen Wissensspeicher mit 6 Wissensecken
gefüllt hat (Gratulation dazu!), muß der „Alleswisser" möglichst
...ell in das Zentrum des Rades zurückkehren, um dort die letzte
...ten.
...ch seine Mitspieler den

2.1 Informationsquellen finden

Vermutlich ist niemand ohne weiteres in der Lage, sämtliche Fragen aus dem Spiel (vgl. S. 27) zu beantworten – andernfalls hätte ein Gesellschaftsspiel wie dieses auch seinen Sinn verloren. In Alltag, Beruf und Unterricht gibt es zuhauf Beispiele für Situationen, in denen ein Wissens- und Informationsmangel sichtbar wird.

Beispiele für Situationen mit Informationsbedarf

1. Beim Lesen der Zeitung oder beim Fernsehen stößt man des Öfteren auf unbekannte, nicht einzuordnende Namen und Sachverhalte oder auf Fremdwörter und Fachbegriffe, deren Bedeutung unklar ist.

2. Bei einer bevorstehenden Klassenfahrt sind zwei Reiseziele in die engere Auswahl gekommen. Als Entscheidungshilfe werden unter anderem Informationen benötigt über
   – das Reiseziel (Veranstaltungen, Unterkunftsmöglichkeiten, Stadtpläne, Möglichkeit von Betriebsbesichtigungen, Verkehrsverbindungen usw.)
   – historische, kulturelle Besonderheiten und Sehenswürdigkeiten (Baustile, Küche usw.)
   – geografische Besonderheiten (Klima, Landschaft usw.)
   – rechtliche Vorschriften, die bei der Durchführung einer Klassenfahrt zu beachten sind,
   – ökologische Probleme bei Fernreisen und Bedeutung des Tourismus für den Ort.

3. Der Kauf eines neuen Hi-Fi-Gerätes steht an, die Suche nach dem passenden Buch als Geburtstagsgeschenk für die Freundin, ...

4. Sie wollen den Führerschein machen und sich daher beispielsweise über rechtliche Vorschriften, Kosten, Qualität der Ausbildung bei verschiedenen Fahrschulen und anderes informieren.

5. Ein Referat soll ausgearbeitet und gehalten werden, zum Beispiel über einen Dichter, über ein Sachthema, über ein Buch, ...

6. Wie überprüft man, ob das qualifizierte Zeugnis, das nach Abschluss der Ausbildung vom Ausbildungsbetrieb ausgestellt wurde, keinen „Geheimcode", das heißt versteckte negative Beurteilungen, enthält?

7. Aufgrund einer Erkrankung muss auf die Ernährung geachtet werden. Wie erfährt man mehr über bestimmte Lebensmittel?

...

Bedingt durch die wissenschaftlich-technologischen Entwicklungen zeichnet sich die heutige Gesellschaft dadurch aus, dass immer mehr Informationen immer schneller ausgetauscht und weiterverarbeitet werden (▷ S. 339). Daher ist es (nicht nur für schulische Belange) wichtig zu wissen, wie man sich richtig und ausreichend informiert und welche Techniken sich einsetzen lassen, um Informationen optimal zu sichten, auszuwerten, festzuhalten und darzustellen. (▷ S. 340)

Anlaufstellen und Quellen zur Informationsbeschaffung

❏ **Private Umgebung:** Lexika, Fachbücher, Zeitungen, Zeitschriften, Hörfunk, Fernsehen, Personen des Verwandten-, Bekannten- und Freundeskreises.

❏ **Öffentliche Büchereien:** Schul- und Stadtbüchereien, Universitätsbibliothek. Dort kann man sich auch von Fachleuten beraten lassen.

❏ **Buchhandlungen.**

❏ **Vereine, Institutionen, Behörden, Firmen.** Anschriften erfährt man zum Beispiel aus Telefon- und Branchenbüchern, von Beratungsstellen, durch Hinweise in (Fach)zeitschriften und (Fach)büchern.

❏ **Literaturhinweise,** etwa in Fachbüchern oder Fachzeitschriften.

❏ **Datenbanken:** Vom heimischen PC aus lassen sich fremde Datenbanken entweder über die Telefonleitung mittels eines Modems oder über das Einklinken in dafür installierte Datennetze abfragen und die erhaltenen Informationen anschließend weiterverarbeiten. Datenbanken können darüber hinaus auch auf sogenannten CD-ROMs (= Read Only Memory, Informationsspeicher, der nur abgelesen, aber nicht verändert werden kann) enthalten sein, die ebenfalls mit dem PC, sofern ein dafür notwendiges Laufwerk vorhanden ist, gelesen werden können.

Als Informationsquellen sind vor allem **Sachtexte** geeignet; literarische Texte, denen zumeist erfundene Handlungen und Personen zugrunde liegen, können allenfalls einen Einblick in eine bestimmte Zeit oder Gesellschaft liefern. So erfährt man zum Beispiel in dem Roman „Effi Briest" von Theodor Fontane etwas über das Leben junger Frauen im ausgehenden 19. Jahrhundert (▷ vgl. Romanauszug, S. 130, sowie S. 291).
Von den Sachtexten sind es vor allem **Lexika,** die für eine erste allgemeine Information genutzt werden können, Fachbücher und -zeitschriften informieren dagegen detaillierter und umfassender.

Tipp: Bei der Literatursuche sollte man in der Regel vom Allgemeinen zum Besonderen gehen.

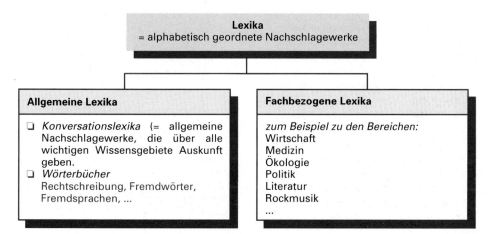

Lexika
= alphabetisch geordnete Nachschlagewerke

Allgemeine Lexika	**Fachbezogene Lexika**
❏ *Konversationslexika* (= allgemeine Nachschlagewerke, die über alle wichtigen Wissensgebiete Auskunft geben. ❏ *Wörterbücher* Rechtschreibung, Fremdwörter, Fremdsprachen, ...	*zum Beispiel zu den Bereichen:* Wirtschaft Medizin Ökologie Politik Literatur Rockmusik ...

1 Auf welche „Wissenslücken" bei sich selbst sind Sie in der letzten Zeit gestoßen? Wie und wo haben Sie sich informiert?

2 Wählen Sie eines der Beispiele auf S. 28 aus und beschreiben Sie mögliche Informationsquellen und Ihre Vorgehensweise bei der Informationssuche.

3 „Klassenbibliothek":
Stellen Sie eine Liste von Nachschlagewerken und Fachzeitschriften zusammen, die für den Unterricht der Klasse in allen Fächern wichtig sind.
Überlegen Sie gemeinsam – vielleicht mit Ihren Eltern –, welche Bücher oder Zeitschriften für die Klasse als Bestand angeschafft werden könnten. Achten Sie darauf, dass Sie die Liste regelmäßig aktualisieren.

4 Sie wollen mehr über das Thema „Rockmusik" wissen. In einer Musikzeitschrift wird das nebenstehende Buch erwähnt:

Berward Halbscheffel/Tibor Kneif
Sachlexikon Rockmusik
Instrumente, Stile, Techniken,
Industrie und Geschichte

a) Beschreiben Sie – mündlich oder schriftlich – mit Hilfe des unten abgedruckten Schemas, wie Sie vorgehen, um nähere Informationen über das Buch zu erhalten.

b) Wie gehen Sie vor, wenn Ihnen der Titel des Buches nicht bekannt ist?

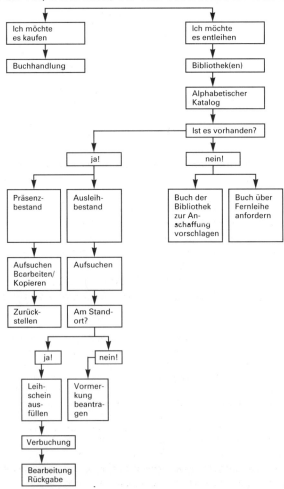

Eine Möglichkeit, sich über Bücher zu einem bestimmten Themenbereich oder über den Inhalt eines bestimmten Buches zu informieren, bieten Buchbesprechungen (Rezensionen), die in verschiedenen Medien, zum Beispiel Zeitschriften oder Fernsehberichten, regelmäßig veröffentlicht werden. (▷ Kapitel 7.8.4, S. 267 ff.)

♪1 Miss Obelix?

1 Die spinnen, die … Na, wer wohl? Die Männer natürlich! In prall-bunter Bilderfolge hat die Car-toonistin Franziska Becker, hochgelobt als
5 deutsche Claire Bretécher, endlich die definitive weibliche Antwort auf „Asterix" zu Papier gebracht. Ihr unbeugsames Dorf liegt am Rhein. Die germanischen Amazonen, die es
10 bewohnen, machen nicht nur den Römern, sondern auch den männlichen Mitgliedern der eigenen Sippe die Hölle heiß. Und statt stinkendem Fisch gibt's endlich anständige
15 Sachen zu essen und zu trinken: Honigmet und Himbeergelee. Ab 18. September sind die Abenteuer von „Feminax und Walkürax" im Handel. (52 S.)

Brigitte 20/92, S. 218

♪2 Der Pott

Als Reiseführer im herkömmlichen Sinn ist das Bändchen 20 gewiss untauglich. Unsystematisch wird die Region durchstreift, mal mit dem Boot, dann wieder mit dem Auto oder per Rad. Da sämtliche Karten offensichtlich aus anderen Führern entnommen oder von den Verkehrsämtern der Städte beigesteuert wurden, herrscht auch optisch ein vielgestaltiges Sam- 25 melsurium vor. Wer also praktische und handfeste Reisehilfen sucht, wäre mit diesem Führer allein schlecht beraten. Als Zweitführer ist er jedoch unbedingt zu empfehlen, findet man darin doch, neben zumeist eigenwilligen Beschreibungen von Museen und Sehenswürdigkeiten, Kuriosa wie die größte 30 WC-Reklame des Ruhrgebiets oder ein ganzes Kapitel „nach Guinness Art": Wo ist das Ruhrgebiet am rostigsten, am männlichsten, am gesündesten, staubigsten …? Da gibt es allerhand zu entdecken.

Inge Inderwisch/Manfred Waldmann: Der Pott Erlebnisreiseführer durchs Ruhrgebiet; Dortmund 1992; 186 S.

Frankfurter Allgemeine Zeitung v. 10.12.1992

1 Beurteilen Sie den Informationsgehalt der beiden Buchbesprechungen. Interessieren Sie sich aufgrund der Besprechungen näher für die jeweiligen Bücher? Begründen Sie ihre Ansicht.
2 Suchen Sie in Zeitschriften und Zeitungen weitere Buchbesprechungen. Erläutern Sie, welche Bücher Sie – den Besprechungen nach – interessant finden und welche nicht, und begründen Sie Ihre Ansicht jeweils.
3 Verfolgen Sie im Fernsehen eine Sendung, in der aktuelle Bücher vorgestellt werden, und berichten Sie darüber.
4 Lesen Sie in der Textsammlung auf S. 350 den Text „Auf ein Wort". Welche Position vertritt Senta Trömel-Plötz? Listen Sie die Kritikpunkte von Anja Kempe auf.

1 „„ Meine zwei Lieblingsbücher waren: Robinson Crusoe. Jetzt wird vielleicht einer grinsen. Ich hätte das nie im Leben zugegeben. Das andere war von diesem Salinger. Ich hatte es durch puren Zufall in die Klauen gekriegt. Kein Mensch kannte das. Ich
5 meine: kein Mensch hatte es mir empfohlen oder so. Bloß gut. Ich hätte es dann nie angefasst. Meine Erfahrungen mit empfohlenen Büchern waren hervorragend mies. Ich Idiot war so verrückt, dass ich ein empfohlenes Buch blöd fand, selbst wenn es gut war. Trotzdem werd ich jetzt noch blass, wenn ich denke, ich hätte die-
10 ses Buch vielleicht nie in die Finger gekriegt. „„

Ulrich Plenzdorf: Die neuen Leiden des jungen W. Frankfurt/M. 1976, S. 33

2.2 Informationen sichten und aufbereiten

2.2.1 Einen Überblick gewinnen

♩1
Heinz Erhardt
**Leitanweisung oder Gebrauchsfaden
für die Benutzung des vorliegenden
Buches**

1 Wer – durch welche Umstände auch immer – in den Besitz
dieses Buches gelangt, ist möglicherweise zunächst unschlüs-
sig, was er damit anfangen soll. Darf ich deshalb im Folgenden einige Richtlinien zur Kenntnis geben?

5 Wer junge Kinder hat, der überlasse ihnen dieses Buch! Sie
können die weißen Stellen mit Männchen bemalen oder die
abgebildeten Personen ausschneiden und ihnen lustige Bärte
ankleben …

Sollte der Tisch ein zu kurzes Bein haben: selbst zur Behe-
10 bung dieses Notstandes ist dies Buch geeignet – ebenfalls zur
Zermalmung lästiger Kerbtiere …

Für ältere Ehepaare jedoch ist es schier unentbehrlich; denn gibt es ein besseres Wurfgeschoss? (…)

Aus diesen kurzen Beispielen ist ersichtlich, wie nutzbringend die lächerlichen paar Mark, die dies
Druckerzeugnis gekostet hat, angelegt sind …

15 Und nun kommt die große Überraschung: man kann in diesem Buch auch lesen!

Das Schwarze sind die Buchstaben!

Man lese sie am zweckmäßigsten reihenweise von links nach rechts; denn wollte man es von rechts
nach links tun,

.nies tkcurdeg murehsredna eis netssüm nnad

20 (…)

Um einen möglichst großen Leserkreis zu erfassen, hat der Autor besondere Rücksicht auf die Diabeti-
ker genommen: man wird das Wort *Zucker* vergeblich suchen! Auch hat er für diejenigen, die an Über-
gewicht leiden oder Diät leben müssen, *Fettgedrucktes* vermieden!

Bevor ich jedoch mein Musenkind der Öffent- und damit der Lächerlichkeit preisgebe, muss ich schnell
25 mal brechen – und zwar eine Lanze für jene Leser, die mehr der *abstrakten* Kunst zugeneigt, also mit
meinen gegenständlich primitiven Gedanken, Worten und Sätzen nicht viel anzufangen wissen, sind!

Diesen bleibe es unbenommen, Wortfolgen nachstehender Machwerke willkürlich aus den Satzgebilden
herauszulösen, ja, selbst einzelne Buchstaben innerhalb eines Wortes beliebig umzustellen und die Zeilen grafisch aufzulockern. Als Beispiel möge der Anfang des Gedichts *Zellen* dienen:

30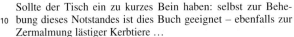

ner,.?!':;usw.usw.

Auch der unbefangene Leser wird zugeben müssen, dass so dieses Buch für den modernen Menschen
über Jahre hinaus anregend bleibt! Was man nicht von jedem Werk unsrer Literatur behaupten kann …

Das große Heinz Erhardt Buch. München 1970, S. 6 ff.

1 Was erkennen Sie aus diesem „Vorwort" über den Inhalt dieses Buches?
**2 Welche stilistischen Mittel verwendet der Autor, zum Beispiel im Hinblick auf
    Ausdrücke wie „Leitanweisung und Gebrauchsfaden"?**

⌐2

Die Werke, die ein Schriftsteller selbst verfasst hat, bezeichnet man als **Primärliteratur**. Unter **Sekundärliteratur** versteht man wissenschaftliche und kritische Werke über den Dichter oder Interpretationen zu seinen Werken.

⌐3   **Inhaltsverzeichnis**

Stiftung Verbraucherinstitut (Hrsg.):
Der umweltfreundliche Schreibtisch

Autoren: Gabriele Fleischer unter Mitarbeit von Ingo Schoenheit und Hans-Joachim Kursawa-Stucke, alle Mitarbeiter der Stiftung Verbraucherinstitut

Inhaltsverzeichnis

⌐4 Bibliografische Angaben

1 Originalausgabe Oktober 1991
© 1991 Droemersche Verlagsanstalt Th. Knaur
Nachf., München
Das Werk einschließlich aller seiner Teile ist
5 urheberrechtlich geschützt. Jede Verwertung
außerhalb der engen Grenzen des Urheberrechts-
gesetzes ist ohne Zustimmung des Verlages
unzulässig und strafbar. Das gilt insbesondere für
Vervielfältigungen, Übersetzungen, Mikroverfil-
10 mungen und die Einspeicherung und Verarbeitung in elektronischen Systemen.
Umschlaggestaltung Manfred Waller
Umschlagfoto Karl-Heinz Disselhoff

Printed in Germany 5 4 3 2 1
ISBN 3-426-07944-5

⌐5 Text der Buchrückenseite

1 Von ALLESKLEBER über COMPUTER und
KOPIERER bis zum ZETTELKASTEN – das
Verbraucherinstitut gibt in diesem Buch klare
Entscheidungshilfen beim Einkauf von Büroma-
5 terial. „Der umweltfreundliche Schreibtisch"
stellt die „Lebensläufe" zahlreicher Produkte vor
– von der Produktion über den Gebrauch bis zur
umweltgerechten Abfallbeseitigung –, und der
Verbraucher wird informiert, welche Waren
10 umwelt- und/oder gesundheitsschädlich sind.

1 Was erfahren Sie aus dem Inhaltsverzeichnis, den bibliografischen Angaben und dem Text auf der Buchrückenseite über den Inhalt dieses Buches?

2 Als Schüler/in sitzen Sie häufig am Schreibtisch und Sie verwenden Papier und Stifte. Was erwarten Sie im Hinblick darauf von diesem Buch?

3 Schauen Sie sich das Vorwort und das Inhaltsverzeichnis dieses oder eines anderen Lehrbuches an.

Mit Büchern umgehen – Tips und Hinweise

1. Bevor man in einem Nachschlagewerk oder in einem Fachbuch etwas Bestimmtes nachliest, empfiehlt es sich, zunächst die **Benutzerhinweise** anzuschauen
(Erläuterung zum Aufbau, Erklärung der Abkürzungen, ...).

2. Um festzustellen, ob ein Buch, ein Aufsatz oder ein Text für den jeweiligen
Zweck geeignet ist, sollte man sich zunächst einen allgemeinen Überblick
anhand der folgenden Punkte verschaffen:

   ❏ Die **bibliografischen Angaben** geben Aufschluss über Autor(en), Titel, Erscheinungsjahr und -ort. Achtung: Ein Aufsatz zum Thema „Neue Technologien
   am Arbeitsplatz" aus dem Jahr 1980 ist heute mit Sicherheit veraltet.

   ❏ Das **Inhaltsverzeichnis** und die **Kapitelüberschriften** spiegeln die Schwerpunkte eines Buches wider. Zu prüfen ist daher, ob und wie ausführlich das,
   was man sucht, dort angesprochen wird.

   ❏ Das **Vorwort** und **Klappentexte** oder die **Buchrückenseite** enthalten häufig
   wichtige Informationen über den Aufbau und die Zielsetzung eines Buches.

   ❏ Sind **Zusammenfassungen** verschiedener Kapitel vorhanden, so kann man
   daraus Rückschlüsse auf den Inhalt der Kapitel ziehen.

   ❏ **Sachregister** und **Personenregister**, die am Schluss des Buches abgedruckt
   werden, geben in alphabetischer Reihenfolge Hinweise auf wichtige Stichwörter und zitierte Personen. Sie verdeutlichen, ob und in welchem Umfang
   das gesuchte Thema angesprochen wird.

3. Beachtet werden muss schließlich, ob es sich um wissenschaftliche „seriöse" Literatur handelt oder nicht. Dies lässt sich beispielsweise daran feststellen, ob zitiert wurde, ob Quellen angegeben wurden und ob ein Register vorhanden ist.

Werden **Zeitungen** und **Zeitschriften** als Informationsquellen herangezogen, sollte auf die politische und gesellschaftliche „Richtung" und auf die Seriosität der Berichterstattung geachtet werden.

So wird über ein bestimmtes Ereignis in der sogenannten „Regenbogenpresse" oder in einer Boulevardzeitung (= in großen Auflagen erscheinende, sensationell aufgemachte und meist über den Straßenverkauf laufende Zeitungen), sicherlich anders berichtet als in einer Abonnementzeitung.

Das **Impressum**, das in jeder Zeitung und Zeitschrift abgedruckt werden muss, kann hier zur Information herangezogen werden. In Zeitschriften fallen darüber hinaus die Inhaltsverzeichnisse häufig sehr ausführlich aus. Teilweise kann auch ein kurzer, dem Artikel vorangestellter Vorspann zur Orientierung dienen.

Werden **Informationen von Institutionen, Verbänden oder Firmen** eingeholt, müssen der Zusammenhang mit dem jeweiligen Auftraggeber und dessen Interessen und Absichten berücksichtigt werden.

So werden Informationen über die ökologische Belastung durch den Autoverkehr von Vertretern der Autoindustrie anders dargestellt werden als von Umweltorganisationen (▷ Vgl. auch die unterschiedlichen Argumente zum Thema „Zigarettenwerbung", S. 144.)

Ähnliches gilt für die Berichte in **Hörfunk** und **Fernsehen**: Auch hier sollte man beachten, um welchen Sender, um welche Sendung und um welchen Moderator es sich handelt. Außerdem ist zu berücksichtigen, ob es sich um Moderatorenberichte oder um Originalbeiträge, zum Beispiel von Augenzeugen, handelt und wie aktuell das Dargestellte ist.

1 Bringen Sie ein Sachbuch und eine Zeitung oder Zeitschrift mit in die Klasse und geben Sie den anderen einen Überblick über Aufbau, Inhalt und Zielsetzung.

2 Was steht in Zeitungen und Zeitschriften im Impressum? Klären Sie die Bedeutung dieses Wortes.

3 Jedes Klassenmitglied bringt eine Tageszeitung von einem vorher festgelegten Tag mit. Dabei sollte darauf geachtet werden, dass möglichst verschiedene Zeitungen ausgesucht werden. Vergleichen Sie die Zeitungsexemplare in der Klasse hinsichtlich Aufmachung und Schwerpunkte in der Berichterstattung (Platzierung und Gewichtung der Artikel, Vollständigkeit, ...).

2.2.2 Texte markieren und strukturieren

Markierungen können nur in eigenen Büchern oder Fotokopien vorgenommen werden. Darüber hinaus ist es von Vorteil, wenn die betreffenden Textseiten mindestens 3-4 cm Rand haben, damit sich zusätzliche Randnotizen anbringen lassen.

Tipp: Auf Fotokopien sollte unbedingt sofort die Quelle vermerkt werden (▷ S. 39 f.).

Vorteile von Textmarkierungen

❏ Wichtiges lässt sich hervorheben, Unwichtiges in den Hintergrund schieben. Liest man einen markierten Text nach einiger Zeit nochmals, spart man Zeit, wenn Oberbegriffe und Kernaussagen gekennzeichnet wurden.

❏ Durch Markierungen wird der Text strukturiert. Zusammenhänge werden sichtbar und können durch die visuelle Aufarbeitung leichter behalten werden.

❏ Das Mitdenken beim Lesen wird gefördert: Man überlegt beim Lesen, was zu markieren ist.

❏ Unklares, zum Beispiel Fachausdrücke oder Fremdwörter, können anhand von Randbemerkungen geklärt werden. Ebenso kann auf Widersprüche, unlogische Schlussfolgerungen und Gedankensprünge hingewiesen werden.

Vorgehensweise beim Markieren

Der Text wird zunächst absatzweise durchgelesen, unbekannte Wörter werden geklärt. Im Anschluss daran werden gezielt Kernaussagen und Schlüsselbegriffe markiert. Wichtig ist, dass nicht zu viel markiert wird, das heißt, es sollten nur einzelne Wörter und nur in Einzelfällen, etwa bei Definitionen, ganze Sätze hervorgehoben werden. Hat man sich für eine Markierungsmethode entschieden, sollte diese – auch bei gleichzeitiger Verwendung unterschiedlicher Quellen – durchgängig beibehalten werden.

Markierungsmethoden
❏ **Unterstreichungen**, eventuell mit unterschiedlichen Farben ❏ Verwendung von **Symbolen**: ! = wichtig, ? = fraglich, √ = widersprüchlich ❏ **Randnotizen**, zum Beispiel Abkürzungen: **Def.** für Definition, **Bsp.** für Beispiel; Nummerierungen: **1. A** (= 1. Argument), **2. A.**, ...

1 a) Fertigen Sie von Text 5 „Eine Kopie ..." auf S. 46 f. zwei Kopien an und kleben Sie die Textkopien jeweils auf ein Blatt, so dass rechts ein ca. 4 cm breiter Rand bleibt.

b) Lesen Sie den Text aufmerksam durch und schreiben Sie die Erklärungen der unbekannten Wörter auf dem rechten Rand der einen Kopie heraus. Markieren Sie außerdem alle wichtigen Aussagen im Text.

c) Markieren Sie auf der zweiten Kopie nur das, was Sie für die folgende Fragestellung benötigen:
Welche Vorzüge hat das Kopieren und welche Gefahren sind mit dem Kopieren möglicherweise verbunden?

2 Vergleichen Sie die beiden Kopien, die von Ihnen markiert wurden. Besprechen Sie die Ergebnisse in der Klasse.

2.3 Informationen festhalten und auswerten

Informationen lassen sich – je nach Zweck – auf unterschiedliche Art und Weise festhalten und aufbereiten. Die im Folgenden vorgestellten Mittel der Textbearbeitung sind nicht nur hilfreich, wenn man über schriftliche Textkopien verfügt, sondern auch in solchen Fällen, wo Fernsehberichte auf Video oder Kassette aufgenommen oder Unterrichtsbeiträge mitgeschrieben wurden.

2.3.1 Stichworte notieren

Listen Sie auf, in welchen Situationen stichwortartige Notizen nützlich oder sogar erforderlich sind.

Vorgehensweise beim stichwortartigen Notieren

❑ Sinnvolle Abkürzungen erleichtern das Mitschreiben. Es sollten nur Stichworte notiert werden.

❑ Es empfiehlt sich, nicht zu eng zu schreiben und nach jedem neuen Gedanken eine neue Zeile zu beginnen.

❑ Der Stichwortzettel sollte unmittelbar nach der Veranstaltung überarbeitet werden, da unverständliche Formulierungen sich zu diesem Zeitpunkt noch aus dem Gedächtnis korrigieren lassen. Dabei kann das Mitgeschriebene auch noch strukturiert werden, falls dies noch nicht geschehen ist.

❑ Auch auf Stichwortzetteln sollten die jeweiligen Quellen (etwa Datum und Uhrzeit eines Vortrags, Thema, Anlass und Name des Referenten, ...) vermerkt werden.

In beruflichen Zu-
sammenhängen
wird zunehmend
der Computer – oft-
mals in mobiler
Form etwa als
Notebook (DIN-A4-
Größe) oder Note-
pad (eine Art klei-
ner Schreibtafel,
die mit einem
elektronischen Stift
beschrieben wird) –
genutzt, um Noti-
zen festzuhalten.

```
M E M O - Kartei & Literaturverwaltung    Ein Programmpaket von   BiblioSoft
                              LETZTER EINTRAG
Potempa, Dirk

Bildverarbeitung

1991

Röntgen
..................................................................
Anmerkung:     Beschreibt diverse Einsatzmöglichkeiten

Fundstelle:

Notiz:

Standort:     Institut, Rö 19,3

Status:        Gruppe A:  •••••••  Gruppe B:  1••••••  Gruppe C:  •••••••  17.02.92

Hilfe durch Druck der Funktionstaste F1 [A][B][C][D][E] [↑] [HOME][PgUp] [ESC]
Bitte drücken Sie die Taste Ihrer Wahl. [F][K][L][O][T] [↓] [END ][PgDn] [↵]
```

Beispiele hierfür sind Patientenverwaltung und Diagnose in Krankenhäusern und
Arztpraxen oder Beratungsgespräche im Außendienst. Der Computer bietet nahezu unbegrenzte Möglichkeiten, „Stichwortzettel" anzulegen und zu verwalten. So
gibt es beispielsweise eigene Programme, um Terminkalender zu führen, um
Karteikartensammlungen anzulegen oder Literatur zu verwalten, wobei zu einzelnen Büchern oder Artikeln auch Stichwörter oder Inhaltsüberblicke abgelegt werden können.

1   *Fertigen Sie wahlweise zu einer Unterrichtsstunde oder einer Fernsehsendung
    einen Stichwortzettel an, aus dem das Wichtigste der Veranstaltung hervorgeht.*
2   *Welche Probleme haben sich bei der Arbeit ergeben? Tauschen Sie sich in der
    Klasse untereinander aus und suchen Sie gemeinsam Lösungen.*
3   *Entwerfen Sie für Ereignisse, bei denen Sie häufiger einen Stichwortzettel anfer-
    tigen, Vordrucke, die das Mitschreiben erleichtern. Beispiele: Telefongespräch,
    Unterrichtsgespräch.*
4   *Informieren Sie sich über Programme der elektronischen Datenverarbeitung, die
    die Möglichkeit bieten, Karteisammlungen zu erstellen oder Literatur – unter Ein-
    bezug inhaltlicher Stichworte – zu verwalten.*
5   *Vergleichen Sie die Nachrichtensendungen eines Tages von verschiedenen
    Fernsehsendern im Hinblick auf folgende Gesichtspunkte:*
    a) Welche Meldung wurde an den Anfang gestellt?
    b) Zu welchem Thema wurde ein Kommentar verfasst?
    c) Was für Filmbeiträge (Thema, Länge) wurden eingespielt?
    d) Welche Hintergrundbilder wurden eingeblendet?
    e) Was wurde als letzte Meldung vorgetragen?

2.3.2 Inhaltsauszüge anfertigen

Fertigt man von Texten einen Inhaltsauszug an, spricht man vom Konspekt
beziehungsweise Exzerpt. (▷ Vgl. auch die Inhaltsangabe, S. 18 f.)

Exzerpieren bedeutet, dass man einen Textauszug unter einer vorgegebenen
Thematik anfertigt.
Ist hingegen der gesamte Text für den Inhaltsauszug von Bedeutung, so wird
ein allgemeiner Textauszug, ein **Konspekt** angefertigt.

Vorgehensweise beim Inhaltsauszug	
❏ Der zu bearbeitende Text wird abschnittweise durchgelesen. ❏ Unbekannte Wörter werden geklärt.	
Exzerpt	**Konspekt**
In einem zweiten Lesedurchgang werden die für die Fragestellung zentralen Aussagen herausgeschrieben. Wichtig ist es dabei, den Gedankengang des Autors beizubehalten und den Argumentationszusammenhang des Ausgangstextes nicht zu zerstören.	Der Text wird nochmals durchgelesen. Der möglichst knapp formulierte Inhaltsauszug wird nach der Vorlage gegliedert. Entweder werden vorhandene Zwischenüberschriften dabei übernommen oder selbstständig neue erstellt. Auch hier ist der gedankliche Zusammenhang der Vorlage zu wahren.
❏ Wichtige Aussagen, zum Beispiel Definitionen oder Kernaussagen, sollten wörtlich übernommen und als **Zitat** gekennzeichnet werden.	

1 Lesen Sie Text 5 auf S. 46 f. und fertigen Sie einen allgemeinen Inhaltsauszug an.

2 Erstellen Sie zum selben Text ein Exzerpt. Die Aufgabenstellung lautet: „Vorzüge und Gefahren des Kopierens".

Zitieren

Ein Zitat ist eine wörtliche oder sinngemäße Wiedergabe mündlicher oder schriftlicher Äußerungen anderer. Zitate müssen kenntlich gemacht werden. Dies geschieht in einer **Quellenangabe,** die zum Beispiel als Fußnote oder im Anschluss an den jeweiligen Text platziert wird.

Wörtliche (direkte) Zitate:

❏ werden nur bei wichtigen Textstellen, etwa bei Definitionen oder bei Stellungnahmen, bei denen es auf jedes Wort ankommt, angewendet,

❏ stehen in Anführungszeichen,

❏ müssen mit dem Original vollständig übereinstimmen, Auslassungen dürfen nicht sinnentstellend sein und müssen durch drei Punkte gekennzeichnet werden.

In seinem Leserbrief an die Zeit argumentiert Heinz Steincke für das Schreiben und die Veröffentlichung von Leserbriefen, da „... man die Qualität der Tageszeitung daran erkennt, wie sorgfältig die Redaktion mit den Leserbriefen umgeht." (Heinz Steincke: Meckerpötte oder Geburtshelfer. In: Die Zeit vom 13.01.1989, S. 14).

Sinngemäße (indirekte) Zitate:

❏ sind nicht wörtliche Übernahmen von fremden Äußerungen,

❏ müssen den gemachten Äußerungen entsprechen,

❏ müssen in der Quellenangabe durch den Zusatz „vgl." verdeutlicht werden.

Quellenangaben:

❑ geben an, aus welchem Buch, welcher Zeitschrift, ... ein Zitat übernommen wurde,
❑ sind grundsätzlich für jedes Zitat erforderlich,
❑ enthalten folgende Angaben:
   Name des Autors: Titel, Band, Auflage, Erscheinungsort und Erscheinungsjahr,
   Seitenangabe. (Gibt es nur einen Band oder handelt es sich um die 1. Auflage,
   entfallen diese Angaben.)

Gabriel Garcia Márquez: Bericht eines Schiffbrüchigen. 4. Auflage, München 1987.
Jens Reich: Rebhuhnweg überlebt ... In: Die Zeit vom 01.02.1991, S. 90.

♫₁ „Meckerpötte oder Geburtshelfer?"

Dies ist kein klassischer Leserbrief, aber ein Brief, der in geradezu klassischer
Weise den Sinn und Nutzen von Leserbriefen sowie Freud und Leid der Briefeschreiber nennt.
Darum drucken wir ihn – zur Freude seines Schreibers und, zu seinem Leid, gekürzt.

1 Ich lese Ihre Leserbriefspalte immer und ich bin davon überzeugt, (...) dass man die Qualität der Tageszeitung daran erkennt, wie sorgfältig die Redaktion mit den Leserbriefen umgeht.
5 Ich stelle nach den vielen Jahren fest, dass Leserbriefe in Ihrer Zeitung die Meinungsvielfalt in unserer Gesellschaft gefördert haben. Ohne die Leserbriefseite wäre Ihre Zeitung ein Stück ärmer – was nicht heißen soll, dass Ihre Redakteure nicht
10 gut wären, die Ihrer Zeitung die Grundlage der Qualität Ihrer Zeitung geben. Aber mit den Leserbriefen bekommt jede noch so gut aufgemachte Zeitung und jeder noch so gute Bericht dadurch, dass sich da jemand uneigennützig hinsetzt und
15 den meist schweren Akt des Schreibens vollbringt und sich seine Formulierungen abringt, eine zusätzliche Dimension auch von Leidenschaft.
Warum ich Leserbriefe lese? Weil darin eine oft bemerkenswerte qualitative Ergänzung Ihrer
20 Berichte usw. im Sinne einer größeren Meinungsvielfalt liegt.
Warum ich Leserbriefe schreibe? Weil ich unverbindlich teilnehmen und teilhaben möchte an der Diskussion um Probleme, die
25 uns Menschen in unserer Zeit bewegen, und zwar unabhängig von politischer Einseitigkeit.
Warum es mir immer Freude macht, einen Leserbrief zu
30 schreiben? Weil mich das zwingt, meine Gedanken zu ordnen und konsequent zu einem schlüssigen Ergebnis zu bringen.
Warum ich *diesen* Leserbrief
35 schreibe? – Weil einmal das auch mühevolle und unbezahlte Engagement erwähnt werden sollte, um damit auch festzustellen, dass Leserbriefschreiber

nicht nur als unbequeme „Meckerpötte" angese- 40
hen werden, sondern auch als Geburtshelfer für andere Ansichten, die das begrenzte Meinungsspektrum einer Redaktion ergänzen und erweitern können. – Leserbriefschreiber haben kein Ansehen in der Gesellschaft und Öffentlichkeit. Leser- 45
briefschreiben wird belächelt in einer Zeit, in der es politisch immer wieder durch Lippenbekenntnisse für so wichtig gehalten wird, dass alle ihre Meinung sagen.
Warum ich nicht aufgebe, Leserbriefe zu schrei- 50
ben, auch wenn sie nicht gedruckt werden? – Unsere politische Welt ist eingeengt dadurch, dass politische Meinungen fast nur noch in den politischen Parteien und deren Gremien gebildet werden können, wenn sie eine Chance haben wol- 55
len, auch politische Bedeutung zu bekommen.
– Ich bin gegen diesen Monopolanspruch der politischen Parteien, der vor allem durch das Grundgesetz nicht gerechtfertigt ist, das den Parteien nur eine Mitwirkung bei der politischen 60
Meinungsbildung zugesteht. – In Leserbriefen hat auch die – sonst schweigende Mehrheit – eine Chance, sich zu artikulieren – und damit einer modernen pluralistischen Gesellschaft einen 65
weiteren Horizont zu vermitteln. Was immer Sie von Leserbriefen halten und wie immer sie aussehen mögen in Ihren Augen: Sie sind ein wertvolles 70
Geschenk Ihrer Leser, das Ihnen völlig uneigennützig zur Verfügung gestellt wird, denn niemand hat bei diesem „Roulett der Leserbriefe" eine Gewiss- 75
heit, ob sich die Mühe insofern lohnt.
Heinz Steincke, Michelsbach

Hier

ist Platz für
jede Meinung

Die Zeit vom 13.01.1989, S. 14

1 Fertigen Sie einen speziellen Inhaltsauszug an unter dem Gesichtspunkt: „Argumente für das Schreiben von Leserbriefen".

2 Listen Sie anhand dieses Textes die Merkmale eines Leserbriefes auf.

3 Erläutern Sie den Aufbau des Textes von Heinz Steincke.

2 Der Kurzbericht

1 Während das Referat häufig eine kritische, auch parteiliche oder personenbezogene Auseinandersetzung mit dem Thema verlangt, (...) beschränkt sich der Kurzbericht im Wesentlichen auf die Wiedergabe von Tatsachen und Beobachtungen, wobei der Beobachter sich in bewusster Distanz hält und seine subjektive Sicht zu objektivieren sucht (ohne natürlich jemals ganz seine subjektive Befangenheit zu
5 verlieren). Der Kurzbericht ist daher dem Protokoll verwandt, mehr dem Ergebnis- als dem Verlaufsprotokoll, doch verlangt seine Wirkungsintention (etwa als Sport-, Reise- oder politischer Bericht) eine stärkere Berücksichtigung rhetorischer Formen.
Zuallererst ist der Kurzbericht auch eine Erzählform. Er wendet sich zumeist an ein unterschiedlich unterrichtetes Publikum (einer Tageszeitung, eines Radiosenders), das mehr (z. B. beim Sportbericht)
10 oder weniger (z. B. beim politischen Bericht) homogen zusammengesetzt ist. Die beiden wichtigsten Maßstäbe sind Kürze und Klarheit.
Das heißt: Beschränkung auf das Wesentliche, doch in der Form seiner Abfolge (möglichst Vernachlässigung der Vorgeschichte, schnelles Vordringen zur Hauptsache), nicht in der Schilderung des Gegenstandes, die anschaulich und glaubhaft sein sollte. Zwar sind beim Kurzbericht Beispiele, Gleichnisse,
15 Abschweifungen und sämtliche Formen der amplificatio verpönt, doch treffende sprachliche Bilder, kurze Zitate, anderes Belegmaterial (etwa die Einspielung von Originalton im Funkbericht), sentenzenhafte Prägungen, selbst witzige Formulierungen durchaus angebracht. Welche Form man nun wählt, ob den mehr sachlich-informativen oder den eher sachlich-unterhaltsamen Bericht, hängt sowohl vom Gegenstand und den Erwartungen, die an ihn geknüpft werden (Krankenbericht, Wetterbericht), als
20 auch vom Publikum ab. Ein Sportbericht hat andere Leser als ein Bericht über eine Wahlveranstaltung oder über einen Verkehrsunfall, und eine Massenzeitung spekuliert auf ein anderes Interesse als die Wissenschaftsredakteure einer Wochenzeitung. Schließlich wird auch, um ein letztes Beispiel zu geben, der Reisebericht, den man brieflich einem Freund übermittelt, anders aussehen als ein thematisch gleich gelagerter Bericht für eine Zeitung, denn je persönlicher die Beziehung zum Adressaten ist, desto auf-
25 gelockerter (und damit ebenfalls persönlicher) wird der Bericht gestaltet, dem dann Anrede, Appelle, Gefühlsäußerungen eine besondere und individuelle Färbung geben. Diese Art von Bericht kann so übergehen in Feuilleton und Reportage.
Die Beziehung des Autors zu seinen Adressaten spielt hier auch deshalb eine so große Rolle, weil der Berichterstatter es umso leichter hat, je mehr Vorwissen oder Vorausverständnis für den Rahmen seines
30 Berichts er bei seinem Publikum annehmen darf. Ein Fußballbericht oder der Fahrtbericht eines Autotesters wird sich umso mehr auf das Wesentliche konzentrieren, diesem umso mehr Platz einräumen können, je weniger sein Autor auf die Erläuterung von Spielregeln oder technischen Zusammenhängen Wert zu legen braucht, weil sein Publikum im Durchschnitt darüber längst informiert ist. Solche Erklärungen würden dann sogar nicht nur überflüssig, sondern auch schwerfällig oder umständlich aus-
35 sehen, womit die Wirkung des Berichts in Frage stünde. Je genauer der Berichterstatter also über die Zusammensetzung und die Voraussetzungen seines Publikums informiert ist, desto besser und unterhaltsamer kann er es seinerseits unterrichten.
Gert Meding: Rhetorik des Schreibens. Königstein/Ts. 1985, S. 87

1 Erarbeiten Sie anhand des Textes die Merkmale eines Kurzberichtes.

2 Strukturieren Sie den Text und erläutern Sie seinen gedanklichen Aufbau.

3 „Berichterstattung":

a) Wählen Sie aus den folgenden Themenvorschlägen ein Thema aus und besprechen Sie es in der Klasse. Themenvorschläge:
  – Ein Tag an unserer Schule
  – Eine Betriebsbesichtigung, zum Beispiel bei der Lokalzeitung oder beim Lokalrundfunk

    – Eine schulische Veranstaltung, zum Beispiel ein Schul- oder Sportfest, eine SV-Versammlung
    – Ein Ereignis im Ort, zum Beispiel ein regionales Fest, eine Musikveranstaltung
Gehen Sie arbeitsteilig vor: Eine Gruppe schreibt einen Bericht für die Lokalzeitung oder die Schülerzeitung, die zweite Gruppe produziert einen Beitrag für den Regionalfunk und die dritte Gruppe dreht einen Videofilm zum gewählten Thema.

    b) Planen Sie in der Klasse eine Abschlusszeitung, einen Hörfunkbericht oder einen Film über die zwei beziehungsweise drei Jahre Unterricht. Legen Sie den Grundstein dafür im ersten Schulhalbjahr, damit im Laufe der Zeit genügend Material zusammengetragen werden kann.

2.3.3 Begriffe klären

⌐₃ Fairness

Was ist fair? Was ist unfair? Schon die alten Griechen 1
diskutierten über diese Frage, auch wenn sie den
Begriff „Fairplay" noch nicht kannten. Den erfand übrigens die englische Highsociety im 19. Jahrhundert.
Fairness spielte und spielt immer eine Rolle, wo Konkurrenzkämpfe herrschen. Im Sport, in der Politik, in 5
der Wirtschaft, im täglichen Leben. Vielleicht kann
man sogar den Umgang mit der Natur, mit anderen Völkern und Religionen fair oder unfair nennen.

Wir haben Zitate berühmter Persönlichkeiten herausge- 10
sucht. Lesen Sie jedes Zitat in Ruhe durch und denken
Sie ein paar Sekunden darüber nach, was der Satz mit
Fairness zu tun hat.

„Cleveres Spiel hört da auf, wo Unsportlichkeit anfängt." 15
Was hat das mit Fairness zu tun? Denken Sie ein paar Sekunden darüber nach.

„Man braucht einfach nur das zu tun, was man für richtig hält. Aber es ist so merkwürdig in dieser Welt, dass so irrsinnig viele Menschen das Dumme 20 **vorziehen."**
Was hat das mit Fairness zu tun? Denken Sie ein paar Sekunden darüber nach.

„Menschliche Ziele können nicht durch unmenschliche Mittel erreicht werden." 25
Was hat das mit Fairness zu tun? Denken Sie ein paar Sekunden darüber nach.

Dieser Text wurde – über fünf Seiten verteilt – groß gedruckt in einer Sportzeitung als Einleitung zu einem Artikel über Fairness im Sport gewählt.

1 *Wird in diesem Text wirklich erklärt, was unter Fairness zu verstehen ist? Begründen Sie Ihre Ansicht.*

2 *Was verstehen Sie unter Fairness?*

3 *Im Duden wird Fairness folgendermaßen erklärt:*

Klären Sie die Bedeutung der im Duden verwendeten Sonderzeichen und Abkürzungen. ▷ *Vgl. dazu auch S. 97 ff. Ist die Erklärung Ihrer Ansicht nach vollständig?*

> **fair** [fɛːr] <engl.> (gerecht: anständig; den Regeln entsprechend); das war ein -es Spiel; **Fairness** [fɛːr...], die; -; **Fair|play,** *auch* **Fair** Play [ˈfɛːrˈpleː], das; - (ehrenhaftes, anständiges Spiel od. Verhalten [im Sport]

4 *Weshalb wurde für den Zeitungsartikel dieser Anfang gewählt?*

5 *Lesen Sie den Text „Information", S. 339. Fertigen Sie einen allgemeinen Inhaltsauszug an.*

4 Der Begriff „Definition"

1 Eine Definition ist ein Erfassen der Wildnis einer Idee mit einem Wall von Worten.

Samuel Butler

***

Definieren heißt, sämtliche das Objekt von anderen unterscheidende Merkmale angeben.

Arthur Schopenhauer

***

Die Definition enthält alles, was zur Wesentlichkeit des Gegenstandes gehört, worin seine Natur auf eine einfache Grundbestimmung zurückgebracht ist, als Spiegel für alle Bestimmtheit, die allgemeine Seele alles Besonderen.

Georg Wilhelm Friedrich Hegel

Definition: ein logisch vollkommener Begriff.

Immanuel Kant

***

Definitionen sind Regeln der Übersetzung von einer Sprache in eine andere. Jede richtige Zeichensprache muss sich in jede andere nach solchen Regeln übersetzen lassen: Dies ist, was sie alle gemeinsam haben.

Ludwig Wittgenstein

***

Die meisten Definitionen sind Konfessionen.

Ludwig Marcuse

Eine Definition ist die genaue, zweifelsfreie Festlegung eines Begriffs. Definitionen sind immer dort erforderlich, wo **klare begriffliche Vorstellungsinhalte** die Kommunikation wesentlich ausmachen, etwa in der Wissenschaft, im Bereich der Fachsprachen oder der Gesetzgebung (▷ vgl. auch Kapitel 3). Auch dann, wenn man ein Referat hält oder eine schriftliche Abhandlung abfasst, sind Begriffsklärungen sinnvoll, um Missverständnisse zu vermeiden oder Themeneingrenzungen vorzunehmen.

In einer Definition wird entweder die allgemeine Bedeutung eines Wortes bestimmt oder die Verwendung des Begriffs in einer genau umgrenzten Situation oder zu einem ganz bestimmten Zweck. Die eingeschränkte Definition darf der allgemeinen Bedeutung des Wortes jedoch nicht widersprechen.

Ich verstehe unter „Fairness" im Fußball, dass die bestehenden Spielregeln eingehalten werden.

Darüber hinaus werden Nominal- und Realdefinition unterschieden: Während bei einer **Nominaldefinition** ein Begriff auf einen oder mehrere andere Begriffe zurückgeführt wird (= Worterklärungen), geschieht die **Realdefinition** eines Begriffs durch die Aufweisung geeigneter Gegenstände als Beispiele von solchen, die unter den Begriff fallen (= Sachdefinition).

Nominaldefinition: Ein Mensch ist gut, wenn er anderen hilft.
Realdefinition: Der Wal gehört zur Gattung der Säugetiere.

Definitionsfehler: Was ist Liebe?

a) Liebe ist kein leichtes Gefühl.

b) Liebe ist, wenn man einen anderen liebt.

c) Liebe ist ein tolles Gefühl.

d) Liebe ist alles Schöne auf der Welt.

e) Liebe ist das, was ich für Peter empfinde.

f) Liebe ist ein Gefühl.

1 *Listen Sie die Fehler in den Definitionen auf. Beispiel a): Definition durch Verneinung.*

2 *Definieren Sie folgende Wörter: „Schüler(in)", „Auszubildende(r)", „Freizeit".*

3 *Definieren Sie das Wort „Liebe". Warum ist dies so schwierig?*

4 *Definieren Sie das Wort „Zeit". In welchem Zusammenhang wird dieses Wort bei uns häufig verwendet? Listen Sie einige Redewendungen auf.*

5 *Definieren Sie „Höflichkeit" und „Corporate Identity". Vergleichen Sie Ihre Definitionen anschließend mit den Texten auf S. 306 und 335 f.*

2.3.4 Sachtexte untersuchen und bewerten

Dient ein Text über die bloße Unterhaltung hinaus der zweckgerichteten Information, so beurteilt der Leser, Zuhörer oder Zuschauer diesen Text in der Regel zunächst spontan vor dem Hintergrund der eigenen **Erwartungshaltung:**

❏ Enthält der Text die gewünschten oder für den Zweck erforderlichen Informationen?

❏ Ist der Text leicht zu verstehen? Wo liegen möglicherweise Verständnisschwierigkeiten und wie lassen sich diese beseitigen?

❏ Entspricht der Text den Vorstellungen, die man sich aufgrund der Überschrift oder durch Vorabinformationen – etwa aus dem Klappentext eines Buches oder aus der Fernsehzeitung – gemacht hat?

Für die Analyse von Sachtexten gibt es darüber hinaus – ebenso wie für die Analyse von literarischen Texten oder von nicht eindeutig zuzuordnenden Texten – **Kriterien,** die eine systematische Untersuchung und Beurteilung solcher Texte ermöglichen und in vielerlei Hinsicht hilfreich sind:

Will man etwa Texte als Grundlage für ein Referat verwenden, so ist eine systematische Bearbeitung der betreffenden Texte notwendig, denn nur dann lassen sich Eignung und Stichhaltigkeit der Argumentation beurteilen.

Auch dann, wenn man einen kommentierenden Text verfasst, beispielsweise einen Leserbrief zu einem Zeitungsbericht oder einen Kommentar, muss der Ausgangstext dazu vorher genau analysiert werden, denn nur so lässt sich die Kritik gezielt und wirkungsvoll anbringen.

Die Fähigkeit, einen Text genau zu lesen und zu analysieren, ist jedoch nicht nur im Berufsleben wichtig, sondern auch im Alltag, zum Beispiel beim Abschluss von Verträgen.

Der folgende Fragenkatalog gibt Anhaltspunkte für die Analyse von Sachtexten – auf keinen Fall sind jedoch alle Fragen immer auf jeden Text anwendbar! Für bestimmte Texte lassen sich auch gezielte Fragen formulieren: ▷ vgl. zum Beispiel Kapitel 6.1 „Werbung" oder Kapitel 7 „Literarische Texte analysieren und interpretieren", das speziell auf Zugangsmöglichkeiten zu literarischen Texten eingeht.

Mit Sachtexten umgehen: Fragenkatalog

Grundsätzliche Fragen an den Text

❏ Wo und wann ist der Text veröffentlicht worden?
❏ Um welche Textsorte handelt es sich (Gesetzestext, Leserbrief, Fernsehmagazin, ...)?
❏ Welcher Informationsstand wird beim Rezipienten vorausgesetzt?
❏ Was erfährt man über den Autor (Wertvorstellungen, bisherige Veröffentlichungen, ...)?
❏ Welche Erwartungen weckt die Überschrift oder die Vorabinformation?

Fragen zu Inhalt und Aufbau eines Textes

❏ Ist der Text klar strukturiert? Sind Sinnabschnitte erkennbar und in welcher Beziehung stehen sie zueinander?
❏ Wie lautet die Hauptaussage des Textes? Welche inhaltlichen Schwerpunkte werden gesetzt?
❏ Wie werden inhaltliche Sachverhalte dargestellt (falsch, lückenhaft, einseitig, ausgewogen, ...)?
❏ Welche Absicht des Autors ist erkennbar? Will er informieren, überzeugen, Kritik üben, ...?
❏ An welche Adressatengruppe richtet sich der Text? Wie stark ist er adressatenbezogen?
❏ Wie verläuft die Argumentation des Textes (logisch, mit Gedankensprüngen, verallgemeinernd, anschaulich, ausgewogen, ...)? Werden die Argumente durch Beispiele veranschaulicht?
❏ Werden Behauptungen, Anspielungen, Vermutungen und Meinungen als solche gekennzeichnet oder versteckt?
❏ Ist der Text – sofern er Wertungen enthält – namentlich gekennzeichnet?

Fragen zur Sprache eines Textes

❏ Wie ist der Inhalt sprachlich umgesetzt: sachlich, polemisch, ironisch, verständlich, ...?
❏ Was fällt am Satzbau auf (Satzlänge, grammatische Vollständigkeit, Satzarten, ...)?
❏ Wie werden Fachwörter oder Fremdwörter eingesetzt?
❏ Welche Wortarten werden häufig verwendet? Im Hinblick etwa auf das Verb: Welche Zeitform liegt vor, ist sie angemessen? Ist der Text im Indikativ oder Konjunktiv geschrieben? An welchen Stellen wird der Konjunktiv benutzt?
❏ Welche rhetorischen Mittel werden eingesetzt (▷ S. 358)? Welche weiteren sprachlichen Mittel fallen auf (umgangssprachliche Ausdrücke, „Modewörter", Verstöße gegen die Sprachnorm, ...)?
❏ Welche zentralen Begriffe und Schlüsselwörter enthält der Text? Welche Wörter werden vom Autor in einem besonderen Sinn gebraucht?
❏ Welcher Zusammenhang zwischen Sprache und Absicht des Autors ist erkennbar? Lässt die Sprache Rückschlüsse auf den Inhalt zu?

Fragen im Hinblick auf medienspezifische Besonderheiten

❏ *Bei gedruckten Texten:* Werden Teile des Textes durch einen besonderen Druck, eine besondere Aufmachung hervorgehoben? Wird der Text durch Bilder ergänzt? Wird mit grafischen Gestaltungsmitteln gearbeitet?
❏ *Bei Texten im Hörfunk:* Welche Besonderheiten weist die Stimme der Sprecherin/des Sprechers auf? Welche Stimme wurde für welche Textpassage gewählt? Wie werden bestimmte Textpassagen betont? Welche akustischen Effekte gibt es?
❏ *Bei Texten im Fernsehen:* Wie werden Text und Bild kombiniert, passen sie zusammen? Welches Bildmaterial wird besonders hervorgehoben? Welche Farben fallen auf? Mit welchen Techniken wird gearbeitet? (▷ Kapitel 7.7.3, S. 255 ff.)

Fragen zur abschließenden Bewertung

❏ Welche Auffälligkeiten enthält der Text?
❏ Sind Aufbau und Sprache dem Inhalt angemessen?
❏ Ist die gewählte Textsorte dem Thema angemessen? Inwiefern werden die Merkmale einer gewählten Textsorte eingehalten oder durchbrochen?
❏ Inwiefern hat der Autor seine Absicht erreicht oder nicht?
❏ Wo liegen die „Schwachpunkte" des Textes?

Eine Kopie ist eine Kopie ist eine Kopie

Von Ralf Hoppe

Kaum eine Erfindung hat unseren Alltag in Ämtern und Schulen, Universitäten und Büros so verändert wie der Fotokopierer. Unmerklich, aber unaufhaltsam trat dieser Apparat seinen Siegeszug durch die Informationsgesellschaft an. Und der Trend geht weiter: Die neuen, digitalen Kopierer weisen in eine Copy-Zukunft ohne Originale.

1 Ein Kopierer ist eine Maschine, die einfach alles, was man ihr vorlegt, kopiert. Willig, anstandslos und, sofern man genug Papier nachschiebt, bis ans Ende aller Zeiten. Und das auf
5 Knopfdruck: Ein Kopierer ist eine Maschine, die einfach alles, was man ihr vorlegt, kopiert. Willig, anstandslos und, sofern man genug Papier nachschiebt, bis ans Ende aller Zeiten. Und das auf Knopfdruck: Ein Kopierer ist eine Maschine,
10 die einfach alles, was man ihr vorlegt, kopiert. Willig, anstandslos und ...
Und so weiter. Wir wollen an dieser Stelle, bei aller Anschaulichkeit, den Vorgang unterbrechen. Das Prinzip scheint erhellt: der Kopierer kopiert.
15 Besonders verblüffend ist das nicht.
Bezeichnenderweise fällt es schwer, über den Fotokopierer mehr zu sagen als das, was wir ohnehin wüssten – beziehungsweise, was wir gar nicht wissen wollen. Denn Fotokopierer sind alles
20 andere als überraschend oder faszinierend. Das Charakteristische dieser Maschine ist gerade ihre Unauffälligkeit, ihr strenger Nullappeal. Grau, vierschrötig, irgendwie stumpfsinnig, stehen Kopierer irgendwo in der Ecke – in sehr vielen
25 Ecken mittlerweile – und haben zu funktionieren. Mehr nicht. Doch gerade ihre Unmerklichkeit verhilft ihnen offenbar zur Durchsetzung, zum unerbittlichen Erfolg.
Der Fotokopierer ist eine Instanz in unserem
30 Arbeitsalltag. Er ist gar nicht mehr wegzudenken aus all den Architekturbüros, den Speditionen, den Import- und Exportfirmen, den Stadtteilbüros, Rathäusern, Zeitungsredaktionen, Schuhgeschäften, Oberverwaltungsämtern. Der Kopierer ist das *fait*
35 *accompli* in all den Forschungs-, Kundendienst-, Personalabteilungen der Großindustrie, in den Büros der mittelständischen Unternehmen und in den Hinterzimmern der genialischen Modeschöpfer. Natürlich sind auch jene Institutionen, die sich in
40 hohem Auftrage um die Wissensvermittlung bemühen, zu wahren Kopieranstalten avanciert. An jeder Zwergschule steht im Lehrerzimmer ein Fotokopierer, an jeder Universität ist die Luft vor den Bibliotheken ozonschwanger und erfüllt von
45 nie enden wollenden Surren der grünblitzenden Kästen. Kleinen, resistenten Pilzen gleich, sind im fruchtbaren Terrain der Universitätsviertel die Copyshops mit ihrer Hinterzimmeratmosphäre aus dem Boden geschossen – um nie wieder von
50 der Bildfläche zu verschwinden. Kopieren geht

über Studieren, und eine komfortablere Aneignung von Wissen ist noch lange nicht in Sicht. Nichts gegen Studenten! Es geht uns ja allen so. Einen wichtigen Text kopiert im Rucksack zu
55 wissen ist befriedigend.
Sicher, ob diese Romane, Listen, Aufsätze, Lehrmaterialien, Tabellen, Auszüge, Thesenpapiere, Artikel, Noten, Zeichnungen, Pamphlete, Kinoprogramme – kurz, ob all das Zeug, das da überall
60 jede Sekunde vieltausendfach Vervielfältigung findet, jemals gelesen werden wird, ist sehr die Frage. Genau genommen ist es sogar unwahrscheinlich. Wer sollte es auch bewältigen?

Weltweit sind über vier Millionen Geräte im Einsatz, der Absatz steigt, und auf den
65 Maschinen wird auch immer heftiger kopiert. (...) Allein in Deutschland (Europameister im Kopieren!) sollen schätzungsweise 120 Milliarden Blätter aus den Ausgabefächern fallen, 4,1 Kopien pro Tag und Bundesbürger. In Westeuropa rech
70 net man für 1993 mit einem kräftigen Zuwachs auf insgesamt 495 Milliarden, was sich weltweit (mit den kopierfreudigen Amerikanern und Japanern) schließlich auf betäubende 1500 Milliarden (jawohl: Milliarden!) Kopien summiert. Das heißt
75 als Zahl: 1 500 000 000 000 Kopien. Oder ein gefährlich schwankender Papierturm von aufeinander gestapelten DIN-A4-Blättern, 150 000 Kilometer hoch, die halbe Strecke zum Mond.
Der Fotografie war die Kopierkunst anfangs eng
80 verwand, und die Techniken sind schwer auseinander zu halten. Bis 1938 der amerikanische Bastler und Patentanwalt Chester F. Carlsen beim Werkeln in seiner Garage ein Verfahren entdeckt, das noch heute verwendet wird: die trockene
85 Fotokopie. Carlsen meldete gleich am nächsten Tag begeistert seine Erfindung an und suchte nach Geldgebern für eine Massenproduktion, doch erst nach einer Durststrecke von zehn Jahren, 1948, wurde er mit einer Firma einig.
90 Unter dem Namen Xerographie, vom griechischen xerox, trocken, brachte Carlsen seine Idee unter die Leute, und zwar mit durchschlagendem Erfolg.
Das Funktionsprinzip, das Carlsen verwendete
95 (und das übrigens noch fast zeitgleich in Deutschland entdeckt wurde, von der Physikerin Edith Weyde), steckt noch heute in jedem Kopierer. Das Prinzip beruht auf der Eigenschaft bestimmter Stoffe, sogenannter Fotohalbleiter wie Selen,

100 Zinkoxid, Schwefel, Cadmiumsulfid. Fotohalbleiter haben nämlich die Eigenschaft, elektrostatisch
aufladbar zu sein und unter Lichteinwirkung diese
Aufladung wiederum abzugeben. Was beim Foto-
kopieren geschieht, ist nun genau dies: Eine wal-
105 zenartig aufgehängte Trommel aus Halbleitermate-
rial wird ionisch aufgeladen. Das geschieht, indem
man einen Draht, durch den ein paar hundert Volt
Gleichspannung laufen, über der Trommel bewegt.
Auf die solcherart geladene Fläche wird nun über
110 Lampen und Spiegel die Vorlage projiziert, im
Maßstab eins zu eins und gleißend hell. An jenen
Stellen, an denen das Licht auftrifft, wird die
Ladung gelöscht. Das Ergebnis ist ein noch
unsichtbares Bild auf der Zylindertrommel. Ein
115 sogenanntes latentes, elektrostatisches Bild der
Vorlage, das aus Aufladung besteht.
So weit, so gut. Das Bild ist aber erst auf der
Trommel. Und es ist noch latent, also unsichtbar.
Feiner Rußstaub, vermischt mit magnetischen
120 Eisenpartikeln und Harz, alles zusammen unter
dem Namen Toner wohl bekannt, wird nun an die
Trommel gebracht und ergibt ein genaues Abbild
der Vorlage. Wenn dieses Abbild jetzt noch auf
ein Blatt Papier gepresst und mittels einer Hitze-
125 lampe eingebrannt wird, haben wir endlich das,
worauf wir die ganze Zeit warten: eine Kopie.
(…) Längst ist auch eine neue Generation auf
dem Markt: Kopierer, die nicht mehr analog
arbeiten, sondern digital. Soll heißen: Nicht mehr
130 Lampe und Spiegel übernehmen die Projektion
des elektrostatischen Bildes, sondern ein Scanner
tastet die Vorlage ab und übersetzt seine Informationen in digitale Zeichen – wie beim Computer.
Ein Laserstrahl schießt das Vor-Bild dann auf die
135 Trommel.

Damit eröffnen sich digitale Zeiten. Der Kopierer kann mit Schnittstellen zum Computer
und Telefon ausgerüstet werden, jedwede Vorlage
lässt sich einspeichern, digitalisieren, rastern,
140 beliebig verwandeln, farbig verändern und zigfach
Zeitmagazin vom 09.10.1992, S. 52 ff.

ausspucken. Mit Zusatzgeräten lassen sich Bilder
oder Texte gar auf Holz, Rinde, Bütten oder Stoff
kopieren. Die neue Kopierergeneration wird die
Trennlinie zwischen Original und Kopie auflösen.
(…)   145
Es ist eine Schlacht, zu der schon der italienische
Futurist Bruno Munari aufrief, als er 1938 (im
Geburtsjahr des Kopierers) schrieb: „Die Künstler
müssen anfangen, die mechanische Sprache, die
Natur der Maschinen zu verstehen. Sie müssen   150
sie ablenken, indem sie sie in einer unregelmäßi-
gen Weise funktionieren lassen. Sie müssen
Kunstwerke mit den Maschinen selbst, mit deren
eigenen Mitteln schaffen …"
Copy-Kunst ist der Versuch, sich gegen eine   155
Maschinisierung und Reproduzierbarkeit zu wehren, indem man die Kanonen des Feindes besetzt.
(…)
„Für mich ist aber gerade das", sagt Wolfgang
Hainke, „das Spannende an Copy-Kunst! Dass   160
die kalte, industrielle Handschrift immer drin ist.
Somit sind die Sachen, wenn sie gut sind, sehr
genau und aktuell. Albrecht Dürer zum Beispiel
würde doch heute keinen Holzschnitt mehr benutzen. Der würde kopieren!"   165

Mag sein. Möglich auch, dass wir in eine
Copy-Dekade trudeln, in ein Copy-Jahrtau-
send, beherrscht von lauter Plagiaten, abgekupfer-
ten Fantasmen und digitalen Zweit-Welten. Einen
Vorgeschmack haben wir heute schon: die Fünf- 170
Minuten-Schicksale, die Scheidungen im TV, die
geklonten Videoclips auf MTV und Silikon-Stars,
den durchorganisierten „Abenteuer"-Urlaub, das
Cyberspace, die Gentechnologie und die auf
Landgasthaus getrimmten Landgasthäuser –   175
Kopien allenthalben. Ein unmerklicher, mächtiger
Schub in die serielle Gesellschaft. Vielleicht sind
die Copy-Künstler tatsächlich diejenigen, die
Antworten darauf geben können. Der Kopierer
selbst jedenfalls bleibt stumm. Und kopiert. Und 180
kopiert. Und kopiert.

1 Lesen Sie den Zeitungstext durch und klären Sie unbekannte Ausdrücke.
2 Erläutern Sie den Aufbau des Textes.
3 Schreiben Sie die Hauptaussagen heraus und stellen Sie fest, welche inhaltlichen Aussagen im Vordergrund stehen. Welche Absicht verfolgt der Autor nach
Ihrer Auffassung mit dem Text?
4 Welche besonderen Stilmittel verwendet der Autor (beispielsweise unvollständige Sätze, Wiederholungen)? Begründen Sie die Wahl dieser Stilmittel.
5 Warum heißt es in diesem Artikel an einigen Stellen „Copy" (statt Kopie)? Finden Sie weitere Beispiele für Wörter, die in unterschiedlichen Schreibweisen
geschrieben werden können, und nennen Sie Gründe dafür.

-J6   Häftling setzt sich in Zug tödliche Spritze

Werler JVA-Urlauber starb auf WC der Citybahn

1 **Werl.** Kinder hatten ihn beobachtet. Kurz nachdem die Citybahn „Dortmund-Lippstadt" den
Bahnhof Dortmund verlassen hatte, war er in eine
der beiden Zugtoiletten gegangen. Derweil rollte
5 die Bahn in Richtung Werl.
Im Zug war eine Gruppe, die in Dortmund eine
Brauerei besichtigt hatte. Der Ansturm auf die
beiden einzigen Zugtoiletten war entsprechend
groß. Hinzu kam, dass eine der beiden Toiletten
10 nicht benutzt werden konnte, da sie ab Dortmund
blockiert war. Beim Halt an den Bahnhöfen suchten einige Passagiere bereits Erleichterung am
Bahndamm.
Kurz vor Unna entschloss sich der Zugführer, die
15 fragliche WC-Tür von außen zu öffnen. Im Toi-
lettenraum lag der Mann, den die Kinder schon in
Dortmund beobachtet hatten. Offensichtlich ein
Fixer, der sich zuviel Rauschgift in die Ader
gedrückt hatte. Seine körperliche Verfassung war
20 äußerst schlecht.
Darum ist es umso unerklärlicher, dass der Zugführer erst um 17.22 Uhr – also aus Westönnen –
an die Leitstelle in Soest meldete, er habe einen
Fixer an Bord. Polizei und Krankenwagen sollten
25 sich bereithalten.

Beim Eintreffen des Zuges in Soest war der Mann
tot. Es handelt sich um einen 35-jährigen Haftur-
lauber aus der Justizvollzugsanstalt Werl. Offenbar hatte er seine „freie" Zeit dazu genutzt, sich
in Dortmund Heroin zu kaufen. Die Kripo: „Es ist 30
ein uns bekannter Langzeitheroinabhängiger, der
aus Soest stammt".
Im Zug setzte er sich dann den „goldenen
Schuss". So wie die Kripo berichtet, muss es sich
bei der Überdosierung der Heroinspritze um ein 35
Versehen gehandelt haben. Die Ermittlungen
ließen keinen Rückschluss auf Selbstmord zu.
Die Reisenden der Citybahn wurden auf den
Bahnsteig gebeten. Sie setzten ihre Fahrt in Richtung Lippstadt eine halbe Stunde später mit einem 40
anderen Zug fort. Der Waggon mit dem Toten
wurde bis zum Eintreffen der Kriminalpolizei
bewacht.
„Nach dem Abschluss der Untersuchungen der
Kriminalpolizei im Zug", so die Bundesbahn 45
Soest, „haben wir den Waggon, in dem der Tote
gefunden wurde, abgekoppelt und zur Entseu-
chung nach Dortmund gebracht". Da es keinen
Ersatz für diesen Ausfall gebe, fahre die Citybahn momentan mit nur zwei Anhängern. 50

Werler Tageblatt vom 11.10.1991

50

*1 Lesen Sie den Text durch und erläutern Sie, welches Ereignis diesem Bericht
zugrunde lag.*

*2 Schreiben Sie alle Stellen heraus, in denen eine abwertende Haltung des Autors
deutlich wird.*

*3 Wie hätte eine „sachlichere" Berichterstattung zu dem Vorfall aussehen können?
Formulieren Sie eine kurze Meldung.*

*4 Sie sind mit dem Opfer befreundet oder verwandt und sind über diese Form der
Berichterstattung empört. Schreiben Sie einen Leserbrief an die Zeitung, in dem
Sie Ihren Unmut zum Ausdruck bringen.*

*5 Waren Sie schon einmal Augenzeuge eines Ereignisses, über das später in
öffentlichen Medien berichtet wurde, zum Beispiel einer Kultur- oder Sportver-
anstaltung, einer Kundgebung oder eines Unfalls? Vergleichen Sie die Berichterstattung hierüber mit Ihren eigenen Beobachtungen und Erinnerungen und
berichten Sie darüber in der Klasse.*

Bei der näheren Beschäftigung mit der Berichterstattung in den Medien stößt man
immer wieder auf die Forderung nach **Objektivität;** die Berichterstattung soll objektiv sein – eine einlösbare Forderung?

⌐7   Die scheinbare Objektivität

1 Als ein englischer Bischof nach New York kam, wurde er von einem Reporter gefragt, ob er auch Nachtlokale zu besuchen gedächte. Der Bischof, vor unbequemen Fragen gewarnt, erwiderte: „Gibt es denn Nachtlokale in New York?" – Tags darauf las er in einer großen Zeitung den Abdruck des Interviews mit der Überschrift: „Erste Frage des Bischofs: Gibt es Nachtlokale in New York?"

Völpel: Arbeitsfeld Sprache. Köln 1989, S. 158

1 *Gibt es neben der „scheinbaren" auch eine „tatsächliche" Objektivität?*
2 *Definieren Sie den Begriff „Objektivität".*
3 *Schlagen Sie nach, wie im Fachwörterbuch „Objektivität" erläutert wird.*
4 *Weshalb ist objektives Berichten nicht möglich? Beziehen Sie die folgenden Texte in Ihre Überlegungen mit ein.*

⌐8   *W. Schulz*
Das Weltbild der Nachrichtenmedien

1 „Wirklichkeit gibt es gar nicht, sie muss erst konstruiert werden. Folglich werden auch Ereignisse, über die Medien berichten, erst konstruiert."
Winfried Schulz begründet seine These wie folgt:
„Jeder Mensch hat eine ganz persönliche Wirklichkeitsauffassung, vorgebildet durch Geburt und Erzie-
5 hung. Nachrichten, sowohl bei der Abfassung als bei der Aufnahme, werden für ihn erst dann zur Wirk-
lichkeit, wenn sie in seinen „Weltbildapparat" passen. Wirklichkeit muss dort erst aus vielen Einzeltei-
len zusammengesetzt, gedanklich verbunden, praktisch neu geschaffen werden.
Diese ganz persönliche Wirklichkeit kann deshalb niemals die absolute Wirklichkeit oder die ‚ganze
Wahrheit' sein."

Dieckerhoff, Friedrichs u.a.: Lernfelder der Politik. Köln 1989, S. 193

⌐9   Abstieg in ein Schattenreich ...
... und eine Aufforderung zur Rückkehr
von Robert Jungk

*Im unerbittlichen Dauerregen will ein knieender Mann mitten auf der Autobahn eine Reifenpanne behe-
ben. Um ihn herum die triefende Familie. Jetzt bricht auch noch der Wagenheber. Allgemeine Verzweiflung. Da fragt der Achtjährige: „Papa, weshalb schalten wir nicht einfach zu einer anderen Sendung?"*

1 Dieser „Cartoon", der vor nicht allzu langer Zeit in der Zeitschrift „New Yorker" erschien, erzählt etwas von unserem Verhältnis zur Wirklichkeit im Fernsehzeitalter. Wenn wir mit
5 einem Knopfdruck nach Zentralafrika gelangen können und, falls uns das langweilt, ebenso schnell in einen Londoner Jazzkeller oder in die Intimität eines römischen Schlafzimmers, dann entwickelt sich gegenüber der realen Welt eine
10 völlig andersartige Erwartungshaltung. Auch die sollte eigentlich so mühelos zu manipulieren sein wie die Welt der bunten bewegten Bilder. Sie müsste so aufregend, so sensationell, so schnell und sprunghaft erlebt werden wie ihre Abbildung
15 auf dem gläsernen Schirm. (...)

Längst ist das Universum der arrangierten Bildfolgen manchen Zeitbürgern fast wichtiger geworden als das eigentliche Leben. Fremde Existenzen interessieren sie mehr als die eigene, ferne Ereignisse berühren sie stärker als Vorgän- 20 ge in der Nachbarschaft. Ob das, was ihnen da stundenlang vorgespielt wird, auch stimmt, können sie nicht mehr kontrollieren. Sie nehmen zwar an, dass Nachrichten- und Dokumentarsendungen tatsächlich Geschehenes wiedergeben, 25 aber ist das wirklich so? Sind die Aufnahmen von den Straßenunruhen nicht übertrieben? Ist das „Statement" des Politikers nicht aus dem Zusammenhang gerissen? Wird hier nicht geschönt und geschwärzt? 30

„Alles Wirkliche wird phantomhaft, alles Fiktive wirklich." Das hat
mein Freund Günther Anders bereits 1956 geschrieben.(…)
Die fatale Suggestivkraft elektronischer Bilder dürfe nicht übertrieben werden, plädieren die „Macher". Man könnte ja abschalten,
35 einem Redner das Wort abschneiden, mehr noch: ihn zum Verschwinden bringen. Aber ist nicht diese angebliche Verfügungsge-
walt des Fernsehkonsumenten eine Illusion? Er kann ja nur zwischen
„Wirklichkeiten" wählen, die andere für ihn ausgesucht haben. Die
Schattenwelten werden nicht von einem unsichtbaren Schöpfer oder
40 in einem anonymen Schöpfungsprozess erzeugt, sondern von
menschlichen Produzenten mit bestimmter Denkweise, persönlichem
Geschmack und privaten Interessen. Der Blick des Beschauers wird
durch Ausschnitt und Einstellung dirigiert.
Ganz verzichten? Die „Glotze" aus der Wohnung weisen? Den Kin-
45 dern das Fernsehen verbieten? Das wird schwierig, ja fast unmöglich,
wenn die „schöne elektronische Welt" die echte immer mehr substitu-
iert, wenn der „Ersatz" unentbehrlich wird, ein nicht mehr wegzuden-
kender Bestandteil des Alltags, dem sich nur noch Sonderlinge versa-
gen.

Bildschirm. Faszination oder Information. Seelze 1985, S. 48 ff.

1 Text 9 beschreibt das Verhältnis von unmittelbaren
und durch Medien vermittelten Erfahrungen. Diskutieren Sie die Unterschiede solcher Erfahrungen.
Beziehen Sie die Karikatur (Text 10) mit ein.

2 „Es hilft nichts, am Spiegel herumzuwischen, wenn
uns das Gesicht nicht gefällt, das wir darin erkennen."
Setzen Sie diese Aussage in Beziehung zu dem Text.

3 Ist ein Fernsehverbot für Kinder eine angemessene,
vielleicht sogar notwendige Maßnahme, um den
negativen Tendenzen des Fernsehkonsums zu begegnen? ▷ S. 310

4 Listen Sie auf, worauf man achten sollte, um ein
Ereignis oder einen Sachverhalt „so objektiv wie mög-
lich" darzustellen, zum Beispiel beim Abfassen eines
Berichtes oder einer Beschreibung.

5 Leiten Sie aus der Tatsache, dass eine völlig objektive
Berichterstattung nicht möglich ist, Empfehlungen für
Leser, Zuhörer und Zuschauer ab. Lesen Sie dazu in
der Textsammlung auf S. 338 den Text von Horst Bie-
nek. Beziehen Sie auch die nebenstehende Karikatur
in Ihre Überlegungen mit ein.

Entbehrliche Neuigkeiten

Ein Mensch, der Zeitung liest, erfährt:
„Die Lage völlig ungeklärt."
Weil dies seit Adam so gewesen,
Wozu denn da noch Zeitung lesen?

Eugen Roth: Ein Mensch. München 1952, S. 41

2.3.5 Grafisch veranschaulichte Informationen

⌐J₁₁ **Die Deutschen
werden immer älter**

1 Waren 1910 von je 100 Einwohnern in
Deutschland (Deutsches Reich) nur fünf Personen 65 Jahre und älter, sind es gegenwärtig in
der alten Bundesrepublik und den neuen Bun-
5 desländern zusammen schon 15. Bis zum Jahre
2040 wird sich der Anteil der Alten an der
Gesamtbevölkerung noch einmal verdoppeln.
Umgekehrt nimmt die Zahl der Kinder und
Jugendlichen (bis 14 Jahre) immer mehr ab.
10 Kamen 1910 immerhin 34 Kinder auf 100 Ein-
wohner, waren es 1988 nur noch 16, und bis
2040 wird ihre Zahl auf 12 geschrumpft sein.

Handelsrundschau 3/91, S. 13

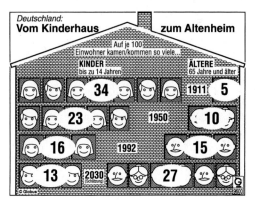

Jede Information gewinnt, wenn man sie durch bildliche Darstellungen unterstützt
oder sie sogar überwiegend über das Bild vermittelt. Wird eine Information optisch
veranschaulicht, ist sie viel leichter zu verstehen und zu behalten.

Möglichkeiten bildlicher Darstellung	
Art der Darstellung	**Beispiele für Einsatzbereiche**
Auflistung	Themagliederung, Stichpunkte, Aufzählungen, Zitate
Tabelle	Zahlen, Messwerte
Blockdiagramm (Organigramm) Balken-, Säulen-, Kreisdiagramm Kurvendiagramm	Abhängigkeiten, Beziehungen, Organisationsstrukturen Zahlenverhältnisse
Lageskizze, Grundriss Ansichtsskizze	Größenverhältnisse, Situationen räumliche Objekte und Konstruktionen
Schemazeichnung	inhaltliche Hauptmerkmale und Beziehungen
Bildfolge (Animation)	komplexe Strukturen, Abläufe, Entwicklungen
Karikatur	Hervorhebung von Einzelheiten
Dokumentaraufnahme Landschaft/Stadtansicht Porträt	Vergleiche damals/heute Biografien und geschichtliche Darstellungen Vorstellung von besprochenen Personen

Diagramme als zeichnerische Darstellungen von Größenverhältnissen sind schnell
überschaubar und vermitteln die gewünschte Information auf gezielte Weise. Wer
sich allerdings mit der Vermittlung statistischer Ergebnisse nicht auskennt, wird
zunächst Schwierigkeiten haben, Diagramme zu entschlüsseln, da viele Informationen auf engem Raum zusammengefasst sind.

Kennzeichen von Diagrammen:
❑ Die Hauptaussage des Diagramms bzw. sein Thema wird meistens in der **Überschrift** festgehalten.
❑ Der Informationsgehalt wird über **grafische Stilmittel** vermittelt, zum Beispiel
– über leicht erkennbare Formen (Kurven, Kreise, Säulen)
– durch verschiedene Farbtöne oder Schraffierungen
– häufig durch zusätzliche, das Thema der Grafik verdeutlichende Abbildungen
(Gegenstände, Personen und anderes)

Durch den Einsatz neuer Technologien, zum Beispiel von **Grafik- und Zeichenprogrammen** auf dem PC, wird das Erstellen von Diagrammen und anderen optischen Darstellungsarten zunehmend erleichtert und „professionalisiert". Auf diese Weise lassen sich ganze Bildanimationen am PC erstellen (mehrere Bilder laufen nach einem vorher festgelegten Programm und zum Beispiel mit bestimmten Überblendmöglichkeiten nacheinander ab, so dass sich eine Art „Film" ergibt).

1 Welche weiteren Möglichkeiten der bildlichen Darstellung gibt es?
2 Suchen Sie zu den einzelnen Darstellungsarten Beispiele, etwa im vorliegenden Lehrbuch oder in Zeitungen und Zeitschriften. Besprechen Sie diese in der Klasse unter folgenden Gesichtspunkten:
Wie aussagekräftig ist die Darstellung? Passen Bild und Text zusammen? Welche Abhängigkeit besteht zwischen Text und Bild? Welcher Aspekt der Darstellung wird im Text besonders hervorgehoben? ...
3 Schauen Sie sich im Hinblick auf die Kombination Bild und Text (und eventuell auch Ton) die Berichterstattung in verschiedenen Medien an, zum Beispiel in Fernsehreportagen oder Berichten in Zeitungen.

Werden grafische Darstellungen verbalisiert, ist es wichtig, **Quelle** und **Thema der Grafik** zu nennen.

„Die vorliegende Grafik, herausgegeben vom Statistischen Bundesamt, zeigt die Veränderungen der Familienstruktur von 1900 bis 2010."

⌐ 12 Von der Großfamilie zum Single

Abschied vom Familienleben
Von je 100 deutschen Haushalten bestanden aus so vielen Personen:

Die Lebensformen in Deutschland 1 haben sich in den letzten hundert Jahren stark verändert. Anfang dieses Jahrhunderts war das Leben in der Großfamilie Normalität: 44 Prozent 5 der Deutschen wohnten in Haushalten mit fünf Personen oder mehr. Heute dagegen ist Familienleben „out"; zwei Drittel der Bevölkerung leben allein oder zu zweit. Dieser Trend wird 10 nach Schätzungen des Statistischen Bundesamtes auch im nächsten Jahrtausend anhalten. Im Jahr 2010 werden demnach 37 Prozent der Deutschen „solo" leben. Dies ist zum 15 einen darauf zurückzuführen, dass junge Erwachsene früher das Elternhaus verlassen, um allein zu leben; zum anderen, dass es immer mehr ältere Menschen gibt, die auf sich alleine gestellt sind.

Strompraxis 6/92, S. 5

In vielen Texten wird das Zahlenmaterial – über die bloße Darstellung hinaus – zugleich interpretiert („Die Zahl ist so hoch, weil ...") oder als Argumentationshilfe für zukünftige Entscheidungen verwendet („Weil die Zahlen so hoch sind, ist es notwendig, dass ..."). Die Zahlen werden in den jeweiligen Argumentationszusammenhang des Autors eingebettet.

1 Welche Punkte werden in der Grafik „Abschied vom Familienleben", S. 52, angesprochen?
2 Welche Textpassagen gehen in dem begleitenden Text über die reine Darstellung des Zahlenmaterials hinaus?
3 Für welche Bereiche der Gesellschaft, zum Beispiel Firmen oder öffentliche Einrichtungen, ist eine solche Darstellung von Bedeutung?

Bilder und grafische Darstellungen erscheinen zunächst sehr objektiv – als vereinfachende, jedoch genaue Spiegelbilder der Realität. Aber bei genauerer Betrachtung werden **Manipulationsmöglichkeiten** sichtbar, zum Beispiel durch
❏ Auswahl und Bearbeitung des Bildmaterials;
❏ Kombination von Text und bildlicher Darstellung;
❏ Auswahl des Zahlenmaterials;
❏ Auswahl der Bezugsgröße;
❏ Erhebungsgrundlagen (bei Umfragen).

Liest man Umfrageergebnisse oder betrachtet man Fotos, Diagramme, Zahlenübersichten oder andere optisch aufbereitete Materialien, so sind die folgenden Punkte kritisch zu berücksichtigen:
❏ **Wer** hat das Material erstellt, veröffentlicht oder ausgewählt, und welche Interessen sind möglicherweise damit verbunden?
❏ **Was** wird dargestellt, was wird nicht dargestellt? Warum?
❏ **Welche Bezugsgrößen** oder Erhebungsgrößen liegen der Darstellung zugrunde?

Tipp: Referate, Reden oder andere zur Veröffentlichung bestimmte Texte gewinnen durch bildliche Darstellungen (Dias, Filmausschnitte, Fotos, Grafiken, Karikaturen) an Anschaulichkeit, Verständlichkeit, Einprägsamkeit und – oft sehr wichtig – an Unterhaltungswert.

„Sie sollten es mehr von der positiven Seite sehen – endlich mal eine Kurve, die nach oben tendiert."

⌐ℸ13

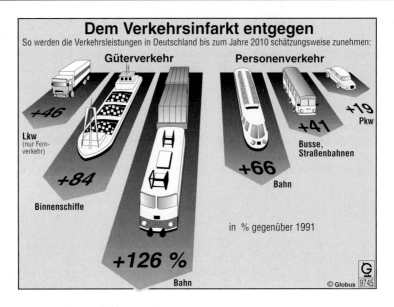

Dem Verkehrsinfarkt entgegen

So werden die Verkehrsleistungen in Deutschland bis zum Jahre 2010 schätzungsweise zunehmen:

Güterverkehr   Personenverkehr

+46

Lkw
(nur Fern-
verkehr)

+84

Binnenschiffe

+126 %

Bahn

+19
Pkw

+41

Busse,
Straßenbahnen

+66

Bahn

in % gegenüber 1991

© Globus 9745

Staus gibt es inzwischen auch schon bei den Staumeldungen. Und das Gewühl wird weiter zunehmen, auch wenn Bahn und Binnenschifffahrt verstärkt ausgebaut werden, der private Autoverkehr verteuert und allgemein verkehrspolitisch eingedämmt wird.

Schrot + Korn 12/92

⌐ℸ14 **Brummis auf dem Weg nach oben**
      Prognose für den Gütertransport in den 19 ECMT-Ländern

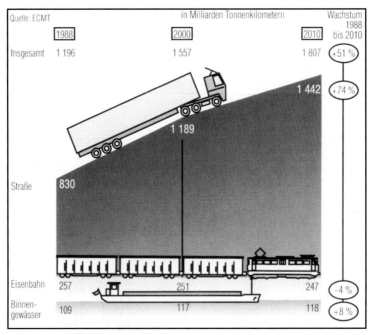

Quelle: ECMT	in Milliarden Tonnenkilometern		Wachstum 1988 bis 2010
	1988	2000	2010
Insgesamt	1 196	1 557	1 807 (+51 %)
Straße	830	1 189	1 442 (+74 %)
Eisenbahn	257	251	247 (-4 %)
Binnen-gewässer	109	117	118 (+8 %)

Spiegel Spezial 1/1992, S. 26

1 *Schauen Sie sich die beiden Grafiken an, beide wurden ohne bzw. ohne größeren Zusatztext veröffentlicht. Vergleichen Sie die Art der Darstellung und erläutern Sie anschließend, welche Darstellung Ihrer Ansicht nach anschaulicher ist.*

2 *Was wird jeweils gezeigt? Wo ergeben sich inhaltliche Unterschiede? Was könnten Gründe für die inhaltlichen Unterschiede sein?*

3 *Welche Auswirkungen haben solche unterschiedlichen „Prognosen" über die Verkehrsentwicklung auf gesellschaftliche und politische Entscheidungen?*

4 *Holen Sie aktuelle Informationen zum Thema „Verkehrsaufkommen" ein.*

5 *In diesem Buch finden Sie Texte verschiedener Art zu verschiedenen Themen. Wählen Sie in der Klasse gemeinsam einen Text aus, zum Beispiel Text 8, S. 9, S. 306, S. 333.*

a) Suchen Sie zu diesem Text eine bildliche Darstellung (Foto, Karikatur, Zeichnung, ...) aus oder erstellen Sie selbst eine solche Darstellung. Erörtern Sie gemeinsam, inwieweit der Leser einer Zeitung durch die unterschiedliche Kombination von Bild und Text in seiner Wahrnehmung beeinflusst werden kann.

*b) Stellen Sie die gesammelten Materialien zu **einem** gemeinsamen Bild/Plakat zusammen.*

6 *Setzen Sie die Zahlen aus dem folgenden Artikel in eine grafische Darstellung um.*

Vertrauen in technischen Fortschritt

1 **D**ie Mehrheit der Bundesbürger setzt große Hoffnungen auf den wissenschaftlich-technischen Fortschritt. 76 % aller Deutschen sind der Überzeugung, dass er sich für sie eher
5 positiv auswirkt. Nur jeder zehnte Deutsche ist gegenteiliger Ansicht. Das geht aus einer Emnid-Umfrage hervor, die im Auftrag des Bundesforschungsministeriums von November 1990 bis Januar 1991 durchgeführt wurde.

Bei dieser Wertung gibt es kaum Unterschiede 10 zwischen Ost- und Westdeutschen. Die positive Einschätzung ist bei Männern größer als bei Frauen (82 % gegenüber 71 %) und bei Älteren geringer als bei den Jüngeren (64 % bei über 60-Jährigen gegenüber 76 % bei 15 Befragten bis 29 Jahre).

Stromthemen 12/1992, S. 4

7 *Was versteht man unter einem „Klassiker"? Informieren Sie sich über Johann Wolfgang Goethe und sein Werk „Faust I". Warum lässt sich diese Übersicht nicht oder allenfalls in Ausschnitten grafisch darstellen?* ▷ *S. 289.*

Kursschwankungen eines Klassikers

Der Kaufpreis für Johann Wolfgang von Goethes „Faust I" in der Universal-Bibliothek des Reclam Verlags:

1 November 1867: 2 Silbergroschen	Dezember 1923: 0,40 Mark
1. Januar 1917: 0,25 Mark	1. Januar 1932: 0,35 Mark 10
15. Januar 1918: 0,40 Mark	Januar 1949: 1,20 DM
August 1922: 10 Mark	1. Juli 1965: 1,80 DM
5 Dezember 1922: 180 Mark	1. April 1975: 3,20 DM
August 1923: 24 000 Mark	1. 9. 1976: 1,60 DM
15. September 1923: 4,2 Millionen Mark	1. April 1982: 2,10 DM 15
30. November 1923: 330 Milliarden Mark	Ab 1. März 1990: 2,80 DM

Der Spiegel 5/1990, S. 185

8 Meinungsumfrage

Was denkt die Jugend?

1 Der Stern wollte wissen, was die Mehrheit der jungen Leute denkt. Er ließ repräsentativ ausgewählte
5 16- bis 21-Jährige nach ihren Wünschen, Träumen, Ängsten und Ansichten befragen – von Politik bis Pop*.

10 *Im Auftrag des Stern befragte das Forsa-Institut telefonisch 1504 junge Menschen (748 im Ost- und 756 im West-Teil Deutschlands) im Zeitraum
15 zwischen dem 5. und 15. Oktober. Die Ergebnisse für Deutschland insgesamt wurden durch eine Gewichtung proportional zur Zahl der Jugendlichen in
20 den alten und neuen Bundesländern ermittelt.

Stern 45/1992, S. 92

Was wünschen Sie sich für Ihr Leben? Was sind Ihre Lebensziele?

	Insgesamt	Männer	Frauen
Karriere, Aufstieg im Beruf	60	60	60
Heirat und Kinder	42	37	48
Viel Geld verdienen	21	26	15
Gesundheit	16	16	17
Schöne Dinge wie ein tolles Auto, Hi-Fi-Anlage und teure Kleidung	10	11	8
Glück	9	10	8
Guter Abschluss (Schule, Beruf)	8	7	8
Arbeit finden, guter Arbeitsplatz	7	7	8
Spaß und Genuss	7	8	6
Einen Sinn im Leben finden	7	7	7
Für andere da sein, anderen helfen	6	4	9

Mehrfachnennungen möglich

a) *Beschreiben Sie die Grafik. Stellen Sie die Zahlen in einem Balkendiagramm dar. Vergleichen Sie anschließend die beiden Möglichkeiten der Darstellung von Zahlenmaterial.*

b) *Führen Sie die gleiche Umfrage anonym in der Klasse durch. Sie können den Fragenkatalog auch erweitern. Mehrfachnennungen sind möglich.*

c) *Führen Sie in der Klasse eine Umfrage zum Thema durch „Was macht Ihnen zur Zeit besonders Probleme?". Entwickeln Sie zu den Ergebnissen ebenfalls eine grafische Darstellung.*

d) *Lesen Sie in der Textsammlung, S. 303, den Text „Karriere, Kinder und ein Mann". Stellen Sie eine Verbindung her zwischen der oben abgedruckten Grafik und diesem Text (mögliche Aspekte: Thema, Gemeinsamkeiten, Unterschiede in Inhalt und Art der Darstellung). Diskutieren Sie über die Ansichten von Angela in der Klasse.*

9 a) *Entwickeln Sie einen Fragebogen, der mögliche Auswirkungen des Computers außerhalb des Arbeitsplatzes aufzeigt. Fragebeispiele könnten sein:*

– Wird der Computer unsere Lebensqualität verbessern?

– Kann der Computer unsere Freizeit bereichern?

– Werden sich die zwischenmenschlichen Beziehungen aufgrund der Computertechnologie verbessern?

– Ergeben sich im Hinblick auf den Datenschutz Probleme?

b) *Setzen Sie den Fragebogen im Rahmen einer Umfrage ein. Verlassen Sie dazu auch den Lernort Schule.*

c) *Werten Sie die Ergebnisse aus.*

2.4 Informationen darstellen

2.4.1 Berichten und Beschreiben

Die Darstellung und die Weitergabe von Information ist ein wesentliches Moment jeder Kommunikation, auch wenn man sich dessen oft nicht bewusst ist. Darüber hinaus gibt es jedoch auch viele Situationen, in denen es ausdrücklich darum geht, Informationen, über die man aufgrund eigener Beobachtung und Erfahrung oder angeeigneter Kenntnisse verfügt, so weiterzugeben, dass sie für andere von Nutzen sind. Entweder berichtet man dann über ein vergangenes Ereignis oder man beschreibt einen bestehenden Zustand, Gegenstand oder Vorgang.

Berichten und Beschreiben: Gemeinsamkeiten

Gemeinsam ist beiden Vorgängen die **Distanz** des Autors. Die **Sache** steht im Vordergrund, und **Ziel** des Autors ist es, etwas möglichst objektiv, dem Thema angemessen und auf den Rezipienten oder Adressaten ausgerichtet darzustellen.

Die Sprache ist sachlich, erläuternd und nicht wertend; der Satzbau ist klar und einfach. Fachausdrücke werden dann verwendet, wenn sie notwendig sind.

Merkmale des Berichts

In Berichten werden vergangene Ereignisse objektiv dargestellt. Dass absolute Objektivität beim Berichten nicht möglich ist, wurde bereits verdeutlicht, vgl. S. 48 ff. Man unterscheidet vor allem amtliche Berichte (zum Beispiel Polizeibericht, Krankenbericht und Unfallbericht), Tätigkeitsberichte (zum Beispiel Praktikumsbericht, Ausbildungsbericht), Lageberichte, journalistische Berichte in Zeitungen, Zeitschriften und im Rundfunk.

Gegliedert werden Berichte nach der zeitlichen oder sachlichen Reihenfolge; ist dies nicht möglich, beginnt man mit dem Wichtigsten. Zeitform ist das Präteritum, die direkte Rede wird nur in Ausnahmefällen, etwa bei sehr wichtigen Aussagen, verwendet.

Berichte sind **Gebrauchstexte**. Entsprechend haben sich im Laufe der Zeit verschiedene Formen entwickelt, die den Umgang mit Berichten erleichtern.

So gibt es genaue Vorschriften zum Lagebericht bei Kapitalgesellschaften. Ausbildungsberichte sind in ein sogenanntes Berichtsheft, das den Aufbau des Berichts schon vorstrukturiert, einzutragen. Soll ein Arbeitsunfall gemeldet werden, füllt der Betroffene ein entsprechendes Formular der Berufsgenossenschaft aus.

Vordrucke sind der Objektivität sicherlich dienlich, sie haben jedoch auch den Nachteil, dass sie dem Berichtenden oft keine Möglichkeit für zusätzliche Erklärungen geben.

Die Beschreibung

Grundsätzliche Formen der Beschreibung sind die Gegenstandsbeschreibung, die Vorgangsbeschreibung und die Personenbeschreibung.

Verlustanzeigen, Arbeitsplatzbeschreibungen, Bildbeschreibungen, Kochrezepte, Bedienungsanleitungen, Produktbeschreibungen, Reiseführer, Beschreibungen in Fachbüchern und Fachzeitschriften, polizeiliche Fahndungen, ...

Der Aufbau einer Beschreibung ist abhängig vom Zweck.

Bei einer Verlustanzeige wird in der Regel zunächst mit dem Wichtigsten begonnen und anschließend auf Einzelheiten in abnehmender Bedeutung eingegangen. Dagegen beginnt man die Bedienungsanleitung mit der Tätigkeit, die zuerst ausgeführt werden muss.

Beschreibungen werden im Präsens abgefasst. Auch sie sind darüber hinaus häufig – entsprechend ihrem Verwendungszweck – standardisiert.

Da das Lesen ebenso wie das eigene Produzieren von Beschreibungen im Alltag wie im Berufsleben eine große Rolle spielt, wird auf wichtige **Formen der Beschreibung** auch an anderer Stelle des Buches immer wieder eingegangen: ▷ Personenbeschreibung, S. 20 f., ▷ Gebrauchsanweisung, S. 210 f., ▷ Beschreibung eines technischen Gerätes, S. 46 f., ▷ Beschreibung bildlicher Darstellungen, S. 51 ff.

Vom Berichten und Beschreiben, bei dem die sachliche Information im Vordergrund steht, sind die Mitteilungsformen zu unterscheiden, in denen der Autor vor allem seine subjektive Auffassung von einer Sache ausdrücken (▷ vgl. Kapitel 4) oder von etwas überzeugen will (▷ vgl. Kapitel 5).

2.4.2 Referat und Facharbeit

> Wird ein Thema mündlich in gegliederter sachlicher Form dargestellt, spricht man von einem **Referat.**
> Werden die Gliederungspunkte zu einem Thema schriftlich ausformuliert, handelt es sich um eine **Facharbeit.**

Beide Darstellungsformen erfordern ein genaues wissenschaftliches Arbeiten, das heißt, **Zitate** müssen als solche kenntlich gemacht und die verwendeten **Quellen** angegeben werden (▷ Vgl. S. 39 f.). Meist ist es darüber hinaus günstig, die wichtigsten Aussagen eines Referates den Zuhörern auch schriftlich vorzulegen, etwa durch Tafelanschrieb, durch Folien oder durch ein **Thesenpapier,** das allen ausgehändigt wird.

Vorgehensweise beim Anfertigen eines Referates/einer Facharbeit

- ❏ Thema erfassen
- ❏ Informationsquellen finden
- ❏ Informationen sichten und aufbereiten, dabei sind Thema, Adressat und Vortragszeit zu berücksichtigen
- ❏ Gliederung erstellen

    Gliederungsgrundbeispiel
    Einstieg: Aufmerksamkeit wecken
                    Einleitung zum Thema formulieren
    Hauptteil: Informationen entwickeln
    Schlussteil: Ausblick geben, Wertung vornehmen, ...

- ❏ Ausführung

Referat:	**Facharbeit:**
– Stichwortzettel erstellen	– Gliederungspunkte ausführen
– Hilfsmittel für die Darstellung auswählen (Medien, Thesenpapier, ...)	– am Ende nochmals überarbeiten
– Referat vortragen	

Das Referat und die Zuhörer

Beim Referat steht die sachliche Darstellung, das Informieren der Zuhörer über einen Sachverhalt im Vordergrund, im Unterschied beispielsweise zur Rede, die stark appellative, zuweilen auch unterhaltende Elemente aufweist. (▷ Vgl. auch Kapitel 5.3, S. 152 ff.) Das Referat lässt sich vonseiten der Zuhörer anhand folgender Punkte beurteilen:

Tipp: Zeichnen Sie den Vortrag des Referenten auf Video auf. Wenn man sich selbst sieht, merkt man oft am besten, wo Schwächen liegen. Die anderen können hingegen gezieltere Verbesserungshinweise geben.

❑ Werden Inhalt (Thema), Aufbau und Zweck des Referates genannt? Ist die Gliederung sinnvoll? Wird das Thema eingehalten? Sind die Angaben zum Thema richtig? Wie sind Einführung und Schluss gestaltet?

❑ Wie sieht der Kontakt des Vortragenden zu den Zuhörern aus (Blickkontakt, direkte Ansprache, Fragen an die Zuhörer, Beantwortung von Zuhörerfragen)?

❑ Wie sind Sprechweise (deutlich, lebendig, verständlich), Sprechtempo und Lautstärke zu beurteilen?

❑ Zum Redeerfolg: Wie ist die Darstellung insgesamt zu bewerten (verständlich, angemessen, interessant, ...)? Konnte man Neues lernen? War der Medieneinsatz angemessen? Wie informativ war das Thesenpapier?

Zu Hinweisen für den mündlichen Vortrag ▷ S. 159 ff.
Sowohl für den Referenten als auch für die Zuhörer ist es wichtig, dass das Referat angemessen **nachbereitet** wird. Offene Fragen zum Thema sollten möglichst besprochen oder im Anschluss an den Vortrag weiter diskutiert werden. Die **Kritik der Zuhörer** sollte möglichst konstruktiv sein, den Vortragenden zum Beispiel in seiner Vortragsweise bestärken oder ihm konkrete Anregungen zur Verbesserung seines Vortrages bieten.

1 *Erstellen Sie eine Liste der wichtigsten Punkte, nach denen sich der Vortrag eines Referates durch die Zuhörer beurteilen lässt. Berücksichtigen Sie dabei die auf S. 59 genannten Gesichtspunkte. Wenden Sie diese Liste auf mehrere Referate an und überarbeiten Sie diese anschließend. (▷ S. 151)*

2 *Mögliche Anlässe für ein Referat:*
   – *Vorbereitung eines Unterrichtsgangs, zum Beispiel „Die Aufgaben des Amtsgerichts",* „*Die regionale Tageszeitung", ...*
   – *Referate über Bücher von Autoren, die bereits im Unterricht besprochen wurden.*

   a) Fertigen Sie zu einem in der Klasse festgelegten Thema (oder über ein Buch Ihrer Wahl) nach der vorgestellten Vorgehensweise ein Referat an. Planen Sie den Vortrag anhand eines Stichwortzettels, vermerken Sie auch den Medieneinsatz und die Zeitplanung.

   b) Erstellen Sie zu dem Referat ein Thesenpapier.

   c) Tragen Sie das Referat vor. Die Klasse beobachtet den Vortrag.

   d) Besprechen Sie in der Klasse das Referat. Die Zuhörenden sind aufgefordert, konstruktive Verbesserungsvorschläge zu machen und zu erläutern, wie sie das Referat gestaltet hätten.

   e) Fertigen Sie zu dem Thema eine Facharbeit an.

2.4.3 Protokoll einer Unterrichtsstunde

Protokoll über den Verlauf der Deutschstunde der Klasse HH 11c (Verlaufsprotokoll)

Ort	*Lippe-Schule, Otto-Hahn-Str. 25, Lippstadt, Raum 253*
Datum	*20.04.19..*
Beginn	*8.00 Uhr*
Ende	*9.30 Uhr*
Fachlehrerin	*Frau Schmitt*
Anwesende	*23 Schülerinnen und Schüler der o.g. Klasse*
Abwesende	*Marion Schütte*
Protokollführerin	*Karin Jakob*

Thema der Unterrichtsstunde: Übersicht über die Sachtexte in Massenmedien

Die Fachlehrerin, Frau Schmitt, begrüßt die Klasse und stellt die Anwesenheit fest. Anschließend gibt sie das Thema der Stunde bekannt. Sie führt aus, dass sich die Klasse in den letzten Unterrichtsstunden mit verschiedenen Texten in Massenmedien, vor allem mit journalistischen Texten aus Zeitungen und Zeitschriften, beschäftigt habe und nun die wichtigsten Merkmale dieser Texte nochmals zusammenfassend dargestellt werden sollen. Dazu projiziert sie verschiedene, der Klasse bereits bekannte Texte an die Wand, anhand derer die Merkmale erarbeitet und an der Tafel festgehalten werden.

*Frau Schmitt knüpft an die letzten Unterrichtsstunden an und stellt fest, dass grundsätzlich zwischen **tatsachenbezogenen** und **meinungsbetonten Sachtexten** in Massenmedien zu unterscheiden sei und die seriösen Medien sich dadurch auszeichnen, dass dort meinungsbetonte Texte als solche gekennzeichnet werden.*
Zunächst werden die eher tatsachenbezogenen journalistischen Stilformen besprochen. Hierzu gehören Meldung, Nachricht, Bericht, Reportage und Interview.
Gemeinsames Kennzeichen dieser Textarten ist, dass das Ereignis oder die Person im Mittelpunkt steht und die Journalisten und Reporter – zumindest in seriöser Berichterstattung – größtmögliche Objektivität und Sachlichkeit anstreben sollten. Nicht sachliche Berichterstattung lässt sich zum Beispiel durch wertende Adjektive oder Substantive, durch Anspielungen oder ironische Anmerkungen erkennen. In diesem Zusammenhang wird von einer Mitschülerin nochmals ausgeführt, dass ein Journalist nie ganz objektiv sein könne und eine Wertung, die sich teilweise auch als Manipulation bezeichnen lasse, schon in der Auswahl der Themen und in der vorgenommenen Gewichtung liege.

*Die **Meldung** ist eine kurze Mitteilung über ein wichtiges Ereignis. Sie umfasst zumeist nur wenige Zeilen oder auch nur einen Satz.*

Nachrichten *sind Mitteilungen über neue Tatsachen. Sie sollten für den Empfänger von Nutzen und kurz und klar formuliert sein. Der Höhepunkt, das Wichtigste, steht in der ersten Zeile, das weniger Wichtige wird dann in Abstufungen angefügt. Die Vollständigkeit einer Nachricht lässt sich anhand der folgenden W-Fragen überprüfen:*

- ❏ *Was ist passiert?* ❏ *Wie ist es passiert?*
- ❏ *Wo ist es passiert?* ❏ *Warum ist es passiert?*
- ❏ *Wann ist es passiert?* ❏ *Welche Folgen ergeben sich daraus?*

Frau Schmitt zeigt uns zum Aufbau einer typischen Nachricht folgende Grafik:

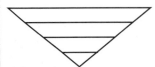

Überschrift
Zwischenüberschrift
Zentrale Aussage/Nachrichtenkopf
Einzelheiten/Nachrichtenkörper

Der journalistische **Bericht** *stützt sich auf eine Nachricht oder eine Meldung. Die Ausgangsinformation wird für einen bestimmten Leser-, Hörer- oder Zuschauerkreis hinsichtlich Aufbau und Sprache aufbereitet, das heißt, interessant dargestellt.*

Als Nächstes sprechen wir über die **Reportage.** *Sie gehört ebenfalls zu den eher tatsachenbetonten journalistischen Texten und ist überwiegend informierend, aber wirkungsvoll gestaltet. Eigene Beobachtungen des Reporters und zusätzliche Informationen von Beteiligten fließen in die Reportage mit ein, so dass sie auch als Erlebnisbericht bezeichnet werden kann.*

Auch das journalistische **Interview** *wird von Frau Schmitt als tatsachenbetonende Stilform charakterisiert. Dies wird von einer Schülerin in Frage gestellt. Sie habe im Fernsehen häufig gesehen, dass zum Beispiel interviewte Politiker sehr wohl und zum Teil ohne auf die Fragen einzugehen, ihre Meinung äußern würden. Das Interview sei daher eher zu den meinungsbetonten Stilformen zu rechnen. Frau Schmitt macht diesem Einwand gegenüber nochmals deutlich, dass die Unterscheidung aus dem Blickwinkel der Reporter zu sehen sei und auch oder gerade beim Interview die Meinung des Reporters nicht im Vordergrund stehe.*

Im zweiten Teil der Unterrichtsstunde geht es um die meinungsbetonten journalistischen Texte. Frau Schmitt zeigt uns hierzu zunächst zwei Beispiele: Bei dem ersten Text handelt es sich um einen **Kommentar.** *Dieser Kommentar eines Rundfunkreporters wurde nachträglich in einer Zeitung abgedruckt. Anhand des Textes erarbeiten wir die Merkmale des Kommentars. Wir stellen fest, dass im Kommentar Nachrichten, Berichte und Ereignisse von einem Reporter dargestellt und zugleich gedeutet werden. Tatsachen werden in größere Zusammenhänge gestellt, Hintergründe, Entwicklungen, Probleme und Folgen werden aufgezeigt und es wird Kritik geübt. Der Kommentator appelliert dabei an die Leser- und Zuhörerschaft sowie an verantwortliche Stellen. Sprachlich ist ein Kommentar anhand von wertenden Adjektiven, Vergleichen, Übertreibungen, ironischen Bemerkungen und anderen rhetorischen Mitteln zu erkennen.*

Sowohl der Kommentar als auch die **Glosse** *werden namentlich gekennzeichnet und in der Regel mit einer das Interesse weckenden Überschrift versehen. Frau Schmitt verliest ein Zitat des Publizistikwissenschaftlers Dovifat, der der Mei-*

nung ist, die Glosse sei die kürzeste und schwierigste journalistische Stilform. Die Glosse unterscheidet sich vom Kommentar dadurch, dass sie meist kürzer und pointierter, aber immer geistreicher, polemischer, das heißt humorvoll-spöttischer als dieser ist. Der Verfasser will häufig durch ironische oder witzige Bemerkungen oder Wortspielereien zum Nachdenken anregen, provozieren oder kritisieren.

Eine Schülerin ist der Meinung, dass auch die **Karikatur** zu den meinungsbetonten Stilformen zu zählen sei. Die Auflistung wird entsprechend ergänzt, da sich alle dieser Auffassung anschließen können.

Mit Hilfe des letzten Beispiels macht uns die Fachlehrerin auf den **Leserbrief** aufmerksam. Jede Zeitung und Zeitschrift veröffentlicht Leserbriefe, die auch als solche gekennzeichnet werden. In Leserbriefen nehmen Leser zu Texten des jeweiligen Pressemediums Stellung, indem sie zum Beispiel etwas richtig stellen, ergänzen, aus einem anderen Blickwinkel darstellen, auf Ursachen oder Folgen hinweisen oder an Verantwortliche appellieren. Die Auswahl der Leserbriefe, die ganz oder gekürzt veröffentlicht werden, liegt immer bei dem Herausgeber der Zeitung oder Zeitschrift.

Abschließend wird von Frau Schmitt auf eine Rückfrage aus der Klasse hin noch einmal betont, dass in der Praxis die Übergänge zwischen diesen hier getrennt besprochenen Texten fließend seien und eine klare Zuordnung nicht immer möglich und sinnvoll sei. Um dies zu verdeutlichen, bittet sie die Schülerinnen und Schüler, den Text „Tod real zum Frühstück" (▷ Text 1), der als Kopie ausgeteilt wird, mit Hilfe der angegebenen Arbeitsfragen zu Hause bis zur nächsten Unterrichtsstunde zu bearbeiten.

Lippstadt, 20.04.19..

Jakob
Protokollführerin

Schmitt
Fachlehrerin

1 Lesen Sie das Protokoll aufmerksam durch. Welche Informationen kann die abwesende Schülerin dem Protokoll entnehmen?

2 Beurteilen Sie dieses Protokoll, indem Sie es mit den Merkmalen auf S. 65 f. vergleichen.

3 Hausaufgabe für die Klasse: Text „Tod real zum Frühstück"
   a) Lesen Sie den Text aufmerksam durch und klären Sie die unbekannten Ausdrücke und Namen.
   b) Um welche journalistische Stilform handelt es sich dabei?
   c) Welche Position vertritt Ulrich Wickert? Auf welche Weise versucht er diese Position zu verdeutlichen?
   d) Lesen Sie zum Stichwort „Information" auch die S. 339.
      Diskutieren Sie anschließend über die in Text 1 geschilderte Art der Nachrichtenübermittlung.

Tod real zum Frühstück
von Ulrich Wickert

1 Der Räuber stahl das Auto, schoss ein paar Menschen nieder und dann begann die Verfolgungsjagd: heulende Polizeisirenen, quietschende Reifen. Sie kennen das alles aus den amerikanischen
5 Spielfilmen. Heute geht's nur noch darum, wer
einen neuen Dreh bei der Jagd präsentieren
kann. Den fand letztens das amerikanische Fernsehen, als es die Verfolgungsjagd nicht insze-
nierte, sondern direkt der Wirklichkeit entnahm.
10 Stundenlang lief über die Mattscheibe eine gerade stattfindende Jagd à la Räuber und Gendarm,
die Fernsehkameras wurden aus dem die Verfol-
gung begleitenden Hubschrauber auf das Spekta-
kel gerichtet – und zwar bis zum bitteren Ende,
15 bis der Mörder von Polizeikugeln durchsiebt
war.

Fernsehnachrichten direkt? Nun, in nicht viel
anderer Form wurde schon der Golfkrieg von
CNN als „Nachrichten direkt" übertragen. Oder:
20 Ich erinnere mich an ein Weihnachten in New
York. CNN übertrug einen Hotelbrand in Puerto
Rico als „Nachrichten direkt". Die Live-Kame-
ras waren an den Hubschraubern angebracht, die

die um ihr Leben bangenden Menschen vom
Hoteldach retten sollten: manch einer kam im 25
Flammeninferno um – vom Fernsehen live über-
tragen.

Solche Sendungen lehne ich wegen ihres sensati-
onsheischenden Charakters ab. Denn nicht
immer ist die Geschwindigkeit der Übermittlung 30
einer Nachricht auch gut für den Zuschauer. Er
muss die Möglichkeit der Einordnung haben.
Wenn dies aber wegen eines Überangebots von
Information, oft verbunden mit Sensationsgier,
nicht oder nur schlecht möglich ist, dann ver- 35
wirrt die Direktübertragung mehr, als dass sie
hilft.

Der Mensch wird heute von Informationen jeglicher Art überschüttet, so dass er manchmal
seine liebe Not hat, alles zu verdauen. Da sollte 40
er nun nicht auch noch solchen sinnlosen Informationen ausgesetzt werden wie es eine vier-
stündige Live-Verfolgungsjagd ist. Das kann der
Film besser. Er kann die Jagd mit einer Handlung verbinden, die unterhält und nicht nur Leere 45
hinterlässt. ■

Charity. April 1992, S. 99

---

4 *Lesen Sie nochmals auf S. 46 f. den Text „Eine Kopie ist eine Kopie ist eine Kopie". Um welche journalistische Stilform handelt es sich bei diesem Text, lässt
sie sich eindeutig bestimmen? Zeigen Sie typische Merkmale auf, die Ihre
Ansicht belegen.*

5 *Um welche Textsorte handelt es
sich bei Text 2? Formulieren Sie
eine Nachricht zu dem beschriebenen Fall. Ergänzen Sie die fehlen-
den Angaben selbstständig.*

Hans Kasper
Nachricht

Zehntausend Fische ersticken   1
Im öligen Main.
Kein
Grund für die Bürger der Stadt
Zu erschrecken.   5
Die
Strömung ist günstig,
Sie treibt
Das
Heer der silbernen Leichen,   10
Der fliegengeschmückten,
Rasch
An den Quais vorbei.
Der Wind
Verweht den Geruch,   15
Ehe er unsere verletzlichen Sinne
Erreicht.
Alles
Ist auf das Beste geordnet.

Nachrichten und Notizen. Stuttgart 1957, S. 4

Nackt
sind Fakten am wahrsten.
Kommentiert sind sie am
klarsten. Fakten sachkundig
kommentiert ... das finden Sie
in Ihrer Zeitung

Tipp: In einer Redewendung heißt es: Nichts ist so alt wie die Zeitung von gestern. In diesem Buch sind Pressetexte an verschiedenen Stellen und zu verschiedenen Themen abgedruckt. Haben Sie dazu in der letzten Zeit etwas gelesen, das diese hier abgedruckten Texte korrigiert, ergänzt, aktualisiert oder in einer anderen Art und Weise darstellt? Sammeln Sie diese Materialien und berücksichtigen Sie bei der Arbeit mit dem Buch auch das von Ihnen eingebrachte Material.

Eine Tätigkeit bei der Zeitung, beim Hörfunk oder beim Fernsehen interessiert Sie.

a) Sie wollen sich im Hinblick darauf nach beruflichen Möglichkeiten erkundigen. Wie gehen Sie hierbei vor? Stellen Sie verschiedene Wege der Informationsbeschaffung vor.

b) Arbeiten Sie das Material durch, notieren Sie sich die für Sie wichtigen Punkte und begründen Sie, ob ein Beruf aus diesem Bereich für Sie in Frage kommt oder nicht.

> 1   Als er Freitag früh gegen halb zehn mürrisch zum Frühstück
>   erschien, hielt Trude ihm schon die ZEITUNG entgegen.
>   Katharina auf der Titelseite. Riesenfoto, Riesenlettern. *RÄUBER-*
>   *LIEBCHEN KATHARINA BLUM VERWEIGERT AUSSAGE*
> 5   *ÜBER HERRENBESUCHE. Der seit eineinhalb Jahren gesuchte*
>   *Bandit und Mörder Ludwig Götten hätte gestern verhaftet werden*
>   *können, hätte nicht seine Geliebte, die Hausangestellte Katharina*
>   *Blum, seine Spuren verwischt und seine Flucht gedeckt. Die Poli-*
>   *zei vermutet, dass die Blum schon seit längerer Zeit in die Ver-*
> 10   *schwörung verwickelt ist. (Weiteres siehe auf der Rückseite unter*
>   *dem Titel: HERRENBESUCHE.)*

Heinrich Böll: Die verlorene Ehre der Katharina Blum. München 1976, S. 32

Merkmale des Protokolls

Protokollarten: Inhalt/Form

❏ Ein **Verlaufsprotokoll** gibt den Verlauf einer Veranstaltung wieder. Alles Wesentliche des Ablaufs wird aufgeschrieben, zum Beispiel Diskussionsbeiträge, Zwischenergebnisse, Thesen und Gegenthesen mit den wichtigsten Argumenten, Anträge und Verhandlungs- beziehungsweise Abstimmungsergebnisse.

❏ Bei einem **Ergebnisprotokoll** werden nur die Diskussions- und Abstimmungsergebnisse in gegliederter Form aufgeschrieben, zum Beispiel anhand der Tagesordnungspunkte (TOP). Dies bietet sich insbesondere bei längeren Sitzungen an, bei denen es darauf ankommt, wichtige Ergebnisse verbindlich festzuhalten. Der Verlauf der vorangegangenen Diskussion ist dabei nicht mehr von Bedeutung.

Ob ein Verlaufs- oder ein Ergebnisprotokoll angefertigt wird, ist vom Zweck des Protokolls und vom Adressatenkreis abhängig.

Wird etwa ein Protokoll über die Klassensprecherwahl angefertigt, so reicht zumeist ein Ergebnisprotokoll aus, da die Durchführung der Wahl unerheblich ist und nur das Ergebnis dokumentiert werden soll.
Dagegen ergibt das Ergebnisprotokoll einer Deutschstunde in der Regel keinen Sinn, wenn etwa erkrankte Schüler nachlesen wollen, was in der Stunde besprochen wurde.

Das Protokoll muss vom Protokollführer und möglichst auch vom Leiter der Veranstaltung unterschrieben werden.

Aufbau

Überschrift: In der Überschrift wird der Protokollanlass, zum Beispiel die Sitzung des Turnvereins, vermerkt.

Protokollkopf: Er enthält Angaben zu Ort, Datum, Beginn, Ende der Veranstaltung, nennt Anwesende (oder gibt einen Verweis auf die Anwesenheitsliste), Abwesende (eventuell mit Nennung des Grundes), Leiter(in) der Veranstaltung, Protokollführer(in), die Tagesordnung (wenn mehrere Punkte besprochen werden sollen).

Protokolltext: Der Umfang ist davon abhängig, ob ein Verlaufs- oder Ergebnisprotokoll erstellt wird.

Protokollfuß: Die Unterschrift des Protokollanten und des Leiters der Veranstaltung bestätigen die sachliche Richtigkeit des Protokollinhaltes.

Sprachliche Gestaltung

❑ Wortbeiträge und Beschlüsse werden sachlich wiedergegeben. Das Protokoll darf als informierender Text keine persönliche Wertung des Protokollführers enthalten.

❑ Als Zeitform wird das Präsens benutzt, da das Wesentliche aus der Veranstaltung direkt mitgeschrieben wird.

❑ Wortbeiträge werden in indirekter Rede wiedergegeben. Nur wichtige Anträge können wörtlich aufgenommen werden.

❑ Eine Überleitung zwischen den verschiedenen Punkten des Protokolls ist nicht erforderlich.

1 *Würden Sie bei folgenden Veranstaltungen ein Ergebnis- oder ein Verlaufsprotokoll anfertigen:*
   Mitgliederversammlung des Sportvereins, Politikstunde, Vernehmung durch die Polizei, Besprechung der Abteilungsleiter, SV-Sitzung, Betriebsratswahlen?
   Begründen Sie Ihre Entscheidung jeweils.

2 *Welche Aufgaben hat der Protokollführer? Worauf muss er besonders achten?*

3 *Warum muss das Protokoll unterschrieben werden?*

4 *„Betriebsbesichtigung":*

a) *Wählen Sie einen für Sie interessanten Betrieb (wahlweise auch eine Behörde, ein Institut, ...) aus und vereinbaren Sie einen Termin für eine Betriebsbesichtigung.*

b) *Bereiten Sie sich auf den Termin vor, indem Sie sich über den Betrieb, die verschiedenen Arbeitsplätze, die technische Ausstattung und andere Punkte, die Sie interessieren, vorab informieren. Sprechen Sie Ihr Vorhaben mit dem Betrieb ab. Erkunden Sie, ob es die Möglichkeit gibt, von der Betriebsbesichtigung einen Videofilm zu drehen.*

c) *Werten Sie die Betriebsbesichtigung aus: Was haben Sie gesehen und erfahren? Welche Informationen haben Sie vermisst? Stellen Sie Bezüge zu Ihrem Fachunterricht her.*

d) *Fertigen Sie wahlweise ein Protokoll von der Betriebsbesichtigung, eine Beschreibung des Betriebes (oder einer Abteilung), eine Beschreibung eines der hergestellten Produkte oder eine Arbeitsplatzbeschreibung an. Lesen Sie zu den verschiedenen Möglichkeiten der Arbeitsplatzbeschreibung S. 360 ff. in der Textsammlung.*

Direkte Rede – Indirekte Rede

Die direkte Rede wird mit Hilfe des Konjunktivs I in die indirekte Rede umgewandelt. ▷ S. 355 (Übersicht zur Bildung des Konjunktivs).

Sie fragte ihn: „Kommst du mich morgen besuchen?
Sie fragte ihn, ob er sie morgen besuchen komme.

Unterscheidet sich die Form des Konjunktiv I nicht von der Indikativform, wird zur Verdeutlichung der Konjunktiv II, häufig in der Umschreibung mit „würde", verwendet.

Der kleine Junge fragte: „Petra, spielst du mit mir?"
Der kleine Junge fragte Petra, ob sie mit ihm spielen würde.

Setzen Sie die direkte Rede des folgenden Textes in die indirekte Rede. Ergänzen Sie dazu die redebegleitenden Verben.
Beispiel: Der Einsiedel fragte, wie er heiße. Simplicius antwortete, er heiße Bub. Der Einsiedel sagte daraufhin, ...

⌐3 *Grimmelshausen*
Der abenteuerliche Simplicissimus

DAS 8. KAPITEL

Wie Simplicius durch hohe Reden seine Vortrefflichkeit zu erkennen gibt

1   Einsiedel: Wie heißest du?
Simplicius: Ich heiße Bub.
Eins.: Ich sehe wohl, dass du kein Mägdlein bist, wie hat dir aber dein Vater und Mutter gerufen?
5   Simpl.: Ich habe keinen Vater oder Mutter gehabt.
Eins.: Wer hat dir denn das Hemd geben?
Simpl.: Ei mein Meuder.
Eins.: Wie heißet' dich denn dein Meuder?`

Der Abentheurliche Simplicissimus Teutsch/
das ist: Die Beschreibung deß Lebens eines seltzamen Vaganten/genant Melchior Sternfels von Fuchshaim/wo und welcher gestalt Er nemlich in diese Welt kommen/was er darinn gesehen/gelernet/ erfahren und außgestanden/auch warumb er solche wieder freywillig quittirt., Roman von Hans Jacob Christoffel von Grimmelshausen, erschienen 1669 (in mundartlicher Fassung schon 1668).

Simpl.: Sie hat mich Bub geheißen, auch Schelm,
10   ungeschickter Tölpel und Galgenvogel.
Eins.: Wer ist denn deiner Mutter Mann gewesen?
Simpl.: Niemand.
Êins.: Bei wem hat denn dein Meuder des Nachts geschlafen?
Simpl.: Bei meinem Knan.
15 Eins.: Wie hat dich denn dein Knan geheißen?
Simpl.: Er hat mich auch Bub genennet.
Eins.: Wie hieß aber dein Knan?
Simpl.: Er heißt Knan.
Eins.: Wie hat ihm aber dein Meuder gerufen?
20 Simpl: Knan, und auch Meister.
Eins.: Hat sie ihn niemals anders genennet?
Simpl.: Ja, sie hat.
Eins.: Wie denn?
Simpl.: Rülp, grober Bengel, volle Sau, und noch wohl anders, wenn sie haderte.
25 Eins.: Du bist wohl ein unwissender Tropf, dass du weder deiner Eltern noch deinen eignen Namen nicht
       weißt!
Simpl.: Eia, weißt dus doch auch nicht.
Eins.: Kannst du auch beten?
Simpl.: Nein, unser Ann und mein Meuder haben als das Bett gemacht.
München 1969, S. 25

Hinweise zum Gebrauch des Konjunktivs:

Der *Konjunktiv I* wird verwendet:

❏ als Ausdruck eines Wunsches,
❏ als Ausdruck einer indirekt geäußerten Aufforderung,
❏ als Kennzeichnung der indirekten Rede, die dabei nur wiedergegeben wird, ohne dass die Richtigkeit der Aussage verbürgt ist.

Der *Konjunktiv II* wird verwendet:

❏ als Ausdruck von etwas bloß Vorgestelltem, nicht Wirklichem (oft in Verbindung mit der Konjunktion „wenn"),
❏ als Ausdruck von Zweifel gegenüber einer Behauptung,
❏ in der indirekten Rede als Ersatzform für den Konjunktiv I, wenn sich dieser nicht von der Indikativform unterschiedet.

---

1 a) *Lesen Sie den Text „Vortrag eines Blinden" auf S. 302. Schreiben Sie vom zweiten Satz im zweiten Absatz alle Konjunktive heraus und setzen Sie diese Sätze in den Indikativ.*

b) *Erläutern Sie, weshalb der Autor hier den Konjunktiv verwendet.*

2 *Lesen Sie in der Textsammlung die folgenden Texte:*
„Warum Schreiben?", S. 301;
„Alles klar, oder was?", S. 300.
Setzen Sie in den Texten den Indikativ in den Konjunktiv.

3

Mit normierten Texten umgehen

3.1 Gesellschaftliche Normen

⅃1   „Ich möchte so gern mal nach Hollywood"

1 Hamburg. S-Bahnstation Sternschanze. (...) Menschen hasten durch die Bahnsteigsperren. Vor dem schäbigen Imbiss gegenüber hängt eine Gruppe Penner am Nachmittagsbier.

5 Im Ausgang des Bahnhofs, halb beleuchtet vom gelben Licht der Schalterhalle, steht Pizza und schnorrt. „Haste mal'n paar Groschen?", fragt sie hin und wieder nach kurzem Blick auf die Passanten. Meistens steht sie aber einfach nur da und

10 guckt die Leute an. Kaum jemand erwidert den Blick, die wenigsten geben Geld.

„Ich hasse Schnorren irgendwie", sagt Pizza. „Aber wir müssen gleich noch was einkaufen gehen, zum Essen, und außerdem hat Böller nach-

15 her Geburtstag." Dann ist Party, und Party ist immer ein Grund zum Schnorren.

Pizza ist Punkerin. „Irgendwie ja, auf alle Fälle", sagt sie. Ihr Haar leuchtet gelb, grün und violett; über der rechten Stirnseite hängen fünf bunte

20 Rastazöpfchen, im linken Nasenflügel trägt sie eine kleine silberne Spinne und um den Hals zwei zusammengeknüpfte Lederarmbänder, mit Metallspitzen besetzt. Die Jacken, die sie in drei Schichten übereinander gezogen hat, sind bis auf

25 den Parka ziemlich löchrig. Das soll so sein. Ziemlich kaputt sind auch die schweren Rangerstiefel, 14-Loch-Ranger, in denen Pizza tagaus, tagein durch die Stadt schlappt. (...)

Das Outfit ist Provokation und Erkennungszei-

30 chen zugleich. Wer so aussieht, darf sich dazustellen, wenn sich die Punks auf dem zugigen Platz vor dem Bahnhof treffen, in der einen Hand die Zigarette und die Bierdose in der anderen.

„Ich hab nichts gegen die Normalos, die sind

35 eben anders als wir", sagt Cola. Cola ist der, bei dem Pizza gerade auf der Bude wohnt. Netter Kerl. Er versteht, dass die Leute „manchmal genervt sind, wenn sie angeschnorrt werden. Die rennen morgens zur Arbeit, und abends stehen

40 wir da und fragen, ob sie uns nicht was von ihrem sauer verdienten Geld abgeben wollen. Würde mich auch nerven."

Einer hat Pizza ein paar Mark in die Hand gedrückt, nun reicht's für den Einkauf. Mit Cola

45 schlurft sie zum Supermarkt schräg gegenüber. Ein weiß bekittelter Angestellter steckt den Kopf aus der Tür: „Macht, dass ihr wegkommt! Hier ist kein Wartesaal." - „Scheiße", sagt Pizza, „wir wollen wirklich nur einkaufen." Der Weißbekit-

50 telte lässt die beiden passieren. Sein Blick zeigt deutlich, was er von solcher Kundschaft hält.

Pizza ist 19 und heißt eigentlich Maria Magdalena. Sie wurde in Ungarn geboren, in Budapest.

1987 kam die Familie nach Deutschland, nach Darmstadt, der Vater als Flüchtling, die Mutter 55 als Spätaussiedlerin, die Tochter als Tochter. Irgendwer nannte sie einmal Pizza, nach ihrer Lieblingsspeise, und seitdem heißt sie eben so. Schließlich heißen die anderen aus der Punkie-Szene auch nicht nach ihrem Taufschein. (...) Mit 60 mehr als 30 Leuten hausen sie in zwölf Wohnungen eines umgerüsteten Weltkriegsbunkers in Hamburg-Altona: ohne Dusche, ohne Bad, ohne ausreichende Heizung, nur fließend Kaltwasser und die Klos meistens verstopft. Die Stadt wei- 65 gerte sich, ihnen Mietverträge zu geben, und es dauerte geraume Zeit, bis man ihnen einen Mülleimer vor die Tür stellte, damit sie die Abfälle nicht mehr zwischen Spüle und Sofa stapeln mussten. 70

Natürlich könnte Pizza alles einfacher haben. „Ich könnte jetzt bei meinen Eltern in Darmstadt wohnen, und ich könnte arbeiten gehen oder sonst was machen. Und dann? Nein", sagt Pizza, „ich will es nicht einfacher haben." (...) 75

Pizza sitzt auf dem Sofa in Colas Wohnung. Unter dem Spülbecken stapeln sich die Flaschen, die Einrichtung stammt vom Sperrmüll, die Wandfarben wechseln von Schwarz bis Grellbunt. Durch das undichte Fenster fällt nur wenig 80 Licht. Cola sitzt gegenüber und erzählt, wie ihn rechtsradikale Skinheads in St. Pauli kürzlich fast totgeschlagen hätten. „Immer ins Gesicht getreten." „Zecken" werden die Punks von den Glatzköpfen genannt. Ungeziefer, das man zertrampeln 85 muss. Cola hat jetzt eine angeknackste Wirbelsäule und müsste dringend zum Arzt. Aber Cola hat keinen Krankenschein. (...)

So ziemlich alles dreht sich um den Alkohol. „Ich hab eigentlich jeden Tag nichts vor", erzählt 90 Pizza. „Außer Schnorren und so. Damit abends Bier da ist. Dann ist wieder Party. Party ist immer, wenn gesoffen wird. Oft steht man morgens auf und hat voll den Alk-Affen, mit Schweißausbrüchen und so, voll ätzend." 95

Viele der Kids, die hier wohnen, wären reif für die Entziehungskur. Andererseits: „Ich habe Schiss davor, mal Alkoholikerin zu werden", sagt Pizza. Trotzdem säuft sie mit. Saufen hilft. „Also, eigentlich brauch' ich immer jemanden, mit dem 100 ich über meine Probleme reden kann. Aber keiner hört dir irgendwie zu. Und wenn dann alle voll breit sind, und ich bin voll schlecht gelaunt wegen irgendwas, dann ist die Hauptsache Saufen." (...) 105

Manchmal träumt Pizza, „wenn ich spazieren

gehe oder so für mich bin. Ich träume dann, dass ich Schauspielerin werden könnte. Dafür würde ich echt alles aufgeben. Oder Hollywood, da möchte ich irgendwann gern mal hin. Oder eine Wohnung mit Swimmingpool auf'm Dach." Pizza lacht. „Also so, dass du das Dach aufmachen kannst und dann schwimmen. Für die Einrichtung würde ich mir voll die teuren Sachen holen, wenn ich Kohle hätte. Am besten wäre ein Haus, ein kleines Schloss oder so. Mir würde das voll Spaß machen." Mit einer leichten Kopfbewegung schwenkt sie die Zöpfchen aus der Stirn. „Aber wenn ich so am Schnorren bin, dann träum' ich nicht. Dann denke ich nur, hoffentlich habe ich die Mark neunzig für die Pommes bald zusammen." (...)

Brigitte 21/1991, S. 114 f.

1 *Beschreiben Sie die Lebensweise des Mädchens Pizza. Berücksichtigen Sie Gesichtspunkte wie Kleidung, Wesen, Einstellung zum Leben, zur Arbeit, Perspektiven, ... Weshalb fällt Pizza mit der Art, wie sie lebt, in unserer Gesellschaft auf, weshalb lehnen sie manche Menschen ab?*

2 *Schreiben Sie einen Leserbrief an die Zeitschrift, in dem Sie sich mit dem Artikel im Hinblick auf die Lebenseinstellung Pizzas auseinander setzen.* ▷ *Kapitel 2.3.2, S. 40*

3 *Diskutieren Sie in der Klasse:*
   a) Ist das Leben, das Pizza führt, für Sie nachahmenswert?
   b) Beeinflussen gesellschaftliche Gruppen wie Punks unser Leben?

4 *Zeigen Sie anhand des Textes die Merkmale der Reportage auf. Schreiben Sie eine Reportage aus der Sicht eines Bahnhofspassanten, der von Pizza um Geld gebeten wird.* ▷ *Vgl. auch Kapitel 2.4.3, S. 62.*

5 *Lesen Sie in der Textsammlung auf S. 304 die Reportage über eine aidskranke Frau. Vergleichen Sie diese Reportage mit einem von Ihnen ausgewählten Zeitungstext zum Thema „AIDS".*

Sybil Gräfin Schönfeldt

1x1 des guten Tons

Das Benimmbuch

Zu diesem Buch

Als ob es auf den guten Ton überhaupt noch ankäme, hat man eine Elterngeneration lang gedacht und seinen Kindern Benehmen nach allen Regeln der Etikette ersparen wollen. Doch hat sich diese Großzügigkeit als Versäumnis herausgestellt. Zu solcher Erkenntnis sind nicht nur die Eltern, sondern auch die Kinder von damals gekommen. Das will nicht heißen, dass heute das ganze Zeremoniell und Regelwerk wieder aufgewärmt werden soll, dass man nur mit Kratzfuß oder Handkuss im gesellschaftlichen Trend liegt, dass den Kleinen Knicks und Diener von Kindesbeinen an wieder andressiert werden müssten, dass legeres Äußeres und lockeres Gebaren für sich schon ein Fauxpas wären. Nein, es geht in diesem Buch nicht um starre Konventionen, sondern darum, dass keiner verletzt wird und sich niemand herabgesetzt fühlt. Im Gegenteil: Menschlichkeit und Rücksicht sind gefordert. Wo sie die Grundlage und das Anliegen guten Benehmens sind, da benimmt man sich eben so, wie es manche sinnvolle Regel von einst bis heute vorschreibt.

Als Wertmaßstäbe für Höflichkeit gelten der Autorin Taktgefühl und Hilfsbereitschaft. Auf dieser Basis gibt sie ihre Antworten auf Fragen nach dem richtigen Verhalten – wobei der gute Ton aber nie zur Zwangshaltung werden soll. Denn „Regeln haben nicht von sich aus Geltung. Wir sind es, die ihnen Geltung verschaffen, und wir haben in mehr Situationen die freie Wahl, als immerfort behauptet wird."

Reinbek 1991, S. 2

Sind Ratgeber dieser Art in Form von Büchern oder Zeitschriftenrubriken sinnvoll oder sogar notwendig, um unser Zusammenleben zu erleichtern oder angenehmer zu gestalten? Diskutieren Sie in Ihrer Klasse.

Der Mensch ist ein kulturelles und soziales Wesen – beides im doppelten Sinn: Einerseits wird er in bestimmte kulturelle und gesellschaftliche Gegebenheiten hineingeboren, die ihn beeinflussen und deren Teil und Erzeugnis er ist. Andererseits gestaltet sich der Mensch durch sein planendes und schöpferisches Handeln seine eigene Welt; er ist aktiver Erzeuger der Kultur und Gesellschaft, in der er lebt. Kulturelle und soziale Lebensweise werden – vermittelt durch die Erziehung – erlernt und mit dem Hineinwachsen in das geregelte Zusammenleben einer Gemeinschaft zugleich ständig neu geschaffen und verändert. Um sich sozial verhalten zu können, muss der Mensch die **Werte** und **Normen** der Gemeinschaft, der er in irgendeiner Form zugehörig ist, in sein Verhaltensrepertoire übernehmen. Er bildet so im Laufe seines Lebens Einstellungen und Haltungen heraus, die sein individuelles Wertgefüge in ständiger Auseinandersetzung mit gesellschaftlichen Vorgaben und Ansprüchen ausmachen und kennzeichnen.

Schlagen Sie in Ihnen zugänglichen Lexika und Wörterbüchern die Begriffe „Wert" und „Norm" nach und schreiben Sie die unterschiedlichen Bedeutungen heraus. Vergleichen Sie die Definitionen anschließend miteinander.
▷ *Kapitel 2.3.3, S. 43 f., sowie Kapitel 7.8.1, S. 259 f.*

Wie spannungsreich und konfliktbeladen sich dieses Beziehungsgeflecht von gesellschaftlichen Ansprüchen an den Einzelnen einerseits und dessen Anspruch auf Selbstbestimmung und freie Entfaltung seiner Persönlichkeit andererseits darstellt, lässt sich an vielen alltäglichen Situationen und in den unterschiedlichsten Bereichen aufzeigen.

⌐J₃   **Schleier-Terror**

1 **Auch der Sudan zwingt jetzt einen Teil der Frauen unter den Schleier. Regierungsangestellte dürfen ihn auf Kredit kaufen.**
Alle sudanesischen Schülerinnen, Studentinnen 5 und weiblichen Regierungsangestellten müssen jetzt einen Schleier tragen. Frauen ohne korangemäße Bedeckung dürfen öffentliche Büros nicht mehr betreten. Das hatte der moslemische Regierungschef des Sudan, General Omar Beshir, kürzlich verfügt – obwohl fast die Hälfte der 10 Sudanesen Christen sind. Weil die meisten Sudanesinnen aber keinen Schleier besitzen, haben sich viele Frauen kurz nach dem Erlass hinter Tischdecken und Bettlaken versteckt. Für die nicht ordnungsgemäß verhüllten Staatsangestellten machte das Finanzministerium deshalb jetzt 15 ein Angebot: Für den Schleierkauf wurde ihnen ein Kredit eingeräumt.

Brigitte 4/92, S. 76

⌐4   Jeans oder Jackett?

Turnschuhe, Jeans und Sweatshirt. Das waren immer seine Lieblingsklamotten. Jetzt macht Thorsten eine Ausbildung in einer Bank und muss Schlips und Anzug tragen. Muss er das? Was sagen Auszubildende über die Kleidung am Arbeitsplatz?

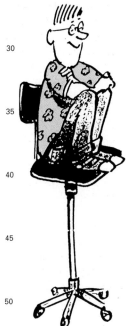

1 (...) Gerade die Ausbildung in Büros, Versicherungen und Bankberufen verlangt oft eine Umstellung der Garderobe. Die Lieblingsjeans und die alten Sweatshirts werden in die Freizeit ver-
5 bannt. Die eigenen Vorstellungen von Mode und Chic sind nicht mehr ausschlaggebend. Was angemessen ist, entscheidet im Zweifelsfalle der Vorgesetzte.
Die Auszubildenden mit „Erfahrung" in diesem
10 Bereich nehmen das allerdings nicht so tragisch. Nur in den seltensten Fällen, so berichten sie, hat ihnen mal ein Vorgesetzter oder ein Kollege einen Hinweis geben müssen. „Schließlich steht man ja vor Kunden", meint Susanne Kersken, die
15 eine Ausbildung bei der Bank macht. „Und wir sind verantwortlich für den Eindruck, den die Bank auf sie macht. Da ist im Sommer der Minirock sicher nicht so angebracht."
Und Uwe Brauckmann schafft es bei seiner Aus-
20 bildung als Bürokaufmann, ohne Krawatte auszukommen. „Mit Jeans würde ich in meine augenblickliche Abteilung nicht gehen." Muss viel neu gekauft werden? „Eigentlich nicht. Nur ein neuer Aktenkoffer, das musste schon sein." Mit dem
25 alten Rucksack ins Büro – das findet er selbst ganz unpassend.

Den Kollegen im Labor geht es da ganz anders: für sie sind alte Taschen, Jeans
30 und Turnschuhe sogar die passendste Ausstattung. Mechthild Gurski, die eine Ausbildung als bio-
35 logisch-technische Assistentin macht, hebt ihre gute Kleidung für die Freizeit auf: „Es kann ja Säure
40 spritzen ...". Dass allerdings jemand mit Punkfrisur bei ihnen lernt, kann sich Dagmar Pitzen bei aller
45 Freiheit in ihrer Ausbildung als Telekommunikations-Elektronikerin nicht vorstellen. „Schließlich ha-
50 ben wir ja auch mit Kunden zu tun."

Aktion Spezial. Journal für Schüler und Berufsanfänger. Herbst 1991, S. 10

1 *Vergleichen Sie die „Kleidervorschriften" im Sudan (Text 3) und die für Berufsanfänger in Deutschland (Text 4). Wer gibt diese Vorschriften vor? Wie verbindlich sind sie? Was passiert, wenn sie nicht eingehalten werden?*

2 *Wonach richten Sie sich bei der Auswahl Ihrer Garderobe? Diskutieren Sie Ihre Ansichten in der Klasse.*

3 *„Kleider machen Leute" kontra „Jeder sollte sich so kleiden, wie er gern möchte" – sammeln Sie Argumente für beide Positionen und stellen Sie diese in der Klasse vor.* ▷ *„Leute machen Kleider", S. 298 f.*

4 *Mode als Beruf, zum Beispiel als Textilverkäufer(in), Modezeichner(in), Designer(in), ist für viele junge Leute reizvoll. Was sind die Gründe hierfür? Stellen Sie Argumente zusammen, die für und gegen diese Berufe sprechen.*

5 *Beschreiben Sie Ihre Vorstellungen vom Beruf der Modezeichnerin/des Modezeichners. Beschaffen Sie sich weitere Informationen zu diesem Beruf, etwa im Hinblick auf Ausbildungsbedingungen und die spätere Berufstätigkeit.*

◥₅ *Alfred Bellebaum*
Soziale Normen in der Theorie

1 Eine erste Unterscheidung sozialer Normen hebt ab auf den *Grad des Bewusstseins*, mit dem Vorschriften befolgt werden. Bei Gepflogenheiten, Gewohnheiten oder *Brauch* tut man bestimmte Dinge einfach, unreflektiert sozusagen. So isst man beispielsweise um zwölf Uhr und nicht um dreizehn Uhr zu Mittag, rührt den Zucker im Kaffee mit dem Löffel und nicht mit der Gabel, grüßt Bekannte und ohrfeigt sie
5 nicht. Es sind Selbstverständlichkeiten, über die nicht weiter nachgedacht, nach deren Sinn nicht eigens gefragt wird. Darauf angesprochen, warum man so handelt, reagiert man, wenn überhaupt, leicht verblüfft: Es war eben schon immer so.
Als *Sitte* gelten solche Vorschriften, die Handeln gebieten, das bewusster geschieht und mit dem sich die Vorstellung irgendeines Sinnes verbindet. Man grüßt den Vorgesetzten, weil er Achtung verdient;
10 man tut Gutes, weil Gott die Armen besonders liebt; man ist Parteimitglied, weil schon die Vorfahren dieser Partei angehörten. Es ist also nicht bloß tatsächliche Übung aufgrund unreflektierter Übereinkunft, sondern zumindest ansatzweise überlegtes Tun. Hier handelt es sich ebenfalls um Selbstverständlichkeiten, aber das Handeln ist begründbar. Auf den Sinn hin angesprochen, ist man um eine Antwort nicht verlegen.
15 Als *Recht* oder *Gesetz* gelten solche Vorschriften, die von Menschen hinsichtlich bestimmter Zwecke bewusst ausgearbeitet und meist schriftlich formuliert wurden und deren Beachtung in voller Kenntnis ihres zweckhaften Charakters geschieht. Man erkennt die Zweckhaftigkeit von Verkehrsregeln, um geordnete soziale Beziehungen zwischen den Verkehrsteilnehmern herzustellen. Man sieht den Sinn von Vorschriften über den Entzug des Sorgerechts ein, um hilflose Kinder vor Elternwillkür zu schüt-
20 zen. Man begreift gesetzliche Versicherungen, um für Fälle von Not und Krankheit vorzusorgen. Solche Vorschriften können ebenfalls als Selbstverständlichkeiten gelten, die Begründung entsprechender Handlungen ist jedoch im Prinzip umfassend, detailliert, primär bewusstseinsmäßig gesteuert.
Soziologische Grundbegriffe. Stuttgart 1983, S. 50 f.

1 Erläutern Sie mit eigenen Worten die Unterscheidungen, die im Text getroffen werden, und suchen Sie weitere passende Beispiele.

2 Lesen Sie den folgenden Text und diskutieren Sie, welche sozialen Normen darin angesprochen werden. Berichten Sie über ähnliche Erfahrungen, die Sie gemacht haben.

◥₆ *Mark Piella*
Jaja. Genau

1 Das ist ja nix mehr mit der Jugend von heute, sagt sie, und der Bus fährt um eine scharfe Biegung, und es ist ja entsetzlich mit der Jugend von heute, sagt sie. Und der Bus hält. Irgendwo im Regen fährt er schließlich weiter. Ruckartig, diese neuen Busse fahren immer so ruckartig an. Mit so einem richtigen kräftigen Ruck. Da muss man sich, wenn man steht, ordentlich festhalten. Ordentlich an eine Haltestan-
5 ge klammern. Also der Bus fährt weiter.
Das ist schlimm mit der heutigen Jugend, sagt die alte Dame mit dem grauen Haar zu ihrer Nachbarin. Die haben kein Benehmen mehr, keinen Anstand. Machen nicht Platz, wenn ein älterer Mensch in den Bus steigt. Bleiben einfach sitzen. Wollen überhaupt nicht mehr arbeiten, heutzutage. Mein Gott, was haben wir früher arbeiten müssen. Was haben wir arbeiten müssen. Hat uns auch keiner gefragt. Und
10 dann diese laute Musik. Und kein Respekt mehr vor den alten Leuten. Überhaupt keinen Respekt mehr. Da sind wir früher anders erzogen worden.
Ihre Nachbarin umklammert mit beiden Händen die Handtasche auf ihrem Schoß und nickt fleißig, nicht ganz fleißig. Eifrig nickt sie. Ja, sagt sie. Jaja. Genau. Ganz anders sind wir erzogen worden. Recht haben Sie. Jaja. Früher, da ist uns noch gesagt worden, was sich gehört und was richtig ist.
15 Früher, da war das noch anders. Ganz Recht haben Sie.
Es regnet immer noch, und der Bus hält an einer leeren Haltestelle und fährt dann mit diesem Ruck wieder an. Immer fahren diese neuen Busse so ruckartig an. So schrecklich ruckartig.

Jaja, Sie haben ganz Recht, sagt die ältere Frau, die mit beiden Händen ihre Handtasche umklammert hält. Nicht wahr, sagt ihre Nachbarin. Sie schweigen ein paar Regentropfen lang, und als der Bus an
20 einem Geschäft für Motorradbekleidung vorbeifährt – „Fahrtwind" steht auf dem Schaufenster – fängt die Dame mit dem grauen Hut wieder an. Dreht sich mit dem Oberkörper ein bisschen zu ihrer Sitznachbarin hin.
Ein bisschen dreht sie sich rüber. Und wissen Sie, sagt sie. Früher hätten wir uns gar nicht gewagt, sitzen zu bleiben, wenn ein älterer Mensch in den Bus eingestiegen ist. Oder so laute Musik zu machen.
25 Hätten wir uns gar nicht getraut. Konnten wir auch gar nicht, weil wir gar keine Radios und solchen Luxus hatten. Nicht? Konnten wir auch gar nicht. Das hätten wir uns auch nie rauszunehmen gewagt. Früher war das halt alles anders. Das ist nix mehr mit der Jugend von heute. Das ist nicht mehr das, was es mal war.
Eben, sagt ihre Nachbarin und umklammert ihre Handtasche. Eben. Und der Regen klatscht gegen die
30 Scheiben, und der Bus hält an einer roten Ampel und fährt dann wieder an. Immer so ruckartig. Eben eben, sagt die ältere Dame am Fensterplatz und umklammert mit beiden Händen ihre Handtasche. Der Regen klatscht gegen die Scheiben. Es ist immer wieder das gleiche Geräusch, diese Regentropfen auf den Scheiben, immer wieder das gleiche monotone Geräusch.
Die Dame mit dem grauen Filzhut nickt noch einmal kräftig, packt den Regenschirm aus der einen
35 Hand in die andere, ergreift mit der Linken die Haltestange und erhebt sich vom Sitz. Der Bus fährt langsam auf die Haltestelle vor dem Kaufhaus zu, ganz langsam, wohl weil die Haltestelle durch ein haltendes Auto blockiert ist oder so. Wohl deswegen so langsam. Rollt ganz langsam auf die Haltestelle zu.
Haben Sie sich schon mal überlegt, entschuldigen Sie, haben Sie sich schon mal überlegt, wie leicht
40 doch die Knochen entzweigehen, besonders bei einem älteren Menschen. Wie schnell ist das passiert. Nämlich durch diese Hormonumstellung im Alter, durch diese Hormonumstellung, da wird nämlich der Kalk aus den Knochen, ja, der wird da einfach rausgezogen, aus den Knochen, wo er doch so wichtig ist, und da werden sie brüchiger, dann sind sie einfach nicht mehr so flexibel, die Knochen. Das muss man bedenken. Längst nicht mehr so biegsam wie bei jüngeren Leuten. Längst nicht mehr. Weil halt
45 der ganze Kalk da raus ist. Wegen dieser Hormonumstellung im Alter. Wissen Sie. So ist das. Da kann man gar nichts machen. Die Knochen dieser älteren Menschen sind dann recht brüchig. Wie schnell geht es dann, dass man einmal unglücklich fällt, und dann hat man auf einmal einen Oberschenkelhalsbruch oder etwas Ähnliches. Das geht so schnell. Und dann braucht es ewige Monate, bis es wieder verheilt. Ewige Monate. Wenn es überhaupt noch einmal verheilt. Das ist eine ziemlich unangenehme
50 Sache. Und wie schnell ist man mal unglücklich gefallen.
Man befindet sich direkt vor dem Kaufhaus, und der Bus rollt also ganz langsam auf die Haltestelle zu. Es ist wegen diesen neuen, die so ruckartig anfahren. Es ist schrecklich bei diesen neuen Bussen. Dass die das aber auch nicht besser machen konnten mit den Motoren. Gemächlich rollt der Bus also auf die Haltestelle vor dem Kaufhaus zu, wegen diesem Auto, das im Weg steht.
55 Das ist nix mit den Jugendlichen, das ist nix, hatte sie eben noch gesagt und entschlossen genickt und genickt, und nun drückt diese ältere Dame mit dem Filzhut, mit dem grauen Filzhut, auf den Halteanzeiger, greift mit der Hand nach der Haltestange und erhebt sich von ihrem Sitz, weil der Bus nur noch ganz langsam rollt. Sie nickt ihrer Gesprächspartnerin noch einmal zu, hält sich an der Stange fest und steht von ihrem Sitz auf, macht ein paar Schritte auf die Ausgangstür zu. Weil sie ja raus will, aussteigen. Und weil der Bus eben nur ganz wenig Fahrt hat, wegen dem Auto, nimmt sie einmal die Hand
60 gen. Und weil der Bus eben nur ganz wenig Fahrt hat, wegen dem Auto, nimmt sie einmal die Hand von der Haltestange, klemmt den Schirm unter den Arm und greift mit beiden Händen ihren grauen Filzhut, um ihn ein wenig zurechtzurücken. Diese Hüte verschieben sich doch so schnell.
Aber genau in dem Moment, als sie mit den Händen nach ihrem Hut greift, genau in dem Augenblick fährt der Bus mit einem Ruck an, mit einem jähen Ruck, es ist nämlich einer dieser neuen Busse. Mit
65 einem plötzlichen Ruck beschleunigt der Bus, genau in dem Moment, als die ältere Frau mit beiden Händen nach ihrem verrutschten grauen Filzhut greift, aber auch genau in diesem Moment, wie es halt so geht. Und, weil sie sich natürlich in diesem Augenblick nicht festhält (wegen dem Filzhut): die ältere Dame verliert das Gleichgewicht, es kommt ja auch völlig überraschend für sie, jedenfalls verliert sie das Gleichgewicht, greift rasch mit einer Hand nach der Stange, aber es ist zu spät, viel zu spät, ihre
70 Hand greift ins Leere, und sie macht einen kurzen, schnellen Schritt nach hinten, kann sich aber nicht mehr fangen und beginnt zu taumeln, zu kippen, zu fallen, hilflos nach hinten zu fallen, ohne jeglichen Halt, ohne jegliches Gleichgewicht, ist schon im Fallen – fällt – mit erschrecktem Gesicht – mit bestürzter Miene – doch was ist jetzt?
Plötzlich – sie sieht sich schon auf dem Boden, schon der Länge nach auf dem Boden – plötzlich wird
75 sie gehalten, wird von hinten gehalten, festgehalten, ja, wird aufgefangen, wird im letzten Augenblick

noch gefangen, im allerletzten Augenblick, denn eine Hand fasst sie hinten am Rücken und stützt sie, plötzlich von hinten eine Hand, diese starke, stützende Hand in ihrem Rücken. Und ein erleichtertes Stöhnen stößt sie aus, ihr Gesicht erhellt sich, da die Angst gebannt ist, sie lacht kurz und freudig, überfroh über ihr wiedererlangtes Gleichgewicht, ergreift die Haltestange strahlend und dreht sich dann
80 glücklich und dankbar, dreht sich voller Dankbarkeit, voller überschwenglicher Dankbarkeit um, in ihrem unerwarteten Retter ihre innigste Verbundenheit auszudrücken, ihre tiefe, innigste Verbundenheit – aber als sie sich umwendet, da steht unmittelbar hinter ihr – ja kann denn das möglich sein, doch ja, er steht hinter ihr, direkt hinter ihr, er hat sogar noch seinen Arm ausgestreckt, und sie kann noch seine Hand in ihrem Rücken spüren, ja tatsächlich, direkt hinter ihr, da ist kein Zweifel möglich, er ist es
85 gewesen, hinter ihr steht also, mit ausgestrecktem Arm – also um es kurz zu machen, hinter ihr steht ein junger Kerl, vielleicht noch nicht mal zwanzig, ja, bestimmt noch nicht zwanzig, mit einer schwarzen Lederjacke, ist es denn möglich, so richtig schäbig und verschlissen sieht die aus, die Lederjacke, und seine Haare sind rot, oder vielmehr leuchtend orangefarben, und am Ohr – da hat er einen Ring, einen großen Ring am Ohr. Aus der schmutzigen Sporttasche, die er umhängen hat, ragt einer dieser riesen-
90 großen Kassettenrekorder, die sie immer auf der Straße mitschleppen, einer dieser riesengroßen, lärmenden Rekorder.
Da steht er in seiner schwarzen Lederjacke mit den Haaren und dem Ohrring und dem Rekorder und hält sie mit der Hand am Rücken fest und grinst, und grinst sie an.

Ruhig Blut. Treffen Junger Autoren '89. Kevelaer 1990, S. 87 ff.

⌐𝖩7   Wg. Fräulein

1 **H**eute wurde ich gefeuert. Die Frau im Kassenbüro, das gänzlich überfüllt war, sagte nach einem kurzen Telefonat mit dem Chef zu mir: „Also, Fräulein Matys-
5 sek, wenn Sie hier meinen, sich ständig quer stellen zu müssen, können Sie ja gleich gehen, und zwar für immer." Mein Ich verkroch sich. Meine Stimme blieb fest: „Das wäre wohl besser so." Wie's dazu gekommen ist? Seit Anfang der
10 Osterferien habe ich halbtags im Supermarkt malocht. Das ist der richtige Ausdruck dafür. Mit ein paar anderen Schülerinnen wurde ich überall eingesetzt, wo gerade Leute gebraucht wurden: an der Kasse, im Lager, beim Auszeich-
15 nen und Einsortieren der Ware und beim Müll wegschaffen. Gestern saß ich an der Kasse, da kommt ein Kunde, so um die 65, zu mir und fragt mich in vertraulichem Ton: „Ich habe gehört, Sie wollen sich nicht Fräulein nennen

lassen, ähm, hat das irgendwelche bestimmten 20 Gründe?" Ich antwortete ihm, dass der Ausdruck „Fräulein" absolut überflüssig sei und ich darin auch keinen Sinn erkenne. Im Übrigen gäbe es für mich kein Fräulein, solange Männer auch nicht Männlein genannt würden. Der Mann ver- 25 zog sich, aber nicht meine Wut. Es schien, als sei ich allgemeines Gesprächsthema.
Was folgte, kennt ihr ja. Ich bin frustriert. Wäre ich männlich, hätte ich das Problem „Fräulein" nicht. Mir ist aufgefallen, dass Männer ohnehin 30 respektvoller behandelt werden in diesem Betrieb (wie sonst wo auch). Und die Frauen lächeln ständig – als ob man dann mehr Achtung vor ihnen hätte. Ich habe nicht in dieses Bild gepasst. Das Unternehmen weiß sich so etwas 35 Unbequemes schnell vom Hals zu schaffen.
EVA MROHS-MATYSSEK,
Bielefeld

Emma 1/92, S. 58

---

1 *Haben Sie mehr Verständnis a) für die Haltung der Schülerin, b) für die Haltung des Betriebes, c) oder sind beide Positionen für Sie nachvollziehbar? Begründen Sie Ihre Auffassung.*

2 *Kennen Sie ähnliche Vorfälle aus Ihrer eigenen Erfahrung? Berichten Sie in der Klasse darüber.*

3 *Sammeln Sie Begriffe aus den Wortfeldern „Frau" und „Mann". Grenzen Sie diese durch entsprechende Definitionen voneinander ab. (▷ Kapitel 2.2.3, S. 43 f.)*

4 *Weitere Texte zu gesellschaftlichen Normen im weiteren Sinne und unter unterschiedlichen Gesichtspunkten (etwa im Hinblick auf verschiedene Kulturkreise oder Epochen) finden Sie in der Textsammlung: ▷ S. 290 f., S. 295 f., S. 306, S. 334.*

5 *„Normen im Klassenzimmer":*

Sie verbringen täglich einige Stunden mit Ihren Mitschülerinnen und Mitschülern. Gesetzliche Vorschriften (zum Beispiel das Schulmitwirkungsgesetz), die Schulordnung sowie Anweisungen der Lehrer und Absprachen mit ihnen (zum Beispiel im Hinblick auf die Sitzordnung oder den Tafeldienst) regeln das Zusammensein.

Daneben haben sich aber auch – möglicherweise unbemerkt – eine Reihe von Gewohnheiten innerhalb der Klasse herausgebildet, und es gelten bestimmte allgemeine Umgangsformen wie etwa die Regel, dass der Letzte die Tür schließt.

a) Welche Normen gelten für Ihre Klasse? Berücksichtigen Sie alle angesprochenen Bereiche.

b) Von wem und aus welchen Gründen wurden diese Normen aufgestellt/erlassen?

c) Was passiert, wenn Sie gegen die Normen verstoßen?

d) Welche Normen könnten Sie ändern, welche nicht? Welche bestehenden Normen möchten Sie ändern, welche nicht? Begründen Sie Ihre Ansicht.

e) Welche weiteren Normen möchten Sie in der Klasse einführen? (Beispiel: Regeln für Diskussionsrunden oder Ähnliches.)

*Sie können diese Fragen auch in Form einer **Matrix** darstellen. Die Antworten werden dann in der Klasse verglichen und besprochen.*

Normen/Regeln	von wem?	seit wann?	Sanktionen	Änderungen?
Schulordnung				

f) Welche Gründe sprechen dafür, dass man sich bestehende Normen bewusst macht?

3.2 DIN-Normierung – Maßnahmen gegen das Chaos?

CIP-Kurztitelaufnahme der Deutschen Bibliothek

Deutsches Institut für Normung:
Grundlagen der Normungsarbeit des DIN
Hrsg.: DIN, Dt. Inst. für Normung e. V.
7. geänd. Aufl.
Berlin; Köln
1992
   (DIN-Normenheft; 10)
    ISBN 3-410-12044-0
NE: Deutsches Institut für Normung: DIN-Normenheft; HST

Während es auf den ersten Blick so aussehen mag, als gehörten DIN-Normen vorwiegend in das Reich der Technik oder als wären sie vor allem für die Angabe bestimmter Papierformate vorgesehen, wird bei näherer Betrachtung schnell deutlich, wie sehr das alltägliche Leben von Normierungen der unterschiedlichsten Arten bestimmt wird: so gibt es beispielsweise Verständigungsnormen wie Formelzeichen oder Begriffe, Sortierungsnormen zur Einteilung von Größen und Qualitäten, Typennormen zur Standardisierung bestimmter Erzeugnisse nach Art, Form, Größe, Gütenormen, Sicherheitsnormen, ...

1 *Schlagen Sie in einem Lexikon den Begriff „Normung" nach und listen Sie die dort aufgeführten unterschiedlichen Arten von Normen auf. Vergleichen Sie die unterschiedlichen Begriffsbestimmungen und suchen Sie anschließend zu jeder Normart Beispiele aus alltäglichen und beruflichen Zusammenhängen.*

2 *Lesen Sie den folgenden Text und beantworten Sie danach die Fragen:*

a) Welche allgemeine Funktion haben DIN-Normen? Was bleibt trotz der Normierung für den Verbraucher unklar?

b) Bei welchen Gegenständen oder Produkten würden Sie sich eine Normierung wünschen?

Was verbirgt sich hinter dem DIN-Zeichen?

1 (...) Um dem Typenwirrwarr in allen technischen Dingen abzuhelfen, wurde bereits 1917 der „Normenausschuss der Deutschen Industrie" (jetzt „DIN für Deutsches Institut für Normung
5 e. V.") gegründet. Seitdem leben wir mit DIN-Normen. Das Institut hat seinen Sitz in Berlin. Inzwischen existieren mehr als 20 000 DIN-Normen und Normenentwürfe (...)
Normarbeit ist vermutlich eine nie endende Auf-
10 gabe, weil die technische Entwicklung immer neue Probleme aufwirft. Auf europäischer Ebene fällt der Normung zur Vollendung des Binnenmarkts beim Abbau technischer Handelshemmnisse eine Schlüsselrolle zu. Mehrere
15 europäische Normenorganisationen unternehmen große Anstrengungen, um die wichtigsten europäischen Normen festzulegen. Auch auf internationaler Ebene ist noch vieles zu tun. (...)
20 Für den Normalverbraucher besagt freilich die Angabe einer DIN-Nummer auf einem Gerät nicht viel. Falls Sie beispielsweise eine neue Leichtmetallleiter im Haushalt haben, können Sie vermutlich darauf die Angabe finden „DIN
25 4566". Doch was ist daraus zu schließen? Kann man von der Leiter nicht herunterfallen, sich nicht klemmen, oder ist sie nur besonders gut gegen Rost geschützt? Nur Fachleute wissen, dass DIN 4566 eine Sicherheitsvorschrift ist:
30 Die Leiter muß unter anderem gegen unbeabsichtigtes Ausrutschen gesichert sein. Möglich, dass sie trotzdem scharfe Ecken und Kanten hat und man sich beim Zusammenklappen die Finger einklemmen kann.

Grundsätzlich gilt: Ob ein Hersteller bei der 35 **Produktion von Waren einschlägige DIN-Normen berücksichtigt, ist allein seine Sache. DIN-Normen sind zunächst nur Empfehlungen. Sie enthalten Mindestanforderungen, und somit ist es keinem Hersteller verwehrt,** 40 **über diese Anforderungen qualitativ hinauszugehen.**

Wegweiser für Verbraucher. Bonn 1991, S. 34 ff.

⌐⌐2 „Normensprache" – die sprachliche Gestaltung von Normen

DIN
820
Teil 23

1 Anwendungsbereich und Zweck

Diese Norm ist bei der Gestaltung von DIN-Normen anzuwenden und sollte auch für Werknormen und normenartige Veröffentlichungen beachtet werden.

Sie dient dazu, Sätze, Wörter, Buchstaben, Zahlen, Ziffern und andere Zeichen im Text nach einheitlichen Regeln anzuwenden. (…)

2 Allgemeine Regeln

Der Text muss eindeutig sein. Kurze Sätze sind zu bevorzugen. Bilder und Tabellen erleichtern die Verständlichkeit.

Benennungen, Kurzzeichen und Formelzeichen für gleiche Begriffe sowie Berechnungsangaben, auch solche aus verschiedenen Fachgebieten, sollen im Deutschen Normenwerk einheitlich angewendet werden. Sie müssen deshalb so übernommen werden, wie sie in der zutreffenden Grundnorm oder Fachgrundnorm festgelegt sind. (…)

3 Wortangaben

3.1 Anwendung von Hilfsverben

3.1.1 Modale Hilfsverben

Die modalen Hilfsverben „müssen", „sollen", „dürfen" und „können" und ihre Verneinungen drücken aus, wie eine Aussage zu verstehen ist. Auf die unterschiedliche Bedeutung von „können" und „dürfen" ist zu achten.

Die Konjunktivformen „müssten", „dürften" und „könnten" sind in Normen nicht zulässig.

Umschreibungen von modalen Hilfsverben dürfen die Bedeutung einer Aussage nicht verändern.

3.1.2 Einfache Hilfsverben

Die einfachen Hilfsverben „haben", „sein" und „werden" in der Indikativform genügen, wenn die Bedeutung der Aussage und der Grad der Bestimmtheit nicht ausdrücklich betont zu werden brauchen.

3.2 Begriffe und Schreibweisen

Innerhalb einer Norm und in Normen desselben Fachgebietes darf die Benennung für denselben Gegenstand nicht gewechselt werden. Jeder Begriff, dessen Benennung neu eingeführt wird, ist zu definieren (siehe auch DIN 2330). Soll eine Definition nur für einen begrenzten Bereich gelten, ist darauf hinzuweisen.

Soll die genormte Definition eines Begriffes wiedergegeben werden, ist die betreffende Norm anzugeben.

Grundlagen der Normungsarbeit des DIN. A. a. O., S. 136 ff.

Werden in eine Norm Aussagen über bestimmte Erzeugnisse aufgenommen, sollen für diese allgemein gültige Benennungen angewendet werden. Dabei ist die Schutzrechtfrage zu prüfen. Ist eine Benennung geschützt, muss auf das Schutzrecht hingewiesen werden (siehe DIN 820 Teil 26).

Für die Schreibweise gilt allgemein der „Duden; Rechtschreibung".

Insbesondere ist zu beachten:

a) Bestehen für einen Gegenstand mehrere Benennungen, ist eine davon als Vorzugsbenennung zu wählen. Die anderen Benennungen dürfen in Klammern mit vorangestelltem „auch:" hinzugefügt werden.

b) Ersetzt eine Vorzugsbenennung die bisher gebräuchliche Benennung, darf auf diese dadurch hingewiesen werden, dass sie in Klammern mit vorangestelltem „nicht:" hinzugefügt wird.

Beispiel 1:

Schraubendreher (nicht: Schraubenzieher)

c) Benennungen sind so zu schreiben, wie es in dem betreffenden Fachgebiet üblich ist.

d) Lassen sich Wortzusammensetzungen aus drei oder mehr Wortstämmen nicht vermeiden – z. B. durch den Zusatz „… für …" (siehe Beispiel 2) –, sind sie durch Bindestriche dem Sinn entsprechend zu unterteilen, wenn sonst die Eindeutigkeit leidet (siehe Beispiel 3).

Beispiel 2:

Lager für Handbremswelle (statt: Handbremswellenlager)

Beispiel 3:

Gummi-Schuhsohlen (Schuhsohlen aus Gummi)

Gummischuh-Sohlen (Sohlen für Gummischuhe)

e) Das Wort „normal" im Sinne von „üblich" oder „bestimmungsgemäß" soll in Normen nicht angewendet werden.

f) Das Wort „Norm" wird im Singular angewendet, wenn es zum Bilden einer Benennung für einen genormten Gegenstand dienen soll.

Beispiel 4:

Normziegel (nicht: Normenziegel)

g) Als Benennung darf die Verkleinerungsform nur dann benutzt werden, wenn sie ein wesentliches Merkmal des Gegenstandes ist.

Beispiel 5:

Teilchen (in der Physik); jedoch nicht: „Schräubchen" statt „Schraube"

h) Fremdwörter sollten vermieden werden. (…)

1 Geben Sie die „Allgemeinen Regeln" für die sprachliche Gestaltung von Normen in Stichpunkten mit eigenen Worten wieder.

2 Suchen Sie weitere Beispiele für Wortzusammensetzungen, wie sie in Text 2 unter 3.2 d) beschrieben sind.

3 Welche anderen Bereiche kennen Sie, in denen eine starke Normierung der Sprache vorliegt?

3.3 Fachsprachen

Entstehung und Entwicklung von Fachsprachen: Beispiel „Technik und Wissenschaft"

♪1   Revision, Level 2/12.2.

1 Nach einem Serviceeinsatz an seinem PC (Personal Computer) fragt Kaufmann Müller den Techniker: „Und, war's ein schlimmer Fehler?"
Techniker: „Nee, nach dem BOOTEN von ROM hat der SETUP einen STRING vom HEADER des FILES im TRACK O auf der DISC nicht GECHECKT und nach zwei RETRIES ERROR 7 in der SYS
5 GESTORT. Offensichtlich war ein BIT vom BYTE des CODES in der CPU auf dem BUS vom MEMORY zum CONTROLLER gekippt. Das hat die TASK GEKILLT. Deshalb kam kein PROMPT am SCREEN und das KEYBOARD war tot. Ich hab' nun ein EPROM GECHANGT gegen REVISION Strich neun und das ERRORLOG GECLEART. Nun sind Sie von der FIRMWARE im HANDLING so UP TO DATE, dass Sie künftig ein BACKUP von der DISC zur FLEX fahren können, ohne erst mit
10 der MOUSE im MENÜ auf dem SCHIRM zu suchen. Sie müssen nur CONTROL und ALTERNATE in Verbindung mit F6 … Ist was? … Soll ich das Fenster öffnen? …
Handels-Rundschau 19/1991, S. 60

? Haben Sie die Ausführungen des Technikers verstanden?
❏ Falls ja: Erklären Sie Herrn Müller den Fehler.
❏ Falls nein: Warum nicht?

Der folgende Text bedient sich einer Sonderform der Fachsprache, und zwar der Wissenschaftssprache. Er unterliegt damit der allgemeinen Forderung, in der Bedeutung seiner sprachlichen Ausdrücke von Mehrdeutigkeiten und sprachlichen Unbestimmtheiten frei zu sein.

⌐⌐2 Hans-Rüdiger Fluck
Aspekte der Entstehung und Entwicklung der modernen wissenschaftlich-technischen Fachsprachen (19./20. Jh.) und ihres Einflusses auf die Gemeinsprache

1 Die Entwicklung von Fachsprachen reicht weit in vorliterarische Zeiten zurück und geht wohl einher mit einer ständigen Veränderung der Lebenswelt, die u. a. zum Phänomen der Arbeitsteilung

5 und der beruflichen Spezialisierung führten. Neue Erkenntnisse, Entdeckungen und Erfindungen tragen weiter dazu bei, dass ergänzend zur Gemein- oder Standardsprache neue sprachliche Mittel treten, die den Bedürfnissen einer sich ausfächern-

10 den Welt Rechnung tragen. Diese fach- und berufsbezogenen Sprachformen waren bis ins 17. Jahrhundert hinein (...) in erster Linie handwerklich-praktisch orientiert (z. B. Fischerei, Bergbau, Buchdruck), wenngleich die mittelalterliche

15 Fachprosa auch wissenschaftlich orientierte Fachgebiete der sieben „artes liberales" enthält (z. B. Arithmetik, Geometrie, Astronomie). Mit der Begründung der modernen Naturwissenschaften und Technik im 18./19. Jahrhundert, ver-

20 bunden mit der in jener Zeit einsetzenden industriellen Revolution (...) bildeten sich die neuzeitlichen wissenschaftlich-technischen Fachsprachen heraus. Durch zunehmende Differenzierung und Verwissenschaftlichung tragen sie nicht nur

25 dem grundlegenden und raschen Wandel im Gesamtbereich der materiellen Produktion Rechnung, sondern ermöglichen auch im theoretischwissenschaftlichen Bereich neue Ausdrucksmöglichkeiten.

30 (...) Die neuen technischen Errungenschaften und die sie begleitende theoretisch-wissenschaftliche Reflexion führten indes nicht nur zu einem nahezu explosionsartigen Anwachsen und zur mehr

35 oder weniger zweckrationalen Umformung der tradierten Handwerker- und Gelehrtensprachen, sondern sie beeinflussten auch nachhaltig die Entwicklung der deutschen Sprache, vor allem auf terminologischem und phraseologischem Gebiet,

40 aber auch im Bereich der Syntax. So haben beispielsweise (...) die Entwicklung von Massenverkehrsmitteln wie Eisenbahn, Auto und Flugzeug, aber auch die Entwicklung der Kommunikationstechnik (Post, Telefon), des Bauwesens,

45 der Fotografie, der Elektrotechnik zur sprachlichen Veränderung, zur Prägung neuer Bildungsmuster, zu neuen inhaltlichen Vorstellungen und Begriffen und zur Nutzung neuer Bildquellen entscheidend beigetragen.

50 (...) Diese Veränderung entstand lexikalisch durch eine allmähliche Verflachung des Wortschatzes und syntaktisch durch eine zweckorientierte Auswahl und Nutzung gemeinsprachlicher Mittel. Die Entwicklung fachsprachlicher Lexik nutzte 55 dabei u. a. folgende Möglichkeiten:

– Bedeutungsfestlegung gemeinsprachlicher Wörter *(Terminologisierung)*, z. B. *Strom* ‚Die Bewegung der Elektrizität auf oder in einem Leiter nennt man einen elektrischen Strom' (...). 60

– Neubildungen (Nutzung bisher nicht oder selten realisierter Möglichkeiten des Sprachsystems), z. B. Verb + Verb-Bildungen wie *trennschleifen, gefriertrocknen*, Mehrwortbedeutungen wie *integrierter Magnetkartenleser, galvanischer* 65 *Strom, Kreuzlochschraube mit Schlitz,* Bindestrichwörter wie *64-K-Speicher, 24-Nadel-Drucker, Bild-in-Bild-Technik,* Pluralformen wie *Stäube, Sände, Plaste.*

– Entlehnungen aus anderen Sprachen (Lehn-, 70 Fremdwörter), z. B. *Billet* ‚Fahrtkarte', *Linotype* ‚Setzmaschine', *Input* ‚Eingabe'.

– Bildung von Kunstwörtern, z. B. Abkürzungswörter wie DIN ‚Deutsche Industrienorm', CAD ‚computer aided design' (Lesewör- 75 ter) oder ISDN ‚digitales diensteintegrierendes Netz', OCR ‚Optical Character Recognition' (Buchstabierwörter) und ihre Kombination wie *D-Zug-Lok, RS-32-SC-Schnittstelle.*

Die (...) Beschleunigung des Wissensumschlags, 80 die weitergehenden und tiefgreifenden technologischen Umwälzungen, die internationale wirtschaftliche und wissenschaftlich-technische Verflechtung führen so zu einem immer weitergehenden sozialen und sprachlichen Wandel, für den 85 die sich verändernden Fachsprachen sicheres Indiz sind. Dies zeigt sich auch in ihrer Rückwirkung auf die Gemeinsprache, die immer stärker mit fachsprachlichen und pseudofachsprachlichen Elementen durchsetzt wird. 90

In der Lexik handelt es sich vor allem um Fachwörter für neue Sachverhalte, die in die Gemeinsprache übernommen werden und dort im Laufe der Zeit zu festen und allgemein bekannten Bestandteilen werden können (z. B. *Eisenbahn,* 95 *Abteil, Rundfunk, Computer*) oder die zumindest für gesellschaftliche Gruppen mit bestimmten (technischen) Interessen weithin bekannt werden (z. B. *Dreiwegekatalysator mit Lambda-Sonde, LCD-Display, E-Musik*). Solche Fachwörter drin- 100 gen auf verschiedene Weise in die Gemeinsprache ein, vor allem über die verschiedenen Medien (...).

Alle diese Veränderungen sind zunächst als eine Veränderung unseres sprachlichen und geistigen 105 Horizonts zu begreifen, als neue Ausdrucksmög-

lichkeiten in einer Welt mit zunehmend komple-
xeren Sachverhalten und dem wachsenden Zwang
zur Informationspräzisierung und -verdichtung.
110 Auf der anderen Seite sehen Sprachkritiker in der
skizzierten Technisierung und Verwissenschaftlichung unserer Alltagswelt die Gefahr der Schein-
fachlichkeit im Sprachgebrauch, die zu einem
gegenüber Technik und Wissenschaft undistan-
zierten, ideologieanfälligen, pseudowissenschaft- 115
lichen, inhumanen Sprachhabitus führt.

„Rotkettchen"

Is' wohl schon so an die 512^{1024} Zyklen her, da gab es einen Freak, der hatte nur Disks mit roten Eti-
ketten, und alle seine Swappartner nannten ihn „Rotkettchen". Und wie der mal wieder so 'rum-
hackt und gerade 'ne echt coole Demo mit Megascrolling Digisound und 7 Grafik-Screens program-
med, tickt ihm doch glatt 'ne Message von seinem Kumpel über's Phone in den Printer. Der inputet
die sofort und speichert ab, dass bei seim' Freund so ungefähr die Bits flitzen. (…) Als Rotkettchen
dann arrivte und an der Wohnungstür den Log-in gebaut hatte, kam ihm der Typ natürlich strange.
Rotkettchen requestete:„Was hast'n für flinke Hände?" – „Weil ich der echte Disk-Jockey bin".
„Was hast'n für große Sound-Ins?" – „Damit ich besser sampeln kann." – „Und warum hast du so
große Scanner?" – „Damit ich besser booten kann, wieviel ihr hier swapped." Da begriff auch Rotkettchen, wer der Looser war. Sah ganz nach Game-Over oder zumindest Systemabsturz aus. (…)
Rotkettchen und sein Kumpel gründeten AXXES und rippten noch am gleichen Tage 12 Tunes für
ihre erste Sound-Invasion. Und wenn die nicht gescratched sind, kopieren sie noch heute.

(Schülerarbeit: Gunnar Sandkühler, Auszug)

Der Deutschunterricht 5/89, S. 56 ff.

---

1 *An welchen sprachlichen Merkmalen erkennen Sie, dass es sich um einen wissenschaftlichen Text handelt?*

2 *Welche Probleme ergeben sich für einen Nichtwissenschaftler, wenn er einen
solchen Text verstehen will?*

3 *Schreiben Sie alle Ihnen unbekannten Fremdwörter heraus. Schlagen Sie ihre
Bedeutung nach.*

4 *Erfassen Sie die Kernaussagen des Textes anhand folgender Fragen:*
   a) Warum sind Fachsprachen entstanden, warum entwickeln sie sich weiter?
   b) Wie hat sich der Fachwortschatz verändert?
   c) Wie werden die Veränderungen bewertet?
   *d) Warum zitiert der Autor zum Abschluss seines Aufsatzes zum Thema „Ent-
   wicklung der Fachsprachen" die Schülerarbeit „Rotkettchen"? ▷ Vgl. auch
   Kapitel 8.1.3, S. 278 f., zum Thema „Parodie".*

5 *Wie hat sich die Gemeinsprache aufgrund fachsprachlicher Einflüsse verändert?
(Denken Sie zum Beispiel an Stellenanzeigen.)*

Fachsprachen sind notwendig und sinnvoll, um die Kommunikation innerhalb
bestimmter Sach- und Fachgebiete zu erleichtern. Fachsprachen sind dabei streng
genommen keine „Sprachen", sondern der „Fachwortschatz" eines bestimmten
Fachgebietes mit den syntaktischen und formbildenden Gesetzen der Gemeinsprache. Der **Wortschatz** einer Fachsprache kann sich dabei in zweierlei Hinsicht von
dem der Gemeinsprache unterscheiden: Zum einen treten in Fachsprachen Wörter
auf, die in der Gemeinsprache nicht vorkommen, zum anderen haben Wörter aus
der Gemeinsprache in der Fachsprache oft eine andere Bedeutung. Grundlagen für
die Bedeutungspräzisierung sind Richtlinien für die jeweiligen Fachbereiche,
Gesetze oder Verordnungen. (Vgl. auch Kapitel 3.2 zur DIN-Normierung.)

⌐3   Allgemeine Richtlinien für die Fachsprachen des technischen Bereichs

1 **1. Verbindungen eines Substantivs mit ...los:**
Beispiele:
abfalllos, drahtlos, flügellos, gleislos, kernlos, kollektorlos, nietlos, propellerlos, (...)
5 Diese Adjektive auf ...los weisen bei Maschinen, Geräten usw. auf die Abwesenheit von Gegenständen (Stoffen) hin, die nicht selbstverständlich ist. *Die Abwesenheit wird ohne Wertung sachlich festgestellt.*
10 *Beispiele in Sätzen:*
Die Nachrichten werden drahtlos übermittelt
Die Rakete ist flügellos.
Für solche sachlichen Kennzeichnungen (Aussagen) sind die Verbindungen mit ...los zu empfeh-
15 len.

2. Verbindungen eines Substantivs mit ...frei:
Beispiele:
eisenfrei, chlorfrei, chromfrei, farbfrei, fettfrei, gasfrei, kittfrei, lachfrei, nickelfrei, (...)
20 *Beispiele in Sätzen:*
Die Spritzpistole arbeitet spritznebelfrei.
Die Abgase sind staubfrei.

Verbindungen mit ...frei haben meist einen *Wertnebensinn,* der eine erwünschte Abwesenheit des Gegenstandes ausdrückt. Soll die Abwesen- 25 heit eines Gegenstandes erwünscht erscheinen, sind daher Verbindungen mit ...frei vorzuziehen. (...)

3.3 Dem Wortlaut nach drücken Verbindungen mit ...los und ...frei eine *völlige* Abwesenheit 30 aus. Es muss bei ihrer Anwendung und jeder Neubildung geprüft werden, ob eine *völlige* oder nur eine teilweise Abwesenheit vorliegt (...). Wenn keine völlige Abwesenheit vorliegt, sollte – sofern dies ausdrücklich betont werden soll – 35 eine Zusammensetzung mit -arm vorgezogen werden.
Beispiele:
eisenarm (statt: eisenfrei)
wasserarm (statt: wasserfrei bei bestimmten 40 Lösungen) (...)

Auszug aus VDI-Richtlinie 2270 (VDI - Verein Deutscher Ingenieure)

Suchen Sie Beispiele für Bedeutungspräzisierungen bzw. -erweiterungen in der Fachsprache aus anderen Fachbereichen. (Beispiel: das Wort „Maus" in der Computerwelt.)

Beispiel: Fachsprache „Recht"

 Karl M. kauft sich zur Komplettierung seiner neuen Stereoanlage ein Paar Kopfhörer. Zu Hause angekommen stellt er einen Defekt am linken Hörer fest. Aus Zeitmangel kann er das Gerät erst drei Wochen später zur Reklamation zum Geschäft zurückbringen. Wie sieht die Rechtslage aus?

⌐4   Bürgerliches Gesetzbuch (BGB)

1 **§ 459. (Haftung für Sachmängel)** (1) Der Verkäufer einer Sache haftet dem Käufer dafür, dass sie zu der Zeit, zu welcher die Gefahr auf den Käufer übergeht, nicht mit Fehlern behaftet ist,
5 die den Wert oder die Tauglichkeit zu dem gewöhnlichen oder dem nach dem Vertrage vorausgesetzten Gebrauch aufheben oder mindern. Eine unerhebliche Minderung des Wertes oder der Tauglichkeit kommt nicht in Betracht.
10 (…)

§ 462. (Wandelung; Minderung) Wegen eines Mangels, den der Verkäufer nach den Vorschriften der §§ 459, 460 zu vertreten hat, kann der Käufer Rückgängigmachung des Kaufes (Wan-
15 delung) oder Herabsetzung des Kaufpreises (Minderung) verlangen.

§ 477. (Verjährung der Gewährleistungsansprüche) (1) Der Anspruch auf Wandelung oder auf Minderung sowie der Anspruch auf Schadensersatz wegen Mangels einer zuge- 20 sicherten Eigenschaft verjährt, sofern nicht der Verkäufer den Mangel arglistig verschwiegen hat, bei beweglichen Sachen in sechs Monaten von der Ablieferung, bei Grundstücken in einem Jahre von der Übergabe an. Die Ver- 25 jährungsfrist kann durch Vertrag verlängert werden.

§ 480. (Gattungskauf) (1) Der Käufer einer nur der Gattung nach bestimmten Sache kann statt der Wandelung oder der Minderung verlangen, 30 dass ihm an Stelle der mangelhaften Sache eine mangelfreie geliefert wird.

Der Geschäftsführer des Hifi-Ladens verweist Karl M. auf die Rückseite des Kaufvertrages, auf der die Allgemeinen Geschäftsbedingungen (= das Kleingedruckte) abgedruckt sind, und lehnt die Reklamation ab.

5 Allgemeine Geschäftsbedingungen des Händlers (Auszug)

§5 Gewährleistung und Haftung
Ist bei Kaufgegenständen der Liefergegenstand mangelhaft, so liefert der Verkäufer nach seiner Wahl unter Ausschluss sonstiger Gewährleistungsansprüche des Käufers Ersatz oder bessert nach. Mehrfache Nachbesserungen sind unzulässig.

Dem Verkäufer müssen offensichtliche Mängel unverzüglich, spätestens jedoch innerhalb von 2 Wochen nach Lieferung schriftlich mitgeteilt werden. Die mangelhaften Liefergegenstände sind in dem Zustand, in dem sie sich im Zeitpunkt der Feststellung des Mangels befinden, zur Besichtigung durch den Verkäufer bereitzuhalten. Bei Verstoß gegen die vorstehenden Verpflichtungen sind Gewährleistungsansprüche gegenüber dem Verkäufer ausgeschlossen.

Schlägt die Nachbesserung oder die Ersatzlieferung nach angemessener Frist fehl, kann der Käufer nach seiner Wahl Herabsetzung der Vergütung oder Rückgängigmachung des Vertrages verlangen.

Die vorstehenden Regelungen dieses Paragrafen gelten nicht für Gebrauchtgeräte. Diese werden unter Ausschluss jeglicher Gewährleistung geliefert.

Schadensersatzansprüche aus Unmöglichkeit der Leistung, wegen Nichterfüllüng, aus positiver Forderungsverletzung, aus Verschulden bei Vertragsabschluss und aus unlauterer Handlung sind sowohl gegen den Verkäufer als auch gegen seine Erfüllungs- bzw. Verrichtungsgehilfen ausgeschlossen, soweit der Schaden nicht vorsätzlich oder grob fahrlässig verursacht wurde.

1 Im BGB und in den „Allgemeinen Geschäftsbedingungen" werden einige Fachausdrücke aus der Sprache des Rechts und der Wirtschaft verwendet. Stellen Sie diese in einer Liste zusammen und klären Sie die jeweilige Bedeutung.

2 a) Was besagt § 5 der „Allgemeinen Geschäftsbedingungen?" Geben Sie den Inhalt mit eigenen Worten wieder.

b) Welche Rechte haben Sie nach BGB? Worin liegen die Schwierigkeiten, dies festzustellen?

3 Wenden Sie diese Bestimmungen auf das Eingangsbeispiel an. Ziehen Sie gegebenenfalls folgende weitere Gesetzestexte hinzu: BGB (Bürgerliches Gesetzbuch) § 459 bis 480; AGB-Gesetz (Gesetz zur Regelung des Rechts der Allgemeinen Geschäftsbedingungen).

4 Wie könnte oder sollte sich ein Händler bei einer Kundenreklamation Ihrer Meinung nach verhalten?

Gesetzestexte bedienen sich der Fachsprache. Sie enthalten Reihungen und verknüpfen häufig Substantive miteinander. Gesetzessprache folgt dem Prinzip „Vom Allgemeinen zum Besonderen".

Kennzeichen von Gesetzestexten

Gesetzestexte müssen:
- ❑ allgemein formuliert sein. Beispiele finden sich in den sogenannten „Kommentaren", die es für alle Gesetze gibt.
- ❑ die Sachverhalte und Tatbestände unmissverständlich voneinander abgrenzen.
- ❑ vom Gesetzgeber so formuliert sein, dass die Begriffe in immer gleicher Weise verwendet werden.

Dies führt zu einem stark gegliederten Textaufbau und zu Eintönigkeit in der Wortwahl und im Satzbau. Für Laien stellt sich diese Art der Verständigung zunächst als Erschwerung dar, da unter anderem auch durch Bedeutungsverschiebung von Begriffen Probleme im Verständnis auftreten können. Diese Schwierigkeiten werden größer, wenn Fachbegriffe verwendet werden (▷ S. 347). Es besteht also ein Widerspruch zwischen dem Versuch einer möglichst allgemein verständlichen Formulierungsweise und der Forderung nach eindeutiger Abgrenzung der Begriffe. Dieser ist nur schwer auflösbar. Rechtsanwälte und Rechtsberater helfen bei der „Übersetzung" der Fachbegriffe und versuchen dem Mandanten „zu seinem Recht" zu verhelfen.

1 Lesen Sie in der Textsammlung, S. 327 den Text „Kasse machen. Viele Käufer kennen ihre Rechte nicht" sowie Text 1, S. 164 f. und Text 2, S. 166.

2 Wie können Sie in Fällen rechtlicher Unklarheiten vorgehen? Beurteilen Sie die Notwendigkeit von Informationsmaterialien für Verbraucher.

Fremdwörter

Helmuth Plessner :
6 Gibt es einen Fortschritt in der Philosophie?

1   Jede Philosophie will aufs Ganze der Welt und des Lebens blicken. In der Idee der Universalität hat sie ihren Richtpunkt, und insofern sie sich dem Ganzen verpflichtet weiß, wird sie typisch Ursprungsdenken. Denn sie will in und mit dem Ganzen sich selbst begreifen. Diese Selbstbezüglichkeit ist ein wesentliches Merkmal alles Philosophierens, des metaphysischen so gut wie des anti-
5   metaphysischen, des dogmatischen so gut wie des kritischen und skeptischen. Selbstbezügliches Denken aber hebt in sich selbst an, ist sein eigener Ursprung. In dieser Hinsicht stehen alle Philosophien gleich schwach und stark, weil letzten Endes isoliert und unangreifbar. Ihre Probleme und Lösungen sind in letzter Instanz abhängig von der Grundkonzeption, die nicht wie eine Hypothese an der Erfahrung geprüft werden kann. Platos Idee und Aristoteles' Entelechie, Spinozas Substanz
10   und Kants Autonomie der sittlichen Freiheit, Fichtes Ich und Hegels Geist, Marx' Klassenkampf und Bergsons élan vital sind keine Hypothesen oder nur einseitige Aspekte vom Grund der Welt, sondern Konzeptionen, durch die Welt und menschliches Leben Gesicht und Bedeutung bekommen, Antworten auf die Rätselhaftigkeit des „Seins" im Ganzen. (...)

15 Philosophieren als Denken in der Richtung aufs Ganze und aufs Wesenhafte muss mit der Sprache
auf Kriegsfuß stehen. Denn sie bleibt anders als die Fachwissenschaft auf die Umgangssprache, die
Sprache des situationsgebundenen Lebens, angewiesen. Der Ärger, den die philosophische Sprache
so vielen bereitet hat und bereitet, richtet sich nicht gegen ihre Terminologie, sondern gegen den
Mangel einer solchen (...). Eine Fachsprache kann jeder erlernen, der eine bestimmte Ausbildung
genossen hat und die Probleme versteht, deren Fixierung und Lösung die Fachsprache dient. Wo
20 aber, wie in der Philosophie, die Probleme rätselhafte Züge tragen und stets auch in Richtung aufs
Ursprüngliche weisen, für die keine Umgangssprache Bezeichnungen hat, einfach darum, weil diese
Region der doppelten Bezüglichkeit dem Alltagsleben unbekannt ist, muss der Philosoph Worte prägen, deren Bedeutung nur wieder im Zusammenhang mit dem Ganzen seiner Konzeption verständlich ist.

Zwischen Philosophie und Gesellschaft. Frankfurt/M. 1979, S. 127 f.

1 *Schreiben Sie alle Fremdwörter aus dem Text heraus und klären Sie die Bedeutung.*

2 *Stellen Sie die Merkmale zusammen, anhand derer Sie die Fremdwörter als solche identifiziert haben.*

3 *Überprüfen Sie, ob sich die Fremdwörter durch sprachliche Ausdrücke aus dem
Deutschen ersetzen lassen. In welchen Fällen ist dies möglich, in welchen nicht
oder nur mit Schwierigkeiten?*

4 *Warum ist die Sprache der Philosophie nach Ansicht des Autors keine Fachsprache im üblichen Sinne?*

Was ist ein Fremdwort?

Fremdwörter sind aus einer Fremdsprache übernommene Wörter, die in Aussprache und/oder Schreibweise und/oder Flexion der übernehmenden Sprache noch
nicht angepasst sind, so dass sie auch vom durchschnittlichen Sprecher als fremdes Wort identifiziert werden können. Unterschieden wird davon meist das bereits
angepasste **Lehnwort**, das ohne besondere Fachkenntnis nicht mehr als ursprünglich fremdes Wort erkannt wird. Beispiele hierfür sind Wörter wie *Fenster,
Mauer, Dose, Klasse.*

Die wichtigste Ursache für die Übernahme eines Fremdwortes ist die Übernahme
der bezeichneten Sache. Daher spiegeln sich in den Fremd- und Lehnwörtern die
Kulturströmungen, die auf den deutschsprachigen Raum gewirkt haben, zum Beispiel aus dem Italienischen Wörter des Geldwesens *(Giro, Konto, brutto)* und der
Musik *(adagio, pianissimo)*, aus dem Französischen Ausdrücke des Ge-
sellschaftslebens, der Mode und der Gastronomie *(Kavalier, Cousin, Eleganz, Hors
d'oeuvre)* oder des Kriegswesens *(Offizier, Patrouille)*, aus dem Englischen Wörter
des Sports *(Favorit, Derby)* und der Wirtschaft *(Management, Holding, Corporate
Identity* ▷ S. 335 f.). Im deutschen Wortschatz liegt der Anteil der Fremdwörter bei
ca. 15 % (in fortlaufenden Zeitungstexten), in Privattexten bei ca. 5 %, in wissenschaftlichen Fachbeiträgen wesentlich höher.

Heute stellt sich die jahrhundertelang umstrittene Frage, ob man Fremdwörter gebrauchen soll oder darf, nicht mehr, da bei den zunehmenden internationalen Verflechtungen, etwa in Wirtschaft, Wissenschaft, Politik oder Kultur, Fremdwörter häufig unentbehrlich geworden sind und mit deutschen Wörtern nur umständlich oder unvollkommen umschrieben werden können. Wichtiger ist vielmehr die Frage, wann und zu welchem Zweck man sie gebrauchen kann oder soll. Vermeiden sollte man Fremdwörter grundsätzlich dann, wenn man sich über ihre Bedeutung nicht genau im Klaren ist oder der Hörer oder Leser, an den man sich wendet, sie vielleicht nicht oder nur unvollkommen versteht.

Finden Sie weitere Fremdwörter, die bestimmten kulturellen Bereichen zugeordnet werden können.

$\mathbf{\widehat{J}}$7   Zur Rechtschreibung der Fremdwörter

c wird k oder z

1 Ob das c des Fremdworts im Zuge der Eindeutschung k oder z wird, hängt von seiner ursprünglichen Aussprache ab. Es wird zu k vor a, o, u und vor Konsonanten. Es wird zu z vor e, i und y, ä und ö.

Beispiele: Café, Copie, Procura, Crematorium, Spectrum, Penicillin, Cyclamen, Cäsur;
eingedeutscht: Kaffee, Kopie, Prokura, Krematorium, Spektrum, Penizillin, Zyklamen, Zäsur.

5 In einzelnen Fachsprachen, so besonders in der der Chemie, besteht die Neigung, zum Zwecke einer internationalen Sprachangleichung c in Fremdwörtern dann weitgehend zu erhalten, wenn diese im Rahmen eines festen Systems bestimmte terminologische Aufgaben haben. (…)

Beispiele: zyklisch, fachspr.: cyclisch; Nikotin, fachspr.: Nicotin; Kampfer, fachspr.: Campher.
Beachte: **th** bleibt in Fremdwörtern aus dem Griechischen erhalten.
10 Beispiele: Asthma, Äther, Bibliothek, katholisch, Mathematik, Pathos, Theke.

Duden Fremdwörterbuch. 5. neu bearb. u. erw. Aufl. Mannheim; Wien; Zürich 1990, S. 20

1 *Suchen Sie zu den hier aufgeführten gebräuchlichsten Präfixen von Fremdwörtern entsprechende Wortbeispiele und klären Sie mit Hilfe eines Fremdwörterlexikons anschließend ihre Bedeutung.*

Präfix	Bedeutung	Präfix	Bedeutung
a	nicht, un-	mono	allein
ab	weg	per	durch
ad	nach, zu, an,	pro	für
anti	gegen	re	zurück, wieder
auto	selbst	sub	unter
de	ab, aus	super	über
dis	auseinander	sym	zusammen
ex	aus	tele	fern
in	nicht; oder: hinein, in	trans	über
inter	zwischen	tri	drei
kon	zusammen	ultra	jenseits

2 *Bearbeiten Sie den auf S. 344 abgedruckten Text „Leitfaden für Reiche" folgendermaßen:*

a) *Lesen Sie den Text aufmerksam durch. Was fällt Ihnen auf? Was will der Autor mit dem Text verdeutlichen? Beziehen Sie auch die Überschrift in Ihre Überlegungen mit ein.*

b) *Klären Sie Herkunft und Bedeutung der einzelnen Fremdwörter mit Hilfe eines Fremdwörterbuches.*

c) *Suchen Sie zu den erwähnten Sachverhalten das passende Fremdwort. Überlegen Sie dabei, ob es notwendig ist, in dem jeweiligen Zusammenhang ein Fremdwort zu gebrauchen.*

d) *Schreiben Sie nach dieser Vorlage selbst eine Parodie zum Gebrauch der Fremdwörter oder Fachausdrücke. (▷ Vgl. auch S. 278 f. „Hinweise für das Parodieren einer Vorlage".)*

3 *„Fremdwörter-Lexikon-Spiel":*

Benötigt werden einige Fremdwörterlexika (oder auch Rechtschreiblexika). Das Prinzip des Spiels beruht darauf, dass zu einem Fremdwortbegriff zwei weitere erfundene Bedeutungen selbst formuliert werden. Die anderen Mitspieler sehen sich nun vor die Aufgabe gestellt, aus den Bedeutungsvorgaben die richtige Bedeutung herauszufinden. Je exakter man im Stile des Fremdwörterlexikons formuliert, umso schwieriger ist es für die anderen, die korrekte Lösung herauszubekommen.

Beispiel:

– Allüren: (lateinisch) weitgereiste Lurenbläserinnen des alten Rom.

– Allüren: (spätgermanisch) Der Walküre verwandte Form von Menschen mit Allüren, das heißt eigentümlichen Macken.

– Allüren: (französisch) Gangart, namentlich bei Pferden. Der Begriff wird danach im Sinne von Benehmen oder Lebensart gebraucht.

3.4 Normung im Beruf – Geschäftsbriefe

↴1

```
        Titl
        Frau Laube
          im Nordfeld 1
        59556 Lippstadt                         59556 Lippstadt
                                                 Fernsprecher (0 29 41) 22 64 10
```

Ihr Zeichen	Ihre Nachricht vom	Mein Zeichen	Datum
	Telefonischer		2. 11. 19..
	Anruf	D. S.	

```
        Sehr gehrte Frau Laube !

        Beiliegend erhalten Sie einen Prospekt der Filer Kaffeemaschine
        Nr. 189. Alle Einzelheiten können Sie aus dem Prospekt ersehen.
        Kostenpunkt ab Werk Minden DM735. = zuzgl. 15 % Mehrwertsteuer.
        Lieferzeit schellmöglichst.


        Mit freundlichen Grüßen !
        H. Schramm
```

Das obige Schreiben wurde von einem Großhändler als Angebot an eine Kundin geschickt, nachdem diese persönlich den Artikel angefragt hatte. Die Kaffeemaschine wurde bestellt – allerdings nicht bei diesem Händler.

1 Warum kam dieser Großhändler für die Kundin als Lieferant nicht in Frage?

2 Listen Sie die Mängel des Schreibens auf. Berücksichtigen Sie dabei
   a) die Vorschriften DIN 5008 für den kaufmännischen Schriftverkehr,
   b) die Verstöße gegen die Sprachnorm.

3 Lesen Sie in der Textsammlung auf S. 344 f. den Text „Rebhuhnweg überlebt ...". Suchen Sie sämtliche darin aufgeführten Straßennamen heraus und teilen Sie die Namen nach ihrer Schreibweise in Gruppen ein. Erläutern Sie die entsprechenden Regeln, nach denen die Schreibweise zu erfolgen hat. Ziehen Sie dazu gegebenenfalls den Rechtschreibduden hinzu.
   Überprüfen Sie die Schreibweise der Straßennamen am eigenen Ort (etwa anhand von Straßenschildern oder Innenstadtplänen). Überlegen Sie dabei auch, welche Personen bei der Benennung von Straßen berücksichtigt wurden. Achten Sie auf Besonderheiten wie Umbenennungen, Anteil der Namen von Frauen, ...

Die DIN-Norm 5008

Im Gegensatz zum – meist handschriftlich verfassten – privaten Brief, der in seiner äußeren Form keinerlei verbindlichen Regeln unterliegt, richtet sich die Gestaltung von Geschäftsbriefen nach der DIN-Norm 5008. Ziel dieser Norm ist es, den kaufmännischen Schriftverkehr mit Lieferanten, Kunden, Banken, Behörden usw. zweckmäßig und übersichtlich zu halten. Für den privaten – halboffiziellen – Schriftverkehr, etwa bei Bewerbungsschreiben oder Schreiben an Behörden, ist die Norm sinngemäß anzuwenden.

1
Anika Walden   19..-10-24
Hohlweg 2
53225 Bonn
Tel. (02 28) 21 33 48

2
Trendmacher GmbH
z. Hd. Frau Wilms
Breite Str. 112

53113 Bonn

3
Bewerbung um einen Ausbildungsplatz als Industriekauffrau
Ihre Annonce im Bonner General-Anzeiger vom 19..-10-21

4
Sehr geehrte Frau Wilms,

5
wie ich Ihrer Anzeige entnehmen konnte, suchen Sie zum 19..-08-01 eine Auszubildende für den Beruf der Industriekauffrau. Ich möchte mich um diese Stellung bewerben.

Derzeit besuche ich die Oberstufe der zweijährigen Höheren Berufsfachschule für Wirtschaft und Verwaltung (Höhere Handelsschule). Diese Schule werde ich voraussichtlich im Juni 19.. mit der Fachhochschulreife (schulischer Teil) beenden.

Während eines vierwöchigen Praktikums im letzten Sommer hatte ich Gelegenheit, mir über die schulische Ausbildung hinaus einen Einblick in den Aufgabenbereich einer Industriekauffrau vor Ort zu verschaffen. Danach hat sich der Wunsch, in der kaufmännischen Abteilung eines größeren Industriebetriebes tätig zu sein, verstärkt. In meiner Freizeit beschäftige ich mich viel mit Mode und Bekleidung. Da mein Vater in der Bekleidungsindustrie im Einkauf tätig ist, bin ich mit der Textilbranche etwas vertraut.

Um meine Fremdsprachenkenntnisse zu erweitern, besuche ich seit September letzten Jahres einen Italienischkurs an der Volkshochschule.

Über die Möglichkeit eines persönlichen Gesprächs würde ich mehr sehr freuen.

6
Mit freundlichen Grüßen

Anika Walden

7
Anlagen
Lebenslauf mit Passfoto
2 Zeugniskopien

1 **Absenderfeld**

Die Postanschrift des Absenders einschließlich der Telefonnummer wird nach ca. 2,5 cm vom oberen Rand links oben platziert. Auf der rechten Seite des Briefes wird nur das Datum in der Reihenfolge „Jahr – Monat – Tag" angegeben. Die Ortsangabe entfällt.

2 **Anschriftenfeld**

Es folgt nach vier Leerzeilen das Anschriftenfeld. Es enthält folgende Angaben:

1. Zeile: Sendungsart (etwa Briefdrucksache) oder Versendungsform (etwa Einschreiben) – falls notwendig
3. + 4. Zeile: Empfängerbezeichnung
5. Zeile: Postfach oder Straße und Hausnummer
7. Zeile: Postleitzahl und Bestimmungsort
9. Zeile: Name des Bestimmungslandes bei Sendungen ins Ausland

3 **Betreff**

Diese Zeile gibt den Briefinhalt an. Sie wird drei Zeilen unter der Anschrift eingefügt. Der Vermerk „Betr." wird nicht mehr geschrieben.

4 **Anrede**

Nach zwei weiteren Leerzeilen erfolgt die Anrede. Ist der Empfänger des Briefes bekannt, wird er persönlich angesprochen. Hinter der Anrede wird ein Komma gesetzt, danach folgt eine Leerzeile.

5 **Brieftext**

Der linksbündig zu schreibende Text wird in inhaltlich sinnvolle Abschnitte gegliedert, die jeweils durch eine Leerzeile getrennt werden. Wichtige Inhalte können beispielsweise unterstrichen, eingerückt oder gesperrt geschrieben werden.

6 **Grußformel**

Nach einer Leerzeile folgt als Abschluss des Textes die Grußformel mit der Unterschrift des Absenders. Die Grußformel sollte möglichst nicht in den Schlusssatz eingebunden sein. Beispiele: Mit freundlichen Grüßen, Hochachtungsvoll, ... Danach sollte man vier Zeilen Platz für die Unterschrift lassen.

7 **Anlagenvermerk**

Im Anlagenvermerk werden die Schriftstücke aufgeführt, die dem Brief beigefügt werden.

1 Besorgen Sie sich einen Briefvordruck aus dem Lernbüro Ihrer Schule oder Muster von Behördenbriefen und Firmenpost. Vergleichen Sie den formalen Aufbau dieser Briefe mit dem hier vorgestellten Beispiel.

2 Warum sind nach der letzten Änderung der DIN-Norm 5008 Unterstreichungen und Einrückungen entfallen?

Im Geschäftsbrief nach DIN 5008 wird nichts mehr unterstrichen und immer linksbündig geschrieben (Ausnahme: besondere Hervorhebungen). Der Name des Absenders, Betreff und der Hinweis auf Anlagen können fett gedruckt werden.

▷ Vgl. zu inhaltlichen Gesichtspunkten der Bewerbung Kapitel 6.2.1, S. 204 f.

3.5 Sprachliche Normen

Speisekarte

1. Welche Gedanken kommen Ihnen, wenn Sie diesen Ausschnitt aus einer Speisekarte lesen?

2. Mit welcher Absicht wurde dieser Text verfasst?

3. Wie wirken die Verstöße gegen die Rechtschreibnorm auf die Leser?

3.5.1 Sprache im Alltag

Eike Christian Hirsch
⌐┐
⌐2 Spargeln mit Kartoffel

1 Familie Sonntag setzte sich im Ausflugslokal an einen Tisch. Herr Sonntag griff nach der Speisekarte. „Rinderbraten mit Kartoffel", las er vor. „Richtig Deutsch können die aber auch nicht. Die Wörter auf -el bilden die Mehrzahl mit einem -n. Die Kartoffeln, die Zwiebeln, die Wurzeln, die Muscheln, die Morcheln."

5 Tobias hatte derweil in die Speisekarte geschielt, denn er hatte Hunger. „Oh", sagte er erfreut, „ich möchte frische Spargel. Hier steht wirklich Spargel, es heißt aber wohl Spargeln, wenn Vati Recht hat."
– „Nein", sagte Herr Sonntag, „es heißt wirklich Spargel."
„Komisch", murmelte Tobias und starrte auf das Besteck, „zwei Messer, das ist klar; aber sind es nun zwei Gabeln und zwei Löffeln oder zwei Gabel und zwei Löffel?" Seinem Vater war die Diskussion
10 nicht ganz geheuer. „Es heißt die Gabeln, aber die Löffel", sagte er, „die Mehrzahlformen ohne -n scheinen doch häufiger zu sein."
„Könnte es nicht sein", sagte seine Frau und legte begütigend die Hand auf seinen Arm, „dass es daran liegt, ob ein Wort männlich oder weiblich ist? Der Löffel bekommt kein -n, die Gabel aber bekommt es. Das wäre doch eine Lösung."

15 Inzwischen war der Ober herzugetreten und nahm die Bestellung auf. Herr Sonntag bestellte: „Rinderbraten mit Kartoffeln für mich, statt der Zwiebeln bitte Fenchel oder Wurzeln. Das Schnitzel mit Knödeln und Semmelbröseln für meine Frau. Spargel und eine Flasche Sprudel für meinen Sohn."
Tobias hatte kaum abwarten können, bis der Ober fort war. „Du, Vati", begann er, „eben hast du ja Knödeln gesagt und Bröseln, obwohl beide männlich sind." – „Deine Mutti wird eben doch nicht immer
20 Recht haben", sagte Herr Sonntag zufrieden. „Jedenfalls war alles richtig."
„Das schon", sagte Frau Sonntag sanft, „im dritten Fall haben auch die männlichen Wörter ein -n. Also: mit Spargeln, mit Knödeln, mit Bröseln."
„Können wir nicht mal von was anderem reden?", fragte schon leicht gereizt Herr Sonntag. Er hatte es nicht gern, wenn seine Frau etwas erklären konnte, das war sein Revier. „Es braucht ja nicht jeder hier
25 im Lokal zu merken, wer bei uns die Stiefel anhat und wer die Pantoffeln." Dann machte er eine Pause, und wie aus einem Munde sagten Tobias und er: „Die Pantoffeln, obwohl sie männlich sind!"
„Also wird deine Mutti wohl doch nicht Recht haben", wandte sich Herr Sonntag erleichtert an Tobias. „Wenn es nach ihr ginge, hätte sie ja die Regeln auf ihrer Seite und ich nur die Muskeln." Wieder wie aus einem Munde: „Die Muskeln, obwohl sie männlich sind!"
30 Nun war es an der geduldigen Frau Sonntag, sich zu rechtfertigen. „Die Regel stimmt doch. Aber keine Regel ohne Ausnahme, keine Rose ohne Stacheln." – „Stacheln", murmelte Tobias, und sein Vater triumphierte: „Schon die dritte Ausnahme!" Aber seine Frau fand, dass drei Ausnahmen nur die Regel bestätigten (womit sie Recht hat, wie übrigens bisher mit allem).
Der Ober brachte das Essen und fragte: „Wer hatte Spargeln mit Kartoffel?"
35 Doch alle Mitglieder der Familie Sonntag hatten inzwischen so viel Grammatik im Kopf, dass sie nur noch überlegten, wie es nun richtig heißt. Keiner antwortete. „Bitte sehr, Spargeln?" für wen?"

Mehr Deutsch für Besserwisser. München 1988, S. 121 ff.

1 Welches Problem der deutschen Grammatik wird in diesem Text angesprochen?

2 Beseitigen Sie mit Hilfe des Dudens die Unklarheiten, die sich aus dem Tischgespräch der Familie Sonntag ergeben. ▷ Kapitel 3.5.2 „Mit Nachschlagewerken arbeiten", S. 97 ff.

3 Stellen Sie die Regeln für die Pluralbildung bei Substantiven mit der Endung „el" auf.

4 Was will Hirsch mit dieser Glosse verdeutlichen?
▷ Vgl. zum Begriff der Glosse Kapitel 2.4.3, S. 62 f.

⌐⌐3 *Dieter E. Zimmer*
Neudeutsch (Auszug)

1 (...) Die Sprache schert sich wenig um die noch so tief empfundenen Einwürfe des Sprachkritikers. Sie
verändert sich in einem fort und lässt sich nicht aufhalten von der Entrüstung über ihren unsteten Wandel. Denn eben darauf läuft Sprachkritik meistens hinaus: dass die Sprache leider nicht mehr ist, was sie
einmal war. Das Sprachgehör ist konservativ. Es mag nicht, was es nicht gewöhnt ist. (...)
5 Nur darum hat die Sprache überhaupt eine Geschichte, weil immer wieder gegen ihre Normen verstoßen wird und weil die Allgemeinheit einige dieser Verstöße schließlich annimmt. Der Sprachverstoß
von heute ist die potentielle Sprachnorm von morgen, das, zu dessen Verteidiger die Sprachkritiker von
übermorgen ausrücken werden. Man kann sich gut vorstellen, wie um die Jahrhundertwende Eltern ihre
Kleinen belehrten: „Das heißt nicht Keks, sondern Plätzchen. Wenn schon, dann sag das Cake und die
10 Cakes." Mit der Antwort der Kleinen „Ja, genau, die Keks, die wollen wir." Der nämliche Dialog hätte
im vierzehnten Jahrhundert so gehen können: „Gib mir die Birn." – „Das heißt nicht die Birn, das heißt
die Bir. Birn ist die Mehrzahl." – „Gibst du mir jetzt die Birn?" Studenten der Sprachgeschichte lernen
die „Lautverschiebungen", als habe es sich um geologische Ereignisse gehandelt, sprachliche Kontinen-
talverschiebungen sozusagen. Abgespielt haben sie sich wahrscheinlich so, dass einige Sprecher es
15 interessant fanden, manche Laute nicht mehr so auszusprechen wie ihre Väter. (...)
Noch größere Enttäuschungen erwarten den Kritiker, der der quasi magischen Vorstellung verhaftet ist,
wenn man die Sprache bessere, bessere man auch die Wirklichkeit. Es ist eine tief sitzende Vorstellung,
und in gewisser Weise hängen wir ihr alle an (...). Wenn wir Wörter wie Tilgungsstreckungsdarlehen
oder Verlustzuweisungsantrag nur widerstrebend herausbringen, so darum, weil sie uns unvertraut sind
20 und weil wir die Amtsstellen nicht leiden können, auf denen vertraut mit ihnen umgegangen wird; und
weil uns missfällt, dass es das, was sie meinen, allen Ernstes geben soll. Und irgendwie machen wir uns
dabei die Hoffnung, dass auch die Sachen weniger unleidlich wären, wenn es nur gefälligere Wörter für
sie gäbe. Es ist natürlich eine Illusion. Eine Verschönerung der Sprache verschönert nicht die Welt,
sondern nur die Sprache. Eine schönende Sprache kann das Widerwärtige sogar nur noch widerwärtiger
25 machen.
Darum wirkt so viele Sprachkritik auf sublime Weise lächerlich: weil sie Neues bekämpft, nur weil es
nicht das Alte ist; weil sie hofft, die Welt zu verbessern, wenn sie ein Wort austreibt. Was die Sprachkritik bestenfalls erreichen kann, ist sehr viel weniger, und sie muss dafür sehr viel mehr tun. Sie kann
sich nicht damit begnügen, im Namen einer vergangenen Norm an irgendwelchen Wörtern und Wen-
30 dungen herumzunörgeln. Sie muss das Bewusstsein dafür zu schärfen versuchen, welchen Gedanken –
treffenden oder abwegigen – eine bestimmte Sprache Vorschub leistet und welche sie auf der anderen
Seite diffamiert; welche Denkweisen Konjunktur haben, wenn bestimmte Sprechweisen aufkommen;
was die Sprache verrät und was sie verbirgt und was sie verdreht und was sie verfälscht; wo sie Illusionen und Vorurteile verfestigt. Das heißt, eine Sprachkritik, die nur Kritik an der Sprache ist, kommt
35 nicht weit. Sie bleibt so stumpf wie die Kritik an einer Säge, die nicht in Betracht zieht, wozu Sägen
dienen. Sprache ist nicht an sich gut oder ungut, schön oder hässlich; sie wird es nur, wenn man sie an
dem misst, was sie über die Wirklichkeit explizit zu denken oder zu sagen erlaubt oder verhindert.

In: Deutsche Redens Arten. Zürich 1986, S. 9-42

**1 Geben Sie Beispiele für Sprachveränderungen an, die Sie in den letzten Jahren
beobachten konnten, zum Beispiel Wortneubildungen, Veränderungen im Satzbau, Bedeutungsverschiebungen.**

**2 Weshalb verändert sich Sprache? Denken Sie hierbei insbesondere auch an die
Teilung und Wiedervereinigung Deutschlands. ▷ Vgl. auch: S. 70 f., S. 102,
S. 193, S. 334, S. 344 f. sowie S. 349.**

**3 Welche Veränderungen in der deutschen Sprache werden in den Rechtschreib-
duden aufgenommen? Welche Gründe spielen hierbei eine Rolle? ▷ Kapitel
3.5.2, S. 98 und 102 sowie in der Textsammlung, S. 343.**

*4 Welche Folgen ergeben sich für diejenigen, die sehr stark von der jeweils gelten-
den Sprachnorm abweichen? Welche Gründe gibt es für solche Abweichungen?*

*5 Welche Vorwürfe erhebt Zimmer gegen die Sprachkritik? Welche Argumente
lassen sich gegen seine Auffassung anbringen?*

*6 Diskutieren Sie die These Zimmers „Der Sprachverstoß von heute ist die
Sprachnorm von morgen." Überlegen Sie dabei, inwieweit sich diese Aussage
auch auf andere Lebensbereiche übertragen läßt: „Normverstöße von heute
sind die Normen von morgen."*

⌐ *Peter Bichsel*
└4 Ein Tisch ist ein Tisch

1   Ich will von einem alten Mann erzählen, von einem Mann, der kein Wort mehr sagt, ein müdes
Gesicht hat, zu müd zum Lächeln und zu müd, um böse zu sein. Er wohnt in einer kleinen Stadt, am
Ende der Straße oder nahe der Kreuzung. Es lohnt sich fast nicht, ihn zu beschreiben. Kaum etwas
unterscheidet ihn von andern. Er trägt einen grauen Hut, graue Hosen, einen grauen Rock und im
5   Winter einen langen grauen Mantel, und er hat einen dünnen Hals, dessen Haut trocken und runzelig
ist, die weißen Hemdkragen sind ihm viel zu weit.
Im obersten Stock des Hauses hat er sein Zimmer, vielleicht war er verheiratet und hatte Kinder,
vielleicht wohnte er früher in einer andern Stadt. Bestimmt war ein einmal ein Kind, aber das war zu
einer Zeit, wo Kinder wie Erwachsene angezogen waren. Man sieht sie so im Fotoalbum der
10 Großmutter. In seinem Zimmer sind zwei Stühle, ein Tisch, ein Teppich, ein Bett und ein Schrank.
Auf einem kleinen Tisch steht ein Wecker, daneben liegen alte Zeitungen und das Fotoalbum, an der
Wand hängen ein Spiegel und ein Bild.
Der alte Mann machte morgens einen Spaziergang und nachmittags einen Spaziergang, sprach ein
paar Worte mit seinem Nachbarn, und abends saß er an seinem Tisch.
15 Das änderte sich nie, auch sonntags war das so. Und wenn der Mann am Tisch saß, hörte er den
Wecker ticken, immer den Wecker ticken.
Dann gab es einmal einen besonderen Tag, einen Tag mit Sonne, nicht zu heiß, nicht zu kalt, mit
Vogelgezwitscher, mit freundlichen Leuten, mit Kindern, die spielten – und das Besondere war, dass
das alles dem Mann plötzlich gefiel.
20 Er lächelte.
„Jetzt wird sich alles ändern", dachte er. Er öffnete den obersten Hemdknopf, nahm den Hut in die
Hand, beschleunigte seinen Gang, wippte sogar beim Gehen in den Knien und freute sich. Er kam in
seine Straße, nickte den Kindern zu, ging vor sein Haus, stieg die Treppe hoch, nahm die Schlüssel
aus der Tasche und schloss sein Zimmer auf.
25 Aber im Zimmer war alles gleich, ein Tisch, zwei Stühle, ein Bett. Und wie er sich hinsetzte, hörte
er wieder das Ticken, und alle Freude war vorbei, denn nichts hatte sich geändert.
Und den Mann überkam eine große Wut.
Er sah im Spiegel sein Gesicht rot anlaufen, sah, wie er die Augen zukniff; dann verkrampfte er
seine Hände zu Fäusten, hob sie und schlug mit ihnen auf die Tischplatte, erst nur einen Schlag,
30 dann noch einen, und dann begann er auf den Tisch zu trommeln und schrie dazu immer wieder: „Es
muss sich ändern, es muss sich ändern!"
Und er hörte den Wecker nicht mehr. Dann begannen seine Hände zu schmerzen, seine Stimme ver-
sagte, dann hörte er den Wecker wieder, und nichts änderte sich.
„Immer derselbe Tisch", sagte der Mann, „dieselben Stühle, das Bett, das Bild. Und dem Tisch sage
35 ich Tisch, dem Bild sage ich Bild, das Bett heißt Bett, und den Stuhl nennt man Stuhl. Warum denn
eigentlich?" Die Franzosen sagen dem Bett „li", dem Tisch „tabl", nennen das Bild „tablo" und den

Stuhl „schäs", und sie verstehen sich. Und die Chinesen verstehen sich auch.

„Weshalb heißt das Bett nicht Bild", dachte der Mann und lächelte, dann lachte er, lachte, bis die Nachbarn an die Wand klopften und „Ruhe" riefen.

40 „Jetzt ändert es sich", rief er, und er sagte von nun an dem Bett „Bild".

„Ich bin müde, ich will ins Bild", sagte er, und morgens blieb er oft lange im Bild liegen und überlegte, wie er nun dem Stuhl sagen wolle, und er nannte den Stuhl „Wecker".

Er stand also auf, zog sich an, setzte sich auf den Wecker und stützte die Arme auf den Tisch. Aber der Tisch hieß jetzt nicht mehr Tisch, er hieß jetzt Teppich. Am Morgen verließ also der Mann das

45 Bild, zog sich an, setzte sich an den Teppich auf den Wecker und überlegte, wem er wie sagen könnte.

Dem Bett sagte er Bild. Dem Tisch sagte er Teppich. Dem Stuhl sagte er Wecker. Der Zeitung sagte er Bett. Dem Spiegel sagte er Stuhl. Dem Wecker sagte er Fotoalbum. Dem Schrank sagte er Zeitung. Dem Teppich sagte er Schrank. Dem Bild sagte er Tisch. Und dem Fotoalbum sagte er Spiegel.

50 Also: Am Morgen blieb der alte Mann lange im Bild liegen, um neun läutete das Fotoalbum, der Mann stand auf und stellte sich auf den Schrank, damit er nicht an die Füße fror, dann nahm er seine Kleider aus der Zeitung, zog sich an, schaute in den Stuhl an der Wand, setzte sich dann auf den Wecker an den Teppich und blätterte den Spiegel durch, bis er den Tisch seiner Mutter fand.

Der Mann fand das lustig, und er übte den ganzen Tag und prägte sich die neuen Wörter ein. Jetzt

55 wurde alles umbenannt: Er war jetzt kein Mann mehr, sondern ein Fuß, und der Fuß war ein Morgen und der Morgen ein Mann.

Jetzt könnt ihr die Geschichte selbst weiterschreiben. Und dann könnt ihr, so wie es der Mann machte, auch die anderen Wörter austauschen: läuten heißt stellen, frieren heißt schauen, liegen heißt läuten, stehen heißt frieren, stellen heißt blättern.

60 (…)

Gertraud Middelhauve (Hrsg.): Dichter erzählen Kindern. München 1969, S. 157 ff.

1 *Beschreiben Sie die Veränderungen, die der Mann in seinem Leben vornimmt. Welche Beweggründe hat er für diese Veränderungen?*

2 *Erläutern Sie, was unter „Sprache" zu verstehen ist und was sie leistet.*

3 *Kommen Sie der Aufforderung nach, und finden Sie ein passendes Ende für die Geschichte.*

3.5.2 Mit Nachschlagewerken arbeiten: Beispiel Duden

T5

Konrad Duden

1   **Duden,** Konrad, * Gut Bossigt (= Wesel)
3. Jan. 1829, † Sonnenberg (= Wiesbaden)
1. Aug. 1911, dt. Philologe. – Gymnasial-
lehrer und -direktor in Soest, Schleiz und
5   Bad Hersfeld; trat mit anderen für eine
Vereinheitlichung der Rechtschreibung
ein; mit seinem „Vollständigen orthograph.
Wörterbuch der dt. Sprache" (1880) wurde
D. der Wegbereiter der dt. Einheitsrecht-
10 schreibung.
Duden ®, Warenzeichen für Nachschlagewerke des Bibliographischen Instituts AG,
Mannheim. Der „D." geht zurück auf das
orthograph. Wörterbuch von K. Duden;
15 dieses erschien in der 9. Auflage (1915) an
u. d. T. „Duden. Rechtschreibung der dt.
Sprache und der Fremdwörter".

Meyers großes Taschenlexikon

Inhalt

T6

1   Am 1. Juli 1996 haben in Wien die politischen Vertreter der deutschsprachigen Staaten und weiterer
interessierter Länder eine Gemeinsame Erklärung zur Neuregelung der deutschen Rechtschreibung
unterzeichnet. Damit sind die langjährigen Bemühungen, die darauf gerichtet waren, Erleichterungen
beim Erlernen und bei der Handhabung der deutschen Orthographie herbeizuführen und das amtli-
5   che Regelwerk den heutigen Erfordernissen anzupassen, zu einem guten Ende geführt worden. Um
den Interessen sowohl des Schreibenden als auch des Lesenden nachzukommen und um bei aller
wünschenswerten Vereinfachung keinen Bruch mit der Schreibtradition zuzulassen. Rein linguisti-
sche Lösungen waren ebensowenig erreichbar wir rein pragmatische.

10 In Zukunft wird eine Zwischenstaatliche Kommission für die deutsche Rechtschreibung mit Sitz am
Institut für deutsche Sprache in Mannheim dafür Sorge tragen, dass die Einheitlichkeit der Rechtschreibung im deutschen Sprachraum bewahrt bleibt.

Institut für deutsche Sprache, Sprachreport, Extraausgabe Juli 1996, S. 1.

Unsicherheiten auf den Gebieten der Rechtschreibung und der Zeichensetzung sind jedermann vertraut, und wohl niemand ist in der Lage, sämtliche Ausnahmen und Besonderheiten in diesen Bereichen zu kennen. Deshalb ist es wichtig zu wissen, wo man im Zweifelsfall nachsehen kann und wie man am schnellsten und sichersten die gewünschten Informationen erhält. Die maßgeblichen Regeln für Rechtschreibung und Zeichensetzung findet man in Nachschlagewerken (auch auf CD-ROM).

Lesen Sie zur Reform der deutschen Rechtschreibung, S. 343.

Bussole

formlos); Bur|schi|ko|si|tät, die; -, -en; Bur|se, die; -, -n *(früher für* Studentenheim)
Bürst|chen; Bürs|te, die; -, -n; bürs|ten; Bürs|ten_ab|zug *(Druckw. Probeabzug),* ...bin|der, ...[haar]|schnitt
Bu|run|der *vgl.* Burundier; Bu|run|di (Staat in Afrika); Bu|run|di|er; bu|run|disch
Bür|zel, der; -s, - (Schwanz[wurzel], bes. von Vögeln); Bür|zel|drü|se *(Zool.)*
Bus, der; Busses, Busse *(Kurzform für* Autobus, Omnibus)
¹Busch (dt. Maler, Zeichner und Dichter); die buschschen Gedichte (↑R 94)
²Busch, der; -[e]s, Büsche; Busch|boh|ne; Büsch|chen; Bü|schel, das; -s, -; bü|sche|lig, büsch|lig; bü|scheln *(südd. u. schweiz. für* zu einem Büschel, Strauß zusammenbinden); ich ...[e]le (↑R 16); bü|schel|wei|se; Bu|schen, der; -s, - *(südd., österr. ugs. für* [Blumen]strauß); Bu|schen|schank, *auch* Bu|schen|schen|ke *(österr. für* Straußwirtschaft); Busch|hemd; bu|schig; Busch|klep|per *(veraltet für* sich in Gebüschen versteckt haltender Dieb); büsch|lig, bü|schelig; Busch|mann *Plur.* ...männer (Angehöriger eines in Südwestafrika lebenden Eingeborenenvolkes); Busch...mes|ser *(das; -s),* ...werk *(das; -s),* ...wind|rös|chen
Bu|sen, der; -s, -; bu|sen|frei; Bu|sen_freund, ...freun|din, ...grap|schen *(das; -s; ugs.),* ...grap|scher *(ugs.),* ...star *(ugs.)*
Bus_fah|rer, ...hal|te|stel|le
Bu|shel ['buʃ(ə)l], der; -s, -s ⟨engl.⟩ (engl.-amerik. Getreidemaß); 6 -[s] (↑R 90)
bu|sig *(ugs.);* eine -e Schönheit
Busi|ness ['bɪznɪs], das; - ⟨engl.⟩ (Geschäft[sleben])
bus|per *(südwestd. u. schweiz. mdal. für* munter, lebhaft)
Buß|an|dacht *(kath. Kirche)*
Bus|sard, das; -s, -e ⟨franz.⟩ (ein Greifvogel)
Bu|ße, die; -, -n *(auch für* Geldstrafe); bü|ßen *(schweiz. auch für* jmdn. mit einer Geldstrafe belegen); du büßt; Bü|ßer; Bü|ßer|hemd; Bü|ße|rin
Bus|serl, das; -s, -[n] *(bayr., österr. ugs. für* Kuss)
buß|fer|tig *(Rel.);* Buß|fer|tig|keit, die; -; Buß|geld; Buß|geld|be|scheid; Buß|got|tes|dienst *(kath. Kirche)*
Bus|so|le, die; -, -n ⟨ital.⟩ (Magnetkompass)

Bußprediger

Buß_pre|di|ger, ...sak|ra|ment *(kath. Kirche),* ...tag; Buß- und Bet|tag
Büs|te *[od.* 'by:...], die; -, -n; Büs|ten|hal|ter *(Abk.* BH)
Bus|ti|er [bys'tje:], das; -s, -s ⟨franz.⟩ (miederartig anliegendes, nicht ganz bis zur Taille reichendes Damenunterhemd ohne Ärmel)
Bust|rophe|don (↑R 130 *u.* 132), das; -s ⟨griech.⟩ (Art des Schreibens, bei der die Schrift abwechselnd nach rechts u. nach links läuft [in alten Inschriften])
Bu|su|ki, die; -, -s ⟨ngriech.⟩ (griech. Lauteninstrument)
Bu|ta|di|en, das; -s *(Chemie* ungesättigter gasförmiger Kohlenwasserstoff); Bu|tan, das; -s ⟨griech.⟩ (gesättigter gasförmiger Kohlenwasserstoff); Bu|tan|gas (Heiz- u. Treibstoff)
bu|ten *(nordd. für* draußen, jenseits [der Deiche)]
Bu|ti|ke *vgl.* Budike, Boutique
But|je|di|n|gen (Halbinsel zwischen der Unterweser u. dem Jadebusen)
But|ler ['batlə(r)], der; -s, - ⟨engl.⟩ (Diener in vornehmen [engl.] Häusern)
Bu|tor [by'tɔːr] (franz. Schriftsteller)
But|scher *vgl.* Buttje[r]
Buts|kopf (Schwertwal)
Butt, der; -[e]s, -e *(nordd. für* Scholle)
Bütt, die; -, -en *(landsch. für* fassförmiges Vortragspult für Karnevalsredner); in die - steigen; Büt|te, die; -, -n *(südd. u. österr. für* Bütte); Büt|te, die; -, -n (wannenartiges Gefäß)
But|tel *vgl.* Buddel
Büt|tel, der; -s, - *(veraltend, noch abwertend für* Ordnungshüter, Polizist)
Büt|ten, das; -s *(zu* Bütte) (Papierart); Büt|ten_pa|pier, ...re|de
But|ter, die; -; But|ter_berg *(ugs.),* ...bir|ne, ...blu|me, ...brot; But|ter|brot|pa|pier; But|ter|creme, But|ter|krem; But|ter|do|se; But|ter|fahrt *(ugs. für* Schifffahrt mit der Möglichkeit, [zollfrei] billig einzukaufen); But|ter|fass
But|ter|fly ['batə(r)flaɪ], der; -s ⟨engl.⟩, But|ter|fly|stil, der; -[e]s *(Schwimmsport* Schmetterlingsstil)
But|ter|ge|bäck; But|ter|ge|ba|cke|ne, das; -n ↑R 5 ff.; but|ter|gelb; but|ter|ig, but|trig; But|ter|kä|se; But|ter|krem, But|ter_ku|chen,

...milch; but|tern; ich ...ere (↑R 16); But|ter|stul|le *(nordd. ostd.);* but|ter|weich
Butt|je[r], Bu|t|scher, der; -s, -s *(nordd. für* Junge, Kind)
Bütt|ner *(landsch. für* Böttcher)
But|ton ['bat(ə)n], der; -s, -s ⟨engl.-amerik.⟩ (runde Ansteckplakette)
but|trig, but|te|rig
Bu|tyl|al|ko|hol ⟨griech.; arab.⟩ (chem. Verbindung); Bu|ty|ro|me|ter, das; -s, - ⟨griech.⟩ (Fettgehaltmesser)
Butz, der; -en, -en *vgl.* ¹Butze; Bütz|chen *(rhein. für* Kuss); ¹But|ze, die; -, -n *(nordd. für* Kobold; Knirps); ²But|ze, die; -, -n *(nordd. für* Verschlag, Wandbett); But|ze|mann *Plur.* ...männer *(svw.* Kobold, Kinderschreck); büt|zen *(rhein. für* küssen); But|zen, der; -s, - *(landsch. für* Kerngehäuse; Verdickung [im Glas]; *Bergmannsspr.* unregelmäßige Mineralanhäufung im Gestein); But|zen|schei|be (in der Mitte verdickte [runde] Glasscheibe)
Büx, die; -, Büxen *u.* Bu|xe, die; -, Buxen *(nordd. für* Hose)
Bux|te|hu|de (Stadt südwestl. von Hamburg); *auch in Wendungen wie* aus - *(ugs. scherzh. für* von weit her) sein
Buy-out ['baɪaʊt] (↑R 28), das; -s, -s *(kurz für* Management-Buy-out)
Bu|zen|taur, der; -en, -en (↑R 126) ⟨griech.⟩ (Untier in der griech. Sage; Prunkschiff der Dogen von Venedig); *vgl.* Bucintoro
BV = [schweizerische] Bundesverfassung
BVG = Berliner Verkehrs-Betriebe *(früher* Berliner Verkehrs-Gesellschaft); Bundesversorgungsgesetz
b. w. = bitte wenden!
BWV = Bach-Werke-Verzeichnis *(vgl. d.)*
bye-bye! ['baɪˈbaɪ] ⟨engl.⟩ *(ugs. für* auf Wiedersehen!)
By|pass ['baɪpas], der; -, ...pässe ⟨engl.⟩ *(Med.* Überbrückung eines krankhaft veränderten Abschnittes der Blutgefäße); By|pass_ope|ra|ti|on (↑R 132)
By|ron ['baɪrən] (engl. Dichter)
Bys|sus, der; - ⟨griech.⟩ (feines Gewebe des Altertums; *Zool.* Haftfäden mancher Muscheln)
Byte [baɪt], das; -, -[s], -[s] ⟨engl.⟩ *(EDV* Zusammenfassung von acht Bits)
By|zan|ti|ner (Bewohner von Byzanz; *veraltet für* Kriecher, Schmeichler); by|zan|ti|nisch; -e

Duden „Rechtschreibung der deutschen Sprache". Bd. 1. Mannheim u. a. 1996, S. 183 f.

Wie in jedem Nachschlagewerk, das möglichst viele Informationen in gedrängter, platzsparender Form vermittelt, finden sich auch im Duden viele **Abkürzungen**. Beispiele für einige verwendete Abkürzungen ($\triangleright$ Kapitel 6.2.2, S. 216, „Exkurs: Abkürzungen"):

ugs.   = umgangssprachlich   *bes.*   = besonders
mdal. = mundartlich   *Med.*   = Medizin

Einige Abkürzungen sind durch Anhängen der Nachsilbe -isch zu erklären und hier nicht weiter aufgeführt:

engl.   = englisch

1 Suchen Sie weitere Abkürzungen heraus und schreiben Sie ihre vollständige Bedeutung auf. (Ziehen Sie gegebenenfalls die Erläuterungen des Dudens auf den Seiten 16 f. hinzu.)

2 Lesen Sie in der Textsammlung auf S. 346 den Text „Die Komik des Kürzels". Erläutern Sie, um welche Problematik es in dem Text geht und auf welche Weise dies sprachlich verdeutlicht wird.

Der Rechtschreibduden stellt kein vollständiges deutsches Wörterbuch dar; **Fremdwörter** und **Fachausdrücke,** die dort nicht erfasst sind, muss man in Fachlexika und im Fremdwörterduden nachschlagen.

Die folgenden Beispiele zum Verb und zum Substantiv verdeutlichen, wie der Rechtschreibduden zu „lesen" ist.

Im Duden steht:

> **grei|fen;** du griffst; gegriffen; greif[e]!; um sich greifen; ($\uparrow$ R 50:) zum Greifen nahe

Bedeutung:

Der senkrechte Strich dient zur Angabe der Silbentrennung. Der untergesetzte Strich kennzeichnet die lange betonte Silbe.

Da es sich um ein starkes unregelmäßiges Verb handelt, werden folgende Formen angegeben:

– die 2. Person Singular Indikativ des Präteritums du griffst ,

– das Partizip II gegriffen ,

– der Singular des Imperativs greif[e]! .

> **R 50** Substantivisch gebrauchte **Infinitive (Grundformen)** werden großgeschrieben ‹§ 57 (2)›.
>
> *das Ringen, das Lesen, das Schreiben, [das] Verlegen von Rohren, im Sitzen und Liegen, zum Verwechseln ähnlich, lautes Schnarchen.*

Es folgen die unterschiedlichen Worterklärungen, hier mit der Besonderheit, dass die Wendung zum Greifen nahe in den Richtlinien zur Rechtschreibung, Zeichensetzung und Formenlehre unter der Nummer 50 erläutert wird.

Im Duden steht:

> **Di|a|log**, der; -[e]s, -e <griech.>
> (Zwiegespräch; Wechselrede);

Bedeutung:

Der senkrechte Strich dient zur Angabe der Silbentrennung; der Strich unter dem o kennzeichnet die lange betonte Silbe.

Folgende Beugungsendungen werden zu dem Substantiv angegeben:
– der bezeichnet den Artikel,
– -[e]s gibt den Genitiv Singular an,
– -e steht für den Nominativ Plural.

Es folgen in Winkelklammern die Angabe zur Herkunft des Wortes sowie in runden Klammern die Worterklärungen.

1 *Der Rechtschreibduden gibt nicht nur Auskunft darüber, wie ein Wort geschrieben wird. Listen Sie auf, welche weiteren Angaben zu den Stichwörtern gegeben werden. Warum sind einige Wörter und Hinweise rot gedruckt?*

2 *Erarbeiten Sie nach den oben angeführten Beispielen die Angaben des Rechtschreibdudens zu einem Adjektiv Ihrer Wahl.* ▷ *S. 192 ff.*

3 *Arbeiten Sie mit dem Duden; vgl. dazu das Beispiel für eine Seite aus dem Duden im Lehrbuch, S. 98:*
  a) Listen Sie auf, was Sie über folgende Wörter erfahren:
      Bus, büßen, Busuki, bye-bye!, Buttel, Byte, Bypass, Business?
  b) Erläutern Sie die folgenden Abkürzungen: BV, BVG, b. w.
  c) Trennen Sie folgende Wörter: Buttergebackene, Business, buttrig, Butzenscheibe, Büste.
  d) Suchen Sie den Artikel zu: Byte, Buzentaur, Butze, Bütten.
  e) Bilden Sie den Plural zu: Buschmann, Bus, Bypass, Butler, Busserl, Butter.
  f) Wie spricht man folgende Wörter aus: Bypass, Byron, Button, Bussard, Bustier?
  g) Aus welcher Sprache kommen die Wörter: Busuki, Butan, Bussole, busper, Bussard?
  h) Welche Worterklärungen gibt der Duden zu: buten, Bussole, Büx, Butadien, Butterflystil, Byte, Buschen, Butylalkohol, Bürzel, Byssus, Buy-out?
  i) Wie werden folgende Wörter betont: Buxe, Büttel, Buß- und Bettag, Byzanz?
  j) Wie lautet der Genitiv Singular von: Butter, Buy-out, Butt, Busch, Butterflystil, Bypass, Buße?
  k) Weshalb ist das Stichwort „Busch" zweimal aufgeführt?

4 *Sie haben mit dem Rechtschreibduden gearbeitet: Welche Erklärungen sind für Sie unklar geblieben? Welche Angaben halten Sie für überflüssig, welche haben Sie vermisst? Begründen Sie Ihre Ansicht jeweils.*

5 *Chauffeur, Genie, Rhythmus – Sie hören diese Wörter und wollen nun die Schreibweise nachschlagen. Welche Probleme ergeben sich dabei möglicherweise? Welche Schlussfolgerung ziehen Sie aus diesen Beispielen?*

6 *Lesen Sie den Text „die wandlung", S. 347. Zeigen Sie die Verstöße gegen die Rechtschreibung auf. Warum wurden diese von der Autorin gewählt?*

„Finden Sie die Fehler?"

In der Zeitung „Die Zeit" erschien 1989 in dem Artikel „Die Rechtschreibung – Plädoyer für eine Reform der Orthographie" von Dieter E. Zimmer der im Folgenden abgedruckte Fehlertext. Er sollte verdeutlichen, wie schwierig und unlogisch manche Rechtschreibregeln sind.

Üben Sie anhand des folgenden Textes den Umgang mit einem Nachschlagewerk an „schwierigen Fällen". Sind diese Fälle nach der Rechtschreibreform 1996 beseitigt worden? Lesen Sie auch T6, S. 97 und S. 343.

8

1. Irgendjemand fletzte sich auf dem Divan neben dem Büffett, ein Anderer räckelte sich rhytmisch auf der Matraze, ein Dritter plantschte im Becken.

2. Man stand schlange und Kopf, lief Ski und Eis, sprach Englisch, und wer Diät gelebt und Haus gehalten hatte, hielt jetzt Hof.

3. Auf gut Deutsch heißt das, die lybische Firma hat pleitegemacht, aber die selbstständigen Mitarbeiter konnten ihre Schäfchen ins Trockene bringen.

4. Alles Mögliche deutet daraufhin, daß sich etwas ähnliches wiederholen wird, obwohl alles Erdenkliche getan wurde, etwas derartiges zu verhindern und alles zu anulieren.

5. In einem nahegelegenen Haus fand sich das nächst gelegene Telefohn, im Portemonaie der nummerierte Bong.

6. Im Zenith ihres Rums wagten sie die Prophezeihung, man werde trotz minutiöser Prüfung weiter im Dunkeln tappen und aufs beste hoffen, in soweit werde alles beim Alten bleiben.

7. Auch wer aufs ganze geht und überschwänglich sein bestes tut, tut manchmal Unrecht, hält es aber gern für rechtens.

Die Zeit vom 03.11.1989

8. Er war stattdessen bemüht, den zugrunde liegenden Konflikt – also den Konflikt, der ihrem Dissenz zugrundeliegt und allen Angst macht – zu entscherfen, und infolge dessen kam er mit allen ins Reine.

9. Wie keine Zweiter hat sich der Diskutand dafür starkgemacht. auch die weniger brillianten Reflektionen der Coryphähen ernstzunehmen.

10. Daß es nottut, alles wieder instandzusetzen, darf ein Einzelner nicht infrage stellen.

Worttrennungen: Exa-men; Ex-otik; Hek-tar; ig-no-riert; Lan-dau-er; Li-no-le-um; Psy-chi-a-ter; Psych-olo-ge; pä-da-go-gisch; pä-do-phil; Pä-de-rast; Sow-jet; Sy-no-nym.

Diesen Text haben wir einige Male diktiert. Das Experiment ging aus wie erwartet. Niemand konnte ihn fehlerfrei schreiben. (...)

Haben Sie noch Fragen zur Rechtschreibung? Anfragen beantwortet u.a. Institut für deutsche Sprache, Postfach 10 16 21, 68016 Mannheim, Tel. 06 21/15 81-0.

Betr.: nds vom 27.10.1992
Rechtschreibreform, S. 7/das-dass

Ich glaube nicht, *dass das „dass"* durch *das „das"* so einfach ersetzt werden kann. Vielmehr bin ich der Meinung, *dass das „das", das das „dass"* ersetzen soll, als Artikel bestehen bleiben sollte, und *dass das „dass",* das aus der Orthographie verschwinden soll, seinen Platz als Konjunktion behält.

Margret Brünke, Heiligenhaus

nds 22/1992, S. 36

Der Duden und seine Geschichte

9

[Faksimile einer Dudenseite in Fraktur, Spaltenüberschrift:] **Burgverlies]** — 70 —

[Zweispaltiger Wörterbucheintrag in Frakturschrift von Burg-verlies bis Butjadingerland]

Duden. Rechtschreibung der deutschen Sprache und der Fremdwörter.
Leipzig 1926, S. 70

[Faksimile eines Frakturausschnitts, Stichwort:] **Bureau¹** (Schreibtisch; Amts-, Geschäftszimmer) u.; -s, -s² ‖ **Bureau-assistent** (Amtsgehilfe), -diener (Kanzleidiener), -materialien (Dienstbedarf) Mz., -utensilien (Amtsgerät) Mz. u.sw.‖ Bureaustrat (Beamter,

¹ Die Schreibung »Büro« ist nicht gestattet, da sie der Einbürgerung des ganz entbehrlichen Fremdwortes Vorschub leisten würde.
² Ö. als gleichberechtigt auch: -s.

Duden. Leipzig 1926, S. 69

Bü|ro, das; -s, -s ⟨franz.⟩; Bü|ro-
_an|ge|stell|te, ...ar|beit, ...be-
darf, ...ge|hil|fe, ...ge|hil|fin,
...ge|mein|schaft, ...haus,
...kauf|frau, ...kauf|mann,
...klam|mer; Bü|ro|krat, der; -en,
-en (↑ R 126); Bü|ro|kra|tie, die;
-, ...ien; bü|ro|kra|tisch; bü|ro-
kra|til|sie|ren; Bü|ro|kra|ti|sie-
rung; Bü|ro|kra|tis|mus, der; -
(abwertend für bürokratische Pe-
danterie); Bü|ro|kra|ti|us, der; -
(scherzh. Personifizierung des Bü-
rokratismus); heiliger -!; Bü|ro-
|ist, der; -en, -en (schweiz. veral-
tend für Büroangestellter); Bü|ro-
_ma|te|ri|al, ...mensch (ugs.),
...mö|bel, ...schluss (der; -es),
...zeit

Der Duden. Bd. 1. Mannheim 1996, S. 183

1 *Der Duden erscheint im Abstand von mehreren Jahren in jeweils neuer Auflage. Begründen Sie, warum dies so ist, indem Sie die Schreibweise des Wortes „Büro" 1926 und 1996 vergleichen.*

2 *Vergleichen Sie die auf S. 98 abgedruckte Dudenseite aus dem Jahr 1996 mit der Seite aus dem Duden von 1926. Suchen Sie aus den Beispielseiten der beiden Ausgaben Wörter heraus, die Veränderungen in der Sprache und im Sprachgebrauch deutlich machen. Berücksichtigen Sie dabei:*

a) Welche Stichwörter sind hinzugekommen, welche sind weggefallen?

b) Bei welchen Wörtern hat sich die Schreibweise geändert? Begründen Sie diese Veränderungen.

c) Welche Wörter wurden aufgrund der Rechtschreibreform 1996 verändert? Nach welchen Regeln erfolgten die Veränderungen?

Regeln zur Groß- und Kleinschreibung

In fast allen Sprachen ist die Groß- und Kleinschreibung völlig unproblematisch, da mit Ausnahme der Eigennamen und Satzanfänge alles klein geschrieben wird. Anders im Deutschen: hier gibt es die grundsätzliche Regel, dass alle Substantive groß geschrieben werden. Darüber hinaus können einige Wortarten, die gewöhnlich klein geschrieben werden, substantiviert, das heißt wie ein Substantiv gebraucht werden. Solche substantivierten Wortarten werden ebenfalls groß geschrieben.

Tipp: Schlagen Sie in Zweifelsfällen in entsprechenden Rechtschreibwerken wie zum Beispiel dem Duden nach.

❏ **Groß schreibt man:**

am Satzanfang:	Der Garten sieht sehr gepflegt aus.
nach Doppelpunkt, sofern ein ganzer Satz folgt:	Tipp: Schlagen Sie im Duden nach.
nach Anführungszeichen der wörtlichen Rede:	Er sagte: „Das ist nicht wahr."
die Höflichkeitsanrede *Sie* und *Ihr* und ihre flektierten Formen:	Haben Sie schon gewählt? Hat es Ihnen geschmeckt?
alle Substantive; dazu zählen auch – Eigennamen und Titel – Substantive in Verbindung mit einer Präposition oder einem Verb: – Bezeichnungen für Tageszeitungen in Verbindung mit den Adverbien *heute, (vor)gestern, (über)morgen* – substantivische Zusammensetzungen von Wochentag und Tageszeit	Haus, Kind, Verständnis Peter, Köln, Friedrich der Große in Bezug auf, im Grunde, in Bälde außer Acht lassen, in Kauf nehmen, Rad fahren, Maschine schreiben heute Mittag, gestern Abend, morgen Nachmittag Dienstagabend

alle substantivierten Wortarten:

Substantivisch gebrauchte	Beispiele
❏ *Verben*	Das Laufen hat ihn erschöpft. Er hörte das Rufen.
❏ *Adjektive,* dazu zählen auch	Er fuhr bei Rot über die Kreuzung.
	Das Folgende wurde verabredet. Wir haben das einzig Richtige getan. Im Großen und Ganzen steht das Projekt.
– adjektivisch gebrauchte Partizipien in festen Wortgruppen	Er hielt uns auf dem Laufenden. Jung und Alt kamen.
– Ordnungszahladjektive	Der Bericht traf ins Schwarze. Im Allgemeinen hast du Recht.
– unbestimmte Zahl- adjektive	Er war wie üblich der Letzte. Wer ist der Nächste? Alles Übrige erzähle ich morgen. Jeder Einzelne war gefordert.
❏ *Adverbien*	Eines Morgens war sie weg. Das Hier und Jetzt ist wichtig.
❏ *Präpositionen*	Das Für und Wider interessierte ihn nicht.
❏ *Pronomen*	Er hatte das gewisse Etwas. Ein gewisser Jemand tauchte dort auf.
❏ *Numerale*	Sie erbte ein Achtel des Vermögens.
❏ *Konjunktionen*	Das Als-ob störte ihn. Es kommt auf das Wie an.

Mit Hilfe der **Artikelprobe** lassen sich substantivierte Wortarten häufig leichter erkennen.

Im Raum herrschte betretenes *Schweigen*. / *das betretene Schweigen*

Er lachte, *als ob* es sich um einen Witz handelte. / *Artikelprobe nicht möglich, daher Kleinschreibung*

❏ Klein schreibt man:

die vertraulichen Anredepronomen *du* und *ihr* mit den zugehörigen Formen auch im Brief
Wie ich dir bereits in meinem letzten Brief schrieb, komme ich euch bald besuchen.

Adjektive in festen Fügungen aus Adjektiv und Substantiv
das schwarze Brett, die erste Hilfe, der schwarze Tod, der grüne Punkt

Ableitungen von Personennamen
die platonischen Schriften, das ohmsche Gesetz

ehemalige Substantive, die wie Wörter anderer Wortarten gebraucht werden:

Ehemaliges Substantiv	Beispiele
als *Adverb*	abends, anfangs, teils, mitten, dienstags, rechtens
als *Präposition*	kraft, laut, statt, angesichts, aufseiten
als *Pronomen*	ein bisschen (= ein wenig), ein paar (= einige)

Zum Einprägen:

Nur noch in Verbindung mit den Verben *sein, bleiben* und *werden* schreibt man *Angst, Bange, Gram, Leid, Schuld,* und *Pleite* klein:

Er ist schuld daran. *Aber:* Er hat Schuld daran. Mir wird angst. *Aber:* Ich bekomme Angst.

1 *Entscheiden Sie über Groß- und Kleinschreibung in den folgenden Sätzen:*

  a) Das für und wider der quotenregelung wird nach wie vor heftig diskutiert.

  b) Als einziger hat er sie ohne wenn und aber akzeptiert.

  c) Eines morgens wachte er auf und dachte, daß nicht viel bedeutendes in seinem leben passiert war.

  d) Wenig erfreuliches konnte sie vom vergangenen jahr berichten, aber für das neue jahr hoffte sie im stillen auf besserung.

  e) Von früh bis spät lag er im bett, denn das bewegen der beine fiel ihm noch schwer.

  f) Noch tappte er im dunkeln, doch hoffte er sehr, ins schwarze zu treffen.

  g) Das meiste aus deinem Brief, den ich spät abends gelesen habe, war mir anfangs unverständlich, so daß ich ihn immer aufs neue lesen mußte.

2 *Entscheiden Sie über die Groß- und Kleinschreibung der folgenden in Klammern gesetzten Buchstaben, und begründen Sie Ihre Entscheidung jeweils:*

  a) Er zieht alles ins (l,L)ächerliche, auch wenn es sich um etwas (e,E)rnstes handelt.

  b) Mit der (d,D)eutschen Bundesbahn fuhr er zum (s,S)tuttgarter Hauptbahnhof und von dort in die (f,F)ranzösischen Alpen.

  c) Meine Schwester lernt (s,S)chwimmen.

  d) Der Ball geriet ins (a,A)us, aber die (e,E)lf gab sich noch nicht geschlagen.

  e) Sie war aufs (ä,Ä)ußerste erregt, da über (k,K)urz oder (l,L)ang eine Entscheidung fallen mußte.

  f) Im (f,F)olgenden finden (s,S)ie eine Aufstellung über die finanzielle Lage (u,U)nseres Unternehmens.

3.5.3 Stilistik

> ### Richtiges Deutsch und guter Stil
> ■ ein **schweres** Kapitel?   ■ ein **schwieriges** Kapitel!

BRÄUNUNGSSTUDIO
ev. mit Geschäftsführerin zu verkaufen. Tel. ...
Badische Zeitung

*

Sie finden liebevolle Aufnahme, gute Betreuung, Zimmer mit Dusche, WC an der Mosel, Nähe Cochem.
Liboriusblatt

Wir bitten unseren lieben Verstorbenen am Mittwoch, dem 13. Januar 19 .., um 14 Uhr auf dem Friedhof Dillenburg zur letzten Ruhe.
Haiger Zeitung

*

Das Hallen Ozonbad mit Sauna und Massagen ist wegen Eröffnung geschlossen.
Badische Neueste Nachrichten

Unsachlich

P. P.

Hiermit gestatte ich mir, Sie ganz ergebenst darauf aufmerksam zu machen, daß ich ein vorzüglich assortiertes Lager von Haushaltungsartikeln unterhalte und Ihnen mit jedem zum Haushalt benötigten Gegenstand dienen kann. Ich verfolge das Prinzip, durch gute und preiswerte Waren das vollkommene Vertrauen und die Zufriedenheit meiner verehrten Kundschaft zu gewinnen.
Indem ich bei Bedarf in einschlägigen Artikeln um Ihren gütigen Zuspruch bitte, empfehle ich mich Ihnen und zeichne
Mit vorzüglicher Hochachtung
Unterschrift

Bruno Betcke: Sachliche Briefwerbung. Berlin 1936, S. 10

Der **eigene Stil** lässt den Einzelnen aus der Masse hervortreten, positiv oder negativ, gewünscht oder unbeabsichtigt. Dies gilt zum Beispiel im Hinblick auf Kleidung (▷ Kapitel 3.1, S. 72 f. sowie in der Textsammlung, S. 298 f.), Wohnungseinrichtung oder Lebensweise. Stil als „Lebensstil" bedeutet hier die halb bewusst, halb unbewusst geprägte, alle Ausdrucksweisen und Lebensgewohnheiten durchziehende Form des persönlichen Lebens eines Menschen oder auch einer Gruppe.

Stil bezeichnet daneben auch die **Eigenart der sprachlichen oder künstlerischen Ausdrucksweise,** wie sie beispielsweise im Schreiben sichtbar wird. So zeichnen sich Autoren fiktionaler Texte oft gerade durch den eigenen, charakteristisch-unverwechselbaren Stil aus (▷ S. 11, Text 12). Andere Beispiele sind Liebesbriefe oder Urlaubsgrüße, die in einem von der Persönlichkeit des Schreibenden geprägten Stil formuliert sind.

Was **guter Stil** ist, darüber gehen in all den geschilderten Beispielen die Meinungen meist auseinander, denn in fiktionalen und in kommentierenden Texten ebenso wie in persönlichen Mitteilungen steht zunächst der eigene Stil, die Subjektivität des sich Mitteilenden, im Vordergrund, und erst an zweiter Stelle kommt der Adressat ins Spiel.

Anders im **öffentlichen Sprachgebrauch:** Auch hier ist zwar teilweise eigener Stil gefordert und wichtig, aber zugleich gelten verbindliche Regeln für Rechtschreibung, Zeichensetzung und Grammatik. Zwar gibt es für den „guten Stil" auch hier keine verbindlichen Normen. Dennoch haben sich in der heutigen Sprachgemeinschaft verschiedene allgemein akzeptierte Grundregeln für den offiziellen Sprachgebrauch herausgebildet. Verstößt jemand gegen diese Regeln, kann sich dies für ihn – etwa im Falle eines fehlerhaften Bewerbungsschreibens – nachteilig auswirken, während umgekehrt die Beachtung solcher Regeln häufig zum Erfolg beitragen kann. Dies gilt beispielsweise für den Schriftverkehr mit Behörden, Versicherungen oder Lieferanten, für eine Facharbeit oder für Diskussionsbeiträge und andere Texte, die in der Schule abgefasst werden.

Wie sich die gesamte Sprache im Laufe der Zeit verändert, so verändert sich auch das Sprachempfinden hinsichtlich dessen, was „guter Stil" ist (▷ S. 94). Die nachfolgenden Stilempfehlungen, von denen in begründeten Ausnahmefällen durchaus abgewichen werden kann und sollte, geben Hinweise auf häufig vorkommende Stil„fehler" (im Sinne von „schlechtem Stil") und machen auf einige gängige Verstöße gegen die Sprachnorm aufmerksam.

Übersicht über Stilfehler und Verstöße gegen die Sprachnorm

Nicht so ...	sondern so ...	weil ...
❏ *telefonischer Anruf* ❏ *Die durchgeführte Untersuchung ...* ❏ *Das neu renovierte Haus*	❏ Anruf ❏ Die Untersuchung ... ❏ Das Gebäude wird renoviert.	Doppelbezeichnung
❏ *Wir benachrichtigen Sie schon heute, um die Vorbereitungen rechtzeitig treffen zu können.* ❏ *Wir können die Ware noch preiswerter anbieten.*	❏ Wir benachrichtigen Sie schon heute, damit Sie die Vorbereitungen rechtzeitig treffen können. ❏ ... ? ...	Mehrdeutigkeitsfehler: ❏ Wer soll die Vorbereitungen treffen? ❏ Ist das Anbieten oder die Ware preiswerter?
❏ *Beiliegend schicke ich Ihnen Ihre Bewerbungsunterlagen zurück.* ❏ *Die am Wochenende stattgefundene Versammlung hat die Sachlage geklärt.*	❏ In der Anlage ... ❏ Die am Wochenende durchgeführte ...	falsch gebrauchtes Partizip (Mittelwort): da es stellvertretend für einen ganzen Satz steht, müssten Haupt- und Nebensatz dasselbe Subjekt haben: Indem ich beiliege, schicke ich Ihnen ....
❏ *Der Betrag wird morgen zur Auszahlung gelangen.* ❏ *Sie können hier in Ruhe Ihre Einkäufe tätigen.* ❏ *Können Sie den Nachweis erbringen, dass ...*	❏ Der Betrag wird morgen ausgezahlt. ❏ Sie können hier in Ruhe einkaufen. ❏ Können Sie nachweisen, dass ...	unnötige Substantivierung; Verbalstil ist nicht so steif wie Nominalstil

Nicht so ...	sondern so ...	weil ...
❏ Ich würde Sie bitten ... ❏ Darf ich Sie höflichst darauf hinweisen, dass ... ❏ Wir haben Ihren Brief dankend erhalten.	❏ Ich bitte Sie ... ❏ Ich weise darauf hin, dass ... ❏ Wir haben Ihren Brief erhalten.	übertriebene Höflichkeitsfloskeln und überflüssige Wiederholungen
❏ Die Bezahlung erfolgt durch Überweisung. ❏ Er verfügt über großes Fachwissen.	❏ Der Betrag wird überwiesen. ❏ Er hat großes Fachwissen.	Füllwörter mit wenig Aussagekraft (darstellen, bedeuten, erfolgen , ...)
❏ Wegen Zeitmangel muss ich den Termin absagen.	❏ Wegen Zeitmangels ...	Nach „wegen" steht der Genitiv.
❏ das meistgelesenste Buch ❏ schnellstmöglichst ❏ einzigste	❏ das meistgelesene Buch ❏ schnellstmöglich ❏ einzige	doppelte oder falsche Steigerung
❏ Ich habe die Zahlung überwiesen. ❏ Der Betrag ist am 15. Mai zahlbar. ❏ Die Rechnung ist in drei Raten fällig.	❏ Ich habe den Betrag überwiesen. ❏ Der Betrag ist am 15. Mai fällig. ❏ Die Rechnung ist in drei Raten zahlbar.	falsche Wortwahl/grammatikalische Fehler
❏ Scheinbar wird das Wetter besser. ❏ Die Zeit stand anscheinend still.	❏ Anscheinend wird das Wetter besser. ❏ Die Zeit stand scheinbar still.	anscheinend = wahrscheinlich, häufig scheinbar = nicht in Wirklichkeit
❏ Schlechtes Wetter können wir jetzt nicht gebrauchen. ❏ Ich brauche die Einkaufstüte meist mehrmals.	❏ Schlechtes Wetter können wir jetzt nicht brauchen. ❏ Ich gebrauche die Einkaufstüte meist mehrmals.	brauchen – gebrauchen
❏ Ich bin älter wie du, aber genauso lange wie du an dieser Schule.	❏ Ich bin älter als du, aber genauso lange wie du an dieser Schule.	als = bei Ungleichheit wie = bei Gleichheit
❏ Kannst du das Fenster offen machen? ❏ Die Tür stand weit auf.	❏ Kannst du das Fenster aufmachen? ❏ Die Tür stand weit offen.	auf = bei Bewegung offen = bei einem Zustand
❏ Das ist sozusagen richtig. ❏ Wir sind raummäßig beengt. ❏ Dies hat eine enorme Geldaufwendung zur Folge.	❏ Das ist richtig ❏ Wir haben zu wenig Räume. ❏ Dies wird sehr teuer.	Floskeln, überflüssige Redewendungen, Modewörter, umgangssprachliche Ausdrücke
❏ Diesbezüglich kann ich nur sagen, dass ich morgen anrufen werde. ❏ Ich komme zwecks Terminabsprache vorbei.	❏ Ich werde morgen anrufen. ❏ Ich komme vorbei, um einen Termin abzusprechen.	„steife", „verstaubte" Wörter, Papierdeutsch

---

Regeln für die Gestaltung des sprachlichen Ausdrucks

❏ *Schreiben Sie:*   klar, deutlich, eindeutig, anschaulich, adressatengerecht
❏ *Beachten Sie:*   die Normen zu Rechtschreibung, Grammatik und Zeichensetzung
❏ *Vermeiden Sie:*   Überflüssiges, Floskeln, übertriebene Höflichkeiten, umgangssprachliche Ausdrücke, überlange Sätze, unnötige Fremdwörter und Fachausdrücke

---

1 *Stellen Sie mögliche Sprachverstöße fest und verbessern Sie die folgenden Sätze:*

1. Wegen Umbau ist der Betrieb geschlossen.
2. Die Einrichtung wurde meistbietend versteigert.
3. Der Betrag ist längst bezahlt.
4. Der Kaufpreis ist bei Lieferung zahlbar.
5. Die Ware ist gestern herausgegangen.
6. Beiliegend erhalten Sie die angeforderten Prospekte.
7. In Beantwortung Ihres Schreibens vom 12.12. d. J. teilen wir Ihnen mit, dass die bestellten Hocker am 22.12. abgeholt werden können.
8. Ein Großteil der von uns ausgegebenen Automatenkarten verliert in Kürze ihre Gültigkeit.
9. Der uns hierbei betroffene Verlust ist sehr groß.
10. Wegen diesem Zwischenfall müssen wir Ihnen kündigen.
11. Die Verpflichtung auf Warenabnahme besteht nach wie vor.
12. Das kommt daher, weil die Anschrift falsch geschrieben war.

Verlag der Reform

BUCHVERLAG

Sehr geehrter Herr BÖNG!

Wir können Ihnen die für Sie sicher sehr erfreuliche Nachricht machen, dass wir Ihr eingereichtes Manuskript in Kürze als Taschenbuch veröffentlichen wollen. Zur Vermeidung von Missverständnissen müssen wir Sie jedoch bitten, einen anderen Titel als „Der Urinstinkt" zu wählen.

Mit freundlichen Grüßen

Hans Mayer

13. Wann kann die Benachrichtigung erfolgen?
14. Die neue Satzung wird anlässlich der Jahreshauptversammlung in Vorschlag gebracht.
15. Wir dürfen Sie hiermit höflichst bitten, die Überweisung umgehend vorzunehmen.
16. Wir bitten baldmöglichst um Ihre Rückantwort.
17. Der Vertrag erlischt ab 1. Januar.
18. Den Restbetrag haben wir Ihnen zur Gutschrift gebracht.
19. Wir haben Ihre Meldung in Vormerkung genommen.
20. Größere Mengen gebrauchen wir zur Zeit nicht.
21. Wir werden Ihnen eine Benachrichtigung zugehen lassen.
22. Die Straße, die durch das Hochwasser, das nach den schweren Regenfällen, die mit der Schneeschmelze zusammengetroffen waren, gewütet hatte, stark in Mitleidenschaft gezogen wurde, ist nun wieder ausgebessert.
23. Er brachte den Wagen in die Werkstatt, um repariert zu werden.
24. Die am 20. Mai gelieferten Waren sind noch nicht beglichen.
25. Der wievielste Besucher war das?
26. Ein ähnliches Unwetter erlebten wir vor etwa genau drei Jahren.

2 *Lesen Sie auf S. 347 den Text „Alles klar?". Klären Sie die Fachbegriffe und „übersetzen" Sie den Text. Wo gibt es möglicherweise Probleme?*

4

Sich ausdrücken und mitteilen in Alltag und Beruf

4.1 Das Gespräch

4.1.1 Aufgaben und Merkmale des Gesprächs

> Gesagt ⟶ bedeutet noch lange nicht gehört.
>
> Gehört ⟶ bedeutet noch lange nicht verstanden.
>
> Verstanden ⟶ bedeutet noch lange nicht einverstanden.

Monika hat Liebeskummer:

Monika Du Sibylle, was hältst du eigentlich von Rolf?

Sibylle Stell' dir vor, ich habe deinen Rolf gestern gesehen! Ich war mit Margit einkaufen. Weißt du, ich brauche doch einen neuen Pulli ...

Monika Ich möchte mit Rolf zusammenziehen, Rolf aber ...

Sibylle Wollt ihr euch nicht bald verloben? Du, ich habe beim Juwelier Schwerdtmann ganz tolle Ringe gesehen. Die musst du dir unbedingt ansehen. Gehen wir gleich mal hin?

Monika Hans will aber noch nicht mit mir zusammenziehen. Was soll ich nur tun? Soll ich Schluss machen?

Sibylle Ach, weißt du schon, dass Heidi und Kurt Schluss gemacht haben? Das ist doch eine tolle Neuigkeit, meinst du nicht auch? Aber ich habe ja schon immer gesagt, die beiden passen nicht zusammen. Wenn man bedenkt, dass Heidi ...

1 Vergleichen Sie, was Monika und Sibylle sagen. Zeigen Sie Fehler in der Gesprächsführung auf.

2 Verändern Sie den Dialog. Besprechen Sie die verschiedenen Möglichkeiten in der Klasse.

3 Kennzeichnen Sie ein gelungenes Gespräch. Welche Merkmale muss es Ihrer Meinung nach aufweisen?

4 Welche Erwartungen stellen Sie – unabhängig von der jeweiligen Gesprächssituation – grundsätzlich an einen Gesprächspartner?

5 Welche Aufgaben hat ein Gespräch?

⌐⌐₁ Cicero
⌐⌐₁ Über das Gespräch

1   Das Gespräch also, muss gelassen, ohne Heftigkeit und ohne Rechthaberei geführt werden; es muss einen Charakter von Munterkeit und fröhlichem Wesen haben. Keiner muss sich desselben als eines Eigentümers bemächtigen, um die Übrigen davon auszuschließen. Sondern, so wie viele andre Rechte, so muss auch das Gespräch für ein gemeinschaftliches Gut angesehen werden, woran jeder nach der
5   Reihe teilhaben solle. Vor allen Dingen muss man Acht geben, wovon man spricht. Sind die Gegenstände wichtig, so muss der Ton des Gesprächs ernsthaft, sind sie geringfügig, so muss er lustig und scherzend sein. Vornehmlich hüte man sich, durch sein Gespräch Fehler des Charakters zu verraten: welches dann vornehmlich geschieht, wenn man von Abwesenden geflissentlich Böses redet, es sei durch Spott oder durch ernsthafte Verleumdung; noch mehr, wenn man sich zu ehrenrührigen und
10   beschimpfenden Ausdrücken herablässt. (...)
Ein kluger Mensch wird auch genau bemerken, wie lange seine Unterhaltung dem andern Vergnügen macht; und so wie er nicht ohne vernünftige Ursache angefangen hat zu reden, so wird er auch das Ziel wissen, wo er aufhören soll.
Was aber eine Hauptregel bei allen Handlungen des menschlichen Lebens ist, sich von Affekten, das
15   heißt von zu heftigen und durch die Vernunft nicht regierten Gemütsveränderungen zu hüten: das ist auch eine fürs Gespräch. Weder Zorn und Begierde auf der einen noch Schüchternheit und Schwäche auf der andern Seite müssen sich in demselben verraten.
Der gute Umgang erfordert noch überdies, dass eine gewisse Zuneigung und Achtung gegen den, mit welchem wir sprechen, aus unsern Reden hervorleuchte.
20   Zuweilen ist es Pflicht, unsern Freunden ihre Fehler mit Ernst zu verweisen; bei welchen Gelegenheiten es denn auch erlaubt ist, in einem heftigen Tone und mit nachdrücklicheren Ausdrücken zu reden. Doch muss es immer sichtbar sein, dass wir nicht deswegen Vorwürfe machen, weil wir aufgebracht sind. Wir müssen vielmehr zu Verweisen bei unseren Freunden – so wie die Ärzte zum Schneiden und Brennen bei ihren Kranken – ungern, selten und niemals anders unsre Zuflucht nehmen, als wenn es durch-
25   aus notwendig ist und jedes andre Hilfsmittel unkräftig befunden worden. Nie muss sich Unwille einmischen; denn im Zorne lässt sich keine Sache gut und mit Überlegung tun. (...)
Der andre muss gewahr werden, dass das Bittre und Unangenehme, was in unsern Vorstellungen liegt, uns selbst eine Überwindung gekostet habe, zu der wir uns nur um seines Besten willen haben entschließen können. Sind Streitigkeiten mit wirklich feindselig gesinnten Gegnern zu führen, so ist es
30   auch dann geziemend, wir mögen noch so bittre und unsrer unwürdige Vorwürfe hören, dem Zorne zu widerstehen und eine ernsthafte Gelassenheit zu behalten.
Orator. München 1988

---

1 Welche Aspekte hält Cicero, der von 106 bis 43 vor Christus lebende römische Staatsmann, Redner und Philosoph, bei einem Gespräch für wichtig?

2 Welche Punkte finden Sie besonders wichtig, welche sind nach Ihrer Meinung nicht so bedeutsam oder gar überholt?

Funktionen und Aufgaben des Gesprächs:	Merkmale eines gelungenen Gesprächs:
❑ sich informieren ❑ sich unterhalten, sich austauschen ❑ sich kennen lernen ❑ sich beraten ❑ Probleme und Schwierigkeiten klären	❑ Jeder Gesprächsteilnehmer wird als gleichberechtigter Partner anerkannt. ❑ Jeder erhält die Chance auszureden. ❑ Dem Sprechenden wird nicht nur zugehört, sondern auf das Gesprochene wird auch eingegangen. ❑ Das Bemühen, den anderen zu verstehen, ist dabei wichtig. ❑ Das „Thema", um das es geht, sollte immer im Vordergrund stehen.

Jeder hat von Zeit zu Zeit Probleme, sei es in der Schule, zu Hause, in der Clique, mit Freunden, mit Kollegen, mit Vorgesetzten oder auch mit sich selbst. Ängste und Unsicherheiten bestimmen oftmals Einstellungen, Handlungen und Gefühle, ohne dass sie als solche bewusst wahrgenommen werden. Viele Menschen haben zudem Schwierigkeiten, sich ihre Ängste selbst einzugestehen, und noch mehr Probleme, mit anderen darüber zu reden, obwohl dies meist die beste Möglichkeit ist, mit schwierigen Situationen umzugehen.

> „Was ist herrlicher als Gold? fragte der König. Das Licht, antwortete die Schlange.
> Was ist erquicklicher als Licht? fragte jener. Das Gespräch, antwortete diese.
>
> *Goethe, Das Märchen*

So reden Sie sich aus der Krise

2

*Egal ob Liebeskummer oder Ärger im Büro – igeln Sie sich nicht ein, sondern
lassen Sie Leute an sich ran, die Ihre seelische Balance wiederherstellen*

1 Vielen Menschen verschlägt es die Sprache, wenn sie über ihre Probleme reden sollen. Statt dessen halten sie sich an die alte Weisheit, wonach Reden Silber, Schweigen Gold ist. Ein
5 Fehler. Wer sich mit anderen ausspricht, entlastet nicht nur die eigene Psyche, sondern hat auch größere Chancen, Lösungen zu finden und Strategien zu entwickeln. Wichtig ist, sich den richtigen Gesprächspartner auszusuchen.
10 ■ **Ärger im Job.** Der direkte Weg ist in diesem Fall auch der beste. Reden Sie also mit der Person, die direkt mit Ihrem Ärger zu tun hat. Mit dem Vorgesetzten oder dem betreffenden Kollegen. Und zwar möglichst schnell. Wer Ausspra-
15 chen auf die lange Bank schiebt, der riskiert, dass sich Wut und Enttäuschung anstauen und dass es immer wieder Zusammenstöße gibt. Die Folge: Der Streit eskaliert. (...) Andere Möglichkeit: Sie holen sich Rat bei Kollegen, die
20 irgendwann in ähnlicher Situation die gleichen Probleme hatten. Sprechen Sie ruhig mit mehreren Personen, dadurch nutzen Sie die Kreativität der Gruppe. (...) Entscheidend ist es, Ihr Anliegen klar und deutlich zu formulieren. (...)
25 Erleichterung und überraschend neue Lösungsideen ergeben sich oft auch in Gesprächen mit

Leuten, die das Problem aus einiger Distanz sehen: etwa der Partner, Freunde oder Eltern.
■ **Probleme mit dem Selbstwertgefühl/Komplexe.** Schönheitsfehler hat jeder. Machen Sie 30 Ihre Probleme in der Clique zum Thema. Sie werden sehen, anderen ergeht es ähnlich. Gefühle und Schwächen zu zeigen, bedeutet nicht unbedingt Prestigeverlust. Ganz im Gegenteil. Und weil Sie endlich in Worte fassen, was Sie 35 möglicherweise seit Jahren belastet, kommen Sie plötzlich zu ganz neuen Einsichten. Die Folge: Das Thema verliert für alle Zukunft seinen Schrecken.
■ **Liebeskummer.** Wozu hat man gute Freun- 40 de? Denken Sie an die seelisch stabilsten unter ihnen, denn die darf man auch schon mal mitten in der Nacht aus dem Schlaf klingeln. (...)
■ **Partnerprobleme.** Rat oder auch nur Hilfe durch Zuhören kann man nur von einem Men- 45 schen erwarten, der die Bereitschaft und die Fähigkeit hat, sich in diese Probleme hineinzudenken. Im Idealfall ist das jemand, der beide Partner kennt und mag. Denn ansonsten ernten Sie bestenfalls Bestätigung des eigenen 50 Standpunkts oder knallharte Tipps für unbrauchbare Radikallösungen. (...)

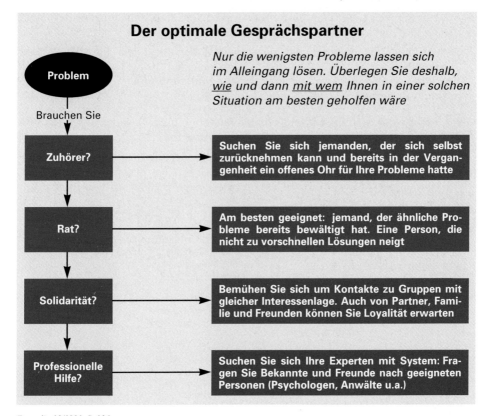

Der optimale Gesprächspartner

Nur die wenigsten Probleme lassen sich im Alleingang lösen. Überlegen Sie deshalb, wie und dann mit wem Ihnen in einer solchen Situation am besten geholfen wäre

Problem

Brauchen Sie

Zuhörer? → Suchen Sie sich jemanden, der sich selbst zurücknehmen kann und bereits in der Vergangenheit ein offenes Ohr für Ihre Probleme hatte

Rat? → Am besten geeignet: jemand, der ähnliche Probleme bereits bewältigt hat. Eine Person, die nicht zu vorschnellen Lösungen neigt

Solidarität? → Bemühen Sie sich um Kontakte zu Gruppen mit gleicher Interessenlage. Auch von Partner, Familie und Freunden können Sie Loyalität erwarten

Professionelle Hilfe? → Suchen Sie sich Ihre Experten mit System: Fragen Sie Bekannte und Freunde nach geeigneten Personen (Psychologen, Anwälte u.a.)

Freundin 13/1991, S. 136

1 Fassen Sie die wichtigsten Punkte des Ratgebers zusammen. Sind Sie in allen Punkten mit dem Verfasser einer Meinung oder würden Sie sich in einigen Situationen anders verhalten? Begründen Sie Ihre Ansichten jeweils.

2 Ergänzen Sie die Liste der angeführten Probleme um:

a) Probleme in der Schule,
b) Ärger mit den Eltern,
c) Probleme in der Clique.

Entwickeln Sie hierzu Ratschläge, wie man diese Probleme durch Gespräche möglicherweise lösen kann.

> **Ich hab' ein Problem ...**
> – „Ich krieg' zu wenig Taschengeld."
> – „Weshalb will keiner neben mir sitzen?"
> – „Soll ich die Lehrstelle als ... annehmen?"
> – „Der Mathe-Lehrer hat es auf mich abgesehen."
> – „Wieso ist meine Freundin immer eingeschnappt, wenn ich mal was ohne sie unternehme?"
> – „Für die Kollegen bin ich ja doch nur der Lehrling, mit dem man alles machen kann."

3 Suchen Sie sich eine Situation (ein Problem) aus, zum Beispiel: „Warum laden die anderen aus meiner Klasse mich nicht ein, wenn sie etwas unternehmen?".

a) Überlegen Sie anhand des vorgegebenen Schemas, wie Sie das Problem angehen können.

b) Schreiben Sie die dazugehörigen Dialoge (in Partnerarbeit), tragen Sie sie vor und besprechen Sie die Ergebnisse in der Klasse.

4 Informieren Sie sich über professionelle Ratgeber, die zum Beispiel in Zeitschriften ihre Ratschläge abdrucken. Warum werden die „Leseranfragen" und die jeweiligen „Expertenratschläge" gern gelesen?

∫3 *Uwe Rischer*
Zufällige Gespräche

1 Ich hasse diese
zufälligen Gespräche.
Mit diesen:
„Na, wie gehts? ..."
5 „ Mir auch ..."
„Danke, ja ..."
„Ich weiß ..."
„Man hat's schwer."

Diese beiläufigen,
10 angehauchten Freundlichkeiten.
Den Gedanken:
„Du blöder A ..."
schon im Kopf.

Hasse den Missbrauch
von Liebenswürdigkeiten. 15
Das leichte Klopfen auf die Schulter,
das Ausrenken des Armes
beim Schütteln der Hand.

Ich hasse diese
gelegentlichen Gespräche, 20
die wir Menschen führen.

Hess. Kultusminister (Hrsg.): Zu spüren, dass es mich gibt. Projekt „Schüler schreiben". Frankfurt/M. 1984, S. 102

Gespräche abbrechen

Angenommen, ein Freund möchte mit Ihnen über ein Problem reden. Sie können oder wollen aber nicht lange und ausführlich mit ihm über den Sachverhalt sprechen. Ein anderes Beispiel: Auf Ihrer Arbeitsstelle gibt es einen Konflikt mit einem Arbeitskollegen. Sie suchen nach einer Lösung und sprechen den Kollegen an, um das Problem zu klären. Er ärgert sich immer noch über den Vorfall und blockt daher das Gespräch ab.

Wie reagieren Sie auf eine solche „Gesprächsverweigerung"?

∫4 „Ich habe keine Lust mehr, darüber zu reden!" –
Finden Sie es richtig, ein Gespräch so zu beenden?

1 **Ja!** Es muss doch jeder selbst wissen, wie ausführlich er mit anderen über ein bestimmtes Thema reden will. Und so einen abschließenden Satz sagt man sicher nicht, nur weil es einem in 5 einer Diskussion ein bisschen eng wird. Wenn man so einen Schlusspunkt setzt, gibt es sicher einen ernsten Grund dafür, den die anderen auch respektieren sollten. Zum Beispiel, dass man persönlich von dem Thema zu sehr betrof-

fen ist. Da finde ich es schon gut, dass man 10 das seinen Gesprächspartnern auch signalisiert. „Ich muss erst verdauen, was da zur Sprache gekommen ist!" Oder – und das finde ich auch legitim – weil man sieht, dass nichts mehr weitergeht. Dass alle nur ihre Argumente wieder- 15 holen und keinen Schritt aufeinander zugehen. Da ist es doch o.k., wenn jemand das Thema abbricht.

Freundin 8/85, S. 4

1 Suchen Sie zu den oben abgedruckten Pro-Argumenten jeweils Gegenargumente und schreiben Sie diese auf.

2 Vergleichen Sie anschließend die unterschiedlichen Argumentationen. Welcher Position können Sie sich anschließen? Begründen Sie Ihre Auffassung.

3 Gibt es möglicherweise einen Kompromiss zwischen beiden Positionen? Wie könnte er aussehen?

4.1.2 Verstehen und Missverstehen

1 Worauf beruht die Komik bei dieser Karikatur?

2 Lesen Sie den Dialog mit verteilten Rollen und unterschiedlicher Betonung.

3 Deuten Sie die Beziehung des Paares aufgrund dieses kurzen Dialogs.

⌐J6   Begriffsklärung: Menschliche Kommunikation

1   Der Grundvorgang der zwischenmenschlichen Kommunikation ist schnell beschrieben. Da ist ein Sender, der etwas mitteilen möchte. Er verschlüsselt sein Anliegen in erkennbare Zeichen – wir nennen das, was er von sich gibt, seine Nachricht. Dem *Empfänger* obliegt es, dieses wahrnehmbare Gebilde zu entschlüsseln. In der Regel stimmen gesendete und empfangene Nachricht leidlich überein, so dass eine
5   Verständigung stattgefunden hat. Häufig machen Sender und Empfänger von der Möglichkeit Gebrauch, die Güte der Verständigung zu überprüfen: Dadurch, dass der Empfänger zurückmeldet, wie er die Nachricht entschlüsselt hat, wie sie bei ihm angekommen ist und was sie bei ihm angerichtet hat, kann der Sender halbwegs überprüfen, ob seine Sende-Absicht mit dem Empfangsresultat übereinstimmt. Eine solche *Rückmeldung* heißt auch *Feedback*.

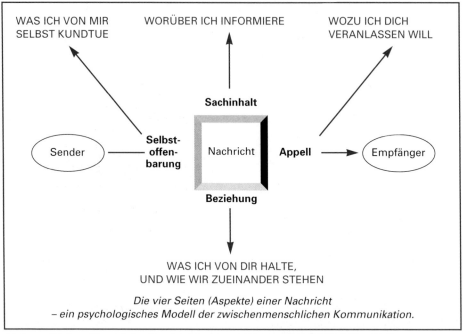

Friedemann Schulz von Thun: Miteinander reden. Störungen und Klärungen. Reinbek 1989, S. 25 und S. 30

Aus dem Modell wird deutlich, dass es sich bei dem Vorgang sprachlicher Verständigung um einen **grundsätzlich komplexen Vorgang** handelt, da eine Vielzahl von Elementen an ihm beteiligt sind, die sich wechselseitig beeinflussen und in einem dynamischen Verhältnis zueinander stehen.

Der mit jeder sprachlichen Äußerung und jedem Gespräch gegebene **Deutungsspielraum** verweist zugleich darauf, dass die Möglichkeit, den anderen zu verstehen, immer auch die Möglichkeit beinhaltet, ihn misszuverstehen. Macht man sich diesen Grundtatbestand menschlicher Kommunikation bewusst, so wird es im Falle eines Missverständnisses nicht mehr darum gehen, den „Schuldigen" zu suchen oder festzustellen, wer „Recht hat", sondern das komplizierte Beziehungsgeflecht einer sprachlichen Äußerung zu entwirren und die verschiedenen Ebenen, auf denen Verständigung sich abspielt, zu klären, da erst dann die Kommunikation gelingen kann.

♪7   Missverständnisse

Ehepaar beim Mittagessen

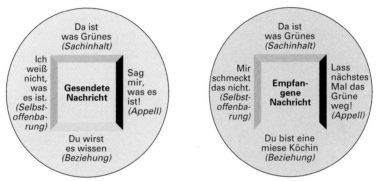

Die vier Seiten der gesendetet und der empfangenen Nachricht in einer Gegenüberstellung.

Friedemann Schulz von Thun: a. a. O., S. 66

1   *Erläutern Sie mit eigenen Worten, wie Kommunikation „funktioniert". Beziehen Sie dabei auch den Text „Ein Tisch ist ein Tisch" von Peter Bichsel, Seite 95 f., in Ihre Überlegungen mit ein.*

2   *Wodurch können Missverständnisse zustande kommen, vgl. auch die Karikatur S. 115, und wie lassen sich Missverständnisse vermeiden?* ▷ *S. 300 f.*

3   *Setzen Sie den Dialog des Ehepaares fort. Tragen Sie verschiedene Möglichkeiten des Dialoges in der Klasse vor. Achten Sie dabei auf unterschiedliche Betonungen.*

4   *Übertragen Sie das psychologische Modell zwischenmenschlicher Kommunikation von S. 116 auf die Karikatur, S. 115. Setzen Sie auch diesen Dialog fort.*

5   *Untersuchen Sie folgende kurze Dialoge näher:*
    a) *Mutter: „Du bist gestern Abend erst um 11.00 Uhr nach Hause gekommen."*
       Sohn: „Ich bin doch kein Kind mehr."
    b) *Marie: „Hast du die Matheaufgaben?"*
       Tanja: „Immer willst du abschreiben."
    c) *Christian öffnet das Fenster.*
       Peter: „Es zieht."
       Christian: „Ein bisschen frische Luft tut auch dir gut."

4.1.3 Kritisieren und mit Kritik umgehen

„Du machst ja wieder alles falsch!" –
„Ewig kritisierst du an mir rum!"

Das Wort „Kritik" ist bei uns heute zumeist negativ belegt, obwohl es von seiner Wortbedeutung her neutral zu verstehen ist: Das Wort kommt ursprünglich aus dem Griechischen und bedeutet soviel wie *Kunst der Beurteilung*. Es bezeichnet genauer eine Grundform der Auseinandersetzung des Menschen mit sich und der Welt in Form der Distanzierung, Beurteilung, Infragestellung. Kritik richtet sich damit gegen die nichtbefragte Übernahme von Standpunkten, Normensystemen oder vorgegebenen Sachverhalten, indem sie etwas vorurteilslos und unter Angabe der jeweils verwendeten Maßstäbe prüft.

Diese Wortbedeutung ist im alltagssprachlichen Gebrauch jedoch eher unüblich: Wird hier etwas oder jemand kritisiert, so wird Kritik gemeinhin gleichgesetzt mit Tadel, Aufdecken von Fehlern und Schwächen, Ausüben von Macht usw. Dies führt häufig dazu, dass sowohl die Kritik übende als auch die kritisierte Person sich in einer schwierigen, weil emotional von vornherein belasteten Situation befinden und eigentlich vermeidbare Konflikte damit vorprogrammiert sind.

Lediglich im Kulturbetrieb wird das Wort „Kritik" heute neutral verwendet. ▷ Vgl. auch Kapitel 7.8.4, S. 267

⌐8 *Hendrie Weisinger*
Kreative Kritik: Mit negativen Wertungen positiv umgehen

1 Die meisten der Kritiker heute sind anscheinend der Ansicht, dass Kritik nur das aufzeigen soll, was falsch ist. (...) Wer jedoch die Fähigkeit zur optimalen Kritik besitzen möchte, darf nicht vergessen, dass Kritik immer das Ziel haben muss, Verbesserungen herbeizuführen. Jeder muss für sich ein neues Kritikvokabular entwickeln, das mit Begriffen wie Verbesserung, Hilfe, Sorge, Vertrauen, Produktivität
5 und Unterstützung assoziiert wird.
(...) Die Fähigkeit zur optimalen Kritik bedeutet, Raum für andere Ansichten zu schaffen.
Ein Punkt, der oft mit Kritik in Verbindung gebracht wird, sind eindeutige Kriterien. Sie sind wichtig für die Bewertung von Kritik und für die Einschätzung, wann Kritik angemessen ist. (...) Aber auch die Wahl der Kriterien ist subjektiv. Dennoch verzichten gute Kritiker nicht darauf und wissen, wie sie
10 diese bewerten und ständig einer erneuten Prüfung unterziehen.
Kritik ist eine komplexe Aufgabe. Ansichten äußern, die akzeptiert werden, Resultate erzielen, die Zielpersonen nicht verletzen, das alles ist nicht einfach. (...)
Respekt ist ein weiterer wesentlicher Punkt. Respekt ist heute von dem zwischenmenschlichen Aspekt geprägt, der sich am besten mit dem Begriff Sensibilität umschreiben lässt, dem Bewusstsein, dass der-
15 jenige, den Sie kritisieren, Gefühle hat, die von der Kritik berührt werden. Viele vergessen dies jedoch und kritisieren in einer Art und Weise, die widerspiegelt, dass sie keinen Respekt vor dem Betreffenden haben, dem sie angeblich helfen wollen.
Kritik muss erlaubt sein. (...) Wie praktische und die Erfahrungen in der Vergangenheit gezeigt haben, kommt es zur Stagnation, wenn Kritik abgeblockt wird, und schließlich auch zu gewalttätigen Reaktio-
20 nen gegen die Unterdrückung. Menschen, Unternehmen und Gesellschaften, die optimal kritisieren wollen, müssen Kritik fließen lassen, anstatt sie zu blockieren aus Angst, beleidigt oder verletzt zu werden. Oder vielleicht aus Angst vor der Wahrheit.
Und schließlich sollte nicht vergessen werden, dass Kritik eine Kunst ist, weil in jeder ein Element persönlicher Vorstellung ist. Vor allen Dingen ist es die Fähigkeit, diese Vorstellung anderen zu vermit-
25 teln, die Menschen, Unternehmen und Gesellschaften zu kreativen Kritikern werden lässt.
Kreative Kritik. München 1991, S. 249 f.

1 Worauf sollten Sie achten, wenn Sie Kritik anbringen wollen?

2 Wie sollte in den folgenden Beispielen „richtig kritisiert" werden? Entwickeln Sie alternative Lösungsmöglichkeiten.

Was mich stört?	**Was ich nicht sagen sollte?**
a) Der Freund/die Freundin kommt zu Verabredungen grundsätzlich zu spät. Sie müssen oft lange warten.	*Such dir eine(n) andere(n) Dumme(n), mit der/dem du machen kannst, was du willst.*
b) Ihre Mutter gibt sich jeden Abend viel Mühe, um ein warmes Abendessen zuzubereiten. Sie möchten aber lieber nur eine Schnitte oder einen Jogurt essen.	*Du willst wohl, dass ich so fett werde wie ...*
c) Sie sind im ersten Ausbildungsjahr. Die Auszubildende im zweiten Ausbildungsjahr schiebt Ihnen alle Arbeiten zu, die ihr unangenehm sind.	*Wenn du das nächste Mal zu spät aus der Pause kommst, sag ich's dem Chef.*
d) Ihr Tischnachbar benutzt häufig Ihre Schreibutensilien, ohne Sie vorher zu fragen. Sie ärgern sich über die Unordnung.	*Such dir einen anderen Platz ...*

3 Wie gehen Sie mit unsachlicher oder ungerechtfertigter Kritik um? Entwerfen Sie Reaktionsmöglichkeiten zu den folgenden Situationen.

   a) Mutter (stark angespannt): So ein undankbares Kind wie dich gibt es wohl nicht noch einmal!
   b) Klassenkamerad: Den Meier kannst du als Deutschlehrer voll vergessen!
   c) Ausbilder: Frau Müller, Sie lernen nie, mit dem Telefaxgerät umzugehen!
   d) Freund: Dich kann man ja nicht einladen. Du bist bei Feten unmöglich!

4 Erläutern Sie den gesellschaftskritischen Aspekt von Kritik, der in den letzten beiden Abschnitten des Artikels (Text 8) zum Ausdruck kommt.

5 Was verstehen Sie unter „Selbstkritik"? ▷ *Text 12, S. 11.*

Gespräche mit Kollegen und Vorgesetzten

„Warum meckern die alle an mir rum ...?"

Was Sie selbst fürs Klima tun können

Ein Arbeitspsychologe gibt Tipps

1 Wenn Sie kaum Kontakte haben und glauben, mit der Kommunikation in Ihrer Firma stimmt was nicht, fangen Sie zunächst bei sich selber an: Schätzen Sie die Situation auch wirklich richtig
5 ein? Könnte es nicht sein, dass Sie nur frustriert sind, weil Sie etwas anderes erwartet haben? Dass diese Stimmung Ihnen nur den Blick verschleiert? Wenn das nicht der Fall ist, finden Sie heraus: Wer schießt quer, wer verbreitet Lustlosigkeit?
10 Wie und wo werden Sie davon betroffen? Und erst danach sollten Sie handeln. Versuchen Sie einen Ansprechpartner zu finden. Das können Kollegen, das kann aber genauso gut jemand aus der Führungsmannschaft sein. Vertrauen Sie sich
15 an, das bringt auch umgekehrt Vertrauen. Sie werden feststellen, dass Sie nicht die/der Einzige

Freundin 12/1992, S. 89

sind, die/der sich über das Arbeitsklima Gedanken macht. (...) Was schon oft geholfen hat: Vereinbaren Sie mit Kollegen ein monatliches Treffen. Da kann sich jeder seine Sorgen von der 20 Seele reden, und es kann gemeinsam nach Lösungen gesucht werden. Ein Tipp am Rande: Oft ist es besser, solche Versammlungen nicht im Betrieb zu veranstalten, sondern irgendwo außerhalb, in einer unbefangenen Atmosphäre. Der 25 Ortswechsel löst die Zunge. Ist die Stimmung bereits so, dass sich in der Firma Kündigungswellen ankündigen: Bleiben Sie cool, denn manchmal wirkt das wie ein Sog. Warten Sie erst einmal in Ruhe ab. Denn vielleicht bringen neue Kolle- 30 gen ja frischen Wind ins Team und das Barometer steigt wieder.

Gespräche im Betrieb – mit Kollegen, Vorgesetzten oder dem Betriebsrat – sind sehr wichtig, denn nur so lässt sich ein Arbeitsklima schaffen, in dem die Mitarbeiter zufrieden und kooperativ zusammenarbeiten können und wollen.

1 Welche Ratschläge gibt der Experte, um das Betriebsklima zu erhalten bzw. zu verbessern? Übertragen Sie einige dieser Ratschläge auf das Klima in Ihrer Klasse.

2 Rollenspiel:
Üben Sie Konfliktlösungen im Betrieb anhand eines Rollenspiels in der Klasse.
Hinweis: Der Begriff „Rollenspiel" ist zu einem Sammelbegriff für alle darstellenden Spielformen geworden, wie zum Beispiel für das Simulationsspiel, Planspiel und die Pantomime. Im Rollenspiel übernehmen die Spieler fremde Rollen, die sie im Sinne der Handlungsbeschreibung ausfüllen.

4.1.4 Sich zu Wort melden

⌐10   *Marco Weiland, Azubi (19)*

1 Ich lerne jetzt im dritten Jahr Koch. Es kommt schon mal vor, dass der Chef über ein Gericht meckert, obwohl man es genau nach seinen
5 Anweisungen gekocht hat. Egal, ob ich selbst oder ein Kollege kritisiert werde – es ist verdammt schwierig, sich dagegen zu wehren. In so einer Situation muss ich mir schnell überle-
10 gen: Welches Risiko gehe ich damit ein, will ich das überhaupt, und was könnte mir passieren? Ich bewundere Leute, die sich das gar nicht erst überlegen und einfach helfen, ohne an sich selber zu denken. Ich saß mal mit einem Freund nach
15 der Disco an einer Bushaltestelle. Da kamen vier Jugendliche, betrunken. Sie brüllten uns schon von weitem an, wir sollten nicht so glotzen. Natürlich ignoriert man so was und denkt, die reden nur so und machen sich wichtig. Plötzlich 20 schlugen die einfach zu. Da kam ein Jugendlicher, der sofort dazwischengegangen ist, obwohl er uns gar nicht kannte. Seitdem habe ich schon das Gefühl, etwas tun zu müssen, wenn ich 25 eine Schlägerei mitbekomme. Aber man tut es eben nicht immer, aus Angst, selbst hineinzugeraten. Es kommt schon darauf an, wie groß die Gruppe ist und wem man helfen will. Ich bin sicher, man kriegt Schuldgefühle, wenn man nicht hilft. 30

Brigitte 6/92, S. 192 f.

1 Wie reagieren Sie in solchen oder ähnlichen Situationen?
2 Sollte man sich in solchen Situationen einmischen und seine Meinung sagen, auch auf die Gefahr hin, Nachteile in Kauf nehmen zu müssen? Diskutieren Sie darüber in der Klasse.

Ob bei einer SV-Versammlung, im Unterricht, im Freundeskreis, auf einer Bürgerversammlung, während einer Betriebsversammlung, im Bus oder im Supermarkt an der Kasse, wo sich jemand ganz frech vordrängelt: Einige melden sich lauthals zu Wort, mischen sich ein, machen sich bemerkbar, andere schweigen. Sie möchten zwar etwas sagen, aber sie trauen sich nicht.

1 Suchen Sie aus Ihrer eigenen Erfahrung mögliche Gründe für die Schwierigkeit, sich in bestimmten Situationen mitzuteilen oder zu Wort zu melden.
2 Was für Möglichkeiten gibt es Ihrer Meinung nach, Hemmungen und Unsicherheiten abzubauen?
3 Zur Frage „Soll man sich zu Wort melden oder einmischen?" lesen Sie auch die Texte S. 74 ff. und S. 292 f.

4.2 „Sprache ist mehr als Worte" – Körpersprache

⌐ 1 **Beim Vorstellungsgespräch:**
Welche Sitzhaltung ist richtig?

1 *Was verraten die jeweiligen Sitzhaltungen über die Bewerberin?*

2 *Welche Sitzhaltung ist richtig? Begründen Sie Ihre Ansicht.*

Immer dann, wenn sich Gesprächpartner gegenüberstehen oder gegenübersitzen, sprechen sie nicht nur mit Wörtern, sondern auch mit Mimik, Gestik, Haltung – sie setzen **nonverbale Ausdrucksmittel** ein. Dies geschieht zum Teil bewusst, oft aber auch unbewusst. Gespräche unter Anwesenden ohne Körpersprache sind nicht möglich, denn auch eine unbewegliche Körperhaltung und ein starrer oder unbeteiligter Blick verraten etwas über den Sprecher.

Die Körpersprache unterstützt die gesprochene Sprache (man sagt „ja" und nickt gleichzeitig), sie ersetzt die gesprochene Sprache („Ein Blick sagt mehr als tausend Worte."), sie widerlegt das gesprochene Wort (jemand bekundet Interesse, tritt aber zugleich einen Schritt zurück) und sie verrät einiges über die Person des Sprechers, beispielsweise darüber, ob er nervös oder unsicher ist.

Zum nonverbalen Verhaltensausdruck gehören:

Gestik: Gesamtheit der Gesten oder Gebärden, das heißt, der die Rede begleitenden Ausdrucksbewegungen des Körpers, besonders der Arme und Beine. Als Ausdruck der psychischen Gestimmtheit verrät die Gestik eines Menschen beispielsweise Ruhe, Nervosität, Verlegenheit, Zurückhaltung usw.

Beispiele für Gesten	Mögliche Deutungen
geballte Fäuste	Nervosität, Anspannung, Aggressivität
Spielereien mit Gegenständen oder mit den Haaren	Nervosität, Desinteresse, Unsicherheit, Unruhe
Trommeln mit den Fingern	Unruhe, Angespanntheit, Desinteresse
Wippen mit dem Fuß	Unruhe, Anspannung, Nervosität
Hände in die Hüfte stemmen	Entrüstung, Imponiergehabe
Zeigefinger heben	Belehrung, Achtung (einfordern)
ausgestreckter Zeigefinger	Angriff, Entrüstung
Hände in die Hosentaschen stecken	Entspanntheit, Arroganz
...	

Mimik: Mienenspiel und der Gesichtsausdruck. Die Mimik zeigt viel über die Einstellung des Gesprächspartners zum Gesprächsgegenstand oder zum Gegenüber.

Beispiele für Mimik	Mögliche Deutungen
Hochziehen der Augenbrauen	Erstaunen, Überraschung
sich auf die Lippen beißen	Anspannung, Nervosität, Verlegenheit
starrer Blick	Erstaunen, Entsetzen
Lächeln	Freude
Stirnrunzeln	Zweifel, Verwunderung
...	

Körperhaltung: Durch die Haltung des gesamten Körpers offenbart sich die Beziehung zum jeweiligen Umfeld und zu anderen Menschen.

Beispiele für Körperhaltungen	Mögliche Deutungen
verschränkte Arme	Ablehnung, Provokation
steife Körperhaltung	Anspannung, Angst
„sich hinlümmeln", Beine ausladend nach vorne strecken	Herausforderung, Provokation
mit eng zusammengepressten Beinen sitzen	Verlegenheit, Unsicherheit
Abrücken vom Gesprächspartner	Ablehnung, Desinteresse, Distanz

Position im Raum:

Beispiele für Positionen im Raum	Mögliche Deutungen
ein Gesprächspartner steht, der andere sitzt	der Stehende ist in der überlegenen Position; wenn ihm vom Sitzenden kein Platz angeboten wird, kann dies Ablehnung bedeuten
Sitzen	wirkt beruhigend (so bietet man aufgeregt reklamierenden Kunden zunächst einen Sitzplatz an)
Schreibtisch zwischen zwei Personen	Schutzwall oder Ausdruck der Missachtung
Distanzüberschreitung	zum Beispiel mit Blicken oder Worten
...	

1 *Ergänzen Sie die Beispiele und Deutungsmöglichkeiten zu den Bereichen Mimik, Gestik, Körperhaltung und Position im Raum jeweils um mindestens zwei weitere Beispiele aus Ihren eigenen alltäglichen Erfahrungen und Beobachtungen.*

2 *Auch der Blickkontakt ist eine nonverbale Form der Kommunikation. Erstellen Sie in gleicher Weise wie für die anderen Bereiche eine Übersicht nach dem folgenden Schema und suchen Sie geeignete Beispiele sowie zugehörige Deutungsmöglichkeiten:*

Beispiele für den Blickkontakt	Mögliche Deutungen
Blickkontakt vermeiden	...

3 *Rollenspiel in Kleingruppen: Demonstrieren Sie durch ausschließlich nonverbales Verhalten folgende Gefühle/seelische Zustände/Stimmungen:*

　a) Ablehnung　　c) Freude　　　e) Entspanntheit
　b) Entsetzen　　d) Nervosität　　f) Verlegenheit

DER KUSS
Die Sprache der Liebe

1　Die Engländer genießen es vor dem Kamin, die Deutschen tun es vor allem im Abendrot. Im Kino lernt man es am besten, und wer es täglich praktiziert, lebt länger. Ob Trieb oder Ausdruck
5　tiefer Gefühle, ob angeboren oder anerzogen, ob in Kreuzberg oder der Südsee: Der Mensch verfällt im entscheidenden Augenblick immer auf die gleiche Kommunikation, die mehr sagt als tausend Worte.

Zeitmagazin 12/1992, S. 38

⌐2   **Eindeutig vieldeutig**

Kann man sich Körpersprache einfach so bewusst machen? Kann man sich den eigenen Körperausdruck, wenn man unzufrieden mit ihm ist, ändern? Eine neue Körpersprache lernen wie eine Fremdsprache? Schauspieler tun das doch – oder? (...)

Der Psychologe Dr. Thomas Bergmann geht davon aus, dass zielgerichtetes Einsetzen von Körpersprache auch im Alltag nur in geringem Umfang, vor allem im Bereich der Gestik, möglich ist. Gezielte Veränderung der eigenen Körpersprache hält er nur für sinnvoll bei „angewöhnten Verhaltensweisen, die negativ für die Kommunikation sind." Beispiel: zu starker Blickkontakt, Spielen mit einem Stift an der Tischplatte oder zu wenig körperliche Distanz zum Gesprächspartner. (...)

Laut Bergmann sind nonverbale Signale mehrdeutig. Eindeutig seien lediglich einige Grundäußerungen in der Mimik: Angst, Freude, Trau-er, Ekel. Aber schon ein Kopfschütteln – bei uns als Ablehnung gedeutet – kann in anderen Ländern Zustimmung bedeuten. Auch körperliche Gebrechen können zu Missverständnissen führen.

Die Auseinandersetzung mit Körpersprache und Körpergefühl, ein Sich-fragen: „Wo sitzt was von mir, wo bin ich gespannt?" kann guttun. (...) Wer die „eigene Mitte" findet, ist im Kontakt mit anderen nicht auf simple Tipps nach dem Motto: „Wenn einer die rechte Hand nach links oben bewegt, dann ..." angewiesen. Einfache Rezepte, wie Körpersprache zu deuten sei, verleugnen die Vielschichtigkeit einer menschlichen Begegnung. Allerdings: Mit offenen Augen durchs Leben zu gehen, kann nicht schaden. Pessimistisch sieht's der Pantomime und Regisseur Samy Molcho: „Glauben Sie nie an die Körpersprache, denn die Natur des Menschen ist voller Arglist und Selbsttäuschung."

Gesichertes Leben 4/91, S. 14

1 Geben Sie mit eigenen Worten wieder, was der Psychologe Bergmann über die Körpersprache sagt. Nehmen Sie Stellung zu seinen Aussagen.

2 Deuten Sie die Überschrift „Eindeutig vieldeutig".

3 Warum sagt der Pantomime Samy Molcho „Glauben Sie nie an die Körpersprache"?

4 Welche Bedeutung hat die Körpersprache in Text 4, S. 242?

4.3 Das Vorstellungs-gespräch

Eine besondere Form des Gesprächs ist das Vorstellungsgespräch. Wer zum Vorstellungsgespräch eingeladen wird, hat auf seinem Weg zu einem Ausbildungsplatz bereits eine entscheidende Hürde genommen. Er hat es verstanden, sich mit seinen Fähigkeiten, Kenntnissen und Leistungen so gut darzustellen, dass er für den Arbeitgeber interessant geworden ist und aufgrund der eingereichten Bewerbungsunterlagen und unter Umständen nach Auswertung eines Eignungstests für die ausgeschriebene Stelle in Frage kommt. Der entscheidende Teil des Bewerbungsverfahrens ist jedoch das Vorstellungsgespräch, das zwei **Aufgaben** hat:

Minuten der Wahrheit

❏ Dem Unternehmen dient es dazu, das Gesamtbild über den Bewerber durch einen persönlichen Eindruck zu ergänzen und abzurunden und offene Fragen zu klären.

❏ Dem Bewerber gibt es die Möglichkeit, sich über seinen zukünftigen Ausbildungsplatz zu informieren.

Ziel des Bewerbers muss es sein, sich im Vorstellungsgespräch optimal zu präsentieren und einen positiven Eindruck zu hinterlassen. Deshalb sollte sich der Bewerber auf dieses Gespräch gut vorbereiten. ▷Text 20, S. 14.

Tipps für ein erfolgreiches Vorstellungsgespräch

1. Informieren Sie sich vorher über die Firma (zum Beispiel über die Branche, wichtige Produkte, Publikationen). So können Sie auch selbst gezielt Fragen stellen und Interesse am Unternehmen zeigen.

2. Seien Sie pünktlich (Busverspätungen, Parkplatzsuche, ... einkalkulieren).

3. Achten Sie auf Ihr äußeres Erscheinungsbild (angemessene Kleidung, dezentes Make-up).

4. Bringen Sie das Anschreiben der Firma, eine Kopie Ihres Schreibens und des Lebenslaufes, Ihre Zeugnisse im Original (alles vorher noch einmal durchlesen!) sowie Block und Schreibzeug mit.

5. Stellen Sie sich auf das Erwartungsprofil des Unternehmens ein („Worauf legt der Betrieb besonderen Wert?" ...). Überlegen Sie sich vor dem Gespräch mögliche Antworten.

6. Stellen Sie sich bei der Begrüßung vor.

7. Lassen Sie Ihren Gesprächspartner ausreden.

8. Behalten Sie beim Sprechen Blickkontakt.

9. Bereiten Sie sich darauf vor, dass bei einigen Antworten gezielt nachgefragt wird.

10. Überlassen Sie die Gesprächsführung dem Personalchef; lassen Sie sich jedoch nicht überrumpeln und in die Enge treiben. Sie können zum Beispiel die kritische Frage nach einer schlechten Schulnote vorwegnehmen, indem Sie von selbst darauf eingehen.

11. Drücken Sie sich klar und deutlich aus, reden Sie in ganzen, korrekten Sätzen, vermeiden Sie Floskeln (zum Beispiel „Das ist echt super!").

12. Seien Sie ruhig, gelassen und selbstbewusst; vermeiden Sie es anzugeben oder zu übertreiben.

13. Kontrollieren Sie Ihre Körpersprache, ▷Kapitel 4.2, S. 121 ff.

14. Stellen Sie sich positiv dar, aber seien Sie auch selbstkritisch.

15. Reden Sie nicht negativ über andere Betriebe, die Schule und die Lehrer.

16. Stellen Sie Ihrerseits Fragen, zum Beispiel nach einem Ausbildungsplan, nach Weiterbildungs- und Aufstiegsmöglichkeiten.

17. Bedanken Sie sich zum Abschluss für das Gespräch.

Nehmen Sie einen Termin zu einem Vorstellungsgespräch auch dann wahr, wenn Sie nur bedingt Interesse an diesem Arbeitsplatz haben. Auch Vorstellungsgespräche verlaufen nach einigen „Versuchen" besser als beim ersten Mal.

Folgende **Fragen an den Bewerber** werden in Vorstellungsgesprächen immer wieder gestellt:

Etwas nervös ist jeder; zu „coole Typen" erwecken hingegen eher Misstrauen.

❏ War es für Sie schwierig, unseren Betrieb zu finden?

❏ Woher kennen Sie unsere Firma, was wissen Sie über unsere Firma?

❏ Wie verlief Ihr bisheriger Lebensweg?

❏ Was machen Ihre Eltern beruflich?

❏ Welches sind Ihre Lieblingsfächer?

❏ Warum haben Sie im Fach ... die Note „mangelhaft"?

❏ Warum haben Sie sich gerade für diesen Beruf entschieden?

❏ Warum haben Sie sich gerade bei unserem Unternehmen beworben?

❏ Was erwarten Sie von einer Ausbildung bei uns? Was erwarten Sie von Ihrem zukünftigen Arbeitsplatz?

❏ Bei welchen Betrieben haben Sie sich sonst noch beworben?

❏ Welche Vorstellungen haben Sie von Ihrem zukünftigen beruflichen Werdegang?

❏ Womit verbringen Sie Ihre Freizeit?

1 Ergänzen Sie den Katalog möglicher Fragen.

2 Überlegen Sie zu jeder Frage
   a) mögliche Antworten;
   b) mögliche Ziele der Fragestellung. („Was will der Personalchef wirklich wissen?") Mögliche Ziele sind: Berufliche Eignung, Zuverlässigkeit, Interesse, Zielstrebigkeit, Leistungsbereitschaft, persönliche Verhältnisse, ...

3 Üben Sie Vorstellungsgespräche anhand von Rollenspielen. Zeichnen Sie die Rollenspiele auf Video auf und besprechen Sie den Gesprächsverlauf anschließend in der Klasse.

4 Wie verhalten Sie sich, wenn Fragen gestellt werden, die nicht erlaubt sind, zum Beispiel Fragen nach Parteienzugehörigkeit, nach dem Freund/der Freundin oder nach einer Schwangerschaft? Diskutieren Sie verschiedene Möglichkeiten in der Klasse.

4.4 „Meine Zuflucht ..." – Tagebuch schreiben

1 Mein Tagebuch

Mein Tagebuch – was bedeutet es mir?

Manchmal glaube ich, es hat die Rolle des alten Teddybären aus meiner Kindheit übernommen. Es ist ein immer verfügbarer Zuhörer, der nicht unterbricht, nicht beschwichtigt und mich immer ernst nimmt. Alle Gefühle und Stimmungen nimmt es auf: Wut, Freude, Traurigkeit, Verzweiflung und manchmal auch Resignation – mein Ventil für überschäumende Emotionen.

Genauso abgegriffen wie der Teddy liegt es jetzt vor mir, eher wie eine Kladde, ungeordnet und mit losen Blättern. Die Kladde meiner Seele.

Warum habe ich ihm meine Gedanken anvertraut?

Es hat mir geholfen, den Knoten in meinem Kopf zu entwirren, mir Abstand und Ruhe gebracht. Gefühle sind zu Worten geworden (und das ist gar nicht so einfach!). Die Gedanken stehen schwarz auf weiß vor mir, sind Wirklichkeit und lassen sich nicht mehr verdrängen.

Für Außenstehende ist es sicher unverständlich, da keine Aufzeichnungen von Ereignissen und Begebenheiten aufgeführt sind. Vielmehr dokumentiert es innere Prozesse, Entwicklungen, manchmal auch Unsagbares, Geheimnisse und Träume.

Letztlich empfinde ich für meine alten abgegriffenen Tagebücher, die einen Teil meiner Geschichte enthalten und mich begleitet haben, die gleiche sentimentale Zärtlichkeit wie für meinen armen alten Teddybären.

Judith Dregger

Was halten Sie vom „Tagebuch schreiben"? Teilen Sie die oben abgedruckten Gedanken einer Schülerin zum Thema „Tagebuch"? Diskutieren Sie darüber in der Klasse.

Moderne Zeiten

Die Mutter hält ihrer Tochter eine Standpauke: „Als ich so alt war wie du, habe ich ein Tagebuch geführt." – „Wie altmodisch, Mutti, ich führe eine Datei!"

Prisma 47/1992, S. 3

2 Begriffsbestimmung

1 **Tagebuch,** für tägliche bzw. regelmäßige Aufzeichnungen aus dem eigenen Leben und Schaffen und z.T. auch dem polit., kulturellen, wissenschaftl. usw. Zeitgeschehen bestimmte Form der 5 nicht kunstmäßigen Prosa von monologischem Charakter (Betrachtung, Beschreibung), doch mit dem Reiz der Unmittelbarkeit, der Unausgewogenheit und Aufeinanderbezogenheit, die das Leben als Phänomen zu erfassen sucht und die Widersprüche in der Person des Verfassers über- 10 windet. Die Formen schwanken von hingeworfenen Kurznotizen nur als Gedächtnisstütze oder Rohmaterial einer geplanten Autobiografie bis zur Meinungs- und Gewissenserforschung; vielfach sollen Chiffren Unbefugten die Lektüre 15 erschweren. Das T. steigt in neuerer Zeit trotz aller Tagesgebundenheit zu einer bedeutenden lit. Form auf. (...)

Gero von Wilpert: Sachwörterbuch der Literatur. Stuttgart 1989

⌐3 Tagebuch schreiben ist Ventil, Spiegel, Krisenhelfer und auch Diagnosehilfe

„Sehen von außen nach innen"

1 Viele Bundesbürger schreiben sich Ärger, Kummer und Sorgen von der Seele – in Tagebüchern. Nach den Beobachtungen von Psychologen nimmt ihre Zahl zu, und sie versuchen
5 damit, ihren Alltag zu bewältigen. Für die Wissenschaftler sind diese Aufzeichnungen inzwischen eine wichtige Hilfe geworden.

Als Ventil, Spiegel, Krisenhelfer und verschwiegener Vertrauter charakterisiert, hat das
10 Tagebuch, aus den Merk- und Erinnerungsbüchern der Kaufleute im Mittelalter entstanden, Jahrhunderte überdauert. Die Feststellung des im 19. Jahrhundert lebenden Dichters Christian Friedrich Hebbel, Tagebücher ermöglichten ein
15 „Sehen von außen nach innen", erweitern Mediziner heute sogar: „Tagebücher als Gebrauchsartikel können psychotherapeutische Veränderungsprozesse in Gang setzen", hieß es auf einem Kongress für klinische Psychologie und
20 Psychotherapie in Berlin. (...) Persönliche Aufzeichnungen, so stellten Experten in Diskussionen und Vorträgen fest, seien eine wichtige Quelle für die Diagnose. Sie gäben in den meisten Fällen Aufschluss darüber, wie der Patient
25 mit dem Alltag umgeht. Der „subjektive Blickwinkel des Einzelnen" gewinne immer größere Bedeutung. Das hat sich nicht nur auf die Behandlungsmethoden in der Psychologie, sondern auch auf das Tagebuch schreiben ausge-
30 wirkt. So stehen im Zeitalter zunehmender Anonymität und Isolation in der Gesellschaft emotionale Bemerkungen im Vordergrund, die „Bilanz des Seelischen", während früher Menschen oft nur Notizen über Erlebnisse, Hochzei-
35 ten und Unglücksfälle anfertigten.

Ruhr-Nachrichten vom 01.09.1984, S. 15

Im 18. Jahrhundert begann eine wahre Tagebuchwelle, als Johann Wolfgang von Goethe seinen Briefroman „Die Leiden des jungen Werthers" schrieb und damit seine innersten Regungen wie Seelenschmerz und Lebensfreude 40 zu Papier brachte. Der Schweizer Pietist Johann Kaspar Lavater (1741–1801) veröffentlichte als einer der Ersten unter dem Titel „Geheimes Tagebuch von einem Beobachter seiner selbst" bereits zu Lebzeiten Auszüge seiner persönli- 45 chen Aufzeichnungen.

Das Tagebuch muss jedoch nach Auffassung von Wissenschaftlern nicht unbedingt im Prachtband oder Schulheft entstehen, es kann auch eine Aufzeichnung an einer Gefängnis- 50 wand sein, ein Gedicht oder eine Zettelsammlung. Mit Gedanken und Erlebnissen setzen sich auch musikalische Tagebuchformen auseinander: So überwindet Johannes Brahms in der ersten Symphonie seine Krankheit, Ludwig van 55 Beethovens letzte Streichquartette setzten sich mit seiner fortschreitenden Taubheit auseinander. Das literarische Tagebuch bezeichnet der Schriftsteller Arno Schmidt als „Äußerungsform eines lebenslänglichen Dilettanten" und als 60 „eines der Abörter der Literatur". – „Wenn einem nichts Besseres einfällt, dann schreibt er Tagebuch", formuliert der Kritiker Marcel Reich-Ranicki. In der Bundesrepublik werden Angaben von Buchhändlern zufolge literarische 65 Tagebücher mit besonderem Interesse gelesen. Dass vor allem Aufzeichnungen von Prominenten beliebt sind, begründen Wissenschaftler mit der Lust des Lesers an der Indiskretion. (...)

1 Welche Gründe werden in Text 1 und 3 für das Schreiben von Tagebüchern genannt?

2 Welche zunehmende Bedeutung werden Tagebüchern gerade in der heutigen Zeit zugeschrieben?

3 Welche Gründe könnten Sie dazu bewegen, Tagebuch zu schreiben (wenn Sie es nicht bereits tun)? Tauschen Sie Ihre Erfahrungen in der Klasse aus.

4.5 „Schreib mal wieder!" – Der private Brief

4.5.1 Möglichkeiten des Briefes

Der private Brief war lange Zeit neben dem Gespräch die wichtigste Form der Kommunikation, um Kontakt zu halten, seine Gefühle zu zeigen, Wünsche vorzubringen oder Informationen und Nachrichten auszutauschen. Im Gegensatz zum offiziellen Geschäftsbrief, der bestimmten Normen unterliegt (▷Kapitel 3.4, S. 90 ff.), gibt es beim privaten Brief **keine Formvorschriften** – der Absender kann den Brief frei und individuell gestalten.

Briefe sind darüber hinaus seit dem Altertum wichtige **Zeitdokumente;** schon früh erschienen Briefsammlungen berühmter Persönlichkeiten wie beispielsweise von Cicero (4 Jh. vor Christus), die nicht nur Aufschluss über Persönlichkeit und Leben ihrer Verfasser geben, sondern häufig als literarische Briefe oder Kunstbriefe bewusst stilisiert wurden und beispielsweise zur Einkleidung philosophischer, religiöser oder ästhetischer Gedanken und Abhandlungen dienten.

Auch die **Literatur** bediente sich seit jeher des Briefes, so wurden Briefe in Romane integriert, oder der gesamte Roman wurde in Briefform abgefasst (▷S. 301). Mit Hilfe eines als Brief formulierten Textes kann der Autor wirkungsvoll persönliche Stimmungen und Empfindungen zeigen und sehr persönlich und direkt Gefühle von Menschen in besonderen Lebenssituationen zum Ausdruck bringen (▷ S. 297).

Besondere Formen des Briefes sind der **offene Brief** meist politischen Inhalts, der außer an den Adressaten auch an die Öffentlichkeit gelangt (▷ S. 315), und der **Leserbrief** (▷ Kapitel 2.3.2, S. 40).

In den letzten Jahrzehnten wurde der Brief zunehmend vom Telefon – zukünftig vielleicht sogar vom Bildtelefon (▷ S. 341) – verdrängt und der Verlust der „Briefkultur" im Tempo des modernen technisierten Lebens beklagt. Möglicherweise jedoch erlebt der Brief mit dem Einzug von Telefaxgeräten und E-Mail in private Haushalte – wenn auch in etwas abgeänderter Form – ein Come-back?!

♩1 Theodor Fontane
Effi Briest

1 Kessin, 31. Dezember. Meine liebe Mama! Das wird nun wohl ein langer Schreibebrief werden, denn ich habe – die Karte rechnet nicht – lange nichts von mir hören lassen. Als ich das letzte Mal schrieb, steckte ich noch in den Weihnachtsvorbereitungen, jetzt liegen die Weihnachtstage schon zurück. Innstetten und mein guter Freund Gieshübler hatten alles aufgeboten, mir den Heiligen Abend so ange-
5 nehm wie möglich zu machen, aber ich fühlte mich doch ein wenig einsam und bangte mich nach euch. Überhaupt, so viel Ursache ich habe, zu danken und froh und glücklich zu sein, ich kann ein Gefühl des Alleinseins nicht ganz loswerden, und wenn ich mich früher, vielleicht mehr als notwendig, über Huldas ewige Gefühlsträne mokiert habe, so werde ich jetzt dafür bestraft und habe selber mit dieser Träne zu kämpfen. Denn Innstetten darf es nicht sehen. Ich bin aber sicher, dass das alles besser werden
10 wird, wenn unser Hausstand sich mehr belebt, und das wird der Fall sein, liebe Mama. Was ich neulich andeutete, das ist nun Gewissheit, und Innstetten bezeigt mir täglich seine Freude darüber. Wie glücklich ich selber im Hinblick darauf bin, brauche ich nicht erst zu versichern, schon weil ich dann Leben und Zerstreuung um mich her haben werde oder, wie Geert sich ausdrückt, ‚ein liebes Spielzeug‘. Mit diesem Wort wird er wohl Recht haben, aber er sollte es lieber nicht gebrauchen, weil es mir immer
15 einen kleinen Stich gibt und mich daran erinnert, wie jung ich bin und dass ich noch halb in die Kinderstube gehöre. Diese Vorstellung verlässt mich nicht (Geert meint, es sei krankhaft) und bringt es zuwege, dass das, was mein höchstes Glück sein sollte, doch fast noch mehr eine beständige Verlegenheit für mich ist. Ja, meine liebe Mama, als die guten Flemmingschen Damen sich neulich nach allem Möglichen erkundigten, war mir zumut, als stünd ich schlecht vorbereitet in einem Examen, und ich glaube
20 auch, dass ich recht dumm geantwortet habe. Verdrießlich war ich auch. Denn manches, was wie Teilnahme aussieht, ist doch bloß Neugier und wirkt umso zudringlicher, als ich ja noch lange, bis in den Sommer hinein, auf das frohe Ereignis zu warten habe. Ich denke, die ersten Julitage. Dann musst du kommen, oder besser noch, sobald ich einigermaßen wieder bei Wege bin, komme ich, nehme ich hier Urlaub und mache mich auf nach Hohen-Cremmen. Ach, wie ich mich darauf freue, und auf die ha-
25 velländische Luft – hier ist es fast immer rau und kalt –, und dann jeden Tag eine Fahrt ins Luch, alles rot und gelb, ich sehe schon, wie das Kind die Hände danach streckt, denn es wird doch wohl fühlen, dass es eigentlich da zu Hause ist. Aber das schreibe ich nur dir. Innstetten darf davon nichts wissen und auch dir gegenüber muss ich mich entschuldigen, dass ich mit dem Kind nach Hohen-Cremmen will und mich heute schon anmelde, statt dich, meine liebe Mama, dringend und herzlich nach Kessin
30 hin einzuladen (...). Aber dass ich so wenig Gastlichkeit zeige, das macht nicht, dass ich ungastlich wäre, sosehr bin ich nicht aus der Art geschlagen, das macht einfach unser landrätliches Haus, das, so viel Hübsches und Apartes es hat, doch eigentlich gar kein richtiges Haus ist, sondern nur eine Wohnung für zwei Menschen, und auch das kaum, denn wir haben nicht einmal ein Esszimmer, was doch genannt ist, wenn ein paar Personen zu Besuch sich einstellen. Wir haben freilich noch Räumlichkeiten
35 im ersten Stock, einen großen Saal und vier kleine Zimmer, aber sie haben alle wenig Einladendes, und ich würde sie Rumpelkammer nennen, wenn sich etwas Gerümpel darin vorfände; sie sind aber ganz leer (...) und machen, das Mindeste zu sagen, einen sonderbaren Eindruck. Nun wirst du wohl meinen, das alles sei ja leicht zu ändern; denn das Haus, das wir bewohnen, ist ... ist ein Spukhaus; da ist es heraus. Ich beschwöre dich übrigens, mir auf diese meine Meinung nicht zu antworten, denn ich zeige Inn-
40 stetten immer eure Briefe, und er wäre außer sich, wenn er erführe, dass ich dir das geschrieben. (...)

Werke, Schriften und Briefe. Bd. 4. München 1974, S. 98 ff.

1 Was erfährt der Leser aus diesem Brief über das Leben von Effi Briest? ▷ Zur Inhaltsangabe des Romans vgl. S. 291.

2 Vergleichen Sie das Leben von Effi Briest – sie ist zu diesem Zeitpunkt 17 Jahre alt – mit Ihrem Leben heute. Was hat sich allgemein an der gesellschaftlichen Stellung junger Frauen verändert? Begründen Sie Ihre Ansichten. ▷ S. 308 und 325.

3 Warum hat Fontane in seinem Roman die Form des Briefes gewählt, um diesen Lebensabschnitt von Effi darzustellen?

4 Effi wird durch die Briefe Major Crampas verraten – überlegen Sie, welche weitere Bedeutung Briefe in diesem Roman erhalten.

⌐Ʌ₂ Wie war es damals?
Brief an einen jungen Verwandten

1   Lieber Erich,

bei unserer letzten Zusammenkunft im Sommer hast du mich gefragt, wie denn das Leben damals ohne Telefon, Radio, Fernsehen, elektrisches Licht, Flugzeuge etc. eigentlich gewesen sei und welche Erinnerungen ich daran habe. Ich erinnere mich noch an den Gesichtsausdruck, mit dem

5   du deine Frage stelltest – so als ob du von mir wissen wolltest, wie die Menschen in der Steinzeit gelebt hätten. Wir hatten damals nicht genug Zeit, um uns ausführlicher darüber zu unterhalten – deswegen heute noch diese Zeilen (...)
Du weißt ja, dass ich 1905 in Berlin geboren wurde und dass meine Eltern 1910 nach Dresden übersiedelten. Meine Erinnerungen reichen bis in die Berliner Zeit, d. h. bis zu meinem 3. und 4.

10   Lebensjahr zurück, als wir in Lichterfelde wohnten. Damals kannten wir noch kein elektrisches Licht in der Wohnung. In der Küche gab es schon einen Gasherd – aber von Telefon, Radio oder Fernsehen war noch keine Rede. Im Wohnzimmer stand ein Grammofon, mit einem großen Blechtrichter, aus dem dann, wenn man die Platte aufgelegt und die Kurbel zum Aufziehen mit der Hand gedreht hatte, die schrillen und manchmal auch kratzigen Töne hervorschepperten.

15   Das Ganze hatte den Firmennamen: Die Stimme seines Herrn. Auf dem Reklamebild war ein Hund zu sehen, der die Ohren spitzte. Diese Anschaffung meiner Eltern galt als Zeichen größter Modernität.
In der Zeit vor 1910 gab es schon einige Autos auf der Straße. Aber viele waren es nicht. Die Straßen wurden hauptsächlich noch von Pferdewagen befahren. Ich erinnere mich jedenfalls noch

20   ziemlich genau daran, dass wir in Lichterfelde bei unserem Spiel mit Murmeln oder mit Reifen auf dem Fahrdamm so gut wie gar nicht von Autos gestört worden sind. Das gilt auch für die ersten Jahre in Dresden nach 1910. Nur hin und wieder musste man sich vor den Pferdewagen in Acht nehmen. An Autotaxis habe ich aus jener Zeit keine Erinnerungen – an deren Stellen standen auf manchen Plätzen kleine Schlangen von Pferdedroschken, die auf Kunden warteten, während die

25   Pferde aus einem am Kopf befestigten Sack ihren Hafer kauten.
Es gab damals schon elektrisch angetriebene Straßenbahnen und seit 1904 auch schon einige Omnibusse mit Benzinmotoren. Aber mein Erinnerungsbild an Berlin wird noch ganz und gar von durch Pferde gezogenen Omnibussen beherrscht. Alles andere war noch die Ausnahme. (...)
Elektrisches Licht in der Wohnung erlebte ich erst viel später, als meine Eltern schon in Dresden

30   wohnten. Vorher hatten wir Gasbeleuchtung – das Anzünden der Gaslampen war jedes Mal eine umständliche Sache. Die elektrische Beleuchtung in den Wohnungen wurde nach meiner Erinnerung erst nach dem ersten Weltkrieg in den zwanziger Jahren allgemeiner üblich. Und damals irgendwann in den zwanziger Jahren schafften sich meine Eltern auch das erste Telefon an, weil es für berufliche Zwecke meines Vaters Bedeutung hatte.

35   Der erste Telefonapparat stand auf dem Korridor unserer Wohnung. Nachdem man den Hörer abgehoben hatte, musste man eine Kurbel drehen, um das Amt zu bekommen, dann sagte man die Nummer durch, die man wünschte, und erhielt, wenn man Glück hatte, die Verbindung. Aber da das Telefonnetz noch sehr klein war, gab es nur wenige Anschlüsse. Die Übersiedlung nach Dresden geschah natürlich mit der noch von Dampflokomotiven gezogenen Eisenbahn. „Natürlich"

40   sage ich, weil das für mich schon „natürlich" war, die Dampflokomotive. Aber als mein Vater noch so alt war wie ich damals beim Umzug nach Dresden – d. h. 50 Jahre früher, etwa zwischen 1860 und 65 –, da war die Dampflokomotive für ihn und seinen Vater keineswegs schon natürlich. Beim Anblick der ersten Dampflokomotive im Bezirk Bromberg erschraken sie außerordentlich, und mein katholischer Großvater zwang meinen Vater in die Knie und bekreuzigte sich, weil ein

45   Wagen, der sich ohne Pferde bewegte, nur vom Teufel bewegt sein konnte. (...)
Vom Radio war in meinem Elternhaus bis in die zwanziger Jahre überhaupt noch nicht die Rede. Ich bin seit Ende der zwanziger Jahre häufig von zu Hause weg gewesen, um an verschiedenen Universitäten zu studieren und ab 1931 wohnte ich nach dem Ende des Studiums für einige Zeit in Berlin, später in Prag – daher weiß ich nicht mehr, wann sich meine Eltern ein Radio angeschafft

50   haben. Ich selbst wohnte zur Untermiete und hatte keine Möglichkeit, ständig Radio zu hören – das wurde erst gegen Ende des zweiten Weltkrieges in Stockholm möglich. Die Nachrichten bekam man also meistens nur durch die Zeitung vermittelt. Das Fernsehen wurde erst in den 60-er Jahren zu einer ständigen Einrichtung in meiner Wohnung.

55 *Dann habe ich noch eine Erinnerung an die Zeit vor 1910 in Berlin. Eines Sonntags nahmen mich meine Eltern mit auf das Tempelhofer Feld zu einem damals noch als sensationell angesehenes Ereignis. Ein Flugzeug sollte aufsteigen. Wir mussten lange in einer riesigen Menge von Zuschauern warten, weil – wie man sagte – ungünstige Windverhältnisse den Aufstieg des Flugzeuges verzögerten. Und dann kam es, flog ganz niedrig über unsere Köpfe hinweg – und ich erinnere mich noch, wie die Menschenmenge in ein lautes, staunendes und bewunderndes „Ah"*
60 *ausbrach.*

Du kannst dir vorstellen, wie anders die Welt damals für uns ausgesehen und sich auch „angehört" hat. Es gab sicher weniger Lärm, am meisten Krach machte noch die Straßenbahn – aber auch die fuhr langsamer und seltener. Aber in vieler Hinsicht war es auch mühseliger – für die Eltern zur Arbeitsstelle, für die Kinder zur Schule zu kommen, sonntags einen Ausflug zu
65 *machen oder in die Ferien zu reisen – was ja auch viel weniger Menschen als heute machen und bezahlen konnten.*

Ob das Leben damals schöner war als heute oder wie man die Auswirkungen der technischen Entwicklung auf unser Leben beurteilen kann – das will ich jetzt nicht in ein paar Sätzen behandeln. Nur eines will ich dir sagen: ich stimme jedenfalls denen nicht zu, die die „Technik" in
70 *Bausch und Bogen verteufeln und die angeblich „mütterliche" Natur verklären – und auch denen nicht, die das Umgedrehte machen. Das sind alles „Vereinfacher". Sie machen sich die Fragen viel zu leicht, um sie mit Einsicht beantworten zu können.*

Das für heute und mit
herzlichen Grüßen

dein Willy S.

Bildschirm. Faszination oder Information? Seelze 1985, S. 60

1 Versetzen Sie sich in die Rolle eines Erwachsenen, der im Jahr 2020 lebt und in einem Brief an einen Jugendlichen erzählt, welche Medien gegen Ende des 20. Jahrhunderts genutzt wurden.

2 Schreiben Sie eine Geschichte, die in der Zukunft spielt. Das Fernsehen bzw. der Computer sollen dabei im Mittelpunkt des Geschehens stehen.

3 Vergleichen Sie die Einstellung zum technischen Fortschritt, die in Text 2 zum Ausdruck kommt, mit dem Text auf S. 342 in der Textsammlung.

⌐3   Brieffreundschaften

1   „liebe unbekannte person, welche mir vielleicht schreiben mag, worüber ich mich sehr freuen
würde! das leben in so einem hotel wird einem von allen seiten sehr schwer gemacht, jeden
tag derselbe tagesablauf, der frust setzt sich in einem fest, man kommt von der arbeit,
schaut mit sehnsucht auf den tisch: ob ich wohl heute post bekommen habe? nein, wieder kein
5   brief, wer sollte mit auch schreiben? die freunde von früher haben mich inzwischen
vergessen.
dann schaut man betrübt aus dem fenster, die möwen sind es, die einen wieder auf andere
gedanken bringen. ich setze mich an meinen tisch und beschäftige mich mit meinem hobby.
aber es fehlt ein austausch darüber, man möchte über zukunftspläne reden, mal jemandem
10   etwas anvertrauen..."

Ökotest 9/1992, S. 61

Dieser Text wurde, mit einer Kontaktadresse versehen, als Werbeanzeige veröffentlicht.

*1   Welche besondere Bedeutung haben Briefe für diesen Schreiber? Beziehen Sie
in Ihre Überlegungen auch die Karikatur mit ein.*
2   Welche Stilmittel werden in dem Brief eingesetzt, um die Zeitschriftenleser anzusprechen?
3   Würden Sie Briefkontakt mit Insassen von Jugendstrafanstalten halten? Diskutieren Sie darüber in der Klasse.
4   Schreiben Sie einen ersten Brief zur Kontaktaufnahme.
    ▷ *Vgl. auch zum Thema „offener Brief" S. 315.*
*5   Lesen Sie den Text auf S. 297. Geben Sie den Inhalt wieder. Warum wählt die
Mutter diese Form der Veröffentlichung?*

4.5.2 Briefe schreiben oder telefonieren?

┐4 *Elke Heidenreich über Briefe*
┘ **Also,**

1 wenn ich auch mal keck etwas auf Häuser-
wände sprühen würde, dann die Botschaft:
„Es lebe der Brief, nieder mit dem Telefon!" Wie schön, wenn diese Telefon end-
5 lich mal nicht klingelt, wie grauenhaft,
aber wenn die Briefträger nicht kommt!
Zugegeben, er bringt auch viel dummes
Zeug, aber letztlich ist er immer noch ein
ersehnter Bote. (...)
10 Außerdem Briefträger ist auch noch der
Mann wichtig, der den Briefkasten leert –
Dank der Rationalisierungswut der Post
geschieht dies ja leider immer seltener.
Kennen Sie die Dramatik der vor so einem
15 Kasten verbrachten Stunden, wenn man
wieder mal zu schnell und zu gründlich
die Macht der Liebe leugnet oder sonst
irgendeinen Unfug geschrieben hat, der
auf keinen Fall je aus diesem Kasten he-
20 raus in die Welt reisen darf? Endlich
kommt um 18.45 Uhr der Mann mit dem
Schlüssel und dem Postsack, und nun
heißt es fehlen und schluchzen, damit er
jenen länglichen Brief mit der braunen
25 Tinte an den Herrn in F. unbedingt sofort
wieder herausrückt, sonst ... sonst. ... Er
tut es, und man kann selig das böse Mach-
werk in tausend kleine Schnitzel reißen.
Der Kenner schreibt mit Tinte, echte
30 Briefschreiber haben das Wort „Kugelschreiber" noch nie gehört (...).
Echte Freunde schreiben mit echter Tinte.
Echte Freunde telefonieren nicht miteinander. Sie setzen sich hin, denken nach, brin-
35 gen etwas zu Papier, ziehen den warmen
Mantel an, gehen zum Briefkasten. Sie
haben das Vertrauen, etwas so Persönliches wie einen Brief aus der Hand zu
geben. Das Telefonieren kann jeder, das
40 Briefe schreiben, das früher mal so selbstverständlich war, müssen viele Leute erst
wieder lernen. Ach, lernten sie es doch!
Ich bilde mir ein, die Welt wäre mit mehr
Briefen etwas freundlicher, obwohl natür-
45 lich auch in Briefen unglaubliche Dinge
stehen können. (...)
Ist es schöner, Briefe zu schreiben oder zu
bekommen? Das lässt sich nur von Fall zu
Fall beantworten. Sicher ist, dass man
50 überhaupt nur welche bekommt, wenn
man welche schreibt. Also dann, worauf
warten Sie noch?

Elke Heidenreich

Brigitte 4/87, S. 7

┐5 *Das Telefon, mein liebstes Möbel*
┘ **Der Draht zur Welt**

Wenn mich einer fragte, was ich auf eine einsame Insel 1
mitnehmen würde, dann gäbe es nur eine Antwort: mein
Telefon natürlich!
Im zarten Alter von drei Jahren hatte ich bereits die Funk-
tionsweise des Telefons durchschaut und pflegte lange 5
Konversationen mit wildfremden Menschen zu führen.
Später heckte ich mit anderen jugendlichen Missetätern
ausgefallene Telefonstreiche aus. Mit verstellter Stimme
wurden 20 Säcke Kohle für den ungeliebten Nachbarn
bestellt oder ein anderes Opfer mit dem Hinweis aufge- 10
schreckt, seine Wohnung brenne gerade, ober er nicht den
Kanarienvogel retten wolle.
Zur echten Belastung des häuslichen Friedens wurde
meine Telefonitis, als junge Männer in mein Leben traten.
Nicht, dass ich mit ihnen telefoniert hätte – Männer sind in 15
der Regel unbegabte Telefonierer. Nein, mit meinen
Freundinnen erörterte ich endlos die Vorzüge und Fehler
der Aspiranten und das legte die Leitung schon mal für
einen halben Tag lahm.
Das Telefon ist keine tote Technik, keine seelenloser 20
Apparat. Es ist ein Wesen mit magischen Kräften und
unwiderstehlicher Anziehungskraft. Wie sonst ist es zu
erklären, dass man das Ding oft tagelang wie einen Fetisch
umkreist, in der Hoffnung, es möge endlich einen Ton von
sich geben? 25
Natürlich tut es das genau dann nicht, wenn man sehnsüch-
tig darauf wartet. Aber das verstärkt die Spannung ja nur.
(...)
Jedes Telefonklingeln kann bedeuten, dass mein Leben
sich von einer Sekunde auf die andere völlig verändert. 30
Meine Mitmenschen neigen dazu, mich für etwas über-
spannt zu halten – was meine Beziehung zum Telefon
angeht. Kaum einer kann verstehen, dass ich problemlos
zwei Stunden lang mit einer Freundin quatschen kann, die
knapp 500 Meter von mir entfernt wohnt. Oder dass ich 35
mir mit Vergnügen zu später Stunde eine Liebeserklärung
in den Hörer säuseln lasse.
(...)
Dabei blühen gerade am Telefon verborgene Leidenschaf-
ten besonders schön! Wer kennt nicht das wohlige 40
Erschauern, das manche fremde männliche Stimme einem
über den Rücken jagen kann? Da wollte man nur mal eben
telefonisch eine Auskunft einholen, und plötzlich hat man
einen Märchenprinzen an der Strippe – oder zumindest
einen, der so klingt. Man plaudert, lacht, versteht sich – 45
Und dann macht man den Fehler, sich mit dem viel ver-
sprechenden Stimmwunder zu verabreden. Leider ist es
meistens eine Enttäuschung, den zur Stimme gehörenden
Resonanzkörper leibhaftig vor sich zu sehen. Sooo hatte
man sich den aber nicht vorgestellt ... Ein Grund mehr, 50
beim Telefonieren zu bleiben: das erhält manche schöne
Illusion!

Amelie Fried

Maxi 2/89, S. 165

Bei den vorhergehenden Texten handelt es sich um zwei **Kolumnen,** in denen sich die beiden Autorinnen auf jeweils sehr persönliche Weise mit der Frage „Brief oder Telefon?" auseinandersetzen – auch dies ist eine Form der Mitteilung. Mit „Kolumne" wird in der Publizistik eine feststehende, an gleicher Stelle einer Zeitung oder Zeitschrift erscheinende Spalte bezeichnet, die einem oder mehreren, meist prominenten Journalisten regelmäßig offen steht zu Meinungsäußerungen, Glossen oder Klatsch (Klatschspalte). Thema ist meist ein Problem oder eine aktuelle Begebenheit aus dem Alltag.

1 *Stellen Sie die Argumente von Elke Heidenreich und Amelie Fried in einer Übersicht nach folgendem Muster zusammen:*

Briefe schreiben		Telefonieren	
pro	contra	pro	contra

2 *Ergänzen Sie die Übersicht durch weitere Argumente.*

3 *Zeigen Sie typische Stilmittel einer Kolumne an den beiden Texten auf. Wodurch unterscheiden sich die Texte der beiden Autorinnen stilistisch voneinander?*

4 *Welche Position vertreten Sie zu dem Thema „Brief oder Telefon?"? Sammeln Sie in Stichpunkten Argumente, die Ihre Meinung begründen, ordnen Sie diese Argumente, und erarbeiten Sie anschließend eine kurze persönliche Stellungnahme von maximal 3 Minuten zu diesem Thema. Tragen Sie die unterschiedlichen Standpunkte in der Klasse vor und diskutieren Sie darüber. (▷ Kapitel 5.3.3, S. 159 ff.)*

5 *Stellen Sie sich vor, viele Privathaushalte wären bereits mit Bildtelefon und Telefax ausgerüstet.*

a) Welche neuen Möglichkeiten bieten diese Technologien, wenn sie verbreitet sind?

b) Welche Gefahren oder negative Auswirkungen sind damit möglicherweise verbunden?

▷ *S. 340, S. 341*

4.6 „Warum schreibe ich?"

⌐1 *Michael Krüger/Klaus Wagenbach*
An die Absender

1 Einer sitzt zu Hause am Schreibtisch und schreibt ein
Gedicht über die schlechten Verhältnisse im Büro: er
bemüht sich, prüft die Worte, versucht, seine Wut in
das Gedicht hineinzuschreiben.

5 Ist das ein politischer Vorgang oder ein ästhetischer?
Wäre es nicht klüger, er ginge zur Gewerkschaft, zur
Partei, zu seinen Genossen? Sind Ärger und Wut im
Gedicht besser aufgehoben als in der politischen Pra-
xis? Die Frage klingt naiv und soll es auch sein. Wir

10 stellen sie aber bewusst, weil wieder, wie in den vergangenen Jahren, eine Fülle von Einsendungen uns
erreichten, die von dieser Wut und dieser Ohnmacht
berichten: in Strophenform. Und weil die meisten
dieser Gedichte von uns zurückgeschickt werden,

15 bleibt die andere Frage an uns hängen: ist damit der
Fall erledigt, bleibt nun der Ärger im Büro und im
Gedicht oder wird er politisch?

Tintenfisch 6. Berlin 1973, S. 80

⌐2

ich schreibe
um zu spüren
dass es mich gibt
Dorette Müller

* * *

Schreiben heißt, das Glück
suchen.
Georges Bataille

* * *

Schreiben heißt: sich selber lesen.
Max Frisch

⌐3

Der Dichter

1 Denket nicht, ihr die ihr da lest,
dass ich im Wahn schreibe,
nein, das nicht,
wohl aber der Welt entrückt.

5 Für eine kurze Weile,
grad' so lang
wie die Zeilen, reite ich vielleicht
auf einem Elefanten
durch den Himmel.
Wanda Gawinski, 17 Jahre

*Hessisches Institut für Bildungsplanung und Schulentwicklung
(Hrsg.): Sie sagen, das ist Zeitgeist ... Wiesbaden 1989, S. 14*

⌐4

1 ... ich existiere nur, wenn
ich schreibe, ich bin nichts,
wenn ich nicht schreibe, ich
bin mir selbst vollkommen
5 fremd, aus mir herausgefal-
len, wenn ich nicht schreibe.
Wenn ich aber schreibe,
dann sehen Sie mich nicht,
es sieht mich niemand dabei.
10 Sie können einen Dirigenten
sehen beim Dirigieren,
einen Sänger beim Singen,
einen Schauspieler wenn
er spielt, aber es kann nie-
15 mand sehen, was Schreiben
ist. Es ist eine seltsame,
absonderliche Art zu exi-
stieren, asozial, einsam, verdammt, es ist etwas ver-
20 dammt daran, und nur das
Veröffentlichte, die Bücher,
werden sozial, assoziierbar,
finden einen Weg zu einem
Du, mit der verzweifelt
25 gesuchten und manchmal
gewonnenen Wirklichkeit.
Ingeborg Bachmann

*Rede zur Verleihung des Anton-
Wildgans-Preises. In: Andreas
Hapkemeyer (Hrsg.): Ingeborg
Bachmann. Bilder aus ihrem
Leben. München 1983, S. 14*

⌐5

1 Schüler schreiben?
　Worüber schreiben Schüler
　und
　warum schreiben Schüler?
5 Gibt's für Schüler überhaupt etwas zu schreiben
　außer
　über Schule
　über Schüler
　über Ärger
10 über Eltern
　alle diese abgebrauchten
　renovierungsbedürftigen Themen
　Es schreiben bereits
　so viele
15 dass
　alles
　Wiederholung
　zu sein scheint
　Ich
20 schreibe
　keine 10. Wiederaufbereitung
　ich schreibe nicht.

　　　　　　　　Sabine Hickel
Zu spüren, daß es mich gibt ... A. a. O., S. 8

⌐6

⌐7　*Mascha Kaléko*
　　Weil du nicht da bist

1 Weil du nicht da bist, sitze ich und schreibe
　All meine Einsamkeit auf dies Papier
　Ein Fliederzweig schlägt an die Fensterscheibe.
　Die Maiennacht ruft laut. Doch nicht nach mir.

5 Weil du nicht da bist, ist der Bäume Blühen,
　Der Rosen Duft vergebliches Bemühen,
　Der Nachtigallen Liebesmelodie
　Nur in Musik gesetzte Ironie.

　Weil du nicht da bist, flücht ich mich ins Dunkel.
10 Aus fremden Augen starrt die Stadt mich an
　Mit grellem Licht und lärmenden Gefunkel,
　Dem ich nicht folgen, nicht entgehen kann.

Hier unterm Dach sitz ich beim Lampenschimmer,
Den Herbst im Herzen, Winter im Gemüt.
November singt in mir sein graues Lied.　　15
„Weil du nicht da bist", flüstert es im Zimmer.

„Weil du nicht da bist", rufen Wand und Schränke,
Verstaubte Noten über dem Klavier.
Und wenn ich endlich nicht mehr an dich denke,
Die Dinge um mich reden nur von dir.　　20

Weil du nicht da bist, blättre ich in Briefen
und weck vergilbte Träume, die schon schliefen.
Mein Lachen, Liebster, ist dir nachgereist.
Weil du nich da bist, ist mein Herz verwaist.

Verse für Zeitgenossen. Reinbek 1989, S. 26

Es gibt viele Möglichkeiten, Gefühle – negative wie positive – auszudrücken. Welche weiteren Möglichkeiten gibt es außer den in diesem Kapitel erwähnten noch?
▷ *S. 301, S. 351, S. 352.*

5

Interessen vertreten und verhandeln, Sachverhalte erörtern und entscheiden

Erläutern Sie diese Karikatur und beantworten Sie dabei folgende Fragen:

Welche Situation ist der auf dem Bild dargestellten vorausgegangen?
Was wird dargestellt?
Welche Bedeutung hat das Wort „argumentieren"?

5.1 Argumentieren

⌐1 Familienszene

Tochter, 17 Jahre, kommt ins Zimmer und schaltet den Fernseher an.

Mutter   Bist du etwa schon fertig mit deinem Aufsatz? Ich habe den Verdacht, dass du zu wenig für die Schule tust. Denk' an den „blauen Brief" in Englisch. Außerdem schreibt ihr doch morgen eine Englischarbeit, da hast du dich bestimmt noch nicht genug vorbereitet!

Tochter   Ich hab' schon genug gelernt – was ich jetzt nicht weiß, das nehme ich sowieso nicht mehr auf. Ein bisschen Abwechslung ist mir jetzt lieber.

Mutter   Ich könnte dich doch mal etwas abfragen. Mir hat das immer sehr geholfen, wenn einer mit mir geübt hat, und dir früher doch auch.

Tochter   Ich bin aber nicht wie du und ich bin auch nicht mehr in der Grundschule.

Mutter   Du willst dir von deiner Mutter bloß nichts sagen lassen, lieber tust du genau das Gegenteil.

Tochter   Das hat doch damit nichts zu tun. Außerdem bin ich mittlerweile alt genug, um selber zu wissen, wie ich mit der Schule klar komme.

Mutter   Dabei haben wir dir letzten Freitag erst die neue Jacke gekauft. Das ist nun der Dank dafür! Außerdem war dein Englischlehrer auch der Ansicht, dass du nicht genug lernst. Willst du etwa wieder eine Fünf schreiben?

Tochter   Ich möchte nur wissen, was die Jacke mit der Englischarbeit zu tun haben soll!

Vater blickt von der Zeitung hoch und schaltet den Fernseher wieder ab.

Vater   Diese blöden Musikvideos gehen mir auf die Nerven. Wenn deine Mutter sagt, du sollst noch etwas tun, dann mach' gefälligst, was sie sagt.

Tochter   Ihr habt ja immer Recht. Auf meine Argumente hört ja doch keiner.

Tochter verlässt wütend das Wohnzimmer und geht in ihr Zimmer. Kurz darauf hört man laute Musik.

1 Beschreiben Sie die Situation in der Familie und untersuchen Sie dabei folgende Gesichtspunkte:

  a) Rollenverteilung: Welche Rollen übernehmen Vater, Mutter und Tochter jeweils?

  b) Argumentation: Welche Argumente werden im Gesprächsverlauf vorgebracht? Sind sie stichhaltig? Begründen Sie Ihre Ansicht.

  c) Was könnte oder sollte an der Gesprächssituation verändert werden?

2 Entwickeln Sie einen alternativen Gesprächsverlauf. Begründen Sie die Änderungen, die Sie dabei vornehmen.

3 Spielen Sie die Familienszene nach. Vertauschen Sie dabei auch die Rollen, das heißt, übernehmen Sie beispielsweise einmal die Rolle der Mutter und einmal die der Tochter.

In der Familie, in der Schule und im Beruf, aber auch in vielen anderen alltäglichen Zusammenhängen kommt es immer wieder vor, dass man – freiwillig oder unfreiwillig – seine Meinung zu etwas äußern, Stellung beziehen, seinen Standpunkt vertreten muss, und zwar so, dass man den jeweiligen Gesprächspartner von der eigenen Auffassung überzeugt und die Zustimmung oder Unterstützung des anderen erhält. Typische Beispiele für solche Situationen sind Diskussionen, Vorträge, Verkaufsgespräche, Werbeaktionen.

Will man seine Meinung überzeugend vertreten, ist es notwendig, richtig und zielgerichtet zu argumentieren, das heißt:

❑ Es müssen gute **Argumente** formuliert werden.

❑ Die Argumente müssen in einer überzeugenden **Argumentation** folgerichtig dargelegt werden.

Ar|gu|ment *[lat.] das;* -[e]s, -e: l. etw., was als Beweis, Bekräftigung einer Aussage vorgebracht wird (...)	**Ar|gu|men|ta|ti|on** *[...zion] die;* -en: Darlegung der Argumente, Beweisführung, Begründung.	**ar|gu|men|tie|ren:** Argumente vorbringen, seine Beweise darlegen, beweisen, begründen.

Duden Bd. 5: Fremdwörterbuch. Mannheim 1990

⌐2̣   Gute Argumente

1 „Gute Argumente" braucht man, wenn man andere vom eigenen Standpunkt überzeugen oder ihnen bestimmte Sachverhalte näher bringen will. Auch in Streitgesprächen setzt sich
5 derjenige durch, der die besseren Argumente, aber auch den besseren Gesprächsstil hat. Was aber sind „gute Argumente" und wie führt man eine faire Auseinandersetzung? Die Psychologen Groeben, Schreier und Christmann
10 entwickelten im Rahmen ihrer Forschungsarbeiten an der Universität Heidelberg unter anderem Regeln für effektives Argumentieren.
Regel 1: Argumentiere richtig
Will man in einer argumentativen Auseinander-
15 setzung eine gute Figur machen, sollte man vermeiden
– sich selbst zu widersprechen,
– Behauptungen absichtlich nicht oder nur scheinbar zu begründen,
20 – in nicht stringenter Weise auf eigene oder die Äußerungen anderer einzugehen.
Regel 2: Argumentiere aufrichtig
Wer Sachverhalte absichtlich sinnentstellt wiedergibt, für etwas eintritt, von dem er selbst
25 nicht überzeugt ist oder subjektive Vermutungen für Tatsachen ausgibt, gerät schnell ins argumentative Abseits.

Regel 3: Argumentiere gerecht
Wirkliches Interesse an einer sachlichen Auseinandersetzung ist daran zu erkennen, dass die 30 Gesprächspartner sich um gegenseitiges Verständnis der Argumente bemühen, sich nicht behindern, Argumente des anderen nicht unberücksichtigt lassen und Verantwortung für ihre Äußerungen übernehmen. 35
Zu einer gerechten Argumentation gehört ferner, dass man keine Forderungen aufstellt, von denen man weiß, dass der andere sie gar nicht erfüllen kann, und die man auch für sich selbst nicht akzeptieren würde, und dass man eine 40 Auseinandersetzung nicht ohne Einwilligung des Partners einfach abbricht.
„Unredliche Argumentation" kann kurz- und mittelfristig die Lösung eines Problems verzögern oder zu einer Stagnation führen, langfristig 45 sogar schwerwiegende Folgen haben. Während der Einzelne sich resignativ zurückzieht (...), kann insgesamt ein gesellschaftliches Klima geschaffen werden, in dem die Menschen sich nicht mehr argumentativ auseinander setzen – 50 weil sie kein Vertrauen mehr in eine faire Auseinandersetzung haben.

Psycholgie heute 11/1992, S. 5

1 *Welche dieser Regeln halten Sie für die wichtigste?*

2 *Um welche Punkte müsste diese Auflistung Ihrer Meinung nach noch ergänzt werden?*

3 *Finden Sie zu den angesprochenen Regeln Beispiele, die Sie selbst schon beobachtet haben. Gegen welche der Regeln wird Ihrer Meinung nach am häufigsten verstoßen?*

4 *Untersuchen Sie nochmals die „Familienszene" auf S. 139.*

   a) Welche „Fehler" in der Argumentation fallen Ihnen nun zusätzlich noch auf?

   b) Welche Tips könnte man den Familienmitgliedern im Hinblick auf künftige Auseinandersetzungen geben?

Wie werden Behauptungen richtig begründet?

Elemente einer Argumentation	Beispiel
▼ **These (= Behauptung, Forderung)**	Auf Autobahnen sollte ein gesetzlich festgelegtes Tempolimit von 100 km/h eingeführt werden,
▼ mögliche oder tatsächlich formulierte Verknüpfung durch: denn, weil, da, ...	
▼ **Argument (= Beweis, Begründung der These)** ▼ a) *Praxisargument:* Es stützt sich auf nachweisbare Erfahrungen aus der Praxis. ▼ b) *Analogisierendes Argument:* Es werden Parallelen zu Sachverhalten aus anderen Lebensbereichen gezogen. ▼ c) *Normatives Argument:* Es stützt sich auf allgemein anerkannte Normen, zum Beispiel Gesetze, gesellschaftliche Konventionen. ▼ d) *Autoritätsargument:* Es beruft sich auf anerkannte Fachleute, Statistiken, ...	a) da erfahrungsgemäß die Aufmerksamkeit nachlässt, wenn über einen längeren Zeitraum mit hoher Geschwindigkeit gefahren wird b) weil erst eine gesetzliche Regelung das Problembewusstsein für die Gefährlichkeit von hohen Geschwindigkeiten schärft c) weil alle Länder Europas, die Bundesrepublik Deutschland ausgenommen, bereits ein Tempolimit erfolgreich eingeführt haben d) da die Zahl der Unfälle mit tödlichem Ausgang – wissenschaftlich nachweisbar – dadurch zurückgeht
▼ mögliche oder tatsächliche Verknüpfung durch: zum Beispiel, etwa, wie, ...	
Beispiel (= Mittel zur Veranschaulichung)	So ist beispielsweise bei Regen der Bremsweg bei 140 km/h doppelt so lang wie bei 100 km/h.

Anforderungen an ein Argument

1. Das Argument muss sich unmittelbar auf die These beziehen, das heißt, es muss eine logische Verbindung zwischen Argument und These bestehen.
2. Beim Argumentieren darf nicht von Einzelfällen, die nicht verallgemeinerbar sind, ausgegangen werden.
3. Das Argument darf keine ungeprüften Aussagen wie zum Beispiel Vorurteile und Vorwürfe enthalten.
4. Das Argument darf keine Gemeinplätze enthalten.
5. Das Argument muss sachlich sein.

Untersuchen Sie die folgenden Argumentationsbeispiele und geben Sie an, gegen welche der genannten Anforderungen an ein Argument verstoßen wird.

a) Das muss sich mal ein Fachmann ansehen, weil Frauen davon sowieso nichts verstehen.
b) Mit dir kann man ja nicht reden, weil du genau wie deine Mutter bist.
c) Das lernt der doch nie – jeder weiß doch, dass Linkshänder nicht so intelligent wie Rechtshänder sind.
d) Das wird so gemacht, weil ich das bisher immer so gemacht habe.
e) Man gibt keine vorlauten Antworten, weil sich das nicht gehört.

Das Eingangsbeispiel, die „Familienszene", lässt sich im Hinblick auf die dort verwendeten Argumente nun genauer analysieren:

Tochter, 17 Jahre, kommt ins Wohnzimmer und schaltet den Fernseher an.	
Die Tochter soll sich besser auf den Unterricht vorbereiten	= **These** *(Behauptung/Forderung), weil .../denn ...*
Mutter Bist du etwa schon fertig mit deinem Aufsatz? Ich habe den Verdacht, dass du zu wenig für die Schule tust. Denk' an den „blauen Brief" in Englisch. Außerdem schreibt ihr doch morgen eine Englischarbeit, da hast du dich bestimmt noch nicht genug vorbereitet!	**Argument** *(Praxisargument: „blauer Brief", Klassenarbeit)*
Tochter Ich hab' schon genug gelernt – was ich jetzt nicht weiß, das nehme ich sowieso nicht mehr auf. Ein bisschen Abwechslung ist mir jetzt lieber.	**Gegenargument**
Mutter Ich könnte dich doch mal etwas abfragen. Mir hat das immer sehr geholfen, wenn einer mit mir geübt hat, und dir früher doch auch.	*kein gutes Argument: persönliche Erfahrung*
Tochter Ich bin aber nicht wie du, und ich bin auch nicht mehr in der Grundschule.	**Gegenargument** *(Zurückweisung)*
Mutter Du willst dir von deiner Mutter bloß nichts sagen lassen, lieber tust du genau das Gegenteil.	*kein Argument, sondern Vorwurf, Vorurteil*
Tochter Das hat doch damit nichts zu tun. Außerdem bin ich mittlerweile alt genug, um selber zu wissen, wie ich mit der Schule klar komme.	*Zurückweisung des Vorwurfs,* **Argument:** *Eigenverantwortlichkeit*
Mutter Dabei haben wir dir letzten Freitag erst die neue Jacke gekauft. Das ist nun der Dank dafür! Außerdem war dein Englischlehrer auch der Ansicht, dass du nicht genug lernst. Willst du etwa wieder eine Fünf schreiben?	*kein Argument, kein Bezug zur These, Appell* **Argument**
Tochter Ich möchte nur wissen, was die Jacke mit der Englischarbeit zu tun haben soll!	*Zurückweisung*
Vater blickt von der Zeitung hoch und schaltet den Fernseher wieder ab.	
Vater Diese blöden Musikvideos gehen mir auf die Nerven. Wenn deine Mutter sagt, du sollst noch etwas tun, dann mach' gefälligst, was sie sagt.	*kein Argument, kein Bezug zur These, beruft sich nur auf seine Autorität*
Tochter Ihr habt ja immer Recht. Auf meine Argumente hört ja doch keiner.	*kein Argument, Vorwurf*
Tochter verlässt wütend das Wohnzimmer und geht in ihr Zimmer. Kurz darauf hört man laute Musik.	

Zusätzliche Hinweise für eine erfolgreiche Argumentation

- ❏ Die Grundannahmen oder Voraussetzungen (Prämissen), von denen eine Argumentation ausgeht, müssen aufgedeckt und daraufhin geprüft werden, ob sie akzeptabel sind.
- ❏ Die Argumentationskette sollte möglichst lückenlos sein und keine Gedankensprünge enthalten.
- ❏ Die Argumente sollten in sinnvoller Reihenfolge vorgebracht werden (zum Beispiel geordnet nach ihrer Wichtigkeit oder nach ihrem logischen Zusammenhang).

❏ Es empfiehlt sich, mögliche Gegenargumente gedanklich vorwegzunehmen und in die eigene Argumentationsstrategie mit einzubeziehen.
❏ Die Argumentation sollte zielstrebig sein.
❏ Der sprachliche Ausdruck ist auf den Gesprächspartner und die jeweilige Situation abzustimmen.
❏ Die im Gespräch geäußerten Argumente des Gegenübers sollten in der eigenen Argumentation aufgegriffen werden.
❏ Es ist wichtig, aus dem Verlauf der gemeinsamen Argumentation (gemeinsam) Schlussfolgerungen zu ziehen und Ergebnisse festzuhalten.
❏ Abschließend sollte auch für die Zukunft Gesprächsbereitschaft zu erkennen gegeben werden.

1 In einer Diskussionsrunde wird die Frage erörtert:

Bringt die Zunahme an Freizeit auch ein Plus an Lebensqualität?

Meinungen   **Meinungen**

a) Natürlich, nur wenn man frei ist von beruflichen Pflichten, lebt man wirklich selbstbestimmt.

b) Viele Menschen wissen mit dem Mehr an freier Zeit nichts Sinnvolles anzufangen und schlagen die Zeit vor dem Fernseher tot.

c) Die Freizeit ist doch letztlich nur ein großes Geschäft, bei dem das Geld des Einzelnen gefragt ist und sonst nichts.

d) Der Stress und die gegenüber früheren Zeiten gestiegenen Anforderungen in der Berufswelt werden heute zunehmend auch auf den Freizeitbereich übertragen.

e) Wer im Berufsleben nicht selbstständig entscheiden kann, ist auch nicht in der Lage, mit der zunehmenden Freizeit kreativ und selbstständig umzugehen.

f) Untersuchungen haben ergeben, dass die Zunahme an Freizeit Sinnkrisen und Orientierungslosigkeit verstärkt. Die Folgen sind Drogenmissbrauch und Gewaltverbrechen.

g) Viele Menschen finden heute neben dem oft fremdbestimmten Leben in der Arbeitswelt zunehmend Möglichkeiten der Selbstverwirklichung in ihrer Freizeit.

...

a) Erstellen Sie eine Übersicht, in der die Argumente nach Pro und Contra sortiert sind.
b) Suchen Sie zu den einzelnen Argumenten mögliche Gegenargumente.
c) Ergänzen Sie die Liste um weitere eigene Argumente.
d) Erstellen Sie eine Gliederung, in der die einzelnen Argumente zu einer zusammenhängenden Argumentation gefügt werden. Verwenden Sie dabei das folgende Schema:
These: Ich behaupte, dass ...
Das begründe ich mit den Argumenten a) ..., b) ..., ...

2 Untersuchen Sie an zwei ausgewählten Texten die Argumentationsstruktur. Geeignete Texte: S. 40, S. 64, S. 134, S. 310, 317, S. 318, S. 322.

⌐₁   Zigarettenwerbung verbieten?

SIEGFRIED PUFHAN
Promotion Manager

Tatsache ist, dass Zigarettenwerbung niemanden veranlasst, mit dem Rauchen zu beginnen. Diese Entscheidung fällt im sozialen Umfeld. Wir haben in der BRD einen reinen Verdrängungswettbewerb, d. h. neue Raucher kommen von anderen Marken. Wie anders, als durch innovative Werbung können wir die rund 17 Mio. Raucher auf Produktneuheiten und Verbesserungen, z. B. durch die Neueinführung einer Marke, aufmerksam machen? Werbung ist für den aufgeklärten Verbraucher eine Informationshilfe bei seiner persönlichen Entscheidung, so sollte es sein, so entsteht marktwirtschaftlicher Wettbewerb der Hersteller zum Nutzen der Verbraucher.

DR. D. HAHN
Facharzt für Lungen- und Brochialkrankheiten

Rauchen macht krank, gar keine Frage, auch wenn es Raucher geben sollte, die das immer noch nicht glauben wollen. Und die Werbung dafür ist natürlich nicht gut, weil sie Leute, die unbedarft und verführbar sind, in diese Richtung beeinflusst. Aber wenn man die Raucherwerbung verbietet, dann müsste man natürlich zahlreiche andere Werbungen ebenfalls verbieten, z. B. Alkohol – bis hin zur Süßigkeitenwerbung. Es ist auch ein Eingriff in unsere freiheitliche Grundordnung, in der jeder selbst überlassen bekommt, was er für gut hält und was er tun und lassen kann. Da sehe ich das Problem und mit diesen Argumenten wird sich mit Sicherheit auch die Tabakindustrie wehren. Es wäre schon viel gewonnen, wenn man die ganz aggressive Werbung einstellen würde.

GÜNTER SCHÖMITZ
Tabakwaren- und Zeitschriftenhändler

Ich meine, die Werbung ist eher dazu da, um Marktanteile von anderen Zigarettenmarken abzugewinnen. Ich glaube nicht, dass dadurch neue Kunden geworben werden. Außerdem leben 80 000 Menschen unmittelbar von der Zigarettenwerbung. Was macht man mit diesen Leuten? Es ist ja nicht erwiesen, dass durch Werbung mehr geraucht wird, Die Leute, die rauchen wollen, machen es sowieso.

CLAUS GOTTSCHALK
AOK Bielefeld

(...) Die Werbung für Zigaretten halte ich für gefährlich, gerade im Bereich der Jugendlichen, denn das ist ja der Punkt, wo die Werbung am besten trifft, wo wir überhaupt keine Chance haben als Eltern oder Krankenkasse. Vernunftsargumente helfen bei keinem Raucher. Wenn Sie sich die Werbung ansehen, die Freiheit, Selbstständigkeit, das Abenteuer, das sind natürlich alles Themen, die gerade Jugendliche faszinieren. Das ist doch eine, Suggestion, von der man sich beeinflussen lässt. Das ist in allen Bereichen der Werbung so.

HEINRICH LANGEWORTH
Theaterleiter, Bielefelder Kinos

Ich hoffe, dass das Verbot nicht kommt, denn gerade die Werbeeinnahmen sind ein fester Bestandteil unserer Kalkulation und wir können schwerlich darauf verzichten, gerade auf die Zigarettenfilme, sie betragen doch 30 Prozent des Werbeumfanges. Wir haben das Problem, dass wir mit unseren Kinopreisen an der oberen Schallgrenze angekommen sind. Gewisse Kosten steigen aber ständig. Und das muss ja irgendwo aufgefangen werden (...) Ich möchte in diesem Zusammenhang darauf hinweisen, dass wir schon seit Jahren eine Selbstbeschränkung haben. Wir zeigen die Zigarettenfilme bei jugendfreien Filmen erst nach 18 Uhr. Ich glaube nicht, dass sich ein Werbeverbot auf den Rauchkonsum auswirken wird.

Tips 5/1991, S. 11

1 *Geben Sie die in den Beiträgen formulierten Thesen jeweils mit eigenen Worten wieder. Welche Argumente und Beispiele werden im Einzelnen angeführt?*

2 *Beurteilen Sie die Argumentation der einzelnen Vertreter inhaltlich. Welche Position vertreten Sie?*

3 *Entwerfen Sie einen Fragebogen zum Thema „Sollte Zigarettenwerbung verboten werden?"*

4 *Starten Sie zum gleichen Thema eine Umfrage in der Klasse und werten Sie die Ergebnisse anschließend nach bestimmten, vorher festgelegten Kriterien aus. (Mögliche Kriterien für die Gewichtung der Argumente sind beispielsweise: Verhältnis: Raucher – Nichtraucher? Raucher innerhalb der Familie? Welche Erfahrungen mit Rauchern gibt es? ...) Erstellen Sie bei der Auswertung einfache Diagramme und Übersichten. (▷ Kapitel 2.3.5, S. 51 ff.)*

5 *Thema: „Sollen junge Frauen allein verreisen?" ▷ S. 220. Formulieren Sie zu diesem Text im gleichen Stil einen „Gegentext", in dem eine andere Position vertreten wird.*

⌐**4**

Oliver Elser
Schafft die Noten ab

1 1. Durch Noten wird massiv Auslese betrieben. Letztlich hat die Schule den Auftrag, für die Hierarchie der kapitalistischen Gesellschaft das ihr anvertraute „Menschenmaterial" ent-
5 sprechend vorzusortieren.

2. Noten sichern die Autorität des/der Lehrers/Lehrerin. Sie sind sein wichtigstes Disziplinierungsmittel (neben Tadel usw.), das häufig gegen kritische Schüler/innen eingesetzt
10 wird. Diese Methode wird zum Teil durch den scheinbar objektiven Charakter vertuscht.

3. Noten sichern die schulische Hierarchie. Eine antiautoritäre, d. h. kritische Distanz zu Autoritäten vermittelnde Er-
15 ziehung ist mit Noten nicht möglich. Eine Demokratisierung der Schule wird und soll nicht vorangetrieben werden. Menschen,
20 die an Demokratie von Grund auf gewöhnt sind, würden dies in höherem Maße auch in anderen Lebensbereichen (z. B. am
25 Arbeitsplatz) einfordern.

4. Durch Noten soll die für unsere Gesellschaft elementare Praxis von Leistung unter Zwang und Arbeit unter Konkurrenzdruck vermittelt und verinnerlicht werden.

5. Noten bewerten nicht das Lernen, sondern 30 rufen stures Pauken hervor. Ziel des Lernens ist das Erreichen einer guten Note, nicht das Erlernen von etwas Sinnvollem.

6. Tatsächlich bleibt bei kritischer Betrachtung von Noten nichts als ihre Beliebigkeit übrig. 35

7. Noten sind ein Mittel der Selektion und gleichzeitig suggerieren sie die Notwendigkeit der Auslese.

8. Um ein Instrument zur Auslese zur Verfügung zu 40 haben, reduzieren Noten angeeignetes Wissen und die Fähigkeit, dieses zu reproduzieren, auf eine Zahl. Sie berücksichtigen weder die 45 individuelle Lernentwicklung noch die ungleichen Voraussetzungen, denen Schülerinnen und Schüler ausgesetzt sind. 50

Der Bundesverband der Jungdemokraten/Junge Linke (Hrsg.): Tendenz 3/92, S. 12

1 *Wie lautet die Hauptthese des obigen Textes?*

2 *Untersuchen Sie die Argumentation: Welche Argumente werden angeführt? Werden die Argumente den Anforderungen, die an sie zu stellen sind, gerecht (vgl. ▷ S. 141)? Werden sie ausreichend und richtig erläutert und durch Beispiele veranschaulicht? Belegen Sie Ihre Ansicht am Text.*

3 *Welche Zielsetzung verfolgt die Argumentation von Oliver Elser?*

4 *Wie bewerten Sie die Argumentation insgesamt? Ergänzen Sie dazu weitere Argumente zur These und überlegen Sie, welche Gegenargumente sich entwickeln lassen.*

5 *a) Wie lautet die Gegenthese?*
b) Formulieren Sie hierzu Argumente und Beispiele.

6 *Diskutieren Sie These und Gegenthese in der Klasse.*

5.2 Diskutieren

5.2.1 Merkmale und Ziele einer Diskussion

Jeder hat schon einmal diskutiert oder kennt Diskussionsrunden aus dem Unterricht, aus der Familie, aus öffentlichen Veranstaltungen oder aus dem Fernsehen, das regelmäßig Diskussionen in verschiedenen Formen zu den unterschiedlichsten Themen präsentiert. Auch in der Arbeitswelt spielen Diskussionen, vor allem innerhalb von Arbeitsgruppen, eine große Rolle, wenn es darum geht, neue Ideen zu sammeln oder Probleme zu bewältigen.

> ❑ *Was verstehen Sie unter einer Diskussion?*
> ❑ *Welche Beobachtungen haben Sie bei Diskussionsrunden gemacht?*

Schreiben Sie Ihre Antwort jeweils groß auf eine Karteikarte oder ein DIN-A4-Blatt. Sämtliche Antworten werden an einer Pinnwand gesammelt. Anschließend werden die Antworten in der Klasse besprochen und – soweit möglich – nach verschiedenen Gesichtspunkten zusammengefasst.

🔔1   Der Begriff Diskussion – Was sagen die Fachleute?

1 „Die Diskussion ist eine Sonderform des Gesprächs. Sie umspannt ein weites Feld vom alltäglichen Zwiegespräch bis hin zur großen Auseinandersetzung z. B. im Anschluss an einen Vortrag.“
5 „Man sollte den Begriff ‚Diskussion‘ möglichst eng fassen: Die Diskussion ist unzweideutig eine Form des Streit- bzw. Kampfgesprächs.“ (...)
Bei dieser Spannbreite von sich deutlich widersprechenden Begriffserklärungen ist die Frage
10 nach der Herkunft des Wortes „Diskussion“ sicher gerechtfertigt. Diskussion geht auf das lateinische Verbum *discutere* zurück, das so viel wie *zerschlagen, auseinander sprengen und zerlegen* bedeutet. Von daher ist die Ansicht durch- 15 aus vertretbar, Diskussion sei eine eher kämpferische Gesprächsform. (...) Bezieht man das „Zerlegen“ und „Auseinander nehmen“ nun aber nicht ausschließlich auf die Diskussionstechnik, sondern in gleichem Maße auf das geistige Durch- 20

dringen und die verbale Darlegung eines Themas, so kann Diskussion eben auch als *Erörterung, Gedankenaustausch und themabezogenes Gespräch* verstanden werden. (...)

25 **Diskussion ist eine häufig lebhafte Auseinandersetzung über ein bestimmtes Thema, wobei das Diskussionsziel in hohem Maße die Diskussionsform, die Diskussionstechniken sowie Anzahl und Zusammensetzung des Teilnehmer-** 30 **kreises bestimmt.**

Diskussionsziele
Ob eine Diskussion gelingt oder misslingt, ist sehr oft nur eine Frage des Diskussionszieles. Für zu viele Menschen bedeutet Diskussion lediglich
35 – abwechselndes Reden,
– Befriedigung sozialer Bedürfnisse,
– Ausleben von Geltungsdrang,
– oder auch nur hemmungslose Schwätzerei.
Neben diesen höchst fragwürdigen „Zielsetzun-
40 gen" gibt es aber auch zahlreiche Diskussionen, in denen überhaupt niemand weiß, ob überhaupt ein und wenn ja, welches Diskussionsziel angestrebt wird. (...)

Für ein eher zufälliges Zwiegespräch im Plau-
45 derton mag diese Ziellosigkeit durchaus ihre Berechtigung haben, ja sogar einmal reizvoll sein. Für wirkliche Diskussionen ist sie aber unverantwortbar, weil – denken wir nur an Podiums-, Forums- oder Expertendiskussionen – die Leid-
50 tragenden dann in erster Linie die Zuhörer mit ganz bestimmten Vorstellungen und Erwartungen sind.
Bereits bei der Vorbereitung muss sich mindestens der Diskussionsleiter über die Zielsetzung
55 der Diskussion im Klaren sein. Mögliche Diskussionsziele sind:
– das Schließen von Wissenslücken,
– ein Informations- und Meinungsaustausch,
– das Erarbeiten interdisziplinärer Aspekte,
60 – die Lösung arbeitsorganisatorischer Probleme,
– die Verständnisförderung für Standpunkte anderer,
– gegenseitige, offene Kritik,
– die Schlichtung von Streitfragen,
65 – eine Entscheidungsfindung oder Beschlussfassung.

Rudolf Steiger: Lehrbuch der Diskussionstechnik. Frauenfeld 1984, S. 7 ff.

1 *Wodurch unterscheidet sich eine Diskussion von einem zwanglosen Gespräch? (▷ Vergl. dazu auch Kapitel 4.1.)*
2 *Welche Alternativen zur Diskussion gibt es, zum Beispiel wenn Entscheidungen getroffen werden sollen? (Beispiel: Wohin soll die Klassenfahrt gehen?)*
3 *Worin sehen Sie den Hauptvorteil von Diskussionsrunden, welche Nachteile gibt es möglicherweise? Wägen Sie Vor- und Nachteile ab und begründen Sie Ihre Meinung jeweils.*

5.2.2 Diskussionsformen

Diskussionen werden je nach Thema, Teilnehmern oder räumlichen Bedingungen in unterschiedlicher Form durchgeführt.

Rundgespräch

❏ Es stellt die häufigste Form der Diskussion dar.
❏ Die Sitzordnung bietet allen Teilnehmern direkten Blickkontakt.
❏ Durch die Sitzordnung sind alle gleichberechtigt und haben gleiches Rederecht.
❏ Maximale Teilnehmerzahl: 10 bis 12.
❏ Ist die Teilnehmerzahl größer, so empfiehlt sich die Aufteilung in Kleingruppen.
❏ Eine Sonderform bildet hierbei das Brainstorming (= Ideenfindung), bei dem spontan Einfälle zu einem bestimmten Thema zusammengetragen werden.

Podiums- oder Expertendiskussion

❏ Mehrere Fachleute diskutieren vor an dem Thema interessierten Zuschauern.
❏ Meist gibt es hierbei einen Diskussionsleiter, der den Fluss der Diskussion lenkt und für die Sachlichkeit der Beiträge sorgt.
❏ An die Podiumsdiskussion schließt sich häufig eine Forumsdiskussion an: Zuschauer stellen an die Podiumsmitglieder Fragen, stimmen dem Gesagten zu, ergänzen oder widerlegen Gesagtes.

Streitgespräch

❏ Zwei oder mehrere Personen treten als Befürworter und Gegner zu einem umstrittenen Thema auf.
❏ These und Antithese stehen im Vordergrund.
❏ Das Streitgespräch wird oft als Podiumsdiskussion durchgeführt, zum Teil auch als Forumsdiskussion.

000000000000
000000000000

0   X   0

000000000000
000000000000
000000000000
000000000000

0   0   X   0   0

Debatte

❏ Hierbei handelt es sich um die öffentliche, geregelte Aussprache in Rede und Gegenrede, die vor allem zur Auseinandersetzung der Parteien in Parlamenten verwendet wird.
❏ Die Redebeiträge einer Debatte sind stärker ausformuliert und auf eine Lösungsfindung hin konstruiert als die Diskussion, auch wenn die Grenzen fließend sind. Die meisten Politiker verlesen ihre Beiträge und sprechen nur selten frei oder lassen Zwischenfragen zu.

Talkshow

❏ Sie stellt eine besondere Form der Fernsehdiskussion dar, bei der sich meist prominente Persönlichkeiten über ein bestimmtes Thema unterhalten.

22.00 So! Streit-Talk live

Mit Robert Hetkämper und Gästen zu einem aktuellen Thema

22.40–0.10 Samstalk
Talkshow mit Gästen aus Politik, Kultur und Wissenschaft
Live-Übertragung aus Potsdam
Mod.: Hellmuth Henneberg

22.00 NDR Talkshow

Wer mitdiskutieren will, muss sich an die „Spielregeln" halten. Jeder Diskussionsteilnehmer bringt nicht nur ein unterschiedliches Vorwissen zum Thema mit, sondern auch besondere persönliche Voraussetzungen, was beispielsweise die Redegewandtheit, das Temperatment oder Ähnliches betrifft.

Hinweise für die Teilnahme an einer Diskussion

❏ aktiv zuhören, das heißt, Interesse zeigen und sich gegebenenfalls Notizen machen,
❏ die anderen Teilnehmer ausreden lassen,
❏ sich zu Wort melden, wenn man etwas sagen will, und warten, bis das Wort erteilt wird,
❏ auf die Körpersprache (die eigene und die der anderen) achten, ▷ Kapitel 4.2, S. 121.

- ❏ sich auf das Diskussionsthema vorbereiten und notwendige Unterlagen bereitlegen,
- ❏ sachlich diskutieren, persönliche Angriffe und Polemik vermeiden,
- ❏ sich nicht als Person in den Vordergrund spielen,
- ❏ weitschweifige Äußerungen und Gedankensprünge in der Argumentation vermeiden,
- ❏ zielgerichtet, knapp, wirkungsvoll, überzeugend und für jedermann verständlich argumentieren.

Nur singen kann man gemeinsam, reden kann immer nur einer!

Für eine zielgerichtete und knappe Argumentation kann beispielsweise die sogenannte **„Fünf-Satz-Methode"** nach *Hellmut Geißner* hilfreich sein:

Sprechverläufe

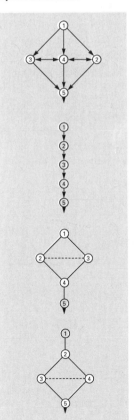

Reihen-Argumentation (die drei Argumentationsschritte im Mittelteil werden nebengeordnet):
1. Wir diskutieren darüber, ob das Vorhaben X fortgeführt werden soll.
2. Verluste oder Nachteile sind nicht zu erwarten.
3. Dafür kommen neue Erfahrungen auf uns zu.
4. Auch einige Vorteile sind möglich.
5. Daher sollten wir ...

Ketten-Argumentation (die Argumente stehen in logischer oder chronologischer Abhängigkeit):
1. Zum Vorhaben X gibt es einen Plan von A.
2. Der Plan ist einleuchtend und stimmig.
3. Er bringt Vorteile.
4. Er ist darüber hinaus gut umzusetzen.
5. Daher wäre ich dafür, ihn anzunehmen.

Dialektische Argumentation:
1. Zwei Lösungsvorschläge wurden unterbreitet.
2. Vorschlag A hat die Vorteile, dass er ...
3. Vorschlag B hingegen hat den Nachteil, dass er ...
4. Wägt man beide Vorschläge ab, so ergibt sich ...
5. Daher bin ich dafür, ...

„Gabel"-Argumentation (die Argumente gehen meist vom Allgemeinen zum Besonderen):
1. Die meisten Vorschläge gehen von der Voraussetzung aus, dass ...
2. Trifft diese Voraussetzung wirklich zu?
3. Einerseits steht dagegen, dass ...
4. Zum anderen ...
5. Daher plädiere ich dafür ...

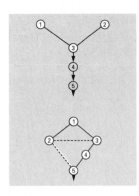

Versöhnliche Argumentation:
1. A sagt ...
2. B sagt ...;
3. Beiden Äußerungen scheint gemeinsam zu sein, ...
4. Wäre hier nicht ein Kompromiss denkbar?
5. Daher glaube ich, dass in dieser Richtung weiter nachgedacht werden muss.

Ausklammernde Argumentation:
1. Zwei Lösungsvorschläge wurden bisher vorgebracht.
2. Beide gehen von der Voraussetzung aus, dass ...
3. Dabei wird aber nicht bedacht, ...
4. Dieser Sachverhalt ist gerade hierfür besonders wichtig.
5. Daher stelle ich den Antrag ...

Aufgaben des Diskussionsleiters/der Diskussionsleiterin

❏ gibt das Thema der Diskussion bekannt sowie die Diskussionszeit,
❏ stellt die Diskussionsteilnehmer vor,
❏ führt eine Liste der Wortmeldungen, erteilt danach das Wort,
❏ greift ein, wenn ein Teilnehmer vom Thema abweicht, unsachlich wird oder zu weitschweifig redet,
❏ strukturiert und fasst Zwischenergebnisse zusammen,
❏ ermuntert alle Teilnehmer zu Wortmeldungen,
❏ stellt Zwischenfragen, wenn ein Beitrag unklar ist,
❏ gibt Hilfen, wenn ein Teilnehmer Schwierigkeiten hat, sich verständlich zu machen,
❏ gibt Anregungen, zum Beispiel durch Zwischenfragen, wenn die Diskussion ins Stocken gerät,
❏ zeigt Querverbindungen auf,
❏ achtet darauf, dass wesentliche Diskussionspunkte nicht vergessen werden, behält das Diskussionsziel im Auge,
❏ verhält sich neutral,
❏ fasst Endergebnisse zusammen und gibt Hinweise zum weiteren Gang der Auseinandersetzungen, zu Folgeveranstaltungen usw.

---

1 *Überprüfen und ergänzen Sie die Auflistung der Aufgaben eines Diskussionsleiters.*

2 *Wählen Sie die für Diskussionen in der Klasse wichtigen Regeln aus und halten Sie diese auf einem ansprechend gestalteten Plakat oder Faltblatt fest. Ziel der Gestaltung sollte sein, sichtbare Hilfen für eine möglichst wirkungsvolle Diskussion in der Klasse zu geben.*

3 *Zeichnen Sie Ausschnitte aus Fernsehdiskussionen auf. Besprechen Sie diese Ausschnitte in der Klasse. Berücksichtigen Sie dabei*

a) das Verhalten der Diskussionsteilnehmer,   *c) das Ziel der Diskussion,*
b) das Verhalten des Diskussionsleiters,   *d) die Form der Diskussion.*
▷ *S. 283 f.*

4 *Welche Gründe gibt es Ihrer Meinung nach für die große Beliebtheit von Talkshows im Fernsehen?*

5 *Führen Sie ein Streitgespräch zum Thema: „Ist durch die Zulassung der Privatsender die Qualität der Fernsehprogramme gestiegen?"*

Diskussionen auswerten – der Beobachtungsbogen

Bei Diskussionsrunden empfiehlt es sich, die Klasse in Gruppen aufzuteilen. Dabei kann eine Gruppe die Diskussionsrunde mit Hilfe eines Beobachtungsbogens untersuchen. Der Beobachtungsbogen wird anschließend in der Klasse ausgewertet und besprochen, um dem Diskussionsleiter und den Teilnehmern Anregungen und Bestätigungen zu geben.

Beispiel für einen Beobachtungsbogen:

Erfolgskontroll-Fragebogen für den Diskussionsleiter

Bitte ankreuzen, ob die folgenden Aussagen zutreffen, nur teilweise oder gar nicht zutreffen.

Der Diskussionsleiter hat	trifft zu	teil- weise zu	nicht zu
die Diskutanten ausgewogen vorgestellt *Bemerkung:*	▨	▨	▨
über die Ausgangslage orientiert *Bemerkung:*	▨	▨	▨
die Zielsetzung und Form der Diskussion erläutert *Bemerkung:*	▨	▨	▨
die Spielregeln verständnisfördernd begründet *Bemerkung:*	▨	▨	▨
zielorientierte Startfragen gestellt *Bemerkung:*	▨	▨	▨
Querverbindungen aufgezeigt *Bemerkung:*	▨	▨	▨
zurückhaltende Diskutanten unterstützt *Bemerkung:*	▨	▨	▨
den Diskussionsverlauf durch seine Fragetechnik zielorientiert beeinflusst *Bemerkung:*	▨	▨	▨
keine Diskutanten bevorzugt *Bemerkung:*	▨	▨	▨
das Diskussionsthema erweitert beziehungsweise eingeschränkt *Bemerkung:*	▨	▨	▨
Zwischenergebnisse festgehalten *Bemerkung:*	▨	▨	▨
das Diskussionsziel nie aus den Augen verloren *Bemerkung:*	▨	▨	▨
das Diskussionsergebnis in Abhängigkeit von der Zielsetzung zusammengefasst *Bemerkung:*	▨	▨	▨
offene Fragen und Anträge entgegengenommen und das weitere Vorgehen festgelegt *Bemerkung:*	▨	▨	▨

An der Diskussion hat mir besonders gefallen:

_____

_____

An der Diskussion hat mich besonders gestört:

_____

_____

Rudolf Steiger: a. a. O., S. 197 f.

▷ Kapitel 2.4.2, S. 59 f.

5.3 Reden verstehen und zu reden verstehen

꒐1

Otto Heinrich Kühner
Meine Damen und Herren!

1　Im Namen, willkommen heißen, Ausdruck verleihn,
　　Echtes Bedürfnis, bedanken und Meilenstein;
　　Prioritäten setzen, sich aufdrängende Fragen,
　　Denkanstöße, wesentlich dazu beitragen;
5　Suche nach der Identität, ins Auge fassen,
　　Stellung beziehen und Pläne reifen lassen;
　　Optimale Lösung, Position und Transparenz,
　　Plattform Entschiedenheit und Konsequenz,
　　Fragenkomplex, Problematik und Kriterium,
10　Zu erkennen geben, Anliegen und Wissen um;
　　Unverzichtbar, weitgehend und beispielhaft,
　　Wichtige Impulse, Initiative, Errungenschaft,
　　Spielraum, dringende Bitte, der Sache dienen,
　　Gegenwärtige Situation. Ich danke Ihnen.

Wolf Schneider: Deutsch für Kenner. Hamburg 1989, S. 97

1 Was fällt Ihnen spontan dazu ein, wenn es bei einer öffentlichen Veranstaltung, bei Familien- oder Vereinsfesten oder bei betrieblichen Veranstaltungen heißt: „Als (nächster) Redner spricht ..."?

2 Worin liegen die Gründe für die häufig negativen Assoziationen mit dem Wort „Rede"?

5.3.1 Rethorik und Rede

꒐2

Peter Ebeling
Begriffsklärung: Rhetorik

1　In der Antike wurde die Rhetorik definiert als die „Kunst, gut zu reden", die sich zusammensetzte aus Talent, natürlicher Begabung (ingenium) und technischer Fertigkeit (ars, techne). Die notwendigen Fertigkeiten und Fähigkeiten auf dem Gebiet der Redetechnik lassen sich laut antiker Auffassung schulen durch die Nachahmung der anerkannten Rhetoren (imitatio), durch die Anwendung allgemein verbind-
5　licher Regeln (doctrina) und durch ständige Übung (exercitium).
　　Zur Redekunst gehört also das Beherrschen des Sachverhalts und dessen angemessene Darstellung durch die Sprache. Einerseits ist die Rhetorik somit Dialektik, das heißt Kunst der Problemerkenntnis, der Argumentation und der Gedankenführung, andererseits ist sie Stilistik, die sich um die geschliffene Ausformung der Sprache bemüht. Und letzten Endes gehört dazu auch die Beobachtung, wie das Publi-
10　kum auf die Rede, auf die Sprache des Redners anspricht.
　　Die antike Rhetorik unterscheidet drei Redegattungen:
　　1. Die Gerichtsrede, in der über die Beurteilung vergangener Vorgänge gestritten wird.
　　2. Die Beratungs- oder Ermahnungsrede, in der es um die Darstellung gegenwärtiger Vorgänge geht
　　　　und darum, wie sie in Zukunft besser gestaltet werden können.
15　3. Die Lob- und Tadelrede.
　　Eine vielfältige Mischung ist hierbei möglich, die Zahl der Redeformen ist Legion: Manifest, Aufruf, Petition, Plädoyer, Streitgespräch, Streitschrift, offener Brief, Kommunikee, Laudatio, Nekrolog, Pamphlet, Predigt ...

Schon sehr früh gibt es ein allgemein verbindliches Schema, wie man eine Rede gestalten soll (...): ein-
20 fachstes Gliederungsschema ist immer die Einteilung in Einleitung, Hauptteil, Schluss. Der Anfang soll
als Köder für das Publikum dienen und als kurze Übersicht dessen, was zu erwarten ist. Sehr wichtig ist
hier die Anrede. Der Hauptteil bringt ausführliche Darstellung der Probleme, historische Reminiszen-
zen, Folgerungen daraus für die Gegenwart und Zukunft, Widerlegungen gegnerischer Argumentation.
Der Schluss fasst zusammen und gibt einen Appell an die Zuhörer weiter.
25 Notwendig für den Redner ist es nach alter Auffassung, dass er sich seinem Problem gegenüber angemessen ausdrücken kann, dass er klar ist und verständlich in seiner Argumentation. Allerdings soll die
Rede auch kunstvoll sein, so dass sie sich von der alltäglichen Sprache unterscheidet. Die Rede muss
unkonventionell in dem Sinne sein, dass man schon von den bloßen Äußerlichkeiten her auf den Redner
und auf das, was er sagen will, aufmerksam wird.
30 Diesem Zweck dient ein im Lauf der Zeit entwickeltes System von rhetorischen Figuren. (...)
Viele erfolgreichen Frauen und Männer haben den Erfolg nur ihrer Beherrschung der Redekunst zu verdanken. Das war schon immer so und wird auch künftig so bleiben. (...)
Das Beherrschen der Redekunst ist eines der wichtigsten Instrumente der Menschenbeeinflussung. Die
Macht der Überzeugung ist die Voraussetzung für aktive Mitarbeit. Durch die Unfähigkeit, sich klar
35 und präzise auszudrücken, werden Millionen-DM-Verluste verzeichnet, zum Beispiel durch Missverständnisse und Kommunikationsfehler.

Das große Buch der Rhetorik. Wiesbaden 1986, S. 12 ff.

1 *Was versteht man unter „Rhetorik"? Ziehen Sie weitere Informationsquellen zurate.*

2 *In diesem Textauszug werden
verschiedene Redeformen aufge-
zählt. Informieren Sie sich, was
man jeweils darunter versteht.*

3 *a) Welche Redeanlässe kennen
Sie?
b) Welche Zielsetzung verfolgen
die Redner jeweils dabei?*

4 *Was sagt Ebeling über den Aufbau der antiken Rede? Inwieweit
gilt dieses Schema heute noch?*

5 Pro|pa|gan|da *[lat.] die: -:* 1. systematische
Verbreitung politischer, weltanschaulicher
o.ä. Ideen u. Meinungen [mit massiven
(publizistischen) Mitteln] mit dem Ziel, das
allgemeine [politische] Bewusstsein in
bestimmter Weise zu beeinflussen. 2. Werbung, Reklame (Wirtschaft).

Duden Bd. 5. Das Fremdwörterbuch. Mannheim 1990

Grenzen Sie „Rede" und „Propaganda" voneinander ab.

6 *Zeigen Sie anhand des letzten Absatzes Notwendigkeit und Mißbrauchmöglich-
keiten der Rede auf. Nehmen Sie dabei auch Bezug auf die politische Rede und
die Werbung.* ▷ *S. 312, 313 f.*

7 *Lesen Sie den Text „Der Vorteil des Nachteils" auf S. 318. Können Sie sich der
dort vertretenen Position anschließen? Begründen Sie Ihre Ansicht.*

Aus Text 2 wird bereits deutlich, dass der **Begriff „Rede"** sehr vielfältig ist: Zum einen umfasst er – als (einseitige) öffentliche Ansprache – alle Formen eines mündlichen Vortrags, die vom spontanen Redeereignis über ein anhand von Stichworten vorbereitetes Sprechen bis hin zur sorgfältig ausgearbeiteten Manuskript-Rede gehen können. Zum anderen bezeichnet er den schriftlich formulierten Text, der einem mündlichen Vortrag zugrunde liegt und der je nach Anlass und Gegebenheiten entweder nur stilistisch oder nach allen Regeln der Rhetorik ausgearbeitet ist. Im Unterschied zum wissenschaftlichen Vortrag oder Referat will diese Form der Rede nicht sachlich durch Argumente belehren, sondern durch rhetorische Kunstgriffe überzeugen.

∫3 *Walter Jens*
Rhetorik und Propaganda

1 Die Redner sind betörende Volksaufwiegler und Agitatoren: Diese von Bismarck im Kampf gegen die Sozialdemokratie vorgetragene These identifiziert Rhetorik mit einer Kunst, die verführerisch und affektiv ans Unbewusste appelliere – überredend, aber nicht überzeugend; (...) zermalmend, wo Aufklärung angezeigt wäre: „Rednerkunst", heißt es in Kants Kritik der Urteilskraft, „ist, als Kunst, sich
5 der Schwächen der Menschen zu bedienen ..., gar keiner Achtung würdig." (...)
Aber der Vorwurf ist falsch. Die Polemik der antirhetorischen Fronde beruht auf einem doppelten Irrtum: auf der Meinung, Rhetorik sei nichts weiter als eine praktikable Anweisung zum erfolgreichen Reden, und auf dem Glauben, dass die Rede-Kunst sich auf die Stil-Kunst beschränke. In Wahrheit ist die Rhetorik eine Disziplin, die nicht nur Beeinflussungsstrategien entwirft, sondern auch über Ziel und
10 Zweck, Recht und Notwendigkeit, Humantität und Moral jener Strategien reflektiert, deren Richtung sie im Vorhinein bestimmt: Rhetorik ist also keine Technologie (zumindest nicht nur!), deren Instrumentarium, recht angewendet, Erfolg und Einfluss verbürgt; sie ist vielmehr, in erster Linie, eine Wissenschaft, deren Anwälte (...) nicht müde wurden, das eine Problem zu analysieren: Wie kann Vernunft sprachmächtig und Denken praktisch werden? Wie lässt sich das für richtig Erkannte – in über-
15 zeugendem Appell, in herzbewegender Argumentation – den Menschen einsichtig machen? Was muss die Rhetorik tun und welche Prämissen hat sie, in einem Akt der Selbstreflexion, zu berücksichtigen, wenn sie ihr Ziel erreichen will: Bildung vorantreiben, Kommunikation strukturieren, sprachliche Übereinkunft und vernünftiges Handeln befördern zu helfen? (...)
Unter solchen Aspekten bedeutet die Identifikation von Rhetorik und Propaganda nichts anderes als,
20 beispielsweise, die Gleichsetzung von Theologie und Homiletik, unter Ausklammerung der Dogmatik: Hier wie dort wird eine Wissenschaft jenes Spezifikums beraubt, das ihre Eigenart ausmacht – der Dialektik von Theorie und Praxis. (...)
Von deutscher Rede. München 1983, S. 11 ff.

1 *Woran liegt es, dass der Text schwierig zu erfassen ist?*

2 *Übung zum Erfassen eines Textes (▷ Kapitel 2):*
    a) Lesen Sie den Text mehrmals.
    b) Schlagen Sie Wörter, deren Bedeutung für Sie unklar ist, nach.
    c) Schreiben Sie wichtige Wörter heraus.

3 *Welcher Vorwurf wird gegen die Rhetorik erhoben und wie widerlegt Walter Jens diesen Vorwurf?*

4 *Erläutern Sie, welche positive Bestimmung von Rhetorik Walter Jens entwirft.*

5 *Woher rührt die Skepsis gegenüber „politischer Propaganda"? Ist diese Skepsis heute noch berechtigt? Begründen Sie ihre Ansicht und nehmen Sie Bezug auf die jüngere Zeitgeschichte Deutschlands.*
    ▷ Kapitel 7.6.1, S. 242.

Ein Stück weit

4

Sprachregeln für Feministinnen

von Viola Roggenkamp

1 Sprichst du vor Frauen – sagen wir in einer Frauenkneipe oder in der Volkshochschule – und willst ihnen etwas über deine feministische Arbeit erzählen, dann lass dir gleich zu Beginn anmer-
5 ken, wenn du an dem Abend nicht so gut drauf bist. Frauen haben dafür Verständnis. Beginne im Ton unausgeschlafener Überlastung. Am besten so:
„Also, Frauen, ich würde ganz gerne jetzt mal
10 anfangen wollen, eigentlich."
Verschwende nicht deine ersten Sätze ans Thema. Sprich statt dessen: „Es geht also darum, wie in dieser Stadt im Rahmen der Mädchenarbeit ganz konkret strukturelle Konzeptionen jetzt praktisch
15 Konturen kriegen und umgesetzt werden."
Das sitzt und vibriert vor Wichtigkeit. (...) Du sprichst – worüber auch immer – in jedem Fall über die miese Lage von Frauen in dieser Gesellschaft. Darum solltest du gleich zu Beginn deine
20 Solidarität und persönliche Erfahrung zeigen. Ob dein Thema nun heißt „Musikalische Massenkultur unter Berücksichtigung der Frauenproblematik" oder „Mädchen in Missbrauchssituationen" oder „Berufsfrauen ohne Kreativitätsfreiräume",
25 sage möglichst noch in den ersten zehn Minuten ... Nein! Nicht: „Ich habe das auch erlebt." So direkt will das keine wissen. Sage: „Ich bin da auch Betroffene." – Und dann mache eine Pause. Jetzt ist es an der Zeit, deinen Zuhörerinnen
30 genau zu erzählen, was du tust und für wen du es tust. Aber vergiss nicht: die Einfachheit deiner Sprache mindert die Bedeutung deiner Arbeit. Sage also nicht: „Die Frau kommt zu uns in die Beratungsstelle. Wir sprechen gemeinsam mit ihr
35 über ihre Sorgen und ihre Gründe dafür."
Sage besser: „Wenn die Frau zu uns kommt, geht es darum, die Situation offen zu machen, irgendwie, in der sie konkret steht, also ganz aktuell zu gucken, was bei ihr das Problem ist. Und allein,
40 indem ich ihr das mitteile, kann ich ihr halt auch 'ne Hilfestellung geben, ein Stück weit, dass sie das dann macht."
Sätze von dieser aufschlussreichen Wichtigkeit musst du sprachlich auflockern durch kleine,
45 quasi menschliche Geräusche wie „'ne" statt „eine" oder das kleine Wort „halt", das nur einen Zweck dient: Auf seinen vier Buchstaben können sich deine Zuhörerinnen halt einen Atemzug lang ausruhen. Denselben Zweck erfüllen „irgendwie",
50 „eigentlich" und „oder so", wobei „oder so" dann angefügt werden sollte, wenn du etwas Endgültiges gesagt hast.

Zum Beispiel: Eine deiner feministischen Zuhörerinnen begnügt sich nicht mehr damit, dir zuzuhören, sondern stellt eine Frage. Und die 55 passt nicht in dein Konzept. Du antwortest – erste Stufe: „So 'ne Detailfrage kann man mal ansprechen, geht aber im Augenblick nicht inne richtige Richtung."
Zweite Stufe: „Was du hier hinterfragen willst, ist 60 überhaupt noch nicht angedacht."
(Sehr schönes Wort übrigens. In „angedacht" schwingt viel von kluger Verhaltenheit.) Dritte und letzte Stufe: „Du, also, ich meine, ich bin heute auch unter Stress, und wenn du dich hier 65 irgendwie nicht einbringen kannst, dann gehst du vielleicht besser so." Das „oder so" soll diesen gezielten Rausschmiss in Watte packen. Weil Frauen mit Frauen einfach nicht so umgehen.
Du kannst jetzt zum Feministischen deiner Arbeit 70 kommen und solltest dabei deinen Sätzen breiten Raum geben. Nimm dir ein Beispiel an der feministischen Ärztin, die das Feministische an ihrer Arbeit so definierte: „Im Grunde arbeite ich im Einzelschicksal der Patientin eher intensiv im 75 Lebensalltag, den sie dabei also einfließen lassen kann." Sie hätte auch sagen können: „Ich höre der Frau zu." Aber das kann ja jede sagen.
Bleibe sachlich und sprich: „Wir sind 'ne Ersteinrichtung und wollen Freiräume schaffen für 80 Mädchen mit Missbrauchserfahrungen, damit sie ihre eigenen Gefühle wieder erarbeiten können, wobei wir sie halt aktiv unterstützen, wo sie auch einfach nur mal Spaß haben sollen oder so. Der Aufenthalt bei uns ist begrenzt." Dieser Satz ist 85 mehrfach verwendbar. Tausche die drei Wörter „Mädchen mit Missbrauchserfahrungen" aus gegen „Berufsfrauen ohne Kreativitätsfreiräume" oder gegen „Frauen in der musikalischen Massenkultur".
90
(...) Hast du inzwischen den Eindruck, deine Zuhörerinnen hören dir nicht mehr zu, sage: „'Ne Frage für mich wäre jetzt auch, ganz konkret zu wissen, ob hier unter euch weitgehend noch das Bewusstsein besteht, also, was ihr jetzt für Erwar- 95 tungen an mich habt. Das fände ich total wichtig." Verzweifle nicht. Solche Sätze sind einfach zu sprechen. (...) Sie sind nur schwer zu behalten. – So soll es sein.
Wenn du konkret würdest, müsstest du genau 100 sein. Das würde eine Revolution auslösen. Erst bei dir. Dann bei den anderen. Lass das. So kommst du nie in leitende Positionen. Und genau in den Chefsessel willst du ja, ein Stück weit.

Emma. Sonderband 1990/91, S. 153

1 a) Erklären Sie den Begriff „Feministin" aus dem Text heraus.
   b) Beschaffen Sie sich weitere Informationen zu diesem Begriff.
   c) Diskutieren Sie über die Verwendung dieses Begriffs in unserem Sprachgebrauch. ▷ Kapitel 5.2, S. 146 ff.

2 a) Wie ist die Überschrift „Sprachregeln für Feministinnen" gemeint?
   b) Welche Stilmittel verwendet die Autorin? (▷ S. 358 im Anhang) Belegen Sie dies anhand von Beispielen aus dem Text.

3 a) Welche „Sprachregeln" stellt Viola Roggenkamp vor?
   b) Formulieren Sie diese Regeln so um, dass sich daraus „Regeln für eine gelungene Rede" ergeben. Ergänzen Sie diese Regeln um weitere Punkte, die Ihnen wichtig erscheinen.

4 Vergleichen Sie diesen Text mit dem Text von Kurt Tucholsky (▷ S. 313 f.).

5 Schreiben Sie einen Leserbrief an die Zeitschrift „Emma", in dem Sie sich kritisch mit dem Text von Viola Roggenkamp auseinandersetzen. (▷ S. 40.)

6 Übung zum Imperativ:
   a) Suchen Sie die im obigen Text enthaltenen Imperative heraus.
   b) Geben Sie Gründe (inhaltlicher und stilistischer Art) für die häufige Verwendung des Imperativs an.
   c) Untersuchen Sie, welche Satzzeichen jeweils im Anschluss an die Imperativformen folgen, und erläutern Sie mögliche Bedeutungsnuancen.
   d) Weitere Texte, in denen der Imperativ eine besondere Rolle spielt: ▷ S. 174, S. 293, S. 338.

Regeln für eine gute Rede

1. Bereiten Sie sich gründlich auf Ihre Rede vor.
2. Sprechen Sie nach Möglichkeit frei. Verwenden Sie kurze, klare Sätze und anschauliche Beispiele.
3. Berücksichtigen Sie Interessen und Wünsche Ihrer Zuhörer.
4. Stellen Sie sich auch in der Sprache auf die Gedankenwelt Ihrer Zuhörer ein.
5. Halten Sie Blickkontakt zu Ihren Zuhörern.
6. Setzen Sie Mimik und Gestik gezielt ein.
7. Sprechen Sie nicht zu schnell und legen Sie Pausen ein.
8. Setzen Sie audiovisuelle Medien (Dias, Folien, Flip-Chart, ...) ein.
9. Beenden Sie Ihren Vortrag, wenn Sie die höchste Aufmerksamkeit der Zuhörer haben. Finden Sie einen einprägsamen Schluss.
10. Lassen Sie Ihre Persönlichkeit durchscheinen.

Hier die Empfehlung, die Martin Luther
Rednern mit auf den Weg gab:

Tritt forsch auf!
Machs Maul auf!
Hör bald auf!

5.3.2 Eine Rede analysieren

5

1949–1992
Reden im Bundestag,
mitgeschnitten
von Carl-Christian Kaiser

Nie wieder dürfe sich wiederholen, was gerade vergangen sei – so der Tenor vieler Bundestagsredner in den Anfanhsjahren. Ein Vierteljahrhundert später hat das Parlament Anlass, über eine neue Welle von Gewalt zu debattieren. Vor zwei Wochen, am 8. Oktober, standen die jüngsten rechtsradikalen Ausschreitungen auf der Tagesordnung des Bundestags. Mit Auszügen aus der Rede, die Konrad Weiß vom Bündnis 90/Die Grünen hielt, beschließen wir unsere Reihe.

„Ich schäme mich"
Konrad Weiß

1 Ich schäme mich. Ich schäme mich, Deutscher zu sein. Ich schäme mich, in einem Land zu leben, das eine Mauer der Gewalt, der Gefühllosigkeit, der Selbstsucht um sich baut. Ich schäme mich, in
5 einem Land zu leben, in dem Menschen Beifall klatschen, wenn Menschen angegriffen, verletzt, vertrieben werden. Ich schäme mich, Mitbürger von Feiglingen zu sein, die Frauen und Kinder schlagen und drangsalieren, die Jagd auf jene
10 Menschen machen, die bei uns Zuflucht und Hilfe suchen oder anders sind.
Weder die unbewältigte Vergangenheit noch die Deformierungen aus 60 Jahren Diktatur dürfen als Entschuldigung dafür dienen, dass Menschen
15 wie Tiere über Menschen herfallen. Diese Fremdenfeindlichkeit so vieler Deutscher ist eine Unmenschlichkeit, die unentschuldbar ist.
Haben wir Ostdeutschen aus 40 Jahren Unterdrückung und Eingesperrtsein wirklich nichts
20 anderes gelernt als Ausgrenzen, Aussperren und Ausstoßen? Und ist die westdeutsche Demokratie nach 40 Jahren wirklich so verkommen, dass sie sich nicht mehr zu wehren weiß?
Jeder und jede in unserem Land muss unsere
25 Demokratie verteidigen. Das beginnt mit scheinbaren Kleinigkeiten, die aber so viel Mut, Wachheit und Zivilcourage erfordern. Denn es braucht Mut, dem Taxifahrer oder dem Kollegen, der von „Kanaken" spricht oder fremdenfeindliche Witze
30 erzählt, über den Mund zu fahren.
Und es braucht genauso Mut, denen entgegenzutreten, die Polizisten als „Bullen" beschimpfen oder sie bei ihrer Arbeit zum Schutz von Mitbürgerinnen und Mitbürgern behindern. Es braucht
35 Courage, nicht wegzusehen oder sich davonzuschleichen, wenn Menschen Menschen beleidigen und misshandeln oder wenn Steine und Brandfla-schen geworfen werden. Es braucht Courage, dem Nachbarn, der zum Sturm auf Ausländer Beifall klatscht, in aller Eindeutigkeit zu sagen, 40 was man von ihm hält.
Eine der Ursachen des Unheils, das wieder über Deutschland gekommen ist, ist die Bejahung von Gewalt. Die Barbarei der Rechtsradikalen wird aus den vielen kleinen Gewalttätigkeiten gespeist, 45 an die wir uns gewöhnt haben und die wir fast widerstandslos hinnehmen. Wir haben es nur ungenügend gelernt, Konflikte gewaltfrei zu bewältigen, im Kleinen ebenso wie im Großen. Wir dulden die Gewalt im Straßenverkehr und die 50 Gewalt der Erwachsenen gegen die Kinder. Wir akzeptieren, dass Gewalt gegen Frauen als Kavaliersdelikt angesehen wird. Wir nehmen die vielfältigen, die verbalen oder handgreiflichen Gewalttätigkeiten gegen Minderheiten und 55 Andersdenkende gedankenlos hin.
Wir dulden unter dem Vorwand, die Freiheit der Kultur zu schützen, dass uns und unseren Kindern unentwegt die scheußlichsten Gewalttaten vorgeführt werden. 60
Es ist die Saat dieser Gewalt, die nun aufgeht.
Unsere Demokratie, unser Land können wir nur durch eine große Koalition der Menschlichkeit vor dem Rückfall in Barbarei und Totalitarismus bewahren. Diejenigen, die heute „Neger aufklat- 65 schen", werden morgen uns und unsere Familien foltern und töten. Sie werden, wenn wir sie gewähren lassen, nicht danach fragen, ob wir Sozialdemokraten oder Kommunisten, ob wir christliche oder liberale Demokraten, ob wir 70 Grüne oder Bürgerrechtler sind. Wir werden uns gemeinsam in ihren Vernichtungslagern wiederfinden, wie es 1933 geschah, wenn wir sie gewähren lassen.

Die Zeit Nr. 44, 23.10.1992

Hinweise zur Analyse einer Rede

1. Sichern Sie zunächst das Textverständnis. Klären Sie unbekannte Begriffe oder zunächst unbekannte Zusammenhänge mit Hilfe eines Nachschlagewerks.
2. Sammeln Sie Informationen zu dem historischen, politischen, kulturellen oder wirtschaftlichen Zusammenhang, in dem der Text steht. Wichtig sind hierbei Angaben zur Entstehungszeit des Textes sowie biografische Angaben zum Redner.
3. Stellen Sie die wichtigsten Aussagen/Thesen des Textes zusammen, so dass der gedankliche Aufbau grob sichtbar wird.
4. Versuchen Sie eine erste Hypothese über die Absicht, die mit dem Text verbunden ist. Berücksichtigen Sie hierbei eventuelle Manipulationsabsichten im Hinblick auf die Adressaten.
5. Untersuchen Sie nun die sprachlichen und psychologischen Strategien, mit denen der Autor seine Absicht umsetzt.

Zur Analyse sprachlich-psychologischer Redestrategien

❑ Wird der Leser in eine Wir-Gruppe mit einbezogen und dadurch von einem möglichen Gegner abgegrenzt? Ein für politische Reden typisches Verfahren besteht darin, Erfolge der Wir-Gruppe zuzuschreiben, Misserfolge hingegen dem Gegner anzulasten. Wörter mit positivem oder negativem Bedeutungsgehalt spielen hierfür eine große Rolle.

❑ Wie schafft der Redner ein „sympathisches Umfeld" für sich und für das, was er mit seiner Rede bezweckt? Häufig werden mögliche negative Vorerwartungen des Hörers vorweggenommen und dadurch bereits im Keim erstickt.

❑ Die Wiederholung bestimmter Wörter und Satzteile ist ebenfalls ein beliebtes Stilmittel jedes Redners, um seine Redeabsicht unverwechselbar und besonders einprägsam zu gestalten. Dazu werden auch andere stilistische Mittel eingesetzt (▷ 358).

❑ Werden unbewusste Ängste des Zuhörers angesprochen oder bewusst missverständliche Aussagen gemacht, um zu manipulieren?

❑ Wird überwiegend auf der emotionalen Ebene argumentiert, so dass die rationale Argumentation dadurch verdeckt wird?

---

1 Analysieren Sie die Rede von Konrad Weiß und beantworten Sie dabei folgende Fragen:

   a) Thema: Um welches Thema geht es? Bleibt der Redner beim Thema? Wie sieht der gedankliche Aufbau aus? Welche Argumente werden angeführt? Welche Beispiele dienen der Illustration? Wird die Redeabsicht deutlich?

   b) Situation/Anlass/Redner: Welcher Redeanlass liegt vor? Wieviel Redezeit steht zur Verfügung? Was ist über den Redner bekannt? Im Rahmen welcher Veranstaltung wurde die Rede gehalten?

   b) Adressat: Wer wird angesprochen? Werden die Zuhörer einbezogen?

   c) Sprachliche Merkmale: Welcher Satzbau liegt vor, welche Wortwahl? Welche rhetorischen Mittel werden eingesetzt? Wie wird der Schluss gestaltet? Sonstige Besonderheiten?

2 *Sehen Sie sich eine Rede Ihrer Wahl an, die im Fernsehen übertragen wird. Analysieren Sie die Rede unter Berücksichtigung von 1 a)–d). Beziehen Sie zusätzlich Merkmale des mündlichen Vortrags mit ein: Sprechtempo, Gestik, Mimik, Modulation. Wird frei gesprochen?*

3 *Analysieren Sie die Rede von Walter Momper, S. 312, und vergleichen Sie die Reden von Weiß und Momper hinsichtlich Thema, Redner, Anlass und Aufbau.*

4 *Warum sind die Reden vieler Politiker und Fachleute für eine Vielzahl der Bürgerinnen und Bürger schwer verständlich? Worauf sollten Politiker bei ihren Reden Ihrer Meinung nach am meisten achten? Welche Möglichkeiten gibt es, Politikern Verbesserungsvorschläge im Hinblick auf ihre Reden zu übermitteln? (▷ S. 323 f.)*

5.3.3 „Reden lernen"

Das folgende Konzept für eine Rede ist einem Ratgeber-Buch entnommen, das einen „Rede-Kurs für Frauen" anbietet. Die Teilnehmerinnen eines Seminars sollen mit Hilfe dieses Konzepts lernen, eine Überzeugungsrede zu halten.

᠊Ⳡ6   **Übung für eine Überzeugungsrede**

Im Folgenden soll nun eine Rede nach dem fertigen Konzept gehalten werden. Zu achten ist vor allen Dingen darauf, dass man der Gliederung folgt, die Stichworte in gute Sätze umwandelt und die jeweilige Stimmlage für die wichtigen oder weiniger wichtigen Äußerungen findet. Außerdem wurden hier schon einmal verschiedene Zeichen benutzt wie das Gleichheitszeichen (=) und die Groß- und Kleinschreibung als Hilfsmittel zur Unterscheidung von Wichtigem und Unwichtigem.

ÜBERZEUGUNGSREDE   ZWECKSATZ
                    Hörer/-innen sollen einsehen: Reden lässt sich lernen durch
                    Übung.

Einleitung   (Sprechanlass/Situationsbezogener Einstieg)
               Redner/-in erreicht Zuhörer/-innen nicht trotz Fachwissen.
               Verbreitete Meinung: Redner/-in ist man oder nicht!
               Aber: Für einen Beruf brauchen wir eine Ausbildung. Fürs Reden nicht?

Hauptteil   1. (Frage: Wie ist die Situation?)
              Wo Lehre fürs Reden? Eigentlich Schule
              Aber: u. B. Deutschunterricht – Diktate, Aufsätze, ...
              Schriftform wird überbewertet
              – Erzählen, Gespräche, ...

              Schallform wird vernachlässigt
              Folge: VERSCHRIFTUNG, Schriftliche Leistungen werden höher bewertet, ein
              Protokoll folgt dem nächsten usw.

              2. (Frage: Was sollte sein?)
              Ausbildung zum Reden notwendig, wir können reden lernen.
              Voraussetzung: Sachliches/fachliches Wissen, Kenntnis der Sprache, Konzen-
                             trationsfähigkeit, Einblick in die Verteilung der Rollen, who is
                             who ...?

3. (Frage: Wie vorgehen?)
Wie gehen wir nun vor? (Eine rhetorische Frage, auf die natürlich niemand ernsthaft antworten soll außer der Rednerin selbst.)
Reden aufschreiben und ablesen? Auswendig lernen? = Verschriftung!
Besser FREIE REDE lernen, das heißt
LOGISCHE GEDANKENORDNUNG IN EINEM STICHWORTKONZEPT FESTHALTEN UND DANACH HÖRER/-INNENGERICHTET FORMULIEREN.
Nicht allein lernen, sondern mit anderen.
Reden lernen = Gemeinschaftsarbeit (Spiegel und Kassettenrecorder können darüber hinaus gute Hilfsmittel sein!)

Schluss   (Appell/Gedankliche Wiederaufnahme des ZWECKSATZES!)
Ausschlaggebend für Reden = nicht nur theoretisches Wissen, sondern praktische Übung.
REDEN LERNT FRAU NUR DURCH REDEN (MANN AUCH).

Dieses Konzept nun ein- bis zweimal lesen. Vielleicht ein wenig nach eigenem Geschmack umstellen, mit Beispielen füllen und dann eine begeisternde Rede halten, eine, die fast jede Frau davon überzeugt, dass ... REDEN NUR DURCH REDEN ZU LERNEN IST.

Evelyn Schultz-Medow: Nehmen Sie kein Blatt vor den Mund. Ein Rede-Kurs für Frauen. Reinbek 1988, S. 74 f.

1 *Woran erkennen Sie, dass dieses Konzept einem Buch (Seminar) für Frauen entnommen wurde? Sind Übungen wie die hier abgedruckte nur für Frauen sinnvoll? Begründen Sie Ihre Ansicht.*

2 *Wie argumentiert die Autorin, um ihre Position, „Reden lässt sich durch Übung lernen", zu verdeutlichen?*

3 *Halten Sie anhand dieses Konzepts eine Rede. Lesen Sie zuvor das Konzept mehrmals durch, schreiben Sie sich wichtige Textstellen gegebenenfalls zusätzlich heraus.*

4 *Nehmen Sie die in der Klasse vorgetragenen Reden mit einem Videogerät auf und besprechen Sie die Ergebnisse anschließend.*

5 *Vergleichen Sie die Redeproben in der Klasse mit dem im Buch „Nehmen Sie kein Blatt vor den Mund" abgedruckten Lösungsvorschlag:* ▷ *S. 314. Worin liegen die Schwierigkeiten, eine Rede nach einem vorgegebenen Konzept zu halten?*

6 *„Frauen haben es als Rednerinnen besonders schwer."*

   a) Können Sie dieser These zustimmen? Entwickeln Sie Argumente, die diese These stützen, und illustrieren Sie die Argumente durch entsprechende Beispiele.

   b) Formulieren Sie die Gegenthese und stützen Sie sie ebenfalls durch geeignete Argumente und Beispiele.

7 *Halten Sie einen kurzen Vortrag nach der „Fünf-Satz-Methode" (*▷ *S. 149 f.) zum gleichen Thema.*

⌐Ɫ₇

Hansjürgen Jendral
Zum 18. Geburtstag für ein Mädchen

1 Erwachsen werden ist nicht schwer,
erwachsen sein dagegen sehr!

Mit 18 Jahren, welche Pein,
da musst du halt erwachsen sein!

5 Kindheit und Jugend sind verschwunden
und alles was damit verbunden
an ausgelebter Fröhlichkeit.
Das Leben zeigt sich nun verbissen,
die Zukunft vielleicht gar besch ...,
10 und Sorgen machen sich recht breit.

Politisch seine Stimme geben,
den Auto-Führerschein erstreben,
den jungen Mann zur Ehe führen,
dann Tag für Tag die Suppe rühren!
15 Gelegentlich auch Kinder kriegen,
die Haushalts-Faulheit zu besiegen,
sparsam zu sein und nicht zu protzen,
am Abend in die Röhre glotzen.
Die Falten zählen im Gesicht
20 und auch die Pfunde vom Gewicht.
Und dann, vergangen wie im Nu,
geht's auf die Silberhochzeit zu.

Erwachsen werden ist nicht schwer,
erwachsen sein dagegen sehr!

25 Drum schau dich um auf dieser Erden,
willst überhaupt du 18 werden?
Du willst? Du freust dich, gutes Stück?
Dann wünsch' ich dir von Herzen Glück.

„Meine sehr verehrten Damen und Herren, liebe Freunde ...". Brillante Musterreden für viele Anlässe in Prosa und Reim. München 1986, S. 43

---

1 *Eine Mitschülerin wird 18 Jahre alt. Tragen Sie zu diesem Anlass diese Rede in der Klasse vor.*

2 *Beurteilen Sie die Reaktion des „Geburtstagskindes" und die Reaktion der „Mithörer". Wie kommt es zu diesen Reaktionen?*

3 *Entwerfen Sie eine Rede zum gleichen Anlass. Tragen Sie sie in der Klasse vor.*

4 *Wählen Sie*

a) einen Anlass für eine „Festrede" (Beispiele: Weihnachtsfeier des Sportvereins, Polterabend, Silberhochzeit der Eltern, ...) aus,

b) einen Anlass für eine „Überzeugungsrede" (Beispiel: Schülerversammlung) aus.

Entwerfen Sie jeweils eine Rede von ca. fünf bis acht Minuten Redezeit. Fertigen Sie einen Stichwortzettel an, üben Sie die Rede und tragen Sie sie in der Klasse vor. Berücksichtigen Sie dabei die „Regeln für eine gute Rede" auf S. 156.

Tauschen Sie die Erfahrungen, die Sie bei der Vorbereitung und beim Vortragen gemacht haben, anschließend in der Klasse aus.

Muster für einen Stichwortzettel

E = Einleitung, A = Argumentation, ① ② ③ = Argumente 1–3, Schlussteil, Zus. = Zusammenfassung, Ziel = Zielsatz

5 *Rollenspiel:* *Jeder Mitschüler wählt einen anderen Anlass und einen anderen
Rahmen für eine Rede. Die unterschiedlichen Reden werden in der Klasse vorgetragen und, wenn möglich, darüber hinaus auch auf Video aufgezeichnet. Die
Klasse versetzt sich jeweils in die Rolle der entsprechenden Hörerschaft. (Eventuell können die Ergebnisse anhand vorher erstellter Beobachtungsbogen
ausgewertet werden, vgl. S. 151.)*
*Besprechen Sie die Reden anschließend. Mögliche Kriterien: Argumentation,
Stil, Sprechweise, Auftreten des Redners, ... Stellen Sie zusammen, was gut war
und was verändert werden sollte.*

5.4 Das Verkaufsgespräch: Fremde Strategien durchschauen, eigene entwickeln

♩₁ ### Im Direktverkauf kommen die guten Sitten häufig unter die Räder:

Beinharte Psychotricks

1 Außendienstler und Verkäufer haben bei den Deutschen einen miesen Ruf. 1990 wollte ein Hamburger Meinungsforschungsinstitut wissen, welcher Berufsgruppe die Befragten am ehesten eine Lüge
5 zutrauen: An erster Stelle lagen die Versicherungsvertreter mit 71 Prozent.

Dieses Misstrauen kommt nicht von ungefähr. Jährlich werden in westdeutschen Wohnzimmern Waren und Dienstleistungen für rund 200 Milliar-
10 den Mark verkauft (...). Acht von 10 Versicherungspolicen werden am Couchtisch unterschrieben, und dort wird auch der Kauf jedes zweiten Fertighauses besiegelt und jedes zehnte Auto bestellt.

15 Das Wohl des Kunden kommt dabei bisweilen zu kurz. Mit ihrem antrainierten Arsenal von ausgeklügelten Psychotricks bringen unseriöse Verkäufer den Kunden dazu, unnötige und überteuerte Verträge ab-
20 zuschließen. (...)

Der Türöffner

Der Griff in die Trickkiste beginnt schon, wenn der Verkäufer den ersten Kontakt
25 zum Kunden herstellt. Dazu benutzt er in aller Regel das Telefon, wenn er nicht gerade zu den Klinkenputzern gehört. In beiden Fällen ist es sein Ziel,
30 zuerst einmal in die Wohnung des Kunden zu kommen. Da die meisten Verbraucher sich gegen Vertreterbesuche sträuben, versuchen unseriöse Außendienst-
35 ler, ihre wahre Identität zu verschleiern und sich einen vertrauenswürdigen, unabhängigen, wenn nicht sogar behördlichen Anstrich zu geben. Versicherungsvertreter bieten gerne eine „kostenlose Rentenberatung" oder eine
40 „objektive Finanzanalyse" an. Auch Steuervorteile sind ein beliebter Gesprächsaufhänger, um einen Fuß in die Tür zu bekommen.

Häufig benutzen Verkäufer am Telefon Referenzen von Bekannten und Verwandten, um das Ver-
45 trauen des Kunden zu wecken. Typisch sind Kontaktgespräche wie: „Guten Tag, Herr Schmidt, mein Name ist Meier von der Pfefferminzia. Das sagt Ihnen wahrscheinlich nichts, aber wir haben einen gemeinsamen Bekannten, den Herrn Müller.
50 Gestern abend habe ich zusammen mit Herrn Müller eine Finanzanalyse erstellt, mit deren Hilfe er die Leistungen von Vater Staat optimal ausschöpfen kann und mehrere tausend Mark spart. Wäre das nicht auch etwas für Sie, Herr Schmidt?"

„Haben Sie denn schon mal daran gedacht, wie sehr Sie dadurch Ihre Schuhsohlen schonen ...?!"

Die drei Asse des Verkäufers   55

Falls Kunde Schmidt noch Zweifel hat, zieht der Verkäufer seine „drei Asse" aus dem Ärmel. So werden in der Branche die drei wichtigsten, nahezu universell einsetzbaren Verkäufer-Antworten auf Kunden-Einwände genannt. An sich sind die „drei   60
Asse" aber rhetorische Gegenfragen. Wenn der Kunde zum Beispiel sagt, er habe kein Interesse, so sticht Ass Nummer eins: „Herr Schmidt, dafür habe ich zu diesem Zeitpunkt volles Verständnis. Aber wie können Sie eine Sache ablehnen, die Sie noch   65
gar nicht kennen?" Möglich ist auch, dass Kunde Schmidt sagt: „Ich habe aber keine Zeit für so was." In diesem Fall zückt Verkäufer Meier das zweite Ass: „Angenommen, Ihr Chef würde Sie um eine Überstunde bitten und Ihnen dafür 500 Mark bieten.   70
Hätten Sie dann auch keine Zeit?" Ein weiterer häufiger Kundeneinwand lautet: „Sie wollen mir doch nur etwas verkaufen." Darauf spielt der Vertreter sein drittes Ass: „Das   75
mag ja sein, Herr Schmidt. Aber sind Sie der Typ, der etwas kauft, was er nicht braucht?"

Die alternative Fragestellung

Wenn dem Kunden schließlich   80
die Argumente ausgegangen sind, ist er reif für einen weiteren Psychotrick. Der Vertreter raschelt mit dem Terminkalender und fragt: „Herr Schmidt,   85
wäre Ihnen Montag 17 Uhr oder Mittwoch 19 Uhr lieber?" Diese Technik heißt „Alternative Fragestellung". Die Alternativfrage ist besonders tückisch, denn der Kunde entscheidet   90
nicht über das eigentliche Problem – ob der Verkäufer kommen darf oder nicht –, sondern über die unwichtige Frage, wann er kommen soll.

Die Anwärmphase

Wenn der Vertreter im Wohnzimmer des Kunden   95
sitzt, beginnt Teil eins eines Verkaufsgesprächs: die Anwärmphase. Der Außendienstler weiß, dass er jetzt eine angenehme Anfangsatmosphäre schaffen muss. Niemals wird er dem Kunden gegenübersitzen, denn das wirkt aggressiv. Sitzen   100
beide über Eck, kommen schwerer Spannungen auf. Außerdem können die Präsentationsunterlagen besser auf den Kunden wirken.

Doch bevor der Verkäufer die aus dem Koffer holt, bekommt der Kunde erst ein paar verbale Streichel-   105
einheiten verpasst: Der röhrende Hirsch überm Sofa wird ebenso anerkennend gewürdigt wie die Schrankwand in Eiche furniert. Außerdem lässt der

Vertreter seine Opfer plaudern, um möglichst viel
110 über sie zu erfahren. Die Informationen nutzt er anschließend, wenn er den Bedarf im Kunden zu
wecken sucht und zugleich eine Lösung präsentiert.

Die Präsentation des Produkts

Egal was der Vertreter verkaufen will, er wird sei-
115 nem Gesprächspartner nicht das Produkt selbst
schmackhaft machen, sondern die persönlichen
Vorteile, die der Kunde daraus ziehen kann – ein
wichtiger Unterschied. Er sagt nicht: „Diese kapital-
bildende Lebensversicherung bietet eine ausge-
120 zeichnete Rendite." Verkaufspsychologisch richtig
ist vielmehr: „Mit unserem Pfefferminzia-Wünsche-
Erfüllungsprogramm können Sie, Herr Schmidt,
endlich ihre Rentenlücke schließen und zugleich
Steuern sparen. Obendrein, liebe Frau Schmidt, ha-
125 ben wir für Sie und Ihre Kinder ab sofort vorge-
sorgt, falls Ihrem Gatten mal etwas zustoßen sollte."
Wichtige Aussagen und Kernargumente werden
wiederholt und optisch unterstrichen, zum Beispiel
durch Auftippen des Kugelschreibers. Tabus dage-
130 gen sind Ausdrücke wie „Beitrag", „bezahlen" und
„Versicherung". Stattdessen spricht der Vertreter
lieber von „Sparraten", lässt den Kunden „investie-
ren" und blendet ihn mit blumigen Fantasienamen
wie dem „Wünsche-Erfüllungs-Programm".

135 **Das Produkt billig rechnen**

Dennoch wird der Kunde irgendwann einmal wissen wollen, was das angepriesene Produkt kostet.
Kein Vertreter antwortet in diesem Fall einfach
„29,50 Mark im Monat". Stattdessen fassen Verkäu-
140 fer noch einmal die wichtigsten Kundenvorteile
zusammen und verharmlosen dann den Preis:
„Unser Unfallschutz kostet Sie nicht einmal eine
Mark am Tag." Dieser Trick heißt Berechnungsme-
thode.

145 **Fragen und Einwände des Kunden**

Wenn der Kunde widerspricht, hat der Vertreter
mehrere Möglichkeiten, darauf zu reagieren. Er
kann zum Beispiel nach der Ja-aber-Methode den
Einwand des Kunden wiederholen, geschickt
150 umformulieren und dann in seine Argumentation
einbauen: „Ja, Herr Schmidt, Sie haben Recht: Die
Inflation frisst die Erträge aus Ihren Ersparnissen
auf, aber unsere unabhängige und stabilitätsorien-
tierte Bundesbank wird dafür sorgen, dass die Geld-
155 entwertung nicht wie in den zwanziger Jahren aus
dem Ruder läuft." Noch eleganter ist die Bumerang-
Methode: „Nun, Herr Schmidt, gerade wegen der
Inflation sollten Sie für sich eine möglichst rendite-
trächtige Anlagemöglichkeit suchen."
160 Wenn weder die Ja-aber- noch die Bumerang-
Methode anwendbar scheinen – etwa weil der
Widerspruch zu generell oder diffus ist –, bleibt
dem Vertreter immer noch das Zerbröckeln des Ein-
wands. Durch ein einfaches „Warum?" zwingt er
165 den Kunden dazu, den Einwand zu präzisieren und

Finanztest 6/92, S. 31 f.

somit Ansatzpunkte für die ersten beiden Methoden
zu schaffen.

Besonders trickreiche Verkäufer versuchen sogar,
Einwände des Kunden vorwegzunehmen und
zugleich zu entkräften. Eine Variante besteht darin, 170
einen Pseudo-Einwand zu konstruieren, der für den
Kunden ohnehin kein echtes Kaufhindernis darstellt.
Wenn Schmidt nicht gerade ein Fan von gefährlichen
Sportarten ist, kann Meier bedenkenlos zugeben:
„Diese Police schützt Sie natürlich nicht, wenn Sie 175
Autorennen fahren oder Fallschirm springen."

Der Weg zur Unterschrift

Wenn der Vertreter sein Produkt vorgestellt und
sämtliche Einwände behandelt hat, muss er den
Kunden zur Unterschrift bringen. Im seltensten Fall 180
wird er ihn direkt bitten. Er spaltet das große „Ja"
zum Vertrag vielmehr in kleinere und indirekte
„Jas" auf. Zu diesem Zweck stellt der Verkäufer W-
Fragen: „Wann soll der Vertrag beginnen? Mit welcher Bank arbeiten Sie zusammen?" Auch hier ist 185
die Technik der Alternativ-Frage beliebt: „Welche
Laufzeit würden Sie vorziehen – fünf oder zehn
Jahre?" Wenn der Kunde solche Fragen beantwortet
und zulässt, dass der Vertreter das Antragsformular
ausfüllt, kann er nicht mehr zurück. Er würde sich 190
selbst widersprechen.

Hochdrucktechniken

Für ganz hartnäckige Kunden haben Verkäufer in
der Abschlussphase noch ein paar Hochdrucktechniken parat. (...) Wirkungsvoll ist die Schock-Metho- 195
de. Der Verkäufer zieht einen Geldschein – am
besten 50 oder 100 Mark – aus der Tasche, zerreißt
ihn vor den Augen des Kunden und sagt: „Herr
Schmidt, das ist Ihr Geld und was Sie gerade damit
machen." 200
Nicht minder erfolgversprechend ist die Adenauer-
Methode, so benannt, weil Adenauer sie bei politischen Entscheidungen benutzt haben soll. Der Vertreter nimmt ein Blatt Papier und zieht in der Mitte
einen senkrechten Strich. Dann überschreibt er die 205
linke Spalte mit einem Plus, die rechte mit einem
Minus. In die Plus-Spalte trägt er die wichtigsten
Argumente für sein Produkt ein. Dann überreicht er
dem Kunden den Kugelschreiber und fordert ihn
auf, die Minus-Spalte auszufüllen. Den meisten 210
Kunden ist das zu viel Arbeit. Sie unterschreiben
lieber gleich.
Das Wort „Unterschrift" werden die Kunden vom
Vertreter aber in keinem Fall hören. Vielmehr wird
er sie auffordern, doch bitte die Angaben im Formu- 215
lar „zu bestätigen" oder „die Vereinbarungen zu
genehmigen".
Verbraucher, die sich vor diesen Psychotricks schützen wollen, sind wohl am besten beraten, wenn sie
dem Außendienst konsequent die Tür weisen – auch 220
wenn es im Direktverkauf sicher attraktive Produkte
und ehrbare Vertreter gibt. (...)

> **bein**│hart *(südd., österr. für sehr*
> *hart);* **Bein**│haus   (Aufbewah-
>
> *(Anmerkung:* beinhart ist heute ein
> Modewort in der Jugendsprache;
> dies wird im Duden nicht erwähnt!)

1 *Welche Zielsetzung verfolgt dieser Text?*

2 *Listen Sie die Psychotricks der Vertreter auf und stellen Sie fest, wie sie jeweils argumentieren.*

3 *Rollenspiel: Entwickeln Sie einen Gesprächsverlauf für den Verkauf einer Versicherungspolice zwischen Herrn Meier und dem Ehepaar Schmidt. Bauen Sie dabei die genannten „Psychotricks" ein. Suchen Sie im Gegenzug nach Möglichkeiten, diese Tricks zu unterlaufen. Vertauschen Sie nach einem Spieldurchgang die Rollen.*
Nehmen Sie die Gespräche auf Kassette oder Video auf und werten Sie die Aufzeichnungen aus.

4 *a) Wie kann man sich als Verbraucher gegen solche Verkaufsmethoden schützen?*
b) Wie werden die Verbraucher vom Gesetzgeber geschützt? Lesen Sie dazu den folgenden Auszug aus einem Gesetzestext.
c) Sie sind bei einer Verbraucherzentrale tätig. Entwerfen Sie ein Informationsblatt für den Verbraucher. Beziehen Sie die Informationen aus dem Gesetzestext in Ihren Entwurf mit ein.

T2   **Gesetz über den Versicherungsvertrag**
                              Seit 01.01.1991 gilt:

§ 8 (Stillschweigende Verlängerung; Kündigung; Widerruf)
(...)
(4) Wird ein Versicherungsvertrag mit einer längeren Laufzeit als ein Jahr abgeschlossen, so kann der Versicherungsnehmer innerhalb einer Frist von zehn Tagen ab Unterzeichnung des Versicherungsantrages seine auf den Vertragsabschluss gerichtete Willenserklärung schriftlich widerrufen. Maßgeblich für die Wahrung der Frist ist der Eingang der schriftlichen Widerrufserklärung bei dem Versicherer. Das Widerrufsrecht besteht nicht, wenn der Versicherungsnehmer Vollkaufmann ist oder wenn der Versicherer auf Wunsch des Versicherungsnehmers sofortigen Versicherungsschutz gewährt. Der Versicherungsnehmer ist über das Widerrufsrecht schriftlich zu belehren.

---

5 *Welche Vorteile hat der Direktverkauf – bei dem der Verkäufer zum Kunden in die Wohnung kommt – für den Kunden?*

6 *Berichten Sie von eigenen Erfahrungen – positiven und negativen –, die Sie in Verkaufsgesprächen gesammelt haben.*

7 *Versetzen Sie sich in die Rolle des Verkaufspersonals im Handel, bei Versicherungsgesellschaften und Banken.*
a) Vor welche Anforderungen sieht sich ein Verkäufer gestellt? Reicht die „Redekunst" allein aus?
b) Welche Vor- und Nachteile hat der Beruf des Verkäufers?

8 *„Vom Verkauf ist der gesamte Betrieb abhängig und die Zuliefererfirmen ebenfalls."*
Argumentieren Sie zum Stichwort „verkaufen" unter diesem Gesichtspunkt.

5.5   Das Interview

⌐1

Interview
„Zusätzliche Blütezeit"

*Franz-Josef Antwerpes, Kölner Regierungspräsident,
vertritt oft eigenwillige verkehrspolitische Ansichten. Auch zum Motorrad?*
Von Claus Georg Petri

1 **[?]** *Herr Antwerpes, Sie gelten als eigenwilliger Regierungspräsident, was verkehrspolitische Fragen angeht. Wie stehen Sie zum Thema Motorrad?*
5 Ich bin in meinem Leben, soweit ich weiß, erst zweimal Motorrad gefahren, das aber als Sozius.

[?] *Das ist für Sie aber kein Grund, sich der Meinung des baden-württembergischen Fraktionsvorsitzenden Günther H. Oettinger*
10 *anzuschließen, das Motorrad fahren auf öffentlichen Straßen zu verbieten?*
Dann müsste man auch das Rad fahren verbieten. Das Motorrad fahren ist, wenn man die Geschwindigkeiten vernünftig einhält, genauso
15 gefährlich oder ungefährlich wie das Rad fahren. Beide leiden darunter, dass das Auto als Hauptverkehrsteilnehmer diese Zweiräder weitgehend missachtet. Ich habe überhaupt nichts dagegen, dass jemand Motorrad fährt.

20 **[?]** *Nun gibt es von Seiten der Motorradfahrer viele Aktionen, den Straßenverkehr partnerschaftlicher zu gestalten.*
Ja, das ist mir aufgefallen.

[?] *In diesem Jahr steht der Tag des Motor-*
25 *radfahrers am 9. Mai unter dem Motto „Mit dem Motorrad gegen den Verkehrsinfarkt". Was halten Sie davon?*
Das ist vielleicht ein bisschen hochgegriffen. Es stimmt allerdings, dass ein Motorrad beim Sprit-
30 verbrauch und Platzbedarf dem Auto klar überlegen ist.

[?] *Viele Stadtplaner versuchen, die Innenstädte vom Auto zu befreien. Könnten Sie sich vorstellen, dass das Motorrad dabei künftig*
35 *eine Rolle spielt?*
Alle Fortbewegungsmittel, die weniger Platz beanspruchen, werden in der Stadt größere Chancen haben als das Auto. Das wäre beim Motorrad der Fall.

40 **[?]** *Ist es dann nicht auch sinnvoll zu legalisieren, dass ein Motorrad langsam zwischen einer Autokolonne hindurchfährt?*
Die machen das sowieso. Ich halte das aber für sehr gefährlich. Man weiß nie, wann der jeweilige Autofahrer auf die Idee kommt, mal wieder Gas
45 zu geben. Aus Gründen der Verkehrssicherheit kann man das nicht legalisieren. Alles, was mit zusätzlichen Unfallgefahren verbunden ist, lehne ich prinzipiell ab.

[?] *Um den Verkehr schneller fließen zu las-*
50 *sen, könnten die Städte Busspuren für Motorräder freigeben.*
Das kann man überlegen. Für Taxis ist das schließlich auch teilweise erlaubt.

[?] *Haben Sie etwas dagegen, dass Motorrä-*
55 *der auf dem Bürgersteig parken, solange sie dort niemanden behindern?*
Wenn sie breit genug und die Flächen entsprechend gekennzeichnet sind, kann man das machen. Genau wie bei Autos.
60

[?] *Wie kommt es dann, dass Städte wie Aachen, Bonn oder Köln dazu übergegangen sind Motorradfahrern, die auf dem Bürgersteig parken, einen Strafzettel zu verpassen?*
Wenn die Flächen nicht gekennzeichnet sind,
65 dann könne die Städte mit gutem Recht Verwarnungsgelder erheben.

[?] *Oder sind diese Städte so pleite, dass sie die Motorradfahrer als willkommene Geldquelle entdeckt haben?*
70
Nein. Das liegt an den Verkehrsplanern, die keine speziellen Flächen für Motorräder ausweisen. Die beschäftigen sich hauptsächlich mit der groben Auseinandersetzung Individualverkehr und öffentlicher Nahverkehr, haben aber keine Fanta-
75 sie. Von Leuten, die ihre Verkehrspolitik berufsmäßig mit dem dicken Dienstwagen bewältigen, kann man doch zunächst nicht erwarten, dass sie an Verkehtsteilnehmer denken, die mit einem Motorrad unterwegs sind.
80

[?] *Ein düsteres Bild, das Sie von der Verkehrspolitik zeichnen.*
Unsere Verkehrspolitik wird bestimmt durch allzu vorsichtige Verkehrspolitiker in vielen Parlamenten, durch die Automobilclubs und durch
85 die großen Kraftfahrzeughersteller (...) Dadurch entwickelt sich in der Verkehrspolitik hierzulande ein geordnetes Chaos.

? *Können Sie sich vorstellen, dass Motorrad-*
90 *fahrer mit ihrem Hobby Begriffe wie Frei-*
heit und Zufriedenheit verbinden?
Motorradfahrer sind keine Durchschnittsmenschen. Sie sind in der Gesellschaft verhältnis-
mäßig exklusiv. Mein Bild von Motorradfahrern
95 ist eher positiv als negativ.

? *Im Regierungsbezirk Köln gibt es eine*
Reihe beliebter Motorradstrecken, zum
Beispiel in der Eifel. Rund um den Rursee war
eine Streckensperrung für Motorräder im
100 *Gespräch. Wie stehen Sie dazu?*
Wir hatten eine totale Streckensperrung erwogen.
Dann haben wir mit Motorradfahrern gesprochen
und sie gewarnt.

? *Kennen Sie die Ursachen von Strecken-*
105 *sperrungen?*
Ja, das sind besonders hohe Unfallzahlen.

? *Erst in zweiter Linie. Der Hauptgrund ist*
der Lärm, über den sich Anwohner
beschweren. Wenn Sie eine Strecke sperren, ver-
110 *lagern Sie das Problem woanders hin. Welche*
Alternativen könnten Sie sich vorstellen?
Wenn auf einer Strecke sehr viele Unfälle passieren, weil private Rennen gefahren werden, dann
müssen die Motorradfahrer mit einer Sperrung
115 rechnen. Und die Selbstdarstellung auf einem lärmenden Motorrad ist auch nicht verantwortungs-
bewusst. Das muss der Vergangenheit angehören.
Die Motorräder müssen leiser werden. Dann
würde ein Großteil der Bedenken ausgeräumt, die
120 die Bevölkerung gegenüber Motorradfahrern
hegt.

? *Was schlagen Sie da denn vor: mehr Poli-*
zeikontrollen?
Nein. Die Maschinen müssen ab Werk leiser sein.
125 Und die paar Motorradfahrer, die besonders laut

Motorrad 11/1992, S. 78 ff.

herumfahren, kann sich die Polizei dann schnap-
pen.

? *Sie plädieren also für ein Tempolimit auf*
deutschen Autobahnen?
Ja. Ich bin für 120, denn die Leute fahren sowieso   130
130.

? *Umfragen haben ergeben, dass 75 Prozent*
der deutschen Kraftfahrer für ein Tempoli-
mit bei 130 km/h sind. Wenn diese 75 Prozent 130
fahren, brauchen wir kein generelles Tempolimit.   135
Die fahren aber nicht 130.

? *Sind die Befragten etwa doch nicht dafür?*
Wie mündig sind die deutschen Kraftfahrer
denn?
Über Mündigkeit von Kraftfahrern generell zu   140
sprechen, ist ein schwieriges Kapitel. Ein gewisser Prozentsatz von Rasern, Dränglern und Quet-
schern verführt immer denjenigen, der die Vorschriften beachtet, dazu, die Vorschriften zu übertreten.   145

? *Wie sieht Ihre Prognose aus für den*
Straßenverkehr in Deutschland?
Wenn der Binnenmarkt kommt, dann dürfte auf
Teilen des deutschen Straßennetzes der Verkehr
schön auseinanderbrechen. Die Menge an Autos   150
wird die Mobilität hemmen. Unsere Kinder werden eine geringere Menge an Mobilität haben und
unsere Enkel eine noch geringere.

? *Welche Rolle spielt bei dieser Entwicklung*
das Motorrad?   155
Es wird dank des geringeren Platzbedarfs und
des geringeren Verbrauchs eine zusätzliche
Blütezeit erleben. Außerdem wird sich das
Motorrad bei weiterhin steigenden Kosten als
das preisgünstigere Individual-Verkehrsmittel   160
erweisen.   □

1 *Welche Zielsetzung verfolgt der Interviewer mit seinen Fragen? (Wo setzt er die*
Schwerpunkte? Welche Einstellung zum Motorrad fahren hat er? ...)

2 *Untersuchen Sie die Antworten von Herrn Dr. Antwerpes im Hinblick auf sein*
Interviewverhalten.

a) Geht er auf die gestellten Fragen ein oder weicht er ihnen aus?
b) Beantwortet er nur die gestellten Fragen oder versucht er, Aussagen unterzu-
bringen, die nicht direkt mit der Frage in Verbindung stehen?
c) Bleibt er sachlich? Argumentiert er logisch und für jeden nachvollziehbar?
d) Welche sonstigen Auffälligkeiten gibt es?
Belegen Sie Ihre Meinung anhand von Stellen aus dem Text des Interviews.

3 Setzen Sie sich inhaltlich mit den Aussagen von Herrn Dr. Antwerpes auseinander. Wo stimmen Sie mit ihm überein, wo sind Sie anderer Meinung? Begründen Sie Ihre Auffassung jeweils.

4 Diskutieren Sie in der Klasse das Thema: „Motorradfahren als Alternative zum Autofahren". (▷ Kapitel 5.2, S. 146 ff.)

5 Warum werden Interviews durchgeführt und warum werden sie gerne gelesen bzw. gehört?

6 Worauf muss der Interviewer achten? Lesen Sie dazu auch die „Checkliste für die Vorbereitung eines Interviews", siehe unten.

⌐2   Begriffsklärung Interview

1   Im Interview werden Informationen durch das dialogische Zusammenspiel von Fragen und Antworten vermittelt. Die Aussagen entstehen in einem dialogischen Prozess, in einer Art „Teamwork". Allerdings ziehen die Beteiligten nicht immer am gleichen Strick. Je nach Interessenlage und Erwartungshaltung der Dialogpartner kann sich diese „Teamarbeit" mehr oder weniger konfliktgeladen
5   abspielen. Dies zeigt, dass beim Interview nicht einfach nur Informationen ausgetauscht werden. Interviews sind auch Formen zwischenmenschlichen Handelns, bei dem neben den journalistisch-sprachlichen Faktoren vor allem auch die psychologischen Konstellationen und Probleme zu beachten sind.

Jürg Häusermann: Rhetorik für Radio und Fernsehen. Regeln und Beispiele für mediengerechtes Schreiben, Sprechen, Informieren, Kommentieren, Interviewen, Moderieren. Frankfurt/M. 1986, S. 125

Checkliste für die Vorbereitung eines Interviews

❑ Formulieren Sie ein klares Gesprächsziel.
❑ Machen Sie sich Ihre eigene Einstellung dem Thema und dem Gesprächspartner gegenüber bewusst.
❑ Beschränken Sie das Thema auf wenige, überschaubare Aspekte.
❑ Bereiten Sie sich möglichst umfassend auf das Interview vor. Informieren Sie sich nicht nur über die Sache, um die es geht, sondern auch über Ihren Gesprächspartner.
❑ Beziehen Sie das Interesse und den Wissensstand des Publikums mit ein.
❑ Überlegen Sie sich Fragen und mögliche Ablaufvarianten, ohne jedoch den Gesprächsverlauf verbindlich festzulegen.
❑ Teilen Sie die wichtigsten inhaltlichen Punkte bzw. Fragen dem Interviewpartner vorab mit.
❑ Klären Sie vorab die korrekte Anrede.

Dem Interviewpartner aufmerksam zuhören

Worauf können Interviewer achten?

⌐ʃ3

1 *Auf den Inhalt*
– Wird die Frage beantwortet?
– Stimmen die Aussagen mit den eigenen Recherchen überein?
5 – Gibt es inhaltliche Unklarheiten?
– Werden Thesen begründet oder einfach als Behauptungen stehen gelassen?
Auf die Absicht
– Stimmt das Gesagte mit der eigentlichen
10   Absicht überein?
– Handelt es sich bei der Antwort um ein Ausweichmanöver, ein Zugeständnis, eine Drohung, eine Vermutung usw.?
– Ist es nötig, diesen Charakter der Antwort zu
15   erwähnen?
Auf die Sprache
– Ist die Formulierung präzise genug oder muss nachgefragt werden?
– Müssen Fachwörter, Fremdwörter oder Ab-
20   kürzungen erklärt werden?

Jürg Häusermann: a.a.O., S. 143 f.

– Wird beschönigt, schwarz gemalt usw.?
– Was für sprachlich-rhetorische Taktiken werden verwendet?
– Was für eine Stimmung drückt die Formulierung aus?   25
Auf die Sprechweise
– Was sagen Sprechrhythmus (forsch, zögernd, Pausen), Lautstärke oder Sprechmelodie aus?
– Weist eine Änderung im Sprechverhalten auf   30
eine bestimmte Haltung oder Gemütsverfassung hin?
Auf die Körpersprache
– Fühlt sich der Interviewpartner – der Körpersprache nach zu schließen – eher wohl oder   35
unwohl?
– Können Erleichterungen geschaffen werden?
– Stehen Änderungen im körpersprachlichen Ausdruck in Beziehung zur verbalen Aussage?   40

---

1 *Untersuchen Sie weitere Interviews, beispielsweise im Radio oder im Fernsehen, formal und inhaltlich, indem Sie die angeführten Punkte berücksichtigen.*

2 *Führen Sie selbst ein Interview durch:*

a) Wählen Sie zunächst ein Thema und suchen Sie sich einen Interviewpartner aus. Bereiten Sie anschließend das Interview vor und führen Sie es durch.

b) Zeichnen Sie das Interview auf und besprechen Sie die Ergebnisse anschließend in der Klasse.

3 *Lesen Sie in der Textsammlung S. 300 f. sowie S. 303 und untersuchen Sie die dort abgedruckten Interviews im Hinblick auf die in diesem Kapitel genannten Kriterien.*

5.6   Plakate – Flugblätter – Einladungen ...

⅂1

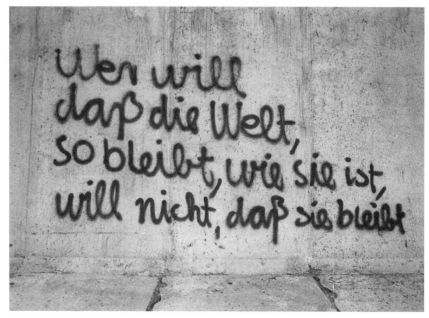

⅂2

Anzeige

Auch wir wollen nicht schweigen. Wir wenden uns gegen treudeut-schelnde Miefgesinnung. Deutschland gehört nicht den Deutschen allein. Auch Deutschland ist ein Hort für Menschen aller Art und Herkunft. Wir sind Teil dieser Welt und wollen teilen. Wir wenden uns gegen die Gleichgültigkeit. Gleichgültigkeit schadet Menschen. Menschen sollen Menschen vor Not schützen. Not ist ein Flucht-grund. Auch wirtschaftliche. Menschsein verpflichtet.

Klaus Barkey	Hans-Jürgen Gesolowitz	Claudia Pieper
Birgit Beine	Anne Gudermann	Angela Roelleke
Hildegard Berhorst	Sigrid Handke	Elke Romstadt
Sigrun Berkenhaus	Nicole Henkel	Petra Salm
Martina Brunnert	Peter Jochheim	Heinz-Josef Schnettker
Iris Bußmann	Stefan Koerdt	Marita Schneider
Rolf Dannhausen	Josef Krämer	Anneliese Schulte
Silke Dörhoff	Willi Kröger	Sonja Sprotte
Annette Edler	Doris Lachmann	Udo Strugholt
Elisabeth Eickhoff	Sigrid Lopez Ramos	Paul Weichert
Vera Einhoff	Rita Lübbert	Bernd Willbrand
Claudia Eisenbrecher	Doris Mammana	Ursula Willbrand
Gudrun Franke-Schubert	Simone Michel	Hans-Jürgen Witte
Harald Fromme		

Der Patriot vom 16.10.1992

DEMONSTRATION FÜR FRIEDEN UND SOLIDARITÄT

Gegen Ausländerfeindlichkeit und Rassismus

LIPPSTADT
15 UHR AM RATHAUS

Friedensgebet der Religionen – 14 Uhr Marienkirche
„Ich will der Gewaltlosigkeit meine Stimme geben"

JA zum Frieden!

JA zu Solidarität!

JA zu Toleranz!

JA zum multinat. Miteinander!

NEIN zu Gewalt!

NEIN zum Rassismus!

NEIN zu Fremdenfeindlichkeit!

NEIN zu Antisemitismus!

SCHLUSS DAMIT!

DAMIT MUSS ENDLICH SCHLUSS SEIN!!!

Nicht nur Politiker, Polizei, Justiz und Verwaltung sind gefordert. Es ist Sache jedes Einzelnen, daran mitzuwirken, dass in Deutschland nicht weiter Zustände eintreten, wie sie im Dritten Reich geherrscht haben. Das können und dürfen wir nicht zulassen!

- Darum treten auch Sie für ein friedliches Miteinander – auch mit ausländischen Mitbürgern – ein!

- Wehren Sie sich gegen Gewalt – in Wort und Tat –, gegen Menschenverachtung und Barbarei!

- Machen Sie sich nicht mitschuldig durch Desinteresse, Gleichgültigkeit, Opportunismus oder durch Weghören und Wegschauen!

- Behandeln Sie ausländische Mitbürger – gleich warum sie kommen, welcher Hautfarbe sie sind und welcher Religion sie angehören – so, wie Sie selber behandelt werden möchten. **Bedenken Sie: jeder ist Ausländer, fast überall!**

- Fordern Sie von den Politikern eine Politik, die die Fluchtursachen beseitigt: Hunger, Armut, Krieg, Folter und nicht zuletzt eine ungerechte Weltwirtschaftsordnung.

- Mischen Sie sich ein! Machen Sie mit bei Menschenrechtsorganisationen, bei Initiativen und Arbeitskreisen zu diesen Themen.

1 *Die Texte 2 bis 4 beschäftigen sich alle mit einem bestimmten Thema: Aktionen gegen Ausländerfeindlichkeit. Wodurch unterscheiden sie sich in Inhalt und Form? Welcher dieser Aufrufe spricht Sie am meisten an? Begründen Sie Ihre Auffassung.* ▷ *S. 157, S. 311.*

2 *Informieren Sie sich über aktuelle Kampagnen, die in Ihrem Umkreis stattfinden (Beispiel: Bürgerinitiative gegen den Bau einer Straße). Sammeln Sie Material hierzu (zum Beispiel Plakate, Flugblätter, Einladungen, Leserbriefe in der Zeitung usw.) Untersuchen und beurteilen Sie die Materialien. Entwickeln Sie Alternativvorschläge, fertigen Sie ergänzende Aufrufe an (Beispiel: Erstellen Sie zu einem Flugblatt die passende Einladung zu einer Bürgerversammlung).*

3 *Auch Lieder haben – wie die anderen hier aufgeführten Texte – häufig Appellcharakter. Sammeln Sie aktuelle Beispiele und stellen Sie diese Lieder in der Klasse vor.*

4 *Welche weiteren Möglichkeiten gibt es, sich öffentlich zu Wort zu melden? Beispiele:* ▷ *S. 315, S. 320.*

Politisches oder humanitäres Engagement, das in **politischer** oder **sozial engagierter Literatur** zum Ausdruck kommt, hat eine lange Tradition. Bereits in der Antike gab es politische Lyrik oder Komödien, die der politischen Meinungsbildung dienten. Im Mittelalter übernahm diese Funktion die sogenannte Spruchdichtung, die im Kampf zwischen Kaiser und Papst eingesetzt wurde und vor allem von fahrenden Sängern vorgetragen wurde. Eine Blütezeit offener politischer Meinungsäußerung in Deutschland war insbesondere die Zeit des Vormärz (ca. 1815–1848), in der so prominente Vertreter wie *Heinrich Heine* („Deutschland, ein Wintermärchen", 1844), oder *Ludwig Börne* für die Schaffung neuer menschenwürdiger Ordnungen und gegen den Absolutismus stritten.

In der durch zwei Weltkriege erschütterten ersten Hälfte des **20. Jahrhunderts** schließlich finden sich sehr unterschiedliche Vertreter und Richtungen politischer Dichtung: Neben der streng an der nationalsozialistischen Ideologie ausgerichteten, pathetisch-heroischen Literatur gab es – als radikale Gegenbewegung dazu – die international und pazifistisch ausgerichtete politische Literatur und später die politische Exilliteratur. Herausragende Vertreter der sich gegen den Nationalsozialismus wendenden Literatur sind beispielsweise *Bert Brecht, Kurt Tucholsky, Heinrich Mann, Erich Mühsam* und andere.

Politisch oder sozial engagierte Literatur legt das Hauptgewicht auf den jeweiligen Inhalt, der vermittelt werden soll, die künstlerische Gestaltung dieses Inhaltes tritt dagegen in den Hintergrund. Bevorzugt werden **kleinepische und lyrisch-didaktische Formen** wie beispielsweise Lieder, Zeitgedichte, Sprüche, Chansons, Protestsongs, Balladen, Fabeln, Flugblätter, Pamphlete, Essays, ..., die stilistisch von aggressiver Satire und Polemik bis hin zur Parodie reichen können. Solche in der Thematik bewusst parteilich gehaltenen Kleinformen sind zur direkten Beeinflussung und Meinungsbildung ideal, da sie es erlauben, das jeweilige Thema – inhaltlich zugespitzt und umgesetzt mit volkstümlich-eingängigen, bisweilen propagandistischen Mitteln – besonders eindringlich dem Adressaten näher zu bringen. Seit dem Ende des Zweiten Weltkrieges stehen vor allem Themen wie Aufrufe zur politischen Mündigkeit, Probleme der Vergangenheitsbewältigung, der Umwelt, der Friedenssicherung u.a. im Zentrum politischer Literatur, zu deren Vertretern etwa *Hans Magnus Enzensberger, Günter Grass, Heinrich Böll, Wolf Biermann, Wolfdietrich Schnurre, Luise Rinser* und andere zählen.

♩5   *Günter Eich*
     Wacht auf, denn eure Träume sind schlecht

1   Wacht auf, denn eure Träume sind schlecht!
    Bleibt wach, weil das Entsetzliche näher kommt.

    Auch zu dir kommt es, der weit entfernt wohnt von den Stätten, wo Blut vergossen wird,
    auch zu dir und deinem Nachmittagsschlaf,
5   worin du ungern gestört wirst.
    Wenn es heute nicht kommt, kommt es morgen,
    aber sei gewiss.

    „O angenehmer Schlaf
    auf den Kissen mit roten Blumen,
10 einem Weihnachtsgeschenk von Anita, woran sie drei Wochen gestickt hat,

    o angenehmer Schlaf,
    wenn der Braten fett war und das Gemüse zart.
    Man denkt im Einschlummern an die Wochenschau von gestern Abend:
    Osterlämmer, erwachende Natur, Eröffnung der Spielbank in Baden-Baden,
15 Cambridge siegte gegen Oxford mit zweieinhalb Längen –
    das genügt, das Gehirn zu beschäftigen.

    O dieses weiche Kissen, Daunen aus erster Wahl!
    Auf ihm vergisst man das Ärgerliche der Welt, jene Nachricht zum Beispiel:
    Die wegen Abtreibung Angeklagte sagte zu ihrer Verteidigung:
20 Die Frau, Mutter von sieben Kindern, kam zu mir mit einem Säugling,
    für den sie keine Windeln hatte und der
    in Zeitungspapier gewickelt war.
    Nun, das sind Angelegenheiten des Gerichtes, nicht unsre.
    Man kann dagegen nichts tun, wenn einer etwas härter liegt als der andere.
25 Und was kommen mag, unsere Enkel mögen es ausfechten."

    „Ah du schläfst schon? Wache gut auf, mein Freund!
    Schon läuft der Strom in den Umzäunungen, und die Posten sind aufgestellt."

    Nein, schlaft nicht, während die Ordner der Welt geschäftig sind!
    Seid misstrauisch gegen ihre Macht, die sie vorgeben, für euch erwerben zu müssen!
30 Wacht darüber, dass eure Herzen nicht leer sind, wenn mit der Leere eurer Herzen gerechnet wird!
    Tut das Unnütze, singt die Lieder, die man aus eurem Mund nicht erwartet!
    Seid unbequem, seid Sand, nicht das Öl im Getriebe der Welt!

Träume. Frankfurt/M. 1960, S. 89

*1 Informieren Sie sich über Günter Eich. In welcher Zeit hat er gelebt? Vor wel-
chem Hintergrund hat er dieses Gedicht geschrieben? Fertigen Sie ein kurzes
Referat oder eine Facharbeit über den Autor an. ▷ Kapitel 2.4.2, S. 59 f.*

*2 Untersuchen Sie das Gedicht im Hinblick auf die inhaltliche Aussage und die
sprachliche Umsetzung.*

3 Welche Funktion hat der Gebrauch des Imperativs in diesem Text?

4 Übertragen Sie diesen Text auf aktuelle Ereignisse.

⌐6   Die Landrätin spült ...

1   ... zukünftig ihre Jogurtbecher, der Bürgermeister kompostiert seinen Biomüll, der Vorsitzende der
XXX-Fraktion wirft keine Batterien mehr in den Müll, Doktor K. fährt jeden Freitag am Glascontainer
vorbei ... prima, das ist der Anfang! Aber wir alle müssen noch mehr dazulernen, noch schneller mit
lieb gewordenen Faulheiten brechen. Kurz: Entweder wir fangen heute auch noch an, Müll zu verhin-
5   dern ... oder wir müssen ihn bereits morgen in unseren Kleiderschränken stapeln.
Mehr Initiative für weniger Müll

Der Kreis Soest, seine Städte, Gemeinden und Bürger.

*1 Beurteilen Sie das Informationsblatt im Hinblick auf Inhalt, Aufbau, Argumenta-
tion, Aufmachung.*

*2 Behalten Sie den Text bei und entwerfen Sie ein optisch ansprechendes Faltblatt
(oder eine Werbeanzeige). ▷ S. 316, S. 322 sowie Kapitel 8.2, S. 281 ff.
Alternativtexte zu Text 6: ▷ S. 320, S. 336.*

Brücken schlagen
⌐7   Festival behinderter und nichtbehinderter Künstler/innen

1   „Mit diesem Festival wollen wir Begegnungen
ermöglichen, eine Gelegenheit bieten, sich auszutauschen, Brücken schlagen", erläutert Norbert
Diekhake vom Bielefelder ‚Forum für Kreativität
5   und Kommunikation e. V.' die Intention des vom
12. bis zum 16.10. in der Ravensberger Spinnerei
stattfindenden ‚Kulturfestivals (nicht-)behinderter
Künstlerinnen und Künstler'. Die langjährige
tanz- und theaterpädagogische Arbeit des Forums
10   in und außerhalb von psychiatrischen Institutionen ließ die Idee der Durchführung eines größeren Festivals entstehen.
Mit vielfältigen künstlerischen Aktionen (Thea-
teraufführungen, Workshops, Lesungen, Filmen,
15   Tanz und mehr) sollen Barrieren zwischen Nicht-
behinderten und Behinderten abgebaut werden.
Gruppen soll die Möglichkeit eröffnet werden,
ihre eigenen kreativen Ausdrucksformen einer
Öffentlichkeit zu präsentieren. U. a. wird das
‚Visuelle Theater Hamburg', eine Gruppe von 20
jungen Gehörlosen, die neue Produktion „Welt
mit Hindernissen" zeigen, die Gruppe „Station
17" ihre Klangbilder und Improvisationen darbie-
ten, die Eckardtsheimer Theatergruppe (...) wird
Shakespeares „Sturm" (recht „frei") aufführen, 25
und die Bielefelder Schriftsteller und Musiker
Wolfgang Neumann und Gerd Lisken werden in
einer Lesung mit experimenteller Musik („Als die
Körper sprechen lernten") zu hören sein.
In der Ausstellung „Atelier Zeit" (im Murnau- 30
saal) sind außerdem Werke von schwerstbehin-
derten Künstlern und Künstlerinnen zu sehen;
und die New Yorker Tänzerin, Choreografin und
Performerin Dyan Neiman lädt zur kostenlosen
Teilnahme an einem Workshop für Blinde und 35
Sehende ein, der vom Duo „Schwarzer &
Schweizer" (Saxofon, Piano) musikalisch beglei-
tet wird.

Corso. Tips Oktober '92

1 *Entwerfen Sie zu dieser Veranstaltung ein Plakat und ein Informationsblatt für Besucher. Legen Sie dabei auch Wert auf die grafische Gestaltung.*

2 *Formulieren Sie aus der Sicht des Veranstalters persönliche Einladungen zu dieser Veranstaltung*

   a) an den Bürgermeister,
   b) an die Schülervertretung der Schulen im Umkreis.

⌐8   Christa Markus
Kinderwünsche

> 1 *Schenk mir doch Zeit,*
>   *das kostet nur eine Kleinigkeit ...*
>
>   *Wir könnten Geschichten erzählen und lachen,*
>   *wir könnten zusammen Unsinn machen,*
> 5 *wir könnten spielen und hohe Türme bauen,*
>   *wir könnten viele Bilderbücher anschauen.*
>
>   *Schenk mir doch Zeit,*
>   *das kostet nur eine Kleinigkeit ...*
>   *Wir könnten auf dem Sofa zusammenkuscheln,*
> 10 *wir könnten uns kräftig die Haare zerwuscheln,*
>   *wir könnten gemeinsam ganz laut singen,*
>   *wir könnten eine Stunde beim Basteln verbringen.*
>
>   *Schenk mir doch Zeit,*
>   *das kostet nur eine Kleinigkeit ...*
> 15 *Wir könnten zusammen ins Schwimmbad gehn,*
>   *wir könnten uns im Zoo die Elefanten besehn,*
>   *wir könnten leckere Plätzchen ausstechen,*
>   *wir könnten miteinander über tausend Dinge sprechen.*
>
>   *Schenk mir doch Zeit,*
> 20 *das kostet nur eine Kleinigkeit ...*

Neue Deutsche Schule (nds) 19/1992, S. 18

1 *Sie arbeiten in einer Einrichtung, die Kinder betreut. Viele Kinder, die Ihre Einrichtung besuchen, fühlen sich von Ihren Familien vernachlässigt.*
Entwerfen Sie ein Plakat, eine Anzeige und ein Faltblatt, um auf dieses Problem aufmerksam zu machen. Bauen Sie den Text von Christa Markus mit ein.
▷ *S. 310.*

2 *Sie wollen einen Informationsabend organisieren, bei dem Sie unter anderem die Arbeit Ihrer Einrichtung vorstellen. Schreiben Sie Einladungen an Eltern und Betreuer.*

3 *Sie wollen einen Informationsstand in der Fußgängerzone aufbauen. Thema: Kinderfreundliche Stadt (oder ein anderes Thema Ihrer Wahl).*
Wie müssten Sie bei der Organisierung eines solchen Vorhabens vorgehen? Schreiben Sie an die entsprechenden Behörden. Informieren Sie die Presse über Ihre Aktion. Bereiten Sie Informationsmaterial vor, das Sie verteilen. Entwerfen Sie Plakate und Anzeigen.

5.7 Erörterung

Folgerichtig argumentieren kann man nicht nur mündlich, sondern auch schriftlich. Will man umfassend in schriftlicher Form ein Thema erschließen und dabei Ansichten und Standpunkte zu einer Problemstellung verdeutlichen und gegebenenfalls beurteilen, so spricht man von einer Erörterung.

Etwas erörtern heißt, sich mit einer Problematik auseinander zu setzen. Dazu ist es notwendig, den Sachverhalt vollständig und richtig zu erfassen und systematisch gegliedert aufzubereiten. Aussagen müssen begründet dargestellt, das heißt durch **Argumente** gestützt und durch **Beispiele** verdeutlicht werden. Die Erörterung erfordert es,

❏ sich einer Thematik bewusst zu werden,
❏ Gedanken anderer nachzuvollziehen und zu formulieren,
❏ eigene Standpunkte sachlich und fundiert darzustellen.

Wer sachlich argumentiert, wirkt nicht nur nach außen glaubwürdiger, vielmehr kommt hinzu, dass aufgrund der systematischen Aufarbeitung eines Themas eigene Standpunkte oder (Vor-) Urteile überprüft und relativiert werden können.

Bezieht sich die Erörterung auf eine Textvorlage, spricht man von **textbezogener Erörterung**. Wird dagegen ein Thema vorgegeben, handelt es sich um eine **textunabhängige Erörterung**.

5.7.1 Textunabhängige Erörterung

Mögliche Themen: Soll Zigarettenwerbung verboten werden?

Welche Möglichkeiten zur sinnvollen Freizeitgestaltung sehen Sie?

Warum finden Comics unter Jugendlichen ein so großes Leseinteresse?

Stellen Sie die Vor- und Nachteile der Notengebung in der Schule dar.

Machen Sie sich die grundlegenden Unterschiede in den jeweiligen Themenstellungen klar.

Je nach Thema wird bei Erörterungen zwischen steigernder und dialektischer Form unterschieden.

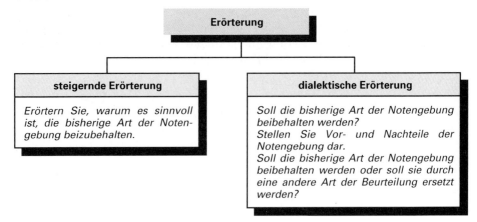

Unter **Dialektik** wird das Denken in Gegensätzen verstanden, das durch die Überwindung der Widersprüche zu neuer Erkenntnis führt. Dabei werden drei Schritte unterschieden:

Schritt 1: **These** (Behauptung)
Schritt 2: **Antithese** (Gegenbehauptung)
Schritt 3: **Synthese**: (Auflösung des Widerspruchs, Ergebnis)

Die dialektische Erörterung

Mögliche Vorgehensweise:

1. Thema auswählen und erschließen
Zunächst ist zu prüfen, ob es sich um eine dialektische (gegensätzliche) oder um eine steigernde (= einseitig ausgerichtete) Themenstellung handelt. Anschließend wird festgestellt, welche Kernaussagen (zentralen Begriffe) die Themenstellung beinhaltet und in welchem Zusammenhang sie jeweils stehen.

2. Stoff sammeln
Alle Stichwörter, die zur Themenstellung einfallen, werden aufgeschrieben, auch Begriffe, die möglicherweise das Thema nur im Ansatz berühren. Zusätzlich lassen sich die *W-Fragen* nutzen, um weitere Stichwörter zu finden.

3. Stoffsammlung ordnen
Die einzelnen Stichwörter werden zunächst den beiden gegensätzlichen Standpunkten zugeordnet. Erst danach erfolgt die genauere Strukturierung der Begriffe innerhalb des jeweiligen Standpunkts. Aspekte, die Gemeinsamkeiten aufweisen, werden dabei zusammengefasst. Zur Unterscheidung können Markierungsmethoden eingesetzt werden. ▷ Vgl. Kapitel 2.2.2, S. 36.

4. Gliederung entwerfen
Um die Gliederung für den Hauptteil zu erstellen, sind zuerst These und Antithese zu formulieren. Diese werden dann mit Argumenten begründet und durch Beispiele belegt. (▷ Vgl. Kapitel 5.1, S. 141) Jede These sollte möglichst mit mehreren

Argumenten begründet und jedes Argument durch mindestens ein Beispiel veranschaulicht werden.

Bereits bei der Anlage der Gliederung sollte beachtet werden, dass Behauptung, Gegenbehauptung und Lösung in annähernd gleichem Umfang abgehandelt werden, um eine einseitige Gewichtung zu vermeiden. Die drei genannten Hauptabschnitte sollten inhaltlich aufeinander bezogen sein.

Die Anordnung der beiden ersten Abschnitte läßt sich variieren. So ist es möglich, zunächst die Nachteile einer Sache aufzulisten, um im Anschluss daran die Vorteile zu nennen, etwa in den Fällen, in denen man die Vorteile selbst unterstützt. Dies ermöglicht, auf Vorgaben einzugehen und diese zu widerlegen. Eine weitere Variante ergibt sich, wenn eine direkte Gegenüberstellung der Pro- und Kontra-Argumente erfolgt.

Variante 1   **Variante 2**

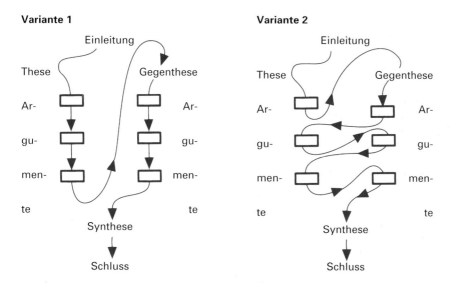

Auf der Grundlage der beiden Thesen und der genannten Argumente wird dann eine Lösungsmöglichkeit entwickelt. Achtung: Bei der Erstellung der Gliederung sollte die sprachliche Einheit in den Formulierungen möglichst gewahrt bleiben.

5. Hauptteil formulieren
Bei der Ausformulierung des Hauptteils muss die durch die Gliederung vorgegebene Ordnung eingehalten werden. Persönliche Wertungen sollten hier nicht einfließen. Die Ausarbeitung wirkt sprachlich gelungen, wenn die Übergänge zwischen den einzelnen ausgeführten Argumenten fließend sind.

6. Einleitung anfertigen
Die Einleitung hat die Aufgabe, zum Hauptteil hinzuführen. Sie muss daher mit der Problemstellung in Zusammenhang stehen.

Beispiele für Einleitungsmöglichkeiten
- ❏ Zitat, Redensart
- ❏ aktuelles Beispiel
- ❏ persönliches Erlebnis
- ❏ Gegensatz
- ❏ Definition des Kernbegriffs
- ❏ historisches Beispiel

7. Schluss formulieren

Die Schlussformulierung dient dazu, das Thema abzurunden. Sie sollte die Erörterung auch tatsächlich abschließen und keine neuen Fragestellungen mehr aufwerfen.

Beispiele für Schlussformulierungen

❏ Zusammenfassung und Rückblick
❏ persönliche Wertung

❏ Rückgriff auf die Einleitung
❏ Folgerung und Ausblick

❏ weiterführende Forderung
❏ Einschränkung des Gesagten

8. Text überarbeiten und Reinschrift erstellen

Die Ausführungen sollten zum Abschluss im Hinblick auf eine logische Abfolge nochmals überarbeitet werden. Aspekte, die für besonders wichtig erachtet werden, können gegebenenfalls durch Unterstreichen herausgestellt werden. Überprüfen Sie Rechtschreibung, Zeichensetzung und stilistische Aspekte.

Die steigernde Erörterung

Die steigernde Erörterung unterscheidet sich von der dialektischen stark durch die Anlage der Gliederung im Hauptteil. Das Wort „steigern" soll zum Ausdruck bringen, dass die Argumente innerhalb des Hauptteils nach ihrer Bedeutung geordnet werden. Will man andere von seinem Standpunkt überzeugen, so ist es ein besonders wirkungsvolles Mittel, das subjektiv wichtigste Argument erst am Schluss zu bringen, das heißt, die Argumentation „steigernd" aufzubauen. Die Aufmerksamkeit beim Leser oder Zuhörer bleibt auf diese Weise erhalten, die zum Schluss genannten Argumente prägen sich am ehesten ein. Dies gilt nicht nur für die steigernde und die dialektische Erörterung, sondern für jeden anderen argumentierenden Text, wie etwa Diskussionsbeiträge oder Verkaufsgespräche.

Gliederungsbeispiel für eine steigernde Erörterung

Thema: Warum wird Umweltschutz immer wichtiger?

A. Einleitung: Persönliches Erlebnis oder Begriffsklärung „Umweltschutz"

B. Hauptteil: 1   Situation der Umwelt
1.1   Abfallproblematik
1.2   Luftverschmutzung (Smog)
1.3   Altlasten im Boden
1.4   Wasserverschmutzung
1.5   Artensterben bei Pflanzen und Tieren
2   Ursachen für Umweltverschmutzung
2.1   Industrialisierung
2.2   Zunahme des Autoverkehrs (Abgase, Lärm)
2.3   Technische Entwicklung (Chemieprodukte)
2.4   Konsum- und Wegwerfgesellschaft
3   Folgen der Umweltverschmutzung
3.1   Gefährdung der Gesundheit
3.2   Verminderung der Lebensqualität
3.3   Verschwendung von Rohstoffen
4   Notwendigkeit des Umweltschutzes
4.1   Zur Erhaltung der Lebensqualität
4.2   Zur Existenzsicherung der Nachkommen

C. Schluss   Möglichkeiten des Umweltschutzes (Auflagen an die Industrie, Entwicklung umweltfreundlicher Produkte, verantwortungsvoller Umgang mit Natur, ...)

1 Stellen Sie unter Einbezug des Gliederungsbeispiels fest, wodurch sich steigernde und dialektische Erörterung unterscheiden.

2 Welche Gemeinsamkeiten und Unterschiede ergeben sich daraus für die jeweilige Vorgehensweise?

3 *Überarbeiten Sie die Gliederung: Welche Punkte fehlen Ihrer Meinung nach, welche halten Sie für überflüssig? Wie hätte Ihre Anordnung der Argumente ausgesehen?*

4 *Erstellen Sie eine Gliederung zu folgendem Thema: „Erörtern Sie, welche Möglichkeiten zur sinnvollen Freizeitgestaltung für Jugendliche bestehen."*

5.7.2 Textbezogene Erörterung

Bei dieser Form der Erörterung soll ein bestimmtes Thema auf der Grundlage einer Textvorlage bearbeitet werden. Die eigene Meinung zum Sachverhalt wird durch die **Auseinandersetzung mit den Ansichten anderer** dargestellt. Bei der Ausführung muss deutlich werden, was Position des Autors und was die eigene Position ist. Wichtige Aussagen des Autors können wörtlich übernommen und als Zitat gekennzeichnet werden. Eine Stellungnahme zu einem Text abgeben heißt, den eigenen Standpunkt klar zu formulieren. Eigene Behauptungen, die das im Text Gesagte ergänzen oder widerlegen, sollten durch gute Argumente und Beispiele untermauert werden. Neben der Auseinandersetzung mit dem Ausgangstext muss das Thema immer im Blick bleiben.

Erster Arbeitsschritt ist das Aufbereiten des Textes, das heißt, der Text muss gründlich gelesen, wichtige Textstellen müssen markiert und unklare Begriffe geklärt werden. (▷ Vgl. Kapitel 2.) Anschließend sollte man sich Stichpunkte notieren.

Schema für den allgemeinen Aufbau einer textbezogenen Erörterung

I. **Einleitung**
   Informationen zum Autor und zum Text (Erscheinungsort, -datum, Textsorte, Thema, Anlass)

II. **Hauptteil**
   1. *Textwiedergabe* (Zusammenfassung des Textes, objektiv, mit eigenen Worten, Zeitform: Präsens)
   2. *Textkritik* Bewertung des Textes mit anschließender Stellungnahme. Textkritik setzt eine gründliche Textanalyse voraus, zum Beispiel im Hinblick auf:
      ❏ Art und Anordnung der Argumente   ❏ Wahl der Stilmittel
      ❏ Zusammenhänge   ❏ fehlende Aspekte
      ❏ Begründungen   ❏ unzulässige Verallgemeinerungen
   Zur Anfertigung einer Textkritik ist es hilfreich, eine Gegenposition zur Position des Autors zu formulieren. Drei Möglichkeiten gibt es hierzu:
   a) Übereinstimmung
   b) teilweise Übereinstimmung
   c) völlige Ablehnung
   Je nach Aufgabenstellung ist es angebracht, Lösungsmöglichkeiten aufzuzeigen, die sich als logische Konsequenz oder als Kompromiss aus dem Dargestellten ergeben.

III. **Schluss**
   Zusammenfassung, Ausblick, ...

1 Fertigen Sie zu der nebenstehenden Karikatur eine textbezogene Erörterung an. Thema: „Der mögliche Einfluss des Fernsehens auf den Schulalltag".

2 Erstellen Sie zu den im Folgenden aufgeführten Texten zwei textbezogene Erörterungen Ihrer Wahl: S. 49 f., S. 64, S. 94, S. 301, S. 310, S. 318, S. 323 f.

„Inspiration", Hans-Georg Rauch

Zusätzliche Arbeitsanregung

Weitere in diesem Buch angesprochene Themenbereiche, die sich für eine Erörterung eignen, sind:

- ❏ Kleider machen Leute, S. 70 ff.
- ❏ Umgang mit Massenmedien, S. 48 ff.
- ❏ Todesstrafe, S. 315
- ❏ Werbung in der Diskussion, S. 144, S. 183 ff.
- ❏ Macht durch Rhetorik, S. 152 ff.
- ❏ Literarische Wertung, S. 260 ff.

Formulieren Sie zu jedem Beispiel ein Thema für eine Erörterung. Wählen Sie eines dieser Themen aus und erstellen Sie eine Erörterung.

6

Auffordern und Anleiten

Leider brauchte der nette junge Mann von Quelle nur fünf Minuten, um meine neue Spülmaschine anzuschließen.

6.1 Werbung

1 a) *Geben Sie Ihren ersten Eindruck von der Werbeanzeige (S. 183) wieder. Was fällt Ihnen an der Anzeige im Hinblick auf die Gestaltung auf? Berücksichtigen Sie dabei Gesichtspunkte wie Blattaufteilung, Text, Bildmotiv, Schrifttyp, ...*

b) *Welche inhaltlichen Angaben enthält die Anzeige? Welche fehlen bzw. werden beim Leser vorausgesetzt?*

c) *Welche Zielsetzung verfolgt das Unternehmen mit dieser Anzeige?*

d) *Wie könnten andere Anzeigen aus dieser Serie aussehen? Entwerfen Sie einige.*

e) *Wie könnte eine zur Anzeige passende Hörfunk- oder Fernsehwerbung aussehen?*

2 *Suchen Sie in Zeitungen und Zeitschriten nach weiteren Werbeanzeigen, die Ihnen gut gefallen, und erläutern Sie jeweils, warum Sie sich angesprochen fühlen.*

3 *Tragen Sie die gesammelten Webeanzeigen in der Klasse zusammen und gruppieren Sie sie nach einem vorher festgelegten Kriterium (zum Beispiel nach Werbeobjekt, nach Adressaten, nach gelungener oder mißlungener Gestaltung, ...). Diskutieren Sie anschließend Gemeinsamkeiten und Unterschiede in der Beurteilung.*

4 *Welche weiteren Werbemöglichkeiten neben der Anzeigenwerbung, wie etwa die Produktgestaltung, kennen Sie? Zeigen Sie dies anhand eines ausgewählten Produktes.*

5 *Welche neuen Tendenzen sind derzeit in der Werbung erkennbar? Beispiele: In vielen Werbefilmen stehen Kinder im Mittelpunkt. Derselbe Werbefilm wird mehrmals kurz hintereinander wiederholt.*

Überlegen Sie auch, warum die Werbefachleute diese Möglichkeiten gewählt haben.

6.1.1 Werbung in der Diskussion

Die Wirtschaftsordnung der Bundesrepublik Deutschland beruht (vereinfacht) darauf, dass sich auf einem freien Markt in einem beweglichen Kräfteverhältnis Angebot und Nachfrage gegenüberstehen. Untereinander konkurrierende Anbieter oder Produzenten von Waren oder Dienstleistungen wenden sich an mögliche Verbraucher, um sie von einem bestimmten Produkt zu überzeugen und zum Kauf zu bewegen. Das Warenangebot ist für den Konsumenten dabei nahezu unüberschaubar, der Warenvergleich fast unmöglich geworden. Dabei stehen im Kampf um eine gute Marktposition immer auch viele gleichartige Produkte in Konkurrenz zueinander, die sich durch nichts als ihren Namen unterscheiden. Hier beeinflusst die Absatzwerbung als wichtiges Verkaufsförderungsinstrument die Wahl und Kaufentscheidung des Verbrauchers.

Hersteller und Händler, aber auch Parteien, öffentliche Institutionen oder einzelne Personen bedienen sich der Werbung, um bestimmte Güter, Dienstleistungen, Ideen, Maßnahmen und Tätigkeiten bekannt zu machen und zu verkaufen. Der Verbraucher begegnet werbenden Texten täglich in Zeitungen und Zeitschriften, im Hörfunk und Fernsehen, an Plakatwänden, Litfaßsäulen, in Schaufenstern, ... Die

Wirtschaftswerbung umfaßt davon den größten Anteil. **Persönliche Werbung** (wie Kontakt- und Heiratsannoncen, Bewerbungen, Stellenanzeigen, ...) oder etwa **politische Werbung** (beispielsweise Reden, Wahlplakate, Flugblätter usw.) oder **kulturelle Werbung** (Veranstaltungskalender und Ähnliches) treten demgegenüber zurück, nicht zuletzt auch im Hinblick auf die finanziellen Aufwendungen dafür.

Was verbinden Sie mit dem Thema „Werbung"? Mögliche Stichpunkte: Verbraucherinformation, Manipulation, Bedürfnisweckung, ... Sie können hier auch die Methode des Clusters verwenden, ▷ *S. 288.*

Wie das „Gesetz zur Abschaffung von Wirtschaftswerbung" wieder abgeschafft wurde

Eine Kurzgeschichte aus dem Staat Utopia

1 Rund 41 Milliarden Mark werden in Deutschland für Werbung pro Jahr aufgewandt. Wozu? Damit die Bürger als Verbraucher zum Kauf von Waren und Dienstleistungen unmoralischerweise
5 „verführt" werden? Was geschähe, wenn Werbung in Deutschland verboten würde – welche Effekte hat also Werbung? Eine kleine Geschichte aus der Republik Utopia lässt das ahnen.
10 Begonnen hatte alles im vergangenen Jahr – eine Woche vor den parlamentarischen Sommerferien. Mit den Stimmen der Rechts-Mitte-Links-Regierungskoalition verabschiedete das Parlament von Utopia ohne Debatte das „Gesetz zur
15 Abschaffung von Wirtschaftswerbung". Es umfasste nur einen Paragrafen. Sein Inhalt: „Jegliche freie Meinungsäußerung über Qualität, Preis, Beschaffenheit und Vorhandensein von Waren und Dienstleistungen durch Werbung in
20 Massenmedien wird verboten. Ausgenommen davon ist die politische Werbung der regierenden Parteien." Soweit das Gesetz. Nun würde niemand mehr zum Kauf von Waren
25 oder zur Inanspruchnahme von Dienstleistungen durch Werbung animiert – so lobte der Bundeskanzler in einer Regierungserklärung sich selbst. Das Werbeverbot sei ein „Meilenstein im Verbraucherschutz".
30 Und tatsächlich – es geschah nach dem Inkrafttreten des allgemeinen Werbeverbots viel, was Wissenschaftler heute im Rückblick als kurzfristig auftretenden „Konfusions-Effekt" und als mittelfristig wirkenden „Depressions-Stimula-
35 tor" bezeichnen. Zu deutsch: Erst Chaos auf den Märkten, dann Verkümmerung von Wirtschaft und Gesellschaft. Regierungskreise in Utopia geben heute zu, dass sie nicht mit den nachfolgenden katastrophalen

Auswirkungen des Werbeverbots gerechnet hat-
40 ten:
● Einen Tag nach Verabschiedung des Gesetzes standen rund 360 000 Arbeitslose in den Dienststuben der Arbeitsämter der Republik – zum Beispiel Grafiker, Texter, Werbeleiter, Me-
45 diaexperten, Werbefotografen, Filmproduzenten und Beschäftigte aus den Zulieferbetrieben der Werbewirtschaft sowie aus dem Druckereigewerbe und der Papierindustrie. Empfindliche Einnahmeverluste registrierten auch Musiker,
50 Sänger, Schauspieler und Mannequins, die für Werbeagenturen gearbeitet hatten. (...)
● Unmittelbar nach dem Werbeverbot erhöhten auch die Medien drastisch ihre Preise. Ihnen fehlten auf einen Schlag 25 Milliarden Mark
55 Gebühreneinnahmen aus der Werbung. Eine Tageszeitung kostete in dieser ersten Phase des totalen Werbeverbots 7 Mark und Zeitschriften plötzlich zwischen 11 und 26 Mark. (...) Das waren aber nicht die einzigen, sofort spür-
60 baren Folgen des Bannstrahls gegen die Werbung. Da auch Werbeplakate und Lichtwerbung verschwanden, wurden die Städte grau und dunkel. Kein Mensch wusste übrigens auch, wann welche Veranstaltung stattfand, fehlten doch
65 die werbenden Informationen in den Lokalanzeigen, auf Litfaßanzeigen und auf Leuchttafeln. Der Konfusion folgte bereits nach kurzer Zeit die Depression. die Kommunikationskultur des
70 utopischen Landes verkümmerte. Sie zählte bis dahin zum vielfältigsten und qualitativ Hochwertigsten, was auf der Erde geboten wird. Denn nach der Verteuerung der Medien durch ausbleibende Werbeeinnahmen zogen sich die
75 Käufer zurück. Wer kann sich schon 7 Mark für ein einziges Exemplar einer Tageszeitung leisten?! (...)

80 Geradezu katastrophal waren auch die Depressionserscheinungen im Wettbewerb. Da kein Unternehmen mehr mit Hilfe von Massenkommunikationsmitteln werben durfte, fehlte auch der Ansporn, das Produkt gegenüber der Konkurrenz zu verbessern. Es erfuhr ja doch nie-
85 mand.

Die Folgen: Die auf Steigerung der Qualität ausgerichtete Forschung ging stark zurück. Qualität entwickelte sich nicht weiter – teilweise verminderte sie sich drastisch. (...)

90 Es kam, was kommen musste: die Konsumenten hatten das Vertrauen zu den Marken verloren, die ja kein werbendes Qualitätsversprechen mehr vor aller Öffentlichkeit abgeben konnten und mussten. Immer mehr Hersteller gaben auf, immer
95 weniger Vielfalt gab es im Regal. Der Lebensstandard in der Republik Utopia sank.

Das Volk wurde immer unruhiger und ging schließlich auf die Straße. Die Regierenden wollten retten, was nicht zu retten war. Sie beteuerten
100 ständig, dass sie doch mit dem totalen Werbeverbot vor allem etwas für die Volksgesundheit hätten tun wollen. Doch die Wirklichkeit sah anders aus: Der Zigaretten- und Alkoholkonsum war in der Depression sogar noch deutlich gestiegen.
105 Kein Wunder. Jedermann war schon vorher klar, dass Werbung zwar Marktanteile verschieben, aber nicht den Verbrauch von Genussmitteln zu erhöhen vermag.

Schließlich kam es zu Neuwahlen. Die neue
110 Regierung brachte im Parlament ein „Gesetz zur Abschaffung des Gesetzes zur Abschaffung der Wirtschaftswerbung" ein.

Das Parlament nahm das Gesetz mit den Stimmen der Opposition an. (...)

Volker Nickel, Geschäftsführer der ZAW-Vereinigung für Öffentlichkeitsarbeit e. V.

1 *Geben Sie kurz den Inhalt des Textes wieder.*

2 *Welche Aufgaben und Ziele der Werbung lassen sich dem Text entnehmen?*

3 *Welche Zielsetzung steht bei dem Text im Vordergrund?*

4 *Welche Stilmittel setzt der Autor ein?*

5 *Schreiben Sie die Geschichte um und geben Sie ihr dabei folgende Tendenz: „Die Abschaffung der Werbung stieß auf allgemeine Zufriedenheit: ..." (Sie können dabei auch die Methode des Clusters einsetzen,* ▷ *vgl. Kapitel 8.3, S. 288.)*

⌐2   *Eike Christian Hirsch*
Immer frischwärts

1 Die Werbefritzen haben mich leicht in ihrem Garn, vor allem, wenn sie an meinen Geiz appellieren. (...)

In der Herrenabteilung nähert sich mir der Verkäufer mit einer schönen Lüge: „Was möchten Sie anlegen?", fragt er. Das ist Balsam für mein Gewissen, denn das Ausgeben fällt mir schwer. Nun erscheint
5 der Anzugkauf als Kapitalanlage, und diese Idee beruhigt mich. In der Anzeige hatte ich gelesen: Nur 298,00. Dies „nur" (nur!) und die gemein krumme Zahl wirken bei mir unfehlbar. Hier zugreifen heißt eben bares Geld sparen. Aber wenn ich gar keinen neuen Anzug brauche? Kann ich wirklich nur sparen, indem ich kaufe? Die Werbung betrügt mich wohl genau da, wo ich betrogen sein will.

Weniger leicht falle ich auf das Wortgeklingel herein, das die Werbeleute schon so lange verbreiten,
10 auf diese Häufung von: rein, frisch, jung, modern, neu, echt, ideal und unübertroffen. Auch die Original-Luxus-Spezial-Marken-Spitzenprodukte und die Sprüche mit Forschung und Fortschritt, Erfolg und Erfahrung sind nicht mein Fall. (...) Zum Glück haben sich die Werbeleute auch anderen Schnickschnack abgewöhnt wie: formstabil, magenfreundlich, platinveredelt oder hüpfgesund. Immer frischwärts, bis es hochkommt? Nein, alles von gestern.

15 Die Unwahrheit tritt heute schlichter auf, sogar richtig nett. Zigaretten bieten einfach Lebensfreude, ihr Qualm schmeckt nach Abenteuer. Aus dem Radio säuselt es: „Hipp denkt an vielbeschäftigte Mütter ..." Daran kann man sehen, wie heute ein Produkt angepriesen wird: indem uns Gefühle angeboten werden. Abenteuer aus weißen Stengeln! Und eine Gewissensberuhigung für eilige Mütter, die auf Fertigkost zurückgreifen.

20 Es ist ein alter Werbe-Grundsatz: „Wir müssen von Mode sprechen, nicht von Kleidern. Von Liebe, nicht von Schmuck." Man bietet uns Ansehen durch ein neues Auto („Haben, was andere nicht haben"),

Freiheit durch einen Außenbordmotor („Weg vom Alltag mit einem Johnson"), Elitegefühl durch Lederwaren („Eine der exklusivsten Marken der Welt"), Gesundheit durch Aufstrich („Nutella – voll köstlicher Gesundheit") und selbst ewige Werte („Ein Diamant ist unvergänglich").

25 (...)

In klares Deutsch übersetzt heißt Werbung immer: „Im Kaufen liegt das Glück – und alles Glück ist käuflich". Aber wer will schon die Übersetzung hören. (...)

Mehr Deutsch für Besserwisser. München 1988, S. 80 ff.

⌐J₃

1 *Vergleichen Sie die Aussagen der Texte 1 und 2, S. 185 f., miteinander. Listen Sie Argumente für und gegen Werbung auf und diskutieren Sie, ob Werbung überflüssig ist oder nicht.*

2 *Nehmen Sie Stellung zu der Aussage: „Die Werbung betrügt mich wohl genau da, wo ich betrogen sein will."*
Beziehen Sie die Karikatur auf S. 187 in Ihre Überlegungen mit ein.

⌐4 Begriffsklärung: Werbung

1 In allgemeiner Form umfasst die Werbung, als sozialpsychologisches und soziologisches Phänomen, alle Formen des Versuchs der bewussten Beeinflussung von Menschen im Hinblick auf jeden beliebigen Gegenstand. Werbung kann aus wirtschaftlichen, politischen oder kulturellen Gründen betrieben werden.

5 Jede Werbung hat vier Hauptaufgaben, die im konkreten Falle mit unterschiedlichen Schwerpunkten realisiert sind:
– die Information　　　　　　– die Veranlassung
– die Überzeugung　　　　　　– die Unterhaltung
Der Inhalt und die gesellschaftliche Akzeptanz der Werbung hängen von den Werbezielen ab.

10 Wirtschaftswerbung schafft und nutzt Kommunikationskanäle zu Lieferanten und Abnehmern mit dem Ziel der Verbesserung der Beschaffungs- oder Absatzbedingungen für das Leistungsprogramm eines oder mehrerer Unternehmen. (...)
Neben der Wirtschaftswerbung sind als Bereiche der Werbung herauszustellen:
– Werbung für soziale Wandlungen, z. B. für mehr Verkehrsunterricht, mehr Kinderfreundlichkeit (...),
15 – Werbung für Personen, so für Künstler und Politiker, oder für Institutionen, z. B. die Polizei oder die Bundeswehr,
– Werbung für Spenden für gemeinnützige Zwecke (...).
Als neue Formen der Werbung sind vor allem Sportwerbung und Product-Placement zu nennen.

Joachim Zentes: Grundbegriffe des Marketing. Stuttgart 1992, S. 453 f.

Wird nicht für ein bestimmtes Produkt geworben, sondern soll das Ansehen des Unternehmens in der Öffentlichkeit verbessert werden, spricht man von **Public-relations.**

Eine Bank stellt für ein Kinderfest kostenlos Luftballons zur Verfügung.

Werbung will den Verbraucher bewusst beeinflussen, das heißt, sie will bei den umworbenen Konsumenten Wirkungen hervorrufen, die letztlich dazu führen sollen, dass ein bestimmtes Produkt auch gekauft wird. Werbetexte werden aus diesem Grund auch als **appellierende Sachtexte** bezeichnet.

In der Werbelehre werden **vier Wirkungsstufen der Werbung** unterschieden (AIDA-Regel):

1. Aufmerksamkeit erregen *(Attention)*
2. Interesse wecken *(Interest)*
3. Auf das Kaufbegehren einstimmen *(Desire)*
4. Kaufhandlung einleiten *(Action)*

AUFGESCHNAPPT

„Jeder Kunde, der nicht wenigstens einen Obst- und Gemüse-Artikel im Einkaufswagen hat, sagt uns damit, dass wir Fehler machen.
Wir sollten es als Herausforderung und Auftrag ansehen, noch besser zu werben!"

Aus einem Informationsblatt der Spar-Zentrale an die Mitarbeiter/innen.

∫5   Erfolg nach Plan

1 Das breite Angebot im grünen Sortiment mit seiner Vielzahl an Variationsmöglichkeiten bietet Tag für Tag Gelegenheit zu Sonderplatzierungen und Zusatzverkäufen. Eine wichtige
5 Voraussetzung für den Absatzerfolg ist ein durchdachter Ablaufplan.
Der hier vorgestellte Entwurf ist ein gutes Beispiel, umfasst er doch von der Aktionsidee bis zum Verkauf die wesentlichen Überlegungen
10 und Schritte.
In diesem Fall wird eine monatliche Planung zu Grunde gelegt, wobei man folgende Ziele verfolgt:
- Alle Werbemaßnahmen für Obst und Gemüse
15 innerhalb eine Monats werden unter ein bestimmtes Motto gestellt (z. B. im Mai „Sommer in Sicht").

- Bestimmte Artikel werden innerhalb eines Monats für den Zeitraum einer Woche gefördert (z. B. im Mai unter dem Slogan 20 „Spanien bittet zu Tisch" ein breites Sortiment dieses Landes – von Pfirsichen über Erdbeeren und Melonen bis hin zu grünem Spargel).
- Die Vorschläge für die Insertionsartikel 25 beschränken sich nicht nur auf die Hauptumsatzträger (z. B. im Mai neben Zitronen und Kopfsalat auch Knoblauch und Lollo Rossa).
- Unter dem Begriff „Anzeigen-Knüller" wird 30 im monatlichen Wechsel in der Werbung ein Artikel besonders herausgestellt, bei dem noch erhebliche Umsatzreserven gesehen werden (für den Mai z. B. Tomaten).

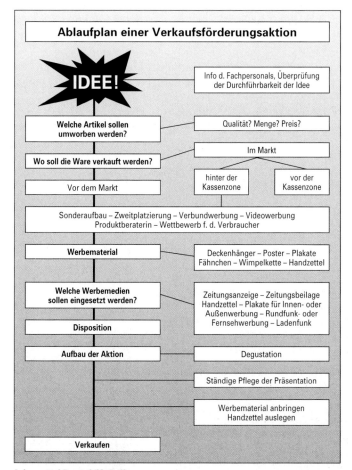

Ablaufplan einer Verkaufsförderungsaktion

IDEE! — Info d. Fachpersonals, Überprüfung der Durchführbarkeit der Idee

Welche Artikel sollen umworben werden? — Qualität? Menge? Preis?

Wo soll die Ware verkauft werden? — Im Markt

Vor dem Markt — hinter der Kassenzone / vor der Kassenzone

Sonderaufbau – Zweitplatzierung – Verbundwerbung – Videowerbung Produktberaterin – Wettbewerb f. d. Verbraucher

Werbematerial — Deckenhänger – Poster – Plakate Fähnchen – Wimpelkette – Handzettel

Welche Werbemedien sollen eingesetzt werden? — Zeitungsanzeige – Zeitungsbeilage Handzettel – Plakate für Innen- oder Außenwerbung – Rundfunk- oder Fernsehwerbung – Ladenfunk

Disposition

Aufbau der Aktion — Degustation

Ständige Pflege der Präsentation

Werbematerial anbringen Handzettel auslegen

Verkaufen

Über die Hälfte der Kaufent-scheidungen bei frischem Obst und Gemüse fallen erst am Ort des Verkaufs. Eine gezielte Kundenanspra-che durch Aktio-nen sollte daher ihre Früchte tra-gen.

1 *Überprüfen Sie, ob sich die vier Hauptaufgaben der Werbung (vgl. Text 4) auf den Ablaufplan einer Verkaufsförderungsaktion (Text 5) übertragen lassen.*

2 *Berichten Sie in der Klasse über „Sonderaktionen" in einem Ihnen bekannten Supermarkt oder Kaufhaus.*

3 *Lesen Sie in der Textsammlung, S. 328 f., den Text „Die Architektur des Konsums".*

   a) *Welche Strategien und Überlegungen zur Errichtung eines Selbstbedienungswarenhauses und zur Warenpräsentation werden dort erwähnt?*
   b) *Fertigen Sie nach den Angaben im Text eine Skizze eines „modernen Supermarktes" an.*
   c) *Listen Sie auf, welche kritischen Anmerkungen in dem Text gemacht werden.*

4 *Sie sind bei einer Verbraucherberatung tätig. Erstellen Sie Richtlinien für die Kunden zum Thema: „Bewusst Einkaufen". ▷ S. 327.*

5 *Erörtern Sie das Thema „Werbung" in Form einer Diskussion in der Klasse oder schriftlich (▷ Kapitel 5.7, S. 177 ff.). Berücksichtigen Sie dabei folgende Fragen:*

   a) *Warum ist Werbung in unserem Gesellschaftssystem notwendig?*
   b) *Welche negativen Folgen hat Werbung, beispielsweise im Hinblick auf:*
      – Kosten; Informieren Sie sich, was eine Anzeige in Ihrer Tageszeitung oder eine Sendeminute im Fernsehen oder eine ganzseitige Anzeige in einer überregionalen Wochenzeitung kostet. Wovon ist der Preis abhängig?
      – Frauenbild in der Werbung ▷ S. 325.
      – Umweltbelastung, etwa durch aufwendige Verpackung.
      – „Kaufen als Ersatz für ..."
   c) *Welche Grenzen sollten der Werbung gesetzt werden (Beispiele: Werbung für Kinder oder Kinderprodukte in der Kassenzone, ▷ S. 329, 330)? Beziehen Sie den folgenden Text in Ihre Überlegungen mit ein.*

⌐6   Große Versprechungen

1 Nach Auffassung der Werbefachleute muss nicht die Werbung sich ändern oder wenigstens ihre Auswüchse beseitigen, vielmehr sollen die Eltern ihre Erziehungsmethoden an den Bedürfnissen der Werbewirtschaft ausrichten. Menschen, die im Sinne des Werbesystems nicht zufriedenstellend funktionieren, müssen eben dem System und nicht das System ihnen angepasst werden. Nicht die von
5 Werbung aufgestachelten Kinder und Jugendlichen mit einem Anspruchsniveau, das weder ihrem Alter noch ihrem Geldbeutel gemäß ist, gelten als unnatürlich, sondern die Eltern, deren Markenkenntnisse weit hinter denen ihrer Sprösslinge zurückgeblieben sind. So ist die Werbung eine zum Tabu gemachte wirtschaftliche und gesellschaftliche, der Erziehung übergeordnete Realität geworden, an deren Berechtigung ebenso wie an ihren Erscheinungsformen nicht gerüttelt werden darf.
10 Nicht weil Kinder Werbung brauchen, sondern weil die Werbe- und die Markenartikelindustrie Kinder brauchen, um sie so früh wie möglich zu markenbewussten, markenbegehrlichen und kauffreudigen Konsumenten zu dressieren.

U. Eicke: Die Werbelawine. Angriff auf unser Bewusstsein. München 1991, S. 65

6 Beschaffen Sie sich weitere Litera-
tur zum Thema „Werbung in der
Diskussion" und fertigen Sie ein
Referat oder eine Facharbeit an.
▷ Kapitel 2.4.2, S. 59 f.

7 a) Lesen Sie das nebenstehende
Gedicht und stellen Sie fest,
welche Stilmittel darin verarbei-
tet sind.
b) Erstellen Sie eine Parodie zu
einer Werbung Ihrer Wahl.
▷ Kapitel 8.1.3, S. 278 f., sowie
S. 360.

8 Finden Sie Beispiele in denen
Werbung für positive Zwecke ein-
gesetzt wird. ▷ S. 8, S, 133,
S. 316.

⌐J⌐7

1	Schauma, der Konsument ist los!
	Es ist kurz After Eight.
	Meuterei auf dem Bounty.
	Die Snickers sagen zum ersten
5	Male nicht Yes. Sie haben den
	Mumm, den sie brauchen, um
	gegen das warme Nestle ihres
	Konsumentenlebens zu kämpfen.
	Sie suchen eine neue
10	Quality Street, auf deren
	Regenbogen sie West-wärts
	Richtung Capri-Sonne fliegen
	können. „Kampf dem Konsum",
	fordern sie mit voller Hertie.
15	„Nieder mit der Quelle allen
	Übels."
	Na denn, á votre Chantré!

Stefan, 19, Schüler

⌐J⌐8

Thomas Gottschalk Marius
Müller-Westernhagen Wim
Wenders Peter Maffay Carlo
Tränhardt Ulrich Wickert
Alfred Biolek
Witta Pohl
Steffi Graf
Jürgen Flimm
City **ICH BIN EIN AUSLÄNDER** Otto
Waalkes Wolfgang Lippert
Günther Jauch Uli Hoeneß
Die Toten Hosen Herbert
Grönemeyer Götz George
Helga Hahnemann Scorpions
Paul Breitner Michael Gross

(Anzeige)

Wortarten am Beispiel des Adjektivs

⌐9

Werbetext

Die Körperpflege

Voile Parfumé pour le Corps

Diese reichhaltige Körperlotion ist die ideale tägliche Hautpflege. Die aktiven Inhaltsstoffe dieser außergewöhnlichen Textur glättem besonders trockene Hautpartien, stabilisieren den Feuchtigkeitsgehalt der Haut und schützen vor schädlichen Umwelteinflüssen.

Die cremige, flüssige Konsistenz ermöglicht ein schnelles und angenehmes Auftragen.

Diese nicht-ölige Lotion wird schnell von der Haut aufgenommen und schützt sie durch einen feinen, parfümierten Film.

In der Werbung spielt die Wahl der Wörter und Ausdrücke eine ganz besondere Rolle, denn die Wirkung einer Anzeige beruht ganz wesentlich auf den emotionalen „Beiklängen", den **Konnotationen** eines Wortes. Will man die Wortkonstellationen und Wirkungen eines Textes näher untersuchen, befindet man sich mitten in dem grammatischen Bereich der **Wortarten**. Mit diesem Begriff wird die Gruppeneinteilung der Wörter bezeichnet, die aufgrund ihrer unterschiedlichen Funktion im Satz und der damit verbundenen Formmerkmale vorgenommen werden kann (▷ S. 353).

1 Schreiben Sie zunächst sämtliche Adjektive aus dem Text heraus. Lesen Sie im Anschluss daran den Text ohne Adjektive laut vor. Was stellen Sie fest? Erläutern Sie die Funktion der Adjektive im Text.

2 Bilden Sie die Steigerungsformen zu den Adjektiven aus dem Text. Welche Adjektive lassen sich nicht steigern?

3 Steigern Sie, wenn möglich, die folgenden Adjektive:
gut, einzig, rot, voll, tot, blau, viel, rund
Erklären Sie, warum einige Adjektive nicht steigerbar sind. ▷ S. 307.

4 Beschreiben Sie ein Produkt oder eine Idee Ihrer Wahl in Form einer Anzeige. Suchen Sie nach ausdrucksstarken Adjektiven.

Hinweise zum Adjektiv:

❏ Adjektive gehören zu den veränderbaren Wortarten.

❏ Ihr wesentliches Merkmal ist, dass sie gesteigert werden können. Die Steigerungstufen oder Vergleichsformen der Adjektive ermöglichen es, Eigenschaften und Merkmale von Personen, Dingen und Sachverhalten miteinander zu vergleichen und dies sprachlich auszudrücken.

❏ Als Steigerungsformen werden unterschieden: Positiv (Grundstufe), Komparativ (Vergleichsstufe) und Superlativ (Höchststufe).

schön, schöner, am schönsten

Wichtige grammatische Begriffe

Wörter, die sich in ihrer Form, zum Beispiel durch Anhängen einer Endung oder einer Vorsilbe, verändern lassen, sind **flektierbar**.

❏ Flektierbare Wortarten sind die **Grundwortarten** (Substantiv, Verb und Adjektiv) sowie die **Begleiter** oder Stellvertreter des Substantivs (Artikel und Pronomen).

❏ Nicht flektierbar sind die **Partikel** (Adverb, Präposition, Konjunktion und Interjektion).

Die Art der Flexion bei den veränderbaren Wortarten ist unterschiedlich:

❏ Substantive, Adjektive, Pronomen und Artikel werden **dekliniert,** das heißt im Hinblick auf Kasus (Fall) und Numerus (Zahl) verändert,

❏ Verben werden **konjugiert,** das heißt im Hinblick auf Tempus (Zeitform), Person, Numerus und Modus (Art und Weise) verändert.

⌐┐
└10 *George Orwell*
Die Neusprache

Im Roman „1984" beschreibt George Orwell einen totalitären Staat. Die in ihm lebenden Menschen sollen in ihrem Fühlen und Denken gelenkt und überwacht werden. Unter anderem ist angestrebt, dies durch die Einführung einer neuen Sprache zu erreichen. Die Hauptfigur des Romans, Winston Smith, versucht dem zu entgehen. Syme ist einer seiner Arbeitskollegen.

1 „Wie geht's mit dem Wörterbuch vorwärts?" fragte Winston mit erhobener Stimme, um den Lärm zu übertönen.
„Nur langsam", sagte Syme. „Ich bin jetzt bei den Adjektiven. Es ist sehr interessant." Bei der Erwähnung der Neusprache war er sofort lebhaft geworden. Er schob seine Schüssel beiseite, ergriff
5 mit der einen seiner zarten Hände sein Stück Brot und mit der andern den Käse; dabei beugte er sich über den Tisch, um nicht schreien zu müssen.
„Die Elfte Ausgabe ist die endgültige Fassung", erklärte er. „Wir geben der Neusprache ihren letzten Schliff – wir geben ihr die Form, die sie haben wird, wenn niemand mehr anders spricht. Wenn wir damit fertig sind, werden Leute wie du die Sprache ganz von neuem erlernen müssen. Du nimmst
10 wahrscheinlich an, neue Wörter zu erfinden. Ganz im Gegenteil! Wir merzen jeden Tag Wörter aus – massenhaft, zu Hunderten. Wir vereinfachen die Sprache auf ihr nacktes Gerüst. Die Elfte Ausgabe wir kein einziges Wort mehr enthalten, das vor dem Jahr 2050 entbehrlich wird." (...)
„Es ist eine herrliche Sache, dieses Ausmerzen von Wörtern. Natürlich besteht der große Leerlauf hauptsächlich bei den Zeit- und Eigenschaftswörtern, aber es gibt auch Hunderte von Hauptwörtern,
15 die ebenso gut abgeschafft werden können. Es handelt sich nicht nur um die sinnverwandten Wörter, sondern auch um Wörter, die den jeweils entgegengesetzten Begriff wiedergeben. Welche Berechtigung besteht schließlich für ein Wort, das nichts weiter als das Gegenteil eines anderen Wortes ist? Jedes Wort enthält seinen Gegensatz in sich. Zum Beispiel ‚gut': Wenn du ein Wort wie ‚gut' hast, wozu brauchst du dann noch ein Wort wie ‚schlecht'? ‚Ungut' erfüllt den Zweck genauso gut, ja
20 sogar noch besser, denn es ist das haargenaue Gegenteil des anderen, was man bei ‚schlecht' nicht wissen kann. Wenn du hinwiederum eine stärkere Abart von ‚gut' willst, worin besteht der Sinn einer ganzen Reihe von undeutlichen, unnötigen Wörtern wie ‚vorzüglich', ‚hervorragend', oder wie sie alle heißen mögen? ‚Plusgut' drückt das Gewünschte aus: oder ‚doppelplusgut', wenn du etwas noch Stärkeres haben willst. Freilich verwenden wir diese Formen bereits, aber in der endgültigen
25 Neusprache gibt es einfach nichts anderes. Zum Schluss wird die ganze Begriffswelt von Gut und Schlecht nur durch sechs Wörter – letzten Endes durch ein einziges Wort – gedeckt werden. Siehst du die Schönheit, die darin liegt, Winston?" (...)

1984. Zürich 1974, S. 48 f.

1 In welcher Weise sollen im vorliegenden Textauszug die Adjektive verändert werden? Erklären Sie, was mit der Entwicklung der Neusprache beabsichtigt wird.

2 Im Nachwort zu dem Roman heißt es: „Es war also in der Neusprache so gut wie unmöglich, verbotene Ansichten über ein sehr niedriges Niveau hinaus Ausdruck zu verleihen." Beurteilen Sie diese Aussage.

Doppel-Moppel

11

von Ulrich Holbein

1 Die Welt ist knallvoll mit runden Bällen und selbstloser Hingabe. Nirgendwo eine Klippe, der nicht der Attribut schroff angehängt wird, nirgendwo eine Vergangenheit, eine Willens-
5 kraft oder ein Klotz, die nicht als unwiederbringliche Vergangenheit, ungebrochene Willenskraft und ungehobelter Klotz auftreten. Wer sich besonders bildkräftig, plastisch und anschaulich ausdrücken möchte, spricht nicht
10 nur vom Wasserfall, sondern vom schäumenden Wasserfall, als könnte man schäumende von nicht schäumenden Wasserfällen abgrenzen. In diesen verschwenderischen Überflussgesellschaft tobt sich überflüssigerweise eine Sucht
15 nach redundantem, tautologischem, pleonastischem, epanaleptischem und anadiplotischem Adjektivgebrauch aus. Zwar werden seit Urzeiten immer wieder so abschreckende Beispiele wie weißer Schimmel, alter Greis und grünes
20 Gras als Warndreiecke aufgestellt. Doch der Wille zum Doppelgemoppel lässt sich nicht bremsen. Alte Greise stecken überall.
Kaum unterziehe ich meinem Sprachgebrauch einer analytischen Zerlegung oder einer genauen
25 Analyse, und zwar mit wissenschaftlicher Genauigkeit, emotionsloser Sachlichkeit und kühler Präzision, stelle ich fest, dass ein Vegetarier und ein überzeugter so identisch sind wie ein gläubiger Hindu und ein Hindu. Als wenn
30 das kleine Töpfchen durch das Adjektiv klein zusätzliche Eigenschaften erhielte oder das winzige Schlückchen durch das Adjektiv winzig! Im grauen Alltag sind alle Mäuse grau.
Schon der Volksmund kann sich nicht damit
35 bescheiden, einen Hasen schlicht zwischen Berg und Tal zu platzieren und ihn dort Gras abfressen zu lassen. Nein, der Berg muss ausdrücklich als hoher in das Liedgut eingehen und Tal und Gras als tiefes tiefes Tal und grünes grünes
40 Gras. Das ahnte ja damals keiner, dass dereinst, im Zeitalter der Grauanlagen, grünes Gras von grauem und bleichem Gras sprachlich unterschieden sein möchte. Andererseits war von weißem Papier, weißen Betten und rotem Blut die Rede,, als es noch keine Bettbezüge, kein 45 Umweltpapier gab (...).
Immerhin gibt es Teilgebiete, innerhalb deren sich hier und da Misstrauen gegenüber allgemein anerkannten Wendungen wie brennendes Verlangen und tödliche Langeweile anmeldet. 50 So greifen Werbeleute immer seltener zu so kreativen Schöpfungen wie erfrischender Genuss und königliches Vergnügen und öfter zu unschematischen Schöpfungen: durchdachte Lösungen für den Haushalt, korngesunder Land- 55 kaffee, natürliche Weichpfleger. Als noch relativ unabgegriffenes Kleinod kursieren griffige Wohlfühlklamotten. Ein banaler Volltreffer wie das sahnige Geheimnis stellt seine seriösen Vorläufer, das tiefe und das dunkle Geheimnis, in 60 aufschlussreichen Schatten. (...)
Die Texter und Writer solch adjektivischer Frische reagieren schneller als manche Poeten. Während mittlerweile selbst in den Heiratsannoncen der gutaussehende Arzt und die sport- 65 lich-attraktive Dame, 49, sich allmählich auswechseln gegen den zottelhaarigen Märchenprinzen und die quirlige Flammenwerferin, kommen bei Autoren, die so sensibel in die Sprache lauschen wie Botho Strauß und Peter 70 Handke, weiterhin weiße Wölkchen vor, weiße Scharfgarbenblüten, gelbköpfige Kamillenbüschel, prallrote Ebereschenbeeren, strahlender Goldglanz, religiöse Zeremonien, funkelnde Augen, harte Schründe, bildschöne Frauen, tiefe 75 Schlagschatten, in summa: grünes Gras, weiße Schimmel, graue Mäuse.
(...) Das Festhalten an leeren Worten und hohlen Phrasen nährt sich aus der unvergessenen Schulübung: Welche Farbe hat der Himmel? 80 Blau. Der Stein ist –? Hart. Der Gemeinplatz ist –? Abgedroschen. Der Zufall ist –? Blind. Erst wer das Schürzenband der Angewohnheiten lockern kann, lüftet das Bündel der üblichen Adjektive. 85
Wo das Adjektiv dem Substantiv den Rücken dreht, stellen sich so erträgliche Bildungen ein wie hellwacher Träumer oder streitbare Frie-

90 denstaube. Aus Überdruss am hölzernen Holz entstand rechtzeitig das hölzerne Eisen, das bei Mephisto als längliches Quadrat erscheint. Selbst Heiratsannoncen sind auf den Geschmack gekommen und erlauben sich aussagefähige Paradoxe: Unkompliziertes Sensibelchen sucht intellektuellen Bauern; lebendiger Oberstudien- 95 rat sucht blutjunge Endvierzigerin. Wo bleiben der ungläubige Hindu, der gläubige Thomas und der gehobelte Klotz?

Die Zeit vom 01.05.1992, S. 70 f.

1 *Wogegen wendet sich der Autor diese Artikels?*

2 *Klären Sie die Bedeutung der Begriffe redundant, tautologisch, pleonastisch, ...,
(vgl. den ersten Abschnitt).*

3 *Wählen Sie mehrere Texte aus Zeitungen oder Zeitschriften aus und untersuchen Sie diese im Hinblick auf die verwendeten Adjektive.*

4 *Suchen Sie weitere Beispiele für neuartige sprachliche Verwendungen von Adjektiven in Werbeanzeigen oder Kleinanzeigen.*

5 *Lesen Sie im Kapitel 7.8.3 , S. 263 f., den Textauszug aus dem Trivialroman „Mitten ins Herz". Überprüfen Sie den Gebrauch der Adjektive. Was stellen Sie fest?*

6 *In der Übersicht über die Wortarten im Anhang, S. 353, sind auch die übrigen Wortarten aufgeführt. Suchen Sie andere Texte, in denen diese Wortarten von herausgehobener Bedeutung sind. Beispiele im Lehrbuch:* ▷ *S. 297 (Pronomen), S. 306 (Verben)*

6.1.2 Werbeanzeigen analysieren

Werbung ist aus unserem Wirtschaftssystem nicht wegzudenken, von ihr hängt oftmals der Erfolg eines Produkts, eines Unternehmens oder einer anderen Institution
ab. Sie wird von Werbefachleuten gemacht, um den Markt, den Verbraucher, die
Öffentlichkeit, ... zu beeinflussen. Will man sich diese Einflussnahme bewusst
machen, ist es notwendig, Vorgehensweise und Überlegungen dieser Fachleute zu
untersuchen und nachzuvollziehen. Dazu kann auch die Analyse eines Werbetextes
dienen.

Die hier aufgeführten Leitfragen zur Analyse von Werbetexten beziehen sich zwar
exemplarisch auf Werbeanzeigen, auf ihrer Grundlage lassen sich jedoch auch
mögliche Leitfragen zur Analyse von Hörfunk-, Kino- und Fernsehspots oder aber
zur Produktgestaltung eines Werbeobjektes entwickeln. (▷ Vgl. auch Kapitel 7.7.3,
S. 255 ff.)

Hauptpunkt jeder Analyse eines Werbetextes ist es, das wechselseitige Zusammenspiel von äußerer Gestaltung, Inhalt und Sprache nachzuvollziehen und zu fragen:
Wie wirkt die Werbeanzeige im Ganzen? Wenn im Folgenden die für die Analyse
wichtigen Punkte zunächst getrennt aufgeführt werden, so geschieht dies, um ein
systematisches Vorgehen zu ermöglichen. Zu beachten ist, dass nicht bei jeder
Werbeanzeige jeder Aspekt zum Tragen kommt; ebenso kann die Gewichtung der
einzelnen Aspekte jeweils sehr unterschiedlich ausfallen. Die einzelnen Punkte dürfen daher auch nicht isoliert voneinander gesehen werden, denn erst die komplet-
te, in sich stimmige und werbepsychologisch durchkomponierte Anzeige wirkt so,
dass der Leser, Hörer oder Zuschauer aufmerkt und die Anzeige aufnimmt, obwohl
er vermutlich nicht die Absicht hatte, dies zu tun.

Wissenschaftliche Untersuchungen belegen,
dass im Durchschnitt eine Anzeige zwei bis drei
Sekunden betrachtet wird. In dieser Zeit müssen
dem Leser die wichtigsten Informationen vermittelt werden. Größere und farbige Anzeigen mit
weniger Text werden generell häufiger und länger betrachtet. Auch ist es kein Zufall, ob etwa
ein Text handschriftlich geschrieben oder im Jar-
gon von Jugendlichen verfasst wurde, ob das
Kleid der abgebildeten Frau rot oder blau ist, ob
ein Comic oder ein Foto oder nur ein Schriftzug
verwendet wird, ...

Tipp: In der Werbung wird
nichts dem Zufall überlassen,
vielmehr sind äußere Gestaltung, Inhalt und Sprache der
Werbung immer zweckgerichtet.
Zu überlegen ist daher an jedem
Punkt der Analyse, **warum** die
Werbung **so** und nicht anders
gestaltet wurde.

Mögliche Leitfragen zur Analyse eines Werbetextes

1. Rahmenbedingungen

- ❏ In welcher Zeitung/Zeitschrift ist die Anzeige erschienen? – Wann?
- ❏ Ist sie Teil einer größeren Werbekampagne oder Anzeigenserie?
- ❏ Welche Größe hat die Anzeige? Wo genau ist sie auf der Seite platziert?

2. Äußere Gestaltung

❏ Was bildet den Blickfang der Anzeige?

❏ Wie sieht die Blattaufteilung aus?

❏ Wie sieht das Verhältnis Bild – Text aus? Gibt es mehrere Bilder? Wo ist der Text platziert? Wo befindet sich der Slogan? Was steht unten rechts?

❏ Welche Motive enthalten die Bilder? Was ist wie in welcher Perspektive dargestellt?

❏ Wie sieht die Farbkomposition aus? Welche Farben gibt es? Welche Farbgebung bestimmt den Hintergrund, welche das Produkt, wirkt die Farbgebung harmonisch? Welche Farben wiederholen sich?

❏ Was lässt sich über die Schrift aussagen? Welche Besonderheiten gibt es im Hinblick auf Schriftgröße, Schrifttypen, Schriftbild?

❏ Welche sonstigen Auffälligkeiten gibt es? (*Beispiele:* bewusst gewählte Gegensätze, witzige Vorfälle oder Missgeschicke, die Sympathie wecken, ...)

3. Inhaltliche Gestaltung

❏ Wofür wird geworben: für ein Produkt, eine Idee, ein Unternehmen?

❏ Was wird darüber ausgesagt (*Beispiele:* technische Daten oder Tests)? In welcher Verwendungssituation wird das Produkt gezeigt? Mit welcher Wirkung oder mit welchen Erfolgsaussichten? Wird der Ware eine „Geschichte" angedichtet (*Beispiel:* Freiheit und Abenteuer in der Zigarettenwerbung)?

❏ Welcher Leitgedanke steht im Vordergrund? (*Beispiele:* Umweltschutz, schlechtes Gewissen, Erfolg beim anderen Geschlecht, ...)

❏ Welcher Adressatenkreis wird angesprochen und wie werden die Leser angesprochen? (*Beispiele:* direkt als „Liebe Feinschmecker ..."; durch Schmeicheleien: „An alle außergewöhnlichen Menschen ...") An welche Bedürfnisse wird appelliert? (*Beispiele:* Harmonie in der Familie, männliche Stärke, Attraktivität, ...?)

❏ Wer wirbt? Wie stellt sich der Werbende dar? (*Beispiele:* Eigenlob; Einbezug von Prominenten oder Gewährsleuten wie Medizinern, Sportlern, ...)

❏ Wird mit Zusatzangeboten geworben, zum Beispiel mit Preisausschreiben?

4. Sprachliche Gestaltung (▷ vgl. auch die zusätzlichen Hinweise auf S. 198)

❏ Wie ist der Text der Werbeanzeige gestaltet? Gibt es eine Schlagzeile?

❏ Wie sieht der Satzbau der Anzeige aus?

❏ Welche Wortwahl ist kennzeichnend für die Anzeige? Welche Wortarten stehen im Vordergrund? (▷ Vgl. Exkurs: Wortarten, S. 192 ff.) Worauf zielt der Gebrauch bestimmter Wörter oder sprachlicher Ausdrücke ab?

❏ Was verkörpert der Produktname?

❏ Welche weiteren sprachlichen Stilmittel werden eingesetzt? (▷ Vgl. die Übersicht zu rhetorischen Mitteln, S. 358.)

5. Abschließende kritische Würdigung

❏ Welche Angaben fehlen in der Werbeanzeige?

❏ Durch welche Auffälligkeiten zeichnet sie sich insgesamt aus?

❏ Welches Gesamtbild vermittelt die Anzeige? (Passen Text und Bild zusammen? Wie ist der Einsatz der werblichen Mittel zu beurteilen?)

❏ Verstößt die Anzeige gegen gesellschaftliche Normen, oder manifestiert sie diese?

❏ Was ist positiv an der Werbeanzeige zu beurteilen, was stört? Gibt es Verbesserungsvorschläge?

Zusätzliche Hinweise zur sprachlichen Gestaltung

Die Sprache eines Werbetextes wird vom Ziel der Aktion bestimmt und ist daher stark zweckbestimmt. Je nachdem, um welches Produkt es sich handelt und welche Käufergruppen angesprochen werden sollen, enthält die Anzeige **informative**, **appellative** und **expressive Elemente** in unterschiedlicher Gewichtung. Häufig wird auch bewusst gegen Regeln der Sprachnorm verstoßen, etwa durch den Gebrauch unvollständiger Sätze oder durch Kleinschreibung von Substantiven, um einen Inhalt knapper, ansprechender und wirkungsvoller zu übermitteln.

Die typische **Aufteilung von Anzeigen** sieht folgendermaßen aus:

a) **Schlagzeile** (englisch: Headline = Kopfzeile)
   Kurze, den Inhalt charakterisierende Überschrift, die Aufmerksamkeit beim Leser erregen soll. Dies geschieht zum Beispiel durch:
   – eine allgemeine Frage,
   – direkte Zielgruppenansprache: „Liebe Hausmänner",
   – fremdsprachige Aufforderungen: „Come to Britain".

b) **Haupttext**
   Er erläutert die dargestellte Situation, gibt scheinbar eine Antwort auf die zuvor gestellte Frage der Schlagzeile oder enthält nähere Informationen zum Produkt.

c) **Slogan**
   Kurze, formelhafte, klare und einprägsame Textzeile, die benutzt wird, damit Aussage und Produktname länger im Gedächtnis haften bleiben, und die sich meist durch besondere sprachliche Merkmale auszeichnet.

Produkt- oder Firmenname

Der Name des Produktes oder des Unternehmens soll sich einprägen und unverwechselbar sein, daher sind Klang und mögliche gedankliche Verknüpfungen beim Rezipienten sehr wichtig. Solche mit Namen verknüpften Eigenschaften sind beispielsweise Exotik, Exklusivität, Seriosität, Wissenschaftlichkeit usw. Üblich bei der Namenswahl sind zum Beispiel:
❏ Eigennamen, auch Vornamen, zum Teil als Abkürzungen: Carina, AEG, Dr. Oetker
❏ Zahlen und Zahlenkombinationen: 4711, R5, Peugeot 101

❏ die Benennung der Produkte nach Wörtern einer natürlichen – deutschen oder fremdländischen – Sprache, wobei oft kein Zusammenhang zwischen Produkt und Produktname besteht: Carefree (Slip-Einlagen), Irischer Frühling (Seife), Mon Cheri (Pralinen)

❏ Wortneubildungen durch Zusammensetzung bekannter oder fremder Wortteile, Reduzierungen, Umbildungen wissenschaftlicher Bezeichnungen: Omo (Waschmittel), Blendax (Zahncreme), Biovital (Stärkungsmittel)

Satzbau

❏ Aussagesätze, wobei die scheinbar enthaltene Information oft mit einer versteckten Aufforderung verbunden ist: Ford weist den Weg. Füchse fahren Firestone.

❏ Aufforderungs- und Befehlssätze (Imperative): Mach dir schöne Stunden – geh ins Kino.

❏ Sätze ohne Prädikat (Ellipsen): Bärenmarke zum Kaffee. – Natürlich vom Feinsten.

❏ Ein-Wort-Sätze: Erster. (n-tv)

Wortwahl

Wie bei der äußeren Gestaltung, so bleibt auch bei der Wortwahl in der Werbesprache nichts dem Zufall überlassen – sorgfältig werden Wörter nach Klang und Konnotation, das heißt nach zusätzlich mitschwingenden Bedeutungen zusammengestellt. Häufig richtet sich die verwendete Sprache im Stil nach dem umworbenen Adressaten. ▷ Vgl. dazu auch die Texte S. 307.

Wortwahl	Beispiele
Substantive Zusammensetzungen	Glück, Glanz, Faszination, Kompetenz, Qualität ... frei öl soft-Creme-Fluid
Adjektive in Steigerungsformen	führend, zukunftsweisend, rein, frisch, leicht, neu, erfolgreich, ... Die natürlichste Sache der Welt. (IBM) Wir steuern Prozesse effizienter. (AEG)
in Gegensatzpaaren als Dopplung als Wortverdreher	Heiß, aber cool. (Glühbirne) fruchtig-frisch Halber Preis fürs ganze Volk. Die BahnCard.
Wortneubildungen	Urlaubseltern sind viel fröhlicher als Alltagseltern.
Frendwörter (oft pseudo-wissenschaftlich)	... das einzige Waschmittel mit Enzymat.
Anglizismen	Beauty fluid (Oil of Olaz) – Buttermilch – echt cool.
Doppeldeutigkeiten	Weil sich die Welt verändert, verändert sich die Welt. (Zeitung „Die Welt")
Regionalsprache	„Dat Wasser von Kölle is jot"
Umgangssprache/Jargon	Hallo, Leute! – Tapete. Kleb dir eine.

„Wortverdreher"

Die Entsorgung und Dekontamination der Reststoffe muss noch organisiert werden.

Wo wir den Müll hintun sollen und wie wir ihn entgiften können, wissen wir noch nicht.

Sonstige Stilmittel

Verstöße gegen die Sprachnorm: rrrröstfrisch; Die BahnCard
❏ Abwandlung von Redewendungen und Sprichwörtern: Auf die Reste, fertig, los ...
❏ Auffallende Interpunktion: Natreen – Viel Geschmack. Wenig Kalorien.

🎵12

Rotkäppchen	*Großmutter, warum hast du so große Augen?*
Großmutter	**Damit ich besser Video sehen kann.**
Rotkäppchen	*Großmutter, warum hast du so große Ohren?*
Großmutter	**Damit ich besser CD hören kann.**
Rotkäppchen	*Großmutter, warum hast du so viel Kohle?*
Großmutter	**Weil ich beim Media Markt eingekauft habe.**
Rotkäppchen	*Großmutter, ich find dich affengeil.*
Off	Media Markt – stark!

Handel heute 8/1992

1 Suchen Sie zu den sprachlichen Merkmalen von S. 198 f. und zu den rhetorischen Mitteln (▷ vgl. im Anhang, S. 358) weitere Beispiele aus der Werbesprache.

2 Welche Slogans kennen Sie? Warum haben Sie sich diese gemerkt?

3 Stellen Sie in der Klasse eine Liste der bekanntesten Slogans auf und analysieren Sie sie hinsichtlich Wortwahl und rhetorischer Mittel.

4 Suchen Sie sich eine der im Lehrbuch abgedruckten Werbeanzeigen aus.
  ▷ S. 8, S. 133, S. 183, S. 191, S. 316, S. 322, S. 325.
  Fertigen Sie eine ausführliche schriftliche Analyse der Anzeige an. Berücksichti-
  gen Sie dabei die aufgeführten Leitfragen zur Analyse eines Werbetextes.

5 Sammeln Sie aus Zeitungen und Zeitschriften weitere Werbeanzeigen, die Sie
  interessieren, und besprechen Sie die Anzeigen in der Klasse. Untersuchen Sie
  das Material insbesondere unter dem Gesichtspunkt, was an Informationen über
  das jeweilige Produkt enthalten ist und was fehlt. Welche Informationen müsste
  eine genaue Produktbeschreibung im Unterschied dazu Ihrer Meinung nach enthalten?

6 Analysieren Sie einen Hörfunk- oder einen Fernsehspot Ihrer Wahl. ▷ S. 330.
  a) Passen sie dazu die Leitfragen für die Analyse einer Werbeanzeige den jewei-
     ligen Medien an.
  b) Überlegen Sie, welche Besonderheiten bei Werbung im Hörfunk oder im
     Fernsehen hinzukommen.
  c) Analysieren Sie dabei gezielt die Gestaltung eines Produktes (mögliche
     Gesichtspunkte: Verpackung, Farbe, Form, ...).

6.1.3 Wir machen Werbung

⌐J13   Werbeanzeige

1 Halten Sie die Schokoriegel-Werbeanzeige, abgedruckt in einer Jugendzeitschrift, für werbewirksam? Begründen Sie Ihre Ansicht.

2 Geben Sie dem Anzeigenmacher Tipps, wie er seine Anzeige verbessern könnte.

> **An alle Jugendlichen!**
>
> **Ich habe einen neuen Schokoriegel auf den Markt gebracht. Kauft ihn – denn ich möchte damit viel Geld verdienen.**

⌐J14 Werner Meffert
„Wie Sie Ihre Botschaft rüberbringen"

1 **Gesehen werden – verstanden werden, geglaubt werden: die drei Schritte zum Kaufentschluss**
Wenn sich bei Ihren Umworbenen etwas bewegen soll, können Sie auf keinen dieser drei Schritte verzichten. Bekanntheit allein bringt keinen Werbeerfolg – und Verständnis- und Überzeugungskraft nützen wenig, wenn zu viele Umworbene Ihre Botschaft überblättern.
5 Damit dass Sie die Leistungsmerkmale Ihres Produkts aufzählen, ist es nicht getan. Sie müssen die Leute zunächst stoppen.
Das erreichen Sie erstens durch eine verblüffende Abbildung. In einer KODAK-Anzeige bläst ein kleiner Junge einen Luftballon zu stark auf. Das Foto zeigt den platzenden Ballon so, wie Sie ihn

noch nie gesehen haben: ein sichtbarer Beweis für die Leistungsfähigkeit des Filmmaterials. Dazu die
10 Überschrift: *„Kodak Diafilme sehen den Knall besser als der Mensch."*
Das erreichen Sie zweitens durch eine provozierende Überschrift. Eine berühmt-berüchtigte STERN-
Anzeige kündigte den Bericht über Kinderprostitution an: *„Es ist 13 Uhr. Wissen Sie, wo Ihr Töchter-
chen steckt?"*
Das erreichen Sie drittens durch die ungewöhnliche Verbindung von Bild und Text. Das „Informa-
15 tionszentrum Weißblech" propagiert die Recycling-Möglichkeiten des Materials durch die Abbildung
eines blechernen Spielzeugfroschs. Überschrift: *„Ich war eine Dose."*
Gemeinsames Merkmal aller drei Beispiele: Die Schlagkraft kommt aus dem Thema, aus dem
Produkt selbst. (...) Gesagt und gezeigt wird, was Sache ist – das aber auf dramatische Art und
Weise.

20 **„Geht mich das was an?"**
Wichtiger noch als optische und sprachliche Schlagkraft ist die Einbeziehung des Lesers. Er muss
schnell erkennen, dass Ihre Botschaft *ihn* angeht. Die Psychologen sprechen von „selektiver Wahrnehmung": Interessen, Einstimmungen und Gewohnheiten, die in der Person schon angelegt sind,
bewirken, dass bestimmte Signale aus der Umwelt bevorzugt beachtet werden.
25 Sie verschaffen Ihrer Botschaft einen fliegenden Start, wenn Sie solche Voraussetzungen im Kopf
Ihrer Leser aufgreifen. (...)
Sprechen Sie Bedürfnisse an. Eine vielbeachtete Anzeige der Bausparkasse Wüstenrot zeigt eine Kin-
derhand, die sich vergeblich nach dem chaotischen Klingelbrett einer Mietskaserne reckt. Das Versprechen: *„Wir holen Sie da raus."*
30 Sprechen Sie nicht nur über Ihr Produkt. Geben Sie Ihren Lesern einen guten, sofort verwendbaren
Tipp – Sie erhöhen die Zahl der Leute, die sich mit Ihrer Anzeige beschäftigen, erheblich. *„So ent-
waffnen Sie Ihr Finanzamt",* sagt eine Anzeige des Wirtschaftsmagazins *impulse* – und gibt sofort anschließend dem Geschäftsmann wichtige Steuertipps.

Setzen Sie konsequent auf einen Punkt
35 (...) Die Leute haben weder die Zeit noch das Interesse, sich mit Ihren werblichen Aussagen lang und
breit zu beschäftigen – und viel behalten können Sie auch nicht.
Deshalb müssen Sie das, was Sie zu sagen haben, konzentrieren. Sie brauchen eine „zentrale werbli-
che Botschaft". Sie erleichtern die Wiedererkennung und die Erinnerung, wenn Sie konsequent bei
dieser einen Botschaft bleiben. (...)

40 **Wichtigstes Element: Die Überschrift**
Die erste Frage des Lesers bei der Begegnung mit Ihrer Anzeige heißt: „Ist das was für mich?" Wenn
Sie ihm diese Frage nicht schnell genug beantworten, hat er schon weitergeblättert. (...)
Versprechen Sie gleich in der Überschrift einen Nutzen: *„Der Film, auf den Sie scharf sind."* Schla-
gen Sie eine Brücke von Ihrem eigenen Interesse zu dem des Umworbenen. (...)
45 Teilen Sie eine Neuigkeit mit. Vor allem dann, wenn Sie ein neues Produkt einführen: *„Die erste
Diät, die man nur dann bezahlt, wenn sie Pfunde kostet"*, kündigt ein Diät-Hersteller an. *„Jetzt ist es
noch schöner, 40 zu sein"*, sagt Lancaster-Kosmetik bei der Vorstellung einer neuen Tages- und
Nachtcreme. (...)

Überraschen Sie die Leute: Der Wie-bitte-Effekt
50 Stoppen Sie die Leute mit einem verblüffenden Gedanken. Sagen Sie (das ist ein Tipp von Schopenhauer) das Ungewöhnliche mit gewöhnlichen Worten – nicht umgekehrt.
Vergleichen Sie die Werbeaussagen zweier schwedischer Autohersteller, und beurteilen Sie selbst,
was mehr Eindruck auf Sie macht – das Wortgeklingel oder der Wie-bitte-Effekt:
„Stil, der sich in innovativer Technik vervollkommnet." (Volvo)
55 *„Warum sollten Sie 26000 DM für einen Sechszylinder ausgeben, wenn Sie für das gleiche Geld
einen Vierzylinder bekommen können?"* (Saab).

Wenn die anderen brüllen – flüstern Sie
Gestehen Sie ruhig zu, dass es irgendwann, irgendwo eine bessere Lösung geben könnte als die, die
Sie anbieten. Wenn Sie sich dabei an die unbestrittene Nummer eins anlehnen, können Sie aus Ihrer
60 Bescheidenheit Funken schlagen – wie es Volvo für seinen Kombi in den USA tut: *„Solange Ferrari
keinen Kombi baut – nehmen Sie unseren."* (...)

Sagen Sie den Umworbenen deutlich, was sie tun sollen
Machen Sie nicht vor der Ziellinie halt. Ihre Botschaft muss den Leuten zeigen, was sie jetzt tun sollen. Verlassen Sie sich nicht darauf, dass sie von selbst darauf kommen. Zeigen Sie Wege zur Aktion.
65 Schicken Sie Ihre Kundschaft ins Fachgeschäft: *„Gehen Sie zur Brilleninspektion, bevor Sie gänzlich die Fassung verlieren."*

Werbung die sich auszahlt. Reinbek 1990, S. 143 ff.

1 Listen Sie auf, welche Tipps Meffert Werbenden gibt. Suchen Sie aktuelle Beispiele zu diesen Tipps.

2 Wählen Sie ein Produkt oder eine Institution aus (zum Beispiel eine von Ihnen erfundene Marktneuheit oder Ihre Schule), und fertigen Sie davon eine sachliche Beschreibung an. (▷ Kapitel 2.4.1, S. 57 f., sowie S. 210 f.)

3 Entwerfen Sie eine Zeitungsanzeige (Anzeigenserie) zu einem selbst gewählten Produkt oder für eine Institution. Berücksichtigen Sie dabei die Tipps des Experten und überlegen Sie:
a) Was will ich anpreisen?
b) Wen will ich ansprechen?
c) Wie erreiche ich mein Ziel?
(Anregung: Sie können dazu auch einen Schlüsselworttext erstellen ▷ S. 274, oder den Produktnamen optisch gestalten, ▷ S. 281 ff.)

4 Schreiben Sie einen Hörfunk- oder einen Fernsehspot zu dem gewählten Produkt. (▷ S. 330) Produzieren Sie diesen Werbespot (eventuell als Projekt oder in Gruppenarbeit).

5 Entwerfen Sie weitere Werbematerialien für „Ihr" Produkt (zum Beispiel Firmenschilder, Briefköpfe, T-Shirts, ...).

6 Schreiben Sie einen Werbebrief an alle Stammkunden, und stellen Sie „Ihr" neues Produkt vor. ▷ Kapitel 3.4, S. 90 f.

7 Entwerfen Sie einen Werbetext. Thema: „Pauschalreisen für junge Frauen". ▷ S. 220.

6.2 Anleitungen

6.2.1 Die Bewerbung – eine Anleitung „in Sachen Eigenwerbung"

Die Bewerbung um einen Ausbildungs- oder Arbeitsplatz ist Werbung für die eigene Person. Der Bewerber stellt seine Fähigkeiten und Kenntnisse dar und appelliert an den Personalchef eines Unternehmens, ihn zum Vorstellungsgespräch einzuladen bzw. ihn einzustellen. Die Bewerbung muss daher adressatengerecht gestaltet sein und bestimmte formale Regeln einhalten.

Das Bewerbungsschreiben

Während das Bewerbungsschreiben dem Bewerber dazu Gelegenheit gibt, sein Interesse an der zu besetzenden Stelle darzulegen und zu begründen, stellt es für das Unternehmen eine Informationsquelle über den Bewerber dar.

Alle Argumente, die für ihn sprechen, sollte der Bewerber klar herausstellen. Angesichts vieler qualifizierter Mitbewerber kann es dabei auch auf Kleinigkeiten ankommen, die den entscheidenden Vorsprung ausmachen und die Personalentscheidung bestimmen.

Inhaltliche Anforderungen

- ❑ Lesen Sie die Stellenanzeige genau. Nehmen Sie in Ihrem Schreiben auf die Anzeige Bezug und gehen Sie auf alle Punkte ein.
- ❑ Begründen Sie, warum Sie sich gerade für diese Stelle interessieren und bewerben.
- ❑ Machen Sie Ihre Eignung sichtbar, indem Sie die geforderten Kenntnisse und Fähigkeiten sowie eventuelle Berufserfahrung, über die Sie verfügen, darstellen und belegen. Dies kann beispielsweise durch Zeugniskopien, Arbeitszeugnisse oder Lehrgangsbescheinigungen geschehen.
- ❑ Konzentrieren Sie sich auf die für die angestrebte Tätigkeit wichtigen Angaben; weitere Daten können Sie im Lebenslauf unterbringen. Das Bewerbungsschreiben sollte nicht mehr als eine DIN-A4-Seite umfassen.
- ❑ Schreiben Sie daher kurz und präzise; vermeiden Sie Floskeln und Überflüssiges.
- ❑ Stellen Sie Ihre Kenntnisse und Fähigkeiten realistisch dar, vermeiden Sie es, sich selbst anzupreisen.

Formale Anforderungen

❑ Das Bewerbungsschreiben wird auf einem DIN-A4-Blatt nach den DIN-Normen für das Maschinenschreiben gestaltet.
❑ Es muß einen sauberen, ordentlichen Eindruck machen und darf nicht gefaltet werden.
❑ Der Brief wird entweder auf der Schreibmaschine oder auf einem PC erstellt.
❑ Verstöße gegen die Sprachnorm sowie Korrekturen jeglicher Art sind nicht erlaubt.
❑ Das Bewerbungsschreiben wird den Bewerbungsunterlagen im Original beigefügt.

Zur DIN-Norm 5008
▷ vgl. auch Kapitel 3.4, S. 90 f.

Die Bewerbungsunterlagen müssen komplett sein. Dazu gehören neben dem Bewerbungsanschreiben Lebenslauf, Lichtbild sowie Kopien der letzten Zeugnisse.

1 Diskutieren Sie über die nebenstehende Stellenanzeige. Welche Absicht verfolgt der Inserierende möglicherweise? Welche Wirkung soll bei dem Stellensuchenden erzielt werden? Wie wirkt diese Anzeige auf Sie?

2 Suchen Sie aus der Samstagausgabe einer Tageszeitung zwei Stellenangebote heraus und schreiben Sie dazu jeweils eine Bewerbung.

3 Informieren Sie sich über berufliche Möglichkeiten im Bereich der Werbung. Wie gehen Sie bei einer Bewerbung um einen Ausbildungsplatz als Werbekaufmann/kauffrau vor?

4 Formulieren Sie eine Stellenanzeige und ein Stellengesuch für einen Beruf Ihrer Wahl.

Es gibt viel zu tun!
Wer packt mit an?

Das Wochenpost-Redaktions-Team braucht dringend Verstärkung.

Deshalb suchen wir eine tatkräftige junge Hilfe (Frau oder Mann, nicht älter als 30),
die organisieren kann,
der der Umgang mit Menschen Spaß macht,
die im Notfall auch eine Kamera bedienen kann,
die der deutschen Sprache mächtig ist,
die motorisiert ist usw. usw.

Die Liste, was Sie alles können müssen, wäre unendlich fortsetzbar. Im Grunde genommen müssen Sie nur eines können: ALLES.
Wenn Sie das von sich glauben, dann schicken Sie Ihre aussagekräftige Bewerbung an:

Der Lebenslauf

Der Lebenslauf wird handschriftlich oder – heute meist üblich – maschinenschriftlich abgefasst. Wenn nichts anderes verlangt wird, sollte ein tabellarischer Lebenslauf angefertigt werden. An den Lebenslauf wird rechts oben ein – möglichst farbiges – Passfoto (in guter Qualität) geheftet, auf dessen Rückseite der Name des Bewerbers stehen sollte. Während im ersten Teil des Lebenslaufs über persönliche Daten (Namen, Geburtsdatum und -ort, Familienstand, ...) informiert wird, geht es im zweiten Teil um Informationen zur die Ausbildung: Schulbesuch, Sprachkenntnisse, Zusatzqualifikationen. Auch der Lebenslauf wird datiert und unterschrieben.

```
                              Lebenslauf

       Persönliche Angaben

             Name:                     Anika Walden
             Geburtstag:               20.03.19..
             Geburtsort:               Dortmund
             Eltern:                   Stefan Walden, Bürokaufmann
                                       Ulla Walden, Lehrerin
             Staatsangehörigkeit:      deutsch
             Familienstand:            ledig

       Schulbildung:

             April 19.. - Juli 19..    Grundschule Annastraße,
                                       Dortmund
             August 19.. - Juli 19..   Einstein-Realschule, Dortmund
                                       Abschluss FOS-Reife
             seit August 19..          Höhere Berufsfachschule für
                                       Wirtschaft und Verwaltung,
                                       Dortmund
             Juni 19..                 voraussichtlicher Schulabschluss;
                                       Fachhochschulreife (schulischer
                                       Teil)

       Besondere Kenntnisse und
       Fähigkeiten

             Vierwöchiges Betriebspraktikum
             Gute Kenntnisse in der englischen Sprache,
             Grundkenntnisse in Französisch und Italienisch

       Dortmund, 24.10.19..
```

Anika Walden

Nichts übersehen?

- ❏ eigene Anschrift korrekt?
- ❏ Name der Firma richtig?
- ❏ Ansprechpartner in Adresse und Anrede richtig benannt?
- ❏ Berufsbezeichnung richtig?
- ❏ Bezug auf Anzeige richtig?
- ❏ Anschreiben und Lebenslauf unterschrieben?
- ❏ Daten im Lebenslauf richtig?
- ❏ Anlagen aufgeführt und beigefügt?
- ❏ Foto beschriftet und angeheftet?
- ❏ keine Schreibfehler?
- ❏ richtige Empfängeranschrift auf dem Briefumschlag?
- ❏ ausreichend frankiert?

6.2.2 Anleitungen im Alltag

Fritz Wolf
Kein Platz an der Sonne

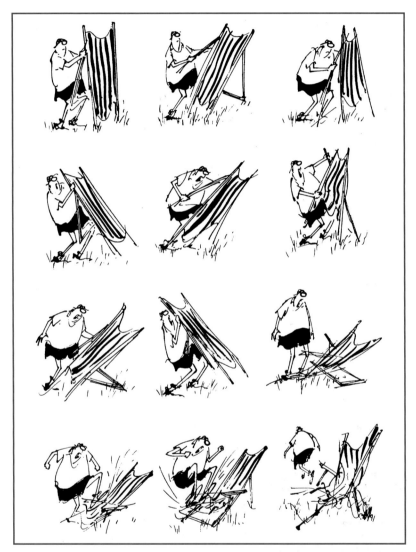

Anleitungen begegnet man im Alltag häufig und in vielerlei Formen. Es handelt sich dabei um Beschreibungen, die einem ganz bestimmten **Zweck** dienen: Der Leser soll einen Vorgang ohne fremde Hilfe nachvollziehen und ausführen können. Häufig werden solche Anleitungen durch erläuternde Zeichnungen und Fotos unterstützt; auch gibt es – zum Beispiel in beruflichen Zusammenhängen – Anleitungen in Form von Flussdiagrammen, die Arbeitsabläufe verdeutlichen, etwa zur „Auftragsabwicklung" oder „Auftragsbestätigung" im kaufmännischen Bereich oder zur Programmierung im Bereich elektronischer Datenverarbeitung.

Der Verfasser einer solchen beschreibenden Anleitung muss grundsätzlich zunächst den Adressaten – dessen Vorkenntnisse und Fähigkeiten – berücksichtigen. Darüber hinaus muss der zu beschreibende Vorgang zunächst sehr genau beobachtet werden, bevor er klar und verständlich dargestellt wird.

Merkmale von Anleitungen

Zweck

❏ Eine Anleitung gibt dem Leser Hilfestellung dabei, eine bestimmte Tätigkeit auszuführen und beantwortet die Frage: Wie gehe ich am besten vor? In der Regel ist sie auf die jeweilige Adressatengruppe abgestimmt.

Arten

❏ Gebrauchsanweisungen, Vorgangsbeschreibungen
❏ Reparaturanleitungen
❏ Wegbeschreibungen
❏ Spielanleitungen
❏ Rezepte (Kochrezepte, Medikamentenrezepte)
❏ Anleitung zum (organisatorischen) Vorgehen bei bestimmten Vorhaben wie der Planung eines Festes
❏ Schreibanleitungen: Beschwerde, Bewerbung, Arbeitsablauf, Literatursuche, Kleinanzeigen, Fachbericht, Werbetextanalyse, Stellenbeschreibung, ...

Gliederung und Inhalt

❏ Der gesamte Ablauf einer Tätigkeit wird in Teilverrichtungen zerlegt.
❏ Zunächst werden die für das Vorhaben benötigten Materialien, Werkzeuge, ... aufgeführt.
❏ Die einzelnen Handlungsschritte werden in zeitlicher Abfolge vorgegeben.
❏ Es folgen Tipps für mögliche Fälle, wo etwas nicht geklappt hat. (Woran könnte es gelegen haben? Wie lässt sich der Fehler beheben?)
❏ Hilfsskizzen und Fotos mit Erläuterungen ergänzen die sprachliche Anleitung visuell, damit der Leser die Schritte nachvollziehen kann.

Sprache

❏ Die Sprache ist sachlich und neutral und enthält genaue Angaben zur Sache, die häufig auch Fachausdrücke erforderlich machen.
❏ Die Anleitung erfolgt im Präsens. Mögliche Verbformen:

Infinitiv:	... die Muttern lösen ...
Imperativ:	... lösen Sie die Muttern ...
Anrede:	... Sie lösen die Muttern zuerst ...
Passiv:	... zuerst werden die Muttern gelöst ...
Ich-Form:	... ich löse zuerst die Muttern ...
Unpersönlich:	... man löst (oder: löse) zuerst die Muttern ...

❏ Welche Verbform gewählt wird, ist abhängig vom Schreibanlass und vom Adressatenkreis. Wichtig: Eine einmal gewählte Verbform in einem Text muss beibehalten werden.

1. Der Fahrkartenautomat – ein „Fall" für eine Anleitung?

⌐J₃

Ich kann mich gar nicht entscheiden –
ist alles so schön bunt hier

1 Was für New York und Moskau selbstverständlich ist, ist peniblen deutschen Tarifex-
perten ein Graus – der Einheitspreis für das
gesamte Nahverkehrsnetz. Und wenn sich die
5 Spitzfindigkeit der Verkehrsverbünde dann
auch noch auf Fahrkartenautomaten nieder-
schlägt, werden selbst Hightechfreunde zu
Idioten.

(...) Wer des Öfteren mit öffentlichen Verkehrs-
10 mitteln unterwegs ist, mag bemerkt haben, dass
auf der Automatenfläche eine
gewisse systematische Ordnung
herrscht. (...) Diese Anordnung
wurde nach Messungen von
15 Augenbewegungen von Versuchspersonen festgelegt. Die
so geschaffene Normung stellt
immerhin sicher, dass das Prinzip der Automatenhandhabung
20 in allen Städten ähnlich ist. (...)

Weniger ist mehr
Informationsvielfalt und miteinander konkurrierende Informationen wie z. B. eine
25 alphabetische Liste und zusätzlich ein grafischer Plan machen
eine schnelle und fehlerlose
Bedienung zum Glücksspiel.
(...) Die Vielfalt in der Preisge-
30 staltung und die Wahlmöglich-
keiten zwischen verschiedenen
Fahrkarten ist abhängig von
den Tarifbestimmungen der einzelnen Verkehrsverbünde. Aus Gründen der Übersicht ist
35 klar, dass auf einem Automaten nicht alle Karten
angeboten werden können. Doch die Auswahl
scheint willkürlich. In den Tarifbestimmungen
des Rhein-Sieg-Verbundes haben die Verantwortlichen ganz richtig erkannt, dass preiswert fahren
40 auch etwas mit dem IQ der Fahrgäste zu tun hat.
„Auf jeden Fall gilt für die Pfiffigen ein speziel-
les Angebot zu einem günstigen Preis. Im
Wesentlichen gilt für diese Karten eine einfache
Handhabung." Wer nicht pfiffig ist, soll gefälligst
45 eine teure Karte lösen.
Und viele Fahrgäste sind für die vorhandenen
Automaten nicht pfiffig genug: Untersuchungen
haben bewiesen, dass häufig aus Unwissenheit
und Unsicherheit die zu teure Karte gewählt wird.

(...) Der Verdacht liegt nahe, dass die Tarifexper- 50
ten ein betriebswirtschaftliches Interesse daran
haben, die günstigsten Angebote zu verschleiern
und nicht für jeden Deppen zugänglich zu
machen, schon gar nicht auf Automaten.

Intelligente Automaten 55
Ähnlich wie in der Automobilindustrie wird an
technischen Verbesserungen gefeilt, anstatt das
Übel an der Wurzel zu packen. „Touch-screen-
Technik" heißt die Zauberformel für „intelligente" Fahrkartenautomaten 60
mit integriertem Computer.
Bei den Geräten dieser neuen
Automatengeneration gibt es
keine mechanische Tastatur
mehr, sondern einen Farbmo- 65
nitor, der „dynamische" Informationen vermittelt.
Mit Hilfe der Touch-screen-
Technik, also durch Berühren
des Bildschirms, kann der 70
Fahrgast Informationen abru-
fen und die Fahrkarte kaufen.
Er muss nicht mehr erst das
Informationstableau lesen und
die Information auf die Tasta- 75
tur übertragen. Die Automaten
können alle Fahrscheine verkaufen, von der Einzelfahrt
bis zur Jahreskarte. (...)
Die Vorteile der neuen „intel- 80
ligenten" Automaten sollen in
der lückenlosen Information
und dem vollständigen Verkaufsangebot von der
Einzelfahrkarte bis zur Monatskarte für den Hund
liegen. Abgesehen von den technischen Proble- 85
men bei der Hardware, also dem Gerät (die
Lebensdauer der Bildschirme beträgt ca. ein
Jahr), lassen Berührungsängste und Bedie-
nungsschwierigkeiten das Schlimmste befürchten.
PC-Vertraute mögen sich auf die Menüführung 90
einlassen, aber wer jetzt schon über Technik
flucht, wird sich in lückenloser Desinformation
abwenden. Die lückenlose Verwirrung ist programmiert. Einige dieser Automaten sind zur Zeit
im Test – die Erfahrungen damit werden über 95
einen weiteren Einsatz entscheiden. Interessant
wäre eine Untersuchung darüber, wie viele Menschen sich überhaupt durch Automaten vom
öffentlichen Personenverkehr abschrecken lassen.

100 **Bargeldlose Bestpreisberechnung**
Einen entscheidenden Schritt in Richtung Vereinfachung sind die Oldenburger vorwärts gekommen. Ab 1. September können Busbenutzer den
CC-Pass erwerben und bargeldlos fahren. Mit
105 dieser übertragbaren „Kreditkarte" entfällt der
„Automatentango" (die berühmte Schrittfolge
angesichts eines Automaten: einen Schritt vor

fairkehr 5/91, Seite 16 ff.

und zwei zurück) und die Sorge um Kleingeld,
Preisstaffeln und Tarifzonen. Die Karte wird
jeweils beim Ein- und Aussteigen in ein Lese- 110
gerät gesteckt. Am Monatsende wird den Karten-
besitzern der Fahrpreis vom Konto abgebucht.
Egal wieviel jemand gefahren ist, bezahlen muss
er nach der Bestpreisberechnung, also höchstens
eine Monatskarte.   115

---

1 Geben Sie den Hauptgedanken des Textauszuges wieder.

*2 Listen Sie auf, welche Probleme sich beim Umgang mit dem Fahrausweisauto-
maten ergeben.*

*3 Welche Lösungsmöglichkeiten werden im Text aufgezeigt, welche weiteren hal-
ten Sie für sinnvoll?*

4 Welche Erfahrungen haben Sie mit Fahrkartenautomaten gemacht?

*5 Erstellen Sie eine Liste mit Empfehlungen für den Betreiber von öffentlichen
Verkehrsmitteln: „So sollen benutzerfreundliche Fahrkartenautomaten aussehen!"*

*6 Ist das dargestellte Problem ein „typisch deutsches" (vgl. Zeile 1 ff.)? Begründen
Sie Ihre Antwort.*

*7 Schreiben Sie eine Satire, in der der schwierige Umgang mit technischen Gerä-
ten thematisiert wird. (▷ S. 279)*

2. Die Gebrauchsanweisung

⌐J4   Gebrauchsanweisungen:
(Auszug aus einem Hörfunkmanuskript)

1   *Zitator* „Kraftschalter ... Wenn dieser Knauf wird gedrückt, wird die Kraft angemacht und werden grüne Erleuchtungen rundherum alle Knöpfe mit Zifferblatt gezündet ..."

1. Sprecher Aua!

2. Sprecher Wer sich häufig mit Gebrauchsanweisungen beschäftigt, weiß, alles klar, hier geht
5   es um das Anschalten eines Autoradios. Um das Radio mit der grünen „Erleuchtung", die dem
Fahrer des Nachts zeigt, ob er den richtigen Sender, etwa diesen hier, oder einen falschen ein-
gestellt hat.

1. Sprecher Damit aber auf jeden Fall das richtige Programm einprogrammiert wird, gilt

Zitator Fest vorwärts – ausstoßen Knopf – drücken diesen knopf, bis halbe Niederlassung, dann
10   wird das Band gewunden vorwärts schnell. Um das Band auszustoßen drücken diesen Knopf
voll"

2. Sprecher Wer das Radio kauft, sollte englische Sprachkenntnisse haben. Es muss leider
gesagt werden. Der Englischübersetzer im fernen Asien war etwas besser als der Deutschex-
perte. Also, sichern Sie sich bei der Bedienung des Geräts die Mithilfe eines englischsprachigen
15   Bekannten.

1. Sprecher Gebrauchsanweisung für Quarzbilderrahmen, jawohl für einen Quarzbilderrahmen.

Zitator Das zweite Drücken des B-Knopfes wird Monat zeigen. Dann drücken den A-Knopf und halten ihn in der gewünscht Monat erreicht hat und erlösen ihn umgehend.

20   *2. Sprecher* Der Quarzbilderrahmen war natürlich ein Flüssigkristalldisplay. Diesmal war dies elektronische Schaustück in einen Kugelschreiber eingebaut worden und sollte eigentlich die Uhrzeit und den Kalendertag anzeigen, vorausgesetzt, man kommt mit A und B Knopf klar.

1. Sprecher Lothar Heinrich und Michael Ledig aus Münster werden sicherlich zu begeisterten Radiohörern geworden sein. Beide haben einen CD-Player gekauft, dessen Gebrauchsanwei-
25   sung schlicht unbrauchbar ist.

Zitator Achtung zur Abwendung von elektrischen Erschrecken trenne sie von dem Haupt.

2. Sprecher ... steht da ... und weiter

Zitator dann nehmen Sie den deckel ab. Kein Verbraucher kann innere Tidle ausbessern. Bitte überlassen die Ausbesserung dem beifühigten spezialist.

30   *2. Sprecher* Das tut man ja gern ...

1. Sprecher Eine „Schritt-für-Schritt-Gebrauchsanweisung" nutzte Peter Ferber aus Drenstein-furt für eine Selbstbau-Gartenbank. Ob die Bank jetzt bereits steht, wissen wir nicht. Aber falls, ja, dann nur, weil diese Anweisungen Schritt für Schritt beachtet wurden:

Zitator Machne Sie sicher, dass das von Parkbände aufgestandene Boden flatt ist ...

35   *2. Sprecher* Soweit diese „Gebrauchtanweisung" – auch Produkte, von denen man eine ordentli-che Produktinformation erwarten würde, werden mit mangelhaften Unterlagen ausgeliefert. Beispiel Vespa. Gefunden von Rolf Bönki und aus Bielefeld eingesandt. Thema Gleichge-wicht auf dem Motorroller.

Zitator Im Falle eines Übergewichtes wichtige Inweise achten. Ersten das Gepäck wichtig anfas-
40   sen und befestigen. Im Falle eine nicht Achtung, könne mann Rückfälle haben. Und das Motorrad nicht im Gleichgewicht halte, mit Möglichkeit für Gefar des Fahrers bei Einschlag und Fahrt.

2. Sprecher Lothar Wunderlich aus Castrop-Rauxel kämpft mit einer Betriebsanleitung zu einem Wecker.

45   *Zitator* Wenn die Alarmstimme auf ist, beim Drücken dieses Knopfes kann die Stimme umge-hend aufhören und die Mikrolampe wird gleichzeitig aufgemacht. Die Alarmstimme wird wieder starten nach 7 Minuten.

1. Sprecher Quintessenz vermutet: Dann piepst bei dem Wecker.

Zitator Kraftversorgung der Rechnier wird kraftbhetätigt von Solarzellen und einer Batterie für
50   die Not. Sei betätigt unter irgendeinem Kunstlicht. Das Schaubild wird schwunden wenn die Batterie zum ersetzen braucht. Plus-Zeichen: Batterie muß aufgetaucht werden.

2. Sprecher Mit diesem Problem müssen sich Rudolf Böer aus Siegen und Werner Rittmann aus Gevelsberg herumschlagen. Quintessenz wünscht ihnen guten Erfolg. Damit auch das gelingt,
55   erhalten alle Genannten das Buch „Neues Rätsellexikon" von der Redaktion zugeschickt. Danke für unbrauchbare Gebrauchsanleitungen.

(Auszug aus einer Hörfunksendung des WDR 2, Reihe "Quintessenz" vom 07.11.91, Autoren: Armin E. Möller und Alf Koblischke)

1 *Lesen Sie den Text mit verteilten Rollen.*

2 *Welche Absicht verfolgt der WDR mit dieser Sendung?*

3 *Tragen Sie Gebrauchsanweisungen zusammen, zum Beispiel von Elektrogeräten. Beurteilen Sie die Anleitungen hinsichtlich ihrer Brauchbarkeit.*

4 *Welche Aufgaben haben Gebrauchsanweisungen? Listen Sie diese auf.*

5 *Wie sollte eine gute Gebrauchsanweisung für den Leser/Benutzer eines Gerätes aussehen? Erstellen Sie einen Ablaufplan: „Vorgehensweise beim Erstellen einer Gebrauchsanweisung."* ▷ *S. 30.*

6 *„Schüler machen Radio." – Ihre Klasse gestaltet eine Sendung im regionalen Hörfunk.*

    a) Wählen Sie ein Thema, über das sie berichten wollen, und tragen Sie wichtige Punkte zum Inhalt zusammen.

    b) Legen Sie die Rahmenbedingungen für die Sendung fest (Sendezeit, Dauer der Sendung, Sprecher, ...), und strukturieren Sie die Inhalte unter Einbeziehung der Rahmenbedingungen.

    c) Schreiben Sie den Ablauf der Sendung in verteilten Rollen und erarbeiten Sie ein vollständiges Manuskript.

    d) Produzieren Sie die Sendung, indem Sie sie in der Klasse vortragen und gegebenenfalls auf Band aufzeichnen. Üben Sie im Anschluss daran „Manöverkritik".

3. Das Kochrezept

⌐5 Champignonpizza

1 *Zutaten für 4 Portionen:*
200 g Mehl
10 g Hefe
1/2 Teel. Zucker
5 *1/2 Tasse lauwarme Milch*
3 Essl. Olivenöl
1/2 Teel. Salz
8 fleischige Tomaten
100 g Champignons
10 *60 g Schnittkäse in Scheiben*
4 Essl. gehackte Petersilie
3 Essl. Olivenöl
Für das Backblech: Olivenöl

Pro Portion etwa 1850 Joule /
15 440 Kalorien

Ein Backblech mit Olivenöl
bestreichen.
Das Mehl in eine Schüssel
sieben und eine Vertiefung
20 hineindrücken. Die zer-
bröckelte Hefe mit dem
Zucker, der Milch und etwas
Mehl darin verrühren und den
Vorteig zugedeckt an einem

warmen Platz 15 Minuten   25
gehen lassen. Den Vorteig
mit 3 Esslöffeln Olivenöl,
dem Salz und dem gesamten
Mehl verkneten. Zwei
gleich große runde Teigplat-   30
ten ausrollen, auf das Backblech legen und weitere 20
Minuten gehen lassen. Den
Backofen auf 200 ° vorhei-
zen. Die Tomaten über-   35
brühen, häuten und in Scheiben schneiden. Die Pizzen
mit den Tomaten belegen.
Die Champignons putzen,
waschen, in Scheiben   40
schneiden und auf die
Tomaten streuen. Die Käse-
scheiben darüber legen. Die
Petersilie über den Belag
streuen und das Olivenöl da-   45
rüber träufeln. Die Pizzen auf
der zweiten Schiene von
unten 20–30 Minuten
backen und möglichst heiß
servieren.   50

Backvergnügen wie noch nie. München o. J., S. 92

1 *Wie ist der Text aufgebaut?*

2 *Zur Sprache des Textes:*

　*a) Welche Fachausdrücke und Abkürzungen werden in dem Text verwendet?
　Warum?*

　*b) Stellen Sie eine Liste mit Fachausdrücken und Abkürzungen aus Kochrezep-
　ten mit den dazugehörigen Erläuterungen zusammen. Beachten Sie dabei ins-
　besondere die Rechtschreibung bei Fremdwörtern wie beispielsweise „Hors-
　d'œuvré.* ▷ *Kapitel 3.3, S. 85 ff.*

　*c) Erläutern Sie, warum in einigen Kochrezepten sehr viele Fachausdrücke und
　Fremdwörter vorkommen.*

3 *„Ein Backblech mit Olivenöl bestreichen."*

　*a) Analysieren Sie den Satzbau: In welcher Form steht das Verb? Warum wird
　dieser Satzbau gewählt?* ▷ *S. 208, S. 354.*

　*b) Formulieren Sie den Text so um, dass er nur vollständige Sätze enthält.
　Besprechen Sie die verschiedenen Versionen in der Klasse. Welche Probleme
　ergeben sich für den Schreiber?*

4 *„Wir laden zum Essen ein":*

　a) Stellen Sie ein Menü zusammen und suchen Sie dazu Rezepte aus.

　*b) Erstellen Sie eine Einkaufsliste sowie einen Zeitplan (was muss wann einge-
　kauft, vorbereitet, gekocht werden, ...?).*

5 *„Kochbuch der Klasse":*

　a) Sammeln Sie die Lieblingsrezepte aller Mitschüler(innen).

　*b) Vereinheitlichen Sie sie sprachlich, zum Beispiel im Hinblick auf Abkürzungen
　oder Satzbau, und erstellen Sie eine sinnvolle (logische) Gliederung, nach der
　Sie die Rezepte ordnen.*

　*c) Stellen Sie die Rezepte als vollständiges „Kochbuch" zusammen, indem Sie
　die Seiten durch Abbildungen und Skizzen illustrieren, ein Inhaltsverzeichnis
　sowie ein Verzeichnis der Abkürzungen anfertigen.*

Z usätzliche Arbeitsanregungen

1 *Beschaffen Sie sich eine Spielanleitung und erläutern Sie ihren Aufbau.* ▷ *S. 27.*

2 *Entwerfen Sie aus dem Gedächtnis eine Spielanleitung zu einem bekannten Gesellschaftsspiel. Tragen Sie die Anleitung in der Klasse vor, die nach Ihren Anweisungen herausfinden soll, um welches Spiel es sich handelt.*

3 *Verfassen Sie eine Spielanleitung zu Ihrem Lieblingssport oder einer Sportart, die im Sportunterricht ausgeübt wird.*

4 *Erstellen Sie eine Anleitung für die Gesprächsleitung, zum Beispiel in einer Diskussionsrunde. Listen Sie dabei auf, welche Punkte besonders berücksichtigt werden müssen. (*▷ *Vgl. auch Kapitel 5.2, S. 146 ff.)*

5 *Wie wird ein Fahrradreifen geflickt? Erstellen Sie eine Reparaturanleitung. Illustrieren Sie Ihren Text gegebenenfalls durch Abbildungen/Zeichnungen.*

6 *Schreiben Sie wahlweise eine Anleitung darüber, wie Sie*

   a) eine Programmsoftware auf dem Computer installieren;
   b) den Telefonanrufbeantworter programmieren und abhören;
   c) einen Film auf Video aufnehmen;
   d) ein Geschenk umweltfreundlich verpacken.

4. Kleinanzeigen

‑⌐ *Benjamin Karl*
⌐6 **So war das**

1 Wenn man aus dieser Anzeige überhaupt etwas schließen kann, dann dies: Herbert steht korrekt an die dem Bahnsteig abgewand-
5 te Tür der U-Bahn gelehnt. Er trägt eine schwarze Jeansjacke, weiße Tennissocken und versucht verzweifelt, die Uhrzeit abzulesen. Seine Uhr ist allerdings
10 bereits vor zwei Stunden stehen geblieben, aber das tut nichts zur Sache. Elvira oder Else oder wie (egal), ein blondes F (= Frau = blondes GiFt) mit Lederjacke
15 betritt das Abteil. Dabei fährt sie mit dem Vorderrad ihres Fahrrades über Erwins Schuh. Ah! No: Herbert. Herberts Schuh. *Ogottogott!*
20 *Vazeihung.*
Was? Ach so. Schon gut.
Dass mir so was passiert. Das passiert mir immer wieder. Und wissen Sie, was noch merkwür-
25 *dig ist? Wa? Was ist denn merkwürdig?*
Dass ... Das die den U-Bahnhof, den U-Bahnhof, wie heißt der denn ...

* **Fr. 4. 9., 14.20 Uhr** U8 v. Hermannpl. Ri. Rosenthalerpl. redeten üb. d. Namensänderung v. Kott D. in Schönleinstr. Musste leider Kott Tor wieder raus. Gruß v. M. in schw. Jeansjacke an die blonde F mit Lederjacke u. Fahrrad. Falls, dann abends, ☎ ▬▬▬▬ öfter.

30 *U-Bahnhof? Welcher denn? Hallo? Welcher! Mensch, ja, Schönleinstraße: Schönleinstraße? Gibt's doch gar nicht ...*
35 *Eben! Eben! Aber jetzt, jetzt heißt der so, den haben die einfach umbenannt, früher: Kottbusser Damm, und jetzt: Schönleinstraße, Mensch, Mensch, du*
40 *glaubst es nicht ... Schööönleinstraße, also nee. Das ist aber mal wirklich merkwürdig, wieso denn gerade Schönleinstraße? Was hat denn*
45 *dieser Schönlein schon groß gemacht, dass jetzt noch ein U-Bahnhof nach dem benannt werden muss? Ja, nicht wahr? Erst eine Straße,*
50 *jetzt auch noch ein U-Bahnhof, ich weiß, ich finde, das geht zu weit, wer war er denn schon, dieser Schönlein! Dagegen der*

Kottbusser Damm! Eben! Und der
55 *ist auch als Straße viel breiter! Viel, viel breiter! Jawohl! Angeblich, das habe ich wo gelesen, da muss ich mal kurz nachdenken, angeblich haben die das*
60 *wegen irgendso, na! ... dings, na, Fahrplanharmonisierung, ja, ja, Fahrplanharmonisierung, das war's, das war's, deswegen haben die's umbenannt! Muss*
65 *man sich mal vorstellen! Unglaublich! Fahrplanharmonisierung! Die fadenscheinigsten Argumente sind das! (...) Obwohl, es soll auch Fälle gege-*
70 *ben haben, richtig schlimm dann, auch Depressionen und Zeugs. Achachach...... Depressionen, weil, viele Leute,*
75 *die wollten Kottbusser Damm raus, oder nein, Kottbusser Tor wollten die, sind aber wegen*

der Namensähnlichkeit dann natürlich bereits Kottbusser
80 *Damm raus, das ist dann wohl auch nicht so angenehm. Stelln Sie sich's mal vor: Wollen Kottbusser Tor raus, und wie sie oben stehen, ist es der Kottbus-*
85 *ser Damm!*
Grauenhaft! Hörn Sie auf! Ich mag gar nicht dran denken! Da renn' sie dann in der völlig falschen Gegend herum ...
90 *Womöglich noch geradewegs in die Schönleinstraße rein! Ganz ahnungslos!*
Nein! Oh!

Eulenspiegel 12/92, S. 38

Da ist es dann doch besser, man
95 *ist gewarnt. Da weiß man gleich: Schönleinstraße, hier 'steig ich nicht aus, da bin ich falsch. Außerdem man will da hin. Ja, dann natürlich. Hach ja. Hm.*
100 *Sagen Sie mal, wie spät isses eigentlich?*
Freitag.
Hahaha, (...)
Hühü, Moment zehn vor halb
105 *drei. Echt. Bei mir isses erst zwölfuhrdreißig.*
Nee, nee, vierzehnzwanzig, ganz wirklich, vierzehnzwanzig. Tja, dann muss ich aussteigen. Ist ja

110 *auch schon Kottbusser Tor hier, ich muss ...*
Schade.
Jaah, schade, aber das ist unser Schicksal ...
115 Herbert verlässt den Zug.
Und jetzt die Pointe:
Ach, Scheiße, Kottbusser Tor, ich wollte doch Kottbusser Damm, Mensch, Mensch!
120 So oder völlig anders war es jedenfalls; bleibt die Frage: Werden die beiden sich wiedersehen? Vielleicht. Aber eins ist sicher: Falls, dann abends.
125 (Warum? Wasweißdennich ...)

1 *Lesen Sie den Text mit verteilten Rollen. Welche „Andeutungen" macht der Autor? Welche stilistischen Mittel benutzt er hierbei?*

2 *Wie formuliert man eine Kleinanzeige? Listen Sie die wichtigsten Punkte stichwortartig auf. Gestalten Sie diese Auflistung so, dass sie in einer Zeitung veröffentlicht werden könnte.*

3 *Suchen Sie aus einer Ihnen bekannten Zeitung oder Zeitschrift Hinweise oder Vordrucke heraus, wie man Kleinanzeigen formulieren soll, und vergleichen Sie diese Hinweise mit Ihrer Liste. Warum veröffentlichen Redaktionen Ihrer Ansicht nach solche Hinweise?*

4 *Aus welchen Gründen könnten Sie eine Kleinanzeige aufgeben?*

7

Gu'n Tach! Bin 26 und habe keine Lust, mir eine von diesen originellen Anzeigen aus dem Kreuz zu leiern, die alles und nichts sagen. Falls du, w und NR, trotzdem schreibst, würd' ich mich freuen. Bin mal gespannt, was dabei rauskommt! Chiffre Originell, gell?

Zehn Tüten Gummibärchen am Tag machen mein Herz auch nicht zufrieden. Wenn du weitere Legionen von Gummibärchen vor dem sicheren Tod bewahren willst, dann schreibe mir, m/27/177/69, schlank trotz Gummibärchen. Interessen, außer Gummibärchen: Mod Jazz, Musik, Kochen, Radeln, Wandern, Chiffre Gummibärchen.

Praktikantin ab sofort gesucht von Medienagentur. Bieten hochinteressante Tätigkeit in den Bereichen Journalismus/PR/Werbung und Videoproduktion. Voraussetzungen sind 1/2-1 Jahr Zeit, PKW, jede Menge Engagement, Wissendurst und Bereitschaft zum learning.by-doing. Melden bei media-contact, ▇▇▇.

Gelber PKW Kombi LEV-Z ... Rendez-vous auf Fete in D'dorf + an Ampel in Lev. So nah und doch kein Wiedersehen? Melde dich!

In gute Hände abzugeben: Motorrad LS 650, EZ 30.12.88, 27 PS, 22.000 km, zwei Jahre TÜV, neue Bereifung, Tourenscheibe, Sissybar, Sturzbügel, vorverlegte Fußrasten, sehr gepflegtes Liebhaberstück. Schutzgebühr DM 5.500, Tel. ▇▇▇

Holzwurm baut euch vom Hochbett bis zum Einbauschrank alles preiswert & schnell. Hilft euch auch beim Kneipen- + Ladenbauen mit Ideen, Theken, Regalen, Decken + Schriftzügen. Elie ▇▇▇.

Ab nach Ägypten, ich (24, m) reise im Sept. für 4 W. durch Ägypten, der Flug wird geplant, der Rest improvisiert. Wer kommt mit?

Natascha (23) sucht ab sofort Zimmer in unkomplizierter WG (auch befristet). Meldet euch bei Kathrin oder dem Anrufbeantworter.

1 Suchen Sie sich zwei Anlässe aus Text 7 heraus, und entwerfen Sie dazu entsprechende Kleinanzeigen. (Beispiele: Ferienjobgesuch, Mitfahrgelegenheit, Reisegefährten, ...)

2 Worauf achten Sie, wenn Sie Kleinanzeigen a) lesen, b) selbst formulieren? ▷ *S. 293 f.*

Abkürzungen

Vor allem Kleinanzeigen, aber auch standardisierte Texte wie Formulare und Vordrucke leben von Abkürzungen. ▷ S. 346. Die folgenden Regeln sollte man bei Abkürzungen beachten:

Regeln bei Abkürzungen	Beispiele
Bestimmte Abkürzungen werden mit dem Punkt gekennzeichnet (siehe Liste unten).	z. B., Dr., Tsd.
Keinen Punkt setzt man bei: ● Abkürzungen für nationale oder internationale Maßangaben in Naturwissenschaft und Technik, Himmelsrichtungen, Währungseinheiten ● Initialwörtern (= aus zusammengerückten Anfangsbuchstaben gebildete Kurzwörter) und Kürzeln	m (Meter), g (Gramm), km/h (Kilometer pro Stunde), s (Sekunde); NO (Nordost), DM (Deutsche Mark) BSG (Gürgerliches Gesetzbuch), TÜV (Technischer Überwachungsverein) PKW, EKG, U-Bahn, D-Zug
In einigen Fällen gibt es Doppelformen:	GmbH/G.m.b.H., MdB/M.d.B
Am Satzende steht nach Abkürzungen nur ein Punkt.	Er kaufte Bücher, Stifte, Papier usw. Der Arzt machte ein EKG.
Bei Abkürzungen, die im vollen Wortlaut gesprochen werden, entfällt die Beugung im Schriftbild meist.	Lfd. J. (laufenden Jahres) d. M. (dieses Monats)
Bei Abkürzungen, die auch als solche gesprochen werden, entfällt im Singular meist die Beugungsendung.	des LKW (*auch:* des LKWs) des OHG (*auch:* des OHGs)

Beispiele für Abkürzungen mit Punkt

a. a. O.	= am angegebenen Ort	lfd.	= laufende
Abb.	= Abbildung	m. E.	= meines Erachtens
Abs.	= Absender	m. W.	= meines Wissens
betr.	= betreffend	ppa.	= per Prokura
b. w.	= bitte wenden	P. S.	= Nachschrift
bzw.	= beziehungsweise	s. o.	= siehe oben
dgl.	= dergleichen	u. a.	= und andere
d. h.	= das heißt	usw.	= und so weiter
d. J.	= dieses Jahres	u. U.	= unter Umständen
d. M.	= dieses Monats	v. H.	= vom Hundert (Prozent)
ff.	= folgende	vgl.	= vergleiche
i. A.	= im Auftrag	z. T.	= zum Teil
i. V.	= in Vertretung	z. Z.	= zur Zeit

⌐⌐8   *Peter Schütze*
      Oec (Oekonomie)

  1   In der dt. Spr. der BRD
      sollten mehr Abk. Verwendung finden.
      So kann viel Plz, Zt. u. DM gespart werden.
      Schnell wd. sich alle a. die
  5   ref. Abk.-Spr. gewöhnen u. sie wird
      aus dem tgl. Leb., bes. d. Arb.-Welt,
      mir EDV usw. nicht mehr wegzudenken sein.
      Abds. ist fr. Feuerabd. bzw. die
      Arb.-Wo. ist kürzer, d. h. us. Lb. verl. sich.
 10   Wir hb. m. Zt. us. n. Abk. zu erd.
      S. k. sich th. us. Lb. ew. verl.
                                        SOS

Kristiane Allert-Wybranietz (Hrsg.): Schweigen brennt unter der Haut. München 1991, S. 89

6.2.3 Zeichen setzen – eine Anleitung zur Zeichensetzung

⌐⌐9   *Manfred Hofmann*
      Aus Recht und Schreibung

  1   *Das Komma*
      Jeder weiß dass es mit dem Komma seine Bewandtnis hat. Das geht schon mit dem Plural los: das
      Komma die Kommata (Beispiel zum Beispiel: Einzahl „Hans komma her!" Mehrzahl „Ihr da kommata
      weg!"
  5   Am schwierigsten, ist es aber wohl für die meisten Leute das Komma, richtig zu setzen! Niemals, ist
      man sicher, kommt es hierhin, kommt es dahin oder kommt es, überhaupt nicht hin? Gewiss, es gibt
      gewisse Regeln, der Duden kennt sich da aus, aber wer kann diese Regeln schon alle, alle im Kopf
      behalten? Deswegen, um ganz sicher zu gehen, sollte man den Spruch, des alten Pestalozzi, immer
      beachten: Lieber eines mehr, als eines zuwenig. Dann kann, kaum noch, etwas, schiefgehen, Hauptsa-
 10   che, man, versteht, den, Punkt, richtig, zu, setzen.

Klaus Waller (Hrsg.): Ketchup. Reinbek 1988, S. 265

1 Lesen Sie den Text. Was fällt Ihnen an der Kommasetzung in diesem Text
auf?

2 Geben Sie an, wo in dem Text ein Komma korrekt zu setzen ist. Begründen
Sie Ihren Mitschülern, nach welcher Regel Sie die Kommas gesetzt haben.

3 Verändern Sie die Aussage des folgenden Satzes,
indem Sie verschiedene Möglichkeiten der Zeichensetzung (auch Satzschlusszeichen) nutzen. Mindestens fünf verschiedene Möglichkeiten können
sich ergeben.

Er liebt sie nicht

Satzzeichen haben eine wichtige Funktion in der Schriftsprache, sie organisieren und verdeutlichen die Struktur eines Satzes und tragen als optische Lesehilfen dazu bei, dass ein Satz verstanden und sinnentsprechend gelesen werden kann. Während in der gesprochenen Sprache mittels Betonung, Modulation, Rhythmus und Tempo gegliedert wird, übernimmt diese Aufgabe in der geschriebenen Sprache das Satzzeichen, indem es Sprechpausen kennzeichnet und Satzteile trennt.

Von solchen **Satzzeichen** im engeren Sinn sind die **Wortzeichen** Apostroph (Auslassungszeichen), Bindestrich und Schrägstrich zu unterscheiden.

Im Folgenden sind die wichtigsten Regeln zur Kommasetzung aufgeführt – bei Fragen oder Unklarheiten helfen Nachschlagewerke wie der **Rechtschreibduden** weiter. Eine Übersicht über die Verwendung der übrigen Satz- und Satzschlusszeichen befindet sich im Anhang, S. 357.

> *Hinweis:* Auch innerhalb der Regeln zur Zeichensetzung gibt es Spielräume für Abweichungen, zum Beispiel um stilistische Besonderheiten herauszustellen.

Die wichtigsten Kommaregeln

1. Das Komma zwischen Sätzen

Regel: Das Komma steht ...	Beispiel
... zwischen zwei oder mehreren gleichrangigen Hauptsätzen, sofern diese nicht durch *und, oder beziehungsweise, weder – noch, entweder – oder* verbunden sind. Man kann jedoch vor diesen Konjunktionen ein Komma setzen, um die Gliederung des gesamten Satzes zu verdeutlichen.	Sie bereiste zunächst die Türkei, anschließend fuhr sie quer durch Mexiko. Sie bereiste zunächst die Türkei und anschließend fuhr sie quer durch Mexiko. Sie traf sich mit ihrem Freund(,) und dessen Schwester war auch mitgekommen.
...zwischen Haupt- und Nebensatz sowie zwischen Hauptsatz und gleichrangigen Nebensätzen.	Er plante eine Reise nach Madrid, weil er Spanisch lernen wollte. Weil er Spanisch lernen wollte, plante er eine Reise nach Madrid. Er plante, weil er Spanisch lernen wollte, eine Reise nach Madrid. Der Hund bellt, weil er hungrig ist, weil er allein ist, weil er spazieren gehen möchte.
Aber: Es steht in der Regel kein Komma, wenn gleichrangige Nebensätze durch *und, oder, beziehungsweise* verbunden sind. Man kann jedoch vor diesen Konjunktionen ein Komma setzen, um die Gliederung des gesamten Satzes zu verdeutlichen.	Er behauptet, dass er sich auskennt und dass er den Vorgang schnell abschließen könne. Ich glaube, dass du Recht hast(,) und dass sich deine Unschuld herausstellen wird, sobald der Prozess beginnt.
... zwischen mehreren Nebensätzen unterschiedlicher Art.	Sie reiste nach Mexiko, weil sie gelesen hatte, dass dies ein interessantes Reiseziel sei.

2. Das Komma zwischen Satzteilen

Regel: Das Komma steht ...	Beispiel
... bei unverbundenen Aufzählungen, wenn sie nicht durch „und", „sowie", „wie", „beziehungsweise", „sowohl – als auch", „weder – noch", „entweder – oder" verbunden sind.	Sie bereiste Spanien, Portugal, Italien und Nordfrankreich. **Aber:** Sie fährt entweder nach Spanien oder nach Frankreich.
... bei Appositionen (Beifügungen), bei Einschüben und vor nachgestellten genaueren Bestimmungen, bei nachgeschobenen Erklärungen, die durch „das heißt", „und zwar", ... eingeleitet werden.	Bernd, ihr Bruder, fährt gern Wasserski. Ich fahre nach Paderborn, und zwar am Sonntag. Wir gingen von der Küche, einem hellen Raum, ins dunkle Wohnzimmer zurück.
Aber: Bei mehrteiligen Wohnungsangaben, Datums- oder Zeitangaben sowie Quellenangaben ist das Komma nach dem letzten Bestandteil bei weitergeführtem Satz freigestellt.	Frau Meier, wohnhaft in Köln, Steinstr. 2(,) hat gewonnen. Die Sitzung findet am Montag, den 2. Juli, 20 Uhr(,) statt. Der Aufsatz ist in PC 4/96, S. 45 ff.(,) erschienen.
... bei Ausrufen, Anreden, Bejahungen, Verneinungen, Bekräftigungen.	Bernd kommst du mich bald besuchen? Ja, ich komme gern. Oh, das freut mich sehr.
... bei entgegengesetzten Konjunktionen (Bindewörtern) wie „aber", „sonder", „jedoch", ...	Er war pünktlich am Bahnhof, aber hatte seine Koffer vergessen.
Aber: Es steht kein Komma bei gleichartigen Satzteilen, die durch die vergleichenden Konjunktionen „als", „wie" und „denn" verbunden sind.	Sie mußte mehr bezahlen als ihr lieb war.

3. Das Komma bei Partizip- und Infinitivgruppen

Regel: Das Komma steht ...	Beispiel
...wenn Infinitiv- oder Partizipgruppen durch eine hinweisende Wortgruppe angekündigt werden.	Daran, den Job zu verlieren, dachte sie erst später. So bepackt, die Taschen in der Hand, stand sie da.
... wenn Infinitiv- oder Partizipgruppen durch eine hinweisende Wortgruppe wieder aufgenommen werden.	Bald Freunde zu finden, das wünschte sie sich. Mit der Reisetasche in der Hand, so stand sie vor mir.
... wenn Infinitiv- oder Partizipgruppen aus der üblichen Satzstruktur herausfallen.	Sie, um bald Freunde zu finden, ging viel aus. Sie saß auf dem Balkon, ganz in Decken eingehüllt.
Ein Komma sollte bei Infinitiv- oder Partizipgruppen auch gesetzt werden, wenn dadurch die Gliederung des gesamten Satzes deutlich wird oder Missverständnisse vermieden werden.	Ich rate(,) ihm(,) zu helfen. Darauf hingewiesen(,) haben wir alle Fehler beseitigt. Der Kranke versucht(,) täglich(,) etwas länger aufzustehen. Er versprach(,) ihr(,) schnell(,) zu schreiben.

Formulieren Sie zu den hier vorgestellten Regeln je zwei weitere sinnvolle Beispiele.

⌐⌐
⌐10 *Mechthild Horn*
    Plötzlich bin ich Ausländerin

1 Das ist doch viel zu gefährlich! hatten meine Eltern gesagt als ich mich allein auf die Reise | |
machen wollte. Und meine Freundinnen hatten sich ausgemalt wie ich fern der Heimat in | |
überfüllten Bussen von schwindelnden Pässen stürzen würde wie ich von Schlangen gebissen || |
von Banditen überfallen von Lkw-Fahrern vergewaltigt in modrigen Gefängnissen verhungern || |
5 würde. Als ich dann anderthalb Jahre später unversehrt zurückkam waren sie fast ein wenig | |
enttäuscht dass ich Abenteuer dieser Art nicht zu erzählen hatte obwohl ich in Pakistan gewe- || |
sen war in Alaska und in Feuerland. | |
Wovon ich viel hätte erzählen können das wären die unspektakulären Ereignisse gewesen von || |
denen der Globetrotteralltag voll ist. Mit dem Rucksack um die Welt zu fahren das heißt nicht | |
10 nur Abenteuer und Romantik großartige Sonnenuntergänge und neue Freundschaften. Das | |
heißt auch endlose Laufereien um irgendwelche Stempel zu ergattern stundenlanges Warten || |
auf verspätete Busse immer wieder die gleichen Diskussionen mit Schalterbeamten Zöllnern ||| |
Busfahrern und Hoteliers über immer wieder die gleichen Probleme. (...) Da sind Fahrpläne | |
herauszufinden die nirgendwo geschrieben stehen da sind Visa zu beschaffen Impfungen auf- ||| |
15 zufrischen Unterkünfte zu suchen Geld zu wechseln die Ausrüstung zu flicken. (...) ||| |
Solche Dinge aber wollten die Daheimgebliebenen nicht hören. Sie wollten von Abenteuern | |
hören Geschichten wie die vom pakistanischen Hotelbesitzer der plötzlich nachts vorm Bett || |
stand oder die vom Fischerboot auf der Sandbank in Alaska das bei steigender Flut beinah || |
beinah gesunken wäre. | |
20 Und so erhält die Vorstellung immer wieder neue Nahrung dass eine Frau außergewöhnlichen | |
Mut haben müsse um auf Reisen zu gehen. Dabei ist Mut gar nicht so wichtig. Viel wichtiger | |
ist ein klarer Kopf. Wahrhaftig mutig finde ich nicht die Frauen die sich mit mehr Glück als | |
Verstand von einem Abenteuer ins nächste manövrieren sondern die die losfahren obwohl ||| |
ihnen das Herz in der Hosentasche sitzt und die sich auch mal etwas nicht trauen. | |

Susanne Härtel (Hrsg.): Unterwegs. München 1988, S. 23

1 Geben Sie an, wo in Text 10 die Kommas zu setzen sind. Neben dem Text ist gekennzeichnet, wie viele Kommas in der jeweiligen Zeile gesetzt werden müssen. Erklären Sie im Einzelnen, nach welcher Regel Sie vorgegangen sind.

2 Welche Satzzeichen fehlen in den folgenden Aphorismen (= kurze geistreiche Formulierungen)? Nutzen Sie gegebenenfalls die Übersicht im Anhang, S. 357.

; Wie geht's sagte ein Blinder zu einem Lahmen Wie Sie sehen antwortete der
      Lahme *(Georg Friedrich Lichtenberg)*   **?**

      Nicht der ist frei der da will tun können was er will sondern der ist frei der da
      wollen kann was er tun soll *(Matthias Claudius)*

' Ich machte bei dieser Gelegenheit schon die philosophische Betrachtung dass   **''**
      der liebe Gott der die Prügel erschaffen in seiner gütigen Weisheit auch dafür
! sorgte dass derjenige welcher sie erteilt am Ende müde wird indem sonst am
      Ende die Prügel unerträglich würden *(Heinrich Heine)*   **:**

3 Lesen Sie in der Textsammlung den Text S. 309 und begründen Sie die Setzung der Satzzeichen.

7

Literarische Texte analysieren und interpretieren

Rembrandt, Die Rückkehr des verlorenen Sohns, 1636; 16 x 13,8 cm.
Teylers Museum, Haarlem, Niederlande.

1   *Betrachten Sie das Bild. Beschreiben Sie in Einzelheiten, was Sie erkennen.*

2   *Welche Wirkung übt das Bild auf Sie aus? Formulieren Sie Ihre Eindrücke.*

3   *Vergleichen Sie die Aussagen innerhalb der Klasse. Welche Gemeinsamkeiten und Unterschiede sind erkennbar?*

4   *Würden Sie dieses Bild in Ihrem Zimmer aufhängen? Begründen Sie Ihre Ansicht.*

5   *Bringen Sie Fotos, Bilder, Poster, Zeichnungen, die Ihnen gefallen oder die Sie in Ihrem Zimmer aufgehängt haben, mit in die Schule, und stellen Sie die Abbildungen Ihren Mitschülern vor.*

6   *Ihr Klassenraum könnte in eine kleine Galerie verwandelt werden. Was halten Sie von diesem Vorschlag? Tragen Sie etwas dazu bei.*

7.1   Subjektiver Umgang mit Texten

Hört man ein Musikstück, sieht man einen Film, liest man ein Buch oder betrachtet man ein Bild, so lässt man sich meist vom ersten Eindruck leiten und äußert spontan Missfallen oder Zustimmung, vielleicht sogar Begeisterung. Ohne Zweifel ist dieser subjektive, persönliche Zugang sinnvoll, denn er ist die Voraussetzung für eine nähere Beschäftigung mit dem Gehörten, Gelesenen oder Gesehenen. (▷Vgl. zum „ersten Eindruck" auch Kapitel 1.1.1.)

Sieht man sich jedoch noch einmal die Radierung von Rembrandt an, so wird deutlich, dass es nicht einfach ist, ein solches Bild zu „verstehen". Zwar lässt sich Missfallen oder Gefallen äußern, aber will man einem solchen „Text" gerecht werden, so sind weitere Schritte notwendig, um ihn **in seiner Eigenart zu bestimmen** und zugleich **von anderen Texten abzugrenzen.**

Tipp: In der Schule werden immer wieder Texte, Bilder, Grafiken verschiedener Art vorgegeben, mit denen Sie sich auseinandersetzen sollen. Meist wählt die Lehrperson diese Vorgaben aus. Bringen Sie doch stattdessen einmal Ihre eigenen Vorstellungen stärker in den Unterricht mit ein und schlagen Sie Arbeitsmaterialien Ihrer Wahl vor.

Einige Möglichkeiten der begrifflichen Eingrenzung von Texten wurden bereits in Kapitel 1.2 vorgestellt, so beispielsweise die Unterscheidung von Sachtexten und literarischen Texten oder die Einteilung der Gattungen (▷ S. 23 ff.) Dieses Wissen lässt sich nun bei der Analyse und Interpretation literarischer Texte nutzen.

1   *Stellen Sie innerhalb der Klasse (in kleinen Gruppen) einige Punkte zusammen, die Ihnen bei der Deutung von Texten und Bildern helfen könnten. Gehen Sie dabei von Ihren persönlichen Vorstellungen aus. Besprechen Sie die unterschiedlichen Ergebnisse in der Klasse.*

2   *Notieren Sie abschließend die Punkte, die sich als gemeinsame Grundlage aus dem Gespräch ergeben haben, und hängen Sie diese im Klassenraum aus.*

3   *Wenden Sie diese Punkte auf die folgenden Texte an und überprüfen Sie, ob sie Ihnen hilfreich sind.*

⌐J̣₁ Rembrandt – Biografische Daten

1 **Rembrandt,** eigentl. *R. Harmensz van Rijn,*
holländ. Maler und Grafiker, * 15.7.1606
Leiden, † 4.10.1669 Amsterdam; Sohn eines
Müllers; 1625 begann R.s selbstständige
5 künstler. Tätigkeit. (...) 1632 R.s Übersiedlung nach Amsterdam; 1634 heiratete er *Saskia von Uijlenburgh,* deren Vermögen ihm,
neben ersten künstler. Erfolgen, zu Wohl-
stand verhalf; R. schuf sich eine bedeutende
10 Kunstsammlung u. kaufte 1639 ein eigenes
Haus (heute R.-Museum). 1642 starb Saskia.
1645 nahm R. *Hendrickje Stoffels* in seinen
Haushalt auf; der Ehe, die aus testaments-
rechtl. Gründen nicht legalisiert werden
15 konnte, entstammt die Tochter Cornelia
(* 1654). Seit 1642 wurde R.s Leben von
zunehmender Vereinsamung beherrscht; zum
Rückgang seiner Beliebtheit kam 1656 der
finanzielle Zusammenbruch, 1657/58 die
20 Versteigerung des gesamten Besitzes, 1664
der Tod Hendrickjes. R. starb mit ungebro-
chener Schaffenskraft in Armut u. Einsamkeit. (...)
R. ist die stärkste u. vielseitigste Erscheinung

Selbstbildnis mit Saskia (1635)

25 der holländ. Kunst im 17. Jh. u. gilt als der
bedeutendste Repräsentant der neueren abendländ. Malerei. In rd. 800 Gemälden, 300 Radierungen u.
2000 Zeichnungen behandelte er sämtl. künstler. Stoffgebiete seiner Zeit, bes. die bibl. Geschichte in
protest. Sicht sowie hist. u. mytholog. Themen.
Lexikon in 10 Bänden. Bd. 15. Gütersloh 1985, S. 338 f.

1 *Dieser kurze Lexikonauszug vermittelt Ihnen einen ersten Eindruck über den
Maler Rembrandt. Welche Bedeutung hat für Sie dieser „erste Eindruck"?*
▷ *S. 14, Text 20*

2 *Helfen Ihnen die biografischen Angaben des Lexikonartikels zum besseren Verständnis der Radierung auf S. 221? Begründen Sie Ihre Ansicht.*

3 *Rembrandts Radierung trägt den Titel „Die Rückkehr des verlorenen Sohns".
Hilft Ihnen die Kenntnis dieses Titels weiter, um einen Zugang zu diesem Bild zu
gewinnen?*

⌐J̣₂ *Walter Kempowski* Die verlorenen Söhne

1 Das Gleichnis vom „Verlorenen Sohn" ist neben dem vom „Barmherzigen Samariter" wohl das bekann-
teste des Neuen Testaments. In der Sozialwohnung meiner Mutter hing eine Kopie der Rembrandt-
Radierung. Mir wurde das Gleichnis schon als Kind, am Bett, beim Gute-Nacht-Sagen erzählt. (…)
Selbstverständlich hat das Gleichnis vom verlorenen Sohn auf mich damals den größten Eindruck
5 gemacht. Ich muss allerdings zugeben, dass meine Sympathien, auch nach diversen Auslegungen,
immer mehr auf der Seite der konservativ zu Hause Gebliebenen waren. Der revolutionär sein Erbteil
verschleudernde Wüstling war mir suspekt, die üble Nachrede des Bruders schien mir verzeihlich. Und
dass der Bruder Leichtfuß, als es absolut nicht mehr weiterging, sich auch noch so weit erniedrigte und
zurückzukehren beschloss, passte in das Bild dieses Charakters.

10　Beim Betrachten der Radierung fällt mir zunächst die Person auf, die eben die Fensterlade aufstößt und hinuntergafft auf die unglaubliche Szene: „Das kann doch nicht wahr sein!" würde man heute gerufen haben, sie hat gewiss Ähnliches gedacht.
– Was sieht sie? Was sehen wir? Einen Vater, der ungläubig und gerührt seinen Sohn umarmt. Wie oft hat er die Umkehr des Verlorenen prophezeit, nun hat er Recht behalten. Der alte Mann umarmt also
15　das Wrack, das ihm da ins Haus wankt, oder er schickt sich doch zumindest an, dies zu tun. Den Sohn hat es gewiss Überwindung gekostet, zurückzukommen; soll ich, soll ich nicht...? Zerknirscht, fassungslos und gerührt durch die Größe des Augenblicks, so kniet er vor dem Vater. Das Schlimmste steht ihm noch bevor: das Wiedersehen mit dem Bruder, das nicht ganz so freundlich, nicht ganz so malerisch ausfallen wird. Wir ahnen, dass er alles schlucken wird, doch dann wird er wieder davonzie-
20　hen, und zwar endgültig.
Auf der linken Seite der Radierung ist durch das Tor des Lebens eine glorreiche Welt zu sehen, voll Licht, grandios und alles verheißend. Rechts sieht man dagegen aus dem engen, vermutlich düsteren Haus zwei wunderliche, altväterische Knechte heruntersteifeln. Sie kümmern sich nicht groß um das Geschehen: Bei dem alten Herrn mögen sie schon so manches erlebt haben, hier bringen sie die neue
25　Kleidung für den jungen Herrn, dessen Rückkehr nichts Gutes verheißt.
Rembrandt hat diese Radierung im Jahre 1636 gemacht. Es gibt von ihm außerdem noch sieben Zeichnungen und ein Gemälde zu demselben Thema. Meine Mutter hat sich über 300 Jahre später das Bildchen gekauft, in ihre Sozialwohnung getragen und neben den Schreibschrank gehängt. Warum ausgerechnet (…) den Verlorenen Sohn und sonst nichts? Sie selbst hatte nämlich zwei von der Sorte. Die
30　beiden waren zwar nicht gerade zum Verprassen ausgezogen und freiwillig schon gar nicht, aber der Verlust aller Habe, ja sogar der Heimat war mit ihrem Abgang ursächlich verbunden gewesen. Sie selbst sah sich jetzt in der Rolle des Vaters, der nicht aufhörte, an die Rückkehr zu glauben (die sie sich vielleicht ähnlich spektakulös vorgestellt hat, mit einer ähnlich akzentuierten Verteilung der Rollen); sie freute sich auf diese Rückkehr, und mit dem Bildchen wollte sie es vielleicht aller Welt bekannt
35　machen: So werde ich es machen, wenn sie wiederkommen; es wird kein Wort des Vorwurfs geben. Und wenn ich es ihnen nicht vorwerfe, dass damals alles zusammenkrachte, dann dürft ihr das erst recht nicht tun.
Aus Letzterem wird vielleicht klar, weshalb ich das Bild nach dem Tod meiner Mutter sofort wegwarf, was nicht ausschloss, dass ich mich jetzt gern damit befasst habe.

Fritz J. Raddatz (Hrsg.): ZEIT-Museum der 100 Bilder. Frankfurt/M. 1989, S. 299ff.

1 *Stellen Sie die wichtigen Aspekte dieses Textes heraus.*

2 *Vergleichen Sie Kempowskis Zugangsweise und seine Ansichten mit Ihren Auffassungen. Was stellen Sie fest?*

3　Gleichnis vom verlorenen Sohn

1　Dann fuhr er fort: „Ein Mann hatte zwei Söhne. Der jüngere von ihnen sagte zum Vater: Vater, gib mir den Anteil am Vermögen, der mir zukommt. Er verteilt also das Vermögen unter sie. Wenige Tage später packte der jüngere Sohn alles zusammen und zog in ein fernes Land. Dort verschwendete er sein Vermögen durch ein ausschweifendes Leben. Als er alles durchgebracht hatte, entstand in jenem Lande
5　eine große Hungersnot, und er fing an zu darben. Da ging er hin und verdingte sich bei einem Bürger jenes Landes. Dieser schickte ihn auf seine Felder, die Schweine zu hüten. Gern hätte er seinen Hunger mit den Schoten gestillt, die die Schweine fraßen; aber niemand gab sie ihm. Da ging er in sich und sagte: Wie viele Taglöhner meines Vaters haben Brot im Überfluss, und ich komme hier vor Hunger um! Ich will mich aufmachen, zu meinem Vater gehen und zu ihm sagen: Vater, ich habe gesündigt
10　wider den Himmel und vor dir, ich bin nicht mehr wert, dein Sohn zu heißen; behandle mich wie einen deiner Taglöhner. Er machte sich also auf und ging zu seinem Vater. Schon von weitem sah ihn sein Vater und ward von Erbarmen gerührt. Er eilte ihm entgegen, fiel ihm um den Hals und küsste ihn. Der Sohn aber sagte zu ihm: Vater, ich habe gesündigt wider den Himmel und vor dir; ich bin nicht mehr wert, dein Sohn zu heißen. Doch der Vater befahl seinen Knechten: Bringt schnell das beste Gewand
15　und zieht es ihm an. Gebt ihm einen Ring an die Hand und Schuhe an die Füße. Dann holt das Mastkalb und schlachtet es. Wir wollen ein Freudenmahl halten und fröhlich sein. Denn dieser mein Sohn war tot und lebt wieder; er war verloren und ist wiedergefunden. Und sie fingen an, ein Freudenmahl zu halten.

Sein älterer Sohn war gerade auf dem Felde. Als er heimkam und sich dem Hause näherte, hörte er
Musik und Tanz. Er rief einen von den Knechten und erkundigte sich, was das zu bedeuten habe.
20 Dein Bruder ist heimgekommen, antwortete ihm dieser. Nun hat dein Vater das Mastkalb schlachten
lassen, weil er ihn gesund zurückerhalten hat. Da ward er zornig und wollte nicht hineingehen. Sein
Vater ging hinaus und redete ihm gütlich zu. Er aber entgegnete dem Vater: Schon so viele Jahre
diene ich dir und habe noch nie dein Gebot übertreten. Aber mir hast du noch nie ein Böcklein gegeben, dass ich mit meinen Freunden hätte ein Freudenmahl halten können. Jetzt aber, da dieser dein
25 Sohn gekommen ist, der dein Vermögen mit Buhlerinnen verprasst hat, hast du für ihn das Mastkalb
schlachten lassen. Er erwiderte ihm: Mein Sohn, du bist immer bei mir, und all das Meinige ist dein.
Es galt aber, ein Freudenmahl zu halten und fröhlich zu sein; denn dieser dein Bruder war tot und lebt
wieder; er war verloren und ist wieder gefunden worden."

Lukas-Evangelium 15,11 ff.

Das „Gleichnis vom verlorenen Sohn" steht im Lukas-Evangelium. Es ist sowohl in
der Literatur, in der Musik als auch in der Malerei immer wieder als Thema aufgenommen, variiert und damit auch subjektiv bearbeitet worden. Der folgende Text
von Franz Kafka ist eine weitere Variation dieses Themas.

⌐┌┘
└┘4
Franz Kafka
Heimkehr

1 Ich bin zurückgekehrt, ich habe den Flur durchschritten und blicke mich um. Es ist meines Vaters
alter Hof. Die Pfütze in der Mitte. Altes, unbrauchbares Gerät, ineinanderverfahren, verstellt den Weg
zur Bodentreppe. Die Katze lauert auf dem Geländer. Ein zerrissenes Tuch, einmal im Spiel um eine
Stange gewunden, hebt sich im Wind. Ich bin angekommen. Wer wird mich empfangen? Wer wartet
5 hinter der Tür der Küche? Rauch kommt aus dem Schornstein, der Kaffee zum Abendessen wird
gekocht. Ist dir heimlich, fühlst du dich zu Hause? Ich weiß es nicht, ich bin sehr unsicher. Meines
Vaters Haus ist es, aber kalt steht Stück neben Stück, als wäre jedes mit seinen eigenen Angelegen-
heiten beschäftigt, die ich teils vergessen habe, die ich teils niemals kannte. Was kann ich ihnen nützen, was
bin ich ihnen und sei ich auch des Vaters, des alten Landwirts Sohn. Und ich wage nicht, an die
10 Küchentür zu klopfen, nur von der Ferne horche ich, nur von der Ferne horche ich stehend, nicht so,
dass ich als Horcher überrascht werden könnte. Und weil ich von der Ferne horche, erhorche ich
nichts, nur einen leichten Uhrenschlag höre ich oder glaube ihn vielleicht zu hören, herüber aus den
Kindertagen. Was sonst in der Küche geschieht, ist das Geheimnis der dort Sitzenden, das sie vor mir
wahren. Je länger man vor der Tür zögert, desto fremder wird man. Wie wäre es, wenn jetzt jemand
15 die Tür öffnete und mich etwas fragte. Wäre ich dann nicht selbst wie einer, der sein Geheimnis wahren will.

Franz Kafka: Die Erzählungen. Frankfurt/M. 1961, S. 327

1 *Versuchen Sie zunächst einen subjektiven Zugang zu diesem Text zu entwickeln.
Nutzen Sie dazu auch die in Ihrer Klasse entwickelten Punkte.* ▷ *S. 223.*

2 *Vergleichen Sie den Text aus dem Lukas-Evangelium mit Kafkas „Heimkehr".*
a) Was bedeutet Heimkehr jeweils?
b) Geben Sie eine kurze Inhaltsangabe zu beiden Texten (▷ *Kapitel 1.1.2, S. 18 f.).*

3 *In welchen Aussagen und durch welche Stileigenarten wird bei Kafka das Scheitern der Heimkehr deutlich?*

4 *a) Schreiben Sie zu Kafkas „Heimkehr" eine Fortsetzung: Wie könnte die Begegnung ausgehen, wenn „jemand die Tür öffnete"?*
*b) Vergleichen Sie den auf diese Weise gewonnenen Schluss mit dem letzten
Satz des Originals aus dem Lukas-Evangelium.*

5 *Formulieren Sie eine neue Geschichte, in der eine Tochter zurückkehrt.*

7.2 Analysieren, interpretieren – die Geheimnisse entschlüsseln?

⌐⌐₁ *Rudolf Riedler*
Anstelle eines Vorworts

Falsch ausgelegt zu werden ist das Risiko des Dichters.

1   Tote Dichter können sich nicht wehren, lebende übrigens auch nicht. Sie brauchen es auch nicht. Die Begriffe *richtig* oder *falsch* sind kaum brauchbar im Vokabular des Umgangs mit Gedichten. *Wahr* und *unwahr* wäre schon besser. Die Vorstellung der richtigen Auslegung kommt aus der Erwartung, dass der Dichter eine ganz bestimmte, die *eine und einzige Botschaft* übermitteln wollte. Selbst wenn
5   es so ist, ist sie nicht verbindlich. (…)

Das Missverständnis mit der Botschaft in der Dichtung rührt häufig davon her, dass sie mit Worten arbeitet, mit denselben Materialien, mit denen tatsächlich auch Botschaften im konkreten Sinn, also Nachrichten, Wünsche, Befehle, Verbote und Ähnliches übermittelt werden. Die Doppelfunktion der Sprache ist es, die auf die falsche Fährte und in die oft irrige Erwartung führt. Die Malerei tut sich da
10 leichter. Natürlich können Farben und Formen Botschaften sein wie Wörter und Sätze. Aber sie brauchen – wie Wörter und Sätze – nicht unbedingt über den Kopf zu gehen. Wenn der Dichter mit seinem Gedicht lediglich einen konkreten Inhalt vermitteln wollte, hätte er vielleicht besser einen Leitartikel geschrieben.

Kunst ist zweckfrei: das mag so hingehen. Absichtslos muss sie deshalb nicht sein. *Was wollte der*
15 *Dichter uns sagen?* Die bis zum Überdruss gestellte, oft einschüchternde Frage ist nicht rundweg von der Hand zu weisen. Vielleicht wollte er uns ja wirklich etwas sagen. Da lohnt es allemal, die Spuren aufzunehmen, nach Belegen zu fahnden, nach Motiven zu forschen, die Zeit und die Biografie zu befragen. Dieses Fährtenlesen kann ein aufregendes, ein faszinierendes Abenteuer des Geistes und der Gefühle sein. Wie weit dem Gedicht sein Geheimnis, so es denn eines hat, zu entlocken gelingt,
20 ist eine andere Frage. Man kann nie ganz sicher sein. *Ein Gedicht muss ein Geheimnis haben,* gibt schon Goethe zu bedenken; *vom Rätsel ein Stück* mag es für sich behalten.

Rudolf Riedler (Hrsg.): Wem Zeit ist wie Ewigkeit, München 1987, S. 7-9

1   *Riedler meint, dass die Kategorien „richtig" beziehungsweise „falsch" im Umgang mit Gedichten unbrauchbar seien. Er ersetzt sie durch „wahr" beziehungsweise „unwahr". Erklären Sie die Unterschiede, die in diesen Begriffen deutlich werden.* ▷ *Kapitel 2.3.3, S. 42 ff., sowie den Text „Was ist Wahrheit?", S. 262.*

2   *Erläutern Sie, was Riedler mit der „Doppelfunktion der Sprache" meint.*

3   *Riedler geht in seinem Text nur auf die Interpretation von Gedichten ein. Inwiefern sind auch andere Texte auslegungsfähig und auslegungsbedürftig?*

4   *Lesen Sie den Text auf S. 301. Welche Position vertritt Dürrenmatt zu dieser Problematik?*

2

Gedichte sind genaue Form.

Peter Wapnewski

Gedichte, zumindest gute, zeichnen sich dadurch aus, dass jedes Wort an ihnen wichtig ist.

Herbert Rosendorfer

Jeder gesunde Mensch kann zwei Tage ohne Essen auskommen – ohne Poesie niemals!

Charles Baudelaire

In der Schule wird mit und an Gedichten operiert.
Zu oft erleidet der Patient dabei den Tod.

Unbekannt.

Kai-Uwe Clauswitz
Aphorismus

Es gibt III Arten Mensch:
die einen
lesen Gedichte
und zerdenken sie und ihr Hirn,
fragen nach dem Sinn
jedes Wortes.

Das sind die Intelligentesten.

Die anderen
lesen Gedichte
zur Kurzweil,
freuen sich
an jedem Wort.

Das sind die Vernünftigsten.

Der Rest
liest keine Gedichte.

Das sind die meisten.

Rainer Bücher u. a. (Hrsg.): Sie sagen, das ist Zeitgeist ... Gedichte, Bilder und Lieder von Jugendlichen. Wiesbaden 1989, S. 13

Der Dichter

In der Phantasie
  Von einem Dichter
    Sind viele Gesichter.
      In all seinen Werken
        Wird er sich verbergen.
          Und in der Tiefe seiner Werke
        Sind all die Särge,
      In denen die Wirklichkeit
    Begraben ist

Birguel Dagcilar (15)

Berliner Festspiele GmbH (Hrsg.): Gnadenlos Alles. Kevelaer 1989, S. 70

1 Was haben diese Texte mit dem Thema des Kapitels (literarische Texte analysieren und interpretieren) zu tun?

2 Die Aussagen deuten unterschiedliche Auffassungen an. Welcher Aussage stimmen Sie zu? Erläutern Sie Ihre Wahl.

Neben dem sinnvollen spontanen, „subjektiven" Zugang gibt es auch „klassische" **Analyse- und Interpretationsverfahren,** die eine objektivere Beurteilung anstreben. Die Intensität, mit der man diese Verfahren durchführt, hängt dabei von der jeweiligen Zielsetzung ab.

Begriffsklärung: Analyse

Unter Analyse wird die genaue Untersuchung der Form und Sprache eines Textes sowie seines gesamten strukturellen Aufbaus verstanden. Die Formanalyse umfasst etwa die Frage nach Gliederung, Kapitel, Strophen, Szenen; die Sprachanalyse unter anderem die Untersuchung des Wortmaterials im Hinblick auf bedeutungstragende Wörter, Satzstrukturen, bildhafte Ausdrücke, Stil; und die Erforschung des strukturellen Aufbaus betrifft beispielsweise Thematik, Motive, Symbole eines Textes. Bei visuellen Texten, etwa Bildern oder Comics, sind ebenso die Farben, die Schattierung, die Perspektive und andere Elemente bedeutsam.

Begriffsklärung: Interpretation

Die Interpretation ist im engeren Sinne die Auslegung, Erklärung, Deutung eines Textes nach sprachlichen, inhaltlichen und formalen Gesichtspunkten; im weiteren Sinne berührt sie jedoch auch die anderen Bereiche der Kunst. Der Interpretation geht die Analyse voraus, denn jeder Interpretationsversuch ist die Deutung eines Textes aufgrund der durch den analytischen Zugang gewonnenen und abgesicherten Erkenntnisse. Hinzu kommen die emotionalen Aspekte des Verstehens, da bereits das Lesen eines Textes einen spontanen Sinngebungsprozess in Gang bringt, der sich dann in der Interpretation artikuliert. „Objektiv" kann eine Interpretation also niemals sein, und es kann auch nicht die „einzig richtige Interpretation" geben, weil jeder Mensch grundlegend verschiedene Denkweisen und Gefühle im Hinblick auf einen Text, ein Bild, ein Foto, einen Film oder Musik entwickelt.

Analyse und Interpretation können notwendige Arbeitsweisen sein, um zu einem Ergebnis zu gelangen, welches den Text und mögliche mit ihm verbundene Absichten verdeutlichen kann. In den folgenden Abschnitten werden verschiedene analytische und interpretierende Umgangsmöglichkeiten mit Texten vorgestellt. Solche Vorgehensweisen sind inzwischen umstritten.

Lesen Sie zunächst das in Kapitel 7.3 ausgeführte Beispiel einer werkimmanenten, das heißt einer ausschließlich auf das zu untersuchende Einzelwerk bezogenen, Analyse und Interpretation durch. ▷ *S. 229 ff.*

a) Beurteilen Sie die Vorzüge und Nachteile einer solchen Methode, indem Sie die für Sie wichtigen Aspekte notieren.

b) Sprechen Sie innerhalb der Klasse über den Nutzen solcher Vorgehensweisen.

c) Begründen Sie im Einzelnen, für wen und unter welchen Voraussetzungen ein derartiger Ansatz sinnvolle Ergebnisse liefern kann.

7.3 Gedichttexte – werkimmanentes Arbeiten

Die folgende **Anleitung zur Analyse von Gedichttexten** gibt – am Beispiel des Gedichtes „Auf dem See" von Johann Wolfgang Goethe – eine Darstellung der Einzelbereiche, die bei der Bearbeitung eines Gedichts wichtig sein können. Diese Einzelbereiche sind meist nicht strikt voneinander zu trennen, denn bei der Bearbeitung eines Bereichs ergeben sich immer wieder Einsichten, die auch einen anderen Bereich berühren. Die Aufteilung in Einzelbereiche ist unter **arbeitstechnischen Gesichtspunkten** dennoch hilfreich, da zunächst die Beobachtungen, die die Einzelbereiche betreffen, jeweils notiert und geordnet werden können, bevor eine Gesamtdarstellung unternommen wird.

Diese Anleitung erfüllt ihren Zweck, nämlich ein Gedicht möglichst vollständig und systematisch zu erfassen, nur dann, wenn der betreffende Text auf alle Einzelbereiche hin untersucht wird. Die dabei vorgeschlagene Reihenfolge der Arbeitsschritte ist nicht verbindlich, jedoch sinnvoll.

Begriffserklärung: Werkimmanente Interpretation

Der werkimmanente Interpretationsansatz geht davon aus, dass das sprachliche „Kunst"werk, beispielsweise ein Gedicht, als ein in sich abgeschlossenes Ganzes zu sehen ist. Daher ist die Auseinandersetzung mit dem jeweiligen Werk selbst die Aufgabe jeder Analyse und Interpretation. Weitere Kennzeichen dieser Auffassung:

❏ Die künstlerische Qualität eines Kunstwerkes ist entscheidend für seine Einordnung und Beurteilung.

❏ Ziel ist es, den Zusammenhang zwischen formalen und inhaltlichen Aspekten aufzudecken und darzustellen. Dabei muss das literarische Werk in seiner Gesamtheit in den Blick kommen.

❏ Die Interpretation greift nicht über den jeweiligen Text hinaus.

♩1   *Johann Wolfgang Goethe*
      Auf dem See

1   Und frische Nahrung, neues Blut
    Saug' ich aus freier Welt;
    Wie ist Natur so hold und gut,
    Die mich am Busen hält!
5   Die Welle wieget unsern Kahn
    Im Rudertakt hinauf,
    Und Berge, wolkig himmelan,
    Begegnen unserm Lauf.

    Aug', mein Aug', was sinkst du nieder?
10   Goldne Träume, kommt ihr wieder?
    Weg, du Traum, so gold du bist:
    Hier auch Lieb und Leben ist.

    Auf der Welle blinken
    Tausend schwebende Sterne,
15   Weiche Nebel trinken
    Rings die türmende Ferne;
    Morgenwind umflügelt
    Die beschattete Bucht,
    Und im See bespiegelt
20   Sich die reifende Frucht.

Sämtliche Gedichte, München 1968, S. 48 f.

Johann Wolfgang von Goethe (1773)

Allgemeine Hinweise zur Texterfassung

1. Lesen Sie den Gedichttext mindestens zweimal konzentriert, wenn möglich laut.
2. Machen Sie sich genau die Arbeitsanleitungen bzw. Fragen klar, falls solche vorhanden sind.
3. Lesen Sie den Text ein weiteres Mal und unterstreichen Sie die Textstellen, die Ihnen besonders auffallen.
4. Notieren Sie spontane Einfälle und Gedanken zum Thema, zur Sprache, zur Form und zum Inhalt sowie zu übergeordneten Gesichtspunkten auf unterschiedlichen Blättern.

7.3.1 Eingrenzung des Themas

Das Thema bezeichnet den Bereich, dem sich das Gedicht zuordnen lässt; es ist zugleich die allgemeinste Aussage über diesen Bereich. Im Laufe der Jahrhunderte sind immer wieder die gleichen Themenbereiche bearbeitet worden; zum Beispiel das Verhältnis von Mensch und Natur, politische Fragen, die Liebe, Geburt, Alter und Tod. Dadurch bedingt kam man zu Einteilungen wie: Naturlyrik, politische Lyrik, Liebeslyrik u.a.

Leitfragen zum Thema eines Gedichts

1. Stellt der Dichter ein Erlebnis dar, gibt er eine Stimmung wieder oder entwickelt er einen Gedankengang?
2. Enthält der Text einen (eventuell auch indirekt formulierten) Appell?
3. Welcher Gegenstand, welcher Vorgang, welches Problem wird im Text angesprochen?

Beispiel: Goethe „Auf dem See"

Das „lyrische Ich", das heißt, die Person, die im Gedichttext als handelnde bzw. denkende Person vorkommt, erlebt offensichtlich die Natur als etwas Angenehmes, Schönes („Wie ist Natur so hold und gut"). Doch die am Anfang eher positive Grundhaltung ändert sich in der zweiten Strophe abrupt. Die Stimmung schlägt um („Aug', mein Aug', was sinkst du nieder?"). Nichts ist mehr zu spüren von der heiteren Bewegtheit der ersten Strophe. Die angesprochenen Träume – was immer auch damit gemeint ist – werden verdrängt („Weg du Traum ..."). Die dritte Strophe wirkt dagegen ruhig, beinahe beschaulich. Somit ist das gesamte Gedicht gekennzeichnet durch auffallende Stimmungsumschläge.

7.3.2 Untersuchung der Sprache

Die Sprache (Wortwahl) eines Textes ist von entscheidender Bedeutung für die inhaltliche Aussage. Über die Sprache werden die Bedeutungen transportiert. Insofern sind Wortartanalysen und Satzartanalysen wichtige, ja notwendige Grundlagen für jede Gedichtanalyse.

Hinweise zur Sprachanalyse eines Gedichts

1. Schlagen Sie die Bedeutung aller **Wörter** nach, die Sie nicht verstehen.
   a) Beachten Sie dabei den Sinnzusammenhang, in dem ein Wort steht.
   b) Überprüfen Sie alle wichtigen Wörter im Text und schlagen Sie nach, ob andere Bedeutungen möglich sind als die, die Ihnen zunächst eingefallen sind.
   c) Gruppieren Sie die Wörter bzw. die Wortarten des Textes nach Gemeinsamkeiten (Beispiele: Wörter, die eindeutig positiv beziehungsweise negativ besetzt sind; Wörter, die Ruhe oder Bewegung andeuten und andere).

2. Untersuchen Sie den Text hinsichtlich der verwendeten **Wortarten.**
   a) Wird eine bestimmte Wortart bevorzugt?
   b) Weist eine Wortart Besonderheiten gegenüber einer anderen Wortart auf?
   c) Stammen die Wörter aus einer oder mehreren Stilebenen?
   d) Enthält das Gedicht Schlüsselwörter? (Schlüsselwörter sind bedeutungstragende Wörter, die helfen können, den Textsinn zu „erschließen".)

3. Welche **Vokale und Konsonanten** fallen beim lauten Lesen besonders auf (dunkle Vokale deuten häufig auf eine trübsinnige, traurige Stimmung hin; helle Vokale auf das Gegenteil)?

4. Überprüfen Sie auch den **Satzbau** des vorliegenden Textes.
   a) Was lässt sich über die Kürze oder Länge der Sätze aussagen?
   b) Wie sind die Sätze über die Strophen bzw. Verse verteilt?
   c) Achten Sie auf Tempus (Zeitform) und Modus (Aussageform) der in den Sätzen verwendeten Verben.

5. Welche Besonderheiten in der **Zeichensetzung** fallen auf? (Beispiele: fehlende Kommas, fehlende Punkte, Gedankenstriche, Ausrufezeichen, Fragezeichen.)
   ▷ S. 217 ff., S. 357.

6. Wo und wie verwendet der Dichter **rhetorische Mittel** wie Vergleiche, Metaphern und Ähnliches? ▷ S. 233, S. 358.

Beispiel: Goethe „Auf dem See"

Bei genauer Durchsicht des Gedichts fällt keine bevorzugte Wortart auf. Allerdings lassen sich deutlich einige Schlüsselwörter in den drei Strophen herausarbeiten.
Strophe 1:   – *Nahrung, Blut, saugen (eine direkte Verbindung mit der Natur als Lebensquell wird erkennbar)*
                – *wiegen, hinauf, himmelan (Bewegung)*
Strophe 2:   – *Aug, niedersinken, Träume (Eindringen von Gedanklichem; Wendung nach innen)*
Strophe 3:   – *Sterne, Morgenwind (gleichzeitige Sicht von Morgen und Nacht)*
                – *Reifende Frucht (Symbol für neuen Lebenszustand)*
Betrachtet man das Gedicht unter lautlichen Aspekten, so lässt sich feststellen, dass durch Vokale und Zischlaute dem Leser das allgemeine Stimmungsbild auch lautmalerisch näher gebracht werden soll. Anregend erscheint das „sch" in „frische" in der ersten Zeile, während der Vokal „u" in „Blut", „gut" und „Busen" etwas Beruhigendes vermittelt. In der fünften Zeile lässt sich das Wiegen des Kahns deutlich mitempfinden. Hervorgerufen wird dieser Eindruck durch die Alliteration „Welle wieget" und die häufig auftretenden „e" in den beiden Wörtern. In Zeile sechs spürt der Leser die langen Ruderschläge; hier durch das lange „u" und „au".
Es fällt auf, dass die Sätze in der ersten und dritten Strophe jeweils über das Versende hinausgehen und damit einen fließenden Charakter erzeugen, der in unmittelbarem Zusammenhang mit der inhaltlichen Aussage steht. Die zweite Strophe steht dazu in krassem Gegensatz; zwei Fragesätze dominieren diesen Teil des Gedichts.

7.3.3 Bearbeitung formaler Gesichtspunkte

Zur Form eines Gedichts zählen Aspekte wie **Aufbau, Metrum, Strophenanordnung, Reim** und **Rhythmus** (▷ S. 233). Die Bindung der Sprache erfolgt dabei im Wesentlichen über das Metrum und den Rhythmus im Gedicht. Die jeweilige Leistung dieser Mittel kann nur im Textzusammenhang (Kontext) festgestellt werden. Grundsätzlich gilt:

❏ Formale Mittel dienen ästhetischen Kategorien (= künstlerisch begründete Gesetzmäßigkeiten).
❏ Durch die Beachtung beziehungsweise Abweichung von der Form erhält der Dichter größere Ausdrucksmöglichkeiten.
❏ Die formalen Aspekte können zu einer größeren Klarheit der Aussage führen.
❏ Inhaltliche Aussagen werden gestaltet (in eine Form gebracht) und/oder verstärkt.

Leitfragen zur Formanalyse eines Gedichts

1. Wieviele Abschnitte oder Teile weist das Gedicht auf? In welchem Verhältnis stehen diese zueinander? Wie wurden sie angeordnet (Gegensatz, Steigerung und anderes)?
2. Wie sind die Strophen gestaltet (Kürze, Länge, Anordnung)? Welche Strophenformen liegen vor?
3. Welches Versmaß liegt dem Gedicht zugrunde? Wieviele Hebungen sind in einem Vers vorhanden? Um welche Art von Vers handelt es sich? (Lassen sich die gewonnenen Erkenntnisse für die Deutung des Inhalts verwenden?)
4. Welches Reimschema wird verwendet? Wie werden die auftretenden Reimarten bezeichnet? Wie enden die Reime (Kadenz = Versausgang)?
5. Welche Besonderheiten des Sprechtempos, der Betonung und des Satzbaus bestimmen den Rhythmus?

Beispiel: Goethe „Auf dem See"

Das Gedicht zeigt eine deutliche Dreiteilung, die nicht nur äußerlich anhand der Strophenform erkennbar ist, sondern auch über die inhaltliche Komponente klar wird (Bewegung – Ruhe – Beschaulichkeit oder These – Antithese – Synthese). Als typisches Anordnungsprinzip kann die Gegensätzlichkeit herausgestellt werden.

Ein durchgehendes Versmaß ist nicht vorhanden, dies ist auch nicht zu erwarten, da die inhaltliche Komponente durch Gegensätze geprägt ist, die sich oft auch in der Form wiederfinden.

So weist die erste Strophe ein alternierendes (wechselndes) Metrum auf (ein dreihebiger Jambus wechselt mit einem vierhebigen); dies bringt deutlich Unruhe und Bewegung in das Gedicht. In der zweiten Strophe verwendet der Autor durchgehend den vierhebigen Trochäus und bringt durch diese Gleichmäßigkeit Ruhe ins Gedicht. Die dritte Strophe ist durch den dreihebigen Trochäus geprägt, der jedoch in jeder zweiten Verszeile durch den Daktylus untermalt wird. Dieses Metrum gibt der Strophe einen feierlichen, getragenen Charakter.

Die Strophen sind unterschiedlich lang (8-4-8 Verszeilen). Möglicherweise kann daraus auf größere Bedeutung einzelner Strophen geschlossen werden. Im vorliegenden Gedicht ist wohl das Naturerleben dominanter als der gedanklich depressive Mittelteil.

Der Dichter verwendet zunächst den Kreuzreim mit männlicher Kadenz; die Wirkung zeigt sich im Wechsel, in der Direktheit und im vollen Klang (1. Strophe). Die Mittelstrophe zeigt den Paarreim, wobei weibliche und männliche Kadenzen wechseln; bedingt durch die weiblichen Kadenzen wirkt der Ton sanfter. Die Schlussstrophe weist wieder deutlich den Kreuzreim auf, die Verse besitzen weibliche Kadenz (ausgenommen das Reimpaar „Bucht – Frucht"). Somit wird eine Mischung des weicheren Tons aus Strophe zwei mit dem vollen Klang aus Strophe eins erzielt.

Fachbegriffe zur Bearbeitung von Gedichten

Lyrisches Ich	Bezeichnung für den Sprecher im Gedicht, aus dessen Sicht die Leser Eindrücke, Empfindungen, Vorstellungen erfahren (= lyrischer Sprecher).
Vers	Zeile eines Gedichts (= Verszeile). Die Versgrenze stimmt meist mit dem Satzende oder dem Ende einer kleineren syntaktischen Einheit überein. Wenn dies nicht der Fall ist und der Satz über die Versgrenze hinaus weitergeführt wird, nennt man dies Enjambement (Zeilensprung).
Strophe	Verbindung mehrerer Verszeilen zu einer Form, die sich ähnelt oder wiederholt.
Reim	In den meisten Fällen ist damit der Endreim gemeint. Dies bedeutet, dass die letzten beiden oder die letzten drei Silben einer Verszeile einen Gleichklang bei den Lauten bilden. Die wichtigsten Endreimformen sind:
Paarreim	Die Reimwörter am Zeilenende einer Strophe reimen sich nach dem Muster **aabb**.
	Wo holt sich die Erde die himmlischen Kleider? Beim Wettermacher, beim Wolkenschneider. Sie braucht keine eitlen Samte und Seiden, sie nimmt, was er hat, und trägt froh und bescheiden ... *Christine Busta*
Kreuzreim	Die Reimwörter am Zeilenende einer Strophe reimen sich nach dem Muster **abab**.
	Langsame Tage. Alles überwunden. Und fragst du nicht, ob Ende, ob Beginn, dann tragen dich vielleicht die Stunden noch bis zum Juni mit den Rosen hin. *Gottfried Benn*
Umschließender Reim	Die Reimwörter am Zeilenende einer Strophe reimen sich nach dem Muster **abba**.
	Sonne, herbstlich dünn und zag, und das Obst fällt von den Bäumen. Stille wohnt in blauen Räumen einen langen Nachmittag. *Georg Trakl*
Kadenz	Versausgang einer Strophe, der im männlichen oder weiblichen Reim bestehen kann. Der männliche Reim ist der einsilbige, das heißt auf einer Hebung endende Reim (*Beispiel:* Not – Brot). Der weibliche Reim ist dagegen ein zweisilbiger Reim mit dem Akzent auf der vorletzten Silbe (*Beispiel:* sagen – klagen).
Metrum	Versmaß. Es gibt die regelmäßige Tonfolge, das heißt die Anzahl und die Folge unbetonter und betonter Silben an. Die kleinste Einheit einer solchen Tonfolge wird Takt genannt. Häufig vorkommende **Taktarten** sind: *Jambus:* Einer unbetonten Silbe folgt eine betonte (xx́) *Trochäus*: Einer betonten Silbe folgt eine unbetonte (x́x) *Anapäst:* Zwei unbetonten Silben folgt eine betonte (xxx́) *Daktylus:* Einer betonten Silbe folgen zwei unbetonte (x́xx)
Rhythmus	Bezeichnung für die Bewegung, die das Gedicht dem Sprecher/der Sprecherin nahe legt.
Sprachliche Bilder	Jetzt hat der rote Briefkasten eine weiße Mütze auf, ... *Wolfgang Borchert*
Personifikation	Gegenständen, Pflanzen oder Tieren werden menschliche Eigenschaften und Verhaltensweisen zugeschrieben (= Vermenschlichung).
	Es rufen die Uhren die Stunde durchs schlafende Sommerhaus *Karl Krolow*

7.3.4 Deutung der inhaltlichen Aussage

Die inhaltliche Aussage eines Textes bzw. die **Intention** des Dichters ist ein entscheidender Aspekt jedes Textes. Die zuvor angesprochenen Teilbereiche können bedeutsame Hilfen zur Erschließung des Inhalts geben. Aufbauend auf den am Gedicht erarbeiteten (werkimmanenten) Erkenntnissen zu Thema, Sprache und Form kann eine Deutung des Inhalts versucht werden.

Beispiel: Goethe „Auf dem See"
Das Gedicht schildert eine Bootsfahrt voller Bewegung. Das lyrische Ich gibt sich ganz dem Erlebnis der Natur hin. Allerdings wirkt das Gedicht durch die einleitende Konjunktion „und" aus dem Zusammenhang gerissen. Der geübte Leser muss sich fragen, was vorher geschehen ist. Dazu gibt jedoch der Text keine Auskunft. Offen bleibt auch, wer mit dem lyrischen Ich rudert („unsern Kahn") und wo diese Ruderpartie stattfindet. Fest steht nur, dass es in einer Berglandschaft sein muss („und Berge, wolkig himmelan").
Plötzlich jedoch wendet sich das Ich von der empfindsamen Betrachtung der Natur ab, nach innen zur Reflexion. Ein Traum (eine Erinnerung) will das unmittelbare Naturerleben unterbrechen, wird aber abgewehrt. Direkt wird die Natur nicht genannt, aber in dem Satz „hier auch Lieb' und Leben ist" deutet sich an, dass das „hier" der Natur im Moment wichtiger ist als der Traum, dass beide „Lieb' und Leben" enthalten. In der dritten Strophe werden gleichzeitig mehrere Aspekte der Natur wahrgenommen: Sterne, Nebel, Wasser, Wind, Ufer und die Frucht. Das Ich erscheint nicht mehr als direkt erlebendes Ich, sondern ist nur noch indirekt anwesend als Beobachter, der aus der Distanz alles gleichzeitig sehen kann. Seine gefühlsmäßigen Eindrücke sind gedämpft, die Bewegung hat sich beruhigt.

Es stellt sich hier die Frage, ob mit den bisher aufgeführten Einzelbereichen bereits das Gedicht in seiner Ganzheit erfasst ist oder ob noch andere Analysekriterien bzw. -methoden herangezogen werden müssen.

7.4   Gedichttexte – textübergreifendes Arbeiten

Informationen über den historischen Kontext, biografische Angaben, soziologische Erkenntnisse, weltanschauliche Gesichtspunkte können zusätzlich dazu beitragen, bestimmte Aussagen in einem Text nachzuvollziehen (Beispiele: eine bestimmte Situation des Dichters, besondere Zeitumstände wie Kriege oder Katastrophen).
Das aber bedeutet, über den vorliegenden Gedichttext hinauszugehen und andere **Quellen,** zum Beispiel Biografien, Geschichtsbücher und Ähnliches, hinzuzuziehen.

Hinweise zur Textgeschichte und zur Biografie

Allgemeine textübergreifende Leitfragen
1. Versuchen Sie die Textgeschichte des Gedichts zu rekonstruieren. Berücksichtigen Sie dabei die Biografie des Autors.
2. Stellen Sie gegebenenfalls Beziehungen her zwischen dem Text und seiner Stellung und Bedeutung im Gesamtwerk des Autors. (Dies ist relativ aufwendig!)
3. Zu welchen zeitgenössischen gesellschaftlichen oder politischen Bewegungen und Situationen nimmt der Text Stellung?

Beispiel: Goethe „Auf dem See"

Das Gedicht liegt in einer überarbeiteten Form vor, die erste Fassung notierte Goethe in seinem Reisetagebuch unter der Eintragung „15. Junius 1775, aufm Zürichersee". Die Unterschiede in den Fassungen helfen in diesem Falle bei der Interpretation nicht viel weiter.

Die Biografie des Autors jedoch liefert uns bedeutsame Hinweise zur Deutung. Im Mai des Jahres 1775 trat der junge Goethe mit drei Freunden – den beiden Grafen Stolberg und dem Grafen Haugwitz – eine Reise in die Schweiz an. Sie machten zusammen mit anderen Freunden am 15. Juni eine längere Fahrt auf dem Züricher See. Dies erklärt bereits viele Unklarheiten in der ersten Strophe des Gedichts. Was aber ist gemeint mit der Aussage „goldne Träume, kommt ihr wieder"?

Ein Blick auf die persönliche Situation des Autors in der ersten Hälfte des Jahres 1775 hilft hier weiter. Seit dem Februar des Jahres 1775 befand sich Goethe in einer engen Liebesbeziehung zu der sechzehnjährigen Lili Schönemann. Sie war die Tochter einer wohlhabenden Bankiersfamilie, welche dem Elternhause Goethes sowohl in finanzieller Hinsicht als auch im gesellschaftlichen Rang erheblich überlegen war. Lili Schönemann war in der Frankfurter Gesellschaft eine anerkannt schöne und elegante Frau, vielseitig gebildet und bestrebt, sich einen Freiraum für individuelle Tätigkeiten zu schaffen und diesen zu verteidigen, trotz der mit ihrer Existenz in einem großbürgerlichen Hause verbundenen gesellschaftlichen Verpflichtungen. Sie war jedoch gezwungen, auf die Verhaltensformen der Gesellschaftsschicht, der sie angehörte, Rücksicht zu nehmen. Mit Goethe trat ein aus der Oberschicht des städtischen Bürgertums stammender Dichter in ihr Leben, der auf der Grundlage einer relativen ökonomischen Unabhängigkeit ohne Rücksicht auf gesellschaftliche Konventionen nach Selbstverwirklichung strebte. Damit war ein Konflikt vorgezeichnet, der zu einer unaufhebbaren Spannung führte zwischen der Liebe Goethes zu Lili und den gesellschaftlichen Lebensformen sowie den mit ihnen gegebenen Ansprüchen, Beschränkungen und Abhängigkeiten, in die er durch eine dauernde Beziehung zu Lili hineingezogen werden musste. Die Situation Goethes war demnach bestimmt durch die Forderungen seiner Individualität und die Ansprüche des Regelsystems der Gesellschaftsschicht, der Lili angehörte.

Goethe erinnert sich also möglicherweise in der zweiten Strophe seines Gedichts „Auf dem See" an Lili Schönemann („goldne Träume"). Aber er schiebt diese Erinnerung beiseite, weil er unabhängig bleiben möchte. Dies drückt er auch in einem an die jüngere Schwester zweier Freunde gerichteten Brief vom Februar 1775 aus:

⌐J2   *Johann Wolfgang Goethe*
Brief an Auguste

Lili Schönemann

1   Wenn Sie sich, meine Liebe, einen Goethe vorstellen können, der im galantierten Rock, sonst von Kopf zu Fuße auch in leidlich konsistenter Galanterie, umleuchtet vom unbedeutenden Prachtglanze der Wandleuchter und Kronenleuchter, mitten unter allerlei Leuten,
5   von ein Paar schönen Augen am Spieltische gehalten wird, der in abwechselnder Zerstreuung aus der Gesellschaft ins Konzert, und von da auf den Ball getrieben wird, und mit allem Interesse des Leichtsinns, einer niedlichen Blondine den Hof macht; so haben Sie den gegenwärtigen Fastnachts Goethe, der Ihnen neulich einige
10   dumpfe tiefe Gefühle vorstolperte.

Aber nun gibts noch einen, den im grauen Biberfrack mit dem braunseidenen Halstuch und Stiefeln, der in der streichenden Februarluft schon den Frühling ahndet, dem nun bald seine liebe weite Welt wieder geöffnet wird, der immer in sich lebend, strebend und arbeitend, bald die unschuldigen Gefühle der Jugend in
15   kleinen Gedichten, das kräftige Gewürze des Lebens in mancherlei Dramas, die Gestalten seiner Freunde und seiner Gegenden und seines geliebten Hausrats mit Kreide auf grauem Papier nach seinem Maße auszudrücken versucht, weder rechts noch links fragt: was von dem gehalten werde, was er machte? weil er arbeitend immer gleich eine Stufe höher steigt, weil er nach keinem Ideale springen, sondern seine
20   Gefühle sich zu Fähigkeiten, kämpfend und spielend, entwickeln lassen will. Das ist der, dem Sie nicht aus dem Sinne kommen, der auf einmal am frühen Morgen einen Beruf fühlt, Ihnen zu schreiben, dessen größte Glückseligkeit ist, mit den besten Menschen seiner Zeit zu leben.

Peter Boerner: Goethe. Reinbek 1982, S. 48 f.

Aspekte zur Rezeptionsgeschichte

Die Rezeptionsgeschichte eines Textes, das heißt die zeitbezogene Aufnahme eines Textes durch ein Publikum, kann nicht nur Aufschlüsse über die Verbreitung eines Textes geben, sondern Schwächen bzw. Stärken eines Textes verdeutlichen, da ja auch Kritiker sich seiner annehmen (▷ Kapitel 7.8.4, S. 267 f.).

Leitfaden zur Rezeptionsgeschichte

1. Wie sah die Aufnahme eines Textes aus:
   ❏ beim Publikum (Abschriften, Auflagenzahl, Aufnahme in Sammelwerken)?
   ❏ in der Literaturkritik?
   ❏ in der Literaturwissenschaft?
2. Welche gesellschaftlichen Gruppen konnten sich möglicherweise mit dem Text oder Autor identifizieren bzw. sich auf sie zur Durchsetzung ihrer Interessen berufen?

---

1 Erstellen Sie eine werkimmanente Interpretation zu einem Gedicht oder einem kurzen Erzähltext. Hierfür geeignete Texte: ▷ S. 239, S. 240, S. 243 f., S. 319, S. 321, S. 336 und andere.

2 Erarbeiten Sie auch die textübergreifenden Hintergründe zu dem ausgewählten Text (biografische Bezüge, Zeitumstände, gesellschaftliche Aspekte und Ähnliches).

3 Lesen Sie in der Textsammlung auf S. 348 f. die Parodie auf eine werkimmanente Interpretation.

a) Beurteilen Sie die Aussage des Autors, die Interpretation sowie das Gedicht seien ernst gemeint (vgl. den ersten Abschnitt).

b) Es werden mehrfach Bezüge zu der Sage des „Prometheus" gezogen. Informieren Sie sich über diese Sage und stellen Sie ihren Inhalt in der Klasse vor.

c) Im Artikel wird die Fachsprache der Literaturwissenschaft verwendet. Stellen Sie entsprechende Textpassagen heraus und informieren Sie sich anhand geeigneter Lexika über die Bedeutung dieser Fachbegriffe. Nutzen Sie zur Information auch die Hinweise zur Fachsprache im Kapitel 3.3, S. 80 ff.

7.5 Textvergleich am Beispiel des Gedichtvergleichs

Die Methode des Vergleichens wird häufig als bekannt vorausgesetzt, sie muss jedoch ebenso wie die Analyse und Interpretationsmethoden erlernt werden. Der Textvergleich macht sich die Einsicht zunutze, daß das **Textverständnis** in der Regel von **vorhergehenden Texterfahrungen** abhängig ist. So ist es zum Beispiel einfacher, zu einem Autor und zu dessen Texten einen Zugang zu finden, wenn man entweder mehrere Texte dieses Autors kennt oder aber weitere motivgleiche Texte anderer Autoren. Das jeweils Gleichartige oder auch Besondere eines Textes lässt sich so leichter entdecken und verdeutlichen.

Die Vertreter der werkimmanenten Analyse vertreten die Ansicht, dass vor einem Vergleich die zu vergleichenden Texte zunächst einzeln analysiert und gedeutet werden müssten. Dies ist jedoch nicht immer notwendig; es kommt auf das Ziel an, welches mit dem Vergleich angestrebt wird.

Arbeitsschritte beim Vergleich von Gedichttexten:

1. Vergleichbares erkennen
Eine thematische Vergleichbarkeit ist heute weitgehend bereits durch die Vorauswahl in Büchern geleistet. Ein Vergleich kann jedoch auch auf anderer Ebene unternommen werden, zum Beispiel im Hinblick auf Sprache, Autorschaft oder Entstehungszeit.

2. Bedeutsame Textmerkmale herausarbeiten und vergleichen
Gemeinsamkeiten und Unterschiede in den Textmerkmalen werden erarbeitet und daraufhin überprüft, ob sie für einen Vergleich bedeutsam sind. Man muss erkennen, was für den einen Text kennzeichnend oder für den anderen unerheblich ist (Beispiel: die Verwendung von bildhaften Ausdrücken).

3. Vergleichsergebnisse zueinander in Beziehung setzen
Der Vergleich darf nicht bei einer Aneinanderreihung von Einzelheiten stehen bleiben, vielmehr muss untersucht werden, welche Verbindungen zwischen den einzelnen Texten aufgrund der Einzelmerkmale bestehen könnten. Das Entdecken solcher Zusammenhänge erleichtert die Deutungsversuche.

4. Gesamtcharakterisierung erstellen
Zwei verschiedene Arten des Vergleichs mit entsprechend unterschiedlichen Ergebnissen sind möglich: Entweder zielt der Vergleich darauf ab, Gemeinsamkeiten zwischen verschiedenen Texten herzustellen (etwa die Merkmale expressionistischer Lyrik) oder die typischen Unterschiede herauszuarbeiten (etwa den Unterschied zwischen Lyrik der Romantik oder der Aufklärung).

Hinweis: Diese vier Schritte des Gedichtvergleichs lassen sich in der Praxis nicht immer nacheinander vollziehen, sondern überschneiden sich teilweise.

Gedichtvergleiche sind kein Selbstzweck. Sie sind geleitet vom jeweiligen Erkenntnisinteresse, das sehr unterschiedlich sein kann. So sind verschiedene **Arten des Gedichtvergleichs** möglich:

- ❏ thematischer Vergleich (Liebe, Natur)
- ❏ poetologischer Vergleich (Sonett, Ballade)
- ❏ historischer Vergleich (epochentypische Merkmale)
- ❏ Fassungsvergleich (Schaffensprozess eines Autors)
- ❏ wertender Vergleich (subjektive Wertungen neben den bewährten Wertungsverfahren)

Die im Folgenden abgedruckten Gedichte bieten Möglichkeiten zur eigenständigen Arbeit im Sinne eines Textvergleichs. Der subjektive Zugang ist bei allen Gedichttexten wichtig – nutzen Sie erst in zweiter Linie die Arbeitsaufträge.

T1

Rainer Maria Rilke
Der Panther
Im Jardin des Plantes, Paris

1   Sein Blick ist vom Vorübergehn der Stäbe
    so müd geworden, dass er nichts mehr hält.
    Ihm ist, als ob es tausend Stäbe gäbe
    und hinter tausend Stäben keine Welt.

5   Der weiche Gang geschmeidig starker Schritte,
    der sich im allerkleinsten Kreise dreht,
    ist wie ein Tanz von Kraft um eine Mitte,
    in der betäubt ein großer Wille steht.

    Nur manchmal schiebt der Vorhang der Pupille
10 sich lautlos auf –. Dann geht ein Bild hinein,
    geht durch der Glieder angespannte Stille –
    und hört im Herzen auf zu sein.
    Die Gedichte. Frankfurt/M. 1986, S. 451

T2

Markus Langner
Die Ansagerin

1   Ihr Blick ist vom Vorüberziehn der Zeilen
    so starr geworden, dass ihn nichts mehr hält.
    Ihr ist, als ob dort tausend Zeilen eilen
    und hinter tausend Zeilen keine Welt.

5   Ihr prüdes Lächeln wohlgeübter Lippen,
    das digitalisiert den Bildschirm füllt,
    ist wie ein Totentanz auf Zahnes Klippen,
    der uns betäubt, besäuselt und in Unsinn hüllt.

    Nur manchmal klappt der Vorhang bunter Lider
10 sich lautlos auf. – Dann geht ein Bild heraus,
    geht durch den Äther und kommt auf uns nieder.
    Der Film beginnt. *Ihr* Text ist aus.
    Texten und Schreiben 3/92, S. 25

1   *Geben Sie zunächst den Inhalt der beiden Gedichte wieder.*
2   *In welcher Weise zeigt sich in Text 1 die Gebrochenheit des Raubtiers?*
3   *In einigen Passagen gewinnt der Leser den Eindruck, als gewinne der Panther seine Kraft zurück. Wie bewerten Sie diese Textstellen?*
4   *Untersuchen Sie die bildhaften Formulierungen in den Gedichten. Wo sind die sprachlichen Bilder gelungen, wo nicht? Begründen Sie Ihre Auffassung jeweils am Text.*
5   *Begründen Sie, warum in Text 2 ein Wort in der letzten Zeile kursiv gedruckt ist.*
6   *Bei Text 2 handelt es sich um eine Parodie zu Text 1. Vergleichen Sie den Originaltext mit der Parodie im Hinblick auf formale und inhaltliche Gemeinsamkeiten und Unterschiede.*
7   *Schreiben Sie eine Parodie zu Rilkes Gedicht „Der Panther" oder zu einem anderen kurzen Text.* ▷*Vgl. Kapitel 8.1.3, S. 278 f.*
8   *Vergleichen Sie das Gedicht Rilkes mit dem Gedicht „Die Freiheit" von Georg Danzer (Text 3, S. 239). Zeigen Sie Gemeinsamkeiten und Unterschiede auf.*

∫3

Georg Danzer
Die Freiheit

1 vor ein paar tagen ging ich in den zoo
die sonne schien, mir war ums herz so froh
vor einem käfig sah ich leute stehn
da ging ich hin um mir das näher anzusehn

5 „nicht füttern" stand auf einem großen schild
und „bitte auch nicht reizen, da sehr wild!"
erwachsene und kinder schauten dumm
und nur ein wärter schaute grimmig und sehr stumm

ich fragte ihn „wie heißt denn dieses tier?"
10 „das ist die freiheit" sagte er zu mir
„die gibt es jetzt so selten auf der welt
drum wird sie hier für wenig geld zur schau gestellt"

ich schaute und ich sagte, „lieber herr!
ich seh ja nichts, der käfig ist doch leer"
15 „das ist ja grade" – sagte er – „der gag!
man sperrt sie ein und augenblicklich ist sie weg!"

die freiheit ist ein wundersames tier
und manche menschen haben angst vor ihr
doch hinter gitterstäben geht sie ein
20 denn nur in freiheit kann die freiheit
freiheit sein –

Liederbuch. LP 2630101 Hamburg

Sammeln Sie zu den Themen „Freiheit" und „Gefangenschaft" weitere Texte, Fotos und Ähnliches. Setzen Sie diese in einen Bezug zu den Gedichten von Rilke und Danzer. Wo liegen Gemeinsamkeiten, wo gibt es Unterschiede?

∫4

Ulla Meinecke
nie wieder

1 ich hab dich oft gesehn und hab mich nie getraut
mal warn wir nicht allein, mal die musik zu laut
ein blick von dir, ich fang zu zittern an
gehn wir zu mir? – weiß nicht mal ob ich laufen kann
5 ich red zuviel und lach zu laut
und spür, du hast mich längst durchschaut
geständnisse im weichen licht
und du sagst leise, ich dich nicht

verliebt, verlorn, verbrannt
10 gelacht, geweint und weggerannt
und dann im regen stehn
das herz in der hand
nie wieder – bis zum nächsten mal

du sagst, sein wir freunde, ich hab hoch verlorn
15 ohne haut auf dünnem eis, ich wär fast erfrorn
roxy music tausendmal und tränen in der nacht
und dann zurück im turm versteckt, die brücke ist bewacht
die wachen sind jetzt aufmarschiert, behüten meinen schlaf
und drachen fressen prinzen auf, bevor ihr blick mich traf

20 verliebt, verlorn, verbrannt ...

Kurz vor acht. CD. PD71189. 1987

1 *Begründen Sie, ob es sich bei dem lyrischen Ich um eine Frau oder einen Mann handelt.*

2 *An welches Sprichwort erinnert die Formulierung „verliebt, verlorn, verbrannt"?*

3 *Das Lied wechselt zwischen der realen und der bildhaften Ebene. Suchen Sie Beispiele für die beiden Ebenen und erläutern Sie diesen Wechsel.*

4 *Erläutern Sie die mögliche Intention der Autorin.*

5 *Vergleichen Sie*
   a) diesen Text mit Erich Kästners Gedicht „Sachliche Romanze" (T5),
   b) die beiden Gedichte auf S. 319.

6 *Suchen Sie zu Texten aus diesem Lehrbuch weitere Texte oder Abbildungen, die sich für einen Textvergleich eignen. Beispiel:* ▷ *S. 64 „Nachricht".*

⌐ͺ
⌐5

Erich Kästner
Sachliche Romanze

1   Als sie einander acht Jahre kannten
    (und man darf sagen: sie kannten sich gut),
    kam ihre Liebe plötzlich abhanden.
    Wie andern Leuten ein Stock oder Hut.

5   Sie waren traurig, betrugen sich heiter,
    versuchten Küsse, als ob nichts sei,
    und sahen sich an und wussten nicht weiter.
    Da weinte sie schließlich. Und er stand dabei.

    Vom Fenster aus konnte man Schiffen winken.
10 Er sagte, es wäre schon Viertel nach Vier
    und Zeit, irgendwo Kaffee zu trinken.
    Nebenan übte ein Mensch Klavier.

    Sie gingen ins kleinste Café am Ort
    und rührten in ihren Tassen.
15 Am Abend saßen sie immer noch dort.
    Sie saßen allein, und sie sprachen kein Wort
    und konnten es einfach nicht fassen.
    Gesammelte Schriften. Band 1. Köln 1959, S. 101

1 *Klären Sie zunächst mit Hilfe eines Sachwörterbuches zur Literatur den Begriff „Romanze".*

2 *Wie verwendet der Autor Erich Kästner diesen Begriff? Wie erklären Sie sich die Verbindung mit dem Attribut?*

3 *Geben Sie den Inhalt dieses Gedichtes mit Ihren Worten wieder. Behalten Sie die Einteilung in Strophen dabei bei.*

4 *Welche Beziehung bestand bisher zwischen dem Paar? Wie verhält es sich, als es die neue Situation erkennt?*

5 *Kann man ein solches Gedicht als Liebesgedicht bezeichnen? Begründen Sie Ihre Ansicht.*

Z usätzliche Arbeitsanregungen

1 *Suchen Sie sich eine oder mehrere Strophen aus den vorangegangenen Gedichten aus und schreiben Sie sie im Stile eines anderen Gedichts um.*

2 *Formulieren Sie zu den Gedichten Schlagzeilen, die die unterschiedlichen Aussagen der Texte verdeutlichen.*

7.6 Erzähltexte

⌐∫₁

Edith Linvers
Dein Instrument

1   Dein Instrument möchte ich sein
in deinen Händen
stundenlang immer
neue Klänge probieren
5   bis dir der Atem fehlt

Dein Instrument möchte ich sein
dich auf Reisen begleiten
wirfst immer ein Auge auf mich
dass ich nicht in falsche
10   Hände gerate

Dein Instrument möchte ich sein
ständig deinen Lippen nahe
fleißig auf allen Proben
im Konzert mich mit dir
15   wiegen

Dein Instrument möchte ich sein
mich von dir pflegen lassen
nicht ausgewechselt werden
und im Alter an Wert
20   gewinnen

Berührungen. Recklinghausen 1992, S. 7

1 Durch den Text spinnt sich ein „roter Faden". Erläutern Sie dies anhand von geeigneten Textbeispielen.
2 Wandeln Sie diesen Text in einen Erzähltext um. Sie können dazu auch Wörter ergänzen.
3 Wie hat sich diese Veränderung auf den Charakter des Textes ausgewirkt?

7.6.1 Erzähltexte selbstständig erschließen

T1 bis T7

1 Notieren Sie alles, was Ihnen in irgendeiner Weise bedeutungsvoll oder fragwürdig an den Texten erscheint, und verschaffen Sie sich auf diese Weise zunächst einen persönlichen Zugang.
2 Ordnen Sie Ihre Erkenntnisse nach bestimmten Merkmalen, zum Beispiel nach thematischen Schwerpunkten, Personen, Handlungen, sprachlichen Aspekten und anderem.
3 Stellen Sie Ihre Erkenntnisse Ihren Mitschülern vor.
4 Lesen Sie die Punkte zur Analyse und Interpretation von Gedichttexten. Inwiefern lassen sich diese Fragestellungen zur Erarbeitung und Deutung von Erzähltexten nutzen? Geben Sie entsprechende Beispiele.
5 Entwickeln Sie in kleinen Gruppen eigene Zugangsweisen zu den Erzähltexten und stellen Sie sie Ihren Mitschülern vor. Erörtern Sie die Vor- und Nachteile. Nutzen Sie auch die Möglichkeit von grafischen beziehungsweise zeichnerischen Darstellungen. (▷ Vgl. auch Kapitel 2.3.5, S. 51 ff.)
▷ Vgl. S. 244 f., dort finden Sie weitere Arbeitsaufträge zu den Erzähltexten 2–7.

James Thurber
2 Der propre Ganter

1   Es war einmal – und sehr lange ist das noch gar nicht her – ein wunderschöner Ganter. Er war groß
    und stark, glatt und sauber und beschäftigte sich vorwiegend damit, für seine Frau und die Kinder zu
    singen. „Was für ein propper Ganter", bemerkte jemand, der ihn singend am Hof auf und ab stolzieren
    sah. Das hörte eine alte Henne, und sie erzählte es abends auf der Hühnerstange ihrem Gemahl. „Von
5   Propaganda war da die Rede", zischelte sie.
    „Ich habe dem Burschen nie getraut", versetzte der Hahn, und tags darauf ging er im Hof umher und
    sagte jedem, der es hören wollte, der schöne Ganter sei ein höchst gefährlicher Vogel, aller Wahr-
    scheinlichkeit nach ein Habicht im Gänserichgewand.
    Eine kleine braune Henne erinnerte sich, dass sie einmal von weitem beobachtet hatte, wie der Ganter
10 im Walde mit einigen Habichten sprach. „Die führten irgendwas im Schilde", versicherte sie. Eine
    Ente berichtete, der Ganter habe einmal zu ihr gesagt, er glaube an gar nichts. „Und er hat auch
    gesagt, dass er Fahnen hasst", fügt die Ente hinzu. Ein Perlhuhn entsann sich, einmal gesehen zu
    haben, wie jemand, der dem Ganter auffallend ähnelte, etwas warf, was einer Bombe auffallend
    ähnelte. Schließlich bewaffneten sich alle mit Stöcken und Steinen und zogen vor des Ganters Haus.
15 Er stolzierte gerade im Vorgarten auf und ab und sang für Weib und Kinder. „Da ist er!" schrien alle.
    „Habichtfreund! Atheist! Fahnenhasser! Bombenwerfer!" Damit fielen sie über ihn her und jagten ihn
    aus dem Lande.
    75 Fabeln für Zeitgenossen. Reinbek 1987, S. 15 f.

Jean Cocteau
3 Der Gärtner und der Tod

1   Ein junger persischer Gärtner sagt zu seinem Fürsten: „Heute Morgen bin ich dem Tod begegnet. Als
    er mich sah, machte er eine drohende Geste. Rette mich! Ich wünschte, ich wäre heute Abend wie
    durch ein Wunder in Isphahan!"
    Der gutherzige Fürst leiht ihm sein Pferd. Am Nachmittag trifft der Fürst den Tod. Er fragt ihn:
5   „Warum machtest du heute Morgen, als du meinem Gärtner begegnet bist, eine drohende
    Geste?" – „Ich habe keine drohende Geste gemacht", erwiderte der Tod, „sondern eine Geste der
    Überraschung. Ich sah ihn heute Morgen weit entfernt von Isphahan und soll ihn heute Abend in
    Isphahan abholen."
    Rheinischer Merkur, Nr. 42/1952

Undine Gruenter
4 Das gläserne Café (Auszug)

1   Im Café beobachte ich die Leute und höre, was sie sich sagen. Sie werfen sich die Worte hin wie
    Knochen den Hunden. Du Liebste, sagt ein Mann zu seiner Frau und streichelt ihr übers Haar. Und
    nimmt ihr mit der anderen Hand die Karaffe Wein weg, die sie bestellt hat, oder überfliegt die
    Schlagzeilen der Zeitung. Ich kann dich nicht mehr ertragen, sagt die Frau und streichelt zugleich mit
5   immer stärker werdendem Druck seine Hand. Wirkliches Sprechen? Ich höre den Leuten zu, die ich
    bediene, sie sagen sich Wichtiges und Unwichtiges, und vor dem Richtigen versagen sie. Auch ich
    weiß nicht, wie ich ausdrücken soll, was dir zu hören fehlt. Doch warum verstehst du nicht, dass es
    meine Art von Ausdruck war, bei dir zu sitzen und zu schweigen?
    Das gläserne Café. Düsseldorf 1991, S. 130

¬5 *Janusz Oseka*
Wieviel ist zwei mal zwei?

1 In einer Schule sagte einmal der Lehrer zu den Schülern: „Merkt es euch, liebe Kinder, zwei mal zwei ist neun." Es war eine seiner letzten Unterrichtsstunden. Kurz danach hat man ihn wegen vorgeschrittenen Alters pensioniert.

Nach Ausscheiden des Lehrers sah sich das Lehrerkollegium vor eine schwierige Frage gestellt: wie
5 soll man den Mathematikunterricht fortsetzen, wenn die Kinder in der irrigen Überzeugung beharren, dass zwei mal zwei neun ist? Wie soll man ihre entstellte Auffassung über das Einmaleins korrigieren?

Nach dem Meinungsaustausch, der im Schoße des Lehrkörpers stattgefunden hat, kam jemand zu dem Schluss, dass es ein Unsinn wäre, den Kindern das absolut umgekehrte Ergebnis der Aufgabe,
10 zwei mal zwei sei vier, zu offenbaren. Ein so krasser Unterschied in der Berechnung könnte, wie behauptet wurde, das Kinderhirn zu stark erschüttern. Man empfahl demnach dem neuen Lehrer, seinen Schülern ein der Wahrheit näher liegendes Ergebnis bekannt zu geben, nämlich zwei mal zwei gleich sieben.

„Mögen die Kinder etappenweise die richtige Lösung kennen lernen", sagte der Schulleiter in der
15 Lehrkörperversammlung.

In Übereinstimmung mit diesem Beschluss hielt man es für angebracht, in der folgenden Stunde ein der Wahrheit schon näher liegendes Ergebnis zu wagen: zwei mal zwei gleich sechs.

Es zeigte sich aber, dass diese Lehrmethode kaum voraussehbare Folgen hatte. Denn nicht alle Schüler reagierten auf gleiche Weise auf das derart entstandene Zahlendurcheinander.
20 Es gab welche, die das jeweils angegebene Ergebnis gleichgültig ins Heft schrieben, ohne sich intellektuell zu engagieren.

Manche lehnten sich innerlich auf, ohne öffentlich zu protestieren.

Es gab auch eine Gruppe von Kindern, die nach dem Unterricht zum Lehrer ging und um Aufklärung bat, doch dieser schickte sie fort unter irgendeinem Vorwand.
25 Ein großer Teil der Schüler bestand hartnäckig auf der ersten Variante „2 x 2 = 9", denn er hatte keine Lust, immer wieder die gleiche Aufgabe umzuschreiben.

Artige Kinder schrieben immer wieder neue Ergebnisse mit Freude und Begeisterung ab.

Die Unartigen verschmierten die Wände in den Toiletten mit scheußlichen Aufschriften „2 x 2 = 4".

Die weitsichtigen Karrieristen riefen öffentlich in den Pausen (so, dass es der Schulleiter hörte) aus,
30 zwei mal zwei sei drei oder sogar eins.

Aber niemand in der Klasse zweifelte im Geringsten daran, dass zwei mal zwei vier war, denn jedes Kind konnte es sich an seinen zehn Fingerchen abzählen.

Carl Dedecius (Hrsg.): Polnische Pointen. München 1968

¬6 *Peter Maiwald*
Die Stilllegung

1 Pobel ist stillgelegt. Die Gutachter sind gekommen und haben seine Rentabilität überprüft. Pobel, 60 Jahre, hat zwei Hände, aber sie packen nicht mehr zu wie früher. Er hat zwei Beine, aber sie laufen nicht mehr auf vollen Touren. Er hat einen Kopf – „überaltertes Erfahrungsmaterial", meinen die Experten. Pobel hat noch Augen und Ohren, einen Mund, Gefühle und sogar Fähigkeiten. Aber Pobel
5 lohnt nicht mehr.

„Verschleißerscheinungen", sagen die Gutachter. Sie verabschieden sich. Sie müssen noch zu anderen, die stillgelegt werden sollen. Pobel funktioniert noch ein bisschen und darf – auf eigene Gefahr – unter die Menschen. Ein Amt überweist ihm monatlich die Betriebskosten für seine Person. Wenn er sparsam ist, kommt er damit aus. Sein Magenleiden ist ein Glück: Er braucht weniger Nahrungsmit-
10 tel. Dadurch werden die Instandhaltungskosten geringer.

Pobel bekommt ein Richtlinienblatt der „Gesellschaft für technischen Fortschritt". Es enthält Bedienungsanleitungen für ältere Personen: Er soll nicht rosten. Aber er soll sich nicht dem Verkehr aussetzen, vor allem die Innenstadt während der Geschäftszeiten meiden. Er soll in jedem Fall zurückhaltend leben. Für ihn ist gesorgt: Das Land ist mit chemikalischen Stationen, die man Apotheken nennt,
15 überzogen. Wartungshallen, denen Chefärzte vorstehen, gibt es in jeder Stadt. Das Merkblatt wünscht Pobel einen schönen, ruhigen Lebensabend.

Er bemerkt, dass damit sein Alltag gemeint ist. Plötzlich ist er jedem im Wege: Die Autofahrer flu-
chen, hupen und machen Handbewegungen, die besagen: „Mensch, Alter, guck' doch hin." Pobel findet, diese Autofahrer sind noch das kleinere Übel. Es gibt andere, die nehmen ihn überhaupt nicht mehr
20 wahr. Oft rettet ihn nur noch ein Sprung auf den Bürgersteig. Dort kommt er dann ins Gedränge, wird
geschubst, kriegt Rippenstöße.
An der Kasse im Supermarkt murrt eine Schlange von Kunden hinter ihm, als er einmal seine Geldbörse suchen muss. Wenn er eine Kneipe betritt und sich ein Bier bestellt, guckt der Wirt ihn misstrauisch
an. Auf der Treppe trifft er dann und wann seinen Hausherrn – einen „vitalen" Menschen, der ihn jedes
25 Mal mit dem Worten begrüßt:„Mensch, Pobel, Sie leben ja noch."
In der Parkanlage hat ihn neulich ein kleines Mädchen irgendetwas gefragt. Er hat ihr geantwortet.
Gleich darauf kommt eine Frau, wahrscheinlich die Mutter, und sagt zu dem Kind: „Komm weg hier."
Am Abend dieses Tages sitzt Pobel in dem Glashäuschen an der Haltestelle – nicht weit von der Fabrik,
in der er gearbeitet hat. Er bleibt sitzen, bis ihn eine Streife aufgreift. Die Polizisten reden mit ihm in
30 einer Sprache, die ihn an seine Kindheit erinnert. Er hat Mühe, sie zu verstehen. Sie bringen ihn nach
Hause und machen einen Bericht über seinen Zustand.
Die Fürsorge greift ein. Pobel kommt in ein Heim. Die Gutachter sagen, das sei das Beste für ihn. Sein
Tod, eine Woche später, ist für das Heim der Abgang eines Neuzugangs.

nds 3/1990, S. 20

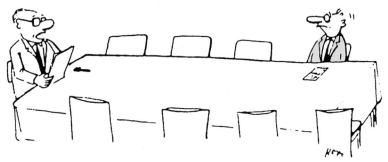

*Bei der letzten Geschäftsbesprechung kamen wir überein, den Betrieb zu automatisieren. Der
Prozess ist beinahe abgeschlossen …*

T 2
1 Welcher Textsorte ordnen Sie diesen Text zu? Geben Sie Begründungen für Ihre
Zuordnung.
2 Kennzeichnen Sie die einzelnen Figuren (Tiere) in diesem Text.
3 Worum geht es in dem Text? Ist der Text nach Ihrer Auffassung noch aktuell?
4 In der englischsprachigen Originalfassung lautet der Titel „The proper Gander".
Deuten Sie den Titel. Lesen Sie anschließend Text 3 auf S. 154.
5 Sammeln Sie Materialien und aktuelle Beispiele zum Thema „Vorurteil".
▷ S. 322.

T 3
1 Bestimmen Sie die Gliederung des Textes. Wo liegt die Pointe?
2 Beschreiben Sie die Stimmung des Gärtners. Warum wendet sich der Gärtner an
den Fürsten, was erhofft er sich?
3 Wie wird der Tod dargestellt? Beschreiben Sie sein Verhältnis zum Menschen
und zur menschlichen Welt.
4 Welche Lehre lässt sich aus dem Text ziehen?

T 4

1 Erläutern Sie den Titel dieses Ausschnitts aus einer Erzählung.
2 Was meint die Autorin mit der Formulierung „Sie werfen sich die Worte hin wie Knochen den Hunden."?
3 Versuchen Sie, die in der Mitte des Textes gestellte Frage zu beantworten.

T 5

1 Welche typischen Lehrerklischees werden in diesem Text angesprochen?
2 Welche Schülertypen werden in dem Text dargestellt? Belegen Sie Ihre Ansicht durch geeignete Textbeispiele.
3 Warum beschreibt der Autor Ihrer Meinung nach nicht direkt die Situationen, auf die seine erfundene Geschichte übertragen werden kann?
4 Erläutern Sie die mögliche Intention des Autors.

T 6

1 Geben Sie zunächst den Inhalt des Textes wieder.
2 Stellen Sie im Einzelnen die sprachlichen Besonderheiten des Textes heraus. Welche inhaltlichen Aussagen werden dadurch dem Leser vermittelt?
3 An welchen Textstellen ist das Stilmittel „Ironie" erkennbar? (▷ S. 358)
4 Erläutern Sie, welche Erzählperspektive im Text gewählt wurde (▷ S. 246 ff.). Zeigen Sie die Möglichkeiten und Grenzen dieser Erzählperspektive auf und grenzen Sie sie gegenüber anderen Erzählperspektiven ab.
5 Um welche epische Kurzform handelt es sich bei diesem Text? Begründen Sie Ihre Ansicht.
6 Setzen Sie die Karikatur zu dem Text in Beziehung.

Weitere Erzähltexte zur Bearbeitung: ▷ S. 278, S. 295 f., S. 298.

T 7 Winfried Thomsen
Selbstzeugnis

1 Ich, im Folgenden der B. (Beschäftigte) genannt, gehört(e) unserer Gesellschaft als gehobener Angestellter an.[1]
Der B. erledigte die ihm übertragenen Aufgaben stets zu unserer vollsten Zufriedenheit, wobei er sich hinsichtlich Pünktlichkeit als Vorbild und generell als tüchtiger Mitarbeiter erwies, der sich gut ins
5 Bild zu setzen vermochte.[2] Im Kollegenkreis galt er als tolerant.[3] Der B. pflegte einen selbstständigen Umgang mit Vorgesetzten und betrieb die verbale Umsetzung der Geschäftspolitik mit großem Eifer und Erfolg; seine Leistungen verdienen in jeder Beziehung unsere Anerkennung.[4] Er war stets mit Fleiß um Weiterqualifizierung bestrebt.[5] Den vielfältigen Erfordernissen unserer offenen Gesellschaft bemühte er sich mit großem Interesse und im Rahmen seiner Fähigkeiten gerecht zu werden,[6] wobei
10 er ein hohes Maß an Verständnis für die Belange einer seriösen, entgegenkommenden Kontaktpflege und eine wache Wahrnehmungsgabe zeigte.[7] Alle anfallenden Tätigkeiten, besonders im grundlegenden Geschäftsbereich, hat der B. ordnungsgemäß erledigt.[8] Im Umgang mit Menschen war er immer mit Interesse bei der Sache und bewies, unter Wahrung seiner Integrität, eine außergewöhnliche Geschicklichkeit.[9] Stets bemühte er sich mit großem Eifer, die ihm übertragenen Aufgaben zuverläs-
15 sig, auch nach Dienstschluss, zur allgemeinen Zufriedenheit zu erfüllen.[10]
Der B. trug dank seiner Geselligkeit zur Verbesserung des Klimas in unserer Gesellschaft bei und zeigte kreatives Einfühlungsvermögen in deren Belange.[11] Er war in zukunftsorientierter Weise an sozialen Entwicklungen interessiert, setzte sich für die Beachtung unserer Unternehmensphilosophie ein und fiel durch Verbesserungsvorschläge angenehm auf.[12] Der B. war in fast jeder Hinsicht und im
20 allerbesten Sinne ein humorvoller Mitarbeiter, wobei ihm seine vielfältigen literarischen Interessen entgegenkamen.[13] Seine wertkonservative Einstellung machte ihn jederzeit einsatzbereit; die Zeichen der Zeit schätzte er im Großen und Ganzen zutreffend ein.[14] Dabei entwickelte er intensive Vorstel-

lungskraft.[15] Durch seine rege Mitarbeit und seine Geschmeidigkeit im Umgang mit Problemen war er ein geschätztes Mitglied unserer Gesellschaft, mit dem wir in jeder Hinsicht außerordentlich zufrie-
25 den sein konnten, zumal er äußerstes Engagement mit beachtlicher Gelassenheit verband![16] Er verstand es, persönliche Noten zu setzen, und pflegte einen eigenwilligen Stil, ohne die gebotene Ausgewogenheit zu vernachlässigen.[17]
Der B. verlässt uns, um sich zu verändern.[18] Wir wünschen ihm alles Gute.[19]

Uwe Wandrey (Hrsg.): Knapp Vierzig. Reinbek 1991, S. 77 f.

1 *Handelt es sich bei diesem Text um einen Erzähltext? Begründen Sie Ihre Ansicht.*

2 *Welches Bild, welchen Eindruck gewinnen Sie von der im Text mit dem Kürzel B. bezeichneten Person?*

3 *Beschreibt sich der Verfasser des Textes hier selbst? Beachten Sie auch den Titel des Textes.*

4 *Ist ein solcher Text nach Ihrer Auffassung auslegungsbedürftig? Begründen Sie Ihre Meinung ausführlich.*

5 *Lesen Sie in der Textsammlung den Text auf S. 307, die „Fortsetzung" dieses Textes. Verändert die Kenntnis des dort abgedruckten Textteils Ihre vorher gewonnenen Ergebnisse?* ▷ *S. 307 (unten).*

6 *Schreiben Sie zu Text 7 eine Inhaltsangabe (▷ Kapitel 1.1.2, S. 18 f.) oder eine Charakteristik (▷ Kapitel 1.1.3, S. 20 f.)*

7.6.2 Theoretische Grundlagen zu Erzähltexten

Die Grundsituation des Erzählens besteht darin, dass ein **Erzähler** einem Leser eine erzählte Welt vermittelt. Dieser Erzähler ist nur in wenigen Fällen mit dem **Autor** identisch, meist handelt es sich um eine vom Autor erfundene, erdachte Figur. Der Erzähler kann beispielsweise eine handelnde Person in einer kurzen Geschichte oder einem Roman sein. Ebenso ist es jedoch möglich, dass er eine beobachtende oder kommentierende Funktion hat. Dies hängt entscheidend von der **Erzählsituation (Erzählperspektive)** ab, die der Autor gewählt hat. Das Erkennen der Erzählsituation kann, wenn man sie mit anderen Strukturmerkmalen in Beziehung setzt, Aufschluss über die mögliche Aussage eines Textes geben.

Innerhalb der erzählenden Literatur werden üblicherweise **drei Erzählsituationen (Erzählperspektiven)** voneinander unterschieden:

⌐8   **Die grundlegenden Erzählsituationen**

1   **Die auktoriale Erzählsituation.** Das auszeichnende Merkmal dieser Erzählsituation ist die Anwesenheit eines persönlichen, sich in Einmengung und Kommentaren zum Erzählten kundgebenden Erzählers. Dieser Erzähler scheint auf den ersten Blick mit dem Autor identisch zu sein. Bei genauerer Betrachtung wird jedoch fast immer eine eigentümliche Verfremdung der Persönlichkeit des
5   Autors in der Gestalt des Erzählers sichtbar. Er weiß weniger, manchmal auch mehr, als vom Autor zu erwarten wäre, er vertritt gelegentlich Meinungen, die nicht unbedingt auch die des Autors sein müssen. Dieser auktoriale Erzähler ist also eine eigenständige Gestalt, die ebenso vom Autor geschaf-

fen worden ist, wie die Charaktere des Romans. Wesentlich für den auktorialen Erzähler ist, dass er als Mittelsmann der Geschichte einen Platz sozusagen an der Schwelle zwischen der fiktiven Welt
10　des Romans und der Wirklichkeit des Autors und des Lesers einnimmt. Die der auktorialen Erzählsituation entsprechende Grundform des Erzählens ist die berichtende Erzählweise. Die szenische Darstellung, von der auch in einem Roman mit vorherrschend auktorialer Erzählsituation ausgiebiger Gebrauch gemacht werden kann, ordnet sich im Hinblick auf die in einem auktorialen Roman gegebene Orientierungslage des Lesers der berichtenden Erzählweise unter. Das Erzählte wird durchge-
15　hend als in der Vergangenheit liegend aufgefasst.

Die Ich-Erzählsituation unterscheidet sich von der auktorialen Erzählsituation zunächst darin, dass hier der Erzähler zur Welt der Romancharaktere gehört. Er selbst hat das Geschehen erlebt, miterlebt oder beobachtet, oder unmittelbar von den eigentlichen Akteuren des Geschehens in Erfahrung gebracht. Auch hier herrscht die berichtende Erzählweise vor, der sich szenische Darstellung unter-
20　ordnet. (…)

Die personale Erzählsituation. Verzichtet der Erzähler auf seine Einmengungen in die Erzählung, tritt er so weit hinter den Charakteren des Romans zurück, dass seine Anwesenheit dem Leser nicht mehr bewusst wird, dann öffnet sich dem Leser die Illusion, er befände sich selbst auf dem Schauplatz des Geschehens oder er betrachte die dargestellte Welt mit den Augen einer Romanfigur, die
25　jedoch nicht erzählt, sondern in deren Bewusstsein sich das Geschehen gleichsam spiegelt. Damit wird diese Romanfigur zur persona, zur Rollenmaske, die der Leser anlegt.

Franz K. Stanzel: Theorie des Erzählens. Göttingen 1982, S. 312

Die in einem Erzähltext genannten Schauplätze, Personen und Vorgänge werden **Erzählstoff** genannt. Wichtig ist ferner die Unterscheidung zwischen **Erzählzeit** und erzählter Zeit. Unter **Erzählzeit** wird die Zeit verstanden, die für das Erzählen oder das Lesen eines Textes in etwa benötigt wird. Die **erzählte Zeit** umfasst den Zeitraum, in dem sich das erzählte Geschehen abspielt. Es kann also sein, dass ein Leser sechs Stunden benötigt, um einen Text zu lesen; andererseits beinhaltet der Erzähltext vielleicht einen Zeitraum von zehn Tagen oder sogar zwanzig Jahren.

Die Einhaltung des chronologischen Erzählens oder davon abweichende Möglichkeiten sind ebenfalls bedeutungsvolle Aspekte von Erzähltexten. So kann der Erzähler sich an den normalen zeitlichen Ablauf halten (chronologisches Erzählen) oder auch mit Vorausdeutungen beziehungsweise Rückwendungen arbeiten, was zum Beispiel zur Erhöhung der Spannung beitragen kann.

1　*Erläutern Sie, welche Erzählsituation in den Erzähltexten (Texte 2 bis 7) auf S. 242 ff. vorliegt.*

2　*Welche Aussagen können Sie zum Verhältnis von Erzählzeit und erzählter Zeit bei den genannten Texten treffen?*

3　*Erzähltexte werden nach bestimmten Merkmalen verschiedenen Textsorten zugeordnet. Diese Zuordnung ist nicht immer zweifelsfrei möglich, da es Übergangsformen zwischen den einzelnen Textsorten gibt. Schauen Sie sich die Übersicht dieser möglichen Zuordnungen im Anhang, S. 359 f., an. Diskutieren Sie im Anschluss daran mögliche Zuordnungen im Hinblick auf die Texte 2 bis 7, S. 242 ff.*

7.7 Szenisch-dialogische Texte

Der Begriff „szenisch-dialogischer Text" mag im ersten Moment befremden, da üblicherweise von „dramatischen Texten" oder von der Gattung „Dramatik" gesprochen wird (vgl. Kapitel 1, S. 24 f.); seine Verwendung weist gegenüber den traditionellen Begriffen jedoch einige Vorteile auf. So wird mit den Begriffen „Drama" oder „Dramatik" im alltagssprachlichen Verständnis häufig fälschlicher-weise ein spannungsgeladenes Geschehen, wie zum Beispiel im Krimi, assoziiert. Dies muss jedoch nicht unbedingt der Fall sein.

Nach herkömmlicher Auffassung ist unter einem **Drama** eine literarische Großform zu verstehen, in der eine in Raum und Zeit ablaufende Handlung von Schauspie-lern auf der Bühne vor einem Publikum aufgeführt wird. Dabei sind die einzelnen Teile meist relativ stark festgelegt. Der Begriff des **szenisch-dialogischen Textes** geht hingegen über diesen Ansatz hinaus: Er umfasst unter anderem auch den Be-reich der Sketche, Hörspiele und Fernsehspiele.

7.7.1 Kurzformen dialogischer Texte

♩₁ *Reinhardt Knoll*
    Deutschunterricht

1 *Bahnhof. Information.*
   Ausländer: Grüß Gott, kannst du sagen, wann
   1. Beamter: Guten Tag. Hier heißt das: Guten
   Tag. Grüß Gott sagt man nur in Süddeutschland.
5 Wir sind aber nicht in Süddeutschland. Also:
   Guten Tag.
   Ausländer: Ja guten Tag, kannst du sagen, wann
   1. Beamter: Sie bitte!
   Ausländer: Ja Sie bitte, kann sagen, wann
10 *1. Beamter:* Können Sie mir bitte sagen
   Ausländer: Nein, kann nicht, Sie bitte mir
   sagen, wann die Zug
   1. Beamter: Langsam, ganz langsam jetzt. Und
   noch einmal von vorn: Guten Tag, können Sie
15 mir bitte sagen, wann der Zug, der nicht die Zug
   – so, und jetzt wiederholen Sie das am besten bis
   hierher.

Ausländer: Was? Wann der Zug? Sie bitte mir
sagen, bitte!
1. Beamter: Hoffnungslos. So kommen Sie hier 20
nie zurecht.
Ausländer: Bitte!

1. Beamter: Ich bin ja kein Unmensch. Also: Was für ein Zug?

25 *Ausländer:* Frankfurt

1. Beamter: Der Zug nach Frankfurt oder von Frankfurt, wann der Zug nach Frankfurt abfährt oder wann der Zug von Frankfurt ankommt, Abfahrt oder Ankunft, verstehen?

30 *Ausländer:* Abfahren.

1. Beamter: Sehen Sie, es geht doch. Und sehen Sie jetzt die große Tafel da drüben, ja? Die, wo dick Abfahrt drauf, ja? Sehen Sie, da alles drauf stehen: Abfahrt nach Frankfurt und München 35 und Istanbul, überallhin. Verstehen.

Ausländer: Nur Frankfurt, nix Hamburg.

1. Beamter: Oh Gott! Kann ein Mensch allein so dumm sein? Lesen, verstehen, dort drüben alles lesen, nix hier stundenlang fragen, verste-40 hen?

Ausländer: Nix verstehen, du, bitte, mir sagen, wann Zug nach Frankfurt, bitte sehr wichtig!

1. Beamter: Ich geb's auf. Karl, übernimm mal. Zug nach Frankfurt, Abfahrt. Sag's ihm. Ich 45 kann nich mehr. Ich brauch ne Pause.

1. Beamter tritt ab. Karl, 2. Beamter, auf.

Karl: Zug nach Frankfurt, Abfahrt, wer will das wissen.

Ausländer: Hier, ich, sehr eilig.

Karl: Moment, Moment, nur nich drängeln.   50

Längeres Blätterrascheln.

Is grad abgefahren

Ausländer: Was? Abgefahren? Ich stehe seit halbe Stunde und jetzt ist abgefahren?

Karl: Immer mit der Ruhe, in ner halben Stunde 55 fährt wieder einer.

Ausländer: In halbe Stunde? Ja? Ganz sicher?

Karl: Ganz sicher. Alles klar dann?

Ausländer: In halbe Stunde?

Karl: In halbe Stunde.   60

Ausländer: Vielen Dank dann, sagt man so, ja? Vielen, vielen Dank!

Sich entfernend:

Auf Wiedersehen und vielen, vielen Dank.

Karl: Is schon gut, war nur meine Pflicht.   65

1. Beamter tritt wieder auf.

1. Beamter: Hat er nachem Gleis gefragt?

Karl: Nee, hat er natürlich vergessen.

1. Beamter: Prima, wenn er zurückkommt, gib ihn zuerst wieder mir.   70

Karl: Deutschunterricht?

1. Beamter: Wie immer. Zuerst gibt's Deutschunterricht.

Bundesvereinigung Kulturelle Jugendbildung (Hrsg.): Ich geb's Dir schriftlich. Remscheid 1986, S. 86 f.

1 Beschreiben Sie kurz mit eigenen Worten die hier dargestellte Handlung.

2 Welche Besonderheiten im sprachlichen Handeln werden hier als Grundlage dieses Textes herangezogen?

3 Bewerten Sie die hier aufgezeigte Situation aus Ihrer Sicht.

4 Spielen Sie den Text in der Klasse. Stellen Sie vorher Überlegungen zur Betonung der Textpassagen, zur Gestik und zur Mimik an. Die nicht direkt beteiligten Schüler notieren Stärken und Schwächen der Darbietung und formulieren konstruktive Vorschläge zur Verbesserung.

5 Formulieren Sie „Hinweise zur Verständigung mit nicht deutschsprachigen Kunden", die die Bahn als Merkblatt an ihre Bediensteten ausgibt.

6 Lesen Sie Text 8, S. 191, sowie S. 220.
„Wir alle sind Ausländer." Entwickeln Sie eine Situation, in der Sie sich im Ausland sprachlich verständlich machen müssen. Spielen Sie diese Situation in unterschiedlichen Varianten vor der Klasse. Stellen Sie dabei dar, dass die Verständigung sowohl gelingen als auch misslingen kann.

**⌐₂ Gustav Damann
⌐₂ Fahrerflucht**

1 *Sonnabend, 23. Februar*

Gegen 19 Uhr fuhr der Handelsvertreter Andreas
H. mit seiner Frau Vera in seinem neuen japani-
schen Wagen von Oberwiesen nach Talstetten.
5 In der Gaststätte „Bergblick" hatte er einige
Biere und Schnäpse getrunken, worauf seine
Frau ihn gebeten hatte, sich nicht ans Steuer zu
setzen; doch das hatte er entschieden abgelehnt.
Allerdings nahm er den Umweg über Hinterfel-
10 den, da dort fast nie Verkehrskontrollen waren.
In einer unübersichtlichen Kurve kam er jedoch
wegen überhöhter Geschwindigkeit auf die
Gegenfahrbahn, der Wagen streifte eine Radfah-
rerin und schleuderte sie auf die Straße. Andreas
15 H. bremste scharf, schaltete die Scheinwerfer ab,
stieg aus und besah sich den Schaden an seinem
Fahrzeug: der linke Scheinwerfer war zerbro-
chen. Da habe ich aber noch mal Glück gehabt,
dachte er. Seine Frau lief zu dem verletzten
20 Mädchen und rief entsetzt: „Um Gottes willen,
Andreas! Wir müssen schnell einen Arzt holen.
Und die Polizei."
Er fauchte sie böse an: „Bist du verrückt? Steig
wieder ein! Auf keinen Fall die Polizei! Willst
25 du, dass ich in einen Prozess verwickelt werde
und dann meinen schönen Posten verliere?"
„Aber einen Arzt …"
„Zu spät, sie ist tot."
„Was wollen wir tun?"
30 „Steig ein! Du machst gar nichts. Ich schleife sie
ins Gebüsch."
Vera H. setzte sich voller Entsetzen wieder in
den Wagen und dachte fieberhaft nach, was sie
tun könne, aber es fiel ihr keine Lösung ein. Sie
35 durfte ihren Mann nicht belasten, denn dann
wäre seine Karriere ruiniert. Was würden die
Nachbarn denken! Und all die vielen Abzahlun-
gen! Sie saß mit starrem Blick da, presste die
Hand an den Mund und schüttelte immer wieder
40 den Kopf.
Nach einiger Zeit kam Andreas H. völlig außer
Atem zurück und bemerkte kaltblütig: „So, die
Spuren sind beseitigt."
„Und das Mädchen?"
45 „Denk' nicht mehr dran! Geschehen ist geschehen! Nun müssen wir an uns denken und uns ein
wasserdichtes Alibi bauen."
Er fuhr zur Gaststätte zurück und parkte den
Wagen heimlich hinter einem Schuppen. Im
50 Speisesaal erwähnte er ganz beiläufig, sie hätten
noch eine kleine Wanderung gemacht und wollten nun etwas Kräftiges essen. Sie bestellten das
teuerste Gericht auf der Speisekarte, hatten aber
überhaupt keinen Appetit. Sie zwangen sich zum

Essen und versuchten sich ganz unbefangen zu 55
benehmen. Nach dem Essen gab er ein saftiges
Trinkgeld und verabschiedete sich jovial. Dann
fuhren sie auf dem direkten Weg nach Hause.
Vera musste noch in der Nacht ihren Bruder
anrufen und ihm sagen, dass ihr Mann am nächsten Morgen zu einer kleinen Reparatur am Auto 60
vorbeikäme.

Sonntag, 24. Februar

Vor Aufregung konnten sie die halbe Nacht
nicht schlafen, und bereits um 5 Uhr früh fuhr
Andreas los und ließ sich von seinem Schwager 65
den Schaden am Auto ausbessern. Er gab ihm
dann einen Fünfhunderter mit der Bemerkung:
„Du weißt von nichts. Und ich bin heute nicht
bei dir gewesen. Verstanden?"
Sein Schwager grinste und nickte diensteifrig. 70
Um zehn Uhr besuchten sie das Hochamt in
ihrer Pfarrei und parkten den Wagen ganz auffäl-
lig am Kirchplatz.

Montag, 25. Februar

Zeitungsnotiz: „Seit Samstagabend wird die 75
fünfzehnjährige Gerda Müller aus Hinterfelden
vermißt. Sie ist 1,60 Meter groß, hat lange, dunkle Haare, blaue Augen und ist mit einem dun-
kelroten Pulli und blauen Jeans bekleidet. Sie
war gegen 19 Uhr mit dem Fahrrad auf dem
Weg nach Oberwiesen, wo sie jedoch nicht 80
angekommen ist. Sachdienliche Mitteilungen an
die Polizei Talstetten."
„Andreas, hast du's gelesen?"
„Ja, hab ich. Also hat man sie noch nicht gefunden. Das ist gut für uns." 85
„Sie war erst fünfzehn Jahre alt!"
„Na und?"
„Noch fast ein Kind!"
„Reg dich nicht auf! Die Hauptsache ist, nie-
mand hat uns in Verdacht. Also, ich muß jetzt 90
wegfahren."
„Fahr vorsichtig!"
„Klar. Und halt' den Mund!"

Dienstag, 26. Februar

Zeitungsnotiz: „Die seit Samstag vermisste 95
Gerda Müller ist das Opfer eines Verkehrsunfalls. Sie wurde von Waldarbeitern in der Nähe
der Gaststätte „Bergblick" gefunden. Schleif-

spuren deuten darauf hin, dass sie nach dem
100 Unfall ins Gebüsch gezogen wurde. Sie hatte
sich aber noch zu einer Hütte schleppen können,
wo sie dann verblutet ist."
„Andreas, sie hat noch gelebt! Hast du's gelesen? Sie hat noch gelebt. Wir hätten sie retten
105 können. O, Andreas!"
„Red' nicht so dumm! Was wäre dann aus mir
geworden? Und aus dir? Man hätte mich ins
Archiv versetzt oder sogar ins Lager. Unsere
Villa hätten wir verkaufen müssen, und das Boot
110 *und ...*"
„Wir hätten sie retten müssen."
„Ich war der Meinung, sie sei tot. Es war also
nur Unfallflucht. Was ist schon dabei? Und nun
kein Wort mehr darüber!"
115 „O Gott, wir haben sie auf dem Gewissen!"
„Verdammt! Nun reichts! Basta! Ich hab' heute
einen schweren Tag vor mir, muss einige Direk-

toren besuchen und wichtige Verträge abschließen. Ich komme also erst morgen abend
zurück. Dreh ja nicht durch!"   120

Mittwoch, 27. Februar

Zeitungsnotiz: „Die am Samstag tödlich verun-
glückte Gerda Müller ist, wie erst jetzt bekannt
wurde, nach dem Unfall noch vergewaltigt worden. Vom Täter fehlt noch jede Spur."   125

Donnerstag, 28. Februar

Um 10 Uhr 47 wurde Andreas H. beim Verlassen seines Hotels in Frankfurt am Main von
der Polizei verhaftet. Seine Frau hatte ihn angezeigt.   130

Fließtext (Literatur-Magazin des BVjA), Nr.1/1991, Bonn, S.4 ff.

1 *Formulieren Sie eine Inhaltsangabe zu diesem Text.*

2 *Begründen Sie, ob es sich bei diesem Text um einen szenisch-dialogischen Text handelt.*

3 *Beurteilen Sie das Verhalten des Mannes und der Frau in diesem Text. Welches Vergehen kann dem Ehepaar vorgeworfen werden?*

4 *Wie ließe sich die Szene nach dem Unfall spielen? Denken Sie bei Ihren Überlegungen auch an akustische Möglichkeiten.*

5 *Stellen Sie sich vor, Sie hätten das Unfallgeschehen beobachtet und müssten es bei der Polizei angeben. Formulieren Sie das beobachtete Geschehen in Protokollform. Beachten Sie dabei die für ein Protokoll notwendigen Punkte auf S. 65.*

6 *Suchen Sie in Zeitschriften und Zeitungen nach weiteren Texten zum Thema Unfallflucht und Alkohol am Steuer. Stellen Sie diese Texte in der Klasse vor.*

7.7.2 Längere Formen dialogischer Texte

Hierunter sind in erster Linie Theaterstücke zu verstehen, die meist unter dem Oberbegriff „Drama" zusammengefasst sind.

Das folgende Textbeispiel ist ein Auszug aus „Leben des Galilei" von Bertolt Brecht, genauer: ein Ausschnitt aus dem 14. Bild des Stückes. Das Stück entstand in den Jahren 1938/39 im Exil in Dänemark und wurde 1943 uraufgeführt. In insgesamt 15 Bildern wird das Leben und Wirken Galileis gezeigt. Seine Arbeit ist durch die Suche nach Beweisen für das kopernikanische Weltbild bestimmt. Die Kirche leistet ihm jedoch erheblichen Widerstand, da ihr Weltbild durch seine Erkenntnisse zerstört wird. Galilei widerruft schließlich vor der Inquisition seine Lehre von der Bewegung der Erde um die Sonne, um ungestört weiterarbeiten zu können. Sein ehemaliger Schüler Andrea Sarti schmuggelt Galileis Arbeit nach Holland, da sie dort veröffentlicht werden kann.
Der Auszug zeigt den gealterten Galilei, der in einem Landhaus bei Florenz lebt. Er ist ein Gefangener der Inquisition und wird von einem Mönch und seiner Tochter Virginia bewacht. Galilei hat sich den Forderungen der Inquisition gebeugt und wird in Ruhe gelassen. Andrea besucht ihn auf dem Weg ins freie Holland.

Bertolt Brecht
3   Leben des Galilei (Auszug)

1   *14. Bild*

GALILEI Nein?! – Mein lieber Sarti, auch in meinem gegenwärtigen Zustand fühle ich mich noch fähig, Ihnen ein paar Hinweise darüber zu geben, was die Wissenschaft alles angeht, der Sie sich verschrieben haben.

5   *Eine kleine Pause.*

GALILEI *akademisch, die Hände über dem Bauch gefaltet:* In meinen freien Stunden, deren ich viele habe, bin ich meinen Fall durchgegangen und habe darüber nachgedacht, wie die Welt der Wissenschaft, zu der ich mich selber nicht mehr zähle, ihn zu beurteilen haben wird. Selbst ein Wollhändler muss, außer billig einkaufen und teuer verkaufen, auch noch darum besorgt sein, dass der Handel mit

10   Wolle unbehindert vor sich gehen kann. Der Verfolg der Wissenschaft scheint mir diesbezüglich besondere Tapferkeit zu erheischen. Sie handelt mit Wissen, gewonnen durch Zweifel. Wissen verschaffend über alles für alle, trachtet sie, Zweifler zu machen aus allen. Nun wird der Großteil der Bevölkerung von ihren Fürsten, Grundbesitzern und Geistlichen in einem perlmutternen Dunst von Aberglauben und alten Wörtern gehalten, welcher die Machinationen dieser Leute verdeckt. Das

15   Elend der Vielen ist alt wie das Gebirge und wird von Kanzel und Katheder herab für unzerstörbar erklärt wie das Teleskop aus der Hand und richtete es auf seine Peiniger, Fürsten, Grundbesitzer, Pfaffen. Diese selbstischen und gewalttätigen Männer, die sich die Früchte der Wissenschaft gierig zunutze gemacht haben, fühlten zugleich das kalte Auge der Wissenschaft auf ein tausendjähriges, aber künstliches Elend gerichtet, das deutlich beseitigt werden konnte, indem sie beseitigt wurden.

20   Sie überschütteten uns mit Drohungen und Bestechungen, unwiderstehlich für schwache Seelen. Aber können wir uns der Menge verweigern und doch Wissenschaftler bleiben? Die Bewegungen der Himmelskörper sind übersichtlicher geworden; immer noch unberechenbar sind den Völkern die Bewegungen ihrer Herrscher. Der Kampf um die Messbarkeit des Himmels ist gewonnen durch Zweifel; durch Gläubigkeit muss der Kampf der römischen Hausfrau um Milch immer aufs Neue

25   verloren gehen. Die Wissenschaft, Sarti, hat mit beiden Kämpfen zu tun. Eine Menschheit, stolpernd in einem Perlmutterdunst von Aberglauben und alten Wörtern, zu unwissend, ihre eigenen Kräfte

Zeichnung von Hans Tombrock zu Brechts „Galilei"

voll zu entfalten, wird nicht fähig sein, die Kräfte der Natur zu entfalten, die ihr enthüllt. Wofür arbeitet ihr? Ich halte dafür, dass das einzige Ziel der Wissenschaft darin besteht, die Mühseligkeit der menschlichen Existenz zu erleichtern. Wenn Wissenschaftler, eingeschüchtert durch selbstsüchti-
30 ge Machthaber, sich damit begnügen, Wissen um des Wissens willen aufzuhäufen, kann die Wissenschaft zum Krüppel gemacht werden, und eure neuen Maschinen mögen nur neue Drangsale bedeuten. Ihr mögt mit der Zeit alles entdecken, was es zu entdecken gibt, und euer Fortschritt wird doch nur ein Fortschreiten von der Menschheit weg sein. Die Kluft zwischen euch und ihr kann eines Tages so groß werden, dass euer Jubelschrei über irgendeine neue Errungenschaft von einem univer-
35 salen Entsetzensschrei beantwortet werden könnte. – Ich hatte als Wissenschaftler eine einzigartige Möglichkeit. In meiner Zeit erreichte die Astronomie die Marktplätze. Unter diesen ganz besonderen Umständen hätte die Standhaftigkeit eines Mannes große Erschütterungen hervorrufen können. Hätte ich widerstanden, hätten die Naturwissenschaftler etwas wie den hippokratischen Eid der Ärzte entwickeln können, das Gelöbnis, ihr Wissen einzig zum Wohle der Menschheit anzuwenden! Wie es
40 nun steht, ist das Höchste, was man erhoffen kann, ein Geschlecht erfinderischer Zwerge, die für alles gemietet werden können. Ich habe zudem die Überzeugung gewonnen, Sarti, dass ich niemals in wirklicher Gefahr schwebte. Einige Jahre lang war ich ebenso stark wie die Obrigkeit. Und ich überlieferte mein Wissen den Machthabern, es zu gebrauchen, es nicht zu gebrauchen, es zu missbrauchen, ganz wie es ihren Zwecken diente.
45   *Virginia ist mit einer Schüssel hereingekommen und bleibt stehen.*
    GALILEI Ich habe meinen Beruf verraten. Ein Mensch, der das tut, was ich getan habe, kann in den Reihen der Wissenschaft nicht geduldet werden.
    VIRGINIA Du bist aufgenommen in den Reihen der Gläubigen.
    Sie geht und stellt die Schüssel auf den Tisch.
50   GALILEI Richtig. – Ich muss jetzt essen.
    Andrea hält ihm die Hand hin. Galilei sieht die Hand, ohne sie zu nehmen.
    GALILEI Du lehrst jetzt selber. Kannst du es dir leisten, eine Hand wie die meine zu nehmen?
    Er geht zum Tisch. Jemand, der hier durch kam, hat mir Gänse geschickt. Ich esse immer noch gern.
    ANDREA So sind Sie nicht mehr der Meinung, dass ein neues Zeitalter angebrochen ist?
55   GALILEI Doch. – Gib acht auf dich, wenn du durch Deutschland kommst, die Wahrheit unter dem Rock.
    ANDREA *außerstande zu gehen:* Hinsichtlich Ihrer Einschätzung des Verfassers, von dem wir sprachen, weiß ich Ihnen keine Antwort. Aber ich kann mir nicht denken, dass Ihre mörderische Analyse das letzte Wort sein wird.
    GALILEI Besten Dank, Herr. *Er fängt an zu essen.*
60   VIRGINIA *Andrea hinausgeleitend:* Wir haben Besucher aus der Vergangenheit nicht gern. Sie regen ihn auf.
    Andrea geht. Virginia kommt zurück.
    GALILEI Hast du eine Ahnung, wer die Gänse geschickt haben kann?
    VIRGINIA Nicht Andrea.
65   GALILEI Vielleicht nicht. Wie ist die Nacht?
    VIRGINIA *am Fenster:* Hell.
Frankfurt/M. 1970, S. 124 ff.

1 Die hier abgedruckte Szene ist eine der Schlüsselszenen des Stückes. Welchen Zweck verfolgt Galilei mit seiner Entdeckung, und gegen wen soll sie sich richten? Welchem Ziel soll letztlich alle Wissenschaft dienen?

2 Wieso sieht Galilei eine Gefahr darin, dass sein Wissen der Obrigkeit in die Hände gefallen ist?

3 In welcher Weise wird Galilei in diesem Szenenausschnitt charakterisiert?
   ▷ Vgl. auch Kapitel 1.1.3, S. 20.

4 Interpretieren Sie den Ausspruch „Gib acht auf dich, wenn du durch Deutschland kommst, die Wahrheit unter dem Rock". Beachten Sie in diesem Zusammenhang die Entstehungszeit des Dramas.

5 Informieren Sie sich in Lexika über Leben und Werk von Bertolt Brecht.

6 Fertigen Sie ein Referat oder eine Facharbeit über Bertolt Brecht (oder über einen Autor Ihrer Wahl) an. ▷ Vgl. Kapitel 2.4.2, S. 59 f.

Bertolt Brecht wurde 1898 in Augsburg geboren. Er schrieb lyrische, epische und szenisch-dialogische (dramatische) Texte. Brecht entwickelte eine eigenständige Theatertheorie, die sich vom herkömmlichen klassischen Drama grundlegend unterschied und die er selbst als „Episches Theater" bezeichnete. Ziel war nicht die Unterhaltung des Publikums, sondern die Anregung zum Nachdenken. So haben viele seiner Stücke lehrhaften Charakter, auch das Stück „Leben des Galilei". Bertolt Brecht starb 1956.

Brecht, 1938

Papst rehabilitiert Galilei: Tragisches Verkennen

1 **Vatikanstadt** (dpa). Papst Johannes Paul II. hat den von der Inquisition als Ketzer verurteilten Mathematiker und Philosophen Galileo Galilei 350 Jahre nach dessen Tod offiziell rehabilitiert.
5 Galilei war 1633 von der Kirche zum Widerruf seiner Behauptung gezwungen worden, die Erde drehe sich um die Sonne. Vor der päpstlichen Akademie der Wissenschaften nannte der Papst am Samstag die Verurteilung Galileis ein „tragi-
10 sches gegenseitiges Verkennen". Allerdings hätten seine Richter „in gutem Glauben" gehandelt. Schon mehrfach zuvor hatte Johannes Paul Galilei als „Mann des Glaubens" und „Vorbild auch für die Kirche" bezeichnet. Kurz nach seiner
15 Wahl zum Papst hatte er die jetzt abgeschlossene Überprüfung des Verfahrens gegen Galilei (1564–1642) angeordnet. Seitdem haben sich Theologen, Naturwissenschaftler und Historiker mit dem Prozess gegen den aus Pisa stammen-

Ruhr-Nachrichten vom 02.11.1992

den Gelehrten beschäftigt. Galilei war von der 20 Kirche verfolgt worden, weil er in Anknüpfung an Kopernikus dem damals herrschenden geozentrischen Weltbild des Aristoteles widersprochen hatte.
1984 veröffentlichte die päpstliche Kommission 25 erstmals Teile der Prozessdokumente. „Haben Sie vertreten, dass die Sonne das Zentrum der Welt sei, und nicht die Erde, und dass diese sich auch bewegt?", wurde Galilei befragt. „Weder vertrete ich noch habe ich diese Auffassung ver- 30 treten", antwortet Galilei, nachdem man ihn zur Abschwörung gezwungen hatte. „Im Übrigen bin ich hier in Ihren Händen. Mögen Sie machen, was sie wollen." Nicht belegt ist dagegen Galileis berühmtester Satz, mit dem er der 35 herrschenden Lehre und der Inquisition widersprochen haben soll: „Und sie bewegt sich doch."

---

1 *Fassen Sie die wichtigen Aussagen dieses Zeitungsartikels zusammen.*

2 *Suchen Sie aus einem Lexikon die wichtigsten Angaben zu der historischen Figur Galileo Galilei heraus. Helfen Ihnen diese Erkenntnisse für das Verständnis des Auszugs aus dem Theaterstück? Begründen Sie Ihre Ansicht.*
Inwiefern sind diese Informationen hilfreich für das Verständnis des Zeitungsberichtes?

3 *Schreiben Sie einen Kommentar oder einen Leserbrief zu diesem Artikel.*
▷ *Vgl. Kapitel 2.4.3, S. 62 sowie Kapitel 2.3.2, S. 40.*

7.7.3 Fernsehfilm und Kinofilm

Filme, gleichgültig ob für das Fernsehen oder für das Kino gedreht, gehören ebenfalls zum Bereich der szenisch-dialogischen Texte. Sie weisen jedoch einige Besonderheiten auf, da der Einsatz der Kamera neue Spielarten ermöglicht.

⌐4 *Volker Canaris*
Theaterbesucher und Fernsehzuschauer

1 Die aktuelle Beziehung zu seinen Zuschauern macht es dem Theater möglich, sie auch in Gefühls- und Denkprozesse, in Erfahrungs- und Erlebniszusammenhänge zu verwickeln, die ihrer eigenen Realität scheinbar weltenfern sind und die sie doch unmittelbar anrühren und betroffen machen, die ihre Stellungnahme provozieren, ihr Einverständnis oder ihren Widerspruch, ihre Wut oder Trauer
5 oder ihr befreites Lachen. Im Rahmen und aus Anlass einer am dänischen Königshof spielenden Geschichte, in der ein Mörder überführt und ein Mord gesühnt werden sollen, wird dann plötzlich auch die Frage nach Sein oder Nichtsein für den Zuschauer relevant, er ist bereit, sie mitzudenken. Aufgrund seiner unmittelbaren Beziehung zu seinen Zuschauern kann das Theater diesen auch größere Abstraktionsvorgänge abverlangen, es kann ihnen unvollständige, angedeutete Vorgänge anbieten,
10 die sie sich selbst komplettieren, es braucht seine Scheinhaftigkeit und Künstlichkeit nicht zu verstecken, ja es kann sie offen bloßlegen und aus diesem Vorgang die zündenden Funken seiner Wirkung schlagen.
Alles was hier über das Theater gesagt wurde, gilt nicht für den Fernsehfilm. Er ist, zunächst, schon aufgrund des Produktionsvorgangs ein technisch reproduzierbares Kunstprodukt. Der aktuellen Einma-
15 ligkeit des Theaterspiels steht die beliebig häufige Wiederholbarkeit eines Fernsehspiels gegen-über. Der Herstellungsprozess unterscheidet sich auf durchaus spezifische Weise von theatralischer Arbeit: an die Stelle der räumlichen, zeitlichen und personalen Integrität des Vorgangs Theaterabend tritt ein extrem arbeitsteilig organisierter, mit Hilfe von komplizierten und kapitalintensiven technischen Mitteln zerlegter Produktionsprozess, der ein vollkommen synthetisches, montiertes Endprodukt ergibt.
20 Setzt das Theater Zeit, Raum und Person als die seine Wirklichkeit konstituierenden Konstanten voraus, so setzen sich Fernsehfilm und Kinofilm (insofern einander durchaus vergleichbar) ihre eigene Zeit, ihren eigenen Raum, ja ihre eigenen Personen und deren Beziehungen auf durchaus synthetische, erst im Organisationszusammenhang des Endproduktes wirksame und wirkliche Weise zusammen. Und dieses Endprodukt ist zwar wiederholbar, aber nicht in sich selbst variierbar: was
25 der Zuschauer zu welchem Zeitpunkt sieht, wie er es sieht, in welchem Zusammenhang und – weitgehend – mit welcher Wirkung er es sieht, ist durch den Synthetisierungsvorgang vorherbestimmt, ist fixiert.

Fernsehspiel und Theater. In: Helmut Kreuzer (Hrsg.): Literaturwissenschaft – Medienwissenschaft. Heidelberg 1977, S. 62 f.

1 *Arbeiten Sie die in diesem Text aufgeführten Unterschiede zwischen Theaterstück und Fernsehfilm heraus.*

2 *Sie haben sicherlich eigene Erfahrungen mit Theater- und/oder Kinobesuchen. Welche weiteren Unterscheidungsmerkmale halten Sie für wichtig?*

3 *Listen Sie mögliche Erwartungshaltungen im Hinblick auf eine Theateraufführung, einen Fernsehfilm oder einen Kinofilm auf. Worauf gründet sich die Erwartungshaltung jeweils?*

4 *Warum ist man häufig enttäuscht, wenn man zuerst ein Buch gelesen hat und anschließend die Verfilmung bzw. die Theateraufführung dieses Buches sieht?*

Das Medium Film bringt neben dem sprachlichen ein weiteres Moment ins Spiel: das Visuelle. Mit welchen Mitteln lässt sich zu diesem wesentlichen Charakteristikum ein Zugang verschaffen, und welche Aspekte sind zu beachten, wenn ein Film hinsichtlich seiner „Machart" untersucht und beurteilt werden soll? Unter „Machart" wird die filmisch-künstlerische (die ästhetische) Ausgestaltung und Aufbereitung eines Stoffes verstanden.

Auch in diesem Fall führt der Weg immer über den **subjektiven Zugang.** Erst wenn der Zuschauer ein Interesse an dem Stoff entwickelt hat, ist er auch bereit, sich näher mit dem Filmischen zu befassen.

Wichtige Begriffe der Filmanalyse

Die Kamera nimmt nur einen geringen Ausschnitt des Wahrnehmbaren auf. Der Kamerablick auf bestimmte Details lenkt somit die Wahrnehmung des Zuschauers. Das Aufgenommene kann im Nachhinein noch verändert werden, zum Beispiel durch Montage und Kürzung. **Wichtige Aspekte der Filmanalyse sind daher:**

❏ Einstellungsgrößen
❏ Perspektiven
❏ Kamera- und Objektbewegungen
❏ Licht, Bildkomposition, Raum
❏ Sprache, Geräusche, Musik
❏ Erzählstruktur, Handlungsdramaturgie

Die **Einstellungsgröße** legt fest, wie groß ein Gegenstand oder eine Person im Bild zu sehen ist und bestimmt die Entfernung, mit der der Zuschauer mit dem Filmgeschehen konfrontiert wird. Sie stellt Distanz zum Zuschauer her oder rückt ihn unmittelbar an die handelnden Personen heran.

Detail: Hier ist nur ein sehr kleiner Ausschnitt zu sehen, ein Auge, ein Mund, die Finger am Abzugshahn des Revolvers. Detaileinstellungen werden meist zur Spannungssteigerung und bei emotionalen Höhepunkten eingesetzt.

Groß: Ein Kopf wird bis zum Hals oder zur Schulter gezeigt. Der Zuschauer kann so die Mimik des Gezeigten genau verfolgen („das Gesicht als Landschaft"), jeder Augenaufschlag, jedes Zucken des Mundwinkels bekommt Bedeutung.

Nah: Ein Brustbild bzw. bis zum Bauch. Es ist die gemäßigt-normale Distanz des Ansagers und Nachrichtensprechers. Neben der Mimik wird auch die Gestik der Hände wichtig, neben der Figur ist auch schon Hintergrund zu sehen.

Halbnah: Die Figur ist bis zu den Oberschenkeln bzw. zu den Knien zu sehen. Man sieht jetzt viel Umraum, die Figur tritt zu anderen Figuren in deutliche Beziehung, die Mimik ist zugunsten der Gestik in den Hintergrund getreten.

Halbtotale: Die Figur ist ganz zu sehen, ihre Körpersprache dominiert, es ist Raum für Aktion. Die Umgebung der Figur gewinnt an Eigengewicht.

Totale: Ein Überblick über ein Geschehen wird vermittelt, ein Eindruck des Ganzen, in dem aber der Einzelne noch zu erkennen ist. Die Einstellung dient der räumlichen Orientierung des Zuschauers, der dann häufig Einstellungen mit größerer Nähe folgt.

Amt für Jugendarbeit der Evangelischen Kirche von Westfalen (Hrsg.): Schwerte 1992, S. 205

Die **Kamera** kann ein Geschehen aus verschiedenen Positionen aufnehmen, die auch die Sichtweise des Zuschauers beeinflussen. Unterschieden wird zwischen **Normalperspektive** (Augenhöhe), **Froschperspektive** (Untersicht) und **Vogelperspektive** (Draufsicht). Aus diesen Perspektiven lassen sich jedoch keine festen Bedeutungszuweisungen ableiten.

Der Schwenk, die Fahrt und der Zoom sind die im Film erkennbaren **Kamerabewegungen**. Beim Schwenk wird die Kamera an einem festen Standort bewegt, vergleichbar mit der Kopfbewegung eines Menschen. Die Kamerafahrt entspricht der Bewegung des gesamten Körpers, das heißt, die Kamera wird zum Beispiel in der gleichen Geschwindigkeit und Richtung mit der handelnden Person im Film mitgeführt. Mit dem Zoom ist es möglich, große Entfernungen zu überbrücken. Unter **Objektbewegungen** werden die Bewegungen der Menschen oder der Gegenstände im Film verstanden. Die Fachleute sprechen auch von Handlungsachsen. Damit sind auch Blick- und Sprechrichtung gemeint. Durch Filmschnitte und Szenenlänge können zudem Bewegung oder Ruhe angedeutet werden.

Kein Film kann ohne **Licht** gedreht werden. Dies kann von Kontrastwirkungen (Hell-Dunkel) bis zu reinen Führungslichtpassagen gehen, welche die Konzentration des Zuschauers stark lenken. Die Raumwirkung des Films entsteht aufgrund der perspektivischen Abbildung der Fotografie. Der Filmraum ergibt sich aus der Kombination der Einstellung und der Verbindung von räumlicher Tiefe. Ein besonderes Mittel zur Raumbildung ist die **Veränderung des Schärfebereichs**. Große Schärfentiefe bedeutet, dass sowohl Nahes als auch Entferntes scharf zu sehen ist. Die Benutzung von Unschärfen ist dagegen ein Mittel gezielter Blickführung. Schärfenmitführung beziehungsweise Schärfenverlagerung (der Blick des Zuschauers wird etwa vom Hintergrund zum Vordergrund gelenkt) sind gezielt einsetzbare Stilmittel.

Bei der **Sprache** wird zwischen on-Ton und off-Ton unterschieden. Von **On-Ton** wird gesprochen, wenn die Tonquelle (zum Beispiel eine Person oder ein Tier) im Bild zu sehen und Teil der Handlung ist. Der **Off-Ton** kann dagegen neue Bedeutungen hervorrufen. Dies ist besonders wichtig bei Filmmusik. Bei der Sprechweise ist auf die Intonation zu achten. Geräusche unterstützen das Vorstellungsvermögen der Zuschauer und die Illusion. Sie werden in der Regel im Studio nachträglich hinzugefügt.

Bei der **Erzählstruktur** sind die Aspekte der Vorausdeutung und Rückblende bedeutsam, die häufig als Traum oder gedankliche Rückbesinnung umgesetzt sind. Der Handlungsaufbau folgt besonders in Unterhaltungsfilmen häufig dem traditionellen Dramenschema. Die Rollenausstattung, die Besetzung von Haupt- und Nebenfiguren sowie die allgemeine Schauspielerbesetzung sind weitere wesentliche Aspekte.

Die hier aufgezählten Kategorien sind nicht vollständig – sie können nur Hilfestellung und Anregungen bei der Filmanalyse geben und sollen zur Entwicklung eigener Ansätze ermutigen. Vielleicht finden Sie weitere bedeutsame Aspekte in dem Film, den Sie gerade für wichtig halten?

6   Modell zur Untersuchung von Literaturverfilmungen

```
                          ┌─────────────┐
                          │    Autor    │
                          └─────────────┘
                      historisch-sozialer Kontext
                                 │
                                 ▼
                      ┌────────────────────┐
                      │ Literarisches Werk │
                      └────────────────────┘
                                 ▲
     Rezeptions- und Produktionsbedingungen, gebunden an den historisch-sozialen
            Kontext und die individuelle Persönlichkeit des Regisseurs
                                 │
                                 ▼
                          ┌─────────────┐
                          │    Film     │
                          └─────────────┘
        Rezeptions- und Produktionsbedingungen (analytische Trennung)

     filmische Mittel                        inhaltliche Mittel

     z. B.  Perspektive              z. B.  Auslassungen
            Insert                          Übertreibungen
            Montage                         Hinzufügungen
            Vertonung                       Umstellungen
            Geräusche (Musik)               Akzentuierungen
            Kameraführung
            Farben
            Beleuchtung
            Blende
            Brennweite
                          Filmaussage

                          ┌─────────────┐
                          │  Zuschauer  │
                          └─────────────┘

     – spezifische Rezeptionsbedingungen
     – individuelle Kenntnisse und Erfahrungen (auch als Film-Konsument)
     – historisch-sozialer Kontext
```

W. Gast u.a.: Gegenwartsliteratur und Fernsehen. In: Weiterbildung und Medien 4/1981, o.S.

1 *Zur Untersuchung von Literaturverfilmungen hat Gast dieses Modell entwickelt. Prüfen Sie die Brauchbarkeit des Modells, indem Sie es zur Filmanalyse einsetzen. Stellen Sie Ihren Mitschülern die Ergebnisse vor. Berichten Sie über die Schwierigkeiten und Vorzüge eines solchen Modells.*

2 *Entwickeln Sie eigene Beurteilungskriterien zur Filmanalyse.*

3 *Werden die genannten filmischen Mittel auch in anderen Filmen (zum Beispiel bei Filmausschnitten in Nachrichtensendungen) eingesetzt? Bilden Sie sich zunächst ein eigenes Urteil. Vergleichen Sie anschließend Ihre Auffassung mit der von Ulrich Wickert in dem Text auf S. 64.*

4 *Machen Sie sich das Medium Film zunutze. Experimentieren Sie mit den Möglichkeiten der Kamera. Drehen Sie kurze Szenen, zum Beispiel eine Arbeitsplatzbeschreibung oder einen Werbespot. Schreiben Sie vorher ein „Drehbuch", in dem die Regieanweisungen und Dialoge aufgeführt sind.*

5 *Filmen Sie Ihre Mitschüler bei der spielerischen Umsetzung der Texte „Deutschunterricht", S. 248 f., und „Fahrerflucht", S. 250 f., sowie bei weiteren szenischen Darstellungen.*

6 *Versuchen Sie einmal ein größeres Projekt mit der Kamera anzugehen. Überlegen Sie innerhalb der Klasse entsprechende Möglichkeiten. Planen Sie eine präzise Aufgabenverteilung. Jeder sollte eine Aufgabe übernehmen und diese möglichst effektiv ausfüllen.*

7.8 Texte bewerten

Die Auseinandersetzung mit Texten schließt deren qualitative Bewertung mit ein – dies wurde bereits bei der Beschäftigung mit Sachtexten deutlich (vgl. die ersten Kapitel dieses Buches). Besonders in den einzelnen Berufsbereichen ist es wichtig, Funktion, Informationsgehalt und Wirkung eines Textes beurteilen zu können. Die Vermittlung von Informationen und der sich daraus ergebende Erkenntnisgewinn sind dabei die bedeutsamsten Bewertungskriterien. Der Wert eines Fahrplanes, eines Telefonbuches oder eines Testberichts liegt demnach auf einer anderen Ebene als der Wert eines Spielfilms, Krimis, Heimatromans oder einer Geburtstagsrede (▷ S. 161).

7.8.1 Voraussetzungen jeder Wertung

⌐ 1 Begriffsklärung „Wert"

1 **Wert,** im allg. die zwischen einem Gegenstand und einem Maßstab durch den wertenden Menschen hergestellte Beziehung. (...) Die Dinge, Vorgänge, Verhältnisse, Personen und ihre Handlungen haben nicht von selbst und an sich 5 W., sondern erst, wenn sie zu uns in Beziehung treten, gewinnen sie dadurch, dass wir sie beurteilen, einen W.
Werturteil im Unterschied vom Seinsurteil (z. B. die Rose blüht) das eine Bewertung ausdrückende Urteil (z. B. die Rose ist 10 schön).

Johannes Hoffmeister: Wörterbuch der philosophischen Begriffe. Hamburg 1955, S. 667 f.

Voraussetzung jeder Wertung sind die jeweiligen individuellen Empfindungen und Vorstellungen bei der Aufnahme und Verarbeitung eines Werkes oder eines anderen erlebten Sachverhaltes, mag es sich dabei um ein Buch, ein Bild, ein Musikstück, ein Sportereignis, eine Handlung, eine verrichtete Arbeit, ... handeln. Typische **Werturteile** in solchen Fällen sind beispielsweise:

- ❑ *Der Film hat mir nicht gefallen.*
- ❑ *Das Spiel war ungemein spannend.*
- ❑ *Das Buch ist langweilig.*
- ❑ *Diese Arbeit ist Ihnen gut gelungen.*

Häufig handelt es sich dabei um subjektive (persönliche) Äußerungen, die nicht weiter begründet werden. Diese Werturteile beruhen auf den erlernten Wertvorstellungen und dem kulturellen Hintergrund der gesellschaftlichen Gruppe, der man angehört, sowie der Erwartungshaltung des Einzelnen.

- ❑ Der Film gefällt jemandem nicht, weil er wenig Spannungselemente aufweist. Ein anderer dagegen lobt die Kameraführung.
- ❑ Das Spiel wird als spannend empfunden, da der Siegtreffer erst in allerletzter Minute fällt. Anhänger der unterlegenen Mannschaft sind hingegen von den spielerischen Qualitäten ihrer Mannschaft eher enttäuscht.
- ❑ Dem Leser eines Buches bleibt der Sinn des Textes unverständlich, er wertet das Buch ab. Das Buch ist jedoch ein Bestseller.
- ❑ Die Mathematiklehrerin lobt eine Schülerin, deren Arbeit weitaus besser als frühere Arbeiten ausgefallen ist. Die Schülerin ist trotzdem unzufrieden, da sie nicht alle Aufgaben gelöst hat.

Werturteile werden in allen Lebensbereichen gefällt – je einsichtiger die Grundlagen (Kriterien) der Bewertung sind und je mehr sie allgemein akzeptiert sind, desto leichter werden sie als gerecht und begründet hingenommen, auch wenn es sich um negative Wertungen handelt.

7.8.2 Bedingungen literarischer Wertung

Der Wert eines literarischen Textes wurde **traditionell** zunächst an **Wertmaßstäben** festgemacht wie:

- ❑ Einheit von Gehalt (Inhalt) und Gestalt (Form),
- ❑ Harmonie und Stimmigkeit der Teile.

Dies sind rein literarästhetische Kriterien (Ästhetik = Lehre vom Schönen). Durch wissenschaftlich-technologische Entwicklungen und damit verbundene gesellschaftliche Umwälzungen kamen im Laufe der Zeit weitere, **umfassendere Wertmaßstäbe** hinzu wie etwa Öffentlichkeit, Wahrheit, Menschlichkeit.

Eine literarische Wertung ist heute jedoch nur in akzeptabler Weise möglich, wenn auch die **historisch-gesellschaftlichen Rahmenbedingungen** eines Werkes und seine Aufnahme und Wirkungsgeschichte bei der Leserschaft mit einbezogen werden. Diesen literaturhistorischen Aspekt beinhalten beispielsweise die folgenden Wertmaßstäbe:

- ❑ das zeitliche Überdauern eines Textes,
- ❑ das Weiterwirken eines Textes auf andere Autoren/Autorinnen,
- ❑ das Widerspiegeln der Wirklichkeit eines Zeitalters.

All diesen Wertungskriterien kommt jedoch kein „Wert an sich" zu, sondern sie sind in ihrer geschichtlichen Einbettung etwas Gewordenes und damit auch Veränderliches:

> **Werte** sind unter geschichtlichen Bedingungen zu Werten geworden, und sie gelten auch nur unter bestimmten Voraussetzungen zu einer bestimmten (möglicherweise sehr langen) Zeit für eine Gruppe von Menschen beziehungsweise für bestimmte Gesellschaften.

Die Frage nach der „Richtigkeit" eines Werturteils ist somit genau genommen immer die Frage nach der **Geltung eines Werturteils in einer bestimmten geschichtlichen Situation.** Diese Einsicht lässt sich beispielsweise anhand folgender Fragen überprüfen:

❑ Unter welchen Bedingungen und für wen ist ein Wert zum Wert geworden?
❑ Welche Vorurteile sind aufgrund welcher Ursachen in die Wertung gesellschaftlicher Gruppen einer bestimmten Zeit eingegangen?
❑ Lässt sich eine Werthaltung vor der jeweils bestehenden aktuellen Gesellschaft rechtfertigen?

Vom **literarischen Wert** lässt sich ganz allgemein dann sprechen, wenn ein Text für maßgebliche Bedürfnisse einer Gruppe wichtig ist, und zwar in verschiedener Hinsicht:

❑ wenn der Text Erkenntnis schafft, die persönlich bedeutsames oder gesellschaftsbezogenes Handeln ermöglicht;
❑ wenn ein Text „Spiel-Raum" schafft, der gerade von Handlung entlastet (dies gilt zum Beispiel für die sogenannte Trivialliteratur).

Hans-Joachim Schlosser

Der Wert eines literarischen Textes bemisst sich somit nach der Rolle, die der Text im Alltag eines Menschen oder einer Gruppe spielt. Dabei ist zu berücksichtigen, dass solche Rollen ihrerseits wieder Wertungen unterliegen und in ihrer Bedeutung schwanken können. Dies hat mit zu der Einsicht geführt, dass eine ästhetische Wertung allein nicht ausreicht, um den tatsächlichen Wert eines Textes für den Leser zu ermessen.

Werturteile sind keine Seinsurteile, die in ihrer Richtigkeit oder Falschheit nachgewiesen werden könnten. Der kritisch wertende Leser muss erkennen, auf welche Weise ein Text die Wert- oder die Unwerterfahrung auslöst beziehungsweise die Wertanerkennung oder -kritik in Gang setzt. Eine solche **Wertungskompetenz** darf nicht in der Bindung an Normsätze erstarren, vielmehr muss sie einhergehen mit ständiger Wertunruhe, die den Wertenden in einer produktiven Offenheit angesichts möglicher neuer Werte hält – in diesem Falle neuer literarischer Erzeugnisse.

1 Welche Texte lesen Sie? Warum sprechen diese Texte Sie an? Entwickeln Sie persönliche Kriterien für eine Wertung.

2 Schlagen Sie in Lexika weitere Definitionen des Begriffes „Wert" nach. Stellen Sie diese Definitionen in der Klasse vor und diskutieren Sie darüber. ▷ *Vgl. Kapitel 2.3.3, S. 42 ff.*

3 In welchem Zusammenhang steht die Karikatur auf S. 261 mit der Thematik der literarischen Wertung?

4 „Wahrheit" ist ein mögliches Wertungskriterium. Erläutern Sie zunächst, was Sie darunter verstehen, und vergleichen Sie Ihre Auffassung anschließend mit der Definition im folgenden Text.

⌐3 Karl Jaspers
Was ist Wahrheit? – Wissenschaftliche und existenzielle Wahrheit

1 Die Frage nach der Wahrheit ist (…) die Grundfrage der Philosophie schlechthin. Das deutet schon der Name Philosophie an, der „Liebe zur Weisheit" bedeutet und die leidenschaftliche Suche nach der Wahrheit meint.
Im Alltagsverständnis glaubt man zu wissen, was jeweils „die Wahrheit" ist. Versucht man jedoch
5 ihren Begriff philosophisch streng zu fassen, gerät man in Schwierigkeiten. (…)
Glauben ist unterschieden vom Wissen. Giordano Bruno glaubte und Galilei wusste. Äußerlich waren beide in der gleichen Lage. Ein Inquisitionsgericht verlangte unter Drohung des Todes den Widerruf. Bruno war zum Widerruf mancher, aber nicht der für ihn entscheidenden Sätze bereit; er starb den Märtyrertod. Galilei widerrief die Lehre von der Drehung der Erde um die Sonne, und man erfand die
10 treffende Anekdote von seinem nachher gesprochenen Wort: und sie bewegt sich doch. Das ist der Unterschied: Wahrheit, die durch Widerruf leidet, und Wahrheit, deren Widerruf sie nicht antastet. Beide taten etwas dem Sinne der von ihnen vertretenen Wahrheit Angemessenes. Wahrheit, aus der ich lebe, ist nur dadurch, dass ich mit ihr identisch werde; sie ist in ihrer Erscheinung geschichtlich, in ihrer objektiven Aussagbarkeit nicht allgemein gültig, aber sie ist unbedingt. Wahrheit, deren Rich-
15 tigkeit ich beweisen kann, besteht ohne mich selber; sie ist allgemein gültig, ungeschichtlich, zeitlos, aber nicht unbedingt, vielmehr bezogen auf Voraussetzungen und Methoden der Erkenntnis im Zusammenhang des Endlichen. Es wäre ungemäß, für eine Richtigkeit, die beweisbar ist, sterben zu wollen. Wo aber der Denker, der des Grundes der Dinge inne zu sein glaubt, seine Sätze nicht zu widerrufen vermag, ohne dadurch die Wahrheit selber zu verletzen, das ist sein Geheimnis. Keine all-
20 gemeine Einsicht kann von ihm fordern, Märtyrer zu werden. Nur dass er es wird, und zwar, wie Bruno, nicht aus schwärmerischem Enthusiasmus, nicht aus dem Trotz des Augenblicks, sondern nach langer, widerstrebender Selbstüberwindung, das ist ein Merkmal echten Glaubens, nämlich der Gewissheit von Wahrheit, die ich nicht beweisen kann wie wissenschaftliche Erkenntnis von endlichen Dingen.
25 Jedoch ist der Fall Brunos ungewöhnlich. Denn Philosophie pflegt sich durchweg nicht in Sätzen zu konzentrieren, die Bekenntnischarakter annehmen, sondern in Denkzusammenhängen, die ein Leben im Ganzen durchdringen. Wenn Sokrates, Boethius, Bruno gleichsam die Heiligen der Philosophiegeschichte sind, so sind sie darum keineswegs die größten Philosophen. Sie sind aber die mit Ehrfurcht gesehenen Gestalten der Bewährung eines philosophischen Glaubens in der Weise der Märtyrer.
Der philosophische Glaube. Frankfurt/M. 1958, S. 11 f.

Lesen Sie den Text auf S. 252 f. und stellen Sie Bezüge zu dem Text von Karl Jaspers her. Stimmen Sie den Ansichten Jaspers zu oder haben Sie Zweifel an der Richtigkeit seiner Aussagen? Begründen Sie Ihre Meinung.

> 1 **"** Zu Herrn Keuner, dem Denkenden, kam der Schüler Tief und sagte: „Ich will die Wahrheit wissen."
> „Welche Wahrheit? Die Wahrheit ist bekannt. Willst du die über den Fischhandel wissen? Oder die über das Steuerwesen?
> 5 Wenn du dadurch, dass sie dir die Wahrheit über den Fischhandel sagen, ihre Fische nicht mehr hoch bezahlst, wirst du sie nicht erfahren", sagte Herr Keuner. **"**

Bertolt Brecht: Geschichten vom Herrn Keuner. In: Prosa II. Frankfurt/M. 1965

7.8.3 Literarische Wertung am Beispiel: „Trivialliteratur"

ᴛ4 *Hille Belian*
Mitten ins Herz

1 Cora führte gerade ein Telefongespräch. Sie bedeutete dem Besuch, einzutreten und sich zu setzen.
5 Martin Roemer war hochgewachsen und breitschultrig. Blaue Augen blitzten in einem gebräunten, angenehm offenen und jungenhaft wirkenden
10 Gesicht. Sie schätzte ihn auf Anfang bis Mitte Dreißig.
Er lächelte ihr zu und setzte sich. Er hatte eine Zeichenmappe dabei, die er neben sich
15 abstellte.
Sie legte auf und wandte sich ihm zu: „Guten Tag, Herr Roemer. Ihr Onkel, der ein guter Freund meines verstorbe-
20 nen Mannes war, hat mir von Ihrem Anliegen erzählt. Sie möchten also eine Weltreise machen, und dazu brauchen Sie Geld."
25 Er antwortete nicht gleich, dann platzte er heraus: „Entschuldigen Sie, ich hatte Sie mir nicht so jung vorgestellt."
30 „Zu jung, um eine Firma zu leiten?" fragte sie.
„Das wollte ich damit nun wirklich nicht sagen. Aber ..."

„Ach ja, mein Mann war 28
35 Jahre älter als ich. Ist Ihre Neugierde nun befriedigt?"
Ehe er sich gefasst hatte, fuhr sie rasch fort: „Würden Sie mir Ihr Projekt einmal
40 näher erklären?"
„Entschuldigen Sie, ich wollte Sie nicht verletzen. Und was mein Projekt angeht: Ich möchte eine weltweite Fotore-
45 portage machen. Über das tägliche Leben."
Aus seinem Blick sprach Begeisterung und Wärme, und plötzlich wirkte er ungeheuer
50 anziehend. Cora traf es mitten ins Herz.
„Eine interessante Idee. Wirklich." Sie bemühte sich um einen sachlichen Ton.
55 „Eine bekannte Fotofirma sponsert mich. Sie stellt mir das Material zur Verfügung, aber ich brauche auch Bargeld. Natürlich will ich es nicht geschenkt
60 haben." Er öffnete seine Mappe und entnahm ihr mehrere Blätter. „Vielleicht könnten sie diese Entwürfe brauchen?"
Sie sah die Blätter durch. Es
65 war hervorragendes Textildesign.

„Sie sind wie geschaffen für unsere Möbelstoffe", murmelte sie beeindruckt.
„Ich habe sie eigens dafür 70 angefertigt."
„Sie könnten als Textildesigner viel Geld verdienen."
Wieder das jungenhafte Grinsen: „Regelmäßige Arbeit 75 ist nichts für mich. Ich habe in Düsseldorf und Paris die Kunstakademie besucht und war anschließend ein Jahr in Japan."
„Wieviel verlangen Sie 80 dafür?"
Er nannte eine Summe, die recht hoch war, aber sie nickte nach kurzer Überlegung. „Einverstanden. Wohin sollen wir 85 den Scheck schicken?"
„Ich hole ihn ab. Passt es Ihnen morgen Nachmittag?"
Unter seinem eindringlichen Blick errötete sie ein wenig, aber sie bewahrte die Fassung: 90 „Bis morgen also, Herr Roeder."

✱ ✱ ✱

Der Umschlag mit dem Scheck lag seit zwei Uhr nach- 95 mittags auf ihrem Schreibtisch. Martin Roeder kam um vier.

Er bedankte sich, machte aber keine Anstalten zu gehen.
100 Und auch sie wünschte nichts sehnlicher, als dass er bleiben möge.

„Wann wollen Sie Ihre Reise denn antreten?"
105 „Wenn alles gut geht, in zwei Wochen." Dann entschloss er sich: „Haben Sie heute Abend Zeit? Könnten wir zusammen essen?"
110 Sie war bei Freunden eingeladen. Sie würde absagen. Der Wunsch, mit Martin zusammenzusein, war unendlich viel stärker.
115 Sie trafen sich im Restaurant.

„Sie sehen zauberhaft aus", sagte er bewundernd.

„Danke", lächelte sie.
120 Er hob das Glas und lächelte: „Sie sehen noch schöner und jünger aus als gestern."

Sie warnte ihn lachend: „Täuschen Sie sich nicht, ich
125 habe 33 Jahre auf dem Buckel."

„Ich sogar 35", schmunzelte er, „der Unterschied ist nur, dass Sie Firmenchefin sind und
130 ich ein Habenichts."

„Nach dem Tod meines Mannes blieb mir nichts anderes übrig, als ins kalte Wasser zu springen und die Weberei
135 weiterzuführen", antwortete sie. Er hakte nach: „Warum haben Sie einen Mann geheira-

tet, der so viel älter war als Sie?"
140 „Ich brauchte Johannes. Viel mehr als er mich. Ich bin als Waise aufgewachsen. Johannes war Vater und Mutter für mich und gleichzeitig ein
145 wundervoller Mann. Er ist auf der Rückfahrt von einer Fachmesse bei Glatteis und Nebel tödlich verunglückt. Von heute auf morgen musste
150 ich mit allem allein fertig werden."

„Das war sicher nicht leicht."

„Oh nein. Johannes war
155 hoch verschuldet. Heute ist die Firma aus den roten Zahlen heraus." Sie sah ihn nicht ohne Stolz an und fügte hinzu: „Von Ihren Entwürfen verspreche ich
160 mir sehr viel."

Die Zeit verging wie im Flug. Zum Schluss bestand Martin trotz Coras Protest darauf, die Rechnung zu beglei-
165 chen.

Draußen konnten sie sich wie am Nachmittag nicht trennen. Schließlich schlug Cora vor: „Möchten Sie auf eine
170 Tasse Kaffee zu mir kommen?"

„Gern", strahlte er sofort.

Sie führte ihn in ihr Wohnzimmer und sagte: „Ich koche
175 Kaffee. Holen Sie doch bitte schon mal die Cognacflasche aus der Bar."

Als sie mit dem Tablett zurückkam, hatte er schon zwei
180 Gläser eingeschenkt, aber es kam kein rechtes Gespräch mehr zustande. Vielleicht sah er doch nur eine Geschäftspartnerin in ihr?
185 Eine halbe Stunde später verabschiedete er sich.

Als sie die Tür hinter ihm schloss, sagte sie sich, dass es sicher besser so war. In zwei
190 Wochen würde er seine Weltreise antreten. Wahrscheinlich würden sie sich nie wiedersehen. Und doch fühlte sie sich auf einmal verzweifelt allein.
195 Sie stand in der Diele und ihr Blick fiel auf ein Schlüsselbund. Hatte Martin ihn vergessen? Im selben Augenblick klingelte es.
200 „Ich habe meine Schlüssel vergessen", sagte er, als er atemlos vor ihr stand.

Sie reichte ihm wortlos das Schlüsselbund.
205 „Es wäre vielleicht nicht vernünftig, wenn ich mich jetzt ans Steuer setzen würde …" Er sah aus, als wollte er ganz etwas anderes sagen.
210 Sie hielt den Atem an: „Möchten Sie hierbleiben?"

„Möchtest du es?" fragte er leise. Er zog sie in seine Arme. Und all die Gefühle, die so lange in ihr brachgelegen hat-
215 ten, überfluteten sie, fegten alle Vernunft beiseite.

Das Neue 21/1992, S. 42 f.

1 *Beurteilen Sie diesen Auszug aus einem Liebesroman. Belegen Sie Ihre Auffassung durch geeignete Textstellen.*

2 *Welche zusätzlichen Kriterien könnten bei der Bewertung dieses Textes von Bedeutung sein? Beziehen Sie hierzu Fragen ein wie: Wer liest sogenannte Trivialliteratur und warum? Welche Funktion kann das Lesen solcher Texte haben (▷ S. 260 ff.)?*

3 *Vergleichen Sie Ihre Wertung mit der in der Karikatur auf S. 266 zum Ausdruck gebrachten Wertung.*

Das Böse kommt meistens von außen

Schreibanweisung für den „Heimatklänge"-Roman

¬⌐5

Für die Autoren ihrer Heftromane haben die Verlage verbindliche Richtlinien zu Inhalt und Sprache, über Erwünschtes und Verbotenes entworfen. Auszüge:

Wie im Heimatglocken-Roman und Bergschicksals-Roman gilt es auch hier, einen anspruchsvollen Leserkreis anzusprechen. Im Gegensatz zu diesen beiden Romankategorien muss der Heimatklänge-Roman nicht unbedingt im Gebirge spielen.

Vor allem aber ist es wichtig, dafür einige Landschafts-, Stammes- und Sittenkunde zu treiben … Wer über Alemannen schreibt, sollte bedenken, dass dieser Stamm als einziger in Deutschland ein anderes Erbrecht hat: Hier erbt der jüngste Sohn, der „Hofengel". Daraus entstehen zwangsweise völlig andere Möglichkeiten der Komplikationen (zweite Heirat, sehr späte Geburten), die bis jetzt noch nie aufgegriffen wurden.

Eine romantische Liebesgeschichte steht im Vordergrund der Handlung. Sie dürfen hier etwas sentimentaler und gefühlvoller schreiben als im Heimatglocken- oder Bergschicksals-Roman. Überspitzen Sie aber bitte nicht. Der Leser muss Ihre Schreibart als angenehm empfinden.

Legen Sie Wert auf eine schöne Schilderung der Landschaft. Aber bringen Sie solche Beschreibungen nicht zu trocken, sondern bauen Sie diese in den Lauf der Handlung ein. Alles, was sie in einem Heimatklänge-Roman bringen, soll dazu dienen, die Handlung unentwegt voranzutreiben.

Auch im Heimatklänge-Roman gibt es Hindernisse, die sich der Liebe in den Weg stellen. Dies können Standesunterschiede, Erbschaftsprobleme und wiederum auch Missverständnisse sein. Sehr gut in Heimatklänge passen Romane, siehe Landschafts-, Stammes- und Sittenkunde, die das Miteinanderleben (Ehe, unter einem Dach usw.) betreffen, wenn Angehörige völlig verschiedener Stämme aufeinander treffen.

Gemeint sind damit aber keinesfalls Flüchtlingsprobleme, sondern die aus dem modernen Leben (Touristik) geborenen Zusammenführungen, wobei die Unterscheidung „Städter" – „Bauer" fast etwas zu oberflächlich ist und oft gerade dieser Erweiterung bedürfen. Das Böse kommt auch hier meistens von außen.

Denken Sie dabei bitte an den Unterschied, der zwischen einem Gebirgler und einem Heidemenschen besteht. Auch beispielsweise in der Heide gibt es die sonderbare Kräutersammlerin, die Wahrsagerin. Aber es gibt neben diesen Personen auch zahlreiche andere Figuren, die den Charakter des Landes vertiefen. Das ist zum Beispiel der Schäfer, der am Abend mit seinen Heidschnucken über das Land zieht.

Neben einer gefühlvollen Grundhandlung ist eine erheiternde Nebenhandlung angebracht. Auch hier sollten Sie wieder an die Operette denken, in der am Schluss ein Helden- und ein Buffopaar zusammenfinden.

Der Spiegel vom 17.10.88

---

1 Diese Schreibanweisung für Heftromane gibt Einblick in die Produktion dieser Texte. Stellen Sie die wichtigen Aspekte heraus.

2 Halten Sie diese Anweisung für legitim? Begründen Sie Ihre Auffassung. Versetzen Sie sich auch in die Rolle der Autoren/Autorinnen. ▷ Kapitel 4.6, S. 136 f.

3 Welche der in der Schreibanweisung aufgeführten Aspekte finden sich im Text „Mitten ins Herz"?

4 „Das Klassenbuch":

Schreiben Sie eine kleine Liebes- oder eine andere Unterhaltungsgeschichte. Nutzen Sie dazu die in der Schreibanweisung gegebenen Anregungen. Sammeln Sie die einzelnen Geschichten in der Klasse – auch über einen längeren Zeitraum hinweg –, und stellen Sie daraus ein Buch zusammen.

5 Welche Unterhaltungsfilme oder Unterhaltungsserien „trivialer Art" kennen Sie? Welche sind populär, warum?

Das Leben ist kein Roman

Fritz Wolfs Anmerkungen zu Liebe, Lesen und Literatur

6

7.8.4 Literarische Wertung am Beispiel: Rezensionen

Literaturkritiker haben in der Regel ein literaturwissenschaftliches Studium abgeschlossen und besitzen fundiertes literarisches Hintergrundwissen. Sie schreiben ihre Rezensionen (= Kritiken) für Magazine und Zeitungen, kennen den entsprechenden Leserkreis und richten sowohl ihre Buchauswahl als auch die Form der sprachlichen Darstellung auf diesen Leserkreis aus.

Tipp: Kritik ist nicht gleichzusetzen mit negativer Bewertung, sondern dient ebenso zur Hervorhebung von positiven Aspekten eines Buches.

Da die bereits erwähnten Bedingungen literarischer Wertung (vgl. S. 260 ff.) auch für professionelle Kritiker gelten, ist es nicht weiter erstaunlich, dass in Literaturrezensionen häufig sehr gegensätzliche Urteile über Neuerscheinungen und Autoren zu finden sind.

Neben der literarischen Kritik in den **Printmedien** findet auch im **Rundfunk** Literaturkritik statt. Im folgenden Text geht es um eine Fernsehsendung, in deren Mittelpunkt neben den besprochenen Büchern auch die Kritiker selbst stehen.

Dieter Hildebrandt
♪7 Dichter-TÜV

1 Ein paar Mal im Jahr sitzen drei Herren und eine Dame zu Gericht. Richtiger: das Quartett besteht aus einer Dame und zwei Herren, ist ein Trio, das sich von Mal zu Mal um eine Dame oder einen Herrn komplettiert. Sie sprechen vor drei Prozent der Fernsehzuschauer über Bücher, die noch niemand gelesen hat, von Autoren, von denen man nichts weiß, erwähnen Zusammenhänge, die unbe-
5 kannt sind, und fällen Urteile, die einem ziemlich egal sind, weil, siehe oben, das exekutierte Werk bislang an einem vorübergegangen ist.
Und doch gehört das Ganze zum Unterhaltendsten, was im öffentlich-rechtlichen Fernsehen angeboten wird. (…)
Also, ich tue alles, um Freunde, Feinde, Verwandte und Bekannte zu überreden, dieses Scharfrichter-
10 Kolloquium zu verfolgen. Man muss das einfach gesehen haben, wie Reich-Ranicki, die direkt aus dem Himmel herabgestiegene große Sense des Buchmarkts, die zeitgenössischen Romanautoren aberntet. Neben ihm die Frau Löffler aus Österreich, allzeit bereit, dem Meister die vernichtenden Worte vom Munde abzulesen, sie dann zu zerpflücken und ihm wieder hineinzustecken, wo sie ihm herauskamen. Das gelingt so selten wie kaum einmal. Der Meister ist Herr seiner Worte, lässt sie her-
15 aus, aber nicht wieder hinein. Urteile, die er abgibt, nimmt er nicht wieder an.
Momente, in denen es schwierig wird für ihn, bewältigt er spielend und beiläufig dadurch, dass er seine Sätze nicht mehr als sein Eigentum betrachtet. Er begreift sich, während er noch spricht, als Zitat. Seine Schlagfertigkeit, immer wieder verblüffend, ist das Produkt langer Vorbereitung. Der Mann ist bis an die Zähne bewaffnet, wenn er sich hinsetzt. Es kommt mir auch so vor, als wollte er
20 vorgefertigte Aphorismen unter allen Umständen unterbringen. Das passt dann manchmal nicht, weil sein anderer Beisitzer, Hellmuth Karasek, das auch vorhat, aber dann legt sich die ganz Gewichtigkeit des Oberspielleiters Reich-Ranicki über die etwas schmächtigere Geschwätzigkeit des Karasek und mulmt alles nieder. Mit spitzen Augen kommentiert Frau Löffler den Unterwerfungsvorgang! Irgendwann einmal haben die drei der Viererbande den Vierten eliminiert. Der wird jetzt ausgelost,
25 wird zwar vor der Sendung geschminkt, aber nicht informiert.

Wissen sollte man vielleicht (ich weiß das leider auch nicht, aber es interessiert mich mehr als alle politischen Vorgänge), ob vor diesen Gesprächen über Existenz oder Nichtexistenz eines Dichters ein Vorgespräch stattgefunden hat, das die Abwärts- oder Aufwärtsdaumenhaltung des Quartetts spontan beeinflusst. Weiß der Karasek vorher, dass der Reich-Ranicki in einem Anfall von überlegter Ehrlich-
30   keit den Günther Grass in den literarischen Ruhestand schicken wird?
Will der Karasek da widersprechen? Oder übernimmt der weisungsgemäß die Position von Szczypi-
orski, dem Reichsromanranicki nicht die Verschissliste geschickt hat?
Oder sind die Widersprüche des Karasek, der Frau Löffler und des auszulosenden Vierten nur drama-
turgisch gesetzte Doppelpunkte für die Pointen des Spielleiters R. R.?
35   „Der Mann schreibt seit der Blechtrommel mit jedem weiteren Roman sein Testament. Es gibt Auto-
ren, die einmal in ihrem Leben etwas zu sagen haben. Dabei sollten sie es belassen und uns nicht wei-
ter behelligen.“
Dann nicken sie alle vier und bereiten die Ermordung des nächsten Autors vor.
Der hat nur 424 Seiten geschrieben.
40   Reich-Ranicki: „Unter 600 Seiten ist ein Roman kein Roman.“
Karasek: „Ja, aber…“
Reich-Ranicki: „Die Hauptfigur in diesem Nichtroman ist ein Mann, dem ich das nicht glaube.“(…)
Karasek greift zum nächsten Roman. Ein jüdischer Autor. Schon falsch ausgewählt, weil Reich-
Ranicki das besser weiß. R. R., knurrig, kurz, ganz Guillotine: „Der Mann hat über 700 Seiten gefüllt
45   – sie sind alle leer geblieben.“
Frau Löffler: „Immerhin, er hat einen Roman geschrieben, wenn ich Ihr Kriterium, dass unter 600
Seiten ein Roman kein Roman ist, übernehme.“ (…)

Nächstes Buch.
R. R. meint: „Der Autor dieses Buches sollte sich Gedanken machen, ob der Entschluss, es dem Buch-
50   handel zu überlassen, nicht der Grund für die Katastrophe war, die das Buch mit Sicherheit darstellt.“
Frau Löffler ist empört, schließt sich aber dann doch der Meinung von Karasek an, der dazu keine
hat.
Schlusswort: Kafka ist tot – Koeppen schreibt nicht mehr – die Zahl der ungeschriebenen Meister-
werke nimmt zu.
55   Reich-Ranicki: „Der Vorhang zu und alle Meinungen offen“, oder so ähnlich.
Die besprochenen Autoren sammeln ihre Köpfe, manche finden ihn nicht wieder, schreiben kopflos
weiter.
Ihr Schicksal liegt in den Händen von Reich-Ranicki, der beweist, dass ein Quartett nicht unbedingt
aus vier Menschen bestehen muss.
Denkzettel. München 1992, S. 202 ff.

1 Was bedeutet die vom Autor gewählte Bezeichnung „TÜV“ im Hinblick auf diesen Text?

2 In welcher Weise wird deutlich, dass es sich bei diesem Text um eine satirische
Darstellung der betreffenden Fernsehsendung handelt? ▷ S. 279.

3 Lesen Sie in der Textsammlung, S. 342, den Text „Technik bleibt unvollkommen“. In welcher Weise wird dort der Begriff „Kritik“ verwendet?

4 Verfassen Sie eine Rezension, zum Beispiel zu einem Film, einer CD oder einem
Buch.

5 Betrachten Sie die folgende Karikatur (Text 8). Stellen Sie Bezüge zum Text
„Dichter-TÜV“ her.

Der Kritiker

Rezensionen können großen Einfluss auf den Bekanntheitsgrad eines Produkts (Buch, Film, Musiktitel) nehmen, ebenso wie Hitlisten oder Bestsellerlisten, an denen sich die Konsumenten orientieren.

⌐9   Bestseller und Bestseller-Liste

Was war zuerst, der Bestseller oder die Bestseller-Liste? Seit Menschen sich im Denken üben, versuchen sie, das innige Geflecht von Ursache und Wirkung zu entwirren. Oft ist das, was von weitem sehr entfernt aussieht, viel komplizierter als angenehm. Versuchen Sie doch mal, das Verhältnis von Ursache und Wirkung umzukehren – einfach so, zum Spaß! Dann werden Sie merken, dass die sprachlich suggerierte Kausalität kein Naturgesetz ist.

Wie oft muss ein Buch über den Ladentisch gehen, um zu Bestseller-Ehren zu gelangen? Zehntausendmal? Fünfzigtausendmal? Hunderttausendmal?

Nach Auskunft eines Münchner Verlegers steigt der Absatz eines Buches, sobald es auf die Bestseller-Liste kommt. Viele Kunden orientieren sich daran und lassen sich von Hitparaden leiten, wenn sie ein Geschenk brauchen. Oder sie wollen wissen, worüber man gerade spricht. Was wiederum dazu führt, dass der Titel weiter klet

Die neuen Bücher. München 1992, S. 3

tert. Und so fort – wie ein unendliches, geflochtenes Band!

Wen wundert es also, wenn Verlage versuchen, auf die Listen Einfluss zu nehmen? Umso größer die Sorgfalt bei deren Erstellung! Die Spiegel-Bestseller-Liste basiert zum Beispiel auf der Befragung von 270 Buchhändlern. Aus rund 80 Titeln können sie die Plätze 1 bis 15 wählen. Ferner sind sie aufgefordert, nicht gelistete Titel zu nennen, nach denen ebenfalls viel gefragt wird.

Auf diese Weise bleibt die Bestseller-Liste dauernd in Bewegung: es gibt einen relativ festen Anteil Standardtitel, die ab und zu von Neuzugängen bedrängt werden; und es gibt Shootingstars, die meist schnell wieder in Vergessenheit geraten. Was Bestand hat und was nicht – das entscheidet letztlich der Leser. Er ist es, der immer wieder nach Neuem verlangt. Und er ist es auch, der weiterhin nach Bewährtem fragt.

Jens Dittmar

1 *Erklären Sie den Begriff „Bestseller" anhand dieses Textes.*

2 *Schlagen Sie in Zeitschriften die neuen „Hitlisten" für verschiedene künstlerische Bereiche nach. Finden Sie heraus, nach welchen Kriterien die Listen jeweils zusammengestellt worden sind. Beispiel: reine Verkaufszahlen, Umfragen, Meinungen von Fachleuten, ... Diskutieren Sie die Notwendigkeit solcher Auflistungen.*

3 *Nennen Sie Gründe dafür, dass ein Film, eine CD oder ein Buch zum „Bestseller" werden kann. Denken Sie hierbei auch an Vermarktungsstrategien von Verlagen.*

4 *Schreiben Sie eine Erörterung oder eine Facharbeit zum Thema „Ist literarische Wertung sinnvoll?".* ▷ *Vgl. Kapitel 5.7, S. 177 ff., sowie Kapitel 2.4.2, S. 59 f.*

8

Bitte weiter-leiten!

Sag' mir etwas, und ich werde es vergessen!

Zeig' mir etwas, und ich werde es vielleicht behalten!

Lass es mich tun, und ich werde es bestimmt behalten.

Zen-Weisheit

Alle im Folgenden angesprochenen Aspekte zum gestaltenden Umgang mit Bildern und Texten erlauben ein selbstständiges spielerisches Experimentieren mit Sprache. Eine eigenständige Bearbeitung und Umgestaltung vorhandener sowie das Entwickeln neuer „Ideen" ist nicht nur erlaubt, sondern ausdrücklich erwünscht. Die Arbeitsanregungen sind – da sie den sonst üblichen erläuternden Text ersetzen – den jeweiligen Beispielen vorangestellt.

8.1 Text- und Bildvorlagen sprachlich gestalten

■ Sprachspiel

Im folgenden Text werden zusammengesetzte Substantive verändert, indem sie zu Fragen umformuliert werden. Entwickeln Sie ähnliche Fragestellungen.

⌐Ⴑ₁ *Klaus W. Schmuda*
Bohrende Fragen

1   Bestimmte zusammengesetzte Substantive eignen sich besonders zur Umwandlung in eine Frage. Auch durch Auseinanderreißen zusammengesetzter Wörter lassen sich solche Fragen bilden. Dabei erzielen wir nicht nur einfach witzige Fragen; nicht selten tritt ein Hintersinn zutage,
5   der die Frage zu einer wirklich bohrenden Frage macht. So zum Beispiel: Ehren Urkunden? Darauf lässt sich nur antworten: Es kommt darauf an. Vor allem auf das Wann, Wo und Warum.
Solche Sprachspielereien folgen häufig der Phonetik (Lautgestalt), nicht der Rechtschreibung; daran sei noch erinnert, wenn wir nun der einleiten-
10   den Erklärung Beispiele folgen lassen.
Raten Käufer? Floh Marktverkäufer? Haut Arzt Patienten? Log Buch? Zechen Direktoren? Schien Bein? Mied er Warenhersteller? Schalt er Beamte? Summen Bilanzen? Stimmen Gewinne? Büßten Halter? Mag sie Milian? Scharf, Richter? Reden Schreiber? Lag er gut? Rochen Fänger?
15   Fing er Hüte? Krähen Füße? Ballen Pressen? Voll, Kaufmann? Leiht er Sprossen? Stahl er Zeugnisse? Leer, Körper? Hecken Schützen? Schloss er Werkstatt? Kalt, Mamsell? Unken Teiche? Laden Hüter? Latschen   *Flora*
Kiefern? Spuren Elemente? Mag er Quark? Blühten Drucker? Schlachten Bummler? Hallte Schild? Kurt Schmidt? Blau, Mann? Steppen Wölfe? Pfanzen artige Tiere? Schnurren erzählende Seefahrer?
20   Ölt Anker? Speckt Unke?
(…)
Texten und Schreiben 3/1992, S. 25

8.1.1 Gedichte rekonstruieren

■ Lückentext mit Alternativen

Setzen Sie im Gedicht an den mit Auslassungspunkten gekennzeichneten Stellen das nach Ihrer Ansicht geeignete Wort ein.

$\lrcorner$2   *Axel Kutsch*
Schöne Grüße aus Afrika

1 Liegen am .?. halbnackt	*See, Teich, Strand*
stop	
.?. warm hier unten	*sonderbar, wunderbar, seltsam*
stop	
5 bei Euch tiefer .?. – ätsch –	*Winter, Herbst, Sommer*
stop	
.?. Bedienung spurt	*weiße, arme, schwarze*
stop	
verneigt sich noch für ein .?.	*Trinkgeld, Almosen, Lächeln*
10 stop	
fühlen uns wie im .?.	*Hotel, Paradies, Gartenhaus*
stop	
nur .?. Kinder stören	*singende, bettelnde, kleine*
stop	
15 ansonsten alles wie im .?.	*Prospekt, Heimatland, Dorf*
stop	

Veränderung macht Leben. Gedichte für amnesty international. Lippstadt 1989, S.73

■ Zeilenpuzzle

1   *In dem folgenden Gedicht sind die Zeilen durcheinandergeraten. Versuchen Sie den ursprünglichen Text wieder herzustellen. Wenn Sie logisch vorgehen, ist dies problemlos möglich.*

2   *Finden Sie einen geeigneten Titel für das Gedicht.*

3   *Erläutern Sie, wie Sie bei Ihrem Lösungsweg vorgegangen sind. Welche Schwierigkeiten ergaben sich bei der Rekonstruktion des Gedichttextes?*

$\lrcorner$3

1   Du brauchst ein Segel das du dir aus Träumen webst
wenn du dich treiben lässt dann wirst du dich darin verlieren
dort ist im Lauf der Zeit ein abgrundtiefer See entstanden
an dessen Jahresringen man nur Leid und Freude misst
5   und der in jedem von uns wächst bis an den Tod.
Der Weg zum Lächeln führt dich in ein Tal
das aus dem wetterfesten Holz des Hoffnungsbaums gebaut ist
ob du dein Ziel erreichst entscheidest du allein.
Ans andre Ufer kommst du nur mit einem Boot
10   aus den Tränen derer die den Weg nicht fanden
und wenn es dir gelingt den Wind des Glücks zu fangen
und wenn du da bist weißt du auch warum du lebst.
Du brauchst ein Ruder und das kann die Liebe sein
wirst du sicher irgendwann dort angelangen
15   wenn du es richtig anfasst wird sie dich hinüberführen
und die gestorben sind allein mit ihrer Qual.

(nach Mario Hené)

■ Gedichtcollage

1 Hier sind die Zeilen zweier Gedichte durcheinander geraten. Entwickeln Sie aus den Zeilen einen sinnvollen Text. Sie müssen nicht alle Zeilen verwenden, acht Zeilen sollten es jedoch mindestens sein. Die Zeilen dürfen in sich nicht verändert werden, die Groß- und Kleinschreibung soll beibehalten werden. Die Zeichensetzung können Sie eigenständig gestalten.

2 Erläutern Sie wiederum, wie Sie bei der Lösung der Aufgabe vorgegangen sind. Welche Probleme traten bei der Erarbeitung auf?

∫4

1	Dein Lachen auf meinem Mund	**17**	meinem Bauch
2	gut verheilt hinter deinen Rippen	**18**	unter deinen Händen
3	Aus deinem Haar wirst du	**19**	lösen sie fährt
4	niemals wieder allein sein	**20**	Aus deinem Mund wirst du
5	Sonne und Salz	**21**	sie mit dir nach Haus zwischen
6	funktioniert	**22**	meine Spuren nicht mehr
7	Von deiner Haut wirst du	**23**	ihr zwischen die Zähne
8	in meinen Haaren	**24**	wie auf deinen Lippen
9	meinen Geruch nicht mehr	**25**	sitz ich dein Schrittmacher
10	bei jedem Kuss von dir	**26**	dein Atem und
11	waschen er beizt	**27**	wendet wer dich neben mir liebt sich ab
12	Tisch und Bett schlägt mein Schatten zu	**28**	aufhörst und ich anfange
13	Lichtpunkte warm auf	**29**	Wolken blauweißgeplustert
14	vergessen wo du	**30**	Mit dir allein wirst du
15	dir die Haut mit Grauen	**31**	meine Zunge nicht mehr
16	Hab ich doch	**32**	verwischen du schleppst

8.1.2 Texte sinnvoll ausgestalten

Ausgestaltung bedeutet hier: an Vorgaben anknüpfen, einen Anfang oder eine Schlusspassage entwickeln, Leerstellen im Text ausformulieren.

■ Schlüsselworttext (Akrostichon)

Entwickeln Sie zu den Anfangsbuchstaben eines Substantivs neue Begriffe, die einen Zusammenhang zum Ausgangswort erkennen lassen. Besonders geeignet für die Erstellung solcher Texte sind die folgenden Begriffe:
Frieden, Gewalt, Liebe, Glück, Technik, Hoffnung, Kunst, Sport, Trauer, Jugend, Alter, Freundschaft.
Selbstverständlich können auch andere Schlüsselwörter als Schreibanreiz gewählt werden.

∫5

G EGEN	**L** EBEN	**T** AUSENDE	**K** AUFEN
E INEN	**I** N	**E** LEKTRONISCHER	**I** M
W ILLEN	**E** INER	**C** HIPS	**R** UMMEL
A LLES	**B** ESONDEREN	**H** ELFEN	**MACHT**
L EBEN	**E** INHEIT	**N** ACHRICHTENÜBERMITTLUNG	**E** NORM
T ÖTEN		**I** MMENSER	**S** PASS
		K OMMUNIKATIONSBEDÜRFNISSE	

■ Den Anfang zu einem Erzähltext schreiben

Formulieren Sie einen geeigneten Beginn zu dem folgenden Text. Geben Sie der Geschichte einen Titel.

⌐6

1   (...) Doch der Mann ließ sich nicht stören und zog sich in aller Ruhe seine Haut aus. Stellenweise war dies schwierig, denn seine Haut war schon fast angewachsen, und schließlich entschied er sich, die blauen Augen zu behalten. Er hatte sich an sie gewöhnt. Die Haut aber faltete er sorgfältig zusammen und legte sie in die Schublade zu den Socken. Sie war eine gute Haut gewesen, und er
5   tätschelte sie noch einmal, bevor er die Schublade schloss.
Den nächsten Tag verbrachte er damit, seine Sachen zu packen. Er rief all seine Freunde an und sagte ihnen, dass er sie an der Kreuzung treffen würde, um sich von ihnen zu verabschieden. Sie kamen und hatten viel zu sagen, er solle doch bleiben, dies sähe ihm gar nicht ähnlich und wie er ihnen dies antun könne.
10 Der Mann sah und hörte sie kaum; ihre Stimmen klangen wie aus weiter Ferne. Immer wieder wanderten seine Blicke zur Straße. Schnell reichte er seinen Freunden noch ein Abschiedsgeschenk, das Spiegelbild samt Spiegel, und ging. Seine Freunde waren damit beschäftigt, auf ihn einzureden, und bemerkten gar nicht, dass er schon fort war.
Der Mann lief die Straße entlang und wunderte sich, wohin ihn seine Füße trugen. Im Vorübergehen
15 steckte er sich noch den Sonnenuntergang in die Hosentasche, lachte und verschwand dann im Wald.
Ochs, Peter (Hrsg.): ... zu spüren, dass es mich gibt. Frankfurt a. M. 1981, S. 31 f.

■ Die Schlusspassage zu einem Erzähltext schreiben

Erstellen Sie einen geeigneten Schluss zu dem vorgegebenen Erzähltext. Halten Sie den Sprachstil ein.

⌐7   **Arthur und Al auf Freiersfüßen**

1   Es war einmal ein junger Biber, der hieß Al und bewarb sich gemeinsam mit einem älteren Biber namens Arthur um die Gunst eines hübschen Biberweibchens. Die junge Dame wollte von Al nichts wissen, weil er ein Leichtfuß und ein Taugenichts war. Er hatte in seinem Leben noch kein Stückchen Holz benagt, denn er zog es vor, zu essen, zu schlafen, in den Flüssen herumzuschwim-
5   men und „Hasch-mich" mit den Bibermädchen zu spielen Arthur dagegen, der ältere Biber, hatte seit der Zeit, da er seine ersten Zähne bekam, immer nur gearbeitet und nie irgendetwas mit irgendwem gespielt.
Als der junge Biber das Biberweibchen bat, ihn zu heiraten, sagte sie, das komme nicht in Frage, es sei denn, er bringe es zu etwas. Sie wies ihn darauf hin, dass Arthur schon zweiunddreißig Dämme
10 gebaut habe und zur Zeit an drei weiteren arbeite, während er, Al, bisher noch nicht einmal an ein Brotbrett oder ein Nudelholz herangegangen sei. Al war sehr traurig, erklärte aber, er denke nicht daran zu arbeiten, nur weil eine Frau es von ihm verlange. Als sie ihm daraufhin ihre schwesterliche Liebe anbot, erwiderte er, dass er bereits siebzehn Schwestern habe, deren Liebe ihm vollauf genüge. So nahm er denn sein gewohntes Leben wieder auf: Er aß, schlief, schwamm in den Flüssen
15 herum und spielte mit den Bibermädchen „Ich sehe was, was du nicht siehst". Das Biberweibchen ...
James Thurber: 75 Fabeln für Zeitgenossen, Hamburg 1967

Weitere Möglichkeiten zur Bearbeitung bieten die Texte: ▷ S. 9 (Text 5), S. 306, S. 309, S. 296.

■ Leerstellen ausformulieren

Auch die gemeinsame Arbeit an einem Text kann großen Spaß machen. Bearbeiten Sie den folgenden unvollständigen Text, indem Sie die Leerstellen auf einem separaten Blatt ausfüllen. Das Arbeitsblatt wird dabei von Schüler zu Schüler gereicht und jeder spinnt den Faden weiter.

⌐∫₈

a) Als .?., bevor er von zu Hause wegging, noch rasch in den Spiegel im Flur schaute, erschrak er .?.

b) Das muss eine Täuschung sein, dachte er und wollte sich ins rechte Ohr kneifen, aber .?.

c) In dem Moment sah er, dass er sich wirklich getäuscht hatte – im Spiegel war .?.

d) Von .?. konnte keine Rede sein. Beruhigt wandte sich .?. der Türe zu, da .?.

■ Wortgittertext

1 Formulieren Sie einen erzählenden oder lyrischen Text unter Verwendung der folgenden vorgegebenen Substantive, Verben und Adjektive. Mindestens 15 Begriffe sollten in dem Text verwendet werden.

2 Entwickeln Sie eigene Wortgitter als Grundlage für weitere Texte.

⌐∫₉

Substantive	Verben	Adjektive
Müllkippe	ordnen	farbig
Ozonschicht	lesen	blau
Uhr	besänftigen	geheim
Handtuch	aufatmen	anmutig
Himmel	vernichten	gezackt
Werkzeug	erleben	groß
Bank	begreifen	unüberhörbar
Glück	lieben	freundlich
Feuer	einsammeln	traurig
Lärmpegel	widersprechen	gekünstelt

■ Wer-Wo-Was-Geschichte

*Jedes Klassenmitglied erhält drei verschiedenfarbige Karteikarten, ersatzweise kön-
nen auch einfache Blätter verwendet werden. Die Karten werden als Wer-Karte, Wo-
Karte und Was-Karte gekennzeichnet. In jeweils drei Minuten werden darauf Stichpunkte zu einer denkbaren Handlung notiert.*

Beispiel

Wer-Karte: Eine Person wird möglichst genau beschrieben.
- Alter
- Kleidung
- Geschlecht
- Aussehen
- Charakter
- besondere Kennzeichen
- und anderes

Was-Karte: Eine Textsorte wird festgelegt, drei Angebote sollten gemacht werden.
- Horrorgeschichte
- Kriminalgeschichte
- Märchen
- Liebesgeschichte
- Sciencefiction
- Vernehmungsprotokoll
- Bericht
- und anderes

Wo-Karte: Der Handlungsort wird festgelegt.
- eine dunkle Straße
- eine Waldlichtung
- der Fahrstuhl eines Hochhauses
- der Planet „Diva 7"
- ein Raumschiff
- das Büro eines Industriebetriebs
- und anderes

*Nachdem die Karten ausgefüllt wurden, werden sie eingesammelt und nach Wer-,
Wo- und Was-Karten getrennt geordnet. Danach erhält jedes Klassenmitglied je
eine Karte aus jedem Stapel ausgeteilt. Achtung: Der Schüler beziehungsweise die
Schülerin darf nicht die eigene Karte erhalten. Mit den Vorgaben auf den neuen
Karten soll nun ein Text verfasst werden.*

*Variation: Eine Karte darf getauscht werden, wenn sich ein anderer Schüler zum
Tausch bereit erklärt.*

■ Chamäleontext

Texte lassen sich in vielfältiger Weise verändern, zum Beispiel durch Umwandlung
in andere Textsorten oder durch Änderung der Perspektive (▷ S. 246 f.). Manche
Texte eignen sich· besonders gut zur Umwandlung und Veränderung, daher der
Begriff „Chamäleontext".

*Der Text „Mittagspause" dient als Ausgangstext für Umformulierungen in andere
Textsorten oder Wiedergabe des Geschehens aus anderer Perspektive. Erstellen
Sie entsprechende Texte.*

Beispiele
a) Ein im Café sitzender Mann beobachtet die Frau. Am Abend erzählt er einem Freund, wie
　die Frau aussah und was sie machte.
b) Die Frau kommt mit einem Mann ins Gespräch.
c) Die Frau kommt zu spät an ihren Arbeitsplatz. Sie schildert ihrem Vorgesetzten, was sich in
　der Mittagspause ereignet hat.
d) …

⌐₁₀ *Wolf Wondratschek*
10 Mittagspause

1 Sie sitzt im Straßencafé. Sie schlägt sofort die Beine übereinander.
Sie hat wenig Zeit.
Sie blättert in einem Modejournal. Die Eltern wissen, dass sie schön ist. Sie sehen es nicht gern.
Zum Beispiel. Sie hat Freunde. Trotzdem sagt sie nicht, das ist mein bester Freund, wenn sie zu Hause
5 einen Freund vorstellt.
Zum Beispiel. Die Männer lachen und schauen herüber und stellen sich ihr Gesicht ohne Sonnenbrille vor.
Das Straßencafé ist überfüllt. Sie weiß genau, was sie will. Auch am Nebentisch sitzt ein Mädchen mit
Beinen.
Sie hasst Lippenstift. Sie bestellt einen Kaffee. Manchmal denkt sie an Filme und denkt an Liebesfilme.
10 Alles muss schnell gehen.
Freitags reicht die Zeit, um einen Cognac zum Kaffee zu bestellen.
Aber freitags regnet es oft.
Mit einer Sonnenbrille ist es einfacher, nicht rot zu werden. Mit Zigaretten wäre es noch einfacher. Sie
bedauert, dass sie keine Lungenzüge kann.
15 Die Mittagspause ist ein Spielzeug. Wenn sie nicht angesprochen wird, stellt sie sich vor, wie es wäre,
wenn sie ein Mann ansprechen würde. Sie würde lachen. Sie würde eine ausweichende Antwort geben.
Vielleicht würde sie sagen, dass der Stuhl neben ihr besetzt sei.
Gestern wurde sie angesprochen. Gestern war der Stuhl frei. Gestern war sie froh, dass in der Mittagspause alles sehr schnell geht.
20 Beim Abendessen sprechen die Eltern davon, dass sie auch einmal jung waren. Vater sagt, er meine es
nur gut, Mutter sagt sogar, sie habe eigentlich Angst. Sie antwortet, die Mittagspause ist ungefährlich.
Sie hat mittlerweile gelernt, sich zu entscheiden. Sie ist ein Mädchen wie andere Mädchen. Sie beantwortet eine Frage mit einer Frage. Obwohl sie regelmäßig im Straßencafé sitzt, ist die Mittagspause anstren-
gender als Briefeschreiben. Sie wird von allen Seiten beobachtet. Sie spürt sofort, dass sie Hände hat.
25 Der Rock ist nicht zu übersehen. Hauptsache, sie ist pünktlich.
Im Straßencafé gibt es keine Betrunkenen. Sie spielt mit der Handtasche. Sie kauft jetzt keine Zeitung.
Es ist schön, dass in jeder Mittagspause eine Katastrophe passieren könnte. Sie könnte sich sehr verspä-
ten. Sie könnte sich sehr verlieben. Wenn keine Bedienung kommt, geht sie hinein und bezahlt den Kaffee an der Theke.
30 An der Schreibmaschine hat sie viel Zeit, an Katastrophen zu denken. Katastrophe ist ihr Lieblingswort.
Ohne das Lieblingswort wäre die Mittagspause langweilig.

Früher begann der Tag mit einer Schusswunde. München 1969, S. 52 f.

8.1.3 Parodien und Satiren schreiben

In diesem Buch sind einige Parodien abgedruckt: ▷ S. 82 „Rotkettchen", S. 200
„Dialog", S. 238 „Die Ansagerin" S. 348 f. (Zum Begriff „Parodie" ▷ S. 360.)
Schauen Sie sich diese Parodien nochmals an.

Hinweise für das Parodieren einer Vorlage

Das **Ziel** der Parodie ist die verspottende und übertreibende Nachahmung eines schon
vorhandenen Werkes oder die überspitzte Darstellung einer Person.

Möglichkeiten parodierender Veränderungen:

❏ die Perspektive ändern (zum Beispiel etwas aus der Sicht eines „Bösewichts" darstellen und aus seiner Sicht „richtig stellen")
❏ etwas in eine andere Textsorte umschreiben (zum Beispiel in einen Zeitungsbericht, in
ein Interview, …)
❏ vom Ende einer Handlung ausgehend ein Geschehen aufrollen und dabei die Absicht
ändern
❏ die Vorlage im Sinne einer Aktualisierung verändern und dabei Personen oder gesellschaftliche Umstände kritisieren
❏ die Vorlage insgesamt verulken

- ❏ einzelne Elemente ins Gegenteil verdrehen (zum Beispiel das Aussehen der Personen, ihre Eigenschaften, ...)
- ❏ Motive einzelner Texte miteinander vermischen (zum Beispiel bei Märchen, Fabeln, ...)
- ❏ Überschriften bekannter Werke verändern
- ❏ Namen in Texten verändern im Sinne einer komisch wirkenden Aktualisierung
- ❏ Texte verkürzen
- ❏ Bilder aus Zeitungen und Zeitschriften mit bekannten Personen des öffentlichen Lebens verfremden, indem man sie mit komisch wirkenden Sprechblasen aus anderen Zusammenhängen versieht
- ❏ Collagen herstellen, indem man Figuren aus Zeitschriften (zum Beispiel aus Karikaturen) mit den Köpfen der zu parodierenden Personen verbindet.
- ❏ ...

Hinweise für das Anfertigen von Satiren

Das **Ziel** des Satirikers ist das Aufdecken von Missständen oder von menschlichem Fehlverhalten. Dies geschieht durch Kritik, Abwertung und Bloßstellung.

Mittel der Satire:

- ❏ Das Gegenteil dessen, was gesagt wird, ist gemeint (ironische Darstellung).
- ❏ Eine Person oder ein Sachverhalt wird in verspottender Weise nachgeahmt (Karikatur, Parodie).
- ❏ Gewohntes wird gegensätzlich oder von einem ungewohnten Standpunkt aus beleuchtet (Komik).
- ❏ Situationen werden stark übertrieben oder verzerrt dargestellt (Groteske).
- ❏ Fantasie und Wirklichkeit werden vertauscht (Scheinlogik).
- ❏ Es wird mit Wortspielen gearbeitet.

Als Anschauungsmaterial für die Produktion eigener Satiren lassen sich ebenfalls einige im Buch abgedruckte Texte nutzen, zum Beispiel: ▷ S. 93 (Text 2), S. 155 (Text 4), S. 210 f. (Text 4), S. 243 f. (Text 5), S. 267 f. (Text 7), S. 313 f. „Ratschläge für einen schlechten Redner", S. 331 „Die Zeit fährt Auto", S. 332 „Die Drehstühle".

Beck

1 *Suchen Sie eine geeignete Vorlage, zu der Sie eine Parodie verfassen (Tipp: Liedertexte eignen sich häufig gut dazu!).*

2 *Schreiben Sie eine Satire zu einem Thema Ihrer Wahl.*

8.1.4 Bilder und Fotos als Schreibanregung

Bilder und Fotos bieten vielfältige Anregungen und Anlässe zum Schreiben. Beim Betrachten entwickeln sich dem jeweiligen subjektiven Empfinden gemäße Vorstellungen und Fantasien, Gedankengänge kommen in Gang. Diese individuelle Wahrnehmung lässt sich sowohl in Form von Sachtexten als auch in literarischen Texten verbalisieren, das heißt sprachlich verarbeiten.

1 *Betrachten Sie je 3 Minuten die Fotografie unter den folgenden Fragestellungen und notieren Sie jeweils stichpunktartig alles, was Ihnen dazu in den Sinn kommt:*

a) Was sehen Sie auf dem Foto?
b) Was empfinden Sie beim Betrachten des Fotos?
c) Woran erinnert Sie das Foto?

2 *Schreiben Sie anschließend auf der Grundlage Ihrer Notizen einen Text. Die Textsorte bleibt Ihnen freigestellt. Es kann sich ein Bericht ergeben, eine Beschreibung, ein Brief, ein Gedicht, eine Erzählung und vieles andere mehr.*

3 *Schreiben Sie einen Text zu einem Bild oder Foto Ihrer Wahl. Weitere Möglichkeiten:* ▷ *S. 11, Text 14, S.12, Text 17.*

8.2 Bildliches Gestalten

Texte können nicht nur als Ausgangspunkt für weitere schriftliche Arbeiten genutzt werden, sondern ebenso zu bildlichen Darstellungen anregen. Auf einfacher Ebene vorgegebene Arbeitsanregungen lassen sich auch hier wieder unterschiedlich weiterentwickeln oder auch nach eigenen Vorstellungen abwandeln.

■ Namen und Begriffe

Gestalten Sie einen Begriff, einen Namen oder etwas anderes zeichnerisch aus. Das folgende Beispiel gibt dazu eine Anregung:

„Markus", Reh KG, Solms

■ Wortzeichen

Zeichnen Sie ein Bild, das auf den im Folgenden abgedruckten Wortvorgaben basiert. Alle Vorgaben sollten im Bild verwendet werden. Zusätzlich können weitere Elemente in die Zeichnung eingebracht werden.

Vorgaben:
Regenschirm, Schüssel, Zylinder, Wäscheleine, Handtuch, Bett, Bücher, Ofen, Fenster, Mann, Kissen, Mantel, Decke

■ Ideogramm

Die inhaltliche Aussage von Texten (Textinformation) kann durch die grafische Gestaltung des Textes illustriert und damit „verdoppelt" werden. Hier sind Bezüge zur „Konkreten Poesie" (vgl. den nächsten Abschnitt) und zu den grafischen Mitteln der Werbung gegeben.

Sie sehen hier zwei einfache Beispiele für Ideogramme. Entwickeln Sie Ideogramme, die etwas mit Ihrem Hobby, Ihrer Schule, Ihrem Berufsbild zu tun haben.

⌐⌐₂

K
LA SS EN
ZI MM ER

⌐⌐₃

Der einzig sichere Weg zur schlanken Linie: auf die

Ess-Bremse treten!

■ Konkrete Poesie

Bei dieser Arbeitsweise wird auf den Grundlagen des Ideogramms aufgebaut. Die Entstehung der „Konkreten Poesie" beruht wesentlich auf der Möglichkeit und Lust, mit Hilfe von Sprachzeichen, Wörtern, Sätzen ein konstruktives Spiel zu treiben, wobei typografische Gestaltungsmittel genutzt werden.

1 Machen Sie sich zunächst klar, welche Druckanordnungen in den beiden Texten vorliegen. Was leisten sie für die Darstellung der inhaltlichen Aussage?

2 Entwickeln Sie eine visualisierte Darstellung eines Sprichwortes, eines Satzes oder eines Begriffs. Nutzen Sie dabei auch die folgenden Möglichkeiten:
   – Einrückungen
   – Mittelachsenanordnung
   – Anordnung in kurzen und langen Verszeilen
   – Einzelstellung von Wörtern oder Zeilen
   – Stropheneinteilung

3 Gestalten Sie eigenständig weitere Texte dieser Art.

⌐」4   *Claus Bremer*
          Soldat

Texte und Kommentare. Steinbach 1968

⌐」5   *Ronald Reng*

1   Lachen
                        Unsterbliche Liebe
                     Blitzblanke Zähne strahlen
                   Schöne Frau isst Froschschenkel
5   Sonne scheint auf karibischer Insel
              Anmutige Stöckelschuhe spazieren durch Tanzsäle
           Verfolgungsjagd zwischen einem Porsche und einem Jaguar
         Party-Smalltalk über die neuesten Modeentwürfe aus Frankreich

WARUM GIBT DER SÜDAFRIKANISCHE JUNGE SEIN GANZES GELD FÜR'S KINO AUS ???

10   Flüsternde Verbreitung der Steinigung eines Polizeispitzels
             Bester Freund besitzt das einzige Fahrrad im Dorf
             Stampfende Soldatenfüße hallen durch die Straße
                   Regen tropft durch undichtes Dach
                     Kleiner Bruder hat Hunger
15   Faule Zähne schmerzen
                        Verzweifelter Hass
                             Weinen

Rainer Bücher u. a. (Hrsg.): Sie sagen, das ist Zeitgeist. Wiesbaden 1989, S. 62

■ Literarische Texte zeichnerisch oder fotografisch gestalten

Ziel einer derartigen Aufgabenstellung ist die Entfaltung eigener interpretatorischer Ansätze in bildhafter Form, es handelt sich also um eine Auslegung mit nichtsprachlichen Mitteln.

Suchen Sie sich ein Gedicht, einen kurzen Erzähltext oder einen Liedertext, den Sie gestalten wollen.

Hilde Domin
Älter werden

1   Die Sehnsucht
    nach Gerechtigkeit
    nimmt nicht ab
    Aber die Hoffnung

5   Die Sehnsucht
    nach Frieden
    nicht
    Aber die Hoffnung

    Die Sehnsucht nach Sonne
10 nicht
    täglich kann das Licht kommen
    durchkommen

    Das Licht ist immer da
    eine Flugzeugfahrt reicht
15 zur Gewissheit

    Aber die Liebe

    der Tode und Auferstehungen fähig
    wie wir selbst
    und wie wir

20 der Schonung bedürftig

Rainer Bücher u. a. (Hrsg.): Sie sagen, das ist Zeitgeist. Wiesbaden 1989, S. 75

Susanne Schütz, 16 Jahre, Tusche und Farbstift, 21 x 30 cm

■ Bilderrätsel entwickeln

1 Betrachten Sie das Bilderrätsel – um welches Lied handelt es sich?

2 Lesen Sie auch den Text auf S. 312. Informieren Sie sich genau über den Autor, die Entstehungsgeschichte sowie die politischen Auseinandersetzungen um diesen Text.

3 Entwickeln Sie in Gruppenarbeit weitere Bilderrätsel. Nutzen Sie dabei zeichnerische Möglichkeiten.

Erich Rauschenbach: Kollege Karl – Was fehlt Ihnen denn? Frankfurt/M. 1986, o. S.

■ Collagen

Unter Collagen werden Zusammenstellungen verschiedener Materialien verstanden, also zum Beispiel eine Kombination aus geklebten Bildern, Sprachfetzen und anderen Stoffen. Diese Materialien finden sich in Katalogen, Zeitungen, Zeitschriften und Werbesendungen in großer Zahl.

Wählen Sie ein Thema, zu dem Sie in kleinen Gruppen arbeiten wollen. Planen Sie Ihre Arbeit, indem Sie zunächst abstimmen, wie die Collage angelegt werden soll. Suchen Sie dann entsprechendes Bild- und Textmaterial, um es zu bearbeiten. Hängen Sie Ihre Arbeit in der Klasse aus. Tipp: Collagen wirken um einiges besser, wenn sie in einen Rahmen mit Passepartout eingefasst werden.

8.3   Projekte, Beispiele, Anregungen, ...

■ Projektorientierte Vorhaben

Projekte bieten besondere Lernmöglichkeiten: In Projekten lassen sich komplexe Aufgabenstellungen lösen, für die Fähigkeiten, Fertigkeiten und Kenntnisse aus verschiedenen Lernbereichen und Fächern herangezogen werden müssen und für deren Verbindung und geplante Abfolge bei der Bearbeitung der Aufgabe die Verantwortung hauptsächlich bei der Klasse oder der Projektgruppe liegt.

1 Überlegen Sie, in welchen Fächern sinnvolle Bearbeitungsmöglichkeiten zum Projekt „Automobil" gegeben sind. Führen Sie das Projekt durch, indem Sie (beispielsweise in Gruppen) die im Kasten aufgeführten Einzelbereiche – eventuell um weitere Bereiche ergänzt – zur Bearbeitung aufteilen.

Projektarbeit „Automobil" (Vorschläge)

❏ Historische Entwicklung des Automobils aufzeigen
❏ Material bei Autofirmen sammeln (▷ Kapitel 2.1, S. 28 ff.)
❏ Bedeutung des Autos für den einzelnen Schüler erarbeiten
❏ Bedeutung der Autoindustrie für die Wirtschaft untersuchen
❏ Statistiken und Grafiken über Verkaufszahlen, Unfälle und anderes erstellen (▷ Kapitel 2.3.5, S. 51 ff.)
❏ Werbung für ein Fantasieauto oder das „das Auto meiner Wahl" entwickeln (▷ Kapitel 6.1.3, S. 201 ff.)
❏ Antiwerbungen zur Autowerbung formulieren oder Werbeslogans parodieren (▷ Kapitel 8.1.3, S. 278 f.)
❏ Werbespots drehen (▷ S. 255 ff.)
❏ Staumeldungen aus dem Radio aufnehmen
❏ Literarische Texte zum Thema sammeln und präsentieren
❏ Zukunftsgeschichten schreiben, zum Beispiel:
   Was wäre, wenn es morgen keine Autos mehr gäbe?
   Verkehr in der Stadt im Jahre 2020
   Das Auto – ein Dinosaurier?
❏ Filme über Autos drehen (▷ Kapitel 7.7.3, S. 255 ff.)
❏ Zukunftsmodelle zeichnen
❏ 10 Tipps zum Autokauf entwickeln
❏ Finanzierungsmöglichkeiten beim Autokauf darstellen
❏ Collagen zu verschiedenen Aspekten erstellen
❏ Bewerbungen für eine Stelle als Stauberater, Testfahrer, ... schreiben (▷ Kapitel 6.2.1, S. 204 ff.)

---

2 Projekte sind zu fast allen Bereichen durchführbar. Sammeln Sie weitere Projektvorschläge und führen Sie ein oder zwei weitere Projekte durch.

■ Literaturprojekt „Augenblick"

Stellen Sie sich vor, Sie hören in den Radionachrichten, dass Regen und Sturm zu erwarten sind, ziehen dann die Gardine vor Ihrem Fenster auf und sehen das angekündigte Wetter. Stellen Sie sich vor, Sie öffnen die Gardine und statt des Regens sehen Sie eine bunt gestaltete Fensterscheibe mit kleinen Texten, ermunternden Sprüchen, Karikaturen und ...

Stellen Sie sich vor, Sie spüren Lust, selbst etwas zu schreiben oder zu zeichnen und in das Fenster zu hängen ...

Vorher müsste dieses Fenster natürlich erstellt werden, zum Beispiel aus Holz. Das Einkitten der Glasscheibe wäre der nächste Schritt, es folgt die Suche nach einem geeigneten Vorhangstoff und ... und ... und ... Viele Aufgaben sind zu leisten, bevor der geeignete Standort für das Literaturfenster gesucht werden kann.

In festgelegten Zeiträumen wird das Fenster neu gestaltet. Die Neugierde auf neue Texte bleibt erhalten, da die Gardine vorgezogen bleibt. Wer interessiert ist, muss sich die Mühe machen, den Vorhang beiseite zu ziehen. Und auch dann, wenn die Texte einmal sehr provokativ sind, bleibt die Literatur hier im Rahmen.

In Anlehnung an: BKJ (Hrsg.): Worte im Aufwind. Remscheid 1989, o.S.

■ Cluster

Das Cluster stellt eine Methode dar, um weiteren Stoff zu einem Ausgangsbegriff zu entwickeln. Solche Cluster lassen sich sowohl in Form von Einzelclustern als auch als Gruppencluster einsetzen.

Ausgangspunkt ist ein Kernbegriff, der auf eine leere Seite geschrieben und mit einem Kreis umschlossen wird. Um diesen Begriff werden in freier Assoziation und ohne bewusst gelenkte Anstrengung weitere Einfälle – jeweils für sich in einem eigenen Kreis – aufgeschrieben. Die Kreise werden frei um den Mittelpunkt gruppiert. Jedes neue Wort oder jeder neue Einfall wird durch einen Strich oder Pfeil mit dem vorherigen Kreis verbunden. Bei neuen Wendungen kann der neue Kreis auch direkt mit dem Kernbegriff verbunden und in spontanen Einfällen weiterentwickelt werden.

Wenn Ihnen bei der folgenden Aufstellung des Clusters deutlich wird, was Sie schreiben könnten, sollten Sie direkt mit dem Schreiben beginnen, aber nur die Wörter und Wortfolgen verwenden, die Ihnen für Ihren Text passend erscheinen.

⌐¹

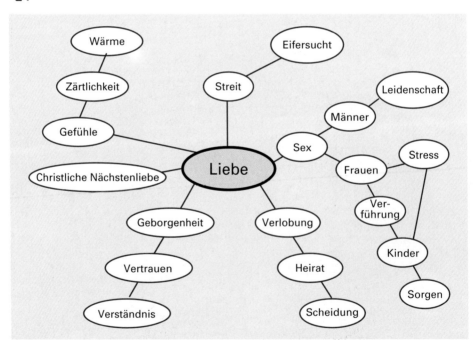

■ Freies Schreiben

Das freie Schreiben stellt die höchste Stufe der Schreibtätigkeit dar. Probieren Sie doch einmal einen Text völlig frei zu gestalten.

9

Johann Wolfgang Goethe **Faust I**

DER TRAGÖDIE ERSTER TEIL

NACHT

In einem hochgewölbten, engen gotischen Zimmer
Faust unruhig auf seinem Sessel am Pulte.

1 FAUST. Habe nun, ach! Philosophie,
    Juristerei und Medizin,
    Und leider auch Theologie
    Durchaus studiert, mit heißem Bemühn.
5 Da steh' ich nun, ich armer Tor,
    Und bin so klug als wie zuvor!
    Heiße Magister, heiße Doktor gar,
    Und ziehe schon an die zehen Jahr'
    Herauf, herab und quer und krumm
10 Meine Schüler an der Nase herum –
    Und sehe, dass wir nichts wissen können!
    Das will mir schier das Herz verbrennen.
    Zwar bin ich gescheiter als alle die Laffen,
    Doktoren, Magister, Schreiber und Pfaffen;
15 Mich plagen keine Skrupel noch Zweifel,
    Fürchte mich weder vor Hölle noch Teufel –
    Dafür ist mir auch alle Freud' entrissen,
    Bilde mir nicht ein, was Rechts zu wissen,
    Bilde mir nicht ein, ich könnte was lehren,
20 Die Menschen zu bessern und zu bekehren.
    Auch hab' ich weder Gut noch Geld,
    Noch Ehr' und Herrlichkeit der Welt;
    Es möchte kein Hund so länger leben!
    Drum hab' ich mich der Magie ergeben,
25 Ob mir durch Geistes Kraft und Mund
    Nicht manch Geheimnis würde kund;
    Dass ich nicht mehr mit sauerm Schweiß
    Zu sagen brauche, was ich nicht weiß;
    Dass ich erkenne, was die Welt
30 Im Innersten zusammenhält,
    Schau' alle Wirkenskraft und Samen,
    Und tu' nicht mehr in Worten kramen.

Goethes Werke. Bd. III. München 1986, S. 20

1   Gesellschaft

Bertolt Brecht
Über das Anfertigen von Bildnissen

1   Der Mensch macht sich von den Dingen, mit denen er in Berührung kommt und auskommen muss,
Bilder, kleine Modelle, die ihm verraten, wie sie funktionieren. Solche Bildnisse macht er sich auch
von Menschen: Aus ihrem Verhalten in gewissen Situationen, das er beobachtet hat, schließt er auf
ein bestimmtes Verhalten in anderen, zukünftigen Situationen. Der Wunsch, dieses Verhalten voraus-
5   bestimmen zu können, bestimmt ihn gerade zu dem Entwerfen solcher Bildnisse. Den fertigen Bildnissen gehören also auch solche Verhaltensarten des Mitmenschen an, die nur vorgestellte, erschlos-
sene (nicht beobachtete), vermutliche Verhaltensarten sind. Dies führt oft zu falschen Bildern und auf
Grund dieser falschen Bilder zu falschem eigenen Verhalten, um so mehr, als sich alles nicht ganz
bewusst abspielt. Es entstehen Illusionen, die Mitmenschen enttäuschen, ihre Bildnisse werden
10   undeutlich; zusammen mit den nur vorgestellten Verhaltensarten werden auch die wirklich wahrgenommenen undeutlich und unglaubhaft; ihre Behandlung wird unverhältnismäßig schwierig. Ist es
also falsch, aus den wahrgenommenen Verhaltungsarten auf vermutliche zu schließen? Kommt nur
alles darauf an, richtiges Schließen zu lernen? Es kommt viel darauf an, richtiges Schließen zu lernen,
aber dies genügt nicht. Es genügt nicht, weil die Menschen nicht ebenso fertig sind wie die Bildnisse,
15   die man von ihnen macht und die man also auch besser nie ganz fertig machen sollte. Außerdem
muss man aber auch sorgen, dass die Bildnisse nicht nur den Menschen, sondern auch die Mitmenschen den Bildnissen gleichen. Nicht nur das Bildnis eines Menschen muss geändert werden, wenn
der Mensch sich ändert, sondern auch der Mensch kann geändert werden, wenn man ihm ein gutes
Bildnis vorhält. Wenn man den Menschen liebt, kann man aus seinen beobachteten Verhaltensarten
20   und der Kenntnis seiner Lage solche Verhaltensarten für ihn ableiten, die für ihn gut sind. Man kann
dies ebenso wie er selber. Aus den vermutlichen Verhaltensarten werden so wünschbare. Zu der
Lage, die sein Verhalten bestimmt, zählt sich plötzlich der Beobachter selber. Der Beobachter muss
also dem Beobachteten ein gutes Bildnis schenken, das er von ihm gemacht hat. Er kann Verhaltensarten einfügen, die der andere selber gar nicht fände, diese zugeschobenen Verhaltensarten bleiben
25   aber keine Illusionen des Beobachters; sie werden zu Wirklichkeiten: Das Bildnis ist produktiv
geworden, es kann den Abgebildeten verändern, es enthält (ausführbare) Vorschläge. Solch ein Bildnis machen heißt lieben.

Gesammelte Werke. Bd. 20. Frankfurt/M. 1967, S. 168 f.

Tanja Blixen
Afrika, dunkel lockende Welt

1   (…) Alle diese jungen Frauen hatten einen hohen Begriff von ihrem Wert. Eine mohammedanische
Jungfrau kann nicht unter ihrem Stande heiraten; das wäre für die Familie die tiefste Schmach. Ein
Mann kann unter seinem Stande heiraten, er verliert nichts dabei; viele junge Somali haben Mas-
saimädchen zu Frauen genommen. Aber während ein Somalimädchen wohl nach Arabien heiraten
5   darf, kann keine Araberin nach Somaliland heiraten, denn die Araber sind eine höhere Rasse, weil sie
dem Propheten näher verwandt sind, und unter den Arabern selber wieder kann ein Mädchen aus dem
Hause des Propheten keinen Mann heiraten, der ihm nicht angehört. Kraft ihres Geschlechtes haben
die weiblichen Glieder der Rasse einen Anspruch auf sozialen Aufstieg. Sie selbst verglichen ganz
harmlos dieses Gesetz mit den Grundsätzen eines Rassegestüts, denn die Somali halten eine Stute
10   hoch in Ehren.
Als wir uns näher kennen lernten, fragten mich die Mädchen, ob es wahr sei, was sie gehört hätten,
dass es in Europa Völker gäbe, bei denen die Mädchen umsonst an die Männer verschenkt würden.
Ja, man habe ihnen sogar erzählt – obwohl sie sich das gar nicht vorstellen könnten –, dass ein Volk
so heruntergekommen sei, dass man den Bräutigam dafür bezahle, dass er die Braut nähme. Schmach
15   und Schande über Eltern und Mädchen, die sich zu etwas Derartigem hergäben. Wo bliebe da das
Selbstgefühl, die Achtung vor den Frauen oder vor der Jungfräulichkeit? Wenn sie das Unglück
gehabt hätten, in dem Volk geboren zu sein, sagten die Mädchen, sie würden ein Gelübde tun, unver-
ehelicht ins Grab zu gehen.
(…)

20 Die jungen Frauen fragten mich aus nach den Sitten in Europa und hörten aufmerksam zu, wenn ich
die Lebensart, Erziehung und Kleidung der weißen Damen beschrieb, als müssten sie ihre Kenntnis
weiblicher Taktik um die Mittel bereichern, mit denen die Männchen einer fremden Rasse zu gewinnen und zu unterwerfen waren.
Ihre eigenen Kleider spielten eine ungeheure Rolle in ihrem Leben, und das war kein Wunder, denn
25 sie waren ihr Kriegsmaterial, ihre Kriegsausrüstung und ihre Siegestrophäen, ihre erbeuteten Fahnen.
Der Somalihausherr ist von Natur mäßig, unwählerisch im Essen und Trinken und den Dingen des
persönlichen Gebrauchs, karg und herb wie das Land, aus dem er stammt: die Frau ist sein Luxus.
Auf sie richtet sich sein ganzes Begehren, sie ist das höchste Gut des Lebens – Pferde, Kamele und
Vieh mögen sich dazugesellen, mögen auch wünschenswert sein, aber gegen ein Weib haben sie kein
30 Gewicht. Die Somalifrauen bestärken ihre Männer in den beiden Grundzügen ihrer Natur. Sie ver-
spotten unbarmherzig jede Weiblichkeit am Manne und bringen die größten Opfer, um ihren persönlichen Wert zu steigern. Diese Frauen können selbst kein Paar Schuhe kaufen, der Mann muss es für
sie tun; sie können sich nicht selber besitzen, sie müssen einem Manne angehören, einem Vater,
einem Bruder oder einem Gatten, und sie sind doch der einzige höchste Wert des Lebens. (…)
München 1986, S. 162 f.

K. Weitzel
Effi Briest

1 Der Ritterschaftsrat von Briest auf Hohen-Cremmen bei Rathenow verheiratet seine siebzehnjährige
Tochter Effi an den achtunddreißigjährigen Landrat Baron von Innstetten in Kessin in Pommern. Dieser ist ein ehrgeiziger Streber, ein Mann von Grundsätzen, stets vornehm und korrekt, dabei frisch
und soldatisch. Seiner jungen Frau gegenüber zeigt er sich stets rücksichtsvoll, lieb und nachsichtig,
5 aber ein Liebhaber ist er nicht. Alles in allem, wie Effi selbst bekennt, „ein vortrefflicher Mann", aber
„er hatte so was Fremdes. Und fremd war er auch in seiner Zärtlichkeit. Ja, dann am meisten; es hat
Zeiten gegeben, wo ich mich davor fürchtete." Kein Wunder, dass Effi ihren Mann mehr schätzt als
liebt. Effi aber ist ein von Stimmungen abhängiger Mensch, ein Mensch, der sich gern treiben lässt,
mit einem Hang nach Spiel, Anregung und Zerstreuung; und gerade diese Anregungen, aber auch die
10 kleinen Aufmerksamkeiten und Huldigungen fehlen in der Ehe Innstettens. Als man nun in den
Gesellschaftskreisen Kessins ein kleines Drama mit dem Titel „Ein Schritt vom Wege" aufführt, bei
dem Effi die Hauptrolle zufällt, ist dies geradezu ein Symbol: zwischen Effi und dem Major Crampas
bahnen sich Beziehungen an, die zu einem Fehltritt Effis führen. Durch die Beförderung Innstettens
zum Ministerialrat und seine Versetzung nach Berlin bleibt die Angelegenheit zunächst ein Geheim-
15 nis. Effi aber fühlt sich in Berlin viel freier.
Eines Tages aber, während Effi in Bad Ems weilt, stößt Innstetten durch einen Zufall auf ein Bündel
Briefe von Crampas an seine Frau. Obschon bereits über 6 Jahre verflossen sind und niemand um die
Angelegenheit weiß, entschließt sich Innstetten nach reiflicher Überlegung doch, Crampas zu fordern.
Im Duell fällt dieser. Die Ehe wird geschieden und das einzige Kind, die kleine Anni, wird Innstetten
20 zugesprochen. Da die Eltern Effi nicht aufnehmen, lebt sie mit ihrer alten Dienerin zusammen als
Malerin in Berlin. Ein Wiedersehen mit Annie, um das sie durch die Gattin des Ministers ihren Mann
nach Jahren bittet, bringt ihr freilich eine tiefe Enttäuschung: die Tochter ist ganz das Geschöpf des
Vaters geworden. Ein Nervenleiden zehrt von Jahr zu Jahr mehr an Effi, und auf Bitten des Arztes
nehmen die Eltern sie schließlich auf. In Hohen-Cremmen erlebt sie noch eine vorübergehende Bes-
25 serung ihres Zustands, bis der Tod sie schließlich hinwegnimmt.
Reclams Romanführer. Bd. 1. Stuttgart 1972, S. 371

Klaus Mann
Mephisto

Karrieren

1 (…) Bemerkte er, wie die Straßen von Berlin sich verändert hatten? Sah er die braunen und die
schwarzen Uniformen, die Hakenkreuzfahnen, die marschierende Jugend? Hörte er die kriegerischen
Lieder, die auf den Straßen, aus den Radioapparaten, von der Filmleinwand klangen? Achtete er auf
die Führerreden mit ihren Drohungen und Prahlereien? Las er die Zeitungen, die beschönigten, ver-
5 schwiegen, logen und doch noch genug des Entsetzlichen verrieten? Kümmerte er sich um das
Schicksal der Menschen, die er früher seine Freunde genannt hatte? Er wusste nicht einmal, wo sie
sich befanden. Vielleicht saßen sie an irgendeinem Caféhaustisch in Prag, Zürich oder Paris, vielleicht wurden sie in einem Konzentrationslager geschunden, vielleicht hielten sie sich in einer Berliner Dachkammer oder in einem Keller versteckt. Hendrik legte keinen Wert darauf, über diese düste-
10 ren Einzelheiten unterrichtet zu sein. Ich kann ihnen doch nicht helfen: dies war die Formel, mit der
er jeden Gedanken an die Leidenden von sich wies. Ich bin selbst in ständiger Gefahr – wer weiß, ob
nicht Cäsar von Muck morgen schon meine Verhaftung durchsetzen wird. Erst wenn ich meinerseits
definitiv gerettet bin, werde ich anderen vielleicht nützlich sein können!
Nur widerwillig und mit einem Ohr hörte Hendrik zu, als man ihm von den Gerüchten Mitteilung
15 machte, die über das Schicksal Otto Ulrichs' im Umlauf waren. Der kommunistische Schauspieler
und Agitator, der sofort nach dem Reichstagsbrand verhaftet worden war, habe mehrere jener grauen-
haften Prozeduren, die man „Verhöre" nannte und die in Wahrheit unbarmherzige Folterungen waren,
auszustehen gehabt. „Das hat mir jemand erzählt, der im Columbiahaus in der Zelle neben Ulrichs
untergebracht war." So berichtete mit angstvoll gedämpfter Stimme der Theaterkritiker Ihrig, der bis
20 zum 30. Januar 1933 zur radikalen Linken gehört hatte und aggressiver Vorkämpfer einer streng
marxistischen, nur dem Klassenkampf dienenden Literatur gewesen war. Nun stand er im Begriff,
seinen Frieden mit dem neuen Regime zu machen. Wie sehr hatten alle Schriftsteller, die einer bür-
gerlich-liberalen oder gar einer nationalistischen Gesinnung verdächtig waren, einst vor Doktor Ihrig
gezittert! Er, der wachsamste und unnachsichtigste Priester einer marxistischen Orthodoxie, hatte sie
25 mit dem großen Bannspruch belegt, hatte sie verdammt und vernichtet, indem er sie als ästhetizisti-
sche Söldlinge des Kapitalismus denunzierte. Der rote Literaturpapst war nicht geneigt gewesen, zu
nuancieren und feine Unterscheidungen zu treffen, seine Meinung war: Wer nicht für mich ist, ist
gegen mich, wer nicht nach den Rezepten schreibt, die ich für die gültigen halte, der ist ein Bluthund,
ein Feind des Proletariats, ein Faschist. (…)
30 Doktor Ihrig hatte sich Jahre lang ausgetobt und war zu einer der entscheidenden Instanzen in allen
Dingen marxistischer Kunstbetrachtung geworden. Als die Nationalsozialisten die Macht übernahmen, legte der jüdische Chefredakteur des „Neuen Börsenblattes" sein Amt nieder. Doktor Ihrig aber
durfte bleiben, da er nachweisen konnte, dass alle seine Ahnen, väterlicher- wie mütterlicherseits,
„arisch" waren, und dass er niemals einer der sozialistischen Parteien angehört hatte. Ohne lange zu
35 zaudern, verpflichtete er sich, das Feuilleton des „Neuen Börsenblattes" von nun ab im selben streng
nationalen Geiste zu redigieren, der jetzt die Spalten des politischen Teils erfüllte und noch bis in die
„Gemischten Nachrichten aus aller Welt" spürbar war. „Gegen die Bürger und Demokraten bin ich ja
sowieso immer gewesen", sprach Doktor Ihrig schlau. Wirklich konnte er, wie bisher, weiter gegen
den „reaktionären Liberalismus" wettern – nur die Vorzeichen seiner antiliberalen Gesinnung hatten
40 sich geändert.
„Scheußlich, diese Geschichte mit Otto", sagte der wackere Doktor Ihrig und sah kummervoll aus. Er
hatte das revolutionäre Kabarett „Sturmvogel" in vielen Artikeln als das einzige theatralische Unternehmen der Hauptstadt, das Zukunft habe und überhaupt der Beachtung wert sei, bezeichnet. Ulrichs
hatte zum intimsten Kreis des berühmten Kritikers gehört. „Scheußlich, scheußlich", murmelte der
45 Doktor und nahm nervös seine Hornbrille ab, um ihre Gläser zu putzen.
Auch Höfgen war der Ansicht, dass es scheußlich sei. Sonst hatten sich die beiden Herren nicht viel
zu sagen. Sie fühlten sich nicht recht wohl, der eine in der Gesellschaft des andern.
Als Ort ihres Zusammentreffens hatten sie ein abgelegenes, wenig besuchtes Café gewählt. Sie waren
beide kompromittiert durch ihre Vergangenheit, beide standen vielleicht immer noch im Verdacht
50 einer oppositionellen Gesinnung, und es könnte fast wie eine Verschwörung wirken, sähe man sie
zusammen.
Sie schwiegen und schauten sinnend ins Leere, der eine durch seine Hornbrille, der andere durch sein
Monokel. „Ich kann natürlich im Augenblick gar nichts für den armen Kerl tun", ließ Höfgen sich
endlich vernehmen. Ihrig, der dasselbe hatte sagen wollen, nickte. Dann schwiegen sie wieder. Höf-

55 gen spielte mit seiner Zigarettenspitze. Ihrig räusperte sich. Vielleicht schämten sie sich voreinander. Der eine wusste, was der andere dachte. Höfgen von Ihrig, wie Ihrig von Höfgen: Ja ja, mein Lieber, du bist ein genau so großer Schuft wie ich selber. Diesen Gedanken errieten sie, einer aus den Augen des andern. Deshalb schämten sie sich.

Da das Schweigen unerträglich wurde, stand Höfgen auf. „Man muss Geduld haben", sagte er leise
60 und zeigte dem revolutionären Kritiker sein fahles Gouvernantengesicht. „Es ist nicht leicht, aber man muss Geduld haben. Leben sie wohl, lieber Freund."(…)

Verband der Verlage und Buchhandlungen in NRW e. V. (Hrsg.): 1939–1949. Ein Jahrzehnt wird befragt. Düsseldorf 1989, S. 23 ff.

Franz Kafka
Gibs auf!

1 Es war sehr früh am Morgen, die Straßen rein und leer, ich ging zum Bahnhof. Als ich eine Turmuhr mit meiner Uhr verglich, sah ich, dass es schon viel später war, als ich geglaubt hatte, ich musste mich sehr beeilen, der Schrecken über diese Entdeckung ließ mich im Weg unsicher werden, ich kannte mich in dieser Stadt noch nicht sehr gut aus, glücklicherweise war ein Schutzmann in der Nähe, ich
5 lief zu ihm und fragte ihn atemlos nach dem Weg. Er lächelte und sagte: „Von mir willst du den Weg erfahren?" „Ja", sagte ich, „da ich ihn selbst nicht finden kann." „Gibs auf, gibs auf", sagte er und wandte sich mit einem großen Schwunge ab, so wie Leute, die mit ihrem Lachen allein sein wollen.

Sämtliche Erzählungen, Frankfurt/M. 1975, S. 358

Alternative
TRAUER

1 „Käthchen Streitbürger ist tot." Wenn meine Mutter uns morgens am Frühstückstisch mit Nachrichten wie dieser überraschte, pflegte sich mein Vater noch tiefer als sonst in die Zeitung
5 zu vergraben und noch beredter zu schweigen. (…) „Käthchen Streitbürger hat uns für immer verlassen. Wir danken ihr für ihre große Güte und Liebe. Dr. K. A. Schwengel, Josef und Klara Amediek."
10 „Guck mal, ihr Bruder Otto steht gar nicht drunter. Nicht mal im Tod kann er ihr vergeben, dass sie damals die Wiese geerbt hat und nicht er." Solche und ähnliche Kommentare fügte meine Mutter ihren Rezitationen hinzu, und ich schwor
15 mir jedes Mal von neuem:
„Nie im Leben wirst du wie die Alte!"
Ein paar Jahre später dann in der Wohngemeinschaft haben wir uns mittags beim Frühstück die Todesanzeigen aus der Zeitung laut vorgelesen
20 und uns dabei schiefgelacht: „Tiefbewegt geben wir davon Kenntnis, dass uns unser Chef und Mitinhaber plötzlich verlassen hat." – „Ja, wo ist er denn hin?" brüllten wir schenkelklopfend. „Auf Wiedersehen, liebe Margarethe, in einer
25 anderen Welt." – „Oh Gott, oh Gott", schrien wir mit Lachtränen in den Augen und fuhren vor Vergnügen kreischend fort: „Wir haben versprochen, keine Tränen zu vergießen und keine Traurigkeit zu zeigen. Das haben wir in ihrem Sinne
30 gehalten".

Allmittäglich entbrannte ein heftiger Streit um den hinteren Teil der Zeitung – der vordere wurde ungelesen unter das Katzenklo gelegt. Und wer der lustigste Anzeige entdeckte
35 („Schafzüchter, Schafhalter und Mitarbeiter bedauern den Tod ihres langjährigen Züchters, Betreuers und Kollegen. Er war in seiner Pflichterfüllung Vorbild"), der war für den Rest des Tages obenauf.
40 Sooft wir uns damals auch über Politik stritten und uns über die verschiedenen Wege, die zur Revolution führen sollten, in die Haare gerieten, so heftig wir uns auch unsere Utopien um die Ohren hauten – in einem waren wir uns völlig
45 einig: Todesanzeigen waren der krasseste Ausdruck bürgerlicher Scheinheiligkeit, Doppelmoral und Verlogenheit.
(…)
Heute lebe ich allein in einer Drei-Zimmer-
50 Wohnung, habe einen Beruf, eine Putzfrau und eine Katze. Und die „taz". Diese halte ich, doch ich lese sie nicht und lege sie, gleich nachdem ich sie aus dem Briefkasten genommen habe, unter das Katzenklo, und zwar komplett.
55 In letzter Zeit allerdings schaue ich manchmal hinein. Nicht etwa weil die Artikel interessanter geworden wären – oh nein! Ich schlage die alternative „Tageszeitung" aus Berlin wegen der Todesanzeigen auf, die sie neuerdings bringt –
60 wenn auch nicht schön ordentlich, als

„Familiennachrichten" zusammengefasst, im
hinteren Teil, sondern über das ganze Blatt ver-
streut. Aber das stört mich nicht.
Ich suche und finde sie, studiere sie mit Eifer
65 und bin gerührt über Anzeigentexte wie diesen:
„Ein Leben ohne Adu? Undenkbar! Adu, es
wird leer ohne dich! Schrecklich leer … Uns
bleibt, trotzdem weiterzumachen. Danke Adu!"
Und dann schaue ich nach, wann der Betrauerte
70 gestorben ist und wann er geboren wurde, und
stelle schaudernd fest: „Vier Monate jünger als
ich!"
Ausgesprochen beruhigt hat mich neulich, dass
nicht nur Müslis, Spontis, Esoteriker und Grüne
75 alternative Trauerarbeit leisten, sondern auch
orthodoxe Linke. So nahm die Marxistisch-
Leninistische Partei Deutschlands (MLPD) von
„unserem Genossen, Freund und fürsorglichen
Arzt Dr. med. Bernd W." („Sein Beitrag im
80 Kampf ist uns Ansporn") Abschied wie folgt:
„Krebs ist besiegbar! Doch das erfordert den
aktiven Widerstand der Volksmassen zur Überwindung der Umweltkrise!"
Etwas beunruhigt war ich, als ich in der taz-
85 Tageszeitung für einen Dieter Soundso las: „Du
fühlst uns, Dieter." Zu meiner Erleichterung
entpuppte sich das vermeintlich parapsycholo-
gische Phänomen jedoch als schlichter Druck-
fehler. Anderntags wurde die Anzeige wieder-
90 holt und das „Du fühlst uns" durch „Du fehlst
uns" ersetzt.
Doch der Glaube an
ein Leben nach dem
Tode setzt sich auch
95 bei linken Trauernden
zunehmend   durch
(…).
Auch mich schreckt
seit zwei, drei Jahren
100 der Gedanke daran, so
ohne   jedes   Ritual,
ohne   jedes   äußere
Zeichen der Trauer,
des Mitgefühls und
105 Beileids verscharrt zu
werden.   Schließlich

Emma 11/1990, S. 47 f.

sind wir alle älter geworden, und auch für uns
rückt das Ende in immer greifbarere Nähe.
Nicht umsonst haben weltliche Trauerprediger
– meistens arbeitslose Geisteswissenschaftler, 110
die verstorbenen Atheisten den christlichen
Pfarrer ersetzen – Hochsaison. Nicht von ungefähr sind die Trauerräume von Beerdigungsun-
ternehmen, die für ungläubige Linke gegen
Bares Kirchen-Flair schaffen, wochenlang aus- 115
gebucht. (…)
Heute mache ich keinen Hehl mehr daraus, dass
auch ich ein christliches Begräbnis will und
eine ordentliche Todesanzeige, und ich werde
in meinem Testament verfügen, wie sie auszu- 120
sehen hat. (…)
Meine Mutter würde sicherlich für mich eine
Anzeige im alten Stil aufgeben, eine, wie sie
schon Millionen von Frauen in die Ewigkeit
begleitet hat und weitere Abermillionen beglei- 125
ten wird: „Für uns alle unfassbar nahm Gott der
Herr heute, nach langem, schwerem Leiden, das
sie tapfer trug, und nach einem arbeitsreichen,
aber erfüllten Leben voller Treue und Pflichtge-
fühl, voller aufopfernder Liebe und steter Sorge 130
für die Ihren unsere liebe Mutter, Schwieger-
mutter, Oma und Uroma, Schwester, Schwäge-
rin und Tante zu sich." Eine solche Anzeige
will ich auf keinen Fall.
Vielleicht entscheide ich mich ja für einen 135
schmalen lila Rand, in dem ganz ohne Schnör-
kel, aber groß und auf
den ersten Blick ins
Auge fallend – mein
Name steht. Und links 140
daneben   ein   zum
Frauenzeichen   stili-
siertes Kruzifix, an
dem ein weiblicher
Corpus (eine Corpa) 145
hängt. Und darunter
der Satz: „Wir wer-
den nicht als Frauen
geboren, wir werden
zu Frauen gemacht 150
(Simone de Beau-
voir)."

2   Von Mensch zu Mensch

Kate Chopin
Geschichte einer Stunde

1   Alle wussten, dass Mrs. Mallard herzleidend war. Man bemühte sich deshalb, ihr die Nachricht vom
Tod ihres Gatten so schonend wie möglich beizubringen.
Ihre Schwester Josephine sagte es ihr schließlich mit Halbsätzen, verschleierten, gerade dadurch offenen Anspielungen. Ein Freund ihres Mannes, Richards, war auch gekommen und setzte sich zu ihr. Er
5   war in der Redaktion der Zeitung gewesen, als die Nachricht von der Eisenbahnkatastrophe eintraf,
und Brently Mallards Name stand an der Spitze der Liste der Opfer. Er hatte nur noch ein zweites
bestätigendes Telegramm abgewartet und war dann zu Mrs. Mallard geeilt, um zu verhindern, dass
ein unvorsichtigerer, weniger einfühlsamer Freund die traurige Nachricht überbrächte.
Sie nahm die Geschichte nicht auf wie so viele Frauen, die gelähmt außerstande sind, ihre volle
10 Bedeutung zu begreifen. Sie weinte sofort, in den Armen ihrer Schwester, mit plötzlicher wilder Hingabe. Als der erste Sturm von Schmerz verebbt war, ging sie allein auf ihr Zimmer. Sie wollte niemanden mitkommen lassen.
Vor dem offenen Fenster stand ein bequemer großer Lehnstuhl, in den sie sank, niedergezwungen
von einer Erschöpfung, die ihren Körper ergriff und bis in ihre Seele zu dringen schien.
15 Draußen konnte sie die Baumwipfel vor ihrem Haus sehen, die vor neuem Frühlingsleben erzitterten.
Der zarte Geruch von Regen lag in der Luft. Unten auf der Straße rief ein Händler seine Waren aus.
Die Fetzen eines Liedes erreichten sie schwach von fern, und unzählige Spatzen zwitscherten auf den
Dachrinnen.
Hier und da zeigten sich jetzt Flecken von blauem Himmel zwischen den Wolken, die sich im
20 Westen, wohin sie aus ihrem Fenster schaute, gesammelt und aufeinander getürmt hatten.
Den Kopf in die Kissen zurückgeworfen, lehnte sie reglos, wenn nicht ab und zu ein Schluchzen sie
schüttelte; wie ein Kind, das sich in den Schlaf geweint hat, im Traum weiterschluchzt.
Sie war jung, hatte ein klares ruhiges Gesicht, dessen Linien Gefühlsbeherrschung andeuteten, ja,
eine gewisse Stärke. Doch jetzt war ein dumpfes Starren in ihren Augen, die auf einen weit entfernten
25 Punkt, einen der Flecken von Blau geheftet waren. Es war kein nachdenklicher Blick, sondern einer,
der eher das Fehlen von bewusstem Nachdenken verriet.
Etwas kam auf sie zu, und sie wartete ihm entgegen, voll Angst. Was war es? Sie wusste es nicht; es
war zu flüchtig und unbestimmt. Doch sie fühlte es, wie es vom Himmel kriechend sich näherte, sie
durch Geräusche, Düfte, die Farben, die die Luft erfüllten, hindurch erreichte.
30 Ihre Brust hob und senkte sich aufgeregt. Sie fing an zu erkennen, was von ihr Besitz zu ergreifen
herannahte. Mit Willenskraft suchte sie es zurückzuschlagen – doch ihr Wille erwies sich als ebenso
schwach, wie es ihre weißen schlanken Hände gewesen wären.
Als sie sich ergab, entschlüpfte ihren halbgeöffneten Lippen ein Wispern. Immer wieder formten sie
die Worte: „Frei, frei, frei!" Das leere Starren und der darauf folgende erschrockene Blick gingen aus
35 ihren Augen. Sie wurden hell und klar. Ihr Puls schlug schnell, und das zirkulierende Blut wärmte
und entspannte jede Faser ihres Körpers.
Sie hielt sich nicht mit der Frage auf, ob das, was sie empfand, übergroße Freude sei oder etwas anderes. Ihre klar gesteigerte Wahrnehmung erlaubte ihr, dies jetzt als unwichtig abzutun.
Sie wusste, sie würde wieder weinen, wenn sie die lieben zärtlichen Hände im Tode gefaltet sähe; das
40 Gesicht, das sie nie anders als liebevoll angesehen hatte, starr und grau und tot. Doch jenseits dieses
bitteren Augenblicks sah sie eine lange Reihe von Jahren, die uneingeschränkt ihr gehören würden.
Und sie breitete die Arme aus, sie zu begrüßen.
In den kommenden Jahren würde sie niemanden ihr Leben für sie leben lassen; sie würde für sich
selbst leben. Kein machtvoller Wille würde den ihren beugen, mit jener blinden Hartnäckigkeit, mit
45 der Männer und Frauen glauben, sie hätten das Recht, ihren persönlichen Willen einem Mitmenschen
aufzuzwingen. Gute und böse Absicht schien solches Verhalten gleichermaßen zum Verbrechen zu
machen – so schien es ihr, in diesem kurzen Augenblick von Einsicht.
Und doch hatte sie ihn geliebt – manchmal. Oft eher nicht. Was machte das aus! Was könnte Liebe,
jenes ungelöste Geheimnis, noch bedeuten angesichts dieses Selbstbewusstseins, das sie plötzlich als
50 den stärksten Antrieb ihres Seins erkannte.
„Frei! Körper und Seele – frei!" flüsterte sie immer wieder.
Josephine kniete vor der verschlossenen Tür, ihre Lippen am Schlüsselloch, um Einlass bittend.

„Luise, öffne die Tür! Ich bitte dich, mach die Tür auf – du machst dich nur krank. Was tust du denn, Luise? Um Gottes willen, mach auf."

55 „Lass mich. Ich werde nicht krank." Nein, sie sog ein wahres Lebenselixier durch das offene Fenster ein.

Ihre Fantasie überschlug sich vor Schwelgen in der Zeit, die sie vor sich hatte. Frühlingstage und Sommertage und alle Arten von Tagen, die ihr allein gehören würden. Schnell betete sie um ein langes Leben. Noch gestern hatte sie der Gedanke an ein langes Leben schaudern lassen.

60 Nach einer ganzen Weile stand sie auf und öffnete ihrer drängenden Schwester die Tür. Ein fiebriger Triumph lag in ihren Augen, und unbewusst trat sie auf mit der Haltung einer Siegesgöttin. Sie legte ihren Arm um die Hüfte ihrer Schwester, und gemeinsam gingen sie die Treppe hinunter. Richards stand unten und erwartete sie.

Jemand öffnete mit einem Schlüssel die Haustür. Brently Mallard trat ein, etwas mitgenommen von

65 der Reise, wie gewohnt mit Tasche und Schirm. Vom Unfallort war er weit entfernt gewesen; er hatte auch nicht erfahren, was vorgefallen war. Überrascht hörte er Josephines grellen Schrei, sah er, wie Richards ihn mit einer schnellen Bewegung vor seiner Frau zu verstecken suchte.

Doch Richards hatte zu spät reagiert.

Die Ärzte kamen und sagten, sie sei an Herzversagen gestorben – vor Glück, das tötet.

Der Sturm. Basel/Frankfurt/M. 1988, S. 9 ff.

Gabriele Wohmann
Nachwinken, Abwinken

1 I
Da fahren sie wieder weg und ich tue ihnen leid!
Die Frau in der offenen Haustür weiß
Dass sie jetzt wie diese
5 Abbildung
Einer Witwe wirkt
Auf den erwachsenen Sohn mit seiner Familie
Die sind einfach
Nicht zu gewöhnen an sie
10 Mit ihrem nun schon fünfjährigen
Anrecht auf ein Einzelporträt.
Der Vater fehlt ihr – der Vater!
Was versteht ihr davon, er ist
Mein Mann gewesen!
15 Die Frau kehrt spät um in der Haustür
Sie macht das alles richtig
Mit dem Nachwinken, winkt aber
Immer auch ein wenig ab
Diesem Eindruck von ihr
20 Dem etwas ratlosen, etwas
Säumigen Kummer.
Aber wie eifrig sie doch jetzt
Und richtig gern
Diese ganzen verwandtschaftlichen
25 Geschirrverwüstungen
Ordnet und wegschafft
Beinah mit einer Hast
Als habe sie
Einen dringenden nächsten Termin –
30 Diese Ungeduld
Die sie sich da leistet!
(…)

Komm, lieber Mai. Darmstadt/Neuwied 1981, S. 105 f.

Andrea Bigge
Brief an meine Tochter

1　Als ich dich in dein neues Zuhause, das Heim, brachte, hatte ich ein schlechtes Gewissen. Du saßest
neben mir, strahlend und voll freudiger Erwartungen auf alles, was das neue Leben im „Kinderheim"
dir bringen wird. Deine Unfähigkeit, dir Zukünftiges vorzustellen, deine mangelnde Fantasie, die dich
unfähig macht, dir das Leben anders als gewohnt, als gut und vertraut, vorzustellen, hatten dir gehol-
5　fen, die Trennung vom Elternhaus zu bejahen. Wir hatten dir schon lange vorher erzählt von den vielen neuen Freundinnen und Freunden im Heim, von deinem Bett in dem großen hellen Zimmer mit
den anderen Betten, von der Schule, in der du lernen würdest, was dir so begehrenswert erscheint: zu
lesen und zu schreiben wie deine anderen Geschwister. Du wusstest ja nicht, wie schwer das alles für
dich sein würde und warst stolz auf das, was du mit deinen sieben Jahren schon konntest: Die
10　Wochentage aufsagen, zählen von eins bis zehn, Lieder und Reime singen und sprechen.
Als wir im Heim ankamen, waren wir beide sehr beklommen. Du schobst leise deine kleine Patsch-
hand in die meine und schlugst vor, wieder nach Hause zu fahren. Alle Gesichter waren dir fremd,
niemand fand dich dort so einzigartig, so liebenswert wie die Geschwister und Eltern zu Hause. Ich
fühlte mit dir den Kummer, dass du nun ein Kind unter vielen sein würdest und dass es viele dort
15　gibt, die schwächer sind als du und durch ihre Behinderung dir nicht Vorbild und Anregung geben
könnten wie die gesunden Geschwister und Freunde im Elternhaus. Ich hatte ein schlechtes Gewissen, weil ich dir nur die Schönheit des Kinderheimes gepriesen und dir verschwiegen hatte, dass das
Heim für dich Trennung auf lange Zeit von uns allen bedeuten würde. Aber du solltest diese Erfahrung machen, solange sie noch von uns begleitet werden konnte und weil sie dir später noch schwerer
20　fallen würde. Ich hatte auch ein schlechtes Gewissen, weil deine Abwesenheit ja für uns nicht nur
Kummer bringt, sondern auch Erleichterung, weniger Anstrengung durch die beständige Sorge und
Aufmerksamkeit auf dein lebhaftes, Haus und Herz füllendes Wesen und auf dein von wenig Vernunft gezügeltes Temperament. Trotzdem hätten wir dich nicht unseretwegen weggebracht. Aber du
hast Wachsen und Entwicklung deiner Geschwister oft sehr belastet, und sie brauchten Zeit und
25　Distanz, um verstehen zu lernen, warum du anders bist als sie, und doch nicht einfach „böse", unbän-
diger, nicht ungezogen, kindlicher und doch nicht einfach „dumm"!
Wir wollten dich nicht verbannen, sondern dir helfen, in einer fremden Gruppe unter liebevoller
Anleitung die sozialen Spielregeln besser zu lernen, als das im häuslichen Kinderzimmer möglich ist.
Du solltest nicht ständig Eifersucht erwecken und selbst verarbeiten müssen, Konflikte bewältigen
30　und Versagungen ertragen, die deine schwachen Kräfte übersteigen. Es wird im Heim auch Eifersucht
und Konflikte geben, aber nicht so heiß, so hautnah und schmerzlich wie zu Hause um die Liebe der
Eltern!
Wir waren dankbar, dass nach langer Wartezeit im Heim ein Platz für dich frei wurde. Wir wollten
dich nicht einfach wie einen Koffer dort abstellen, sondern jede Möglichkeit zum Kontakt mit deinen
35　Erziehern und vor allem mit dir nützen. Jeder neue Fortschritt sollte uns berichtet werden, durch Tele-
fongespräche und Briefe solltest du uns nahe verbunden bleiben.
Wir wollten unsere Elternverantwortung nicht einfach abschieben an andere; wir würden neue Belas-
tungen haben durch Gespräche mit den Mitarbeitern des Heims, durch Besuche dort. Es müssten
Standpunkte geklärt, verschiedene Auffassungen ausgesprochen, auch dafür Zeit aufgewandt werden.
40　Aber wir wollten ja dein Leben teilen, auch wenn du es fern von uns führst, und keinen Tag vergessen, dass es dich gibt und du zu uns gehörst!
Diesen Brief, mein Kind, hätte ich dir gern geschrieben, aber du würdest ihn nicht verstehen! So sei
er geschrieben für jene Eltern, die sich auch von einem Kind trennen müssen um seines Wohles willen.

Silvia Görres: Leben mit einem behinderten Kind. München 1987, S. 84-86

Andrea Bigge
Der rote Schal

1 Auf dem Rückweg achtete er auf das Fenster. Manchmal lächelte sie ihm zu. Heute nicht. Sie starrte verträumt in den Regen.
„Mit dem Hund muss er auch bei diesem Wetter raus!", dachte sie. „er hat sich nicht einmal verspä-
tet."
5 Für einen zuverlässigen Mann musste sie ihn halten. So hoffte er. Freundlich und immer pünktlich.
„Wäre heute Mittwoch, so wäre ich bei diesem Wetter zu Hause geblieben!", dachte er.
Mittwochs, ja mittwochs sitzt sie nicht da.
Vielleicht besucht sie eine Bekannte. Seine Frau war früher auch regelmäßig bei einer Freundin eingeladen gewesen. Er stellte sich vor, wie sie sich unterhielt: über Kochrezepte, wie die Blumen im
10 Fenster bunt blühen und über die Leute in der Straße, vielleicht auch über ihn.
Mittwochs lächelte sie ihm nicht zu.
Ob er es bemerkt hatte? Ob ihm auffiel, dass mittwochs der Platz am Fenster leer blieb? Sie beobachtete ihn genau: wenn er pünktlich um zwei das Haus verließ, einen Gang um den Häuserblock
machte, am Ende der Runde am Kiosk eine Zeitung kaufte und an der Straßenecke auf den Hund
15 wartete, der die halbe Stunde Frischluft am Tag zu genießen schien. Sie wartete gespannt. Jeden
Tag.
Nicht immer trafen sich ihre Blicke, taten sie es, grüßte er freundlich. „Ein sympathischer Mann!",
dachte sie.
Er bemühte sich, einen guten Eindruck zu hinterlassen. Auf Pünktlichkeit hatte er schon immer
20 Wert gelegt. Sein regelmäßiger Auftritt, sein täglicher Gang gehörten zum gewöhnlichen Tagesablauf. Auch im Alter. Niemand schien es zu bemerken. Oder doch? Vielleicht hoffte er auch auf die
freundlichen Blicke der betagten Dame. Er erwartete es, gestand er sich selbst, das Lächeln der
fremden Frau. Sie schien ihn zu kennen, oder redete er sich das ein?
Er legte Wert auf Pünktlichkeit.
25 Nur einmal war er nicht gekommen. Am darauf folgenden Tag trug er einen roten Schal. Der sollte
sagen: „Ich war krank, nicht etwa faul! Aber jetzt bin ich beinah wieder gesund."
Sie verstand es. Erleichtert grüßte sie zurück. Gerne hätte sie gewinkt – einem fremden Mann. Sie
hatte sich beherrscht.
Selten, aber eben manchmal, sah sie ihn auch zweimal. Er nahm den Bus, den Bus in die Stadt.
30 „Vielleicht sucht er einen Arzt auf oder kauft ein. Auch er ist gewiss nicht verheiratet. Er würde
doch sonst nicht alleine gehen", dachte sie.
„Bestimmt ist er einsam. – Aber nein, er hat ja den Hund!"
„Sie langweilt sich gewiss. Ich sollte sie besuchen. Aber wie käme ich dazu? Eine fremde Frau. –
Freundlich, aber fremd. – Eben fremd."

Befunde X. Texte des Internationalen Kurzgeschichten-Wettbewerbs 1987 der Stadt Arnsberg. Arnsberg 1988, S. 78

Friedhelm Apel
Leute machen Kleider

1 Der Titel von Gottfried Kellers Novelle ist sprichwörtlich geworden für den – möglicherweise auch
falschen – sozialen Status, den Kleidung ausdrückt, dafür, dass zuletzt die Identität einer Person
selbst von der Kleidung bestimmt wird. Eine Illustrierte hat kürzlich geprüft, ob die Lehre, dass
Kleider Leute machen, immer noch gilt, indem sie einige Stadtstreicher in seriöse Kleidung steckte.
5 Der Effekt war frappierend, obwohl er nur eine Binsenweisheit belegte.
Kellers Novelle geht über diese Binsenweisheit sehr weit hinaus; eigentlich ist sie sogar keineswegs
das Wichtigste in der Geschichte. Viel spannender ist, wie in der Novelle gezeigt wird, auf welche
Art und Weise Kleidung Sprache ist, und zwar mitsamt den Schwierigkeiten der Kommunikation.
Denn man erinnert sich: Die Erhebung des armen Schneiders Wenzel Strapinski zum polnischen
10 Grafen war ja ein vollkommenes Missverständnis. Er hatte es keineswegs darauf angelegt, für einen

solchen gehalten zu werden und fühlte sich zwar in seiner Kleidung, nicht aber in seiner Rolle besonders wohl. Für ihn ist sein schwarzer Anzug, der weite dunkelgraue Radmantel, der mit schwarzem Samt ausgeschlagen ist, ganz unbedacht der Ausdruck eines besonderen Wesens: einer stillen, feinen, romantisch-melancholischen Art, die – wie uns Keller andeutungsweise wissen lässt
15 – von einem seltsamen Kindheitsschicksal herrührt. „Solcher Habitus war ihm zum Bedürfnis geworden, ohne dass er etwas Schlimmes oder Betrügerisches dabei im Schilde führte, vielmehr war er zufrieden, wenn man ihn nur gewähren und im Stillen seine Arbeit verrichten ließ; aber lieber wäre er verhungert, als dass er sich von seinem Radmantel und seiner polnischen Pelzmütze getrennt hätte, die er ebenfalls mit großem Anstand zu tragen wusste."
20 Die Inszenierung als Graf kommt in einem bestimmten Kontext zustande und wird ihm aufgedrängt. Ist sie aber einmal zustande gekommen, so wird all sein Verhalten innerhalb ihrer interpretiert. Schüchternheit wird dabei zur Vornehmheit, Ungeschicklichkeit zu guten Manieren. Gegen die Rolle, die Identität, die ihm aufgezwungen wird, versichert sich der Schneider bisweilen, indem er den Fingerhut in seiner Tasche drückt. Irgendwann aber begreift er den Inszenierungscharakter
25 des Ganzen und fängt an, das Spiel mitzuspielen. „Er beachtete wohl die Sitten seiner Gastfreunde und bildete sie während des Beobachtens zu einem Neuen und Fremdartigen um; besonders suchte er abzulauschen, was sie sich eigentlich unter ihm dächten und was für ein Bild sie sich von ihm gemacht. Das Bild arbeitete er weiter aus nach seinem eigenen Geschmacke, zur vergnüglichen Unterhaltung der einen, welche gern etwas Neues sehen wollten, und zur Bewunderung der ande-
30 ren, besonders der Frauen, welche nach erbaulicher Anregung dürsteten. So ward er rasch zum Helden eines artigen Romanes, an welchem er gemeinsam mit der Stadt und liebevoll arbeitete, dessen Hauptbestandteil aber immer noch das Geheimnis war."
Man sieht, dass der Schneider freiwillig oder unfreiwillig das Wesen der Mode als Inszenierungsspiel begriffen hat. Nur zwei in der Geschichte schauen hinter die Kleidung, hinter die Kulissen.
35 Der berechnende Rationalist Böhni, der weniger auf die Kleidung als auf das, was herausschaut, achtet, und daher gleich anfangs die zerstochenen Finger des Helden bemerkt. Und das liebe Nettchen, das feststellen darf, dass sie sich in den Menschen, nicht in den Grafen verliebt hatte und dann auch nicht ganz ohne bürgerliche Berechnung zu dem Schluss kommt, dass ein tüchtiger Schneider und braver Mann eigentlich viel besser ist als ein merkwürdiger polnischer Graf auf der
40 Flucht.
Dass Wenzel Strapinski den Satz „Kleider machen Leute" begriffen hatte, nützte ihm zunächst noch wenig, erst als er „Leute machen Kleider" in der richtigen Weise ergänzte, hatte er den wirklichen Vorteil davon. Nur zu gut lernte er die Lektion: „Er machte ihnen ihre veilchenfarbigen oder weiß oder blau gewürfelten Sammetwesten, ihre Ballfräcke mit goldenen Knöpfen, ihre rot ausgeschla-
45 genen Mäntel, und alles waren sie ihm schuldig, aber nie zu lange Zeit. Denn um neue, noch schönere Sachen zu erhalten, welche er kommen oder anfertigen ließ, mussten sie ihm das Frühere bezahlen, so dass sie untereinander klagten, er presse ihnen das Blut unter den Nägeln hervor."
„Dabei wurde er rund und stattlich und sah beinah gar nicht mehr träumerisch aus…" Beinahe! Ganz ohne Sinn für Träume darf kein Modemacher sein.
50 Jedenfalls: Kleider machen Leute, Leute machen Kleider und Leute machen Leute. Möglicherweise sind Missverständnisse in der Kommunikation durch Kleidung sozial ebenso wirksam wie Verständnis. Wir sind schnell dabei, jemanden nach seiner Kleidung zu beurteilen und zu behandeln, und wir nehmen dabei automatisch an, dass wir Recht haben. Wir kommen selten auf die Idee, dass wir jemanden zu dem gemacht haben, der er ist. Nur wenige würden bezweifeln, dass Salvador Dali
55 ein Exzentriker und notorischer Provokateur war, der es sich zum Lebensinhalt gemacht hatte, uns durch seine Kunst und seine Person zu provozieren, uns aus unseren mehr oder minder bequemen Sehgewohnheiten aufzuschrecken. Luis Buñuel sieht das in seinen Erinnerungen (Mein letzter Seufzer) allerdings ganz anders: „Er war ein schüchterner junger Mann mit einer lauten, tiefen Stimme und langem, aber gepflegtem Haar, der im Alltag nur schwer zurechtkam und höchst merk-
60 würdig gekleidet war: Er trug einen sehr breiten Hut, ein riesiges, zur Schleife gebundene Halstuch, eine lange, bis zu den Knien herabhängende Jacke und dazu Wickelgamaschen. Man hätte meinen können, er wolle mit seiner Kleidung provozieren, aber dem war nicht so. Er kleidete sich so, weil es ihm gefiel – was die Leute aber manchmal nicht davon abhielt, ihn auf der Straße anzupöbeln." „Ob das so stimmt – wer will es beurteilen? Trotzdem ein Anlass, darüber nachzuden-
65 ken, wie weit unser Recht geht, den anderen auszuziehen, und in welchem Verhältnis wir etwas über uns selbst sagen, wenn wir den anderen beurteilen. Denn wir sind, wie *Keller* sagt, zumindest zuweilen, alle nur Figuren in einem artigen Roman, den wir eben nicht allein schreiben.

Katja Aschke (Hrsg.): Kleider machen viele Leute. Mode machen – aber wie? Reinbek 1989, S. 202 ff.

„Alles klar, oder was?"

Interview mit der Bestseller-Autorin Deborah Tannen
über Kommunikationsprobleme im Alltag und wie wir es schaffen,
nicht ständig aneinander vorbeizureden

1 **TANNEN:** Probleme entstehen nicht so sehr durch das, was man sagt, sondern dadurch, wie man es sagt. Und da benutzt jeder seinen eigenen Gesprächsstil, der von verschiedenen
5 Faktoren bestimmt wird: Ist der Sprecher ein Mann oder eine Frau, alt oder jung, Arbeiter oder Manager, aus dem Süden oder Norden des Landes? Wenn Leute nicht den gleichen Gesprächsstil haben, kann es Missverständ-
10 nisse hageln wie bei Frau Herrnfeld und ihrem Chef. Sein Stil ist indirekt, ihrer ist direkt.

STERN: Ist es nicht ehrlicher und auch viel einfacher, etwas ganz direkt zu sagen?

15 **TANNEN:** So funktioniert das nicht. Selbst, wenn wir total ehrlich und direkt sein wollten, könnten wir das gar nicht. Wahrheit hat viele Fassetten, und welche ich auswähle, hängt von der Situation und dem Gesprächspartner ab.
20 Was die einen für direkt halten, finden andere schlicht unhöflich oder beleidigend.

STERN: Lassen sich solche Fallen denn nicht vermeiden?

TANNEN: Perfekte Kommunikation gibt es
25 nicht, wir sind ja keine Maschinen. Wir können nur versuchen, unterschiedliche Sprechweisen besser zu verstehen, indem wir unsere eigene nicht als die einzig logische betrachten.

STERN: Wie kann man trotzdem die Wahrheit
30 heraushören?

TANNEN: Alles, was wir sagen, enthält eine Mitteilung und eine sogenannte Meta-Mitteilung. Die signalisiert uns, wie die Information verstanden werden soll. Darauf reagieren wir
35 besonders stark. Wenn ich die Abschlussarbeit eines Studenten beurteile und meinen Anruf in kühlem Tonfall mit den Worten „Offen gestanden ..." beginne, interpretiert das arme Junge ganz zu Recht: Wappne dich, was jetzt folgt,
40 wird schmerzhaft. Wenn meine Freundin zu mir sagt: Machst du heute den Abwasch?, dann weiß ich, das bedeutet: Beweg endlich deinen faulen Hintern.

STERN: Wie erkenne ich, dass ich diese
45 Signale richtig interpretiere?

TANNEN: Kennt man die Person gut, kann man natürlich nachfragen: Willst du damit

sagen, ich mach' den Abwasch zu selten? Mit Kollegen oder Fremden ist das etwas schwieriger.(...)   50

STERN: Also hat der indirekte Gesprächsstil ihrer Meinung nach Vorteile?

TANNEN: Ja. Er lässt Auswege zu ohne Gesichtsverlust. Wenn meine Freundin keinen Streit will über den Abwasch, kann sie mir ant- 55 worten: Nein, wie kommst du darauf, so hab' ich das überhaupt nicht gemeint ...(...) Das Elegante am indirekten Gesprächsstil ist gerade, dass Übereinstimmung ohne Konfrontation erzielt werden kann.   60

STERN: Kann man seinen Gesprächsstil verändern, um Probleme zu vermeiden?

TANNEN: Man kann beispielsweise an Geschwindigkeit, Tonfall und Sprechpausen arbeiten. Ich selbst habe den typisch New Yor- 65 ker jüdischen Gesprächsstil: sehr schnell, und zwischen meinen Sätzen lasse ich kaum eine Sekunde Pause. Wenn ich nach Alabama fahre, halten mich die Leute dort für extrem unhöflich. Ihr Gesprächsstil verlangt längere Pausen. 70 Ich dagegen unterbreche sie dauernd, bevor sie ausgeredet haben. Das habe ich bewusst geändert.

STERN: Ein Problem, das sich also ganz einfach lösen lässt.   75

TANNEN: So einfach nun auch wieder nicht. Denn ganze Kulturen werden durch ihren Gesprächsstil charakterisiert. So klingt zum Beispiel die deutsche Intonation für amerikanische Ohren oft herrisch und fordernd, selbst 80 dann, wenn Deutsche englisch sprechen. Ein weiterer Unterschied ist, wie wohl oder unwohl man sich mit Konfrontation fühlt.

STERN: Haben die Deutschen da Schwierigkeiten?   85

TANNEN: Amerikaner finden Deutsche oft geradezu streitsüchtig. (...) Im amerikanischen Gesprächsstil werden Politik und Religion nur mit guten Freunden diskutiert, während Deutsche ausgerechnet diese Themen zum 90 Kennenlernen benutzen. Missverständnisse werden erst dann vermieden, wenn man lernt, sich immer wieder neu auf sein Gegenüber einzustellen.

Stern 39/92, S. 254 ff.

3   *Individuum*

Johann Wolfgang Goethe
Die Leiden des jungen Werthers

1   *Am 29. Julius*
Nein, es ist gut! es ist alles gut! – Ich – ihr Mann! O Gott, der du mich machtest, wenn du mir diese
Seligkeit bereitet hättest, mein ganzes Leben sollte ein anhaltendes Gebet sein. Ich will nicht rechten,
und verzeih mir diese Tränen, verzeih mir meine vergeblichen Wünsche! – Sie meine Frau! Wenn ich
5 das liebste Geschöpf unter der Sonne in meine Arme geschlossen hätte – Es geht mir ein Schauder
durch den ganzen Körper, Wilhelm, wenn Albert sie um den schlanken Leib fasst.
Und, darf ich es sagen? Warum nicht, Wilhelm? Sie wäre mit mir glücklicher geworden als mit ihm!
Oh, er ist nicht der Mensch, die Wünsche dieses Herzens alle zu füllen. Ein gewisser Mangel an Fühl-
barkeit, ein Mangel – nimm es, wie du willst; dass sein Herz nicht sympathetisch schlägt, bei – oh! –
10 bei der Stelle eines lieben Buches, wo mein Herz und Lottens in *einem* zusammentreffen; in hundert
andern Vorfällen, wenn es kommt, dass unsere Empfindungen über eine Handlung eines Dritten laut
werden. Lieber Wilhelm! – Zwar, er liebt sie von ganzer Seele, und so eine Liebe, was verdient die
nicht! –
Ein unerträglicher Mensch hat mich unterbrochen. Meine Tränen sind getrocknet. Ich bin zerstreut.
Adieu, Lieber!
Goethes Werke. Bd. 6. München 1982, S. 75

Friedrich Dürrenmatt
„Warum Schreiben?"

1 Ich werde immer wieder gefragt, warum ich eigentlich schreibe. Gerade diese Frage zeigt die Schwierigkeit meines Berufs. Sie wird gestellt, weil mein Beruf offenbar nicht als selbstverständlich genommen wird. Gebe ich nun eine selbstverständliche Antwort, etwa: ich schreibe, um mich und meine
Familie durchzubringen, oder: um die Leute zum Lachen und, was ebenso wichtig ist: zum Ärgern zu
5 bringen, wird der Frager ungehalten, denn er fragt, um etwas ganz anderes zu hören, etwa: dass ich
aus einem „inneren Drang" heraus schreibe. Jedoch, Hand aufs Herz, wenn es nun auch stimmen
würde mit dem „inneren Drang", wer redet anständigerweise schon gerne davon.
„Ich schreibe, um meine Familie durchzubringen" ist eine anständige Antwort. Doch haben wir damit
die Schwierigkeiten der Schriftstellerei in der heutigen Zeit erst am Rande berührt, denn die Frage
10 nach dem Sinn, nach dem Warum des Schreibens wird ja immer nur deshalb gestellt, weil sie mit der
landläufigen Meinung Hand in Hand geht, der Schriftsteller müsse etwas zu sagen haben, wenn er
schreibe. Und zu sagen hat nur der etwas, der etwas Außerordentliches zu sagen hat. Doch die Frage,
warum einer schreibe, diese Frage des Normalbürgers wiederholt sich in veränderter Form in der Kritik, die nach der Aussage eines Stückes forscht.
15 Gefragt nach dem Sinn meiner Stücke, antworte ich meistens, dass, wenn ich den Sinn meiner
Geschichten wüsste, ich nur den Sinn hinschreiben würde, nur die Aussage, und mir den Rest ersparen könnte. Behaupte ich nun damit, meine Komödien hätten keinen Sinn? Ich glaube nicht. Ich
meine vielmehr Folgendes: Wenn wir etwa nach dem Sinn der Natur fragen, so wird uns der Naturwissenschaftler in der Regel ausweichen. Seine Aufgabe ist nicht, dem Sinn der Natur nachzufor-
20 schen, sondern der Natur selber, ihren Gesetzen, ihrer Verhaltensweise, ihrer Struktur. Mehr verrät
die Natur nicht. Ihr Sinn kann nur außerhalb ihrer liegen, die Frage nach ihrem Sinn ist eine philosophische Frage. Ähnlich nun liegt es bei der Frage nach dem Sinn eines Theaterstücks, zum Beispiel.
Diese Frage ist eigentlich nicht dem Autor, sondern dem Kritiker zu stellen, der ja bekanntlich auf
alles eine Antwort weiß.
Denkanstöße. Zürich 1989, S. 21

Elias Canetti
Vortrag eines Blinden

1   Ein blinder Klavierspieler, der mit einer Sängerin verheiratet ist, und den ich schon lange kenne, hielt
gestern einen Vortrag über das Blindsein. Er betonte, wie zufrieden er mit seinem Zustand sei. Alle
Leute seien freundlicher zu ihm und seiner Frau; darin liege der Grund für die Zuversicht und Heiter-
keit der Blinden. Er sprach mit einer Angemessenheit und Bescheidenheit, die mir bekannt vorkamen;
5   es fiel mir ein, dass es allgemeine Züge des Engländers seien, die sich an ihm darstellten. Er sah nicht
nach rechts, er sah nicht nach links, er sah sich nicht um, – wenn man so etwas von ihm sagen könnte;
seine bestimmten Ziele aber fasste er so gut und sicher ins Auge wie ein sehender Engländer. Er war
nicht neugierig, er überhob sich nicht (…).
Seine Anerkennung der übrigen Welt, nach der er sich richten musste – der Welt der Sehenden –, war
10 so praktisch und natürlich wie für einen normalen Engländer die der Umwelt überhaupt. Unaufhörlich
machte er stolze und stolze kleine Verbeugungen vor den anderen und bat sie um Entschuldigung für Verstöße,
die kaum welche waren. Er betonte die Freude an seiner Unabhängigkeit, er war so frei wie ein anderer; er verdiente sich redlich und selbst sein Leben.
Ich möchte ihn und seinen Vortrag gern genau schildern. Aber was ich heute verzeichnen möchte,
15 sind einige merkwürdige Züge aus dem Leben der Blinden, die mir neu waren. Starker Wind sei für
ihn, was für die anderen Nebel. Er fühle sich dann ganz desorientiert und verloren. Die starken
Geräusche kämen von allen Seiten, strömten in eins zusammen, und er wisse überhaupt nicht mehr,
wo er sei. Denn beim Gehen verlasse er sich sonst auf ein sicheres Gefühl für die Nähe von Gegenständen. Er spüre die Nähe einer Wand wie eines Tisches. Unmittelbar davor bleibe er von selber ste-
20 hen und stoße nie an. Diese Fähigkeit müsse irgendwie mit dem Ohr zusammenhängen, denn sie setze
aus, wenn er verkühlt und sein Ohr dadurch nicht in Ordnung sei.
Ein Vergnügen habe er vor den Sehenden voraus. Er höre mehrere Gespräche zugleich und könne
sich daraus entnehmen, was ihm Spaß mache. Die Sehenden, die ihre Augen auf den Menschen richten, zu dem sie sprechen, sind, so meinte er, dadurch nicht imstande, auf andere Gespräche neben
25 oder hinter ihnen zu lauschen.
Stimmungen und Charakter von Menschen erkenne er an ihren Stimmen. Schon in der Blindenschule
hätten sie das als Spiel getrieben: neue Menschen seien von ihnen gleich beurteilt worden, nach der
Stimme und der Art des Sprechens allein, und was sie später ausfindig machen konnten, hätte zu
ihrem Urteil ganz gepasst.
30 (…)
Gesten fielen Blinden schwer. Für ein Theaterstück, in dem er auftreten sollte, hätte man ihm jede
einzelne Bewegung künstlich beibringen müssen. Es sei nicht zu glauben, wie ungeschickt er sich da
aufgeführt habe. Auch darin sah er aber einen Vorteil für den Blinden. Sie sparten Energie, die andere
Menschen auf nutzlose Gesten verschwendeten. (…)
35 Farben könne er sich überhaupt nicht vorstellen; aber er habe ein tiefes Interesse für alles, was mit
bildender Kunst zusammenhänge und höre gern davon sprechen. Sein inneres Gesicht sei weder dunkel noch hell, etwas Merkwürdiges dazwischen, das er schwer schildern könne.

Die Provinz des Menschen. München 1981, S. 53

Karriere, Kinder und ein Mann

Angela ist 17 Jahre alt. Sie ist Chefredakteurin einer Schülerzeitung und besucht ein Gymnasium in einer Kleinstadt in Südbayern. Angela ist eine sehr gute Schülerin. Wenn sie darauf angesprochen wird, errötet sie.

Bist du nicht gern die beste Schülerin deiner Klasse, Angela?

Ja, doch. Schon. Nur. Es ist nicht so einfach.

Wie meinst du das? Tust du sehr viel dafür?

Auch. Aber nicht unbedingt. Mathe und Naturwissenschaften sind meine Lieblingsfächer.

Aha.

Ja. das hört sich irgendwie blöd an. Ich weiß.

Wieso blöd?

Ja, Streber. Sind ja auch nicht gerade typische Mädchen-Fächer. Aber das finde ich gerade gut. Ich will Ärztin werden.

Was ist daran nicht so einfach, die beste Schülerin der Klasse zu sein?

Es gibt viel Konkurrenzdruck unter uns in der Klasse. Von den Jungen wie von den Mädchen. Aber mehr noch von den Mädchen. Die Jungen meiden mich eher. Die wollen mit mir nicht in Konkurrenz gehen. Die ziehen andere Mädchen vor.

Was für Mädchen?

Ja, so, die eben in Fächern gut sind, die die Jungen nicht so mögen. Deutsch und Kunst und so. Der Junge ist dann eben ein ganz toller Typ in Mathe, und seine Freundin ist nicht besser als er. Eher schlechter. Sie kann aber da gut sein, wo er keinen Bock drauf hat. Eben Kunst oder Sozialkunde.

Hast du einen Freund?

Nein. Noch nicht.

Du möchtest noch keinen?

Ich möchte schon heiraten und auch Kinder haben. Aber ich möchte auch Ärztin sein. Chefärztin in einem Krankenhaus vielleicht. Das kann ich mir alles vornehmen, und das möchte ich auch erreichen. Aber ich kann ja den zukünftigen Vater meiner Kinder nicht miteinplanen. Das weiß ich.

Warum nicht?

Ich weiß nicht, ob ein Mann das mitmacht. Ob er sich mit mir die Arbeit mit den Kindern teilt, meine ich.

Ob er damit einverstanden ist, dass dein Beruf für dich auch zu deinem Leben gehört?

Ja. Ganz genau. Für mich eben auch. Genauso wie für ihn. Aber Kinder will ich auch auf jeden Fall haben. Kinder und meinen Beruf. Ehe wäre natürlich sehr schön. Ich möchte nicht auf etwas verzichten müssen. (...)

Wie willst du es machen?

Ich kann mich nur beeilen. Sehr guten Schulabschluss, Studium, schnell Karriere machen, eine Position bekommen, die mir sicher bleibt. Dann mit 30 Jahren Kinder, zwei Kinder schnell hintereinander. Und dann mit 35, 36 weiter Karriere.

Glaubst du, das schaffst du?

Ich muss es schaffen.

Warum?

Ich möchte nicht nur Hausfrau und Mutter sein. Okay, es gibt bestimmt Frauen, die das gerne machen. Ich möchte aber auch nicht nur die tolle Karrierefrau sein und keine Familie haben. Ich mag Kinder. Ich kann mir gar nicht vorstellen, keine Kinder haben zu wollen.

Du bist ja selbst fast noch ein Kind.

Naja. Ich bin jetzt 17 geworden. Obwohl. Irgendwie stimmt es auch. Ich mag diese Karrierefrauen nicht so gern, die keine Kinder haben wollen.

Gibt es Vorbilder für dich?

Für das, was ich vorhabe? Eigentlich nicht. Nein. Die Feministinnen nicht. Die sind ja eben gegen die Ehe, glaube ich. Aber ich bin nicht gegen die Ehe. Ich fürchte eben nur, dass eine Fulltime-Krankenhaus-Chefärztin mit zwei Kindern nicht geheiratet wird. Und Männer, Väter, die für ihre Kinder zu Hause bleiben und dadurch ihre Frau im Beruf unterstützen, solche Männer kenne ich nicht. Bei mir im Gymnasium sind die Jungen alle Machos. Das wollen die auch sein. Und viele Mädchen finden das gut.

Du willst alles?

Wie?

Erfolg im Beruf, zwei wunderbare Kinder und einen richtigen Mann.

Ja. Stimmt genau. Und jetzt sagen Sie mir bitte nicht, dass das nicht geht!

Mit Angela sprach Viola Roggenkamp

UNTER 20

Junge Leute unter 20 – was beschäftigt sie, was wollen, was hoffen sie? Wir fragen jede Woche nach, einmal in West, einmal in Ost

Die Zeit vom 27.11.92

Ein tolles Gefühl, nicht ausgestoßen zu sein

von Regina Hauch

1 Am Anfang habe ich jeden Morgen in den Spiegel gesehen und nach Zeichen der
5 Krankheit gesucht. Ich habe erwartet, dass ich plötzlich anders aussehe, mir selbst fremd werde. Aids-infiziert zu sein, war
10 für mich etwas Monströses. Dass die Krankheit ein Teil von mir selbst ist, habe ich erst mit der Zeit begriffen."
Seit drei Jahren weiß Verena, dass sie HIV-posi-
15 tiv ist. „Auf einmal gehörte ich zu einer Randgruppe. Darauf war ich nicht vorbereitet. Schließlich hatte ich bis dahin ein ganz normales Leben geführt."
Bis zu dem Tag, als die damals 19-Jährige Tor-
20 sten kennenlernte – die erste große Liebe ihres Lebens.
Einen Riss bekommt das Glück nach einem Jahr, als Verena herausfindet, dass Torsten einige Jahre zuvor Drogen genommen hatte. Sie
25 fühlt sich hintergangen, trennt sich, überlegt es sich wieder anders und kehrt zu Torsten zurück. „Torsten versicherte mir hoch und heilig, immer eigene Nadeln benutzt zu haben, und ich habe ihm vertraut. Damit war Aids kein Thema für
30 uns."
Ihre Sorglosigkeit dauert drei Jahre: bis zu dem Tag, als der Arzt Torsten wegen Durchfallbeschwerden ins Krankenhaus überweist – vier Wochen vor der Hochzeit.
35 Von Tag zu Tag wird der kräftige, lebenslustige Mann schwächer. „Wie schlecht es Torsten ging, habe ich erst erkannt, als er aus dem Mehrbettzimmer in ein kleines Kämmerchen geschoben wurde", sagt Verena. Es ist das Ster-
40 bezimmer der Station. Torsten liegt dort und zittert am ganzen Leib. Als Verena ihn aufrichtet, um ihm aus dem leichten Kliniknachthemd in einen warmen Schlafanzug zu helfen, sieht sie mit Entsetzen seinen bis auf die Rippen abge-
45 magerten Körper. In diesem Augenblick weiß sie, dass ihr Verlobter sterben wird.
Dass er an Aids erkrankt ist, hat Torsten nicht mehr erfahren. Kurz nachdem er dem Test zugestimmt hat, fällt er ins Koma, wenige Tage
50 später ist er tot.

Brigitte 10/1992, S. 199

Nach einer Woche lässt sich Verena testen. Der Hausarzt, der sie von klein auf kennt, druckst 55 am Telefon herum: Nein, das Testergebnis sei noch nicht da, es fehlten Zusatzuntersuchungen. Für Verena steht fest: Ich habe das Virus. In ihre Trauer um den toten Verlobten mischt sich Wut. „Warum hat er mir das angetan?", fragt sie sich. 60 „Wie konnte er so verantwortungslos sein?" Noch wird sie vom Arzt vertröstet, gebeten, das Wochenende abzuwarten.
Montagmorgen sind Verena und ihre Schwester in der Praxis. Sie werden ins Arztzimmer geru- 65 fen. „Ja", sagt der Arzt und weint. „Sie sind positiv." Sie geht nach Hause und schottet sich ab, will niemanden mehr sehen, mit ihrer Wut und ihrer Trauer allein fertig werden. „Ich habe in einer Art Grauzone gelebt, weder traurig noch 70 glücklich. Ich konnte nicht mehr schlafen, nichts mehr anfangen, nichts beenden. Körperlich und seelisch war ich am Ende. Aids war für mich damals keine Krankheit, die möglicherweise tödlich verläuft. Aids war für mich der 75 Tod. Ich dachte: Jetzt hast du noch ein halbes Jahr, in das du alles reinpacken musst, was andere auf sechzig oder siebzig Jahre verteilen."
Sie versteckt sich vor ihren Freunden: „Ich hatte 80 Angst, weil ich so viel darüber gelesen hatte, wie Menschen mit Aids plötzlich ausgestoßen werden. Ich hatte auch das Gefühl, jeder sieht mir die Krankheit an. Und ich selber mich ja auch total verändert. Ich war aggressiv, voll 85 Eifersucht. Ich dachte immer nur: Die haben es nicht, und ich muss sterben." Mehrmals fährt Verena an ihrer alten Stammkneipe vorbei. Anhalten, reingehen, einfach „Hallo, hier bin ich" sagen, wagt sie nicht. Sie bleibt draußen 90 und außen vor, ein Jahr lang. Dann nimmt sie ihren ganzen Mut zusammen und fährt zum Treffpunkt ihrer alten Clique. Und plötzlich ist alles ganz leicht. Die Freunde sind erleichtert, dass sie wieder da ist. Einer steht auf und 95 umarmt sie. Verena bittet ihn, mit nach draußen zu gehen. „Du, ich habe Aids", sagt sie, als sie allein mit ihm ist. Der Freund nimmt Verena in den Arm, ohne Zögern, ohne Schrecksekunde. „Dieses Gefühl war toll: Jetzt schubst der mich nicht weg. Ich bin keine Ausgestoßene. Das hat mir Mut gemacht."

Christine Swientek
„Und wofür das alles?"…

1　„Man muss etwas Neues machen, um etwas Neues zu sehn", schrieb Lichtenberg. Ich würde den Satz
etwas abändern: „Man muss etwas Neues machen, um jemand Neues zu werden"!

„Und wofür das alles?"…
… fragte ein Journalist Deutschlands älteste Oberschülerin: „Für ein Studium?" – „Erst mal abwar-
5　ten", antwortete die 77-Jährige. „Zunächst will ich mit Achtzig mein Reifezeugnis haben, dann sehen
wir weiter!"
Mit 76 auf die Uni? Wozu denn das noch? habe ich im Laufe meiner Recherchen immer wieder
gehört – und das in fast allen Altersgruppen. Nur die sehr Jungen fanden es „echt geil", mit Achtzig
noch die Uni zu besuchen.
10　Die Frage „Wozu noch?" beinhaltet so deutlich wie keine andere Aussage, dass wir alle (fast) nur
noch nach Verwertungsmaßstäben lernen und in Verwertbarkeitskategorien denken. Diese Einstellung wird in unserer Erziehung von Anbeginn an trainiert. Alles, was spätestens ab Kindergartenalter
gelernt wird, ist „für irgendwas". Freude, Spaß, „nur einfach so" sind Katogorien, die noch immer
den viktorianischen Ruch der Unanständigkeit haben. Pflicht ist angesagt – auch im Nach-68er-Zeit-
15　alter! „Was bringt es?", ist die wichtigste aller Fragen im menschlichen Miteinander. Der Kindergar-
ten bereitet auf die Schule vor, diese auf die jeweils nächst höhere Schulform, alle zusammen auf
einen Abschluss und dieser auf Ausbildung, Studium und Beruf. So wird das Leben durcheilt mit
Handlungen „für irgendwas" – und im Alter soll es auf einmal „keinen Sinn" mehr haben? Und so
überrascht auch die Frage nicht, warum eine 77-Jährige Abitur macht und ein 92-Jähriger studiert.
20　„Was will er dann damit? Bevor er fertig ist, ist er doch tot!" ist die gängige Meinung.
Er will es für sich. Er will es nicht „gebrauchen", er will Wissen, Neues erfahren, er will sein Leben
am Neugelernten messen, er will Altes korrigieren, er ist „nur" neu-gierig!
Obwohl ich von mir glaubte, eine eigene Einstellung dazu zu haben (auch ich töpfere „nur" aus Freude am Matschen und am Ergebnis!), entrutschte mir in einem Gespräch kürzlich die Frage: „Aber
25　wofür denn diese Mühe?", als ich mit der 78-jährigen Ursula telefonierte, die einmal wöchentlich in
der Universitätsbibliothek sitzt, um dort das Neuste über die Gentechnologie zu lesen, weil ihr die
Berichte in den üblichen Massenmedien dazu nicht ausreichen. (Sie macht kein Studium, sie lernt
„nur so"!)
„Aber wofür denn noch?" Bevor ich diese Frage herunterschlucken konnte, war sie raus – und dahin-
30　ter steht mehr oder weniger unbewusst immer der Gedanke: Der Tod holt doch alles ein!
„Das fragen mich alle", sagte Ursula erstaunt. „Ich muss doch auf dem Laufenden bleiben. Ich muss
doch wissen, was auf uns zukommt. Ich habe schließlich Enkel und Urenkel. Ich muss doch für sie
mitreden können." Und dann ging sie nüchtern und sachlich auf den unausgesprochenen Teil der
Frage ein: „Weißt du denn, wie lange du noch lebst? Du tust doch auch so viel, lernst, schreibst, liest.
35　Und dich fragt doch keiner wozu! Wir lernen doch für uns, für andere und für heute. Wofür sonst?
Solange ich noch lebe, will ich wissen, was um mich rum vorgeht! Das Fernsehen reicht mir nicht.
Das ist alles viel zu oberflächlich und gesteuert. Ich will die Originaltexte lesen, sonst weiß ich doch
wieder nur das, was andere mir vorkauen. Davon sollte meine Generation geheilt sein. Wir haben
lange genug geglaubt!"
40　Für mich, für andere, für heute! So einfach ist die Antwort. Warum finden viele Menschen diese Antwort erst zum Lebensabend – und manche nie?

Mit 40 depressiv, mit 70 um die Welt. Freiburg i. Br. 1991, S. 116 f.

Patricia Highsmith
Elsie's Lebenslust

1 I
Sie kam flink über die Straße und hüpfte auf den Gehsteig. An den Füßen trug sie nagelneue weiße
Turnschuhe, darüber eine schwarze Cordhose und ein weißes T-Shirt mit rotem Apfel auf der Brust.
Behände schlängelte sie sich an Passanten vorbei, machte einen Schlenker und verschwand in einem
5 Geschäft mit lauter blasslila Sachen im Schaufenster, Tüchern in shocking Pink und allerlei Schmuck –
Sekunden später war sie wieder draußen und lief weiter; die andere Straßenseite lockte, aber sie blieb,
wo sie war. Wie ein Schmetterling gaukelte sie im Halbkreis um ein bummelndes Grüppchen und ver-
weilte kurz vor einem andern Geschäft, das seine Waren bis auf den Gehsteig hinaus feilbot. Wieder
nicht das Richtige.
10 Weiter flitzten die weißen Turnschuhe, wippten die strohblonden kurzen Haare. Etwas Rotes lockte sie
jetzt, ließ sie kurz zögern, dann hineingehen. Kauflustige strömten in beiden Richtungen die West 4th
Street entlang. Es war ein Nachmittag im Spätaugust, kurz vor sechs, und die Luft war kühl und sonnig.
Das blonde Mädchen kam aus dem Laden, in der einen Hand eine beige Plastiktüte, mit der andern
schob sie ihre kleine Geldbörse in die Gesäßtasche. Das Lächeln auf ihren ungeschminkten Lippen war
15 jetzt breiter, ein fröhliches Lächeln mit einem Anflug von Übermut.
Sie blieb stehen, um ein Auto vorbeizulassen, wobei sie mit geschlossenen Füßen ungeduldig auf den
Zehen wippte. Ein junger Schwarzer machte im Vorbeigehen eine Bewegung, als ob er sie in den Busen
kneifen wollte, und sie wich zurück und kräuselte die Oberlippe über einem spitzen Eckzahn. Wieder ging
sie weiter, die Lippen leicht geöffnet zum Atmen, nach Lücken spähend, durch die sie huschen konnte.
20 Ein paar Meter weiter sah sie hinter dicken Frauen und jungen Burschen in Jeans einen Mann mit breit-
beinigem Gang und einem Hund an der Leine. Sie stockte auf der Stelle und eilte bei der ersten sich
bietenden Gelegenheit über die Straße.
(…)
Zürich 1988, S. 7

Arthur Schopenhauer
Die Stachelschweine

1 Eine Gesellschaft Stachelschweine drängte sich an einem kalten Wintertage recht nahe zusammen,
um durch die gegenseitige Wärme sich vor dem Erfrieren zu schützen. Jedoch empfanden sie die
gegenseitigen Stacheln; welches sie dann wieder voneinander entfernte. Wann nun das Bedürfnis der
Erwärmung sie wieder näher zusammenbrachte, wiederholte sich jenes zweite Übel, so dass sie zwi-
5 schen beiden Leiden hin- und hergeworfen wurden. Bis sie eine mäßige Entfernung voneinander her-
ausgefunden hatten, in der sie es am besten aushalten konnten. – Und diese Entfernung nannten sie
Höflichkeit und feine Sitte.
P. Flatz u. a. (Hrsg.): Versäumte Lexiken. Frankfurt/M. 1975, S. 112

Winfried Thomsen
Selbstzeugnis   (Fortsetzung von S. 245 f.)

1 Interpretationshinweise (nach dem Bewertungs-
code unserer Gesellschaft):
  1. Er hatte eine sichere Stellung und ein gutes
     Einkommen.
5 2. Gerade noch brauchbar, eigentlich eine Niete;
     unangenehmer Mitarbeiter.
  3. Schwerer Brocken, nicht integrierbar.
  4. Schlechtes Anpassungsvermögen, als Schwafler
     mangelhaft, doch außergewöhnlich kompetent.
10 5. Kein Interesse am Management-Training.
  6. Er hat sich angestrengt, z. B. als Heuchler,
     aber nichts geleistet; hinsichtlich leerer Ver-
     sprechungen hat er getan, was er konnte; viel
     war es nicht.
15 7. Liebedienerei und Schmiergeld? Ein Versa-
     ger; und dazu noch Querkopf.
  8. Keine Eigeninitiative in den Bereichen Ein-
     und Verkauf.
  9. Hat die Erwartungen hinsichtlich der Manipu-
20   lation von Kunden nicht erfüllt – enttäu-
     schend bei der Begabung.
  10. Er war zur Stelle, aber unbrauchbar; genoss
     die Vorteile der guten Stellung, ohne von
     destruktiven Verhaltensweisen abzulassen
25   (dabei konnte er teilweise mit Alltagsproble-
     men aufgehalten werden).
  11. Umtriebiger Typ, feiert gerne, vielfältige
     heterosexuelle Kontakte.
  12. Ist Vater geworden (um die Menschheit durch
30   Vergrößerung zu unterwandern), kann seine
     moralischen Ansprüche nicht verdrängen: ein
     Perfektionist, immer grob beleidigt, weil die
     Welt nicht so ist, wie sein zu sollen sie vorgibt.
  13. Beinahe ein Pluspunkt – aber es sind vor-
35   nehmlich die Vorgesetzten, über die er sich –
Uwe Wandrey (Hrsg.): a. a. O., S. 77 f.

von oben herab – lustig macht; schreibt Witz-
bücher. Alle anderen Werke wie Romane etc.
nach der Pensionierung.
14. Unbestechlicher Typ, legt Wert auf Unabhängigkeit, pflegt veraltete Vorstellungen: ver- 40
zichtet eher auf Verwirklichung literarischer
Ambitionen, als eine Beamtin zu heiraten
oder sich einem Sponsor auszuliefern. Bereit
heißt nicht fähig.
15. Angeblich machen sich die Dummen überall 45
breit und er fühlt sich deplatziert in einer Zeit,
wo regiert, wer nicht mal zum Stallburschen
taugt. Er träumt von seinem Schloss, in dessen Lustgarten er zierliche Verse ersinnt …
Näheres erfahren Sie auf Anfrage. 50
16. Der Spinner hat uns genervt; außergewöhn-
lich desinteressiert an Karriere, ist er noto-
risch Opposition. Es steht zu befürchten, dass
er auch künftig das Recht des Stärkeren nicht
akzeptiert. Mischt sich überall ein, ist ständig 55
in Fehden verwickelt – allerdings ohne Fana-
tismus, eher immer wieder ironisch ent-
deckend, wie sich Strukturen und Personen
vermeintlicher Gegenseiten gleichen. Achtung: aktives Gewerkschaftsmitglied (!). 60
17. Außenseiter: Jubelt den Pershings nicht zu,
feiert Tschernobyl nicht, ärgert den Kanzler
und die CDU, Flick steckt ihm keine Spenden
zu. Er folgt auch keinem Guru, verweigert
den Müslidienst, kann nicht stricken – also: 65
entzieht sich allen Einordnungsversuchen,
passt in keine Schublade. Das sind die
Schlimmsten!
18. Um die Welt zu verändern.
19. Und das ist nicht viel. 70

Urteil

Arbeitszeugnis

1 Das sprachliche grausame „vollste" als Steigerung von „voll", das eine Sachbearbeiterin für
ihr Arbeitszeugnis einklagen wollte, weil diese
Formulierung in der Zeugnissprache üblich sei,
5 ist nach Auffassung des Landesarbeitsgerichts
begrifflich unmöglich. Voller als voll gehe
nicht und „sollte in einer gepflegten Sprache

vermieden werden", entschieden die Richter
(Az: 7 Sa 671/91). Mit dem Deutschunterricht
für die Klägerin rügten die Richter zugleich eine 10
bei deutschen Arbeitgebern übliche Schlampe-
rei: Arbeiten können nämlich auch mit „sehr
gut" statt mit zur vollsten Zufriedenheit" bewertet werden.

Handelsjournal 12/1992, S. 5

Schulzeugnis.

(Auszug aus der Schultabelle.)

geboren den *25 März 1874*, *Tochter* des

Adam Lauber † zu Roth, ev. luth. Konfession

wurde am *23 März 1880* in die *2* Klasse der

hiesigen Elementarschule aufgenommen und verläßt die _*1*_ Klasse am

27 März 1888 nach achtjährigem Schulbesuche.

_____

Über ~~seinen~~ (ihren) Schulbesuch wird *ihr* folgendes Zeugnis erteilt:

   I. Fähigkeit: *Gut*

  II. Aufmerksamkeit: *Recht gut*

 III. Häuslicher Fleiß: *Recht gut*

 IV. Leistungen in nachbenannten Lehrfächern:

     a. Katechismus: *Recht gut*

     b. Biblische Geschichte: *Recht gut*

     c. Lesen: *Sehr gut*

     d. Aufsatz: *Gut*

     e. Sprachlehre: *Genügend*

     f. Rechnen und Raumlehre: *Z. gut*

     g. Geschichte und Geographie: *Gut*

     h. Naturkunde: *Gut*

     i. Schreiben: *Recht gut*

     k. Zeichnen: *Gut*

     l. Gesang: *Recht gut*

     m. Turnen: —

     n. Weibliche Handarbeiten: *Recht gut*

   V. Betragen: *Sehr gut*

  VI. Schulbesuch: *Regelmäßig*

Roth, den *1 Mai* 18*88*

Der Schulvorstandsdirigent:

J. Forstmann Pfarrer zu

Oberförler.

Der Lehrer:

Hepp.

Beglaubigt durch den Schulinspektor:

Gabriel García Márquez
Die letzte Reise des Gespensterschiffs

1 Jetzt sollt ihr sehen, wer ich bin, sagte er zu sich mit seiner neuen Männerstimme, viele Jahre nachdem er zum ersten Mal den riesigen Überseedampfer gesehen hatte, der ohne Lichter und ohne Lärm
eines Nachts am Dorf vorübergefahren war wie ein großer unbewohnter Palast, größer als das ganze
Dorf und viel höher als der Turm seiner Kirche, und im Dunkeln auf die auf der anderen Seite der
5 Bucht gegen die Bukaniere befestigte Kolonialstadt zugesegelt war mit ihrem alten Negersklavenha-
fen und dem kreisenden Leuchtturm, dessen düstere Windmühlenflügel aus Licht alle fünfzehn
Sekunden das Dorf zu einem Mondlager aus phosphoreszierenden Häusern und vulkanischen
Wüstenstraßen verklärte, und wenn er auch damals ein Knabe ohne Männerstimme gewesen war,
aber die Erlaubnis seiner Mutter hatte, bis spät am Strand die nächtlichen Harfen des Windes zu
10 hören, so konnte er sich noch so daran erinnern, als sähe er, wie der Überseedampfer verschwand,
wenn das Licht des Leuchtturms ihn in der Flanke traf, und wieder auftauchte, wenn das Licht vorbei-
geglitten war, so dass es ein Wechselschiff war, das bis zur Einfahrt in die Bucht auftauchte und
untertauchte und schlafwandlerisch tastend die Bojen suchte, welche die Fahrtrinne des Hafens
anzeigten, bis wohl etwas mit seiner Kompassnadel schiefging, denn das Schiff trieb auf die Klippen
15 zu, lief auf Grund, ging in Stücke und sank ohne jegliches Geräusch, auch wenn ein derartiger Auf-
prall auf die Riffe ein eisernes Getöse hätte hervorrufen müssen, und eine Maschinenexplosion, welche die im Tiefschlaf versunkenen Drachen hätte zu Eis erstarren lassen müssen in dem prähistori-
schen Urwald, der in den letzten Straßen der Stadt begann und auf der anderen Seite der Welt endete,
so dass der Junge selber glaubte, es sei ein Traum gewesen, zumal am nächsten Tag, als er das strah-
20 lende Aquarium der Bucht sah, das farbige Wirrwarr der Negerbaracken auf den Hügeln des Hafens,
die Schoner der Schmuggler aus den Guayanas, die ihre Ladungen unschuldiger Papageien empfin-
gen, welche die Kröpfe voller Diamanten hatten, und er dachte, ich bin eingeschlafen, als ich die
Sterne zählte, und habe von diesem gewaltigen Schiff geträumt, gewiss, er war so überzeugt davon,
dass er es niemandem erzählte und sich auch nicht an die Vision erinnerte bis zur gleichen Nacht im
25 darauf folgenden März, als er rötliches Gewölk von Delphinen im Meer suchte, und was er fand, war
der trügerische Überseedampfer, düster, ein Wechseldampfer, mit der gleichen verfehlten Fahrtrich-
tung wie beim ersten Mal. (…)

Das Leichenbegängnis der Großen Mama und andere Erzählungen. München 1987, S. 142 f.

4   Politisches und soziales Engagement

WDR-Morgenmagazin

Gewaltdiskussion

Kurt Gerhardt   **Kommentar zum Thema „Gewalt in der Schule"**

1 Es mag ja ungerecht sein und unwissend, aber ich habe den starken Eindruck, dass da mal wieder Pädagogen, Psychologen und Soziologen – alle furchtbar kenntnisreich und wohlmeinend – an der Sache vorbeireden. Eine Tagung nach der anderen über die zunehmende Gewalt unter Kindern und Jugendlichen. Als gebe es da wissenschaftlichen Klärungsbedarf.

5 Ich brauche hier ausnahmsweise keinen Expertenrat. Mir genügen meine täglichen Fahrten in der U-Bahn, das Warten an den Haltestellen spät am Abend, meine Spaziergänge im Wohnviertel und Gespräche mit Lehrern – und das Fernsehprogramm, oh ja. Da habe ich genügend Stoff fürs Nachdenken über Gewalt.

Diese ganze Verwissenschaftlichung des Themas – mag ja sein, dass sie nötig ist, aber sie

10 entrückt uns doch dem Thema, in dem wir mittendrin stecken.

Wer Gewalt verherrlicht, wie wir es tun, wer Gewalt zu einem der Hauptbestandteile der Unterhaltung macht, braucht sich doch über nichts zu wundern. In der „Zeit" wirbt neulich das ZDF-Werbefernsehen mit dem Satz: „Fernsehen ist ein aggressiveres Medium." Die Leute schämen sich gar nicht. Die sagen ihren potentiellen Kunden: Kommt zu uns, wir sind

15 die Aggressiven. Ist doch prima, nicht? Mir passiert es immer häufiger, dass, wenn ich spontan den Fernseher einschalte, ich unvermittelt den Abschuss eines Menschen vorgeführt kriege. Aber so, dass es Spaß macht, versteht sich.

Ein Volk, das sich über Morde amüsiert, wie es bei uns Sitte geworden ist, ist krank. Das sagen die auf den Seminaren wahrscheinlich so nicht, aber ich bin davon überzeugt.

20 Man hört immer häufiger, dass Kinder in ihren Zimmern eigene Fernsehapparate stehen haben, auf denen sie sich unkontrolliert und bis spät in die Nacht diesen Schrott angucken können, um sich auf diese Weise schon mal daran zu gewöhnen. Und weil die Kinder so ja versorgt sind, können die Eltern unbekümmert abends ausgehen.

Es gibt eine gesellschaftlich akzeptierte Gewalt an Kindern. Eltern brauchen nicht mit Kritik

25 zu rechnen, wenn sie ihre kleinen Kinder allein zu Hause lassen, und, sobald es irgend geht, auch ein ganzes Wochenende. Das tut den Kleinen doch ganz gut, das macht sie selbstständig. Sie kennen die Sprüche, nicht wahr? In Wirklichkeit ist das Verwahrlosung, die man nicht beim Namen nennt. Man traut sich nicht, weil es alle so machen. Wird auf den Seminaren auch nicht gesagt.

30 Die Emanzipation der Frauen war und ist dringend nötig. Sie hätte zu Lasten der Männer gehen müssen. Das ist aber nicht passiert, sie ist zu Lasten der Kinder gegangen. Weil die Männer es abgelehnt haben zurückzustecken. Die Starken haben sich gegen die Wehrlosen durchgesetzt. Das ist gesellschaftliche Gewalt an Kindern. Aber das möge man bitte nicht laut sagen, sondern man wundere sich dann schon eher über die Zunahme von Gewalt unter

35 Kindern. Ja, wo mag denn die bloß herkommen!

Nein, die Konferenzen und Seminare reichen nicht. „Vorschläge zur Prävention von Gewalt in Schule und Familie" lese ich als Thema. Ein Professor spricht dazu. Allen Ernstes? Ich kenne auch einen Vorschlag zur Prävention: sich um die Kinder kümmern. Da sein und sich kümmern. Weiter nichts.

40 Wenn wir nicht anfangen, die entscheidenden Fragen gegen uns selbst zu richten, wird die ganze Diskussion über die Kindergewalt so verlogen bleiben, wie sie ist.

WDR-Morgenmagazin vom 17.11.92

Hans Magnus Enzensberger
„Clan der Sesshaften"

1 Zwei Passagiere in einem Eisenbahnabteil. Wir wissen nichts über ihre Vorgeschichte, ihre Herkunft oder ihr Ziel. Sie haben sich häuslich eingerichtet, Tischchen, Kleiderhaken, Gepäckablagen in Beschlag genommen. Auf den freien Sitzen liegen Zeitungen, Mäntel, Handtaschen herum. Die Tür öffnet sich, und zwei neue Reisende treten ein. Ihre Ankunft wird nicht begrüßt. Ein deutlicher Widerwille
5 macht sich bemerkbar, zusammenzurücken, die freien Plätze zu räumen, den Stauraum über den Sitzen zu teilen. Dabei verhalten sich die ursprünglichen Fahrgäste, auch wenn sie einander gar nicht kennen, eigentümlich solidarisch. Sie treten, den neu Hinzukommenden gegenüber, als Gruppe auf. Es ist ihr Territorium, das zur Disposition steht. Jeden, der neu zusteigt, betrachten sie als Eindringling. Ihr Selbstverständnis ist das von Eingeborenen, die den ganzen Raum für sich in Anspruch nehmen. Diese
10 Auffassung lässt sich rational nicht begründen. Um so tiefer scheint sie verwurzelt zu sein.
Dennoch kommt es so gut wie nie zu offenen Auseinandersetzungen. Das liegt daran, dass die Fahrgäste einem Regelsystem unterliegen, das nicht von ihnen abhängt. Ihr territorialer Instinkt wird einerseits durch den institutionellen Code der Bahn, andererseits durch ungeschriebene Verhaltensnormen wie die der Höflichkeit gebändigt. Also werden nur Blicke getauscht und Entschuldigungsformeln zwischen
15 den Zähnen gemurmelt. Die neuen Fahrgäste werden geduldet. Man gewöhnt sich an sie. Doch bleiben sie, wenn auch in abnehmendem Grade, stigmatisiert.
Dieses harmlose Modell ist nicht frei von absurden Zügen. Das Eisenbahnabteil ist ein transitorischer Aufenthalt, ein Ort, der nur dem Ortswechsel dient. Die Fluktuation ist seine Bestimmung. Der Passagier ist die Negation des Sesshaften. Er hat ein reales Territorium gegen ein virtuelles eingetauscht.
20 Trotzdem verteidigt er seine flüchtige Bleibe nicht ohne stille Erbitterung.
Nun öffnen zwei weitere Passagiere die Tür des Abteils. Von diesem Augenblick an verändert sich der Status der zuvor Eingetretenen. Eben noch waren sie Eindringlinge, Außenseiter; jetzt haben sie sich mit einem Mal in Eingeborene verwandelt. Sie gehören zum Clan der Sesshaften, der Abteilbesitzer und nehmen alle Privilegien für sich in Anspruch, von denen jene glauben, dass sie ihnen zustünden.
25 Paradox wirkt dabei die Verteidigung eines „angestammten" Territoriums, das soeben erst besetzt wurde; bemerkenswert das Fehlen jeder Empathie mit den Neuankömmlingen, die mit denselben Widerständen zu kämpfen, dieselbe schwierige Initiation vor sich haben, der sich ihre Vorgänger unterziehen mussten; eigentümlich die rasche Vergesslichkeit, mit der das eigene Herkommen verdeckt und verleugnet wird.
30 Ein Rettungsboot, das so viele Schiffbrüchige aufgenommen hat, dass seine Kapazitätsgrenze erreicht ist. Ringsum in stürmischer See schwimmen weitere Überlebende, denen der Untergang droht. Wie sollen sich die Insassen des Bootes verhalten? Die Hände des Nächsten, der sich an den Spülbord klammert, zurückstoßen oder abhacken? Das ist Mord. Ihn aufnehmen? Dann sinkt das Boot mit allen Überlebenden. Dieses Dilemma gehört zum Standard-Repertoire der Kasuistik. Den Moralphilosophen und
35 allen anderen, die darüber verhandeln, fällt der Umstand, dass sie auf dem Trockenen sitzen, gewöhnlich gar nicht weiter auf. Doch eben an diesem Als-ob scheitern alle abstrakten Überlegungen, gleichgültig, zu welchem Schluss sie kommen. (…)
Die Parabel vom Rettungsboot erinnert an das Eisenbahn-Modell. Sie ist eine extreme Zuspitzung. Auch hier treten Reisende so auf, als wären sie Grundbesitzer, nur dass sich das angestammte Territori-
40 um, das sie verteidigen, in eine dahintreibende Nussschale verwandelt hat, und dass es nicht mehr um ein bisschen mehr Komfort, sondern um Leben und Tod geht.

Die große Wanderung. Frankfurt/M. 1992, S. 11 ff.

Hoffmann von Fallersleben
Das Lied der Deutschen

1 Deutschland, Deutschland über alles,
über alles in der Welt,
wenn es stets zu Schutz und Trutze
brüderlich zusammenhält.
5 Von der Maas bis an die Memel,
von der Etsch bis an den Belt,
Deutschland, Deutschland über alles,
über alles in der Welt.

Deutsche Frauen, deutsche Treue,
10 deutscher Wein und deutscher Sang
sollen in der Welt behalten
ihren alten schönen Klang,
uns zu edler Tat begeistern
unser ganzes Leben lang,
15 deutsche Frauen, deutsche Treue,
deutscher Wein und deutscher Sang.

Einigkeit und Recht und Freiheit
für das deutsche Vaterland –
danach lasst uns alle streben
20 brüderlich mit Herz und Hand!
Einigkeit und Recht und Freiheit
sind des Glückes Unterpfand –
blüh im Glanze dieses Glückes,
blühe, deutsches Vaterland!

Wilfried Ehlen (Hrsg.): Epochen, Dichter, Werke. Köln 1981, S. 191

Walter Momper, Regierender Bürgermeister von Berlin

1 Liebe Berlinerinnen und Berliner, (…)

heute ist ein großartiger Tag. Die Mauer trennt uns nicht mehr. Ich begrüße all jene, die zu uns gekommen sind; sie sind uns willkommen in unserer Mitte. Wer gestern an den Grenzübergängen gewesen ist, der wird den Tag und die Nacht nie mehr vergessen. In Berlin war Volksfeststimmung;
5 auf dem Kurfürstendamm genauso wie auf dem Alexanderplatz. Unsere ganze Stadt und alle ihre Bürgerinnen und Bürger werden diesen 9. November 1989 nie mehr vergessen. Das war der Moment, auf den wir so lange gewartet haben. 28 Jahre lang, seit dem Bau der Mauer am 13. August 1961, haben wir diesen Tag herbeigesehnt und herbeigehofft. Wir Deutschen sind jetzt das glücklichste Volk auf der Welt.
10 Wir erinnern uns in dieser Stunde der Freude, aber auch an die vielen Toten und die vielen Verletzten, an das Leid und an das Elend, das diese Mauer gefordert hat. Möge sich dies niemals, niemals wiederholen.(…)
Gestern war nicht der Tag der Wiedervereinigung, sondern der Tag des Wiedersehens in unserer Stadt. Viele tausend DDR-Bürger sind heute schon und werden in den nächsten Tagen und Wochen
15 nach West-Berlin kommen. Sie werden zu uns reisen aus Ost-Berlin, aus Dresden, aus Frankfurt/Oder und aus Magdeburg. Wir Berlinerinnen und Berliner heißen alle Besucherinnen und Besucher in unserer Stadt herzlich willkommen. Wir freuen uns auf das Wiedersehen und das Zusammensein.

Manche bei uns hier im Teil der Stadt haben Angst vor dem schnellen Wandel und sie fürchten die Probleme und die Lasten, die auf uns zukommen. Ich bitte die Berlinerinnen und Berliner, sich stets
20 an die glücklichen Stunden des heutigen Tages zu erinnern, und ich bitte alle, sich auch stets daran zu erinnern, welches Leid die Mauer für uns bedeutet hat. Wenn wir uns dessen immer bewusst bleiben, dann werden wir auch gemeinsam die Probleme meistern, die jetzt auf uns zukommen.
Berlin hat schon ganz andere Dinge und Probleme bewältigt. Wichtig ist, dass wir es wollen, dass wir den Optimismus nicht verlieren und mit Mut und Tatkraft in die Zukunft blicken und zupacken. (…)
Rede, gehalten am 10. November 1989 vor dem Rathaus Schöneberg, Berlin

Kurt Tucholsky
Ratschläge für einen schlechten Redner

1 Fang nie mit dem Anfang an, sondern immer drei Meilen vor dem Anfang! Etwa so: „Meine Damen und meine Herren! Bevor ich zum Thema des heutigen Abends komme, lassen Sie mich Ihnen kurz …"
Hier hast du schon so ziemlich alles, was einen schönen Anfang ausmacht: eine steife Anrede; der
5 Anfang vor dem Anfang; die Ankündigung, dass und was du zu sprechen beabsichtigst, und das Wörtchen kurz. So gewinnst du im Nu die Herzen und die Ohren der Zuhörer.
Denn das hat der Zuhörer gern: dass er deine Rede wie ein schweres Schulpensum aufbekommt; dass du mit dem drohst, was du sagen wirst, sagst und schon gesagt hast. Immer schön umständlich.
Sprich nicht frei – das macht einen so unruhigen Eindruck. Am besten ist es: du liest deine Rede ab.
10 Das ist sicher, zuverlässig, auch freut es jedermann, wenn der lesende Redner nach jedem viertel Satz misstrauisch hochblickt, ob auch noch alle da sind. (…)
Sprich, wie du schreibst. Und ich weiß, wie du schreibst.
Sprich mit langen, langen Sätzen – solchen, bei denen du, der du dich zu Hause, wo du ja die Ruhe, deren du so sehr benötigst, deiner Kinder ungeachtet, hast, vorbereitest, genau weißt, wie das Ende
15 ist, die Nebensätze schön ineinander geschachtelt, so dass der Hörer, ungeduldig auf seinem Sitz hin und her träumend, sich in einem Kolleg wähnend, in dem er früher so gern geschlummert hat, auf das Ende solcher Periode wartet … nun, ich habe dir eben ein Beispiel gegeben. So musst du sprechen.
Fang immer bei den alten Römern an und gib stets, wovon du auch sprichst, die geschichtlichen Hin-
20 tergründe der Sache. Das ist nicht nur deutsch – das tun alle Brillenmenschen. Ich habe einmal in der Sorbonne einen chinesischen Studenten sprechen hören, der sprach glatt und gut französisch, aber er begann zu allgemeiner Freude so: „Lassen Sie mich Ihnen in aller Kürze die Entwicklungsgeschichte meiner chinesischen Heimat seit dem Jahre 2000 vor Christi Geburt …" Er blickte ganz erstaunt auf, weil die Leute so lachten.
25 So musst du das auch machen. Du hast ganz Recht: man versteht es ja sonst nicht, wer kann denn das alles verstehen, ohne die geschichtlichen Hintergründe … sehr richtig! Die Leute sind doch nicht in deinen Vortrag gekommen, um lebendiges Leben zu hören, sondern das, was sie auch in den Büchern nachschlagen können … sehr richtig! Immer gib ihm Historie, immer gib ihm.
Kümmere dich darum, ob die Wellen, die von dir ins Publikum laufen, auch zurückkommen –
30 das sind Kinkerlitzchen. Sprich unbekümmert um die Wirkung, um die Leute, um die Luft im Saale; immer sprich, mein Guter. Gott wird es dir lohnen.
Du musst alles in die Nebensätze legen. Sag nie: „Die Steuern sind zu hoch." Das ist zu einfach. Sag: „Ich möchte zu dem, was ich soeben gesagt habe, noch kurz bemerken, dass mir die Steuern bei weitem …" So heißt das.
35 Trink den Leuten ab und zu ein Glas Wasser vor – man sieht das gern.
Wenn du einen Witz machst, lach vorher, damit man weiß, wo die Pointe ist.
Eine Rede ist, wie könnte es anders sein, ein Monolog. Weil doch nur einer spricht. Du brauchst auch nach vierzehn Jahren öffentlicher Rednerei noch nicht zu wissen, dass eine Rede nicht nur ein Dialog, sondern ein Orchesterstück ist: eine stumme Masse spricht nämlich ununterbrochen mit.
40 Und das musst du hören. Nein, das brauchst du nicht zu hören. Sprich nur, lies nur, donnere nur, geschichtele nur.
Zu dem, was ich soeben über die Technik der Rede gesagt habe, möchte ich noch kurz bemerken, dass viel Statistik eine Rede immer sehr hebt. Das beruhigt ungemein, und da jeder imstande ist, zehn verschiedene Zahlen mühelos zu behalten, so macht das viel Spaß.

45 Kündige den Schluss deiner Rede lange vorher an, damit die Hörer vor Freude nicht einen Schlagan-
fall bekommen. (…) Kündige den Schluss an, und dann beginne deine Rede von vorn und rede noch
eine halbe Stunde. Dies kann man mehrere Male wiederholen. (…)
Sprich nie unter anderthalb Stunden, sonst lohnt es gar nicht erst anzufangen.
Wenn einer spricht, müssen die andern zuhören – das ist deine Gelegenheit! Missbrauche sie.

Ratschläge für einen guten Redner

1 Hauptsätze. Hauptsätze. Hauptsätze.
Klare Disposition im Kopf – möglichst wenig auf dem Papier.
Tatsachen, oder Appell an das Gefühl. Schleuder oder Harfe. Ein Redner sei kein Lexikon. Das
haben die Leute zu Hause.
5 Der Ton einer einzelnen Sprechstimme ermüdet; sprich nie länger als vierzig Minuten. Suche keine
Effekte zu erzielen, die nicht in deinem Wesen liegen. Ein Podium ist eine unbarmherzige Sache –
da steht der Mensch nackter als im Sonnenbad.
Merk Otto Brahms[1] Spruch: Wat jestrichen is, kann nich durchfalln.
Mary Gerold-Tucholsky, Fritz J. Raddatz (Hrsg.): Gesammelte Werke. Bd. 3 Reinbek 1960, S. 600 ff.

Beispiel für eine Überzeugungsrede

1 Ich will euch im Folgenden ein Beispiel geben, ohne Anspruch auf Allgemeingültigkeit zu erheben.
Individualität ist nicht nur zugelassen, sondern im Sinne der Kunst der freien Rede sogar erwünscht.
Eine Möglichkeit ist, sich wirklich dicht an das Konzept zu halten. Das will ich – als Beispiel – tun.

„Liebe Kolleginnen, liebe Kollegen,
5 Sie haben das in Diskussionsrunden bestimmt auch schon erlebt: Eine Rednerin erreicht trotz Fachwis-
sen ihre Zuhörer und Zuhörerinnen nicht. Nun gibt es die verbreitete Meinung: Rednerin ist man oder
eben nicht, und diese Rednerin ist dann eben keine geborene Rednerin.
Aber für einen Beruf brauchen wir eine Ausbildung, warum nicht auch fürs Reden?
Da stellt sich natürlich die Frage: Wo gibt es eine Lehre für das Reden? In der Schule? Im Durchschnitt
10 ist es immer noch so, dass zum Beispiel im Deutschunterricht hauptsächlich Diktate, Aufsätze geschrieben werden, also die Schriftform überbewertet wird. Die Schallform, d. h. das Erzählen und Gespräche,
wird vernachlässigt. Die Folge ist eine Verschriftung. Schriftliche Leistungen werden höher bewertet.
Wer viel beschriebenes Papier produziert, scheint besonders qualifiziert.
Ich bin der Auffassung, wir brauchen eine Ausbildung zum Reden. Voraussetzung für das gute Reden
15 ist: sachliches Wissen, Kenntnis der Sprache, Konzentrationsfähigkeit.
Wie sollten wir nun vorgehen? Die Reden aufschreiben oder ablesen? Auswendig lernen? Das würde
natürlich wieder eine Verschriftung bedeuten. Besser ist es, die freie Rede zu lernen, das heißt: *Logische
Gedankenordnung in einem Stichwortkonzept festhalten und danach hörerinnengerecht formulieren.*
Und günstiger erscheint es mir, mit anderen zusammen zu lernen als allein. Reden lernen ist Gemein-
20 schaftsarbeit.
Ein Spiegel oder ein Kassettenrecorder können darüber hinaus gute Hilfsmittel sein.
Also: Ausschlaggebend für das Reden ist nicht nur theoretisches Wissen, sondern die praktische Übung.
Darum appelliere ich an Sie: Nehmen Sie kein Blatt vor den Mund. Lernen Sie das Reden. Reden lernt
Frau oder Mann nur durch Reden!"
Nehmen Sie kein Blatt vor den Mund. Rede-Kurs für Frauen. A. a. O., S. 76 ff.

---

[1] Der Literaturhistoriker Otto Brahm gründete 1889 in Berlin den Theaterverein „Freie Bühne" und insze-
nierte viele Stücke naturalistischer Schriftsteller.

„OFFENER BRIEF VON EINEM MANN, DER BALD STERBEN WIRD"

1 Diesen Brief diktierte John Spenkelink seinen Rechtsanwälten drei Tage vor seiner Hinrichtung:

„Ich würde gern mit Gouverneur Graham sprechen. Ich glaube, dass er mich kennen sollte, wenn er über mich zu richten hat. Er kann mich nicht durch Zeitungen oder meine Rechtsanwälte kennen lernen. Wenn er sich meinen Fall genau angesehen hätte, dann würde er dies nicht tun. Wenn er sich so sicher 5 ist, warum hat er dann Angst, mich zu sehen?

Ich weiß, wer ich bin. Ich weiß, wie sehr ich mich verändert habe, seit ich hier bin, und ich möchte, dass er weiß, wen er umbringt – dass er den Menschen kennt, und nicht nur irgendeine Vorstellung von mir hat.

Ich habe viel gelernt, seit ich im Gefängnis bin. Die Dinge, die wir in unseren Schriftsätzen vor Gericht 10 gebracht haben, waren nicht irgendwelche Theorien, auf die meine Rechtsanwälte gekommen sind. Das waren Tatsachen über die Todesstrafe und die Diskriminierung in diesem Land, Tatsachen, die ich sehen kann und die ich an mir selbst erfahren habe (…)

Ich weiß nicht, ob ich nochmal die Gelegenheit habe, eine Erklärung abzugeben, und es gibt noch ein paar Dinge, die ich lieber jetzt sage. Ich möchte all den Menschen, die so schwer gearbeitet haben, um 15 diese Sache zu stoppen – sowohl in diesem Land als auch in Europa – sagen, wie dankbar ich ihnen bin, nicht nur für ihre endlose Arbeit, auch dafür, dass sie gute Menschen sind, dass sie zu mir standen und mich und meine Familie in diesen schweren Tagen unterstützt haben.

Ich möchte ihnen sagen, wie wichtig ihre Freundschaft für mich war. Es hilft mir zu wissen, dass sie mit ihrer Arbeit weitermachen, egal, was passiert."

20 (An dieser Stelle bricht der Brief ab, da die Besuchszeit der Anwälte, denen John Spenkelink den Brief diktierte, abgelaufen war.)

SPENKELINK WEHRTE SICH

(Tallahassee, 4. Juni; ap) Der am 25. Mai wegen Mordes im Gefängnis von Starke (US-Staat Florida) hingerichtete John Spenkelink wehrte sich gegen seine Hinrichtung. Dies berichtete am Wochenende die „St. Petersburg Times" unter Berufung auf Insassen des Gefängnisses in Starke, die in der Nähe von Spenkelinks Todeszelle untergebracht waren. „Das ist Mord, das ist Mord", soll der Todeskandidat demnach immer wieder geschrien haben, als die Wärter den 30-Jährigen zum elektrischen Stuhl führten. Der Zeitung zufolge kämpfte Spenkelink 15 Minuten lang gegen die Wächter, als sie ihm den Kopf und die rechte Wade rasieren wollten, um ihn für die Hinrichtung im elektrischen Stuhl vorzubereiten.

amnesty international (Hrsg.): Ein Mensch weniger. Bonn 1991, S. 172 f.

BSB Frankfurt

Wenn die Menschen bis auf dem Mond fliegen können warum können sie dann nichts dagegen tun dass so viele Kinder auf der Welt sterben müssen?

Die Menschen können. Auch Sie können etwas tun. Wenn Sie UNICEF unterstützen. UNICEF hat sich einer einzigen Aufgabe verschrieben: den Kindern dieser Welt zu helfen. Zum Beispiel durch Impfkampagnen gegen die sechs tödlichen Kinderkrankheiten. Durch eine einfache, aber wirksame Behandlungsmethode gegen Diarrhöe. Oder durch den Bau von Brunnen für sauberes, gesundes Wasser.

So kann UNICEF Jahr für Jahr Millionen von Kindern das Grundrecht garantieren, auf das jeder Mensch Anspruch hat: das Recht auf Leben. Wenn Sie mithelfen:

Spendenkonto 300 000 bei allen Banken, Sparkassen und beim Postgiroamt Köln.

unicef

Karlheinz Böhm

Welt-
hunger

Wer einmal einen Menschen an Hunger hat sterben sehen, wird seinen Zorn gegen Überfluss und sinnlose Rüstungsausgaben nie mehr verlieren.

1 Welthunger. Welch ein Schlagwort. Jeder hat schon einmal das Gefühl eines leeren Magens gehabt. Dann geht man eben zum Eisschrank oder in die nächste Kneipe, oder man kauft in
5 irgendeinem Geschäft etwas zu essen. Und irgendwann mit vollem Bauch hört man im Radio oder erfährt durchs Fernsehen, dass jedes Jahr etwa 50 Millionen Menschen an Hunger sterben. Das sind auf den Tag gerechnet
10 136986,3 Menschen. Kaum jemand hat je einen Mitmenschen an Hunger sterben sehen oder kann sich eine Vorstellung davon machen, was das denn überhaupt bedeutet. Kaum jemand denkt darüber nach, dass es die einzige Form
15 des Todes ist, die wir Menschen überhaupt verhindern können.

Im letzten Jahr brach plötzlich große Freude darüber aus, dass der amerikanische Präsident sich dazu entschloss, das Atomwaffen-Arsenal
20 an Mittelstreckenraketen zu vernichten. Genau untersucht, bedeutet das nichts anderes, als dass diese Waffen als Verteidigungs- und Angriffspotenzial einer der großen Weltmächte nicht mehr von Nutzen waren. Niemand sprach von
25 den Umweltgefahren, die die Vernichtung eines solchen atomaren Potentials mit sich bringt oder von den immensen Kosten.

„Charity" heißt diese Zeitschrift. Das bedeutet so viel wie *„Nächstenliebe", „Mildtätigkeit",*
30 *„Freigebigkeit", „Wohltat", „Milde Gabe".*

Sie werden mir verzeihen, wenn ich daran glaube, dass keiner dieser Begriffe in der Lage ist, die Wirtschaftsstrukturen unseres angeblich so hoch entwickelten Planeten in Frage zu stellen.

Charity April 1992, S. 5

Wirtschaftsstrukturen, die es dem Menschen – 35 dank genialer Erfindungsgabe – zwar ermöglichen, ins Weltall zu fliegen oder unvorstellbare Überschüsse an landwirtschaftlichen Produkten zu produzieren – gleichzeitig aber auch zulassen, dass Gebiete auf unserem Planeten, aus 40 denen kein hoher wirtschaftlicher Profit zu holen ist, als unterentwickelte „Dritte Welt" denunziert werden.

Wer einmal einen Menschen – nicht nur ein spontan Mitleid erweckendes kleines Kind – an 45 der totalen Schwäche seiner Organe hat sterben sehen, wird den Zorn gegen Überfluss, gegen sinnlose Rüstung – die ebenso sinnloses Töten ermutigt – gegen profitorientierte Wirtschaftsstrukturen nie mehr verlieren. 50

Als Gründer der Hilfsorganisation „Menschen für Menschen" habe ich nie um milde Gaben gebeten. Solange wir die Ursache der Weltkatastrophe Nr. 1, den Hunger und die Armut, nicht an der Wurzel packen, werden wir Einzelmen- 55 schen immer wieder mit dieser beschämenden hohlen Hand herumlaufen müssen. Christus war ein Revolutionär. Er wollte das falsche Denken der Menschen verändern. So wie andere Religionsgründer. Er hat nie an Mitleid appelliert, 60 aber er war zornig, wie wir Menschen uns gegenüber unseren Mitmenschen verhalten.

Lassen Sie uns gemeinsam mit allem notwendigen Zorn die Welt so verändern, dass es das Wort Hunger nicht mehr gibt. 65

Stiftung „Menschen für Menschen" e. V.

Mahatma Gandhi
Der Vorteil des Nachteils

1   Ich muss sagen, dass meine konstitutionelle Schüchternheit mir keinerlei Nachteile gebracht hat, wenn
man davon absieht, dass sie mich gelegentlich dem Gelächter preisgegeben hat. Ja, im Gegenteil, ich
kann erkennen, dass sie mir durchaus vorteilhaft war. Meine Hemmung beim Reden, die einst ein
Ärgernis war, ist jetzt ein Vergnügen. Ihr großer Segen ist, dass sie mein sparsames Umgehen mit Wor-
5   ten geprägt hat. Ich habe auf natürliche Weise die Gewohnheit entwickelt, meine Gedanken in Zügel zu
halten. Und ich kann mir heute das Zeugnis ausstellen, dass ein gedankenloses Wort kaum je meinem
Munde oder meiner Feder entschlüpft. Ich erinnere mich nicht, dass ich je etwas in meinen Reden oder
Schreiben zu bereuen hatte. So ist mir viel Unheil oder Zeitvergeudung erspart geblieben. Erfahrung hat
mir die Lehre gegeben, dass Schweigen ein Teil der spirituellen Zucht des Vertreters der Wahrheit ist.
10   Neigung zur Übertreibung, zu wissentlicher oder unwissentlicher Unterdrückung oder Verdrehung der
Wahrheit ist eine natürliche Schwäche des Menschen, und es bedarf des Schweigens, um sie zu überwinden. Ein Mensch weniger Worte wird selten in seinen Reden gedankenlos sein, er wird jedes Wort
wägen. Es sind so viele Leute aufs Reden erpicht. Es gibt keinen Versammlungsleiter, der nicht mit
Zetteln belästigt wird, die Redeerlaubnis fordern, und sooft die Erlaubnis gegeben wird, überschreitet
15   der Redner regelmäßig die Redezeit, bittet um mehr Zeit oder fährt ohne Erlaubnis zu reden fort. Von
all diesem Reden kann schwerlich gesagt werden, es stifte der Welt irgendwelchen Nutzen. Es ist reine
Zeitvergeudung. Meine Schüchternheit ist in Wirklichkeit mein Schirm und Schild gewesen. Sie hat mir
erlaubt zu wachsen. Sie hat mir bei meiner Einsicht in die Wahrheit geholfen.

Gertrude und Thomas Sartory (Hrsg.): Handeln aus dem Geist. Freiburg i. B. 1977, S. 37

5   *Natur und Umwelt*

Joseph von Eichendorff
Mondnacht

1   Es war, als hätt' der Himmel
    Die Erde still geküsst,
    Dass sie im Blütenschimmer
    Von ihm nun träumen müsst.

5   Die Luft ging durch die Felder
    Die Ähren wogten sacht.
    Es rauschten leis die Wälder,
    So sternklar war die Nacht.

    Und meine Seele spannte
10   Weit ihre Flügel aus,
    Flog durch die stillen Lande,
    Als flöge sie nach Haus.

Werke. München 1959, S. 271

Günter Kunert
Mondnacht

1   Dieser leblose Klotz
    Mond eisiger Nächte
    der an bittere Märchen erinnert
    an fremdes Gelebtsein
5   fern
    wo die Menschen heulten
    anstelle der Wölfe
    über dem blassen Schnee
    bis zum Schweigen darunter

10   Nur geborstenes Geröll
    auf dem unsere Schatten
    gelandet sind
    und sich taumelnd bewegen
    viel zu leicht
15   für die Last unserer Herkunft
    auch dort sind wir hingelangt
    wie immer dorthin
    wo Leben unmöglich ist:
    in Gleichnisse ohne Erbarmen

Axel Marquardt u. a. (Hrsg.): Programmheft des Lyrikertreffens 1981 in Münster

DAVID GEGEN GOLIATH

DAVID GEGEN GOLIATH E.V.
fantasievoll – gewaltfrei – konsequent

Die Umweltinitiative „David gegen Goliath" (DaGG) wurde im Juni 1986 als unmittelbare Reaktion auf den Reaktorunfall in Tschernobyl gegründet. Die hier abgedruckten „Elf Gebote" sind Teil der Aktion „UMWELT KONKRET – Eine Aktion für das Leben – eine Aktion für uns alle". –

Elf Gebote
für eine lebenswerte Zukunft

I.
Ich will alles tun, um die Luft nicht zu verschmutzen.

Ich werde auf unnötige Autofahrten verzichten und wieder öfter die öffentlichen Verkehrsmittel oder das Fahrrad benutzen oder zu Fuß gehen. Als Autofahrer werde ich nicht schneller als 120 km/h oder ein Auto mit Katalysator fahren. Zum Schutz der Ozonschicht verwende ich keine Spraydosen mit Treibgas.

II.
Ich will alles tun, um das Wasser rein zu halten.

Ich werde weniger Wasser verbrauchen. Ich kaufe nur noch umweltverträgliche Wasch- und Putzmittel und dosiere sie sparsam. Giftige Stoffe wie Lacke, Öle und Medikamente entsorge ich als Sondermüll.

III.
Ich will alles tun, um Landschaft und Boden zu schützen.

Ich werde keine Pestizide und keinen überflüssigen Dünger mehr verwenden. Auch in meiner Freizeit werde ich Rücksicht auf die Natur nehmen. Ich werfe keinen Abfall in die Landschaft.

IV.
Ich will alles tun, um meine Energieverbrauch einzuschränken, und weniger Rohstoffe zu verbrauchen.

Ich werde nur noch stromsparende Geräte anschaffen und auf jeden unnötigen Einsatz von Elektrogeräten verzichten. Durch Wärmedämmung und gesenkte Raumtemperatur verbrauche ich weniger Heizenergie.

V.
Ich will alles tun, um Tiere zu schützen.

Ich kaufe keine Produkte mehr, für die gefährdete Tierarten sterben müssen, wie Pelze, Elfenbein und Krokoleder. In Tierversuchen getestete Kosmetika und Körperpflegemittel verwende ich nicht. Haus- und Nutztiere halte ich artgerecht.

VI.
Ich will alles tun, um die Vielfalt der Pflanzenwelt zu erhalten.

Ich bepflanze meinen Garten und meinen Balkon mit möglichst vielen verschiedenen Arten. Ich verzichte weitgehend auf Unkrautvertilgungsmittel. Ich pflücke keine geschützten Pflanzen.

VII.
Ich will alles tun, um Anbau und Verkauf gesunder Nahrungsmittel zu erreichen.

Ich werde Lebensmittel bevorzugen, die aus kontrolliertem biologischen Anbau stammen und keine künstlichen Zusätze enthalten. Ich kaufe keine Produkte aus der Massentierhaltung. Ich kaufe Lebensmittel möglichst direkt beim Erzeuger.

VIII.
Ich will alles tun, um Abfall zu vermeiden.

Ich werde auf unnötige Verpackungen verzichten. Ich sortiere meinen Abfall. Ich kaufe Getränke in Pfandflaschen und nehme den Einkaufskorb statt der Plastiktüte.

IX.
Ich will alles tun, um Lärm zu vermeiden.

Ich verwende geräuscharme Maschinen und Geräte und nehme auf das Ruhebedürfnis meiner Mitmenschen Rücksicht. Ich verzichte auf Dauerbetrieb durch Radio und Fernsehen.

X.
Ich will alles tun, um ein umweltbewusster Verbraucher zu sein.

Ich kaufe nur Produkte, die Natur und Umwelt möglichst wenig belasten. Ich zwinge die Produzenten durch mein Kaufverhalten, umweltverträgliche Waren anzubieten. Der Kunde ist König.

XI.
Ich will alles tun, diese zehn Gebote im täglichen Leben zu verwirklichen.

Ich werde immer wieder versuchen, Widerstände, auch meine eigenen, zu überwinden, meine Freunde und Bekannten zum Mitmachen zu ermuntern und der Aktion Umwelt konkret zum Erfolg zu verhelfen. Ich setze mich immer für eine lebenswerte Zukunft ein: Wir haben nur eine Welt.

Anita Bachmann und Michael Schaeffer (Hrsg.): Neue Wege – neue Ziele. München 1990, S. 301 f.

Volker Braun
Durchgearbeitete Landschaft

1   Hier sind wir durchgegangen
Mit unsern verschiedenen Werkzeugen

Hier stellten wir etwas Hartes an
Mit der ruhig rauchenden Heide

5   Hier lagen die Bäume verendet, mit nackten
Wurzeln, der Sand durchlöchert bis in die Adern
Und ausgepumpt, umzingelt der blühende Staub

Mit Stahlgestängen, aufgerissen die Orte, weggeschnitten
Überfahren der Dreck mit rohen Kisten, abgeteuft
10   die teuflischen Schächte mitleidlos!

Ausgelöffelt die weichen Lager, zerhackt verschüttet,
zersiebt, das Unterste gekehrt nach oben und
durchgewalkt und entseelt und zerklüftet alles

Hier sind wir durchgegangen.

15   Und bepflanzt mit einem durchdringenden Grün
Der Schluff, und kleinen Eichen ohne Furcht

Und in ein plötzliches zartes Gebirge
Die Bahn, gegossen aus blankem Bitum

Das Restloch mit blauem Wasser
20   Verfüllt und Booten: der Erde
Aufgeschlagenes Auge

Und der weiße neugeborene Strand
Den wir betreten
Zwischen uns.

Gegen die symmetrische Welt, Frankfurt a. M. 1974, S. 34 f.

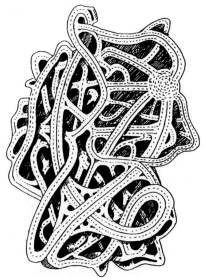

**Verkehrskonzept
2005**
André Gerling

„Es ist leichter, einen Atomkern zu spalten als ein Vorurteil." Albert Einstein

Der Physiker Albert Einstein hat der Wissenschaft mit seiner Arbeit ungeahnte neue Möglichkeiten eröffnet. Er hat aber auch erkannt, dass viele Menschen vor allem durch das beunruhigt werden, was sie für wahr halten – und nicht durch das, was tatsächlich wahr ist. Siehe oben.

Bleiben wir realistisch: Je mehr Menschen auf der Erde leben, desto größer wird der Energie- und Strombedarf. Natürliche Kraftquellen wie Wasser, Sonne und Wind können ihn allein nicht decken. In Deutschland zum Beispiel beträgt ihr Anteil an der Stromversorgung heute trotz großer Anstrengung nur 4 Prozent. Daher sind wir auf Strom aus Kohle und Kernkraft angewiesen. Auf Kernkraft schon deshalb, weil wir auch den Ausstoß von Kohlendioxid in die Erdatmosphäre reduzieren müssen. Mit Energiesparen allein ist das nicht zu schaffen.

Es ist wichtig, dass wir zu einem energiepolitischen Miteinander zurückfinden: Die Stromerzeugung muss so sicher, preiswert, umweltverträglich und effizient wie nur möglich erfolgen – unter Nutzung aller verfügbaren Energiequellen.

Schreiben Sie uns, wenn Sie mehr darüber wissen wollen. Sie erhalten dann ausführliche, schriftliche Informationen. Denn im Sinne von Einstein meinen wir: „Wissen ist das beste Mittel gegen Vorurteile."

Ihre Stromversorger

COUPON

An den Info-Service
STROM
Postf. 19 11 42 18,
53359 Rheinbach

Ich bin an ausführlichen Informationen zum Thema interessiert. Senden Sie mir bitte kostenlos das Buch „Kernenergie: Fragen und Antworten" von Jürgen Seidel.

_____
Name

_____
Straße

_____
PLZ/Ort

Sten Nadolny
Festrede

1   *Anlässlich einer Tagung der Evangelischen Akademie in Bad Boll zum Thema Geschwindigkeitsbe-*
schränkung (28.–30.9.84) mit Vertretern der Autoindustrie.

Meine sehr verehrten Damen und Herren Ministerpräsidenten, Bundes-, Landes- und Staatsminister,
Eminenzen, Exzellenzen, sehr geehrte Festgäste!

5   Die Geschichte der Entschleunigung beginnt in Bad Boll. Am Morgen des 30. September 1984 hielt
ich hier einen kleinen Vortrag, abgefasst in der Form einer Festrede des Jahres 2034. Heute sind wir
an diesem Datum angelangt. Ein wirklicher Rückblick ist möglich.
Viele tapfere und erfindungsreiche Menschen haben in den vergangenen fünfzig Jahren für die Sache
der Entschleunigung gearbeitet. Ich würde sie gern alle aufzählen, doch mein hohes Alter und vor

10   allem mein Arzt verlangen, dass ich mich kurz fasse.
1984 war die Gefährlichkeit der Rauschdroge Tempo noch den wenigsten bewusst. Es gab in Berlin
eine „Suchtberatungsstelle Auto", aber sie galt den meisten als Spielart grünen Sektierertums. Man
näherte sich dem Problem allenfalls auf Umwegen: es wurde von Ölreserven, Atemluft und Waldster-
ben geredet. Manche fuhren tatsächlich hin und wieder einige Kilometer in gemäßigtem Tempo und

15   dachten dabei intensiv an die Zukunft des Waldes. Dann beschleunigten sie wieder, um zu beweisen,
dass die von ihnen gezeigte Langsamkeit nicht fahrerischer oder motorischer Schwachbrüstigkeit,
sondern moralischer Haltung entsprungen war. Auch die Einstellung der Regierung war, wie wir
heute wissen, allein von der Sucht bestimmt. Was immer in Bonn beschlossen wurde, diente mehr
oder weniger offen deren Befriedigung. Zwar hat die Einführung des Abgaskatalysators – damals gab

20   es noch den benzingetriebenen Explosionsmotor – einige waldähnliche Vegetationsreste gerettet.
Aber der Raserei war erneut das Tor geöffnet. Die Autoproduktion expandierte wie noch nie. Die
durch Straßenbau betonierte Fläche war Mitte der neunziger Jahre größer als die der landwirt-
schaftlich genutzten Böden. Die Unfallziffern wuchsen, die Staus wurden länger und häufiger als je
zuvor.

25   Bis ins 21. Jahrhundert hinein kämpften einige rechtschaffene Leute um den Erlass eines Tempoli-
mits – natürlich vergeblich, wir wissen warum. Allein schon dieser Gedanke hatte den Trotz der
Süchtigen geweckt. Der Ruf „Freie Fahrt für freie Bürger" erscholl lauter denn je. Es ist eine der
Kuriositäten jenes Zeitalters, dass ausgerechnet die Sklaven der Beschleunigung sich als freie Bürger
darzustellen suchten. Einige nahmen sogar ein „Recht auf Unfall" für sich in Anspruch.

30   Heute ist ein Tempolimit nicht mehr erforderlich. Die Entschleunigung vollzog sich anders. Den
Anfang setzte vor allem die Gründung der Selbsthilfeorganisation „Anonyme Raser e. V.". Immer
weniger wurden anmaßende Worte gehört wie: „Ich bin ein vernünftiger Autofahrer". Der hilfreichste
Satz für jeden Führerscheininhaber lautet klipp und klar: „Ich bin geschwindigkeitssüchtig. Der Sog
der Beschleunigung ist stärker als mein Wille und Verstand. Alles, was ich schaffen kann, ist: *heute*

35   fünf Stundenkilometer wegzulassen – die zwischen hundert und hundertfünf!" Nach dieser guten Formel fährt bekanntlich niemand über hundert – auch mit einer Rakete lassen sich keine fünf Stundenkilometer „überspringen".
(…)
Die Bewegung wuchs. Langsamfahren wurde zunehmend als die eigentliche Kunst des fahrerischen

40   Überblicks erkannt und geübt – viel genauer sind ja dabei nach vorn und hinten die Geschwindigkeiten anderer Fahrzeuge einzuschätzen. Sich als Langsamfahrer nicht blockieren zu lassen, aber auch
ohne Behinderung anderer passabel vorwärts zu kommen, das verlangt ein Maximum an Taktik, See-
lenruhe und Entschlusskraft.
Weitere Entdeckungen wurden, obwohl längst bekannt, nun endlich beherzigt: dass durch allgemei-

45   nes Langsamfahren die Entstehung und Gefährlichkeit des Staus abnimmt. Dass bei gemäßigtem
Tempo ein größeres Beschleunigungspotenzial für den Notfall zur Verfügung steht. Dass Geschwin-
digkeitsexzesse reine Zeitverschwendung sind: Hohes Tempo erzeugt Stress und innere Leere, die
Reise wird zu einer ermüdenden, inhaltslosen Wartezeit, die durch noch mehr Geschwindigkeits-
kitzel erträglich zu machen ist – Raserei erzeugt Raserei. Langsamkeit hingegen ist Zeitgewinn: wir

50   sehen mehr, erheben uns über den Bewusstseinszustand des primitiven Reflexes, können nachdenken.
Etwa über die Menschen und Geschäfte, die uns am Zielort erwarten. Oft genügt eine halbe Stunde
mehr Reisedauer, und die gesamte Autofahrt ist keine verlorene Zeit.(…)

Diese zahlreichen Einsichten schufen allmählich eine neue Mentalität. Die Tatsache, dass der Mensch seiner Natur und seinem Geiste nach langsamer ist als die Geräte, die er in die Welt setzt, wurde 1984
55 noch ganz allgemein als schwerer Mangel aufgefasst, heute dagegen als der eigentliche menschliche Vorsprung, dessentwegen ihn die Technik nie einholen kann. (…)

Sinnvoll und daher allgemein akzeptiert war das Verbot des Alleinfahrens zum Arbeitsplatz. Daraus entwickelten sich die Fahrgemeinschaften mit ihrer segensreichen Wirkung für das soziale Klima, ferner das Huckepackfahren mit dafür konstruierten Autos: ein Auto fuhr, zwei kamen an. Folgerich-
60 tig entwickelten sich um 2025 die sogenannten „Züge": langsamfahrende Ketten von deichselverbundenen Kraftwagen auf Langstrecken. Und nächstes Jahr, meine Damen und Herren, erwarten wir endlich die Umstellung einer ersten solchen Verbindungsstrecke auf Schienenbetrieb! Kritiker wenden ein, das habe es schon vor langer Zeit gegeben. Aber ja! Warum das leugnen? Eben darum trägt ja die erste Versuchsstrecke den Namen „Eisenbahn" und wird zwischen Nürnberg und Fürth pünktlich
65 zum zweihundertsten Jubiläum eröffnet werden. Und ich hoffe für meine Person, dass ich diesen Triumph des wirklich modernsten Verkehrsmittels auf dem Erdboden noch zusammen mit Ihnen werde feiern können!

(Vielen Dank! Danke! Bitte behalten Sie doch Platz! Oh, die schönen Blumen … das wäre aber doch nicht nötig gewesen, Frau Bundeskanzlerin, herzlichen Dank! Wo ist jetzt wieder der Kerl mit mei-
70 nem Rollstuhl? Sehr nett, sehr nett.)

Litfaß, Heft 33, 1985, S. 30 ff.

6   *Wirtschaft*

Die Brautprobe.

Ein modernes Märchen.

Hans Jörg war der schmuckste Gesell im ganzen Städtchen. Kein Wunder, daß ihn die Mädchen gern sahen! Namentlich hatte er auf Gustel und Gretel, zwei bildsaubern Wäschermädels, einen tiefen Eindruck gemacht! Beide gefielen ihm indessen gleich gut und so wurde ihm die Wahl schwer. — Da nun Hans Jörg eine große Vorliebe für schöne weiße Wäsche hatte, beschloß er, derjenigen sein Herz zu schenken, die ihre Arbeit am besten und schnellsten verrichten würde. — Sie verabredeten also, daß beide Mädchen um die Wette waschen sollten; die Siegerin wollte Hans Jörg dann zum Altar führen! — —

Als nun der Tag der Entscheidung gekommen war, machten sich die Mädchen hurtig ans Werk. Namentlich Gustel mühte sich im Schweiße ihres Angesichts ab, die Wäsche mit Bürste und Waschbrett recht gründlich von Schmutz, Staub und Schweiß zu befreien. Anders dagegen Gretel! Diese schüttete aus einer Schachtel etwas weißes Pulver in den mit Wasser gefüllten Kessel, verrührte es gut, tat dann die Wäsche hinein und brachte sie zum Kochen. Dann setzte sie sich und nahm eine Handarbeit vor. — Schon nach etwa einer viertel Stunde nahm Gretel die Wäsche wieder heraus und mit Erstaunen und nicht geringem Schreck bemerkte Gustel, daß jedes Stück ihrer Mitbewerberin schneeweiß und herrlich gebleicht erschien, während sie selbst noch nicht zur Hälfte fertig gewaschen hatte. — Da gab sie die Wette verloren und weinte bitterlich! Gretel aber umfaßte sie liebevoll und sprach: „Sieh' her und merke Dir das Zaubermittel, durch dessen Hilfe mein Teil Wäsche so schnell und schön weiß gewaschen wurde." Dabei reichte sie ihr die Schachtel, deren Inhalt sie vorher in den Kessel entleert hatte, und Gustel las darauf:

das selbsttätige Waschmittel

Dieses unübertroffene Fabrikat, das heute bereits von Millionen Hausfrauen aller Länder mit Vorliebe täglich gebraucht wird, erweist sich als

eine glückliche Vereinigung

von Bestandteilen, wie sie vorteilhafter wohl in keinem anderen Waschmittel zur Verwendung gebracht sind. Infolgedessen **erübrigt sich auch jeder weitere Zusatz von Seife**, Seifenpulver etc., wie sonst von den Hausfrauen gern verwendet. **Hierauf sei besonders hingewiesen!** Denn erstens beeinträchtigen derartige überflüssige Zusätze nur die sonst hervorragende Wirkung von ▓▓▓▓, und zweitens liegt in deren Fortfall auch eine nicht unerhebliche Ersparnis. — Man denke stets daran, daß ▓▓▓▓ sowohl selbsttätig, als auch gründlich und billig wäscht und, was die Hauptsache ist, die Wäsche schont, erhält und vollständig desinfiziert. Aber **nicht nur einmal** versuchen, sondern **dauernd gebrauchen!** Erst dann merken Sie den Erfolg ganz und auch Sie werden ▓▓▓▓ preisen als den

Glückspender im Haushalt,

der das Waschen nicht mehr als Last empfinden läßt, sondern es zum Vergnügen macht!

———— Erhältlich nur in Original-Paketen, niemals lose. ————

▓▓▓▓▓▓ & CO., DÜSSELDORF   Alleinige Fabrikanten auch der allbeliebten

Bleich-Soda.

Kasse machen

1 Nicht alles, was im vorweihnachtlichen Kaufrausch oder in den darauf folgenden heißen Sonderangebotswochen erstanden wurde, gefällt auch auf den zweiten Blick. 5 Umtausch ist das beliebteste Spiel der Konsumenten im neuen Jahr – die Regeln indes sind ihnen oft nicht bekannt.

Zunächst: Wenn der Schlips, den Vater alljährlich unterm Weihnachtsbaum findet, nicht 10 gefällt, oder wenn der Sohn das lang ersehnte Skateboard gleich zweimal geschenkt bekommt, ist ein Umtausch zwar ratsam, aber nicht erzwingbar. Meist zeigt sich der Handel jedoch kulant und nimmt unversehrte Ware 15 anstandslos zurück. Wenn die Umtauschfrist nicht schon auf dem Kassenbon vermerkt ist, bitten wankelmütige Käufer oder unsichere Schenker den Verkäufer stets um einen entsprechenden Vermerk auf der Rechnung – schaden 20 kann das keinesfalls.

Anders ist die Rechtslage, wenn der bunte Binder ein Loch hat oder das schnelle Brett beim ersten Einsatz ein Rad verliert: Das Bürgerliche Gesetzbuch regelt ausdrücklich (Paragraf 459 25 ff.), dass der Verkäufer einzustehen hat, wenn eine gekaufte Sache mit Fehlern behaftet ist, die den Wert oder die Tauglichkeit aufheben oder mindern.

Laut Gesetz kann der Kunde zwischen drei 30 Möglichkeiten wählen:
● Wandelung: Der Vertrag wird rückgängig gemacht, die fehlerhafte Ware wird zurückgegeben und der Kaufpreis in bar erstattet; auf eine Gutschrift muss sich der Käufer nicht ein- 35 lassen.
● Minderung: Der Kunde behält das fehlerhafte Produkt und erhält dafür einen angemessenen Preisnachlass.
● Ersatzlieferung: Der Händler tauscht die 40 beanstandete Ware um; dieser Anspruch gilt nur für Serienprodukte.

Der Käufer hat allerdings kaum Chancen, sich auf die BGB-Grundrechte zu berufen, wenn er bereits beim Kauf über die vorhandenen Män- 45 gel informiert war, zum Beispiel bei Auszeichnung der Ware „mit kleinen Fehlern".

Finanztest 1/1991, S. 68

Ein „Sonderangebot" allein rechtfertigt aber noch nicht die Einschränkung der Käuferrechte, etwaige Hinweise wie „Umtausch ausgeschlos- 50 sen" auf dem Kassenbon spielen bei nachträglich entdeckten Fehlern rechtlich keine Rolle. Auch der Hinweis „Umtausch nur innerhalb von 14 Tagen" definiert allein die Kulanzfrist, die der Händler für die Rückgabe der Ware bei 55 Nichtgefallen einräumt, die Gewährleistung bei Mängeln gilt stets für sechs Monate und darf nicht verkürzt werden. Vertragsklauseln wie „Gewährleistung ausgeschlossen" sind daher ebenfalls unwirksam.

Leider rangiert in der Praxis vor den BGB- 60 Rechten des Käufers auf Wandelung, Minderung oder Ersatzlieferung meist die Gewährleistung nach den Allgemeinen Geschäftsbedingungen (AGB) des Verkäufers, die sich in der Regel auf einen Punkt reduziert. 65
● Nachbesserung: Der Käufer hat ein Recht auf kostenlose Reparatur, der Verkäufer trägt alle Transport-, Wege-, Arbeits- und Materialkosten.

Das ist nur zulässig, wenn dies im Kaufvertrag 70 vermerkt ist – meist im Kleingedruckten auf der Rückseite – und der Kunde ausdrücklich darauf hingewiesen wird, dass ihm seine BGB-Rechte bei erfolgloser Nachbesserung in vollem Umfang zustehen. 75

Wann eine Nachbesserung als fehlgeschlagen gilt, wird im sogenannten AGB-Gesetz nicht geregelt. Beliebig viele Reparaturversuche muss der Käufer einer neuen Ware allerdings nicht hinnehmen. Die Gerichte halten meist 80 nur zwei, bei komplizierten technischen Geräten drei Nachbesserungen für zumutbar. Die BGB-Gewährleistungsrechte verjähren nach sechs Monaten, gerechnet vom Zeitpunkt der Lieferung. Durch Nachbesserungen wird 85 die Frist unterbrochen. Wenn der Verkäufer einen Mangel arglistig verschwiegen hat oder – zunächst unbemerkt – ein völlig falsches Produkt geliefert hat, kommt der Kunde mit seiner Reklamation auch im Jahr 2020 noch zur 90 rechten Zeit – die Verjährungsfrist läuft dann 30 Jahre. □

Die Architektur des Konsums
von Jochen Siemens

1 (…) Eigentlich sollten es nur Milch und Brot sein oder Seife und Bier oder Käse und Äpfel. Wirklich ganz wenig. Doch das Regal-Labyrinth mit Tüten, Dosen und Paketen ist teuflisch. Der
5 Jogurt stand griffbereit neben der Milch, und einen Vorrat an Waschmittel braucht man immer, und der Sekt war im Sonderangebot und und und. (…)
Supermarkt. Eine Welt, die uns jedes Mal wieder
10 dazu bringt, mehr zu nehmen, als wir brauchen, etwas anderes zu kaufen, als wir vorhatten, länger zu bleiben als geplant. Nur 30 Prozent der Supermarktkunden, so die Marktforschung, haben einen Einkaufszettel dabei. Und doch
15 packen auch 15 Prozent von denen mehr Waren aufs Kassenband, als beabsichtigt war.
Es wäre zwecklos, sich dieser kalkulierten Architektur des Konsums zu widersetzen. Längst haben Psychologen, Marketing-Strategen und
20 Architekten jede Regung unseres Kaufverhaltens analysiert, jede Windung unserer Verbraucher-Psyche in Supermarkt-Konstruktionen umgesetzt.
Sie verhindern, dass wir schnell die Äpfel neh-
25 men, das Brot greifen, die Milch in den Einkaufswagen packen und zur Kasse abhauen. Sie installieren einen unsichtbaren Leitstrahl, von dem wir nicht abspringen können. In einem Supermarkt steht nichts nur zufällig da.
30 In Deutschland gibt es rund 8000 Supermärkte, selten größer als 1000 Quadratmeter, mit durchschnittlich 8000 Artikeln. Und alle beginnen rechts. Rechts ist das erste Grundgesetz der Warenwelt. Die Bewegungen des Menschen sind
35 rechtsorientiert, er fährt rechts, und sein Blick wandert immer zuerst nach rechts. So kann man im Supermarkt nicht anders, als links herum – gegen den Uhrzeigersinn. „Bei sechs Uhr hinein und bei sieben Uhr zur Kasse heraus", so ist die
40 Wege-Regel.
Kaum ist der Kunde rechtsdriftend auf dem Weg, macht der Supermarkt mit prallen Farben Stimmung: Obst und Gemüse zuerst. Da leuchten Tomaten, glänzen Äpfel, und feldfrisch grünt
45 der Salat. (…) Die Frischabteilungen machen fünfzig Prozent des Lebensmittelumsatzes aus. „Die klassische Hausfrau kauft zuerst das Gemüse und sucht das Fleisch dazu anschließend aus", so Wolfgang Simon, Supermarktbesitzer in
50 Hamburg-Volksdorf.
Nach der grünen Parade lockt der Supermarkt in sein Gängeviertel. Auf der rechten Seite summen meterlange Kühlregale mit Jogurt, Quark und Milch. Im Kopf des Kunden wird unmerklich
55 sein Tagesablauf in Gang gesetzt: früher Mor-

gen, Frühstück – Milch muss sein, aber Kefir und Frischkäse wären auch ganz nett. (…)
Wie zufällig schimmern dann von links Kaffeepakete, Teedosen und Marmeladengläser – der Käufer ist auf dem Leitstrahl. Nächste Station ist 60 Brot und Toast – die Komplettausrüstung für den Morgen.
„Die Warenfolge muss sich der inneren Landkarte des Kunden anpassen, sie muss mit dem Kunden seinen Tagesablauf abfahren", lautet die 65 Regel (…).
Nach einem „Mental-Map"-Prinzip, einer mentalen Landkarte, ordnen die Psychologen die Warenfolge. Nach dem Morgen der Mittag – also Fleisch, Fisch, Gewürze und Gemüsekon- 70 serven. Dann kommt die Abendzone: Wein, Bier und Spirituosen, Salzstangen und Schokolade. Der Supermarkt verführt den Kunden nicht, er sorgt dafür, dass er sich selbst verführt – indem er ihn nachahmt. Und der Trick ist, dass es niemand merkt. (…) 75
Supermarktstrategen haben Fallen aufgestellt: Teure Ware wird in Augen- und Griffhöhe aufgestellt, Billigeres tief unten oder weit oben. „Griffstudien" mit versteckter Kamera haben 80 bewiesen, dass der Käufer impulsiv greift – optischer Reiz, kurzer Griffweg, Warenkontakt, Kaufentscheidung. Ein Vorgang von Sekunden, der dem Käufer nicht bewusst wird.
(…) um Fleisch verlockend aussehen zu lassen, 85 setzen die Supermärkte Licht ein. Die Tresenauslagen werden von Neonröhren beleuchtet, die eine gesetzlich zugelassene Rotfärbung haben. (…) In vielen Supermärkten schließt sich an die Fleisch- und Wurststrecke die Käsetheke an. 90 Kaum ein Kunde bemerkt den Übergang vom roten zum gelblichen Licht, das die natürlichen Farben von Gouda und Emmentaler aufpeppt.
Nach Passieren der Mittagszone stößt der Kunde auf ein neues Animationsprogramm. Der Blick, 95 der in der Regel sechs Meter weit schaut, muss neue Ziele erfassen. Regalunterbrechungen, Kreuzungen, Sackgassen, Sonderverkaufsstände – je mehr der Kunde vor sich sieht, desto häufiger bremst er. Und kauft. Basislebensmittel wie 100 Mehl, Zucker und Salz liegen links unten. „Das ist Suchware, die kann man irgendwo hinstellen", so die Markt-Architekten.
Über Sieg oder Niederlage entscheiden die Präsentation, das „Facing", und die klare Abgren- 105 zung der Produkte. Peinlich genau achten die Konsumstrategen darauf, dass die „Warengruppen nicht ineinander übergehen".
(…) Nach durchschnittlich 20 Minuten landet der Kunde mit vollgepacktem Wagen in 110

der Kassenzone, dem größten Stressfaktor in jedem Supermarkt: Warten und Kinderterror. Viele Märkte setzen hier auf die kleinen Kunden und stellen Regale mit Kaugummi,
115 Schokolade und manchmal sogar mit Spielzeug in den Weg. Experten nennen das „Quengelware". (…)

Am Ausgang, wenn die Tüten an den Fingergelenken reißen und der Kunde wieder viel mehr eingepackt hat als geplant, schwant ihm viel-120 leicht, was die Marktforschung längst weiß: 20 bis 35 Prozent eines Kühlschrankinhaltes wandern unberührt auf den Müll.

Der Stern 5/1991, S. 196 ff.

Stopp für KINDERFÄNGER

WEG MIT KINDERPRODUKTEN AUS KASSENZONEN

1　Kaugummi, Schokoriegel, Mickey-Mouse-Drops, Mini-Flieger und Plastiktröten – die Kassenzonen in Supermärkten und Einzelhandelsgeschäften sind ein wahres Kinderwunschparadies. Doch was die Herzen der Kleinen höher schlagen und ihre geschickten Fingerchen zugreifen lässt, treibt Eltern oft den Schweiß auf die Stirn. Denn das Warten in der Kassenschlange heißt, sich mit den
5　unersättlichen Kaufwünschen der Jüngsten rumzuschlagen. Und oft ist den Nachwuchskäufern der Verzicht auf Kaugummi und bunte Zucker-Bomben nur unter Tränen abzuringen.
„Stopp für Kinderfänger" heißt es darum jetzt bei der Verbraucherzentrale Nordrhein-Westfalen, um diesem programmierten Kassenzonen-Konflikt zwischen Eltern und Kindern ein Ende zu setzen.
10　(…) Denn was da die Jüngsten zum Zugreifen verleitet, könne – so die Verbraucherzentrale – in psychologischen Kaufzwang münden.
Der kalkulierte Griff nach den süßen Verlockungen wird für Eltern zur „Bewährungsprobe": Das „Ich will das aber" der Kinder wird vom „Das brauchen wir nicht" der Eltern gejagt. Energisch versuchen die Jüngsten, ihre Wünsche durchzusetzen – und beeinflussen so nachhaltig die Kauf-
15　entscheidung ihrer Eltern. Denn oft geben diese genervt dem Kaufansinnen ihrer Sprösslinge nach. „Eltern werden nicht nur von ihren Kindern zum Kauf gedrängt, auch Verkaufspersonal und die anderen Kunden in der Schlange, die die Diskussion ums Habenwollen verfolgen, üben zusätzlichen moralischen Druck aus, den quengelnden Kindern den Wunsch doch zu erfüllen. Da wandert dann schnell was in den Korb, was man eigentlich gar nicht kaufen wollte – um des lie-
20　ben Friedens willen", so die Beobachtungen der Verbraucherzentrale.
Damit der Einkauf nicht an der Kasse mit einem „Eltern-Kind-Konflikt" bezahlt werden muss, fordert die Verbraucherzentrale vom Handel, auf die Auslage von Kinderprodukten in Kassenzonen zu verzichten. Erster Schritt einer breit angelegten Kampagne „Stopp für Kinderfänger": Unterschriftenlisten in den Beratungsstellen der Verbraucherzentrale. Hier können sich Eltern
25　eintragen, um die Forderung „Weg mit Kinderprodukten aus Kassenzonen" zu unterstützen. Adressaten der Unterschriftenaktion sind sowohl der Einzelhandelsverband als auch die verantwortlichen Politiker, die gefordert sind, den Kinderfängern Einhalt zu gebieten.
Fürs Erste gilt der Rat bei den Kinderfängern in Kassenzonen: „Schimpfen Sie nicht mit Ihrem Kind, sondern mit dem Geschäftsführer!" Denn durch seine Entscheidung für eine solche Plat-
30　zierung und Aufmachung der Kinderprodukte in der Kassenzone wird der Konflikt ums Habenwollen und Kriegenkönnen programmiert.

Presseinfo der Verbraucherzentrale Nordrhein-Westfalen vom 12.02.1992

Kommentar

Kinderfreie Zone?

1 *(…) Vielleicht sollten manche Stammkunden tatsächlich ohne ihre Sprösslinge einkaufen. Dann könnten die gestressten Eltern und Sie als Händler aufatmen: Kein Quengeln, Nörgeln* 5 *und Geschrei an den Kassen. Weniger zerbrochene Flaschen, die übrigen Käufer könnten unbehelligt ein Schwätzchen halten … Wir freunden uns mit der Idee des kinderfreien Supermarktes an. Mit Moral braucht uns* 10 *keiner zu kommen, schließlich haben wir bereits ein Herz für Tiere und spenden für die Dritte Welt.*

Schade nur, dass unsere Mutter dann zur Konkurrenz abwandert. Ihre Kleinen sollen nicht 15 *unbeaufsichtigt zu Hause spielen. (…)*

Lebensmittel Praxis 10/92

Doch damit nicht genug: Wir haben Umsatzeinbußen, angefangen über Lutscher bis hin zu Kinderzahnpasta. Auch die Väter, die ihre quengelnden Söhne früher im Einkaufswagen sitzen hatten, kaufen ihr Bier neuerdings wo- 20 *anders.*

War es etwa doch keine so gute Idee, Kinder aus den Geschäftsräumen zu verbannen? Der Blick fällt auf das Schild „Hunde müssen draußen bleiben". Mit den Tieren können wir 25 *dies ruhig machen. Schließlich werden sie nicht erwachsen und lassen erst ihr Taschengeld, später Einkommen, in unsere Kasse fließen.*

Heidrun Mittler

Tipps für die Ohren

Über die Gestaltung von Hörfunk-Spots

von Hans Jürgen Menge

1 ● Schreien Sie Ihre Kunden nicht an. Reden Sie leise und nicht im Brüll-Ton.

● Versuchen Sie es mit Hörbildern. Wenn im Hintergrund die Toilettenspülung rauscht und 5 die Klofrau mit erfreutem „Ja"!! auf die Frage reagiert, ob sie auch Kreditkarten von XYZ akzeptiert, dann verstärken Geräusch und Schmunzeleffekt die Botschaft: Mit dieser Karte geht alles.

10 ● Wenn Sie den Namen Ihrer Firma unbedingt mehrmals wiederholt haben möchten – tun Sie es mit Eleganz. (…)

● Trauen Sie sich an Humor (…).

● Trauen Sie sich, zu reimen. Reime, adäquat 15 gesprochen, gehen im Funk recht gut. Aber: Bemühen Sie sich um einfache Versmaße.

● Lassen Sie sich nur dann auf Lieder ein, wenn Sie sicher sind, keine Peinlichkeiten zu produzieren. Wenn eine(r) singt, irgendwo in der 20 Stadt gebe es ein Hutgeschäft mit sechs Filialen – peinlich. Nutzen Sie aber die Sprachmelodie: Werbung für ein Stresstonikum kann mit hektischer Stimme anfangen und gelassen

aufhören – das bringt nicht nur die Botschaft herüber, das zwingt auch zur Aufmerksam- 25 keit.

● Texten Sie präzise. Vermeiden Sie Schachtelsätze. Ein Satz wie „Wenn ich Sie jetzt mit verehrte Hörer und Hörerinnen anrede, hat das einen guten Grund, der für uns eigentlich das 30 ganze Jahr über gilt" – ein solcher Satz liest sich zwar elegant, wirkt aber weniger verständlich als „Wenn ich Sie jetzt mit verehrte Hörer und Hörerinnen anrede, dann hat das einen guten Grund. Der gilt für uns eigentlich 35 das ganze Jahr über."

● Überfrachten Sie Ihren Spot nicht. Binnen dreißig Sekunden lässt sich eine ganze Buchseite herunterhaspeln – mit dem Charme eines Börsenberichts. Voraussetzung ist: Konzen- 40 trieren Sie sich auf das Wesentliche.

● Wenn Sie Dialekt einsetzen, akzeptieren Sie wirklich nur Einheimische. Kein gebürtiger Hamburger, und sei er noch so gut trainiert, kriegt einen echten Münchner Tonfall hin – 45 und das merken nicht nur die Bayern.

Handel heute 6/1991, S. 42

Erich Kästner
Die Zeit fährt Auto

1 Die Städte wachsen. Und die Kurse steigen.
Wenn jemand Geld hat, hat er auch Kredit.
Die Konten reden. Die Bilanzen schweigen.
Die Menschen sperren aus. Die Menschen streiken.
5 Der Globus dreht sich. Und wir drehn uns mit.

Die Zeit fährt Auto. Doch kein Mensch kann lenken.
Das Leben fliegt wie ein Gehöft vorbei.
Minister sprechen oft vom Steuersenken.
Wer weiß, ob sie im Ernste daran denken?
10 Der Globus dreht sich und geht nicht entzwei.

Die Käufer kaufen. Und die Händler werben.
Das Geld kursiert, als sei das seine Pflicht.
Fabriken wachsen. Und Fabriken sterben.
Was gestern war, geht heute schon in Scherben.
15 Der Globus dreht sich. Doch man sieht es nicht.

Kästner für Erwachsene. Frankfurt 1966, S. 30

7   Arbeit und Beruf

Walter E. Richartz
Die Drehstühle

1 Die Mitte des Wirkungskreises bildet der Drehstuhl. Die in dieser Firma üblichen Drehstühle Marke
GEBRÜ (Sachbearbeiter-Drehstuhl, Modell E 882/8 C5) sind von neuerer Bauart, mit Profilsitzschale
aus Kunststoff, kippsicherem 5-Fuß-Gestell mit Universalrollen und drehbarer Kunststoff-Rückenleh-
ne an dem federnden Rückensteg. Die Rückenlehne ist am Rückensteg mit einer Achse befestigt, und

5 lässt sich dort, ca. 25 cm über der Sitzfläche, notfalls auch waagrecht kippen.
Die Bedeutung des Dreh- oder auch Rollstuhls im Büroleben ist groß.
Büroarbeit wird bekanntlich im Sitzen verrichtet, der rollende Drehstuhl und das Telefon sind hierfür
Voraussetzung.
Dieses Bürohaus hat zwölf Stockwerke. Im obersten Stockwerk residiert die Geschäftsleitung. In den

10 übrigen elf Stockwerken gibt es jeweils zwischen dreißig und sechsunddreißig Büroräume, in jedem
davon einen bis drei Mitarbeiter. Im ganzen Gebäude sind es sechshundertzwanzig – fast alle von diesen sitzen.
Versuchen Sie einmal, sich dieses durch alle Stockwerke fortgesetzte *Sitzen* vorzustellen. Es handelt
sich um ein Gesamt-Sitzgewicht von über fünfzig Tonnen! Und das während eines bis zu vierzig-

15 jährigen Arbeitslebens! Dieses Sitzen ist also von größter Wichtigkeit! Das Sitzen ist fraglos der
wichtigste Einzelfaktor in diesem Hause – mit vielen weiteren psychischen, physischen, auch medizinischen Auswirkungen.
Beim Sitzen wird die Ausschwemmung der Abbauprodukte aus dem Muskelstoffwechsel gedrosselt
und der Muskel ermüdet schneller. Muskelverspannungen sind die Regel, über die Jahre kommt es zu

20 immer stärkeren degenerativen Veränderungen der Wirbelsäule. Varikosis, Hämorriden und chroni-
sche Obstipation sind typische Erkrankungen der sitzenden Lebensweise. Sitzen heißt meist auch:
Schwitzen auf der Sitzfläche. Sitzen Sitzen Sitzen. Sitzende Mitarbeiter kennen sich nur zur Hälfte.
Der Rollstuhl ist die untere Grenze des Mitarbeiters. Und wie die federn, diese neueren Rollstühle:
die federn ganz toll!

25 Selbstverständlich kennt man auch hier kein *reines* ununterbrochenes Sitzen. Gelegentlich steht ein
Mitarbeiter auf und legt bestimmte Wege gehend zurück. – Streng genommen wäre dies aber nicht
nötig. Die Hauspost wird von den Hausboten geholt und gebracht. Was mündlich zu erledigen ist,
kann telefonisch erledigt werden. Benötigt ein Mitarbeiter Unterlagen oder Hilfsmittel, die sich griffbereit im Umkreis des Schreibtisches befinden, so kann er zu dem betreffenden Ort rollen.

30 Diese Möglichkeit ist nicht nur auf das Büro beschränkt. Der Mitarbeiter könnte ohne weiteres aus
seinem Büro heraus auf den Gang rollen. Er könnte auf seinem Rolldrehstuhl, ganz nach Wunsch –
unter Hallo-Rufen, mit Karacho – in jedes andere Büro einfahren. Mittels Fahrstuhl könnte er auch
auf dem Rollstuhl in die anderen Stockwerke gelangen – zur Kasse, zu den Automaten, zur Toilette.
Der Mitarbeiter könnte also, auf diese Weise, *das ganze Gebäude sitzend durchqueren.*

35 Von dieser Möglichkeit wird jedoch nur selten Gebrauch gemacht.

Büroroman. Zürich 1978, S. 267 ff.

Der „Tippser"

1 „Aber ich bin doch die Sekretärin." Ziemlich verzweifelt betrachtet Thomas Lehmann den Telefonhörer, aus dem nur noch das Freizeichen ertönt. Wieder einmal hat er vergeblich ver-
5 sucht, einem Anrufer begreiflich zu machen, dass dieser sich nicht verwählt hat. Thomas Lehmann legt den Hörer auf und dreht sich um: „Das passiert mir öfter", meint er, „die Leute sind so verwirrt, dass sie wieder einhängen."
10 Kein Wunder – Thomas Lehmann hat einen ungewöhnlichen Beruf. Er ist Sekretär. Ganz normaler Bürotippser wie ungezählte Frauen. „Ich sag's immer wieder", erzählt der schlanke 31-Jährige, „als Mann hat man es in diesem
15 Beruf echt schwer." Im Vorzimmer haben die Frauen das Sagen. „Am Anfang war das ein vorsichtiges aneinander Rantasten", erinnert sich Lehmann an die ersten Reaktionen von Kolleginnen, „die meisten fragten misstrauisch:
20 „Kann der, was wir können?" Da musste ich mich durch Leistung beweisen.
(…)
Schwierigkeiten hat der Sekretär da schon eher mit Männern. „Viele fühlen sich in ihrem eige-
25 nen Status abgewertet, weil ich als Mann so einen Job mache. Redakteure hatten anfangs Probleme, mir Anweisungen zu erteilen."
(…) Ex-Ressortleiter Hans-Werner Kilz (jetzt Chefredaktion) lobt Lehmann als „ausgleichen-
30 des und stabilisierendes Element": „Ich habe mit einem Mann im Vorzimmer keine Probleme – und er achtet ja sehr darauf, dass er keine Sonderrolle einnimmt." Auch die Mitarbeiterinnen haben sich an die Situation gewöhnt. Eine Kolle-

gin: „Mit ist es egal, mit wem ich zusammenar- 35 beite – Hauptsache, man kann sich in Stresssituationen auf sie oder ihn verlassen." Die Harmonie ist ungetrübt, zumal Sekretär Lehmann exakt den gleichen Lohn erhält wie seine Kolleginnen.
Früher was das alles ganz anders. Weil Frauen 40 im Berufsleben sowieso nichts zu suchen hatten, spielten Männer auch im „Bureau" die dominierende Rolle. „Geheimschreiber" nannten sich damals die Herren Schreiberlinge, die an Fürstenhöfen, in Handelshäusern und 45 Schreibkontoren am Stehpult standen und mit dem Federkiel in gestochener Schönschrift Briefe schrieben. Johann Wolfgang von Goethe leistete sich den Luxus eines Geheimschreibers, und Theodor Fontane war selbst Sekretär der 50 Preußischen Akademie.
Ausgerechnet die Erfindung der Schreibmaschine 1874 änderte die Situation. Die Herren befanden es unter ihrer Würde, solch ein Gerät zu bedienen, und in die „Bureaus" zogen Frau- 55 en ein. Aber erst die 30er Jahre unseres Jahrhunderts brachten dann die entscheidende Wende für den Beruf: Die Damen tauschten die Typistinnenstühle in tristen Maschinensälen mit den bequemeren Sesseln im Vorzimmer. 60
Dem Namen nach sitzen „Sekretäre" heute an den Schaltstellen der Macht: Was täte Herr oder Frau Minister ohne ihren Staatssekretär? Was wäre das russische Volk ohne seinen Generalsekretär? Während es in den Regierungstagen 65 von wichtigen Sekretären nur so wimmelt, sind männliche Lohnempfänger hinter der Schreibmaschine die Exoten.

Brigitte 9/1990, S. 130 ff.

Des alten Handwerks Rechte und Gewohnheiten (1804)

1. Sollst du dich vor allen Dingen der wahren Gottesfurcht befleißigen, morgens und abends fleißig beten und die Sonn- und Feiertage in die frühe Predigt gehen und selbiger mit Andacht beiwohnen. Jedoch solches ohne Wissen und Willen deines Meisters nicht tun, indem derselbe dir es ohne höchster Not nicht verwehren wird.

3. Sollst du Wasser vor die Gesellen zum Waschen in die Werkstatt bringen, nachhero deines Meisters Schuhe putzen und solche morgens und abends an sein gewöhnlich Ort setzen.

4. Sollst du deinem Meister in allem treu und fleißig und verschwiegen sein und dich nicht unterstehen, etwas unter zu schlagen oder zu veruntreuen.

5. Sollst du auf das Werkzeug wohl acht geben, wann dir etwas abgeht, solches dem Meister ansagen, und wann du siehst, daß die Gesellen, wie es oft geschieht, etwas verbrechen oder in Leder verschneiden, so sollst du es dem Meister ingeheim anzeigen und sonstens allen Schaden auf alle Weise verhindern helfen.

9. Wenn ein Gesell in der Werkstatt sich ungebührlich aufführt, so sollst du es deinem Meister ingeheim anzeigen, sonstens aber vor allem Schwätzen zwischen Meister und Gesellen dich enthalten.

10. Wenn Feierabend ist, sollst du deine Werkstatt abkehren, das Werkzeug an seinen Ort stecken. Jedes und alles mit Bedacht tun. Das Stroh und die Haar fleißig aussuchen, daß kein Werkzeug darin liegen bleibt, sondern an sein gehörigen Ort gebracht wird.

11. Sollst du das Feuer und Licht insonderheit wohl in acht nehmen und das Feurzeug mit gutem Zunder versehen und solchen an seinem Ort verwahren.

12. Wenn du etwa an einem Sonn- und Feiertag ausgehen willst, so sollst du es ohne Wissen und Willen deines Meisters oder Meisterin nicht tun, sondern es zuvor ansagen, und wenn du ausgehst, sollst du mit keinem bösen Buben herumschweifen. Und in Summa in allen Stücken dich bescheiden aufführen und den lieben Gott jederzeit vor Augen und im Herzen haben, damit du in keine Sünde willigst und wider Gottes Gebot handelst.

Zum Beschluß, wenn du diesen Articuln in allem willst nachkommen, so gelobe solches mit Mund und Hand und gib einem jeden Meister die Hand. Hierauf, und wenn dieses geschehen, sollen die Meister dem Jungen Glück und Segen zu seinen Lehrjahren wünschen.

Karl Scheffler (Hrsg.): Lesebuch aus dem Handwerk. Berlin 1942, S. 25

Profit durch Profil

„Corporate Identity": Die weiche Welle in den Führungsetagen der Unternehmen

von Anne Buhrfeind

1 Unternehmenskultur oder im engeren Sinne „Corporate Identity" soll dem Unternehmen selbst eine Identität geben – so als handele es sich um eine Person. Dem Unternehmen wird eine Her-
5 kunft und eine Persönlichkeit zugeordnet, es hat nun Interessen, Einstellungen, Bedürfnisse, Kompetenz und ein Temperament. Unternehmenskultur ist zugleich auch ein Subsystem von politischer Kultur: Es beschreibt die Beziehungen zwi-
10 schen dem Unternehmen, Individuum und Belegschaft, aber auch zwischen dem Unternehmen und seiner Umwelt. Die Beziehungen sollen möglichst so gestaltet werden, dass daraus wiederum eine
15 Art von „Identität" entsteht – mit der Unternehmensphilosophie, den Unternehmenszielen und -strategien.

Grundlage für eine solche
20 Umgestaltung zur „Ganzheitlichkeit" ist die Erkenntnis, dass jede wirtschaftliche Aktivität in einem Umfeld stattfindet, das sich ständig wandelt.

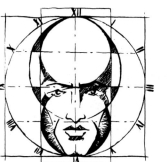

25 Dieser Wandel vollzieht sich immer schneller und ist immer weniger vorhersehbar:
– Welche Richtung technische und gesellschaftliche Entwicklung nehmen, lässt sich weniger
30 abschätzen denn je.
– Die traditionellen gesellschaftlichen Werte lösen sich auf, sie „pluralisieren" sich.
– Die Umweltfrage gewinnt eine andere, existenzielle Dimension und setzt dem gigantischen
35 Wachstum „natürliche" Grenzen.
Es ist die Sorge um ihre ökonomische Zukunft, die die Unternehmen auf Veränderungen ihrer inneren Verfassung sinnen lässt.
Neben dem Wettbewerb verstärkt der technolo-
40 gische Fortschritt den Druck auf die Unternehmen, Klima und Umgangsformen zu ändern, um die Motivation zu steigern. Im Produktionsbereich sind die Fertigungssysteme so komplex geworden, dass die Qualifikation des Arbeitneh-
45 mers weit über ein angelerntes Fachgebiet hinausreichen muss: Er soll die teuren Maschinen steuern und kontrollieren, er soll Situationen rasch erfassen und Entscheidungen sicher treffen. Das verlangt Überblick, Umsicht, Verant-
50 wortungsbereitschaft – Motivation also, auf die es früher nur an der Spitze ankam. Im tertiären Bereich gibt es vergleichbare Entwicklungen etwa bei der Datenverarbeitung. Dort, wo es um

Kundenkontakte geht und das Marketing neue Sozialtechniken erfordert, ist ebenfalls voller 55 Einsatz gefragt. (…)
Um die Kultur nach innen sorgen sich die Unternehmensberater – sie bieten inzwischen zahlreiche Strategien und Konzepte an, die keineswegs so klingen, als könne man als Arbeitnehmer nicht mit 60 ihnen leben. Sie fordern gegenseitige Akzeptanz, Zusammengehörigkeitsgefühl (von der Geschäftsleitung bis zum Betriebsrat), Glaubwürdigkeit und Offenheit („Wahrheit und Klarheit") nach außen, eine „ethische Basis" – was immer das sein mag – 65 auch für das Verhalten gegenüber den Kunden. Die Beschäftigten sollen mehr an den betrieblichen Entscheidungsprozessen beteiligt wer- 70 den und Verantwortung übernehmen. Zur Belohnung werden häufig Beteiligungsmodelle angeboten.
Eingeführt wird das ganze 75 von oben: Corporate Identity ist Vorstandssache. Nur in ganz großen Unternehmen wird die dritte Managementebene noch in die Konzeption einbezogen. Aber 80 dann soll die weiche Welle in das ganze Unternehmen gehen und in Arbeitsgruppen und Quality Circles auch auf der Sachbearbeiter- und Verkäuferebene sanft ausrollen. Jeder und jede soll an den Entscheidungen des Unternehmens teilhaben 85 und sich für dessen Wohlergehen mitverantwortlich fühlen. Auf der Führungsebene, wo früher nur Sachkompetenz gefragt war, ist plötzlich die „soziale Kompetenz" Trumpf. Top-Manager lernen Selbsterfahrung und Meditation. Nachwuchs- 90 Führungskräfte müssen mehr mitbringen als nur ein gutes Examen.
Auch auf der mittleren Managementebene und überhaupt bei allen Vorgesetzten wird von oben darauf geachtet, dass „demokratische" Führungs- 95 stile eingehalten werden. Ist das die verordnete Humanisierung der Arbeitswelt?
Den Unternehmen geht es weniger um die konkreten Arbeitsbedingungen, um die sich weiterhin Arbeitnehmer, Betriebsräte und Gewerk- 100 schaften kümmern müssen, sondern um die Arbeitszufriedenheit. Wenn die stimmt – so die neue Unternehmer-Logik –, dann stimmt auch die Leistungsbereitschaft. Und nur durch mehr Leistung, mehr Kreativität kann der ökonomi- 105 sche Erfolg gesichert werden.

Unternehmenskultur oder Corporate Identity soll – in vielen Fällen – also ein Faktor sein, der ein Ziel ganz genau ansteuert; die Verbesserung und 110 die Absicherung der Profitabilität („Profit durch Profil", heißt ein einschlägiger Buchtitel). Andererseits deutet die Akzentuierung des Vernetzten, des Ganzheitlichen, der psychologischen und der philosophischen Aspekte fast auf eine 115 Absage an den Zweckrationalismus hin, auf Anklänge an die Esoterik. Was hier gelenkt werden soll, ist eigentlich unsteuerbar, und so kommen – gleichwohl nützliche – Begriffe zustande wie Identitäts-Management oder Human-resources-Management. 120 Es ist nicht im Sinne ihrer Erfinder, wenn Corporate Identity und Unternehmenskultur auf einen ökonomischen Erfolgsfaktor und auf eine Designeraufgabe reduziert werden. Ein neuer Briefkopf, die Abgleichung der Visitenkarten 125 und ein bisschen Kultur-, Sport- oder (wie jetzt in den USA) Kriegs-Sponsoring – das reicht nicht. (…)

Ausblick 5/1991, S. 12 ff.

Christian Morgenstern
Die Behörde

Korf erhält vom Polizeibüro
ein geharnischt Formular,
wer er sei und wie und wo.

Welchen Orts er bis anheute war,
welchen Stands und überhaupt,
wo geboren, Tag und Jahr.

Ob ihm überhaupt erlaubt,
hier zu leben und zu welchem Zweck,
wieviel Geld er hat und was er glaubt.

Umgekehrten Falls man ihn vom Fleck
in Arrest verführen würde, und
drunter steht: Borowsky, Heck.

Korf erwidert darauf kurz und rund:
„Einer hohen Direktion
stellt sich, laut persönlichem Befund,

untig angefertigte Person
als nichtexistent im Eigen-Sinn
bürgerlicher Konvention

vor und aus und zeichnet, wennschonhin
mitbedauernd nebigen Betreff,
Korf. (An die Bezirksbehörde in –)."

Staunend liest's der anbetroffene Chef.

Nonsens-Festival 1986, S. 57

Horst Schwarz
Stellenbeschreibung

(…) Stellenbeschreibungen sind ein praktisches Hilfsmittel der zweckmäßigen Eingliederung von Aufgabenträgern in organisatorische Beziehungszusammenhänge. Mit dem Terminus „Eingliederung" soll dabei nicht nur auf vertikale (instanzielle), sondern auch auf horizontale Beziehungen (Arbeitsteilung und Arbeitsvereinigung) hingewiesen werden. Der Hauptzweck von Stellenbeschreibungen besteht in der Sicherung einer rationalen, reibungslosen und kontinuierlichen Aufgabenerfüllung. Sie stellen die höchstentwickelte Form der schriftlichen Festlegung organisatorischer Regelungen in der Unternehmung dar. Insbesondere erstrecken sich Stellenbeschreibungen auf folgende Komplexe:

1) sachliche Festlegung der Aufgaben,
2) nähere Erläuterung der organisatorischen Eingliederung der Stelle und Angabe organisatorischer Beziehungen (Verkehrswege),
3) Anleitung zur zweckmäßigen Aufgabenlösung und
4) Darstellung personeller Anforderungen aufgrund der Aufgabenübernahme durch den Stelleninhaber.

Stellenbeschreibungen unterscheiden sich von anderen – bereits besprochenen – Hilfsmitteln der Festlegung der Organisationsstruktur durch folgendes spezifische Merkmal: Je nach Art der Aufgabe und dem Rang des Aufgabenträgers in der Hierarchie der Unternehmung zeichnen sich Stellenbeschreibungen aus durch die bloße Vorgabe von Rahmenbedingungen bis zu detaillierten Verfahrensvorschriften der Aufgabenerfüllung. (…)

Arbeitsplatzbeschreibungen. Freiburg i. Br. 1990, S. 36

8 Technik und Medien

Horst Bienek
Aus einer „Anweisung für Zeitungsleser"

1 Prüft jedes Wort
prüft jede Zeile
    vergesst niemals
    man kann
5   mit einem Satz
    auch den Gegen-Satz ausdrücken

Misstraut den Überschriften
den fettgedruckten
    sie verbergen das Wichtigste
10 misstraut den Leitartikeln
    den Inseraten
    den Kurstabellen
    den Leserbriefen
und den Interviews am Wochenende

15 Übernehmt nichts
ohne es geprüft zu haben
nicht die Wörter und nicht die Dinge
nicht die Rechnung und nicht das Fahrrad
nicht die Milch und nicht die Traube
20 nicht den Regen und nicht die Sätze
fasst es an, schmeckt es, dreht es nach allen Seiten
nehmt es wie eine Münze zwischen die Zähne
hält es stand? Seid ihr zufrieden?

Ist Feuer noch Feuer und Laub noch Laub?
25 Ist Flugzeug Flugzeug und Aufstand Aufstand?
Ist eine Rose noch eine Rose?

Hört nicht auf
    euren Zeitungen zu misstrauen
    auch wenn die Redakteure
30   oder Regierungen wechseln

Gleiwitzer Kindheit. Gedichte aus zwanzig Jahren. München 1989, S. 34

Uwe Pörksen
Information

1 Gemessen an dem was ‚informatio‘ und ‚information‘ von der Antike bis in die Mitte des 20. Jahrhunderts bedeutet haben, hat das Wort sich von Grund auf gewandelt. Man erlaube eine Abschwei-
fung:
Ich kenne einen alten Herrn, der Zeitungen mit dem Kugelschreiber liest. Er liest sehr viele Zeitun-
5 gen und Magazine und unterstreicht dabei; ich habe Artikel in der Hand gehabt, in denen er gewirkt
hat und mich gefragt, nach welchen Prinzipien er unterstreicht, bis mir klar wurde, dass er gar keine
Prinzipien hat.
Er findet fast alles wichtig.
In seiner Wohnung laufen gleichzeitig mehrere Geräte. Wenn er eine wichtige Radiosendung nicht
10 verpassen will und gleichzeitig im Fernsehen etwas läuft, was ihn interessiert, nimmt er die Radiosendung auf eine Kassette auf. Oder umgekehrt. Er läuft ständig zwischen seinen Zimmern hin und
her. Die Tagesschau um acht versäumt er nie.
Das ist keine Erfindung. Der Herr ist inzwischen 75 Jahre alt und treibt es schon lange so. Man kann
natürlich sagen, er sei sonderbar. Ich würde sagen, er hat etwas begriffen. Er hat begriffen, was
15 Information ist. Information ist das, was man ständig verpasst. (…)
„Schon heute bezeichnen Wissenschaftler Information neben Arbeit, Boden und Kapital als vierten
Produktionsfaktor.“
‚Information‘ ist ein Lehnwort aus dem Lateinischen. Im klassischen Latein hat ‚informatio‘ die
Bedeutung von ‚Unterricht, Unterweisung, Belehrung‘ oder ‚Bild und Vorstellung‘. (…)
20 Diese Bedeutung gehört der Vergangenheit an. Seit den siebziger Jahren spiegeln die Wörterbücher
eine einschneidende Bedeutungsveränderung; wir begegnen einer fast abenteuerlichen Reduktion
und Ausdehnung des Begriffs. Er wird in den verschiedensten privaten und öffentlichen Bezirken in
nur noch einer Hauptbedeutung gängig. ‚Unterweisung‘, ‚Erkundigung‘, ‚Untersuchung‘, ‚Unterricht‘, ‚Zeugnis‘ werden nicht mehr genannt. ‚Nachricht‘ kommt hinzu.
25 Die Bedeutung verschiebt sich insgesamt vom Aspekt des zeitlichen Verlaufs der Information hin
zum Zielpunkt. ‚Information‘ wird überwiegend zur Resultatsbezeichnung oder zu einer Art Gegen-
standsbezeichnung.
Die Bedeutungsveränderung rührt daher, dass das Wort seit den fünfziger und sechziger Jahren von
den Wissenschaften, von Kybernetik[1] und Informatik, Informationstheorie und Informationswissen-
30 schaft aufgenommen und umgeprägt worden ist.
Es hat wissenschaftliche Würde angenommen.
Dabei unterscheiden sich die beiden Begriffe, der naturwissenschaftliche, kybernetische und der
umgangssprachliche, grundlegend. Bernhard Hassenstein schreibt in einem Aufsatz „Was ist Information“: „Der naturwissenschaftliche, kybernetische Informationsbegriff anerkennt einen ‚Informa-
35 tionsgehalt‘ ohne Rücksicht darauf, ob eine bestimmte Information richtig oder falsch ist, ob sie verstanden wird oder nicht, ja sogar unabhängig davon, ob mit bestimmten Vorgängen – wie etwa dem
Würfeln – überhaupt etwas ausgedrückt wird oder nicht.“
Man braucht das Wort in der Wissenschaft bekanntlich als Gegenbegriff zur ‚Redundanz‘, zum
Überflüssigen und Überschüssigen, das jede Information einhüllt und ihre Übertragung sicher
40 macht. Ähnlich verwendet man nun den Begriff umgangssprachlich im Kontrast zum überflüssigen
Gerede. ‚Information‘ ist der Kern, etwas Hartes und Festes; so kommt sie in der Umgangssprache
an.
Sie rückt zweitens in die hierarchisch überlegene Position gegenüber bloßer Meinung oder nur intui-
tiv begründeter Vermutungen oder gar dem Gefühl. Sie ist etwas durch Daten Erhärtbares. Sie ist
45 nachprüfbar. Sie ist, als Datum, die Essenz.
Sie tritt drittens in Gegensatz zur Nichtinformation. Sobald sie verziffert ist, wird ihr Gegenbegriff
die Null. Die ‚Informationslücke‘ oder das ‚Informationsdefizit‘ werden fühlbarer, man erfindet das
Wort ‚Informationsvorsprung‘. Über Informationen zu verfügen, bedeutet den Anspruch auf die
Spitzenposition auch im Alltag. Es gibt eine ‚Informationsfreiheit‘ und ein ‚Informationsbedürfnis‘.
50 Sie ist ein Gut. (…)
‚Information‘ ist zeitweise zum *Modewort* und auch zur *Leerformel* geworden, die darum brauchbar ist, weil sie so allgemein ist und dennoch das Ansehen genießt, etwas zu sagen.

Plastikwörter. Stuttgart 1989, S. 51 ff.

Am Anfang der Bilderwelt

von Frank Schüre

1 Ursprünglich war das Buch die Partitur für das Bedürfnis des Menschen nach einer Antwort auf seinen Glauben und seinen Zweifel. Je größer diese Sehnsucht, je spezifischer und
5 konzentrierter die Aufmerksamkeit, desto mehr wird im Lesen aus der Partitur das Konzert. Als Grundprinzip der Philosophie Platons gilt: Jeder Buchstabe bietet einen Schlüssel zum unendlichen Wortschatz, jedes Prinzip einen
10 Weg zur unendlichen Ideenfülle, dem Wesen der Dinge.

„Die Natur ist nicht nur wie ein Buch: die Natur selbst ist ein Buch, und das vom Menschen gemachte Buch ist ihr Analogon. Das
15 Lesen dieses vom Menschen gemachten Buchs ist ein Hebammendienst. Und das Lesen ist alles andere als ein Akt der Abstraktion, es ist ein Akt der Inkarnation. Es ist eine somatische, eine körperliche Anstrengung bei einer Geburt.
20 Sie bezeugt den Sinn, der von allen Dingen hervorgebracht wird" – sagt Ivan Illich.

Der Gesang der Musen und die innere Stimme der Inspiration liegen heute begraben unter dem Lärm der Autobahnen. Alles geht immer
25 schneller – aber der Weg zur Quelle des menschlichen Gedächtnisses ist immer noch lang und mühsam. Er führt durch Digitalspeicher und über Bücherberge. Computer und Schrift beanspruchen den Besitz der Wahrheit.
30 Wer auf der Schwelle zum 21. Jahrhundert der inneren Stimme lauschen, wer aus dem Fluss der Intuition schöpfen möchte, der muss sich den Weg bahnen durch Medienmassen und Buchkultur.

35 Karl Markus Michel erzählt, was er in einer Welt ohne Bildschirme alles nicht verpasste: „Ich war bei Kriegsende 15 Jahre alt. Damals hat man unendlich viel gelernt. Wie ein Ofen funktioniert, wie man Holz hackt und zersägt
40 oder alles Mögliche an Lebensmitteln herstellt, die man nicht kaufen kann. Ich habe als 14-Jähriger Schnaps gebrannt und Tabak gezüchtet, habe elektrische Leitungen repariert und sogar Glühbirnen wieder zum Glühen
45 gebracht."

Die Gegenwelt dazu entstand bei der Lektüre. Der Leser füllte mit seiner Fantasie die Lücken des Buches auf. Interessante Werke lassen den Helden oder die Heldin ja etwas blass. Michel:
„Wenn die Romanheldin zu genau beschrieben 50 ist, kann ich mich unmöglich in sie verlieben, weil ich nun mal nicht für blond bin, sondern für schwarz. Und ich habe einige Male erlebt, wenn ich mich an ein Märchen von Wilhelm Hauff erinnerte – was da alles passiert: Irgend- 55 welche Sarazenen kommen angestürmt, ein Kampf findet statt in einer tollen Wüstenlandschaft … Als ich das dann nachgelesen habe, standen da *drei dürre Zeilen*, und die auch noch schlecht geschrieben. Wenn ich mir jetzt 60 jemanden vorstelle, der aufwächst in einer Welt, wo es nur Knöpfe gibt, und es funktioniert! Man drückt einen Knopf, und da kommen ein Bild und ein Ton heraus!"

War der Bildungsprozess früher bestimmt durch 65 die Aneignung von Welt, Denken und allen möglichen Dimensionen durch das Lesen von Büchern, so vermögen heutige Lehrer ihren Schülern kaum noch die Notwendigkeit von Lektüre zu begründen. Die neuesten Errungen- 70 schaften der Technik lassen sich mit Büchern nicht mehr verstehen – und oft nicht einmal mehr bedienen. So würde die Betriebsanleitung für ein Atom-U-Boot gedruckt 18 000 Kilo wiegen. Da rettet uns der Computer. Denn 75 wer kann schon auf Atom-U-Boote verzichten?

Auf der Schwelle zum Cyberspace hockt ein rat- und tatenloser Bürger, den die flimmernde Welt der Möglichkeiten in einen bunten Schwindel versetzt. Lesen wird immer anstren- 80 gender. Schon nach wenigen Zeilen verlangen die Augen nach größeren Reizen. Vor ihnen liegen Dutzende, Hunderte von Seiten, Tausende, Zehntausende, Millionen von Büchern.

Vor ihnen liegt die Fernbedienung. Ein Knopf- 85 druck genügt, und die Bilderwelt öffnet ihre Reizschleusen …, bis ich aufschrecke und mich wiederfinde auf einer nächtlichen Strandpromenade, vor einem Schaufenster, in dem ein leerer Bildschirm flimmert. 90

Am Ende der Bücherwelt. In: Die Zeit vom 08.01.1993, S. 32

„Bin ich auch ordentlich gekämmt?"
Gespräche am Bildtelefon

1 „Guten Morgen", sagt der Mann auf dem Bildschirm. „Schön, dich zu sehen. Kommst du gerade aus

5 der Dusche? Deine Haare sind ja noch nass." „Ja, ich habe heute lange ausgeschlafen", entgegne ich. „Nicht einmal den Briefträger habe ich gehört. Schau mal, wieviel Post du

10 hast – soll ich sie aufmachen?"
„Das dicke Kuvert vielleicht", meint Michael. „Das könnte der Prospekt für den neuen Katalysatorwagen sein. Zeig mal die Preisliste." Ich schalte die Dokumentenkamera ein, schiebe den

15 Prospekt drunter, fokussiere. Ein Knopfdruck, und mein Freund im fernen Tübingen sieht die Liste mit den neuen Autopreisen. Er runzelt die Stirn, wie

20 ich auf dem Bildschirm sehe …
Seit wir ein Bildtelefon haben, ist

25 für uns das Kommunizieren über weite Strecken wesentlich einfacher geworden. Michael ist Unternehmensberater. Seine Firma

30 macht einen Pilotversuch. Sieben Bildtelefone sind dabei im Einsatz – eins auf Michaels Schreibtisch in Bonn (…).
Der Monitor ist kaum größer als ein tragbarer Fernseher, direkt darüber befindet sich eine

35 Kamera. Außerdem gehört ein kleiner flacher Kasten zur Anlage, eine Art Tastentelefon. Hat man keine Hand frei für den Hörer, springt automatisch die eingebaute Mikrofonanlage an.
(…)

40 Nur die ersten paar Sekunden habe ich verlegen gefragt: „Bin ich auch ordentlich gekämmt?" Blutige Anfänger winken manchmal oder machen Grimassen wie Leute, die von einer Fernsehkamera überrascht werden. Alte Hasen

45 wie ich gestikulieren so hemmungslos wie am Stammtisch. Schließlich ist die Kommunikation mit Mund, Ohr und Auge weitaus natürlicher als Hören und Sprechen alleine.
Die nonverbalen Signale, die jetzt beim Telefo-

50 nieren möglich werden, fördern eindeutig das gegenseitige Verständnis: Störe ich mit meinem Anruf?

Hat die Freundin schlechte Laune? Ist der Interviewpart-

55 ner auf den Mund gefallen oder bloß schüchtern?
Ein Blick, ein winziger Augenblick, wird in Zukunft genügen, um solche Unsi-

60 cherheiten aus der Welt zu räumen. Wer nicht will, muss das Bild ja nicht einschalten. Im kleinen, feinen Club der Bildtelefonbenutzer hat sich längst eingebürgert, am Anfang eines Telefongesprächs höflich zu fragen: „Darf ich

65 Ihnen mein Bild schicken?"
Erst dann bittet man: „Schicken Sie mir auch Ihres?"
(…)
Ich bin sicher: Eines Tages wird das optische

70 Telefonieren so normal sein wie Fernsehen. Viele verschiedene Nutzer werden profitieren: Für Taubstumme bietet das Bildtelefon – abgesehen von Fax und Briefpost – zum ersten Mal die Möglichkeit einer Fernkommunikation. In

75 Norwegen werden spastisch gelähmte Kinder schon heute über Bildtelefon von ihrer Betreuerin zur Krankengymnastik angeleitet.
Die Wirtschaft wird die neuen Geräte erst recht nutzen: Versandhäuser können ihre Ware per

80 Bildtelefon präsentieren, Techniker kleinere Störungen per Tele-Diagnose beheben, Architekten Grundrisse aus der Ferne erklären. Auch die sogenannten Videokonferenzen, die Manager derzeit in speziellen Studios abhalten, kön-

85 nen eines Tages direkt vom Schreibtisch aus geführt werden.
Schließlich profitieren alle, die – wie Michael und mich – ein böses Schicksal oder der Beruf immer wieder auf Tage und Wochen trennt. Es macht einfach Spaß, von Zeit zu Zeit sagen zu

90 können: „Schatz, es ist schön, dich wieder mal zu sehen."

Freundin 6/1992, S. 34 f.

Günter Ropohl
Technik bleibt unvollkommen

1 Manche Technikkritiker glauben an eine unmenschliche Perfektion der Technik, die den Menschen entmündigt und vergewaltigt. Ich behaupte im Gegensatz dazu die menschliche Unvollkommenheit der Technik. Die Technik ist und bleibt Menschenwerk, und alles, was sie hervorgebracht hat und noch hervorbringen wird, leidet an der Widerständigkeit der Sachen, an der sprichwörtlichen Tücke
5 des Objekts; dies übrigens ist eine „Sachgesetzlichkeit", die nur solche Leute übersehen können, die von der technischen Praxis keine Ahnung haben! Vor allem aber teilt die Technik, da sie ja ein Stück menschlicher Praxis ist, die prinzipielle Fehlerhaftigkeit und Fehlbarkeit allen menschlichen Erkennens und Handelns.
   Doch ist das kein Grund, die Technik in Bausch und Bogen zu verurteilen. Vieles ist trotz alledem
10 gelungen. Wer, während er dieses liest, die wohnliche Wärme und die behagliche Beleuchtung der modernen Haustechnik genießt oder im komfortablen Schnellzugabteil in Windeseile durch die Landschaft gleitet, wird gar nicht so leicht bereit sein, die Technik für unvollkommen zu halten. (...)
   Statt eine angeblich perfekte Technik abzulehnen, plädiere ich dafür, die Technik zu bejahen, auch wenn sie unvollkommen ist. Aber man kann nur für die Technik sein, wenn man zugleich einräumt,
15 welche Fehler sie hat. Man kann der pauschalen Technikfeindlichkeit nur entgegentreten, wenn man darüber nachgedacht hat, wie sich die Technik vervollkommnen lässt. (...)
   Ich wende mich also gegen beide Einseitigkeiten: gegen die naive Rechtfertigung der Technik ebenso wie gegen ihre pauschale Verurteilung. Die unüberlegte Hemmungslosigkeit, mit der bestimmte technische Neuerungen wie die Kernenergietechnik oder das Kabelfernsehen von ihren Urhebern ange-
20 priesen und vorangetrieben werden, erscheint mit ebenso fragwürdig wie der maschinenstürmende Ungeist gewisser Bürgerbewegungen, die noch gegen das vernünftigste technische Projekt – beispielsweise den Ausbau des umweltfreundlichen Eisenbahnsystems – Himmel und Hölle in Bewegung setzen. Ich bin gegen den „technischen Fortschritt" um jeden Preis, aber ich bin auch gegen jene unbedachten Fortschrittskritiker, die den Nutzen des Erreichten verkennen und den Preis versäumter
25 Fortentwicklungen vernachlässigen. Mit einem Wort: Es geht mir um differenzierte Technikkritik!
   Es ist an der Zeit – und das müssen die Gegner der technischen Entwicklung genauso lernen wie die Befürworter –, dem Wort „Kritik" seinen guten alten Klang wiederzugeben. Kritik darf nicht mit Ablehnung gleichgesetzt werden, und Zustimmung braucht nicht kritiklos zu sein. In der „Literaturkritik" zum Beispiel hat sich diese Bedeutung erhalten: Es gibt „gute" und „schlechte Kritiken". Kri-
30 tik bedeutet Unterscheidung, abwägende Beurteilung, sachkompetente Bewertung. Der „Verriss" und die „Lobhudelei" können als Grenzfälle vorkommen, doch im Regelfall ist ein behutsames „Einerseits – Andererseits" angemessener. Ich wünsche mir, dass auch die „Technikkritik" einen solchen Sinn erhält. (...)

Die unvollkommene Technik. Frankfurt/M. 1985, S. 23 ff.

9 Sprache

Rechtschreibreform

Wie wichtig ist die Rechtschreibung?

Der Gebrauch der Sprache – sei es mündlich, sei es schriftlich – unterliegt bestimmten Normen wie andere menschliche Tätigkeiten auch. Diese Normen dienen der Sicherung einer reibungslosen Kommunikation; ihre Einhaltung liegt daher im Interesse eines jeden Sprechenden und Schreibenden wie auch Hörenden und Lesenden.

Im Laufe der Entwicklung haben sich für die geschriebene Sprache strengere Maßstäbe herausgebildet als für die gesprochene. Das hängt damit zusammen, dass Geschriebenes die Funktion hat, sprachliche Äußerungen über längere Zeiträume und über größere räumliche Distanzen hinweg bewahrbar zu machen. Unter diesem Gesichtspunkt wird der Norm der Schreibung – der Rechtschreibung – innerhalb der Sprachgemeinschaft ein besonderer Wert zugemessen. Das führt häufig dazu, dass Sicherheit in der Rechtschreibung übertriebenerweise zum Maßstab für die Persönlichkeit des Schreibenden schlechthin genommen und höher geschätzt wird als etwa logische Konsequenz oder stilistische Qualitäten.
(...)

Was bedeutet „amtliche Rechtschreibung"?

Die neue Regelung ersetzt die Regelung von 1902 und alle nachfolgenden Ergänzungsverordnungen. Wie das Regelwerk von 1901/1902 ist auch die neue amtliche Rechtschreibung verbindlich für diejenigen Institutionen, für die der Staat in dieser Hinsicht Regelungskompetenz besitzt. Das sind einerseits die Schulen und andererseits die Behörden. Darüber hinaus hat sie Vorbildcharakter für alle anderen Bereiche, in denen sich die Sprachteilhaber an einer möglichst allgemein gültigen Rechtschreibung orientieren möchten. Das gilt speziell für Druckereien, Verlage und Redaktionen, aber auch für Privatpersonen.

Welchen Grundsätzen ist die Reform verpflichtet?

Die neue Regelung bemüht sich um eine behutsame Vereinfachung der Rechtschreibung. Sie erreicht das vor allem durch die Beseitigung von Ausnahmen und Besonderheiten. Sie weitet damit den Geltungsbereich der Grundregeln aus und erhöht so die Systematik. Die deutsche Rechtschreibung wird leichter erlernbar und einfacher handhabbar sein, ohne dass die Tradition der deutschen Schreibkultur beeinträchtigt wird. Die Lesbarkeit von Texten in der bisherigen Orthographie bleibt erhalten. Die Neuformulierung nach klaren, einheitlichen Gesichtspunkten macht die Regeln insgesamt verständlicher und durchsichtiger.

Institut für deutsche Sprache, a. a. O., S. 2 ff.

Wer hat das neue Regelwerk ausgearbeitet?

Der Neuregelungsvorschlag ist das Ergebnis jahrelanger wissenschaftlicher Zusammenarbeit von vier Arbeitsgruppen aus Deutschland, Österreich und der Schweiz und der weiteren Bearbeitung durch den Internationalen Arbeitskreis für Orthographie, der aus diesen Arbeitsgruppen hervorgegangen ist. 1992 hatte dieser wissenschaftliche Arbeitskreis seinen Vorschlag in Buchform vorgelegt (Deutsche Rechtschreibung. Vorschläge zu ihrer Neuregelung, Gunter Narr Verlag Tübingen). Hieraus entstand eine überarbeitete Fassung, die in wohlabgewogener Weise den Hinweisen Rechnung trägt, die sich aus der Diskussion mit Vertretern der Behörden und in der Öffentlichkeit ergeben hatten. Sie nahm in noch stärkerem Maße als die 1992 vorgelegte Fassung Rücksicht auf den Aspekt der politischen Vertretbarkeit und praktischen Durchsetzbarkeit. Diese Überarbeitung bildete die Verhandlungsgrundlage für die 3. Wiener Gespräche zur Neuregelung der deutschen Rechtschreibung im November 1994.
(...)

Am 1. Juli 1996 unterzeichneten dann in Wien die politischen Vertreter der deutschsprachigen Staaten und weiterer interessierter Länder eine Gemeinsame Erklärung zur Neuregelung der deutschen Rechtschreibung, die mit ihrer offiziellen Veröffentlichung in Kraft tritt.

Wie lange soll die neue Regelung Bestand haben?

Die neue Regelung soll möglichst lange Bestand haben. Häufige Änderungen der Norm würden zu ständigen Verunsicherungen in der Sprachgemeinschaft führen. Allerdings wird es unausweichlich sein, gelegentlich Korrekturen vorzunehmen, sei es um neuen Entwicklungen gerecht zu werden, oder sei es um in Einzelfällen auch überholte Schreibungen (etwa bei Varianten) zu streichen. Derartige Anpassungen, die bisher – nicht selten uneinheitlich – von den Rechtschreibwörterbüchern vorgenommen worden sind, sollen künftig von einer Zwischenstaatlichen Kommission für die deutsche Rechtschreibung durchgeführt werden. Ihre Aufgabe wird es demnach sein, die Einheitlichkeit der Rechtschreibung im deutschen Sprachraum auf der Grundlage des neuen orthographischen Regelwerks zu bewahren. Sie wird die Sprachentwicklung beobachten, Zweifelsfälle klären und Empfehlungen zur Anpassung des Regelwerks an den allgemeinen Sprachwandel erarbeiten und wissenschaftlich begründen. Ihren Sitz wird die Kommission am Institut für deutsche Sprache in Mannheim haben, das schon bisher die Bemühungen um die Neuregelung der deutschen Rechtschreibung koordiniert hat. Eine enge Zusammenarbeit mit Praktikern, etwa Lexikographen und Didaktikern, ist vorgesehen.

Roda Roda
Leitfaden für Reiche

1 Lieber Freund, Sie sind durch glückliche Ausnutzung geschäftlicher Chansons in einen Gesellschafts-
kreis aufgestiegen, der gern Fremdwörter gebraucht. Damit Sie sich nun nicht jeden Augenblick bal-
samieren, möchte ich Ihnen einige Winke für die Konservation geben. Vor allem, bitte, seien Sie
nicht beleidigt, wenn jemand Sie einen Parvenu nennt. Er meint nichts Böses. Parvenu ist eine spani-
5 sche Wand, ein Bettschirm. Arrivé hingegen: eine singbare Melodie, ein Gesangsstück.
Man wird Ihnen schlechte Manieren vorwerfen und Mangel an Courtoisie. Lassen Sie sich dadurch
nicht kränken, die Mängel wiegen nicht schwer: Courtoisie ist nichts andres als Maklergebühr; und
Manieren – die Hände pflegen wollen Sie sich ohnehin.
Lädt man Sie zum Tee, kann es ein Five o´clock tea sein oder ein Thé dansant. Keinesfalls hat es das
10 Mindeste mit Theorie zu schaffen, der Gottesgelehrsamkeit.
Hypothese wieder ist die längste Seite eines rechtwinkeligen Dreiecks; verwechseln Sie das nicht mit
Hippologie, der krankhaften Reizbarkeit von Frauen. (…)
Zwischen Tuberosen und Protuberanzen ist ein gewaltiger Unterschied: Protuberanzen sind Apfelsi-
nen, Tuberosen jedoch Lungenschwindsüchtige.
15 Halten Sie zudem Zyklamen und Zyklus auseinander: Zyklame ist ein Wirbelwind; Zyklus ein Riese mit
einem Auge.
Für Wirbelwind kann man auch Toreador sagen; Tournedos klingt wohl ähnlich, bedeutet aber etwas
ganz andres, nämlich einen südfranzösischen Minnesänger.
„Sagt man Champignon oder Champion?", werden Sie fragen. Es kommt darauf an, ob Sie Haarwä-
20 sche meinen oder eine Papierlaterne.
Antinomie ist die Kunst, Leichen zu zergliedern; Anthologie: Selbstregierung, Unabhängigkeit.
Panorama ist eine Landenge in Südamerika; Paranoia aber ein Schlafanzug.
Tarlatan: ein Kurpfuscher und Marktschreier; der schlaue Tamerlan war Minister des Äußern unter
Napoleon dem Großen.
25 Samojeden sind russische Teemaschinen.
Merken Sie sich ferner, dass eine Kreolin nicht dasselbe wie eine Mulattin ist. Mulatten sind Bastarde
von Pferd und Esel; eine Kreolin ist ein gebauschter Frauenrock.
Man wird Ihnen von Krankheit und Gesundheit reden, Prophylaxe und Hygiene. Behalten Sie bitte,
wohl im Gedächtnis: Prophylaxe ist die Reblaus; Hygiene ein Raubtier, das Leichen frisst.
30 Ein großer Unterschied ist auch zwischen Olymp und Hades; Hades ist die Rückenmarksschwind-
sucht, Olymp aber ein Neugebilde in der Nase.
Basilisk: eine griechische Kirche; die Lieblingsfrau des Türken heißt Obelisk.
Mein Freund, ich hoffe, Sie wissen nun Bescheid mit Fremdwörtern. Sollten Ihnen noch jemals Zweifel aufsteigen, dann reden Sie nicht leichtfertig hin, sondern schlagen vorher hübsch nach im Konfö-
35 derations-Mexiko, wo Sie, nach dem Alpaka geordnet, das Wissenswerte beisammenfinden.
Franziska Polanski (Hrsg.): Wild auf Erfolg, München 1992, S. 60 f.

Rebhuhnweg überlebt:
Über den Unsinn von Straßennamen als Sinnbild politischen Wandels
von Jens Reich

1 Flurnamen überdauern Jahrtausende. Hartnäckig hält das Volk an ihnen fest, und die For-
scher rekonstruieren mit ihrer Hilfe die indoeu-
ropäische Ursprache. Straßennamen dagegen
5 sind das Instrument deutscher Vergangenheits-
verdrängung. Meist in Schüben entledigen wir
uns der unbequemen Erinnerung. Gleichzeitig
künden neue Namen die „Sieger der Geschichte". Die Umbenennung ist oft ein Kotau vor
dem neuen Herrscher, fehlende Akzeptanz 10
durch die Bevölkerung ein Anzeichen störri-
schen Widerstandes.
Meine Berliner Zimmerwirtin und mit ihr ihre
gesamte Umgebung verweigerte in den fünfziger Jahren hartnäckig die neuen Straßennamen. 15
Das war eine Art ideologischer Grabenkampf.
Sie sprachen noch von der Danziger, der Elbin-
ger Straße, der Elsasser und der Lothringer,

20 während im Stadtplan schon fortschrittlich Dimitroff und Wilhelm Pieck residierten. (...) Schwierigkeiten hatte sie damit, dass ihre eigene Frankfurter Allee auf Briefabsender Stalinallee heißen musste – aber sie schrieb ohnehin nicht gerne Briefe.

25 Auch offiziell hielt sich hartnäckig das absterbende Alte. Das Zentrum war gefüllt mit Namen wie Tauben-, Jäger-, Luisen-, Wilhelmstraße. Nur die Kaiser-Wilhelm-Straße war bereits abgeschafft. Dem wurde ein Ende 30 gemacht: Clara Zetkin, Johannes Dieckmann, Otto Nuschke, Otto Grotewohl rückten siegreich ein. Memel wich Marchewski und Petersburg Herrn Bersarin – der Petersburger Platz überdauerte den Neubeginn für längere Zeit.

35 Erst sehr spät wachten die Genossen im Prenzlauer Berg auf. Um Gottes Willen: Kniprode, Arnswalde, die Kurische, die Rastenburger, die Lippehner, die Gnesener, die Ermländische, (...) Name gebliebene, in den „Kämpfen dieser 40 Zeit" übersetzte revanchistische Eroberungsideologie, en bloc, höchst gefährlich, da sie die Ostwanderlust der innewohnenden Teutonen wecken konnte. Da musste Änderung herbei. Dutzende von ehrenwerten Personennamen 45 hielten her, alles Widerstandskämpfer gegen die Naziherrschaft. Und wieder gibt es eine Generation, die noch nicht gelernt hat, dass die Kniprode jetzt Artur Becker heißt, und die anderen alle, John Scher, Olga Benario, L. 50 Hermann, (...) für die Verteidigung der Oder-Neiße-Grenze einspringen mussten. (...) Werden wir jetzt nach „der Wende" wieder eine beflissene Straßennamenbereinigung bekommen? Haben es die Bewohner satt, in der 55 E.-Boltze-Straße zu wohnen? (Ewald? Emil? *Egon*? Oder gar: *Erich* Boltze?)

ZK-Bonzen. Es gibt zahlreiche neu entstandene Straßen: Karl Maron, Bruno Leuschner, Albert Norden, (...). Wird jetzt halb Marzahn umge-60 tauft werden?

Akademiker. Wanderer, kommst du nach Dresden und findest im Stadtplan deine Herberge nicht: Bedenken, dass dort zwölf promovierte Straßen sind! Die Richard-Sorge-Straße findest 65 du nicht unter R und nicht unter S, sondern bei Dr.! (...)

Zungenbrecher. Viele Benennungen aus der DDR-Zeit verlangen vom maulfaulen Berliner ein hohes Maß an Konzentration. Da gab es die 70 gute alte Möllendorff-Straße in Lichtenberg. Sie heißt jetzt Jacques-Duclos-Straße, nach einem Funktionär der Kommunistischen Partei Frankreichs. Wie herrlich spricht sie der unbefangene Volksmund aus: Jackes (oder Jatzk-

wes) Du-Kloß (auch D'u Klotz). (...) 75

Russizismen. Sie gehören eigentlich ins Kapitel Kotau. Die Russen benennen viele Straßen mit besitzanzeigenden Attributen. Prospekt des Lenin. Oder Allee der Enthusiasten, weit im Osten von Moskau, wo selten ein Besucher hin-80 gerät. Enthusiast ist, wer dort in der Stadtlandschaft nicht depressiv wird. (...)

Solche Genitivkonstruktionen waren für Kulturfunktionäre stetige Inspiration. Am ergiebigsten ist der Stadtplan von Halle-Süd. Beispiele: 85 Straße oder Platz der Aktivisten, der Baujugend, der Befreiung, der Bergarbeiter, der Deutsch-Sowjetischen Freundschaft, der Einheit, der Freundschaft, der FDJ, der Weltjugend, der Jugend, der Jungen Pioniere, des 90 Komsomol, der Nation, des NAW (Nationales Aufbauwerk), der Neuerer, der OdF (Opfer des Faschismus), der Republik, der Revolution (der von 1989?), der Solidarität.

Ortsnamen, Denkmäler. Den Namen Karl- 95 Marx-Stadt hat die Bevölkerung lange ertragen, lange auch die Verstümmelungen („Kalle-Malle"), und hat ihn endlich demokratisch abgeworfen. Aber das makabre Denkmal? Ein Kopf mitten auf dem Platz. Wie ein Fußball. 100 Das abgeschlagene Haupt Johannes des Täufers. Bronzeüberströmt. Mit dem Ortsnamen, mit Schall und Rauch wollen sie nicht länger leben, aber die kannibalische Skulptur bleibt vorerst liegen. Merkwürdige Prioritäten. (...) 105

Der Charakter der bildenden Gedächtniskunst legt die Idee nahe, dass bei der Benennung der Straßen religiös-beschwörende Ersatzhandlung im Spiele ist. Grabinschrift. Sie gibt vor, dass der Geehrte unsterblich ist, wenn nur sein 110 Name oft genug wiederholt wird (wozu die Straßenbenennung zwingt). Eine Gebetsmühle, an der niemand vorbeikommt. (...)

Straßennamen als Sinnbild des politischen Wandels – wann endlich werden die Bürokraten 115 begreifen, dass sie stets aufs Neue in den Sand bauen? Ich bin jahrelang in Marzahn an der Leninallee Ecke Rebhuhnweg vorbeigekommen – wenn der Amtsschimmel doch endlich einsehen wollte, dass allein der Rebhuhnweg 120 unsterblich ist, dass Namen wie Lenin oder Thälmann dagegen bestenfalls für eine Epoche reichen. (...)

Mein Fazit: Es gibt hinreichend lächerliche und unerträgliche Namen. Fragt die Anwohner und 125 sagt ihnen vorher, was die Umbenennung kostet. Keinesfalls frische Götzenbilder aufstellen. Nur abgestandene. Jedenfalls ist der Lilienweg der Prof.-Dr.-Ludwig-Erhard-Allee vorzuziehen. 130

Die Zeit vom 01.02.1991, S. 90

„W8L" statt „Wachtel", „11NBein" statt „Elfenbein"
Die Komik des Kürzels

1 ■ Zeit ist Geld – auch in der Sprache. Wer im
steten Wandel des Ruckzuck, Zackzack und
Hopplahopp mithalten will, muss ratzfatz auf
den Punkt kommen. Langer Rede kurzer Sinn:
5 Wir brauchen Kürzel, und zwar mehr als bisher.
In Formularen kreuzen wir unter der Rubrik
„Geschl." entweder „männl." od. „weibl." an,
gleich darunter den „Fam.Stand": „led.",
„verh.", „verw." od. „gesch.".
10 Auch Kleinanzeigen liegen bereits im Trend
des Unvermeidlichen. Sie werden ebenso ratio-
nell abgefasst wie die Urlaubsangebote von
Touristikveranstaltern. Man (…) reist per IC,
TEE bzw. eigenem Pkw und freut sich auf das
15 EZ m. Du., Bd., WC, TV, Blk. u. Meerbl.
Aber mal ehrlich: Sonderlich einfallsreich ist
das gerade nicht. In der heutigen Zeit, die uns
ein hohes Maß an Tempo und zugleich Kreativität abverlangt, muss viel vernichtender
20 gekürzt werden.
Und fantasievoller.
Da haben die Amis mal wieder die Nase vorn.
Zu verdanken ist das wohl der Popgruppe „U2",
sprich Ju tu, was „Du auch", „Ihr auch" und
25 „Ihr beide" bedeuten kann. Da wird einfach die
Lautsprache des Buchstabens „U" zugrunde
gelegt, und schon ist's ein ganzes Wort.
In den USA läuft diese originelle wie ökonomische Sprachschmälerung inzwischen auf vollen
30 Touren. „Tea for Two" schreibt sich jetzt „T 4
2" und „before" reduziert sich auf „B4". Das
„B" steht für „sein" oder „Biene", das „P" für
„Erbse", das „T" für „Tee", das „X" für „Axt",
und bei „J" muss man aufpassen. Es kann
35 „Eichelhäher" bedeuten, auch „Klatschtante"
oder „Tölpel". Wer mir schreibt: „I h8 U
4ever!", dem antworte ich mit einem schlichten
„Y?"
Letzteres Beispiel zeigt kurz und knapp, dass
40 sogar tragische Korrespondenz nicht auf ein
Quäntchen Komik verzichten muss.

Brigitte 18/1991, S. 102

Leider sträubt sich noch mancher Sprachethiker
gegen diese virtuose Aneinanderreihung von
Zahlen und Buchstaben. Da aber davon auszu-
gehen ist, dass dieses Kulturgut zu uns herüber- 45
schwappen wird wie zuvor der Cheeseburger,
können wir genauso gut gleich heute damit
beginnen. Setzen wir einfach „C" für „Zeh",
„G" für „Geh" und „W" für „Weh". Ein Satz
wie „Mein Zeh tut weh, wenn ich geh" schreibt 50
sich dann „Mein C tut W, wenn ich G".
(…) Unser 1kaufsZL ließe sich völlig neu
gestalten. Aus Teebeutel, Essigessenz,
Schweinshaxe und Wachtel würde TbeutL,
SigSNZ, Schwe1Hxe und W8L. Auf diese 55
Weise sind bei 4 Wörtern immerhin 16 Buchstaben gespart worden.
Aber wenn schon eine drastische Reform, dann
sollte sie mehr sein als nur ein Abklatsch amerikanischen Kulturguts. Wir könnten die Lettern 60
obendrein mit Symbolen kombinieren, und
schon wären wir in der Kunst des Kürzelns
unschlagbar. Hier ein Exempel: Setzen wir die
Zeichen ♀ und ♂ für Frau, Weib oder Dame
bzw. Mann, Kerl od. Herr, so schrumpfen die 65
Namen Hermann und Frauke zu „HR♂" und
„♀ke" zusammen.
Eine dramatische Kurzgeschichte, in konser-
vativer Schreibweise beginnend und im ausgeklügelten Kürzelstil endend, wird diesen
Reformgedanken vielleicht schmackhaft 70
machen:
Heinz Wendemut, ein gut erhaltener Mittvierzi-
ger, ist in jeder Hinsicht ein Asket. „Kein Alkohol, kein Nikotin, keine Frauen", lautet seine
Devise. Doch seit er mit der jungen Elfi Herzog 75
aus Dresden Tür an Tür wohnt, ist er bis über
beide Ohren verliebt. Am Ostersonntag klingelt
er bei der Nachbarin und lädt sie zu einem Bio-
Snack ein. „O☆ mit T & Ke4?" kreischt = 11i
♥og auf 6isch, nNt H1 einen „lü☆N Sch♥keks" 80
+ L8 sich ½†.

Brigitte Heidebrecht
die wandlung

1 endheute dich!
    sprach scherzend ihr geh-mal
    öffnette ihren
    reisverschlusssssss und
5 griff nach irr

    da
    tat sie es
    würglich

    fuhr aus der haut
10 und ward
    nie meer
    geseen

    austertraum
    sprach sie zur nickse
15 und tauchte mit ihr ab
    durch die mitte

Dornröschen nimmt die Heckenschere. Bonn 1985, S. 92

Alles klar?

△

1   Von 1990 an geltende Fassung des Para-
    grafen 34, Absatz 3, des Einkommensteu-
    ergesetzes: „Die Einkommensteuer auf
    Einkünfte, die die Vergütung für eine
5   mehrjährige Tätigkeit sind, beträgt das
    Dreifache des Unterschiedsbetrags zwi-
    schen der Einkommensteuer für das um
    diese Einkünfte verminderte zu versteuern-
    de Einkommen (verbleibendes zu versteu-
10   erndes Einkommen) und der Einkommen-
    steuer für das verbleibende zu versteuern-
    de Einkommen zuzüglich eines Drittels
    dieser Einkünfte.“

Der Spiegel vom 12.06.1989

„Deutung ist Macht – nichts bedeuten macht nichts": Ein Plädoyer für die Gleichheit aller Gedichte vor den Gesetzen der Interpretation

Manfred Sestendrup

gedicht auf eine mutter
ein kind eine banane

1 tu in mund
2 tu in mund
3 tu in mund rein

4 halt se fest
5 halt se fest
6 richtig fest

7 nich mit spielen
8 nich
9 nich

10 k i n d
11 jetzt kann´se nich mehr essen

1 Dass in folgenden Ausführungen ein extremes Gefälle zwischen den aufgeblähten Gipfeln verbal-erotischer Deutungslust und den platten Niederungen megabanaler Nonsens-5 Verse herrschen wird, erschreckt hoffentlich nicht nur den Verfasser. Aber Vorsicht: Die Interpretation ist ernst gemeint, (…) – und noch einmal Vorsicht: das Gedicht ist ebenfalls ernst gemeint, so ernst, wie man es nach zehnminüti-10 gem Aufenthalt auf einem Kinderspielplatz nur meinen kann.

Dieses Gedicht „auf eine Mutter, ein Kind, eine Banane" ist unschwer der Geisteshaltung des mythologisch-lyrischen Realismus zuzuordnen. 15 Bereits in der ersten Strophe dokumentiert der Autor die gestische Ausdrucksfähigkeit seines Gedichtes mittels eines Befehles zur Überbrückung der Entfernung von der Hand zum Mund: „tu in mund/tu in mund/tu in mund rein" 20 (Verse 1-3). Im konkreten Fall ist dabei das Überwinden dieser Entfernung mittels einer Banane als der radikale Versuch einer aufgezwungenen Kindessättigung zu verstehen.

Die Klage der Mutter wird hier vergleichbar 25 dem Klagegestus des an eine Felswand des Kaukasus geschmiedeten Prometheus.

Erinnern wir uns: Weil Prometheus den Menschen gegen den Willen des Zeus das Feuer brachte, ließ Zeus ihn an einen Felsen des Kau-30 kasus schmieden, wo ihm ein Adler täglich die Brust aufhackte, um dessen Leber zu fressen, die jedoch täglich nachwuchs.

Wie der an den Felsen gefesselte Prometheus den Zeus um Hilfe anrief, ruft nun die in Sorge um Kind und Banane sich quälende Mutter ihr 35 Kind an: „halt se fest/halt se fest/richtig fest" (Strophe 2, Vers 4-6). In diesem Gedicht hat sich der Autor bis an den Rand einer familiären Kommunikationssituation vorgewagt. Er wählt bewusst nicht eine Formulierung dudensprach-40 lich exakten Flehens, die da lauten müsste: „Liebes Kind, führe bitte die bananöse Südfrucht zwecks Nahrungsaufnahme dem Munde zu" – nein, im Gegenteil – urschöpferisch verkürzt und zugleich tautologisch dreifach über-45 höht lässt der Autor die Mutter rufen: „tu in mund/tu in mund/tu in mund rein" (Strophe 1, Vers 1-3). Diese Abweichungen von der uns geläufigen Dichtersprache wirken auf den Leser wie vermenschlichte Götterschreie auf der 50 Streckbank zwischen Hochsprache und restringiertem Code. Und jeder, der sich nun seinen Deutungsergüssen überlässt, wird unschwer erahnen: Das Kind mag die Banane nicht.

55 Und stellen wir uns weiter der Dialektik des Autors, der auf kühnste Weise Widersprüchliches einfordert. Während die Mutter in Vers 3 noch von ihrem Kind hinsichtlich der Banane verlangte „tu in mund rein", fordert sie es 60 unmittelbar danach auf (Verse 4 und 5) „halt se fest". Soll etwa das Kind gleichzeitig a) die Banane verspeisen und b) dieselbe Banane ihrer Verdauungsbestimmung vorenthalten? Hier dominieren rätselhafte Leerstellen, die ehr- 65 fürchtig erschaudern lassen. Drum dringen wir tiefer, deuten wir weiter, erinnern wir uns: Im gleichen Maße wie Prometheus täglich die Leber verlor, verliert die Mutter zunehmend die Gewalt über ihre Worte. In 70 Strophe 3 stammelt sie nur noch: „nich mit spielen/nich/nich". Spekulieren wir, was ihr Kind mit der Banane tut, sprich: deuten wir – halten wir uns in

Dülmener Zeitung vom 31.12.92

der faszinierenden Balance zwischen „Deutung ist Macht" und „Nichts bedeuten macht 75 nichts". Bedeutet dem Kind die gebogene, gelbe Leidensfrucht nichts, lässt es sie in den Schmutz fallen? In antiexakter Genauigkeit, in antipräziser Anschaulichkeit lässt der Autor dies offen. 80 Hier entfaltet sich das gesamte Spektrum grandioser Deutungsvielfalt, und stellen wir uns der Herausforderung, deuten wir weiter. Was will uns der Autor mit der kühnen Schlussformulierung „jetzt kann'se nich mehr essen" sagen? 85 (…) Die genau ins Zentrum des Verses komponierte Negation „nich" (vorher zählen wir drei Wortsilben, nachher zählen wir drei Wortsilben) eröffnet leidenschaftlich die Perspektive auf 90 eine Literatur am Nullpunkt: hier kann alles neu beginnen, hier kann alles enden.

Wilhelm Schmidt:
Zur sprachhistorischen Entwicklung der Wörter „Herr" und „Frau"

1 Herr, mhd. *hërre*, ahd. *hërro*, war seit der Entwicklung der Feudalhierarchie die Bezeichnung und Anrede für die männlichen Angehörigen des Feudaladels weltlichen und geistlichen Standes und in den mittelalterlichen Städten auch des Patriziats. Das Wort brachte ehedem also das feudale Verhältnis der gesellschaftlichen und juristischen Überordnung der bezeichneten Person über die große Masse der 5 anderen, nicht adeligen Menschen zum Ausdruck. Ursprünglich nur als Bezeichnung und Titel für Adlige verwendet, fand es, zunächst als Anrede, nach und nach auch Anwendung auf angesehene Personen bürgerlicher Herkunft. In den Blickpunkt der Sprachgemeinschaft trat allmählich bei der Verwendung der Anrede *Herr* an Stelle der Adelsprivilegien der betreffenden Personen ganz allgemein ihr gesellschaftliches Vorrecht, das nun nicht mehr auf dem Geburtsadel beruhte, sondern auf ihrem wirtschaftli- 10 chen und politischen Einfluss. In der heutigen Bedeutung des Wortes ist nichts mehr erhalten von jenen Privilegien der Vergangenheit. Die Ausweitung des Anwendungsbereichs des Wortes *Herr* und damit seine Bedeutungsveränderung ging ebenso allmählich vor sich wie der gesellschaftliche Prozess der Beteiligung des Bürgertums an der politischen Macht. So ist die B e d e u t u n g s e n t w i c k l u n g des Wortes *Herr* die s p r a c h l i c h e W i d e r s p i e g e l u n g d e r E m a n z i p a t i o n d e s 15 d e u t s c h e n B ü r g e r t u m s . Die endgültige Abschaffung der Leibeigenschaft bzw. Erbunterätänigkeit fand ihren sprachlichen Niederschlag in dem Zurücktreten der festen Wortgruppe *gnädiger Herr*, zu deren Anwendung die leibeigenen und erbuntertänigen Bauern verpflichtet waren. Das Gegenstück zu *Herr* ist *Frau*. Die Bedeutungsentwicklung dieser Wörter verläuft auch lange Zeit parallel. Die ahd. Form *frouwa* ist eine Femininbildung zu dem frühzeitig ausgestorbenen *frô* ‚Herr' 20 (vgl. *Fron, fronen, frönen*). In mhd. Zeit korrespondiert die Bedeutung von *vrouwe* völlig mit der von *hërre;* das Wort besagte also so viel wie ‚Herrin, Gebieterin, Herrscherin' und fungierte als Standesbezeichnung für weibliche Adlige, ohne Unterschied, ob sie verheiratet oder ledig waren. Reste dieser älteren Verwendung fanden sich noch vor nicht langer Zeit in manchen Gegenden des deutschen Sprachgebietes, wo die „Dienstboten" von ihren Arbeitgebern als von der „Frau" (und dem „Herrn") 25 sprachen. Der religiöse Sprachgebrauch hat in Ausdrücken wie *unsere liebe Frau, Liebfrauenkirche* u. ä. die alte Bedeutung bewahrt. Ebenso wie *Herr* wurde *Frau* dann zur ehrenden Bezeichnung vor Namen und Titeln auch für Nichtadlige (*Frau Meier, Frau Rätin* u. ä.), wurde jedoch meist auf Verheiratete beschränkt. Heute hat es ganz allgemein die Funktionen übernommen, die im Mittelhochdeutschen *wip* (Weib) hatte. Es bezeichnet verheiratete weibliche Personen: *Frauen und Kinder, meine Frau* 30 (= Ehefrau). Daneben steht es überhaupt zur Anrede erwachsener weiblicher Personen.

Deutsche Sprachkunde, Berlin 1978, S. 203 f.

███ **Bücher** ███

Auf ein Wort?

Ist die Sprache der Mächtigen männlich? Gewinn bringend übt die Wirtschaftselite auf Wochenendseminaren neue, sprich weibliche Interaktionsformen: Zuhören können, ausreden lassen und so weiter. Dies als Feminisierung zu deuten, als Läuterung der Männerwelt, wäre genauso unsinnig, wie umgekehrt jede verbale Aggression als antifeministische Tat zu interpretieren.

Senta Trömel-Plötz, Sprachwissenschaftlerin aus Konstanz und eine der Gründungsmütter der Feministischen Linguistik in Deutschland, ist bekannt geworden durch ihre These, die sprachliche Diskriminierung von Frauen durch die Männer sei vergleichbar mit den Verbrechen der Nazis an den Juden.

Ihre Sprachschlacht geht nun weiter. Wie und wann und wo ist Sprache nicht menschlich, sondern männlich? Und welche Auswirkungen hat Männersprache auf die Präsenz der Frau im Bewusstsein der Gesellschaft? „Wenn die verbale Gewalttätigkeit von größtenteils mittelmäßigen Männern gegen uns Frauen nicht tagtäglich stattfinden würde, in allen Bereichen, dann wäre unser Ausschluss von den wichtigen gesellschaftlichen Positionen nicht zu erklären."

Diese These wird mit einem Beispiel aus dem Jahr 1960 (!) belegt:„ … ein deutscher Professor äußert, er könne keine Frau als wissenschaftliche Assistentin einstellen, denn wenn sie schlecht aussähe, käme sie nicht in Frage, und wenn sie gut aussähe, auch nicht." (Hans Anger, Probleme der deutschen Universität, Tübingen 1960).

Es stimmt, dass Frauen es immer noch doppelt schwer haben im Beruf und dass sie es besonders schwer haben in traditionell männerbündi-

Psychologie heute 8/1992, S. 73 ff.

schen Festungen. Es ist auch richtig, dass Männer im Allgemeinen ein aggressiveres Sprechverhalten haben als Frauen. Aber ich behaupte dennoch, Frau Trömel-Plötz hat nicht gemerkt, dass sich seit 1960 wenigstens ein kleines bisschen geändert hat und Herr Anger solche Reden heute nicht mehr halten würde.

Gesellschaftliche Macht liegt immer noch überwiegend in Männerhänden. Aber mit der Macht ist das so eine Sache, sie gehört offensichtlich zum Leben, es gibt kein erfolgreiches historisches Gegenbeispiel, und auch Senta Trömel-Plötz wird kaum ernsthaft daran glauben, dass sie es liefern wird durch die Feminisierung der Sprache. Also soll sie doch nicht wieder und wieder von männlicher Sprachgewalt, von männlichen Definitionen und verbaler Vergewaltigung reden, sondern klar und deutlich sagen, was sie wirklich will.

Wie wäre es also zum Beispiel, wenn Frau Trömel-Plötz einfach sagen würde: Ich weiß, es schickt sich nicht, aber ich will auch Macht, ich würde sie ja nicht missbrauchen – was nicht typisch weiblich wäre, es gibt auch vernunftbegabte Männer – aber haben will ich sie. Ich will mitmachen und nicht immer als bessere Hälfte der Gesellschaft dastehen und dann noch zusehen, wie findige Wirtschaftsmanager – männlich – aus meinen weiblichen Eigenschaften Kapital schlagen.

Das wäre ein Wort. Aber sie sagt es nicht.

Anja Kempe

Senta Trömel-Plötz: Vatersprache, Mutterland. Beobachtungen zu Sprache und Politik. Verlag Frauenoffensive, München 1992

NTERNATIONALE GEFÜHLSBÖRSE

DEUTSCHLAND	➤	*kh liebe dich*
NORWEGEN	➤	*Jeg elsker deg*
SCHWEDEN	➤	*Jag älskar dig*
FINNLAND	➤	*Minä rakastan sinua*
DÄNEMARK	➤	*Jeg elsker dig*
HOLLAND	➤	*Ih hou van je*
SCHWEIZ	➤	*Ich liäb di*
ENGLAND	➤	*I love you*
FRANKREICH	➤	*Je t'aime*
SPANIEN	➤	*Te quiero*
PORTUGAL	➤	*Eu amo te*
ITALIEN	➤	*Ti amo*
GRIECHENLAND	➤	*ΣΕ ΑΓΑΠΩ*
UNGARN	➤	*Szeretlek*
POLEN	➤	*Kocham Cię*
RUSSLAND	➤	*Я люблю тебя*
ISRAEL	⬅	אני אוהב אותך
IRAN	⬅	دوستت دارم
ARABIEN	➤	أنا أحبك
PAKISTAN	⬅	میں تم سے پیار کرتا ہوں
INDIEN	➤	मैं तुमसे प्यार करता हूँ
CHINA	➤	我爱你
BENGALEN	➤	আমি তোমাকে ভালোবাসি
PHILIPPINEN	➤	*Mahal kita*
JAPAN	➤	愛してます
ECUADOR	➤	*Nuca Juyani*

Thomas Brockmann: Du bist der Stern in meiner Nudelsuppe. Liebeserklärungen mit Pfiff. Frankfurt/M. 1988, S. 81 f.

Erwin Strittmatter
Die Macht des Wortes

1   Jedes Jahr setzte Großvater vorgezogene Kürbispflanzen in Kompost und zog
große gelbe Kürbisse für den Winter. Der Komposthaufen war auf dem Felde.
Durch die Felder schlichen zuweilen redliche Menschen, wenn man den Worten der Bibel traun kann: Sie säten nicht, und sie ernteten doch, und deshalb
5   nächtigte Großvater, wenn die Kürbisse reiften, draußen. Er breitete seine blaue
Schürze aus, legte sich hin und schlief im Raingras, und da er beim Schlafen
schnarchte, waren die Diebe gewarnt.
Eine Weile ging's gut, aber Großmutter war noch eifersüchtig. Sie wollte kein
Mannsbild, das nachts „umherzigeunerte". „Denk an den Winter! Denk an dein
10 Rheuma. Ich reib dich nicht ein, wenn es dich wieder quält. Im Grase liegen –
bist doch kein Rehbock!"
Großvater nahm seine Schürze und ging zur Großmutter in die Kammer, doch
bevor er das Feld verließ, nahm er sein Messer und ritzte in alle Kürbishäute:
„Gestohlen bei Kulka."
15 Die Kürbisse wuchsen. Großvaters Schrift wuchs mit: „GESTOHLEN BEI
KULKA." Die Diebe umschlichen den Komposthaufen und ließen die Kürbisse, wo sie waren. Großvaters Buchstaben wirkten wie Zauberrunen.

Schulzenhofer Kramkalender. Berlin und Weimar 1966, S. 126

1 Aspekte der Grammatik und Zeichensetzung

Übersicht über die Wortarten

	Wortarten	Beispiele	Erläuterungen
Grundwortarten *flektierbar*	**Substantiv/Nomen** (Hauptwort) 1. konkret 2. abstrakt	1. Kind, Rose, Glas, ... 2. Liebe, Schönheit, ...	Sie bezeichnen Lebewesen, Gegenstände und Begriffe.
	Verb (Zeitwort) 1. Infinitiv 2. Partizip I und II 3. Hilfsverb	1. laufen, denken, ... 2. laufend, denkend, ...; gelaufen, gedacht, ... 3. sein, werden, haben	Verben geben die Zeit an, in der eine Tätigkeit ausgeführt wird oder ein Zustand dauert.
	Adjektiv[1] (Eigenschaftswort) 1. steigerbar 2. nicht steigerbar	1. schön, weit, groß, ... 2. tot, lila, mündlich, ...	Adjektive bezeichnen Eigenschaften und Merkmale von Substantiven.
Begleiter und Stellvertreter des Substantivs *flektierbar*	**Artikel** (Geschlechtswort) 1. bestimmt 2. unbestimmt	1. der, die, das 2. einer, eine, ein	Artikel geben das Genus (Geschlecht) der Substantive an.

	Pronomen (Fürwort)
	1. Personalpronomen (persönlich)
	2. Possessivpronomen
	   (besitzanzeigend)
	3. Demonstrativpronomen
	   (hinweisend)
	4. Interrogativpronomen (fragend)
	5. Relativpronomen (bezüglich)
	6. Reflexivpronomen (rückbezüglich)
	7. Indefinitpronomen (unbestimmt)
		1. ich, du, er, sie, ...
		2. mein, dein, sein,
		   unser, euer, ...
		3. dieser, dieses, jener,
		   der, die, das ...
		4. welcher, wer, was, ...?
		5. der, die, welcher, ...
		6. mich, dich, sich, ...
		7. man, eine, jemand, ...
			Pronomen stehen für bzw. anstelle von Substantiven.

Partikeln *nicht flektierbar*	**Adverb** (Umstandswort) 1. lokal (des Ortes) 2. temporal (der Zeit) 3. modal (der Art und Weise) 4. kausal (des Grundes)	1. dort, oben, dorthin, ... 2. heute, vorher, jetzt, ... 3. gern, sehr, nie, ... 4. darum, dazu, sonst, ...	Adverbien geben die näheren Umstände einer Tätigkeit oder eines Zustands an und beziehen sich daher auf das Verb.
	Präposition (Verhältniswort) 1. lokal 2. temporal 3. modal 4. kausal	1. an, auf, in, zu, bei, ... 2. ab, bis, seit, ... 3. außer, gegen, ohne, ... 4. durch, wegen, ...	Präpositionen werden immer in Verbindung mit einem anderen Wort gebraucht, dessen Kasus sie bestimmen. Sie geben ein Verhältnis an.
	Konjunktion (Bindewort) 1. nebenordnende Konjunktion 2. Satzteilkonjunktion 3. Infinitivkonjunktion 4. unterordnende Konjunktion	1. und, oder, aber, ... 2. als, wie, desto, ... 3. zu, um zu, ohne zu, ... 4. weil, dass, obwohl, ...	Konjunktionen verbinden Wörter, Sätze oder Haupt- und Gliedsätze miteinander.
	Interjektion (Empfindungswort)	ach, au, oh, hee, ...	Sie drücken Gefühle aus.

---

[1] Grundlage dieser Einteilung der Wortarten ist der Grammatik-Duden. Danach werden die Numeralia (Zahlwörter) zu den Adjektiven gerechnet. Solche Zahladjektive sind beispielsweise: drei, vierter, zehntel, viel usw.

Übersicht über die Konjugation des Verbs

Person, Numerus, Tempus, Genus verbi

Nume-rus	Per-son	Präsens (Gegenwart)		Perfekt (vollendete Gegenwart)	
		aktiv	passiv	aktiv	passiv
Sin-gular	1. ich	sehe	werde gesehen	habe gesehen	bin gesehen worden
	2. du	siehst	wirst gesehen	hast gesehen	bist gesehen worden
	3. er sie es	}sieht	}wird gesehen	}hat gesehen	}ist gesehen worden
Plu-ral	1. wir	sehen	werden gesehen	haben gesehen	sind gesehen worden
	2. ihr	seht	werdet gesehen	habt gesehen	seid gesehen worden
	3. sie	sehen	werden gesehen	haben gesehen	sind gesehen worden

Nume-rus	Per-son	Präteritum/Imperfekt (Vergangenheit)		Plusquamperfekt (vollendete Vergangenheit)	
		aktiv	passiv	aktiv	passiv
Sin-gular	1. ich	sah	wurde gesehen	hatte gesehen	war gesehen worden
	2. du	sahst	wurdest gesehen	hattest gesehen	warst gesehen worden
	3. er sie es	}sah	}wurde gesehen	}hatte gesehen	}war gesehen worden
Plu-ral	1. wir	sahen	wurden gesehen	hatten gesehen	waren gesehen worden
	2. ihr	saht	wurdet gesehen	hattet gesehen	wart gesehen worden
	3. sie	sahen	wurden gesehen	hatten gesehen	waren gesehen worden

Nume-rus	Per-son	Futur I (Zukunft)		Futur II (vollendete Zukunft)	
		aktiv	passiv	aktiv	passiv
Sin-gular	1. ich	werde sehen	werde gesehen werden	werde	werde
	2. du	wirst sehen	wirst gesehen werden	wirst	wirst
	3. er sie es	}wird sehen	}wird gesehen werden	}wird gesehen haben	}wird gesehen worden sein
Plu-ral	1. wir	werden sehen	werden gesehen werden	werden	werden
	2. ihr	werdet sehen	werdet gesehen werden	werdet	werdet
	3. sie	werden sehen	werden gesehen werden	werden	werden

Modus	Beispielsatz
Indikativ (Wirklichkeitsform): **Konjunktiv I** (Möglichkeitsform I) **Konjunktiv II** (Möglichkeitsform II) **Imperativ** (Befehlsform)	Er geht nach Hause und sieht fern. Er sagt, er gehe nach Hause und sehe fern. Er sagt, er ginge nach Hause und sähe fern. Geh(e) nach Hause und sieh fern!

Bildung des Konjunktivs

Konjunktiv I	Infinitiv + Stamm		Beispiele
Stamm des Infinitivs + Konjunktivendungen: -e, -est, -e, -en, -et, -en	sagen tragen haben sein	sag trag hab sei	ich sage, du sagest, er sage, ihr saget, ... er trage, wir tragen, sie tragen, ... ich habe, du habest, sie habe, wir haben, ... ich sei, du sei(e)st, er sei, wir seien, ...

Konjunktiv II bei regelmäßigen Verben	Präteritumform Stamm		Beispiele	Umschreibung mit „würde"
Stamm des Präteritums + Konjunktivendungen: -e, -est, -e, -en, -et, -en	er sagte wir fragten	sagt fragt	er sagte, ihr sagtet ich fragte, sie fragten	er würde sagen sie würden fragen

Konjunktiv II bei unregelmäßigen Verben	Stamm des Präteritums	Umlaut des Stammvokals	Beispiele
Stamm des Präteritums mit Umlaut des Stammvokals + Konjunktivendungen: -e, -est, -e, -en, -et, -en	er trug wir sangen ihr hattet ich war	trüg säng hätt wär	er trüge wir sängen ihr hättet ich wäre

Übersicht über die Deklination des Substantivs

Kasus	Singular Genus (Geschlecht)			Plural
	Maskulinum (männlich)	Femininum (weiblich)	Neutrum (sächlich)	
1. Fall: **Nominativ** *(Frage: Wer?)*	der schöne Mann	die kluge Frau	das kleine Kind	die schönen Männer die klugen Frauen die kleinen Kinder
2. Fall: **Genitiv** *(Frage: Wessen?)*	des schönen Mannes	der klugen Frau	des kleinen Kindes	der schönen Männer der klugen Frauen der kleinen Kinder
3. Fall: **Dativ** *(Frage: Wem?)*	dem schönen Mann	der klugen Frau	dem kleinen Kind	den schönen Männern den klugen Frauen den kleinen Kindern
4. Fall: **Akkusativ** *(Frage: Wen?)*	den schönen Mann	die kluge Frau	das kleine Kind	die schönen Männer die klugen Frauen die kleinen Kinder

Übersicht über die Satzglieder

Satzglied	Beispielsatz	Erläuterungen
Subjekt (Satzgegenstand) *Frage: Wer tut etwas?*	**Petra** wartet. **Die Stadt** ist ruhig. **Wir** lesen.	Das Subjekt wird aus Substantiv, Substantiv mit Begleiter oder deren Stellvertreter gebildet und steht im Nominativ (1. Fall).
Prädikat (Satzaussage) *Frage: Was wird über das Subjekt ausgesagt, was tut oder erleidet es?*	Petra **wartet**. Wir **haben gelesen**. Die Stadt **wird erleuchtet**.	Das Prädikat setzt sich immer aus einem Verb oder einer Verbgruppe zusammen.
Objekt (Satzergänzung) ❏ Akkusativobjekt *Fragen: Wen oder was?*	Die Mutter sieht **das Buch**. Er verfolgt **Peter (ihn)**.	Die Objekte in einem Satz werden gebildet aus Substantiv, Substantiv und Begleiter oder deren Stellvertreter und stehen – im Akkusativ (4. Fall),
❏ Dativobjekt *Frage: Wem?*	Er schenkt **der Frau (Maria)** eine Rose. Wir danken **dir**.	– im Dativ (3. Fall) oder – im Genitiv (2. Fall).
❏ Genitivobjekt *Frage: Wessen?*	Der Abgeordnete enthielt sich **der Stimme**. Sie entledigte sich **seiner**.	Das Genitivobjekt tritt in der Umgangssprache nur sehr selten auf.
❏ Präpositionsobjekt *Frage: Präposition + Fragewörter wen/was? oder wem?*	Sie lacht **über ihn**. Er erkundigt sich **nach dem Weg**.	Zum Substantiv kann eine Präposition treten, die dann den Fall des Substantivs bestimmt.
Gleichsetzungsnominativ *Frage: Wer oder was? + Prädikat und Subjekt*	Monika ist **ein nettes Mädchen**. Dies ist **das Buch**.	Der Gleichsetzungsnominativ bildet einen Sonderfall: beide Ergänzungen zum Verb stehen im Nominativ.
Adverbiale Bestimmung (Umstandsbestimmung) ❏ lokales Adverbial *Fragen: Wo? Wohin? Woher?*	Die Kirche liegt **in der Stadt**. Ich gehe **zur Schule**. Er kommt **aus Köln**.	Adverbiale bezeichnen die näheren Umstände einer Aussage. Sie werden gebildet aus Adverbien, Substantiven mit Präposition, Substantiven im Akkusativ oder Genitiv oder ungebeugten Adjektiven. Die mit Substantiven gebildeten Adverbiale lassen sich durch Adverbien ersetzen.
❏ temporales Adverbial *Fragen: Wann? Wie lange? Seit wann? Bis wann?*	Er lernt **am Abend (abends)**. **Zwei Tage** war er weg. **Seit heute** ist er Mitglied. Er bleibt **bis Januar**.	
❏ modales Adverbial *Fragen: Wie? Woraus? + Prädikat und Subjekt*	Susi übt **fleißig**. Er hörte ihr **aufmerksam** zu.	
❏ kausales Adverbial *Fragen: Warum? + Prädikat und Subjekt*	**Aus Neugier** öffnet sie den Brief. Wir fuhren **zur Erholung** ans Meer.	
Attribut (Beifügung) ❏ Adjektivattribut *Frage: Was für ein(e)? Welche(r)?*	Eine **junge** Frau trat ein.	Attribute werden gebildet aus – Adjektiven, Partizipien, Numeralien und Pronomen – Substantiven im Genitiv
❏ Substantivattribut *Frage: Wessen?*	Das Haus **meines Freundes** gefällt mir. Die Milch **mit Honig** tut gut.	– Substantiven mit Präposition

Übersicht über die Verwendung von Satz- und Satzschlusszeichen

❏ **Punkt (.)**

nach Aussagesätzen:	Er wanderte aus nach Amerika. Sie glaubte, dass der Film schon angefangen hätte.
bei Abkürzungen:	ff. (folgende Seiten), bzw., usw., i. V.
nach Ordnungszahlen:	Montag, den 13. Februar, Heinrich VIII.

❏ **Fragezeichen (?)**

nach Fragesätzen:	„Wann kommst du vorbei?", fragte sie. Wie heißen Sie?
nach Fragewörtern:	Wie? Warum?

❏ **Ausrufezeichen (!)**

nach Befehlssätzen:	Komm sofort hierher! Einfahrt freihalten!
nach Wunschsätzen:	Hätte ich nur geschwiegen!
nach Ausrufen:	Wie herrlich! Aua! Na, na, na!

❏ **Semikolon(;)**

zwischen Hauptsätzen (als möglicher Ersatz von Schlusspunkt oder Komma):	Sie hatten lange über das weitere Vorgehen diskutiert; nun mussten konkrete Beschlüsse gefasst werden. Er wollte sie besuchen; allein die Zeit war zu knapp.
bei Aufzählungen von Gleichartigem:	Der Kofferinhalt bestand aus Jacke und Hose; Zahnbürste und Zahnpasta; Bücher, Papier und Schreibzeug.

❏ **Doppelpunkt (:)**

bei wörtlicher Rede:	Sie fragte: „Wie spät ist es?"
vor einer Zusammenfassung oder einer Folgerung:	Zigaretten, Alkohol und Stress: das sind die Krankmacher unserer Zeit.
vor angekündigten Aufzählungen:	Diesem Brief fügen wir bei: eine Manuskriptkopie, eine Vertragsausfertigung sowie einen Rechnungsbeleg.

❏ **Anführungszeichen („...")**

bei wörtlicher Rede:	Er sprach:„Wie schön du bist."
bei Zitaten:	Schon in der Bibel steht: „Du sollst Vater und Mutter ehren."
bei Titeln:	Er interpretierte „Die Wahlverwandtschaften" von Goethe.
zur Hervorhebung einzelner Wortteile, Wörter oder Textteile:	Das Wort „Impuls" kommt aus dem Lateinischen.

❏ **halbe Anführungszeichen („...')**

bei einer Anführung in wörtlicher Rede:	„Dieses Zitat stammt aus dem Roman ‚Die Schuldlosen' von Broch."

❏ **Gedankenstrich (–)**

bei eingeschobenen Satzteilen und Sätzen:	Er hatte sie – ohne sein Wissen – gekränkt. Der Täter – er kam bei Nacht – fand die Tür unverschlossen.
bei einer Gedankenpause:	Er war schnell – schneller als jeder andere Läufer.
bei einem Wechsel des Themas oder Sprechers:	Damit kommen wir zum Schluss der Sitzung. – Hat jemand noch Fragen? „Kannst du das nicht verstehen?" – „Warum sollte ich?"

❏ **Klammern (...)**

bei Ergänzungen/Erläuterungen:	Er kam aus Frankfurt (am Main). Auf diese Passage beziehen sich viele Deutungen (vgl. auch die folgenden Ausführungen).

▷ Die Regeln zur Kommasetzung sind ausführlich in Kapitel 6.2.3 thematisiert, vgl. S. 217 ff.

2   Übersicht über rhetorische Mittel

Rhetorische Mittel	Beispiele
Alliteration Aneinanderreihung von Wörtern gleicher Anfangs-buchstaben	Mars macht mobil.
Anapher Wiederholung desselben Wortes oder derselben Wortgruppe am Anfang aufeinander folgender Sätze	Koche mit Liebe, koche mit Eto.
Antiklimax nachlassende Dynamik	Kraft in den Teller, Knorr auf den Tisch.
Antithese Zusammenstellung entgegengesetzter Begriffe	Shell – auch im Kleinen groß. Klein, aber oho.
Antonomasie Gleichstellung von Namen und Qualität in Ist-Rela-tion, ohne dass diese direkt ausgedrückt wird	Frankfurt. Die Stadt. (Frankfurt ist die Stadt.) Montag. Kinotag.
Chiasmus kreuzweise oder spiegelbildartige Stellung von Satzgliedern	Kauf bei Spar – spar beim Kauf.
Dreigliederung aller guten Dinge sind drei!	Der Mensch. Das Leben. Die Bank. (BFG Bank)
Endreim	Die Mitternacht zog näher schon/ in stummer Ruh' lag Babylon
Euphemismus verhüllende, beschönigende Umschreibung einer unangenehmeren Sache	Der Heimgegangene (= der Verstor-bene).
Hyperbel Übertreibung	Sie hat Geld wie Sand am Meer.
Ironie Verstellung; Verwendung der Sprache in uneigent-licher Weise	Das hast du ja etwas Schönes ange-richtet.
Klimax Reihung von Wörtern oder Sätzen mit steigender Aussageintensität	Weiß, weißer, Suwaweiß. Er kam, sah und siegte.
Metapher sprachliches Bild, das aus einem abgekürzten Ver-gleich entsteht, indem ein Wort in einen ursprüng-lich fremden Bereich übertragen wird	Gold ist Liebe. Der Strom des Lebens.
Parallelismus parallele Anordnung der Wörter in aufeinander fol-genden Satzteilen bzw. Sätzen	Vivimed. Der Schmerz geht – die gute Laune kommt.
Personifikation Vermenschlichung von Begriffen oder Dingen	Fiat – Autos mit Witz und Verstand.
Polyptoton aufeinander folgender Gebrauch mehrerer Formen desselben Wortstammes	Man fragt den Mann von Mannes-mann.
Repetitio Wortwiederholung	Er läuft und läuft und läuft. Keiner, aber auch keiner hat widersprochen.
Rhetorische Frage Scheinfrage	Konnte ich da ruhig zusehen?
Vergleich beruhend auf Gemeinsamkeit von Eigenschaften	Der Menschen Seele gleicht dem Wasser: vom Himmel kommt es, zum Himmel steigt es. (Goethe)
Versrhythmus vgl. Kapitel 7.3.3, S. 232	Im Falle eines Falles klebt Uhu wirk-lich alles.

3　Ausgewählte literarische Textsorten im Überlick

Anekdote
eine kurze pointierte Erzählung, in deren Mittelpunkt häufig eine bekannte Persönlichkeit steht. Anekdoten erzählen über wahre oder zumindest mögliche Ereignisse oder beschreiben den Charakterzug der jeweiligen Person.

Ballade
Erzählgedicht, in dem ein herausgehobenes Ereignis straff und ohne Nebenhandlung vorgetragen wird. In ihm sind lyrische, epische und dramatische Elemente vereint.

Comic
vorwiegend der Unterhaltung dienende Bildergeschichte. Die Zeichnungen haben Vorrang gegenüber den ergänzenden Zwischentexten sowie den Sprechblasentexten. Die Zeichnungen sind meist einfach; poetische und künstlerisch anspruchsvolle Comics werden erst in den letzten Jahren zunehmend als ästhetischer Gegenstand entdeckt.

Drama
für die szenische Aufführung (Theater, Film, Hörspiel, Fernsehspiel, ...) bestimmte literarische Form, innerhalb derer Schauspieler agieren. Hauptsächliche Gestaltungsmittel sind Monolog und Dialog, die durch Gestik und Mimik unterstützt werden. Die traditionellen dramatischen Formen sind Schauspiel, Komödie und Tragödie; heutige szenisch-dialogische Texte gehen über diese klassischen Formen hinaus.

Erzählung
Sammelbegriff für alle kürzeren epischen Texte, die sich nicht eindeutig einer bestimmten Textsorte zuordnen lassen.

Fabel
selbstständige epische Kurzform, in der überwiegend Tiere menschliche Verhaltensweisen und Eigenschaften übernehmen. Die Handlung hat in der Regel einen belehrenden Charakter.

Gedicht
allgemein jede Erscheinungsform der metrisch oder rhythmisch gebundenen Dichtung. Dem Verfasser eines Gedichtes kommt es häufig darauf an, subjektive Gefühle, Stimmungen oder Gedanken in Worte zu fassen.

Gleichnis/Parabel
gleichnishafte kurze Erzählung, die einen Sachverhalt durch einen übertragenen Vorgang aus einem anderen Lebensbereich veranschaulicht. Der Bildgehalt der Parabel muss entschlüsselt werden, um die Aussage zu verstehen.

Karikatur
übertreibende, verzerrende, witzige oder satirische zeichnerische Darstellung, meist als gesellschaftliche oder politische Kritik. Heute ist die Karikatur allgemein in Zeitungen und Zeitschriften verbreitet, die Übergänge zu Bildergeschichten sind fließend.

Kurzgeschichte
heute eine der verbreitetsten Formen der Epik. Neben ihrer im Verhältnis zum Roman relativen Kürze sind die Kompaktheit der Handlung, eine meist realitätsnahe, ungekünstelte Sprache, Ausschnitthaftigkeit des Geschehens, unmittelbarer Einstieg und offener Schluss charakteristisch. Sie handelt häufig von "Durchschnittsmenschen", die sich in Konfliktsituationen befinden. Die Kurzgeschichte gibt keine Lösung vor, um den Leser zum Weiterdenken anzuregen.

Lied
lyrische Form, die mit einer Melodie verbunden wird, häufig in Strophen gegliedert und mit Refrain (Kehrreim). Die Sprache ist zumeist schlicht. Formen sind: Kirchenlied, Volkslied, Chanson, Schlager, ...

Märchen
kurze erzählende Form, in der die Naturgesetze außer Kraft gesetzt sind und die nicht raum- und zeitgebunden ist. Es herrscht eine klare Trennung in Gut und Böse, die Handlung ist in sich abgeschlossen (das Gute siegt).

Novelle
kürzere Erzählung in relativ strenger geschlossener Form, die auf einen Höhe- bzw. Wendepunkt hin angelegt ist. Thema ist meist eine real vorstellbare Begebenheit, der ein zentraler Konflikt zugrunde liegt.

Parodie
verzerrende oder auch übertreibende Nachahmung eines schon vorhandenen Werkes beziehungsweise bestimmter Teile daraus oder einer Person. Der Zweck liegt entweder in der Aufdeckung der Schwächen, im Angriff auf Verfasser, Werk oder die dargestellte Person, mit dem Ziel, diese der Lächerlichkeit preiszugeben und zu kritisieren. Alle literarischen Texte, Sachtexte oder Bilder können parodiert werden. Zum vollen Verständnis der Parodie ist die Kenntnis der Vorlage unerlässlich.

Roman
umfangreicher epischer Text, der in breit angelegter Darstellung Handlungen und Bewusstseinsvorgänge entwickelt. Im modernen Roman ist die Chronologie der Handlungsstränge häufig aufgehoben.

Satire
literarische Verspottung von Missständen, Anschauungen, Ereignissen, Personen u. a. als Ausdruck einer historisch und gesellschaftlich geprägten kritischen Einstellung. Die Satire findet sich in allen literarischen Gattungen. Je nach Haltung des Verfassers ist ihre Ausdruckspalette sehr unterschiedlich, so kann die Satire ironisch, aggressiv, ernst, komisch oder auch heiter ausfallen. Die Übergänge zur Parodie sind fließend. Ihr Ziel ist es, Einsicht in die Lächerlichkeit, Kritikwürdigkeit oder Gefährlichkeit der geschilderten Sachverhalte zu vermitteln. Meist geschieht dies mit belehrendem oder moralischem Einschlag, da sie den Leser zur Bewertung eines Sachverhalts auffordern und die Welt „zum Besseren" verändern will.

4   Verzeichnis der Sachwörter und der Autoren literarischer Texte